조선시대 여성과 한글 발전

이 저서는 2017년 정부(교육부)의 재원으로 한국연구재단의 지원을 받아 수행된 연구임 (NRF-2017S1A6A4A01022509)
This work was supported by the National Research Foundation of Korea Grant funded by the Korean Government
(NRF-2017S1A6A4A01022509)

여성이 아니었으면 훈민정음이 살아 남았을까?

조선시대 여성과 한글 발전

김슬옹

역락

명성대비언찰
션묘됴 우흐 오시던 원노머신으로 뉵칠년을
먼니 가 간관만 스지여 의 다시 드러오셔 연
셕의 드르시니 그비 감초 오믈 어이 다니르리
잇가 듯ᄉ 오니 수이 도라가려ᄒᆞ신다ᄒᆞ오니
듀샹 도근 셜ᄒᆞ야 머므로시과 뎌ᄒᆞ시거니와
즉금 뎐변이 공극ᄒᆞ고 국개 위의ᄒᆞ고민

오랜 세월 한글을 보듬고 꽃피워준

이 땅의 어멍들께
이 책을 바칩니다

글 김슬옹   글씨 박순이

　세종대왕은 해례본에서 한문만으로는 말과 글이 소통이 안 되고 한자를 아는 사람과 모르는 사람이 소통이 안 되는 언어 모순을 바로잡기 위해 훈민정음을 만들었다고 선언했다. 바로 한글은 사람 중심으로 보면 다양한 계층이 소통하게 하는 그런 문자였고 실제 그런 역할을 하였다. 그런데 사람 사이의 소통을 촉발하게 하는 촉매제 역할을 한 이들이 지배층 여성, 곧 왕실 여성들과 양반가의 여성들이었다.

　조선시대 한글 발전에서 여성의 구실은 절대적이었다. '암클'이란 말은 그런 절대성에 대해 징표하는 말이며 상징적인 말이고, 한글과 여성을 함께 낮게 보았던 양반 사대부들을 비판하는 역설의 말이다.

　양반 남성 지식인들은 조선말까지 한글을 지식 실용화 도구로 전면화하는 것을 원치 않았다. 성리학 교조주의와 한자 보편주의 때문이라는 것은 알지만 "그래도 20세기까지 설마 그래도"라는 의문이 남는다. 그렇다고 지배층 남성들이 한글 자체를 거부한 것은 아니었다. 한글은 지배층 임금이 만들고 사대부들의 제한된 한글 정책으로 서서히 발전해 나간 문자였다. 삼강행실도, 소학언해와 같은 윤리서와 구급방언해 등 실용적인 문헌에서는 한글을 적극 사용하여 한글이 널리 퍼지도록 밑바탕 구실을 하게 하였다. 그러나 행정과 학문 도구로는 거의 쓰지 않았다.

　결국 지배층 남성 사대부들의 제한된 한글 사용과 지배층 여성들의 전면적인 한글 사용이 결합되어 하층민까지 한글을 서서히 쓰도록 흘러간 것이 한글 관련 조선의 역사였다.

이 책은 모두 4부로 구성하였다.

1부에서는 여성의 훈민정음(한글) 사용 배경을 살폈다. 문자에 대한 사회적 배경을 활용해 여성의 한글 사용의 역사적 의미와 배경을 논했다. 또 '역설'의 관점에서 계층별로 여성의 한글 사용의 맥락적 의미를 밝혔다.

2부에서는 문학 분야에서의 한글 사용 의미를 살폈다. 여성들의 한글 사용에서 어문생활에 많은 영향을 끼친 가사와 소설에서 그 의미를 살폈다.

3부에서는 생활 분야의 한글 사용 맥락과 의미를 살폈다. 한글 편지(언간, 한글 간찰), 생활문, 유교의례 분야, 실용서 등을 이용해 여성들에 따른 여성들을 위한 한글 사용의 역사와 의미를 따져 보았다.

4부에서는 시대별 한글 사용 맥락과 역사적 의미에서 세기별 사용 양상과 의미를 살피고 마지막으로 여성 한글 사용의 역사적 의미를 문화적 의미, 국어사적 의미, 인문적 의미로 통합 규명하였다.

〈부록〉은 조선시대를 통틀어 여성과 관련된 모든 실록 기사 내용을 정리한 자료이다. 이 분야 연구를 개척해 오신 백두현 선생님의 많은 자료가 큰 힘이 되었기에 감사 드린다.

연구 과정에서 많은 도움을 주신 이상규, 김봉좌 선생님, 한결같은 연구자의 길을 인도해 주신 최기호, 김혜숙, 서상규, 정우영 선생님께 감사드립니다.

이 책은 학술연구재단의 전폭적인 지원이 없었다면 저술 자체가 불가능했을 것이다. 심사위원님들의 날카로운 지적과 도움말이 아니었으면 역시 탄생하기 힘든 책이었다. 정부의 인문 저술 지원 제도가 인문학 발전과 대중화의 길이 되고 있음에 감사드린다.

어려운 출판 여건에도 가난뱅이 인문학자의 든든한 뒷받침 등이 되어 준 역락 출판사의 이대현 대표님과 독자 입장에서 섬세하게 책을 갈무리해준 최선주, 백초혜 선생님을 포함한 편집부 여러분께도 고마운 손길을 나눈다. 오랜 연구를 묵묵히 뒷받침해 준 세종국어문화원과 훈민정음가치연구소, 원정재 식구들과 늘 떠돌기만 하는 남편을 따사롭게 품어준 아내 윤양선과 그런 아빠의 힘이 되어 준 다현, 다찬 두 아들에게도 이 책이 작은 보상이 되었으면 좋겠다.

한글가온길 연구실에서
김슬옹 적음

•요약

여성이 훈민정음(한글) 발달에 미친 영향 연구

　이 연구의 목적은《훈민정음(Hunminjeongeum)》해례본(1446)을 간행한 후 조선 말까지 훈민정음(한글) 발달에 여성이 어떤 구실을 해왔는가를 밝힌 것이다. 이는 훈민정음 발달이 여성의 어문생활에 어떤 변화를 가져왔는가를 밝히는 것이기도 하다. 이러한 연구 목적을 달성하기 위해 각종 여성 관련 문헌을 중심으로 어문생활사 관점에서 그 맥락을 분석하고 의미를 밝혔다. 연구 결과는 4부 11장으로 구성하였다.

　1부는 여성의 훈민정음 사용 배경과 의미를 살폈다. 1장에서는 조선시대 비주류 문자였던 한글(Hanguel)이 소수자였던 여성이 사용한 맥락을 규명하기 위하여 연구 목적과 방법을 제시했다. 2장에서는 문자의 사회적, 역사적 배경에 따라 문자의 권력과 남녀 차별 기호로 작동하게 된 흐름을 밝혔다. 남존여비가 심화되는 성리학 교조주의 상황에서 지배층 여성이 어떻게 한글이 확산되는 촉매제 역할을 하였는지 살폈다. 3장에서는 한글 발전은 바로 소수자 여성과 이류 문자 취급을 받은 한글의 역설적 결합임을 밝혔다.

　2부는 가사와 소설 문학 분야에 여성들의 한글 사용이 어떤 영향을 미쳤는가를 살폈다. 4장에서 여성들이 창작과 향유 대표 주체인 여성가사를 분석한 결과, 가사는 여성들이 표현과 소통으로 사회적 참여를 부추겨 여성 정체성을 강화하였고 언문일치 확산과 더불어 우리말 표현 정립과 발전에 이바지하였다. 5장의 한글 소설 역시 언문일치의 토대 마련하고 입말성을 반영한 낭독문화 등을 활용해 한글 확산에 이바지했다. 또 한글 소설은 여성들의 고급 글쓰기 규범서 역할을 하였고, 궁체와 같은 한글문화 정립에 디딤돌이 되었다.

3부는 주요 생활문 분야로 한글편지, 제문, 실용서 등을 이용해 여성들이 여성들을 위하여 한글을 사용한 역사와 의미를 따져 보았다. 6장 여성들의 한글편지에 따른 훈민정음 발달 의의는 공공성, 관계성, 정체성과 주체성, 표현성 측면에서 의미를 분석했다. 7장 생활문에서 여성의 한글 사용 맥락과 의미로 가장 큰 가치는 생생함과 소소함, 자잘함의 미학이다. 곧 생활문은 한글을 한글답게 여성을 여성답게 만든 문학으로, '나다움'을 살리는 길이었다. 8장 제례와 죽음 관련 분야에서 한글 제문은 남성과 여성, 산 자와 죽은 자, 관련된 지인들을 하나의 공동체로 묶어주는 끈이었다. 9장 실용서 분야에서 여성의 한글 사용은 한글의 질적 사용 가치를 여성들이 높였다는 점을 보여준다. 남성 사대부들은 실학자들조차 실용서에서 한글을 배제했지만 여성들은 상언, 요리서, 백과사전류에서 한글을 사용해 한글의 실용적 가치를 높였다.

4부는 세기별로 여성의 한글 사용 주요 맥락을 밝히고 여성이 한글을 사용한 의미를 통합 규명하였다. 10장에서 밝힌 세기별 역사적 의미로는, 우선 15세기의 훈민정음 반포 후 초기 문헌인 《석보상절》,《월인천강지곡》 등이 여성과 직접 연관된다고 보았다. 또 왕실 여성들의 언문 사용은 공적 틀 속에서 자연스럽게 이루어졌고 궁녀들 사이에서는 언문이 주요 의사소통 도구로 쓰이고 있음을 알 수 있었다. 16세기에는 조정 대신들이 왕실 여성들에게 보내는 공문을 한글로 쓴 사례와 여성이 상소문(상언)을 한글로 올린 의미를 밝혔다. 또한 궁인의 한글 편지가 멀리 사찰에까지 전달된 사례도 있었다.

17세기에는 한글 소설로 여성 독자들의 한글 사용과 유통이 많아졌다. 한글 조리서 《음식디미방》과 같은 실용서와 여성들의 한글 상소문 등을 정부에 올리는 등 한글의 실용적 가치가 적용된 시기였다. 18세기에는 가사와 한글 소설이 더 널리 퍼졌고 천주교를 거쳐 한글이 보급되고 확산된 시기였다. 19세기에 여성들의 한글 사용이 급증하고 그로 말미암아 여성의 사회적 정체성이 높아졌다. 특히 성차별 타파 정신이 담긴 자생적 천주교 도입이 천주교 관련 문서들을 활용해 일반 여성들에까지 확산되었다.

11장에서는 여성의 한글 사용의 통합적 의미를 규명했다. 먼저, 역사적 의미로는 조선말까지도 민중들은 대다수 한글조차 모르는 문맹이었지만 왕실 여성과 양반가 여성들이 지배층 여성으로서의 상대적 위치에서 한글 발전에 핵심 구실을 했다는 역사적 의미를 밝혔다. 문화적 의미로 보자면 여성의 한글 사용은 한글문화의 '소통성, 생태성, 평등성, 미학성' 등의 한글문화 그 자체였다. 국어사적 의미로는 한글만 쓰기, 언문일치, 생생한 우리말 기록 등의 어문생활 발전에 여성이 핵심 구실을 하였다. 인문적 의미로는 조선시대 여성은 소수자(약자) 지향, 소통과 나눔, 여성 정체성 강화 등으로 여성다움과 나다움으로 한글 발전에 크게 이바지했다.

성리학적 이념에 기반을 둔 남성 사대부들의 한자 중심 태도는 역설적으로 한글문화와 한글 발전에 여성을 우뚝 세우는 결과를 가져왔고 여성들은 한글문화를 자신들의 문화와 남성들과 소통하는 문화로 세우고 가꿔 나갔다.

핵심어

여성, 훈민정음, 한글, 한글문화, 소수자, 미시사, 소설, 여성가사, 한글편지, 생활문학, 상소문, 비주류 문자

• 차례

1부

여성의 훈민정음(한글) 사용 배경과 의미

1 ── 왜 훈민정음과 여성인가

1.1. 연구 동기와 목적

이 연구는 훈민정음 해설서인 《훈민정음》 해례본(1446)이 간행된 뒤 조선 말까지 훈민정음의 발달 과정에서 여성이 어떤 구실을 해왔는가를 밝힌 것이다. 더불어 훈민정음 발달이 여성의 한글문화에 어떤 영향을 미쳤는가도 함께 논할 것이다.

그동안 수많은 연구에서 드러났듯이 '훈민정음'은 세종이 창제하고 반포한 특별 명칭이고 '언문'은 일반 명칭이다. '한글'은 1910년대 이후에 일제 강점기라는 특수한 역사적 상황 속에서 새롭게 만들어진 용어이지만 넓은 뜻으로는 15세기 이후의 훈민정음 사용 역사를 아우르는 일반 명칭이므로 여기서는 넓은 뜻으로 사용하기로 한다.

이런 상황에서 공식적인 교육과 한문 권력에서 완전히 배제된 여성의 한글 사용은 훈민정음 발전에 거의 절대적이었다. '암글(암클)'이라는 말은 여성들이나 쓰는 글이라는 말로 한글을 낮잡아 이르는 말이지만, 역설적으로 훈민정음 발달에서 여성이 매우 큰 구실을 했다는 증거이기도 하다.

여기서 '발달'이라 함은 "이전보다 더 나아진다"는 일반적인 개념을 가리킨다. 구체적으로는 "학문, 기술, 문명, 사회 따위의 현상이 좀 더 높은 수준에 이름(표준국어대사전)"을 말한다.[1] 이때 더 높은 수준이란 문자 사용의 범위가 넓어지고 그 사용 가치가 높아지는 것을 말한다. 훈민정음이 한자에 비해 이류 문자 취급을 받았다 하더라도 양적 사용이 높아지고 그에 따른 사회적 가치가 높아진 것만큼은 분명하다.

물론 일제 강점기 때처럼 말과 글의 주권을 빼앗긴 역사적 맥락에 따라 한글을 발전이 아니라 퇴보로 볼 수도 있다. 조선시대만으로 한정한다 하더라도 18, 19세기 일부 실학자들의 경우에 한글 사용이 퇴보하기도 한다. 보통 양반[2]들은 편지쓰기 등에서는 한글을 적극 사용하지만 정약용, 박지원, 박제가 등의 실학자들은 그조차도 하지 않았기 때문이다.

그러나 사회 전반으로 일반적인 사용역을 중심으로 보면 발전해 온 것만은 분명하다. 굳이 발전 양상을 다양하게 규명하자면 발전을 소극적 발전, 적

---

1 비슷한 용어로 '발전'이 있다. 표준국어대사전에서는 "더 낫고 좋은 상태나 더 높은 단계로 나아감"으로 풀이하고 있는데 "남영신(2017).《보리 국어 바로쓰기 사전》. 보리. 528쪽"에서는 '발달'과 '발전'의 쓰임새를 섬세하게 구별하고 있다. '발달'은 기능이나 기술이 더 높거나 나은 수준에 이름을 뜻한다. 즉 바람직한 수준에 이른 경우에 쓰는 말로 '발전'은 점점 수준이 높아지거나 나아지고 있는 상황을 가리킨다고 보았다. 이 연구는 더 높은 수준에 이른 결과 측면의 '훈민정음'을 염두에 둔 것이므로 '발달'이란 용어를 썼다. 그러나 발달 결과에 이르기까지의 역동적인 변화 과정을 기술한 것이기도 하므로 '발전'의 뜻을 안고 있다고 볼 수 있다. 또 남영신(2017: 528)에서는 '발달'의 대상은 "수준을 높일 수 있어야 하므로, '학문, 기술, 교통, 무기' 따위가 된다."고 하여 이것들을 활용하는 인간은 발달의 주체가 되지 않는다고 하였다. 대상만을 염두에 둔다면 이런 구별법이 옳지만 그 대상이 변화하게 된 주체도 중요하므로 '발달'의 주체로 '여성'을 설정할 수 있다.

2 조선사회는 원칙상 신분을 양민과 천민으로 구분하는 양천제라는 양분 제도의 사회였다. 성리학적 질서에 따라 양민을 양반과 상민으로 나누게 되는데 이때 성리학적 신분을 명시적으로 보장해주는 장치가 한문 문식력이었고 과거를 볼 수 있는 실질적 자격이었다.

조선시대 여성과 한글 발전

극적 발전으로 나뉜다. 사용 주체로 본다면 양반 여성들을 넘어 일반 평민 여성들에까지 사용역이 넓어졌다면 사용 주체가 큰 폭으로 넓어진 것이므로 적극적 발전이라 볼 수 있다.

동일한 현상이라도 맥락에 따라 적극적 발전으로 볼 수도 있고 소극적 발전으로 볼 수도 있다. 그래서 왕실이나 양반 여성들 사용 주체 안에서도 소극적, 적극적 발전 양상을 설정할 수 있다. 상대적으로 보면 단순한 개인 편지 수준은 소극적이라 할 수 있고 사회적 영향력을 발휘할 수 있는 공적 사용은 적극적이라 볼 수 있다.

이와 같은 문제의식 속에서 설정한 핵심 연구 동기와 목적은 다음과 같다.

첫째, 훈민정음이 비주류 문자로 권력과 문자 사용에서 소외를 받아왔다면 그런 악조건 속에서 발전할 수 있었던 주요 맥락은 무엇인가이다. 결국 한글처럼 소외를 받아온 여성이 중요한 구실을 했다는 것이다. 소외된 문자가 소외된 계층에 의해 발전하였으므로 이를 일종의 '역설'이라 볼 수 있다.

둘째는 한글과 여성에 대해 융합적으로 연구하여 여성에 따른 한글문화의 실체를 밝혀보자는 것이다.

조선시대 여성이 참여하여 형성된 훈민정음 문화의 실체를 낱낱이 밝혀 여성 문화의 의미와 가치를 드러낼 것이다. 조선시대 여성들이 남긴 훈민정음 문학을 비롯한 훈민정음 문화는 참으로 놀랍다. 훈민정음 발전의 숨은 공로자인 여성, 그들이 이룩해 온 여성 문화를 온전히 드러낼 것이다. 조선시대에 여성들이 남긴 훈민정음 문화를 바탕으로 여성 문화의 진정한 가치를 규명할 것이다.

셋째는 연구사적 동기이다. 그동안 한글 역사에 대한 연구 자체가 적고 얕을 뿐더러 한글과 여성 관계를 본격적으로 연구한 역사도 짧다. 연구사에서도 드러나지만 대다수 국어사 학술서나 초기 국어사 연구에서 여성의 한글 사용 자체를 기술하지 않았다. 논저 목록에서 드러나듯 본격적으로 한글과 여성 관계를 다룬 연구는 1990년대 이후에 본격화되었다.

넷째는 여성이 주체가 된 각종 텍스트의 질적 분석이다. '내간체, 궁체, 규방문학' 등 여성이 주체가 되었거나 텍스트 생산의 대상 구실을 하는 각종 작품이나 문헌은 그 나름의 여성적 특성을 지니고 있다. 문어 발달에서 매우 중요한 '언문일치', 말하듯이 글을 쓰는 구어체, 한문에서 잘 드러나기 힘든 감성적 문체 구현 등은 전적으로 한문에서 소외된 여성들의 글쓰기, 글읽기에서 유래되었거나 그 결과임은 이미 충분히 드러나 있다. 이 연구에서는 그런 점을 다양한 측면에서 다시 한번 통찰하고 텍스트 기반 분석을 함으로써 그 실체의 의미와 가치를 다시 드러내고자 한다.

다섯째로 여성의 한글 사용이 한글 발전에 어떤 식으로 영향을 미쳤는지를 구체적으로 살펴볼 것이다. 이는 "1) 간행물 소통 2) 쓰기 소통 3) 글꼴 영향" 등으로 나눠 규명할 것이다. 여성이 텍스트 생산의 주체나 대상이 됨으로써 한글 사용의 절대적 매체가 된 언간 등을 이용해 규명하고 "김하수·이전경(2015). 《한국의 문자들》. 커뮤니케이션북스." 머리말에서 "언문은 훗날의 발전을 위한 대단히 중요한 과정을 겪게 되었는데, 글씨체의 발전이다. 창제 초기 훈민정음의 딱딱하기만 하던 글꼴은 언문이 널리 퍼지면서 훨씬 다듬어지게 되었다. 특히 궁중 여성들이 중심이 되어 만들어진 궁체는 필기체의 발달뿐 아니라 활자체에도 영향을 주었다. 곧 우리의 문자 발달에는 여성들의 공헌도 절대 잊어서는 아니 될 것이다."라고 지적한 맥락을 밝히는 것이다.

여섯째는 연구자 개인 측면에서의 동기와 목적이다. 필자는 한국연구재단의 인문 저술에 힘입어 2012년에 "조선시대의 훈민정음 발달사"라는 작은 성과를 냈다. 이보다 앞서 2005년의 "김슬옹. 《조선왕조실록》의 한글 관련 기사에서 본 문자생활 연구. 상명대학교 국어국문학과 박사 논문."에서는 왕

조선시대 여성과 한글 발전

실 여성의 한글 사용의 역사적 가치를 주목한 바 있다. 이런 과정에서 여성의 한글 사용 양상에 더 주목하게 됐다.

"김슬옹(2012). 《조선시대의 훈민정음 발달사》. 역락"에서의 최종 결론은 하층민을 배려한 전무후무한 위대한 소리 문자를 만든 나라이면서 또 그러한 문자를 철저하게 비주류 공식 문자로 묶어둔 조선 왕조의 모순된 상황 속에서 훈민정음이 발달할 수 있었던 이유를 밝힌 것이다. 곧 주류 공식 문자인 한문[3]의 역할과 비주류 공식 문자인 훈민정음의 역할과 쓰임새를 상보적 관계로 묶어 가능했음을 밝혔다. 결과적으로 보면 훈민정음을 무시한 것도 발전시킨 주된 역할을 한 것도 결국 권력을 독점한 남성 사대부 지배층이었다. 이런 남성 지배층이 한글 사용을 하게끔 만든 계층적 요인에 지배층 여성들이 있었다.

이와 같은 맥락에서 볼 때 훈민정음 보급 발전의 가장 중요한 핵심 요인으로 첫 번째는 훈민정음 문자 자체의 과학성과 우수성을 들었고 두 번째 요인으로 비주류 공식 문자로서의 '비주류성'을 주목하였다. 훈민정음이 주류 문자였고 그것이 남성 중심의 문자로 설정되었다면 오히려 살아남는 것 자체가 어려웠을 것이다. 세 번째 요인으로 문학의 힘을 들었는데 여성 중심의 문학에 제대로 집중을 하지 못해 후속 연구를 기약하였는데 이번 연구에서 이 문제를 해결하게 되었다.

네 번째 요인으로는 교육의 힘을 들었는데 제도 교육에서 철저히 배제되었던 여성들의 악조건을 제대로 밝히지 못했었다. 이번 연구에서 이런 악조

---

3 보통 문자 차원에서는 '한자'라고 하고 문장이나 글말 차원에서는 '한문'이라 부른다. '한문'은 당연히 문자로서의 '한자'가 전제가 된다. 다만 '공식 문자'라 할 경우 문서에서의 실제 쓰임새를 가리키므로 '문자'라고 했지만 한자뿐만 아니라 한문까지 아우른다. 한문으로 쓰인 문자를 가리키기 때문이다.

건이 오히려 훈민정음 발달에 영향을 끼친 역설적 상황을 새롭게 조명하려
한다.

다섯 번째 요인은 종교 역할이었고 훈민정음 보급 초기에는 불교, 중기 이
후에는 유교, 후기에는 기독교가 훈민정음 보급과 발전의 기폭제 역할을 하
였다고 보았다. 여기서는 불교와 기독교 분야에서의 여성 역할을 좀 더 새롭
게 조명하려고 한다.

마지막 여섯 번째 요인은 실용성이다. 남성 사대부가 쓴 실용 서적을 활용
한 훈민정음 보급은 성리학적 이념에 치우친 조선 지배층의 성향 때문에 다
른 분야에 비해 덜 발달하였지만 의학 언해서와 같은 실용서는 생존의 필수
요소였기에 큰 비중을 차지할 수밖에 없었다고 보았다. 특히 한글 편지와 같
은 실용적 글쓰기는 여성을 중심으로 사대부 계층에게까지 폭넓은 발전의
흐름이 되었다고 밝힌 것을 좀 더 보완하여 이 분야의 여성 역할을 더 깊게
조명하게 되었다.

1.2. 연구 방법론

여성의 훈민정음 발달 관련 연구를 위한 주요 방법론은 두 가지다. 하나는
국어사 차원의 생활사 방법론이고 분석 차원의 맥락 분석론이다.

먼저 본격적인 생활사 차원에서 다룬 것은 아니지만 어문생활사 차원에서
한글 사용 역사를 조명한 다음과 같은 대표적인 논저가 있다.

김윤경(1938).《朝鮮文字及語學史》. 조선기념도서출판관.
최현배(1942).《한글갈》. 정음문화사.
홍기문(1946).《正音發達史》상·하 합본. 서울신문사 출판국.

이들 논저에서 여성 문제를 따로 다룬 것은 아니지만 한글 사용 역사를 체계적으로 기술했다는 데에 의미가 있다. 아쉽게도 해방 후 국어사 논저들은 이런 선구적인 업적을 잇기보다는 문법사 위주의 국어사를 기술해왔다. 보통 근대 이후의 '국어사'연구라고 하면 으레 국어문법사 중심으로 연구되어왔다. 그 나름대로 우리말과 글의 체계를 밝히는 데에 크게 이바지하였으나 정작 중요한 국어생활사 연구는 거의 배제되었다. 그러다 보니 그동안 간행된 국어사 주요 논저에 국어생활사를 중요하게 다룬 논저는 없었다.

김형규(1957).《國語史: 國語史及國語學史》. 白映社.

유창돈(1961).《國語變遷史》. 通文館.

이기문(1961).《國語史槪說》. 民象書館.

김형규(1962).《國語史研究》. 一潮閣.

김형규(1975).《國語史槪論》. 一潮閣.

강복수(1975).《國語文法史研究》. 螢雪出版社.

김영황(1978).《조선민족어발전력사연구》. 과학백과사전출판사.

최범훈(1985).《韓國語 發達史》. 通文館.

박병채(1989).《국어발달사》. 세영사.

이기문(1990).《國語史槪說》. 塔出版社.

최범훈(1990).《韓國語 發達史》. 경운출판사.

안병희(1992).《國語史 研究》. 文學과知性社.

안병희(1992).《國語史 資料 研究》. 文學과知性社.

강길운(1993).《國語史精說》. 螢雪出版社.

최기호(1994).《한국어 변천사》. 토담.

박종국(1996).《한국어 발달사》. 문지사

국어사연구회 편(1997).《國語史研究: 午樹 田光鉉·宋敏 先生의 華甲을 紀念하여》. 태학사.

김영황(1997).《조선어사》. 김일성종합대학출판사.

김종훈 외(1997).《韓國語의 歷史》. 대한교과서.

권재일(1998).《한국어 문법사》. 박이정.

이기문(1998).《國語史槪說》. 太學社.

김영진(2002).《국어사 연구》. 이회문화사.

강길운(2004).《국어사정설》. 한국문화사.

이에 대한 반성으로 언어학, 역사학, 서지학, 사회학 등의 융합적 접근을 강조한 다음과 같은 논저가 나왔다.

백두현(2007). 한글을 중심으로 본 조선시대 사람들의 문자생활.《서강인문논총》22 집. 서강대학교 인문과학연구소.

홍윤표(2008). 한국 어문생활사. 홍종선 외.《세계 속의 한글》. 박이정.

허재영(2008). 어문생활사 연구 대상과 방법.《우리말글》42. 우리말글학회.

이로써 국어생활사 연구의 필요성과 중요성이 부각되어 이 분야 연구가 주목받게 되었다. 이런 연구 흐름에 힘입어 필자도 김슬옹(2012)에서 어문생활 중심 방법론으로 '조선시대의 훈민정음 발달사(역락)'를 저술할 수 있었다.

이때의 어문생활이라 함은 문자 중심의 언어생활 주체가 어떤 맥락에서 문자를 어떻게 부려 사회적 구실을 해왔는가에 대한 총체적 접근이라 할 수 있다. 이러한 총체적 접근 또는 방법론에 해당되는 것이 맥락 중심 분석론이다. 이를 여성의 언어 사용 문제로 한정하여 본다면 조선시대 여성들이 어떤 맥락 속에서 문자 생활을 해왔고 어떤 문제가 있었으며 그로 말미암은 영향은 무엇이었느냐는 질문을 할 수 있을 것이다.

조선시대 여성과 한글 발전

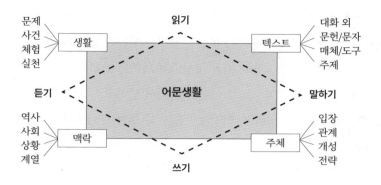

[그림 1] 어문생활 구성도(김슬옹, 2012ㄴ: 53)

[그림1]은 김슬옹(2012ㄴ)에서 어문생활사 연구 방법론을 집약한 것으로 이 연구에 맞게 풀어 보기로 한다. 한글 문서의 읽기와 쓰기의 문식성을 중심으로 조선시대 여성의 어문 생활의 실체를 규명할 것이다. 여성들이 어떤 맥락에서 어떠한 도구나 매체(텍스트)를 이용해 생활하느냐가 중요하다. 여성들의 어문 생활은 주류 문자(한자)에 대한 원천적 차단으로 문자생활 자체가 문제의 사건이 된다. 곧 어문생활 참여라는 체험을 어떻게 왜 하느냐가 중요하다.

어문 생활의 문헌을 텍스트라고 한다면 그 텍스트 자체가 어문 생활의 실체이기도 하고 도구이기도 하다. 대화는 입말 텍스트로 이 글의 분석 대상이 될 수는 없지만 중요한 건 여성들의 글말이 입말의 속성을 반영한 언문일치를 지향하고 있다는 것이다.

물론 가장 중요한 것은 문헌이라는 글말 텍스트이며 문헌은 문자와 종이, 활자체 등 여러 구성 요소로 이루어진 복합 텍스트로 어문 생활은 바로 이런 복합 텍스트의 중층적 의미를 밝히는 것이다. 이러한 중층성이 중요한 것은 문헌을 둘러싼 맥락 자체가 복합적이고 역동적이기 때문이다. 여성들이 곧 어떤 문헌을 어떤 맥락에서 만들었고 읽었는지, 그것을 바탕으로 또 다른 문헌을 생산했는지와 같은 문헌과 문헌을 둘러싼 복합적 상호작용이 중요하다.

이러한 복합적 상호작용에 따라 구성되는 의미를 밝히기 위해 '맥락'에 대한 고려가 필요하다. 여성들이 어떤 맥락에서 말하고, 듣고, 읽고 썼느냐는 것이다. 이러한 맥락 고려가 중요한 것은 어문 생활이 이루어지는 구체적이고 역동적인 상황 자체가 중요한 의미가 있기 때문이다.

이런 맥락 분석에서 중요한 것은 어문 생활의 주체인데 주체에 따라 맥락이 구성되기도 하지만 맥락에 따라 주체가 구성되기도 한다. 따라서 여성들의 계층별, 직업 등의 사회적 맥락에서 어떤 사회적 주체로서 어떤 언어생활에 참여했는지를 밝혀 볼 것이다. 김슬옹(2012ㄴ: 52)에서는 '입장'을 집단적 '처지'로 보고 여성이란 '주체'의 공동체와의 관계, 다른 처지에 놓여 있는 사람들과의 관계 등이 중요하다고 보았다.

이러한 어문 생활과 더불어 여성들의 한글 사용에 주목하는 것은 바로 "Jean-Jacques Lecercle(2002). Deleuze and Language./이현숙·하수정 옮김(2016). 《들뢰즈와 언어: 언어의 무한한 변이들》"에서 말하는 '소수자 언어(minor language)'로서의 가치 때문이다. 조선시대 여성은 양반 여성이라 하더라도 소수자이며 그래서 그들이 쓰는 말이든 한글이든 소수자 언어가 된다. 한글 또는 한글 문헌도 한자, 한문에 비해 소수자 언어이다. 여성의 한글 사용은 소수자와 소수자 언어의 결합이다. 여성이 문맹으로 남는다면 한문 중심의 남성 문자 권력에서 영원히 소수자로 남을 수밖에 없지만 한글 쓰기에 참여하는 순간 남성들의 한문 권력에 균열을 내거나 저항하는 변이와 변혁의 소수자가 된다.

어문 생활 분석 방법론은 역사 방법론과 맥을 같이 하므로 필자는 상대주의 사관과 미시사를 더 중요하게 여기면서도 맥락에 따라 실증주의와 거시사 방법론을 통합적으로 수용하는 통합 전략을 제시한 바 있다. '생활, 문서, 맥락, 의미' 네 가지 요소를 그러한 방법론을 구체화했다. 곧 자료나 자료 접근의 성실성을 강조하는 실증주의 역사관과 맥락적 해석을 중요하게 여기는 상대주의 역사관의 적절한 관계 맺기가 중요하다.

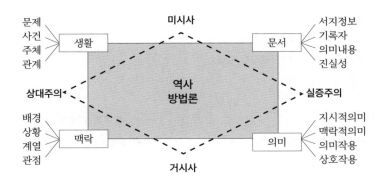

[그림 2] 역사방법론 구성도(김슬옹, 2012.《조선시대의 훈민정음 발달사》. 53쪽)

'생활, 문서(텍스트), 맥락' 세 요소는 어문생활 방법론 요소와 같으므로 의미 부분만 다시 살펴보면, 우리가 역사를 탐구하는 것은 '의미'를 밝히고 부여하는 과정으로 본 것이다. 지시적 의미는 실증주의에 따른 의미 파악으로 맥락적 의미는 상대주의 해석에 따른 의미 파악으로 보아 그러한 의미가 우리에게 어떤 가치나 영향이 있는가의 '의미 작용(의미효과)'이 중요하다고 보았다.

이러한 기본적인 방법론은 일반적인 문헌학의 문헌 분석 방법론을 바탕으로 한다. 김봉좌(2011: 6~7)에서 정리하였듯이 문헌학은 문헌의 물리적인 외형 연구 중심의 서지학(書誌學, Bibliography)을 아우르면서 "본문 비평과 주석학의 연구 방법을 끌어들여 문헌의 전모를 밝히는 통합적인 학문"이다.

이러한 문헌학적 연구의 구체적인 방법론을 "백두현, 한글문헌학, 274~277쪽"에서 6단계로 제시한 바 있다.

> 1단계 문헌 조사와 수집
> 2단계 수집된 문헌의 형태 서지 기술
> 3단계 문헌의 기록 문자와 내용의 교감
> 4단계 이본의 계통적 위치 비정
> 5단계 문헌의 사회·역사적 배경 분석
> 6단계 언어 분석

이 연구는 이런 기본 방법론을 존중하되 관련 연구 성과를 반영하여 문헌에 따라 맥락에 따라 적절한 방법론을 적용하기로 한다.

1.3. 연구 자료 구성

이 연구는 여성과 관련된 한글 고문서에 대한 분석 연구이다. 따라서 한글 고문서를 어떻게 분류하느냐가 중요하다. 이상규(2011)의 "《한글 고문서 연구》(경진), 79쪽"에서는 한글 고문서를 문서 생산과 수용의 상호 관계와 공적 문서(관부 문서)와 사적 문서(사인 문서)를 중심 틀로 다음과 같이 나누었다.

[표 1] 한글 고문서의 체계분류표(이상규, 2011,《한글 고문서 연구》. 경진. 79)

구분	발급자		문서 유형	발급자와 수급자
발급·수급 문서	관부문서		• 교령문서: 어제, 유서, 전유, 교서, 전교, 국서, 칙령, 사송기, 성책윤음	왕실⇔관부·백성
			• 통고문서: 고유, 조칙, 고시, 효유문, 전령, 감결, 조회	관부(중앙·지방)⇒백성
			• 인증문서: 완문, 제사	관부⇔백성
			• 소지, 청원문서: 상언, 원정격쟁, 의송, 소지, 원정, 발괄, 단자(언단), 등장, 청원·진정·고소장	
	사인문서		• 약속, 계약문서: 분재기, 명문, 수표, 다짐, 자문, 전문, 계약서	개인⇔개인·집단(문종)향촌기구⇒개인·문중사회
			• 상하달문서: 배자, 고목, 화제, 유언	
			• 집단공고문서: 완의, 동계, 문중 문서(문중계, 문중계안, 중계일기, 회문), 촌락 관련 문서(동약, 계문, 동계, 동계안), 계문서(족계, 상부계, 친목계)	
기록물	관부기록물		• 왕실문서: 사송기, 교육서, 의궤, 발기, 홀기 등	왕실 ⇔ 백성
	사인기록물		• 사실기록문서: 행장, 세계, 단자(일기.생일록), 병록, 사행기록	사인 사실 및 치부기록
			• 치부기록문서: 노비치부(노비안, 노비치부), 전장기록(양안·전답안·추수기), 물목. 발기(혼례, 상례, 제례), 홀기, 의류단자(의양, 물목단자, 심의모형, 버선본, 옷본, 궁합지), 음식방문(음식조리, 양조법), 신앙(무속·동제·불교·점술서 등), 치부장부, 일정·노정기·기행문	
	시문류		• 시문: 시조, 가사, 내방가사, 제문 • 산문: 필사 소설(한글 소설, 번안소설) • 서화: 서화	창작류
	성책고문서		• 장철 및 성책고문서	
	한글새김돌		• 죽간, 금속, 자기: 그릇, 옹기, 가사(기구, 가옥, 건물, 기와에 쓰인 한글)	

이러한 분류는 모든 문서 특히 남성 중심의 공적 문서 위주로 분류한 것이므로 여성 관련 한글 문서 분류에 그대로 적용하기는 어려울 것이다. 그러나 전체 문서의 정치적, 사회적 관계를 정확히 드러내는 분류법으로 볼 수 있으므로 이 틀을 따르되 여성 관련 내용으로 좁히도록 한다. 또 이 배치에서 여

성 관련 문서가 어디에 어떻게 많이 있는지를 따지면 그 또한 중요한 의미가
있다.

백두현(2015)의《한글문헌학》에서는 "한글 문헌의 범위는 분류의 기준 또
는 관점에 따라 여러 가지로 나누어질 수 있다. 문헌의 주제, 문헌이 기록된
재료의 소재(素材), 문헌의 산출 시대, 산출 지역, 언해 방법 등 여러 가지 분류
기준을 세울 수 있다.(137쪽)"고 말한다. 현재 전하는 한글 문헌의 전모를 파
악하기 위해서 가장 효과적인 분류는 주제에 따른 분류로 보고 다음과 같이
제시했다.

1. 주제에 따른 분류

1) 종교서류   (1) 불교서, (2) 유교서, (3) 도교서, (4) 그리스도교서,
                (5) 동학교서, (6) 민간신앙서

2) 전문서류   (1) 의서, (2) 역학서, (3) 병서, (4) 농서, (5) 법의서,
                (6) 음식조리서

3) 역사서류: 각종 역사서, 인물전기, 행장, 일기

4) 자서 물명류: 한자나 한자어에 한글 새김을 붙이거나 우리말 뜻풀이를
   체계적으로 분류한 문헌

                (1) 자서: 훈몽자회, 천자문, 유합, 아학편, 정몽유어
                (2) 물명: 물명고, 물명유해, 물명찬

5) 운서류

6) 교화서류

7) 문학류   (1) 시가, (2) 고소설, (3) 기행문과 견문록

8) 언간류   (1) 나신걸언간(신창 맹씨묘 출토언간)
                (2) 순천김씨언간(순천김씨묘 출토언간)
                (3) 송강 정철 가 언간
                (4) 안민학 애도문
                (5) 원이 엄마 편지(이응태묘 출토 언간)
                (6) 김성일 언간

(7) 현풍곽씨언간(진주하씨묘 출토 언간)

(8) 유시정언간(진주옹씨가 묘 출토 언간)

(9) 이동표언간(진성이씨 이동표 가 언간)

(10) 은진송씨 송규렴 가 언간

(11) 왕실 언간

9) 한글 고문서류: 관청, 또는 민간에서 어떤 실용적인 목적을 위해 작성한 문장 자료

2. 언해의 대상과 방법에 따른 분류

1) 원래 한글로 쓰인 자료: 《청구영언》, 《해동가요》, 《악장가사》 등

2) 한문 원문에 한글로 구결을 단 자료: 《예기대문언해》, 《소학집설》 등

3) 한문 원문을 한글로 번역한 자료

(1) 중국 한문 원전을 언해한 자료: 유교경서 언해류, 불경언해류, 《두시언해》 등

(2) 한국 한문을 언해한 자료: 《명의록언해》, 《천의소감언해》, 《윤음 언해》 등

(3) 한문 이외의 역학서 자료: 《노걸대언해》, 《첩해신어》, 《첩해몽어》, 《몽어노걸대》, 《팔세아》, 《소아론》 등

3. 기타 기준에 따른 분류

1) 재료별 분류: 종이, 나무, 돌 흙, 금속, 의복

2) 시대별 분류: 15세기, 16세기, 17세기, 18세기, 19세기, 20세기

3) 지역별 문류: 서울경기권, 충청권, 호남권, 영남권, 북한권, 국외

이 분류 역시 여성 중심의 한글 사용 양상을 그대로 보여주는 틀은 아니지만 역시 한글 문헌 전반에 걸친 일반적인 분류 틀 속에서 여성 관련 문서의 비중에 따른 의미를 따져볼 수 있는 의의가 있다. 실제 문헌 분류에서는 주제별, 시기, 또는 한글 고유 문서인지 한문을 언해한 문서인지 등을 복합적으로

고려하여 분석할 것이다.

특정 분야는 다음과 같이 미시적 사용을 섬세하게 고려하여 따져볼 것이다.

[표 2] 왕실 오례 관련 한글 관련 문헌 분류(김봉좌. 2011. 조선시대 유교의례 관련 한글 문헌 연구. 203쪽)

의례		시기	자료명칭	유형	수량	장정	크기	소장정보
왕실 오례 _길례 _종묘 제사	1	1888 (고종25)	종묘하향대제 동궁마마겨오샤 아헌 친제시 주비관 상격 볼긔 〈祭東宮亞 獻親祭時差備官賞格件記〉	발기	1장	낱장	34.5× 488.0	장서각 왕실고문 서 1596
	2	1888 (고종25)	종묘하향대제 동궁마마겨오신 아헌 친제ᄒ오신 각사 춘계방 상격 볼긔 〈東宮亞獻親祭時各司春桂房賞格件 記〉	발기	1장	낱장	34.5× 626.0	장서각 왕실고문 서 1595
	3	1888 (고종25)	종묘하향대제 동궁마마겨오샤 아헌 친제ᄒ오신 각영 상격 볼긔 〈宗廟夏 享大祭東宮亞獻親祭時各營賞格件記〉	발기	1장	낱장	34.0× 660.0	장서각 왕실고문 서 1593
	4	1888 (고종25)	종묘하향대제 동궁마마겨오신 아헌 친제ᄒ오신 상격 볼긔〈宗廟夏享大祭 東宮亞獻親祭時賞格件記〉	발기	1장	낱장	29.0× 379.0	장서각 왕실고문 서 1592
왕실 오례 _길례 _진전 제사	1	고종대	一室各節祭需品名冊 〈일실각절제수품명책〉	도식	1첩 (4장)	첩장	32.2× 26.1	장서각 2-2546
	2	고종대	二室各節祭需陳列記 〈이실각절제수진열기〉	도식	1첩 (4장)	첩장	32.2× 26.7	장서각 2-2545
	3	고종대	제긔볼긔〈祭器件記〉	발기	1장	낱장	36.3× 202.0	장서각 왕실고문 서 1896
	4	1896 (건양1)	봉안다례볼긔〈奉安茶禮件記〉	발기	1장	낱장	27.2× 264.5	장서각 왕실고문 서 1373

왕실 오례 _길례 _능원 제사	1	1891 (고종28)	동궁마마 처음 능힝 동가ᄒ오신 외상격 볼긔 〈東宮媽媽初次陵行動駕時外賞格件記〉	발기	1장	낱장	34.5× 790.5	장서각 왕실고문 서 1525
	2	1891 (고종28) 1891 (고종28)	동궁마마 처음 릉힝ᄒ오샤 영문 상격 볼긔 〈東宮媽媽初次陵行時營門賞格件記〉	발기	1장	낱장	27.2× 1162.0	장서각 왕실고문 서 1559
	3	1891 (고종28) 1891 (고종28)	동궁마마 처음 릉힝ᄒ오샤 상격 주오신 볼긔 〈東宮媽媽初次陵行時賞格件記〉	발기	1장	낱장	27.0× 1890.0	장서각 왕실고문 서 1587
	4	1891 (고종28) 1891 (고종28)	동궁마마 처음 릉힝ᄒ오샤 상격 주오신 볼긔 〈東宮媽媽初次陵行時賞格件記〉	발기	1장	낱장	27.0× 660.0	장서각 왕실고문 서 1585

다음은 일반 문서는 아니지만 여성만을 대상으로 하거나 여성에 따른 문헌을 설정한 예이다.

[표 3] 조선시대 한글 표기 여자 교육서 시기별 갈래_허재영(2006: 200~213) 재구성

갈래	시기별(초판 기준)					
	15세기	16세기	17세기	18세기	19세기	20세기
언 해 본	• 내훈(1457, 초간본 전하지 않 음) • 어제여훈 언해 (1620 ~1640 추정),	• 내훈 중간 본(1573)	• 내훈 중간 본(1611, 1656)	• 여사서 초간 (1736) • 어제내훈 (1737)	• 여사서 중간 (1907)	

한 글 본			• 계녀서 (송시열, 17세기), • 규곤시의방 (안동 장씨, 1660~1680)	• 여범(선희궁 영빈 이씨) 1750 전후	• 규합총서 (빙허각 이씨, 1869) • 여학별록 (남양 홍씨, 1848) • ㅅ쇼졀 (이덕무· 최성환 편, 1870)	• 여자소학 (이병현 필사, 1902), 규합한훤 (미상) 등.

여성을 중심으로 한 연구 대상 자료는 여성 관련 직접 자료와 간접 자료로 나눌 수 있다. 직접 자료는 실제 여성이 저작했거나 필사한 한글 자료들과 독자로 참여한 한글 문헌들이다. 간접 자료는 여성들의 한글 사용 양상을 알 수 있는 여성 관련 기록을 말한다. 다음과 같은 생활사 자료집은 한글 관련 기록 자체가 거의 나오지 않았지만 여성의 한글 사용의 구체적 맥락을 파악하는 데에 무척 요긴한 자료들이다.

정형지·김경미 편(2006).《17세기 여성생활사 자료집 1》. 보고사.
황수연·김기림 편(2006).《17세기 여성생활사 자료집 2》. 보고사.
조혜란·이경하 편(2006).《17세기 여성생활사 자료집 3》. 보고사.
김경미·김기림·이경하·조혜란·황수연 편(2006).《17세기 여성생활사 자료집 4》. 보고사.

직접 자료는 1차 자료와 2차 자료로 나눌 수 있다. 1차 자료는 여성들이 한글로 저작한 각종 언간과 같은 자료들이다. 2차 자료는 다음과 같이 아예 한글이 단 한 줄도 나오지 않지만 한글을 한문으로 번역한 자료나 여성의 한글 사용 양상에 관한 2차 담론을 담고 있는 것들이다.

大妃出諺書示承旨等曰:近因圓覺寺回佛, 論者紛紜, 朝廷騷擾. 此寺, 乃世祖願

成之地, 在其時, 有素花, 甘露之瑞, 今亦有回佛之異, 予令月山大君婷, 往觀之. 今
臺諫請推月山大君, 大君爲人子, 而母命之往, 則其不往乎? (比)〔此〕予之罪也. 自
古儒釋不相容, 然不能使佛盡無也. 夫人臣諫人主好佛者, 恐如梁武帝也. 如吾則
雖好之何害? 且朝臣闢佛, 而猶不廢水陸, 爲先王追薦也. 在予爲先王之心, 雖日
作佛事, 未滿於心. 自古后妃, 不好佛者有幾耶? 以予之故, 一國騷動, 良用痛心. _
성종 11년(480) 5/30.

대비가 승지 등에게 보인 언문에 이르기를 "근자에 원각사 부처가 돌아선 것
으로 인하여 의논하는 자가 여러 말을 하여서 조정이 소요스럽다. 이 절은 세
조께서 이루기를 원하신 곳인데, 그 때에는 흰꽃, 단맛 이슬, 상서로움이 있었
고 지금 또 부처가 돌아서는 것이 이상하니, 내가 월산 대군에게 가보게 한 것
이다. 그런데 지금 대간이 월산 대군을 추문하도록 청하니, 대군이 남의 자식이
되어서 어미가 가라고 명하면 가지 않겠는가? 이것은 나의 죄이다. 예전부터
유교와 불교는 서로 용납하지 못하지만, 그러나 부처를 다 없애지는 못할 것이
다. 대저 신하들이 주상이 부처 좋아하는 것을 간하는 것은 비록 양나라 무제와
같이 될까 두려워함이다. 그렇지만 나와 같다면 비록 좋아하더라도 무엇이 해
로운가? 또 조정의 신하들이 부처는 배척하면서도 오히려 수륙재(물과 육지에서
헤매는 외로운 영혼을 위로하기 위하여 올리는 재)를 폐하지 않는 것은, 선왕을 위하여
명복을 비는 것이다. 내게 있어서는 선왕을 위하여 마음에 비록 날마다 불사를
하더라도 마음에 만족하지 않다. 자고로 후비가 부처를 좋아하지 않은 자가 몇
이나 있었는가? 나의 연고로 하여 온 나라가 소동하니, 참으로 마음이 아프다."
라고 하였다.[4]

이 글에서 인용문은 원래 언문(한글)로 되어 있는 것을 사관들이 한문으로
번역한 것이다. 이와 같은 한문으로 된 실록의 2차 기사 자료라도 연계된 직
접 자료가 다음과 같이 남아 있는 경우도 있다. (9장에서 자세히 논의.)

---

4 번역은 온라인 조선왕조실록 번역을 다듬었다.

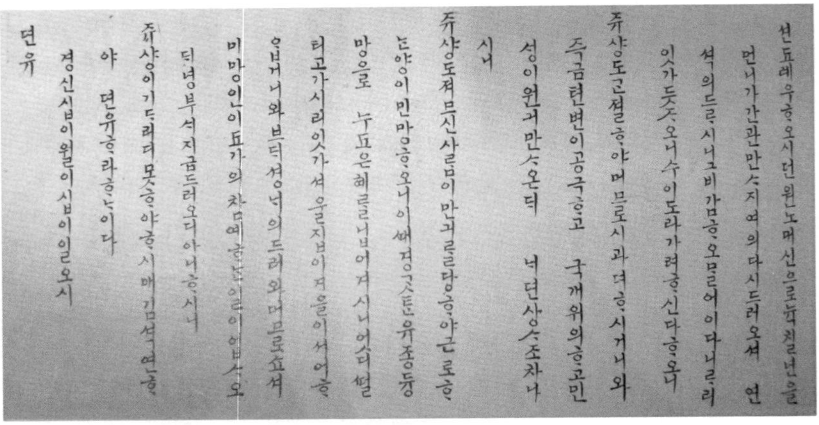

[사진 1] 명성대비 전유

　이 자료는 숙종 6년(1680) 12월 22일에 숙종 모후 명성대비가 송시열 (1607~1689)에게 내린 언문 교서, 곧 한글 전유문이다. 벼슬 맡아줄 것을 권고하는 내용으로 송시열은 장례 논쟁(예송) 사건으로 귀양 갔다가 7년 만에 풀려난 뒤 10월에 영중추부사 겸 영경연사로 임명되었으나 부름에 응하지 않고 있었다. 이에 대비 명성대비가 그 동생 김석연에게 시켜 한글 전유를 보내 부르니 송시열이 도성으로 들어왔다는 기록이 《숙종실록》 6년(1680) 12월 23 일자에 실려 있다. 이 문서는 당시 송시열이 받은 대비의 한글 편지를 베낀 것으로 청주 송시열 종가에서 전승해온 것이다. 《영조실록》 2년(1726) 7월 5 일자에 따르면 원본은 1726년(영조 2) 7월에 약방 도제조 민진원(閔鎭遠)이 영조에게 올렸다고 한다.

　이 언찰은 1872년(고종 9)에 우암의 9대손 송병선(宋秉璿)이 편찬하고 1927 년 김종한(金宗漢)이 9권 4책으로 간행한 우암의 시문집 《宋書拾遺(송서습유)》

앞머리에 '明聖大妃諺札(명성대비언찰)'이란 제목으로 실려 있다.[5]

여성이 저작 주체로 참여한 문서에 대한 분류는 한국학중앙연구원 장서각 편(2016)의 "《한글, 소통과 배려의 문자》. 132~237쪽"에서 이루어진 바 있다. 도록 설명을 필자가 표로 정리해 본 것이다.

[표 4] 한국학중앙연구원 장서각 편(2016: 132~237): 여성 한글 문서 분류와 실제 보기

	제목	지은이	연도	책 권수	판본	소장처
삶과 일상을 기록 하다	혜경궁 읍혈록	혜경궁 홍씨 찬	1795년(정조19)	23권 3책	필사본	국립중앙도서관
	한산이씨 고행록	한산이씨 찬	1817년(숙종44)	1축 (두루 마리)	필사본	진주유씨 모산종택
	풍양조씨 자기록	풍양조씨 찬	1792년(정조16)	1책	필사본	국립중앙도서관
	음식디미방	안동장씨 찬	1670년(현종1)	1책	필사본	경북대학교도서관
	규합총서	방허각 이씨 찬	1809년(순조9)	1책	목판본	국립중앙도서관
	주식시의	연안이씨 추정	19세기 후반	1책	필사본	대전역사박물관 (은진송씨 동춘당가 송봉가 기탁)
	호산춘추 제조법	안동장씨 추정	1674~1720 (숙종 연간)	1장	필사	진양하씨 창주후손가
	언문후생록	미상	19세기말~ 20세기 초	1책	필사본	C7-88
	풍산류씨세계	미상	조선 후기	1첩	필사	장서각(진주 마진 재령이씨 제공)
	기일록	이건한 지음	19세기	1첩	필사	장서각(전주이씨 서곡후손가 제공)
	기일생신첩	김상덕 찬	19세기 말	1첩	필사본	장서각(경주김씨 직각종택 기탁)

5 이 언찰은 많은 문헌에 소개되었다. 대표적인 논저로 "백두현(2015). 소통의 관점에서 본 조선시대의 한글 편지. 문영호 엮음(2015).《한글 편지 시대를 읽다》. 국립한글박물관. 146~147쪽." 참조.

의복 목록	미상	조선 후기	1장	필사	장서각(경주김씨 직각종택 기탁)
염습제구 목록	미상	조선 후기	1장	필사	장서각(장흥임씨 수사공종택 기탁)
제기치부	미상	갑오년	1장	필사	장서각 (혜남윤씨 녹우당 제공)
묘법연화경	미상	1903년(광무7)	7책	필사본	3-217
여성의 뜻을 세우다	명성대비 전유	명성대비 찬	1680년(숙종6)	1첩	필사	국립청주박물관
	참의 황여일처 숙부인 이씨 유서	완산이씨 찬	1651년(효종2)	1장	필사	한국국학진흥원(평택황 씨 해월종택 기탁)
	참의 황여일 처 숙부인 이씨 소지	완산이씨 찬	1651년(효종2)	1장	필사	한국국학진흥원(평택황 씨 해월종택 기탁)
	초계정씨 단자	초계정씨 찬	1689년(숙종15)	1축	필사	국립중앙박물관
	광산김씨 상언	광산김씨 찬	1727(영조3)	1장	필사	국립한글박물관
	정씨부인 원정	정씨부인 찬	1876년(고종13)	1장	필사	우리한글박물관
	김씨부인 원정	김씨부인 찬	조선 후기	1축	필사	장서각 (해남윤씨 녹우당 제공)
	윤씨부인 단자	윤씨부인 찬	1906년(광무10)	1장	필사	우리한글박물관
	이씨부인 분재문기	이씨부인 찬	1644년(인조22)	1장	필사	안동대학교박물관
	유정린 분재 편지	유정린 찬	1664년(현종5)	1장	필사	장서각 (해남윤씨 녹우당 제공)
	송시열 분재 편지	송시열 찬	1671년(현종12)	1장	필사	국립청주박물관
규범을 배우다	여사서	미상	19세기 말~ 20세기 초	1책	필사본	3-100
	어제내훈	소혜왕후 어재	1737년(영조13)	3책	금속 활자본	3-69
	곤범	미상	18세기 후반	3책	필사본	3-9
	열성후비지문	미상	18~19세기	2책	필사본	2-3926
	선보집략언해	실록청 편	1897~1910년	2책	필사본	2-965(상) 2-74(하)
	학봉 행장 언해	미상	1770년(영조46)	1책	필사본	의성김씨 학봉종택

여자초학	김종수 찬	1797년(정조21)	1권	필사본	의성김씨 학봉종택
우암계녀서	송시열 찬	17세기 중반	1책	필사본	국립중앙도서관
연행만록	정경세 찬	17세기	1책	필사본	장서각(진주정씨 우복 종태 기탁)
선원전 은제기 목록	미상	1778(정조2)	1장	필사	1869
자경전 진작정례 의궤	미상	1828(순조28)	3책	필사본	규장각한국학연구원
정미가례시일기	미상	1848년(현종14) 이후	6책	필사본	2-2709
동뢰연배설도	미상	1847년	1책	필사본	2-2615
가택단자	미상	1882년(고종19)	1첩	필사	2-2612
1882년 왕세자 이척의 가례					
왕세자빈 의대 발기	미상	1882년(고종19)	1장	필사	961
가례 의대 발기	미상	1882년(고종19)	1장	필사	1117
각색 인문보 발기	미상	1882년(고종19)	1장	필사	1210
왕세자 관례 상차림 발기	미상	1882년(고종19)	1장	필사	1332
왕세자 관례 상격 발기	미상	1882년(고종19)	1장	필사	1617
왕세자 흉배 패물 발기	미상	1882년(고종19)	1장	필사	1242
왕세자 가례 차비관 발기	미상	1882년(고종19)	1장	필사	1685
왕실의복 반사도	미상	1866(고종3)	1첩	필사본	2-5040
왕실분뇨도	미상	1926년	1첩	필사본	2-5040
책황귀비홀기	미상	1903년(광무7)	1첩	필사본	2-2723
외진연시 무동각 정재 무도 홀기	미상	1901년(광무5)	1첩	필사본	2-2890
명성황후 상존호옥책문	미상	1890년(고종27)	1첩	필사본	2-4047

(좌측 세로) 의례를 행하다

				목활자본	
어제악장	미상	1795년(정조19)	1책	(정리자 한글활자)	4-6775
소훈이씨 제문	왕세자(영조) 찬	1721년(경종1)	1장	필사	
유빈박씨애책문	남공철 찬	1823년(순조23)	1첩	필사본	2-3019
가례언해	신식언해	1632년(인조3)	4책	목판본	ASE-68
상례초언해	미상	19세기 간본	1책	목판본	ASE-31
임영이 막내 동생에게 보낸 편지	임영 찬	1683~1686년	1첩	필사	나주임씨 창계후손가

여성 관련 주제와 글의 양식 갈래를 결합해 '삶과 일상을 기록하다, 여성의 뜻을 세우다, 규범을 배우다, 의례를 행하다'로 분류하여 실제 문헌을 전시했던 자료다. 여성과 직접 관련된 자료만을 관련 주제로 집중 분류하고 전시했다는 점에서 여성의 한글 사용 양상을 분석하는 데에 주요한 자료가 된다.

여성의 한글 공헌도는 한글 사용 양상과 한글 문헌 참여 방식에 따라 양적 질적 차이가 난다. 물론 어떠한 한글 문헌의 사회적 효용성이나 영향력이 얼마나 미쳤는가는 계량적으로 파악하기 어려운 경우가 대부분이다. 따라서 문헌 생산과 소통의 기본 맥락만을 고려하여 문헌의 질적 차이를 단계별로 정하기로 한다.

> 1단계는 일단 모든 한글 문헌이 여성 한글 사용 문제를 위한 연구 자료
> 2단계는 여성이 주로 읽거나 여성을 주독자로 하는 문헌
> 3단계는 여성이 직접 저작한 문헌

이렇게 보면 김만중의 '구운몽'처럼 남성이 창작했지만 여성이 주로 읽은 문헌도 있고 규방가사처럼 여성이 창작하고 여성이 주로 읽은 문헌도 있다.

　　　　　　　　　　　　　　　　조선시대 여성과 한글 발전

사회 영향력으로 본다면 영조 때의 광산 김씨 상언처럼 여성이 직접 참여하여 공적 차원에서 쓰인 것이 제일 클 것이다.

[표 5] "문영호 엮음(2014),《곤전어필, 정조어필한글편지첩, 김씨부인한글상언》(국립한글박물관 소장자료총서1), 국립한글박물관."재구성

판독문	현대어
통 청도부여현거고녕부ᄉ신이명쳐김시우샹언의단은녀의신이부ᄉ이예용납디못홀죄롤지 읍고천고의업ᄉ온이은을닙ᄉ와모딘목숨이일괴육을위ᄒ야식여디디못ᄒ고이제ᄭ디셰샹의머무와일야 셩은만츅슈ᄒ더니쳔만몽미밧긔의손봉샹을디계극늉노쳐단ᄒ야다리라ᄒ고ᄯ의부뎨익명을봉샹의망명홀예디ᄒ야앗다ᄒ고듕죄롤주어디라ᄒ눈기별을듯줍고녀의신이고디죽어몬겨모로려ᄒ다가다시싱각ᄒ오니이궁텬극디ᄒ호원혹을 어딘하눌아래져허ᄌ조ᄒ야폭빅디못ᄒ고그만ᄒ야진ᄒ오면당초 특명으로사로오신 셩은을겨ᄇ리올분아니오라ᄯ녀의신이혼자닙ᄉ올죄롤무고호익명을횡ᄂ호게되여ᄉ오니실노디하의도라가의부롤보올ᄂ치업ᄉ와앗가틍청도부여ᄯ흐로셔촌" 견진ᄒ야감이 신엄아래ᄒᆫ번이ᄒ호고죽기쳥ᄒ오니오직셩명은블샹히너겨슬피오쇼셔처엄봉샹이죽게되온ᄢ녀의신이ᄆ의ᄒ오디의부의가셰디" 로통명을극진히ᄒ다가이졔문화멸망ᄒ여신돌하놀이현마이ᄒ혈속을ᄆ자쯘허삼디일시예의지업ᄉ원귀되랴셔브와져롤망명ᄒ게ᄒ여습더니그후멱소ᄭ희셔빅셩들의면ᄂ말을듯ᄌ오니경종대왕겨오셔본도보ᄉ쟝 계못ᄒ온견의 면지롤여러날ᄂ리오시다아니ᄒ오시다가인ᄒ야그만ᄒ오시다ᄒ오니이ᄂ경묘의호ᄒ시ᄂ은덕이하놀ᄌ오시고을ᄉ년의니러셩샹이군하의말솜을기ᄃ리디아니ᄒ오샤의뷔츰내졀ᄉ가너기오셔방손을녹용 디 오시고믯녀의신이봉샹을두리읍고 궐하의와디명ᄒ오니셩샹이져롤블러위로ᄒ오시믈가인부ᄌ나다루디아니케	충청도 부여현에 사는 고(故) 영부사(領府事) 신(臣) 이이명(李頤命)의 처 김씨 위의 상언은, 이 몸이 천지간에 용납하지 못할 죄를 짓고 천고에 없는 이 은혜를 입어 모진 목숨이 일괴육(一塊肉, 즉 손자 봉상)을 위하여 스러지지 못하고 이제까지 세상에 머물러 밤 낮 성은만 축수하였는데 천만몽매 밖에 손자 봉상(鳳祥)을 사헌부에서 탄핵하여 극한 법률로 처단하겠다 하고 또 시동생 익명(益命)을 봉상이 망명할 때에 알았다 하고 중죄를 주겠다 하는 기별을 듣고 이 몸이 바로 죽어 먼저 모르려 하다가 다시 생각하니 이 하늘과 땅 같이 끝없는 원혹(冤酷)을 어진 하늘 아래 두려워하여 머뭇거려 죄가 없음을 밝혀 말하지 못하고 그만하여 끝나버리면 당초 특명(特命)으로 살리신 성은을 저버릴 뿐 아니라 또 이 몸이 혼자 입을 죄를 아무 잘못 없는 익명이 뜻밖에 받게 되었사오니, 실로 지하에 돌아가 지아비를 뵐 낯이 없어 지금 충청도 부여 땅으로부터 촌촌전진하여 감히 성상 아래 한 번 슬프게 부르짖고 죽기를 청하니 오직 성상의 밝은 지혜로불쌍히 여겨 살펴주십시오. 처음 봉상이 죽게 된 때 이 몸이 마음에 생각하되, 지아비의 가대세대로 충정을 극진히 하다가 이제 문호가 멸망하게 가대세대로 충정을 극진히 하다가 이제 문호가멸망하게 되었을지언정 하늘이 설마 이 혈속을 마저 끊어 삼대를 일시에 의지 없는 원귀가 되게 하랴 싶어 저(즉, 봉상)를 망명하게 하였는데 그 후 귀양지에서 백성들이 전하는 말을 들으니 경종대왕께서 충청도에서 올린 보사장계(報事狀啓)대로 못하게 한, 이전의 전지(傳旨)를 여러 날 내리 지 않으시다가 인하여 그만하신다 하니 이는 경묘(景廟)의 호생지덕(好生之德, 사형에 처할 죄인을 살려주는 제왕의 덕)이 하늘 같으시고 을사년(즉, 1725년)에 이르러 성상이 많은 신하의 말씀을 기다리지 아니하시어 (제) 지아비가 끝끝내 자손이 끊어졌는가 여기셔서 방손(傍孫, 즉 손자봉상)을 관직에 기용까지 하시고 또 이 몸이 봉상을 데리고 대궐 아래에 와처벌을 기다리니 성상이 저(즉, 봉상)를 불러 위로하심을 집

ᄒᆞ오시고녀의신을디명말라ᄉᆞᆯ디ᄒᆞ오시니이
ᄂᆞᆫ고금의업ᄉᆞ온 은악이라셰셰셩에몸을ᄋᆞ고
글리되야도죡히갑디못ᄒᆞ올거시니오ᄂᆞᆯ날와
ᄒᆞᆫ 번죽기롤어이감히ᄉᆞ양ᄒᆞ오리잇가ᄆᆞ다만
셩샹의이러ᄐᆞᆺ오신 셩덕이ᄒᆞᆫ갓고과롤블샹히
너기시미아니라진실노의ᄇᆔ펴일의ᄂᆞ라위ᄒᆞ
야진욥던졍셩을 구버싱각ᄒᆞ오셔십년샹약의
우국망가라ᄒᆞ오시고관일지튱이잇다ᄒᆞ오셔
일로브ᄃᆡ혈쇽이나ᄯᅳᆫ티마라셜워ᄒᆞ며쥬리ᄂᆞᆫ
귀신이되다아니과져ᄒᆞ오시ᄂᆞ가ᄂᆞ이다이러
ᄒᆞ온거슬이졀ᄉᆞ 들이ᄆᆞ자죽여업시 랴ᄒᆞ오니
이ᄂᆞᆫ셩샹의호셩시ᄂᆞᆫ덕이도로혀져희ᄉᆞ원슈
갑ᄂᆞᆫ거시될가셜 워ᄒᆞ이다ᄯᅩ의부뎨익명은임
인년뉴월초이일튱쳥도홍산따로로셔견나도
광 쥐몀소로바로가ᄋᆞᆸ고녀의신만혼자봉샹을
드리ᄋᆞᆸ고부여히잇습더니뉴월스무이튼날의
부묘하의보내여습다가ᄀᆞᆫ두어날후의ᄌᆞ긔지
의연좌긔별듯즙고녀의신이ᄀᆞᄆᆞᆫ이봉샹의잇
ᄃᆡ로통 ᄒᆞ야그리로셔나가게ᄒᆞ야ᄉᆞ오니이다
녀의신의ᄒᆞ온일이오며셜ᄉᆞ의논우랴ᄒᆞ와도
익명의귀향가온짜히샹게ᄉᆞ오빅니오니ᄒᆞᆫ집
안사롬이라도모ᄅᆞ게ᄒᆞ고져ᄒᆞᆸ거든어이오뉵
일명의셔왕복ᄒᆞ야사룸의이목을번거케ᄒᆞ오
리잇가ᄯᅩ그익명이독호ᄂᆞ질을어더인ᄉᆞ모ᄅᆞ
오니이ᄂᆞᆫ압거ᄒᆞ뎐나롤이아ᄂᆞᆫ일이오니비록
ᄒᆞᆫ집의잇ᄉᆞ와도병이인ᄉᆞ모ᄅᆞ온후ᄂᆞᆫ이런일
을의논을못ᄒᆞ오려ᄂᆞᆫ몰며먼니셔엇디아오리
잇가이ᄂᆞᆫ녀의신이손조쥬댱ᄒᆞ온일이오니실
노의부뎨익명의게간셥ᄒᆞᆫ배죠곰도업ᄉᆞᆸ니
다이ᄂᆞᆫ시졀사룸들이녀의신을죽여ᄂᆞᆫ블관우
오매익명을ᄆᆞ자죽여노쇼업시젹족ᄒᆞ게ᄒᆞ려
ᄒᆞ고브ᄃᆡ익명의게로억늑ᄒᆞ야모라보내오니
이아니지원극통ᄒᆞ오니잇가녀의신이만번죽
기 양티아니 ᄒᆞ고부월의업듸기 쳥ᄒᆞ오니브
라ᄂᆞ니텬디부모ᄂᆞᆫ특별히이원혹ᄒᆞᆫ졍ᄉᆞ슬피
오셔마치녀의신만버히오시고봉샹의명을빌
리오셔의부의혈ᄉᆞ닛고의부뎨익명을난횡니
ᄒᆞ화롤면케ᄒᆞ오쇼셔

옹졍오년십월 일

안의 부자 관계나 다르지 않게 하시고 이 몸에게 처벌을 기
다리지 말라고까지 하시니 이는 고금에 없는 제왕의 은덕
이라. 몇 번을 다시 태어나 몸을 부수고 뼈가 가루가 되어
도 족히 갚지 못할 것이니 오늘날 와 한 번 죽기를 어찌 감
히 사양하겠습니까마는 다만 성상의 이렇듯 한 성덕이 한
갓 외로운 과부 신세를 불쌍히 여기심이 아니라 진실로 (제)
지아비가 평소에 나라를 위하여 몸 바치고 애쓴 정성을 굽어
생각하시어 '십년상약(十年相若)의 우국망가(憂國忘家)'라 하
시고 '관일 지충(貫日之忠)'이 있다 하시어 이로 부디 한 혈
속이나 끊지 말아서 서러워하며 주리는 귀신이 되지 않기
를 바라시는가 합니다. 이러한 것을 시절 사람들이 (봉상과
익명을) 마저 죽여 없이 하려 하니 이는 성상의 호생지덕이
도리어 저희 개인의 사사로운 원수 갚는 것이 될까 서럽습
니다. 또 시동생 익명은 임인년(즉, 1722년) 유월 초이튼날
충청도 홍산(부여) 땅으로부터 전라도 광주 귀양지로 바로
가고, 이 몸만 혼자 봉상을 데리고 부여 땅에 있었는데 유
월 스무이튼날에 부묘하(夫墓下)에 보내었다가 간 두어 날
후에 아들 기지(器之)가 연루되었다는 기별을 듣고 이 몸이
가만히 봉상이 있는 데로 통하여 거기에서 나가게 하였으
니 이것이 다 이 몸이 한 일이며 설사 (익명과) 의논하려 해
도익명이 귀양 간 땅이, 떨어져 있는 거리가 사오백 리이니
한 집사안람 이라도 모르게 하고자 하거든 어찌 오륙 일 사
이에 왕복하여 사람의 이목을 소란하고 어지럽게 하겠습니
까. 또 그때 익명이 독한 이질을 얻어 인사불성이었는데, 이
는 압송하여 가던 나졸이 아는 일이니 비록 한 집에 있어도
병으로 인사불성이었던 후에는 이런 일을 의논하지 못할
것인데 하물며 멀리서 (익명이) 어찌 알았겠습니까.

이는 이 몸이 직접 주장한 일이니 실로 시동생 익명은 간
섭한 바가 조금도 없습니다. 이는 시절 사람들이 이 몸을 죽
여서는 관계하지 아니하니 익명을 마저 죽여 노소에 상관
없이 일족을 멸망시키려 하고, 기어이 익명에게로 부당하
게 강제 하여 몰아 보내니 이 아니 지극히 원통하지 않겠습
니까. 이 몸이 만 번 죽기를 사양하지 아니하고 부(鉞斧鉞)
에 엎드리기를 청하니, 바라오니 천지부모(天地父母, 즉 성
상)께서는 특별히 이 원혹(寃酷)한 정사를 살피십시오. 마땅
히 이 몸만 베시고 봉상의 목숨은 살리시어 (손자 봉상은)
지아비의 혈통을 잇고, 시동생 익명은 뜻밖에 재앙을 당하
는 화를 면하게 해주십시오.

-옹정 오년 시월 일 [1727년 10월]

다음 자료는 고령 신씨 집안에서 15세기에 설씨 부인(1429~1508)이 쓴 것이라 하여 대대로 보관해 온 것으로 배경 지식과 문학적 감수성과 한글 사용의 실용성이 결합된 매우 중요한 한글 문헌이다.[6]

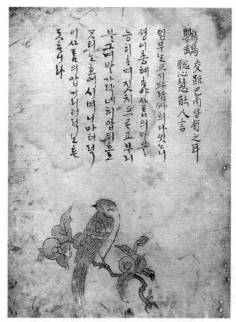

[사진 2] 화조도 병풍 가운데 여덟 번째 '앵무'

1) 원문4

　鸚鵡 交趾巴南 皆有之 耳聰心慧 能人言

　앵무새는 교지와 파남에 모두 있으니 총명하고 지혜로워 사람 말을 잘한다.

6　자료를 제공해 준 고령 신씨 신방수, 신경식 두 분과 판독과 번역을 함께 해 주신 김봉좌 선생님께 감사 드린다. 화조도에 대해서는 김슬옹·이기범 엮음(2020: 96~114) 참조.

잉무는교지파람짜희다잇누니
셩이총혜ᄒᆞ야사롬의말을
능히ᄎᆞ며짓치프르고부리
블그며발가락네히압뒤흐로
ᄀᆞᆺ티는호여시며니마터럭
이사롬의압머리터럭는혼
　돗ᄒᆞ니라

2) 재구성
　잉무(鸚鵡)는 교지(交趾)[7] 파람(巴南)[8] 짜희 다 잇누니
　셩(性)이 총혜(聰慧)ᄒᆞ야 사롬의 말을 능히 ᄒᆞ며
　짓치 프르고 부리 블그며 발가락 네히 압뒤흐로 ᄀᆞᆺ티 는호여시며
　니마 터럭이 사롬의 압머리터럭 는혼 돗ᄒᆞ니라

3) 현대어역
　앵무새는 교지와 파남 땅에 모두 있나니, 성정이 총명하고 지혜로워 사람의
말을 잘하며,
　깃털이 푸르고 부리가 붉으며 발가락 넷이 앞뒷쪽으로 똑같이 나뉘었으며
　이마털이 사람의 앞머리카락을 나눈 듯하니라.

　이밖에 다음과 같은 생활 자료는 소소하지만 한글의 실질적, 실용적 가치
를 잘 보여주는 자료들이다.

7　교지: 중국 남방 오랑캐의 땅 이름. 前漢의 武帝가 南越을 멸망시키고 설치한 군(郡)의 이름으
　　로 후에 교주(交州)로 개칭하다. 현재의 베트남 북부 통킹·하노이 지방의 옛 이름.
8　파남: 중국의 남쪽지방 이름.

[표 6] 여성 관련 직간접 한글 자료(홍윤표. 2016. 《한글》. 세창출판사. 142~190쪽 사진 자료 모음)

구분	도구	특징
식생활	목판	조심하여 사용해 달라는 당부의 말이 밑부분에 한글 기록
	소반	목적에 맞게 사용하고 쉽게 정리하기 위하여 물건의 위치가 한글 기록
	제기 사발	수강궁에서 사용한 제기용 사발
	분청사기	"라랴러려로료루"라는 한글이 새겨져 있음
	한글 보자기	사리그릇을 싼 보자기에 축원문 한글 기록
	해주 항아리	사람이름 등이 한글로 기록
	떡살	문양이 한글 조각
주생활	한글 기와/ 수막새	기와 구운곳의 지명을 한글 기록
의생활	버선본	발을 따듯하게 하는 것이 건강의 비결로 알아 부모에게 만들어 드린 버선본으로 효심을 엿볼 수 있음
남성생활	옹기술병과 문자	'술을 대두 한 말'이라 기록되어 있는 걸로 옹기장이도 한글을 잘 알고 있음
	담뱃대와 한글	담뱃대에 상감형식으로 장식을 한 곳에 '오매', '풍진'이란 한글을 새겨 넣음
여성생활	다듬잇돌	'수복강녕'이란 말이 다듬잇돌 앞면에 한글로 새김
	시루와 한글	좋은 시루임을 알리기 위해 도공이 써 넣은 글이 한글로 기록
	실패와 한글	방각본 소설에서 볼 수 있는 한글로 '어필연'이라 새김
	한글 의양단자	'의양'이란 옷의 치수를 말하고 '단자'는 내용을 적은 문서를 말하는데 이른 한글로 기록
종교생활	당사주⟨1⟩, ⟨2⟩	당사주는 사람의 생년, 생월, 생시와 천상에 있다고 하는 12운행에 따라 인생의 길흉을 점치는 방식을 나타낸 그림
	부적⟨1⟩, ⟨2⟩	부적은 종이에 글씨, 그림. 기호 등을 그린 것으로 그것이 악귀를 쫓거나 복을 가져다준다고 믿는 주술을 위한 도구
놀이생활	윷판	윷판에 한글로 각 자리 이름이 기록
	승경도	종경도, 승정도, 종정도라고도 하는 승경도는 '벼슬살이하는 그림'이란 뜻의 관직명이 적힌 그림
	오행점 윷	'금, 목, 수, 화'가 한글 음각으로 새김

1.4. 주요 연구사

조선시대 여성들의 한글 사용은 크게 두 가지 방향에서 연구되어 왔다. 하나는 어문생활사 측면에서, 또 하나는 이른바 내간체, 규방 문학으로 규정되는 문학사 측면에서다.

조선시대 여성의 한글 사용의 가치를 본격적으로 언급한 것은 강윤호(1958)의 "이조여성의 한글보존.《한국여성문화논총》. 이화여자대학교."에서이다.[9] 강윤호는 "《규방》이라는 말 또는《규수》,《내방》이라는 말들이 가지고 있는 어의는 지난날의 여성을 잘 표현하여 주는 비극적 어사(語辭)(259쪽)"로 조선시대 여성들의 한글 사용은 "그 당시로는 불구적인 언어생활(259쪽)"이라고 하여 남성, 한문 위주의 시대상에 비추어 "우리 국자(國字)를 간직하여 주었던 조선 여성들에 대한 감사의 뜻은 크고 또 깊은 것"이라고 평가했다. 이런 여성들의 한글 사용의 긍정성은 훈민정음 창제 이후에도 남성들이 외래 문자인 한자에 대한 애착과 미련을 버리지 못한 부정성에서 반면교사된 것으로 보았다.

따라서 이경하(2004)의 "여성문학사 서술의 문제점과 해결방향. 서울대학교 박사학위논문. 146쪽"에서 "문예적 어문활동과 일상적 어문활동을 대등하게 다루면서 그 둘의 관계에 주목하는 어문생활의 관점은 현대 여성문학사에서도 적용 가능하고 또 필요하다."라고 강조한 것은 매우 의미가 있다.

---

9 이경하(2004)의 "여성문학사 서술의 문제점과 해결방향. 서울대학교 박사학위논문. 44~45쪽"에서 언급한 바 있다.

조선시대 여성과 한글 발전

1.4.1. 어문생활사 차원의 연구

언어생활 가운데 문자 중심의 생활을 '어문생활'이라 한다.

(1) 어문생활사 중심 연구의 흐름

어문생활사 측면에서 조선시대 여성들의 한글 사용 자체를 본격적으로 다루기 시작한 것은 김일근(1961) 외 일련의 논저에서 여성의 한글 사용 문건에 주목하면서이다.

김일근(1959).《解說·校註 李朝御筆諺簡集》. 신흥출판사.
김일근(1961). 仁穆大妃 述懷文의 紹介와 몇 가지 問題.《국어국문학》23. 국어국문학회.
김일근(1971). 정경부인 이씨제문: 충무공 윤숙의 한글 제처문.《인문과학논총》9. 건국대학교인문과학연구소.
김일근(1972). 癸丑日記 新攷.《국어국문학》55-57합집호. 국어국문학회.
김일근(1972). 인목대비의 술회문을 공개하면서.《문학사상》2. 문학사상사.
김일근(1976). 정경부인 이씨 제문.《인문과학논총》9. 건국대.
김일근(1976). 貞敬夫人 李氏 祭文-忠肅公 尹塾의 한글 祭妻文-.《인문과학논총》9집. 건국대학교 인문과학연구소.
김일근(1986).《諺簡의 硏究: 한글書簡의 硏究와 資料集成》. 건국대학교 출판부.
김일근(1988). 政法文書의 한글 實用攷 - 한글 古文書學 序說.《증정 언간의 연구 - 한글서간의 연구와 자료집성》. 건국대학교출판부.
김일근(1991).《諺簡의 硏究(三訂版)》. 건국대학교출판부.

이러한 논저가 여성 한글 역사에서 중요한 것은 1970년대까지 나온 국어사나 국어생활사 관련 논저에서 여성의 한글 사용에 주목하지 않았다는 사실에서 드러난다.

이윤재(1932). 한글運動의回顧 1-4. 《東亞日報》 10월 28일-11월 1일. 동아일보사.

김윤경(1938). 《朝鮮文字及語學史》. 조선기념도서출판관.

오구라 신페이(小倉進平)(1940). 《增訂補注 朝鮮語學史》. 東京: 刀江書院.

윤형기(1941). 《朝鮮文字解說》. 미간행영인본.

최현배(1942). 《한글갈》. 정음사.

방진수(1949). 《朝鮮文字發展史》. 대양프린트사.

이탁(1958). 《國語學論攷》. 정음사.

김형규(1957). 《國語史: 國語史及國語學史》. 백영사.

이기문(1961). 《國語史槪說》. 민중서관.

이기문(1972). 《國語史槪說(개정판)》. 민중서관.

최현배(1961). 《고친 한글갈》. 정음사.

김형규(1962). 國語史 硏究. 서울대학교 대학원 박사 논문.

김형규(1962). 《國語史硏究》. 일조각.

이기문(1963). 《國語表記法의 歷史的硏究》. 한국연구원.

김윤경(1963). 《새로 지은 국어학사》. 을유문화사.

방종현(1963). 《一蓑國語學論集》. 민중서관.

홍기문(1946). 《正音發達史》 상·하 합본. 서울신문사 출판국.[10]

허웅(1974). 《한글과 민족 문화》. 세종대왕기념사업회.

김윤경(1948). 《韓國文字及語學史》. 동국문화사.

김일근(1959)의 논저는 여성의 한글 역사에 주목하게 만든 의의 외에 훈민정음 역사와 실제 사료에 입각한 어문생활사에 주목하게 하는 의의와 가치가 있었다. 김일근(1959)은 왕실 여성의 한글 사용 사례를 소개한 수준이었지만 이에 대한 꾸준한 자료 발굴과 연구로 김일근(1991)에 이르러서는 학술적 분석과 각종 문헌의 판독과 번역이 함께 이루어졌다는 데 더 큰 의미가 있다.

이런 의의와 더불어 초기 연구는 두 가지 방향에서 발전해 갔다. 하나는 왕

---

10 주해서: 홍기문 원저/이상규의 주해(2016). 《증보정음발달사》. 역락.

실 여성들의 공적 사용에 주목하게 한 것이며 또 하나는 때마침 발견된 여성들의 한글 편지에 주목하게 한 것이다.

여성의 한글의 공적 사용에 본격적으로 주목한 논저는 다음과 같다.

이근수(1978). 朝鮮朝의 語文政策 硏究. 고려대 박사 논문.

이근수(1987).《朝鮮朝의 語文政策 硏究(개정판)》. 홍익대학교출판부.

이승희(2000). 규장각 소장본 '純元王后 한글편지'의 고찰.《규장각》23. 서울대학교 규장각 한국학연구원.

이경하(2003). 15~16세기 왕후의 국문 글쓰기에 관한 문헌적고찰.《한국고전여성문학연구》7. 한국고전여성문학회.

백두현(2004). 조선 시대 여성의 문자 생활 연구: 조선왕조실록 및 한글 필사본을 중심으로.《진단학보》97호. 진단학회

김슬옹(2005).《조선왕조실록》에 나타난 여성의 언문사용 양상과 의미. 한일 수교 40주년 기념 국제한국언어문화학회 일본 학술대회.《한일 신시대와 일본에서의 한국언어문화》. 국제한국언어문화학회. 일본: 교토 호텔.

김슬옹(2005).《조선왕조실록》의 한글 관련 기사를 통해 본 문자생활 연구. 상명대학교 국어국문학과 박사 논문.

이종덕(2005). 17세기 왕실 언간의 국어학적 연구. 서울시립대 박사 논문.

정하영(2006). 신발굴 자료 해제 및 소개 : 숙종 계비 인원왕후(仁元王后)의 한글 기록:《션군유사(先君遺事)》와《션비유사(先妣遺事)》.《한국문화연구》11권. 이화여자대학교 한국문화연구원.

이승희(2008). '순원왕후 한글편지'의 자료적 특성에 대한 일고찰.《한국문화》44. 서울대 규장학한국학연구소.

이기대(2009). 한글편지에 나타난 순원왕후의 일상과 가족.《한국고전여성문학연구》18권. 한국고전여성문학회.

김봉좌(2011). 조선시대 유교의례 관련 한글 문헌 연구. 한국학중앙연구원 한국학대학원 박사 논문.

이기대(2011). 19세기 왕실 여성의 한글편지에 나타난 공적(公的)인 성격과 그 문화적 기반.《어문논집》48집. 중앙어문학회.

이승희(2013). 조선 후기 왕실 여성의 한글 사용 양상.《한국문화》61. 규장각한국학연구소.

이종덕(2016). 명온공주와 익종이 주고받은 편지.《말과 글》146호. 한국어문기자

협회.

이종덕(2017). 인현왕후의 한글편지.《말과 글》 152호. 한국어문기자협회.

이종덕(2017). 정순왕후의 한글편지.《말과 글》 153호. 한국어문기자협회.

이근수(1978/1979)는 조선조 훈민정음 보급 정책과 사용 양상에 대한 최초의 박사 논문으로 언문청, 정음청 등의 보급 기관과 그 사업, 훈민정음 보급 방책, 언문교서, 언문유지, 언지 등을 활용한 훈민정음, 언간을 활용한 훈민정음의 보급, 윤음, 소령(詔令) 등으로 훈민정음 사용 양상과 의미 등을 밝혔다. 이 연구는 여성들의 한글 사용만을 다룬 논저는 아니지만 왕실 여성의 언문 사용 공적 측면을 부각시켰다는 데 의미가 있다.

김일근(1986/1988나: 306~352)에서는 한글의 공식 문서를 '정법문서(政法文書)'라 규정하고 실록 기록을 각 왕별로 분류하여 주요 언문 사건을 정리, 분석하였다.

왕실 여성들의 한글 사용 문제에 대한 논저로는 김일근(1991), 이경하(2003), 백두현(2004), 김슬옹(2005), 이승희(2013), 이종덕(2005), 정하영(2006), 이승희(2000), 이승희(2008), 이기대(2009), 이기대(2011), 김봉좌(2011) 등이 있다. 김일근(1991)은 조선시대 여성들의 언문 쓰기를 본격적으로 조명한 고전과도 같은 논저다. '언간' 중심의 연구와 자료지만 실록 자료와 연계하여 왕실 여성들의 한글 쓰기 역사도 드러냈다. 이경하(2003)는 대비전의 언서들을 "정치적인 공적 글쓰기(412쪽)"에 주목한 본격적인 논저다. 이들 자료들은 한글 1차 자료는 아니지만 사관들 기록 태도로 볼 때 언문 사용의 신빙성을 보여주는 자료로 보았다. 15세기는 궁녀를 중심으로 하는 일반 여성들의 한글 쓰기를 다룬 것이고 왕실 여성들의 한글 사용이 드러난 것은 16세기로 보았다. 특히 인종비 인성왕후(1514~1577)의 한글 쓰기 양상은 16세기 중엽에 궁중 여성들이 쓰는 한글이 생활화 되고 있음을 보여주는 표징으로 보았다.

백두현(2004)의 연구는 생활사 차원에서 왕실 여성의 한글 사용 역사를 치밀하게 규명한 대표적 논저다. 이 무렵 조선왕조실록 검색이 가능한 CD가 동방미디어에서 출시되어 실록에 대한 종합적 연구가 가능했고 이를 바탕으로 왕실 여성들의 한글 사용 양상을 규명했다. 김슬옹(2005ㄴㄷ)은 실록 한글 자료를 모두 뽑아내 범위를 확대하고 왕실 여성의 한글 사용이 제도 차원, 공적 차원에서 어떤 의미가 있는가를 집중 조명했다. [표7]은 김슬옹(2005ㄴㄷ)에서의 조사 결과를 좀 더 수정 보완한 것이다. 조선왕조실록에서의 한글 관련 기사 수는 한글을 직접 언급하지 않았지만 한글이 포함된 문헌(내훈 등)을 어떻게 보느냐에 따라 달라질 수 있다.

[표 7]《조선왕조실록》에 나오는 한글 관련 왕별 기사 수

왕	등장횟수	비율(%)	왕	등장횟수	비율(%)
세종	27	2.7	효종	7	0.7
문종	11	1.1	현종	27	2.7
단종	8	0.8	숙종	133	13.2
세조	34	3.4	경종	21	2.1
예종	1	0.1	영조	94	9.3
성종	59	5.8	정조	108	10.7
연산	36	3.6	순조	54	5.3
중종	85	8.4	헌종	8	0.8
인종	3	0.3	철종	3	0.3
명종	41	4.1	고종	42	4.2
선조	98	9.7	순종	3	0.3
광해	75	7.4	합계	1,010	100
인조	42	4.2			

실록을 바탕으로 한 이런 연구는 역사적, 사회적 배경 속에서 한글 사용 맥락과 의미를 밝히는 것은 매우 가치가 있는 일이지만 2차 한문 자료를 바탕으로 하여 실제 한글 자료에 대한 연구가 아니라는 한계가 있다. 실제 왕실 자료를 바탕으로 한 종합적 연구로는 이종덕(2005), 이기대(2011), 이승희(2013), 김봉좌(2011) 등이 있다.

(2) 여성 계층별 연구

더딘 한글 발전 역사에서 매우 주도적이면서도 결정적인 역할을 한 이들이 여성들이었다. 피지배 계층 여성들은 남성들과 마찬가지로 조선말까지 대부분 절대 문맹이었으므로 왕실 여성과 양반가의 여성들이 한글 사용과 발전에 주된 역할을 하게 된다.

> 훈민정음이 창제되기는 했으나 이미 굳어진 한문의 지위는 좀처럼 흔들리지 않았다. 훈민정음은 창제 당초부터 언문이라 불리어 한문의 중압 밑에 놓이게 되었다. 士大夫 계층은 여전히 한문을 썼고 그 중의 소수만이 언문에 관심을 보였는데, 이런 사람들도 특수한 경우에만 이것을 사용하였다. 즉 그 사용은 주로 시가(時調·歌辭 등)의 표기, 한문 서적의 번역(諺解) 등에 국한되어 있었다. 이것은 언문이 예전의 鄕札이나 吏讀의 지위를 물려받았음을 보여주는 것이다. 그러나 언문이 진작부터 궁중 나인들 사이에 사용되었고 차츰 사대부 계층의 부녀자들 사이에 보급되었음은 특기할 만한 사실이다. 그리고 느리기는 했으나, 평민들 사이에도 점차 뿌리를 박기 시작했던 것이다. 그러나 이 문자가 온 국민의 문자로서의 지위를 확립한 것은 19세기와 20세기의 교체기에 와서의 일이다. 이 때에 국문(뒤에는 한글)이란 이름이 일반화되었고 言文一致의 이상을 적극적으로 추구하게 되었던 것이다. _이기문(1998).《국어사개설》. 태학사. 70~71쪽.

이러한 서술은 거대한 흐름은 맞지만 세부적으로는 오해의 여지도 있다. "사대부 계층은 여전히 한문을 썼고"는 "사대부 계층은 학문과 공용 문자로는 한문을 썼고"라고 해야 한다. 대부분의 사대부들은 한문과 한글을 서로 다른 곳에 썼지 한문만 쓴 것은 아니었기 때문이다.

먼저 주목할 계층은 한글을 사용하는 왕실 여성들이다. 조선시대 훈민정음은 1894년에 고종이 주류 공용 문자로 선언하였지만 사실 조선이 패망할 때까지 비주류 문자로 머물렀다. 이런 과정에서 훈민정음 발달에 실질적인 힘을 발휘한 것은 왕실 여성들이 공식 문서에서 훈민정음을 주로 사용했다는 것이다. 조선시대 양반 사대부 남성들은 한문, 이두, 언문을 두루 사용할 줄 아는 다중언어주의자였다. 중인 남성들은 이두, 언문을 두루 사용하고 한문 사용이 가능했고, 평민이나 천민 남성들의 일부가 언문만 사용 가능했다. 그런데 지배층 여성들은 훈민정음(언문)을 두루 썼고 한문 사용이 가능했다. 중요한 것은 이들 왕실 여성들이 공용 문서에서 거의 다 훈민정음만을 사용했다는 점이다. 비록 여성이었지만 권력을 가지고 있었던 왕실 여성들의 훈민정음 사용은 여러 측면에서 훈민정음 사용을 촉진하는 계기가 되었다.[11] 남성 사대부 관리들과의 소통에서 다음과 같은 원칙이 지켜졌기 때문이다.

(1) 여성이 남성에게 글말을 전달할 때는 반드시 훈민정음을 사용했다.
(2) 남성이 여성에게 글말을 전달할 때도 반드시 훈민정음을 사용했다.

쌍방 소통이 중요하고 여성은 한글만 알고 있으므로 당연한 듯 하지만 이처럼 남성이 여성때문에 한글을 사용한다는 것 자체가 의미가 있다. 지금도 그렇지만 가벼운 편지라도 그 정도의 글쓰기 능력을 갖추기 위해서는 기본

---

11 양반가의 여성도 하층민에 비해서는 사회적 신분이 높았으므로 무조건 남존여비 시각으로만 볼 수 없는 점이 있다. 이에 대해서는 이순구(2015)의 "알고 보면 권력자. 조선의 양반 여성들-양반가의 여성생활. 규장각한국학연구원 편(2015). 《조선 양반의 일생》. 글항아리. 210~231쪽." 참조.

문해력을 넘어서야 한다. 양반들은 한자를 배우기 위해 한자음을 적어야 했기 때문에 기본 한글 문해력을 가지고 있었지만 편지 쓰기 정도까지 가능하기 위해서 한글 실력도 어느 정도 갖추었던 것으로 보인다.

더욱이 왕실에서도 대신들이 왕실 여성들한테 공문을 보낼 때 한글 문서로 보내야 했다는 것이 중요하다.

> 영평 부원군 윤개, 영의정 이준경, 좌의정 심통원, 우의정 이명, 좌찬성 홍섬(洪暹), 좌참찬 송기수, 우참찬 조언수, 병조 판서 권철, 이조 판서 오겸, 공조 판서 채세영, 예조 판서 박영준, 형조 판서 박충원, 대사헌 이탁, 부제학 김귀영, 대사간 박순이 언서로 중전에게 아뢰기를, ……(鈴平府院君尹漑, 領議政李浚慶, 左議政沈通源, 右議政李蓂, 左贊成洪暹, 左參贊宋麒壽, 右參贊趙彦秀, 兵曹判書權轍, 吏曹判書吳謙, 工曹判書蔡世英, 禮曹判書朴英俊, 刑曹判書朴忠元, 大司憲李鐸, 副提學金貴榮, 大司諫朴淳, 以諺書啓于中殿曰)《명종실록》 명종 20년(1565) 9월 17일.

이런 왕실 여성의 한글 사용에 주목한 주요 연구 논저는 이승희(2000), 이경하(2003), 백두현(2004)을 비롯하여 다음과 같다.

> 이근수(1979).《조선조의 어문 정책》. 개문사.
>
> 이승희(2000). 규장각 소장본 '純元王后 한글편지'의 고찰.《규장각》23. 서울대학교 규장각 한국학연구원.
>
> 이경하(2003). 15~16세기 왕후의 국문 글쓰기에 관한 문헌적고찰.《한국고전여성문학연구》7. 한국고전여성문학회.
>
> 백두현(2004). 조선 시대 여성의 문자 생활 연구: 조선왕조실록 및 한글 필사본을 중심으로.《진단학보》97호. 진단학회.
>
> 김슬옹(2005).《조선왕조실록》의 한글 관련 기사를 통해 본 문자생활 연구. 상명대학교 국어국문학과 박사 논문.[12]

---

12 단행본 "김슬옹(2005).《조선시대 언문의 제도적 사용 연구》. 한국문화사."로 출판되었다.

조선시대 여성과 한글 발전

이종덕(2005). 17세기 왕실 언간의 국어학적 연구. 서울시립대 박사 논문.

정하영(2006). 신발굴 자료 해제 및 소개; 숙종 계비 인원왕후(仁元王后)의 한글 기록: 《선군유사(先君遺事)》와 《션비유사(先妣遺事)》. 《한국문화연구》 11권. 이화여자대학교 한국문화연구원.

이승희(2008). '순원왕후 한글편지'의 자료적 특성에 대한 일고찰. 《한국문화》 44. 서울대 규장학한국학연구소.

이기대(2009). 한글편지에 나타난 순원왕후의 일상과 가족. 《한국고전여성문학연구》 18권. 한국고전여성문학회.

이기대(2011). 19세기 왕실 여성의 한글편지에 나타난 공적(公的)인 성격과 그 문화적 기반. 《어문논집》 48집. 중앙어문학회.

이승희(2013). 조선 후기 왕실 여성의 한글 사용 양상. 《한국문화》 61. 규장각한국학연구소.

이종덕(2016). 명온공주와 익종이 주고받은 편지. 《말과 글》 146호. 한국어문기자협회.

이종덕(2017). 인현왕후의 한글편지. 《말과 글》 152호. 한국어문기자협회.

이종덕(2017). 정순왕후의 한글편지. 《말과 글》 153호. 한국어문기자협회.

조선시대 여성들의 사회적 위치가 무척 열악했던 것만은 틀림이 없지만 그것을 단지 남존여비라는 일반적 틀로만 바라보아서는 안 된다. 일반적인 남존여비의 관계가 실제로는 계층 간의 관계에서는 재배치되는 것이다. 다시 말하면 동일 계층에서는 남존여비이지만 상위 계층의 여성과 하위 계층의 남성 사이는 오히려 그 반대의 관계가 성립할 수 있었다. 따라서 여성의 권력적 위치가 남성 위치에 따라 결정되는 법 때문에 여성 교서가 실제 권력을 지니게 되었음을 보여준다. 아울러 언문 교서가 여성의 정체성을 나타내거나 지키는 자리매김이 가능했던 것이다. 이는 조선시대 여성이 남편과의 관계가 내외법에 따라 규정되면서도 '어머니'라는 이름으로 가족 안에서의 위치가 재배치되는 이치와 같다.

이를테면 여성 관련 교지의 대부분이 왕비나 대비 등의 왕족 여성들이 쓴 것이었지만 이는 그 사용 주체가 누구이냐 이전에 공적 문서라는 점이 중요하다. 이들에게는 언문이 주된 문체였다. 이런 상황 때문에 언문을 암글이라 불렀던 것이고 그런 언문 의식에는 여성에 대한 낮춤 의식과 더불어 언문에 대한 낮춤 의식이 깔려 있다고 볼 수 있다.

그러나 이는 거꾸로 생각하면 언문 때문에 여성이 역사의 표면 위로 올라올 수 있었다는 해석이 가능하다. 다시 말하면 여성과 관련된 언문 사용은 언문 자체에 대한 낮춤 의식이 아니라 여성 자체에 대한 시대적 인식의 부산물이라는 것이다. 비록 이류 문자 차원이었지만 주류 양반 남성들도 언문을 삶의 주요 수단으로 사용했기 때문이다. 그리고 여성들이 한문만의 문체만을 썼다면 왕족 여성들의 교지를 사용한 수많은 권력 개입이 그렇게 활발할 수는 없었을 것이다. 더욱 중요한 것은 이러한 여성들은 정치와 밀접한 관련을 맺고 있었을 뿐 아니라 이런 교지의 대상은 대개 남성 관리들이었다는 점이다. 결국 가장 핵심적인 권력 기관에서 공적 문서로 쓰였다는 것은 그 실용적 가치를 지배 계층이 자연스럽게 받아들였음을 뜻한다.

왕실 여성들이 주로 공적 공간에서 한글을 적극적으로 사용하여 한글의 제도적 가치를 높이는 데에 이바지한 반면, 양반가 여성들은 주로 사적 공간에서 중요한 역할을 했다. 이에 관한 주된 논저는 다음과 같다.

이경하(2005). 17세기 상층 여성의 국문생활에 관한 문헌적 고찰 - 여성 대상 傳狀文, 碑誌文을 중심으로.《한국문학논총》39집. 한국문학연구회.

이순구(2015). 알고 보면 권력자. 조선의 양반 여성들 - 양반가의 여성생활. 규장각한 국학연구원 편(2015).《조선 양반의 일생》. 글항아리.

김영희(2017). 조선시대 한글 글쓰기 체계의 발전과 여성.《페미니즘연구》17권 2호. 한국연성연구소.

(3) 글 갈래별 훈민정음 사용에 대한 연구사

여성 관련 한글 문헌은 일단 기록 표기 문자에 따라 여성이 직접 한글로 남긴 문헌과 한글 문헌은 아니지만 왕조 실록처럼 여성의 한글 사용 양상을 보여주는 한문 문헌으로 나눌 수 있다.

글 갈래나 문헌 형식을 중심으로 보면 한글 문헌은 문학류와 비문학 실용 분야로 나눌 수 있다. 문학류는 문학사 연구에서 살피므로 비문학 쪽 갈래만 보기로 한다. 비문학은 각종 실용 분야의 연구를 말한다.

이 분야의 문헌으로 먼저 제문, 유서, 제례에 대한 연구 성과는 다음과 같다. (자세한 내용은 10장에서 다시 논의.)

• **제문, 유서**

김현룡(1964). 제문(祭文)에 關한 硏究-內房歌辭의 한 갈래로서-.《문호》3집. 건국대학교 국어국문학회.

김일근(1976). 정경부인 이씨제문: 충무공 윤숙의 한글 제처문.《인문과학논총》9. 건국대학교인문과학연구소.

김동규(1979). 제문가사연구.《여성문제연구》8. 대구효성가톨릭대학교 사회과학연구소.

김동규(1979). 祭文歌辭硏究-閨房歌辭 장르에 있어서.《여성문제연구》8집. 효성여자대학교 여성문제연구소.

강전섭(1980). 연안이씨 제문에 대하여.《어문학》39. 한국어문학회.

강재철(1986). 김부인 유서에 대하여.《한국학보》43집. 일지사.

이은영(1990). 16세기 사림파 제문연구. 이화여대 대학원 석사 논문.

김동규(1991). 제문가사 연구. 효성여자대학교 박사학위논문.

권호(1993). 碑誌·哀詞 및 遺書類 연구: 특히 한글 遺書類를 중심으로. 건국대 박사 논문.

류경숙(1996). 조선조 여성제문 연구. 충남대학교 대학원 박사학위논문.

박재만(1997). 제문가사 연구. 중앙대 대학원 석사 논문.

서원섭(1971). 회재선생 한글제문고.《어문논총》6. 경북대 국어국문학과.

최윤희(2008).《견문록》소재 한글 제문의 글쓰기 방식과 갈래적 범주.《한국고전여성문학연구》17.

안동민속박물관 편(1998).《안동의 한글제문》. 안동민속박물관.

임치균(1999). 서녕유씨부인 유서 연구.《고문서연구》15-1. 한국고문서학회.

나정순(2000). 전의 이씨 제문과《절명사》의 상관성 고찰.《한국고전여성문학연구》1
집. 한국고전여성문학회.

이은영(2002). 제문(祭文)에 있어서 정서의 형상화 방식 - 조선 초기의 제문을 중심으
로.《東洋禮學》9. 동양예학회.

이은영(2002). 제문의 구조와 미적 특질-이념와 정서의 결합 구상을 중심으로.《대동
한문학》16. 대동한문학회.

고연희(2003). 17세기 남성(男性)의 여성재현(女性再現) -김창협의 여성 애제문을 중심
으로-《퇴계학과 유교문화》32. 경북대학교 퇴계학연구소.

강혜선(2005). 조선후기 여성 대상 제문과 묘지명에 나타난 일상성 연구.《국문학연
구》13. 국문학회.

김미영(2006). 죽은 아내를 위한 선비의 제문(祭文) 연구.《실천민속학연구》8. 실천민
속학회.

이은영(2006). 애제문(哀祭文)의 특징과 변천과정.《東方漢文學》31. 동방한문학회.

정승혜(2013). 儒學 奇泰東이 죽은 누이를 위해 쓴 한글제문에 대하여.《국어사 연구》
17호. 국어사학회.

홍윤표(2013ㄱ). 한글 제문은 무엇을 어떻게 썼을까요.《한글이야기2: 한글과 문화》.
태학사.

홍윤표(2013ㄴ). 한글 제문은 누가 누구에게 썼을까요.《한글이야기2: 한글과 문화》.
태학사.

똑같은 죽음에 관한 글이지만 남의 죽음을 애도하는 제문과 본인이 죽기 전에 남긴 유서는 사뭇 다르다. 제문은 김현룡(1964), 김동규(1991), 박재민(1997)에서 분석한 것처럼 가사 양식으로 불리기도 하고 지금의 수필 양식으로 적은 것도 있고 갈래 양식이 다양하다. 홍윤표(2013ㄴ)의 "《한글이야기2: 한글과 문화》. 태학사. 220~278쪽."은 제문 양식부터 대상에 따른 다양한 제문 맥락을 보여주고 있다. 제문에 대한 연구는 조선시대 여성 제문을 종합적으로 검토한 류경숙(1996)과 제문, 유서 등을 통합적으로 다룬 권호(1993), 특

정 제문에 대한 분석(강전섭: 1990, 서원섭: 1971), 여성을 위한 남성 제문(고연희: 3003), 특정 시기의 제문(이은영: 1990) 등 다양하다.

유서에 대한 연구는 그 성격상 실제 남아 있는 특정인의 유서 연구에 집중하여 김부인 유서 분석(강재철: 1996), 서녕 유씨부인 유서(임치균: 1999) 등으로 유서의 비장함을 분석하고 있다.

• 의례

서울대학교 규장각 편(2005).《규장각 소장 분류별 의궤 해설집》. 서울대학교 규장각.

김문식·신병주(2005).《조선 왕실 기록문화의 꽃 의궤》. 돌베개.

오윤정(2008). 17세기《동국신속삼강행실도》연구:《동국신속삼강행실찬집청의궤》를 중심으로. 홍익대 대학원 석사 논문.

옥영정(2008). 한글본《뎡니의궤》의 서지적 분석.《서지학연구》39집. 서지학회.

옥영정(2009).《華城城役儀軌》의 한글자료에 관한 연구 -한글본《뎡니의궤》에 수록된 '화성성역'의 분석과 비교-.《서지학연구》42집. 서지학회.

옥영정(2009). 한글본《뎡니의궤》에 나타난 기록물의 轉寫와 註釋에 관한 연구.《서지학보》33호. 한국서지학회.

이화숙(2009). 조선시대 한글 의궤의 국어학적 연구-《ㅈ경뎐진작정례의궤》와《뎡니의궤》를 중심으로-. 대구가톨릭대학교 대학원 박사 논문.

강문식(2010). 규장각 소장 의궤(儀軌)의 현황과 특징.《조선왕조 의궤(儀軌) 학술심포지엄》. 국립문화재연구소.

김봉좌(2011). 조선시대 유교의례 관련 한글 문헌 연구. 한국학중앙연구원 한국학대학원 박사 논문.

의례는 행사에 대한 기록이므로 시대성과 역사성, 일상성을 고스란히 담고 있다. 여성 한글 사용 차원의 분석은 유교의례 전반에 걸친 생생한 자료 분석을 한 김봉좌(2011)가 유일하다. 특정 행사 관련 의궤 분석에 대한 여러 논저들은 여성의 한글 관련 분석은 아니지만 간접 관련 의미와 가치를 분석하고 있다.

• **상언**

문영호 엮음(2014). 《곤전어필, 정조어필한글편지첩, 김씨부인한글상언》(국립한글박물
　　　관 소장자료총서1). 국립한글박물관.

임형택(2004). 김씨 부인의 국문 상언-그 역사적 경위와 문학적 읽기. 《민족문학사연
　　　구》 25. 민족문학사학회·민족문학사연구소.

서경희(2006). 김씨 부인 상언을 통해 본 여성의 정치성과 글쓰기. 《한국고전여성문학
　　　연구》 12. 한국고전여성문학회.

정재훈(2014). 조선 후기의 한글과 여성-일상에서 정치까지(도록 해제). 문영호 엮음
　　　(2014). 《곤전어필, 정조어필한글편지첩, 김씨부인한글상언》(국립한글박
　　　물관 소장자료총서1). 국립한글박물관.

황수연(2016). 정치적 글쓰기에 나타난 조선 여성의 정체성. 이혜민 등 8인(2016) 《문자
　　　와 권력-동서양 공동체의 문자정책과 젠더 정체성》. 한국문화사.

　　상소문인 상언은 여성의 한글 사용 가운데서도 제도와 공식성이 두드러진 글쓰기다. 상소문은 한문만으로만 가능한 전형적인 양반 남성들을 위한 제도적 글쓰기이기 때문이다. 임진왜란 이후부터 양반 여성들의 한글 상언이 일정 부분 수용됐다는 것은 그만큼 절박한 사연이기도 했지만 한글 사용 확대 과정이기도 하다. 실록에 여러 건의 여성 상언이 보고(10장 시대별 분석 참조)되었지만 실제 상언이 남아 있는 경우는 드물어 대표적인 사례인 광산 김씨 상언 분석 논문이 두드러진다. 정재훈(2014)은 상언에 대한 종합 검토이다. 황수연(2016)은 김씨 부인 상언을 정치적 글쓰기로서 세밀하게 분석했다.

　　현재 남아 있는 일기류는 대부분 남성 중심의 한문 일기다. 오래 전인 정구복(1996), 정하영(1996), 염정섭(1997) 등에서도 이런 점이 지적되었지만 20년이 흐른 지금도 마찬가지다. 염정섭(1997)에서는 국립중앙도서관, 규장각, 장서각 소장 일기류를 대상으로 크게 한문 일기와 한글 일기, 남성일기와 여성일기로 나눠 그 목록을 제시하였다. 소소한 일상을 기록하는 이 분야에서도 남성은 한문, 여성은 한글이라는 이분법의 틀이 지켜지고 있다.

• 일기류

이우경(1989). 조선조 《일기문학》 연구. 이화여대 대학원 박사 논문.

이우경(1995). 《한국의 일기문학》. 집문당.

정구복(1996). 조선조 일기의 자료적 성격. 《정신문화연구》 65호. 한국정신문화연구원.

정하영(1996). 조선조 '일기'류 자료의 문학사적 의의. 《정신문화연구》 65호. 한국정신문화연구원.

염정섭(1997). 조선시대 일기류 자료의 성격과 분류. 《역사와 현실》 24호. 한국역사연구회.

정우봉(2016). 《조선 후기의 일기문학》. 소명출판.

한글로 표기된 일기류는 남성이 쓴 것과 여성이 쓴 일기로 나눌 수 있다.

[표 8] 일기류 창작자 성별 분류

작자 계층	제목(간행시기, 작자)
남성	남해견문록 북관노정록 산성일기(번역)
여성	계축일기 병자일기

다음은 특정 문헌별의 연구 성과이다.

• 계축일기

강한영 역주(1974). 《계축일기》. 을유문고.

강한영 역주(1981). 《계축일기》. 형설출판사.

조재현 옮김(2003). 《계축일기》. 서해문집.

전규태 주해(2005). 《계축일기》. 범우사.

김성해 해설(2005). 《계축일기》. 넥서스.

정은임 교주(2005). 《계축일기》. 이회문화사.

김일근(1972). 癸丑日記 新攷. 《국어국문학》 55~57합집호. 국어국문학회.

이병원(1986). 계축일기의 문체론적 연구. 《국어국문학》 96집. 국어국문학회.

민영대(1993). 계축일기. 《고전소설연구(황패강교수 정년퇴임기념논총)》. 일지사.

이순구(1998). 《癸丑日記》에 나타난 궁중생활상. 《사학연구》 55·56합집호. 한국사
　　　학회.

김정석(1999). 癸丑日記 人物性格 고(攷). 《우리어문연구》. 우리어문학회.

정병설(1999). 계축일기의 작가문제와 역사소설적 성격. 《고전문학연구》 15집. 한국고
　　　전문학회.

이영호(2006). 서술자의 측면에서 본 《계축일기》의 표현전략연구. 《고전문학과 교육》
　　　11집. 한국고전문학교육학회.

김정경(2007). 《계축일기》에 나타난 선악관 고찰. 《한국고전연구》 16. 한국고전연구
　　　학회.

정은임(2015). 《계축일기 연구》. 국학자료원.

　• 동명일기

이우경(1986). 《동명일기》의 여행과정과 표현이미지 분석. 《국어국문학》 96집. 국어국
　　　문학회.

김정경(2008). 《동명일기》 연구 -자연 인식과 자아 인식을 중심으로. 《국제어문》 44권.
　　　국제어문학회.

류준경(2007). 《의유당관북유람일기》의 텍스트 성격과 여성문학사적 가치. 《한국문학
　　　논총》 45집. 한국문학회.

이연성(1974). 의유당 관북유람일기의 연구. 이화여자대학교 대학원 석사학위논문.

　• 병자일기

전영대·박경신(1991). 《역주 병자일기》. 예전사.

안숙원(1999). 역사의 총체성과 여성 담론: 남평 曺氏의 《丙子日記》를 대상으로. 《여
　　　성문학연구》 2권. 한국여성문학학회.

박근필(2002). 《병자일기》를 통해 본 17세기 기후와 농업. 경북대 대학원 박사 논문.

정우봉(2012). 남평조씨 《병자일기》의 성격과 작품공간. 《한국고전여성문학연구》 25
　　　권. 한국고전여성문학회.

정우봉(2013). 19세기 여성일기 《병인양란록》의 작가와 작품세계. 《한국고전여성문학

연구》 26집. 한국고전여성문학회.

정우봉(2017). 분성군부인 허씨의 한글 일기 《건거지(巾車志)》 연구. 《한국고전여성문학연구》 34집. 월인.

신병주(2012). 16세기 일기 자료 《쇄미록(鎖尾錄)》연구- 저자 오희문(吳希文)의 피난기 생활상을 중심으로. 《조선시대사학보》 60집. 조선시대사학회.

이밖에 청나라 여행기인 연행록 가운데 한글 연행록이다.

황원구(1976). 연행록선집 해제. 《국역 연행록선집 I》. 민족문화추진회.

홍순학 외(조선)/심재왕 교주(1984). 《日東壯遊歌 燕行歌》. 敎文社.

김명호(1990). 《'熱河日記' 硏究》. 창작과비평사.

홍대용(조선)/김대준 편(1983). 《을병연행록》. 명지대학 출판부.

박지선(1995). 김창업의 《노가재연행록》 연구. 고려대 대학원 박사학위논문.

홍대용(조선)/조규익 외 주해(1997). 《주해 을병연행록》. 태학사.

조즙(조선)/최강현 역주(2000). 《계해수로조천록》. 신성출판사.

최강현 역주(2000). 《갑자수로조천록》. 신성조천록.

서유문(조선)/조규익 외 주해(2002). 《한글로 쓴 중국여행기-무오연행록》. 박이정.

조규익(2002). 《17세기 국문 사행록-죽천행록》. 박이정.

고운기(2004). 한글본 연행록의 제작 양상. 《열상고전연구》 20집. 열상고전연구회.

채송화(2013). 《을병연행록》 연구: 여성 독자와 관련하여. 서울대학교 대학원 석사 논문.

채송화(2014). 《을병연행록》과 여성 독자. 《민족문학사연구》 55호. 민족문학사 민족문학사연구소.

유춘동(2016). 한글연행록의 수집 현황과 활용 방안. 《열상고전연구》 50집.

여성들이 해외 여행을 할 수 없는 때였으므로 남성들이 한문으로 쓴 여행기가 전부다. 그나마 고운기(2004)의 분석대로 한문을 한글로 바꾸거나 한글로 쓴 여행기는 채송화(2013, 2014) 연구처럼 여성이 독자로 참여할 수 있으므로 여성의 어문생활과 연계된 작품이 된다.

[표 9] 한글 연행록 관련 논저_고운기(2004) 재구성

갈래	제목	저자	간행	소장	서지
한문→한글	승사록	황인점	정조 14년(1790) 5월 27일	연세대학교. 중앙도서관	3권 3책 각권 147쪽 한글 서체 필사본
	상봉록	강호부	1741년	연세대학교 중앙도서관	한문본: 사본 12권 6책 한글본: 사본 2책
	열하일기	박지원	1790년 10월에서 1791년 무렵 출현(고운기)	동경대학교	26권 10책
한글	을병연행록	홍대용	조선 영조	장서각도서	20권 20책
	무오연행록	서유문	정조 23년(1799)	장서각도서	6권

(4) 시대별 훈민정음 사용

세기별 여성의 훈민정음 문화에 미친 내용과 영향에 대한 연구로는 17세기 연구가 가장 많다. 여러 세기를 다룬 논저는 빼고 해당 시기만을 다룬 연구만을 살펴보면 다음과 같다.

• 15세기

이경하(2010). 15세기 상층여성의 문식성(literacy)과 읽기교재 《내훈》. 《정신문화연구》 118호. 한국학중앙연구원.

이경하(2003). 15~16세기 왕후의 국문 글쓰기에 관한 문헌적고찰. 《한국고전여성문학 연구》 7. 한국고전여성문학회.

• 16세기

이은영(1990). 16세기 사림파 제문연구. 이화여대 석사 논문.

박준석(1996). 16세기 청주 북일면 김씨묘 간찰의 선어말 어미. 동국대 대학원 석사 논문.

고영진(1991). 16세기 후반 喪祭禮書의 發展과 그 意義. 《규장각》 14집. 서울대학교 한국문화연구소.

고영진(1991). 16세기말 四禮書의 성립과 禮學의 발달. 《한국문화》 12집. 서울대 규장

학한국학연구소.

도수희(1995). 哀悼文에 나타난 16세기 국어.《어문논집》4·5. 충남대 국문과. 399~403쪽.

서태룡(1996). 16세기 淸州 簡札의 종결어미 형태.《정신문화연구》64. 한국정신문화
연구원.

신병주(2012). 16세기 일기 자료《쇄미록(鎖尾錄)》연구 – 저자 오희문(吳希文)의 피난기
생활상을 중심으로.《조선시대사학보》60집. 조선시대사학회.

최웅환(1999). 16세기 '안민학 애도문'의 판독과 구문 분석.《국어교육연구》31. 국어
교육학회.

 • 17세기

백두현(1997). 17세기초의 한글편지에 나타난 생활상.《문헌과해석》1. 태학사.

백두현(1998). 현풍 곽씨 언간에 나타난 17세기의 習俗과 儀禮.《문헌과해석》3. 태학
사.

백두현(1999). 17세기의 현풍 곽씨 언간에 나타난 민간 신앙.《문헌과해석》6. 문헌과
해석사.

황수연(2003). 17세기 사족 여성의 생활과 문화 – 묘지명, 행장, 제문을 중심으로.《여
성문학연구》6. 한국여성문학학회.

이경하(2005). 17세기 상층 여성의 국문생활에 관한 문헌적 고찰 –여성 대상 傳狀文,
碑誌文을 중심으로.《한국문학논총》39집. 한국문학연구회.

이종덕(2005). 17세기 왕실 언간의 국어학적 연구. 서울시립대 박사 논문.

민족문학사연구소 고전소설사연구반(2013).《서사문학의 시대와 그 여정 – 17세기 소
설사》. 소명출판.

배영동(2014). 16~17세기 안동문화권 음식조리서의 등장 배경과 역사적 의의 –《수운
잡방》과《음식디미방》의 사례-.《남도민속연구》29집. 남도민속학회.

최재남(2018).《17세기 전반 정치·사회 변동과 시가사》. 보고사.

탁원정(2006). 17세기 가정 소설의 공간 연구 –《사씨남정기》,《창선감의록》을 대상으
로. 이화여대 박사 논문.

황윤실(2000). 17세기 애정전기소설에 나타난 여성 주체의 욕망 발현 양상. 한양대 박
사 논문.

고연희(2003). 17세기 남성(男性)의 여성재현(女性再現) – 김창협의 여성 애제문을 중심
으로.《퇴계와 유교문화》32. 경북대학교 퇴계학연구소.

김일근·이종덕(2000). 17세기의 궁중 언간-淑徽宸翰帖 ①~④.《문헌과 해석》11호

~14호. 문헌과해석사.

윤세순(2006). 17세기. 소설류의 유행양상. 《동방한문학》 31집. 동방한문학회.

윤세순(2008). 17세기 필사본 소설류에 대하여. 《한문학보》 19집. 우리한문학회.

윤세순(2008). 17세기. 간행본 서사류의 존재양상에 대하여. 《민족문학사연구》 38호. 민족문학사학회 민족문학사연구소.

• 18세기

서울대 도서관 편(1990). 《규장각과 18세기 한국문화》. 서울대학교 도서관.

김소은(2007). 18세기 嶺南 士族의 일상과 생활의례(Ⅰ) - 《청대일기》에 나타난 혼례를 중심으로. 《사학연구》 88호. 한국사학회.

김언순(2009). 18세기 종법사회 형성과 사대부의 가정교화 - 가훈서를 중심으로. 《사회와 역사》 83. 한국사회사학회.

김정경(2016). 18세기 한글본 연행록 연구 - 정녀묘와 천주당 견문기록을 중심으로. 《열상고전연구》 49. 서강대학교출판부.

김주필(2006). 18세기 왕실 문헌의 구개음화와 원순모음화. 《정신문화연구》 29-1. 한국학중앙연구원.

박수밀(2007). 18세기, 재현과 진실의 가능성. 《한국언어문화》 33. 한국언어문화학회.

박정숙(2014). 조선시대 (18세기) 왕실 '한글 필사류 자료'의 서예적 고찰(도록 해제). 문영호 엮음(2014). 《곤전어필, 정조어필한글편지첩, 김씨부인한글상언》 (국립한글박물관 소장자료총서1). 국립한글박물관.

장경남(2006). 18세기 한글본 연행록에 서술된 천주당 견문기. 《숭실어문》 22집. 숭실대학교 국어국문학회.

장경남(2009). 조선후기 연행록의 천주당 견문기와 서학 인식. 《우리문학연구》 26. 우리문학회.

정병설(2000). 18세기 조선의 여성과 소설. 《18세기연구》 2. 한국18세기학회.

정병설(2014). 18세기 한글문학의 저변과 궁궐(도록 해제). 문영호 엮음(2014). 《곤전어필, 정조어필한글편지첩, 김씨부인한글상언》. (국립한글박물관 소장자료총서1). 국립한글박물관.

조성산(2009). 18세기 후반 - 19세기 전반 조선 지식인의 어문 인식 경향. 《한국문화》 47. 서울대 규장각한국학연구소.

홍학희(2010). 17~18세기 한글편지에 나타난 송준길(宋浚吉) 가문 여성의 삶. 《한국고전여성문학연구》 20. 한국고전여성문학회.

김현미(2007).《18세기 연행록의 전개와 특성》. 혜안.

한국18세기학회 엮음(2007).《위대한 백년18세기》. 태학사.

• 19세기

김병철(1987). 19세기말 국어의 문체·구문·어휘의 연구. 경북대학교 대학원 박사 논문.

고려대학교 고전문학·한문학연구회 편(1995).《19세기 시가문학의 탐구》. 집문당.

이강옥(2007). 이중 언어 현상으로 본 18, 19세기 야담의 구연, 기록, 번역.《고전문학
　　　　연구》32권. 한국고전문학회.

임혜련(2008). 19세기 수렴청정 연구. 숙명여자대학교 대학원 박사 논문.

주형예(2010). 19세기 한글통속소설의 서사문법과 독서경험 -여성이야기를 중심으
　　　　로-.《고소설연구》29권. 한국고소설학회.

김정경(2011).《선세언적》과《자손보전》에 실린 17~19세기 여성 한글 간찰의 특질 고
　　　　찰.《정신문화연구》125호. 한국학중앙연구원.

정우봉(2013). 19세기 여성일기《병인양란록》의 작가와 작품세계.《한국고전여성문학
　　　　연구》26집. 한국고전여성문학회.

신익철(2014). 18~19세기 연행사절의 북경 천주당 방문 양상과 의미.《교회사연구》44
　　　　집. 한국교회사연구소.

세기별 구분은 100년 단위의 서양식 역사 인식의 틀이다. 왕별 조선 역사
를 파악하는 데는 적절하지 않을 수도 있다. 그러나 역사는 과거와 현재의 대
화라는 E.H.카의 관점대로라면 현대식 잣대로 역사 흐름을 분석하고 의미를
부여하는 장점이 있다.(구체적인 진술은 10장 참조)

(5) 실용서에 대한 연구사

빙허각 이씨의 규합총서, 안동 장씨의 음식디미방, 인목대비의 공문서, 소
혜 왕후의 내훈, 이름없는 여성들의 훈민정음 문헌(소장 외) 등으로 나눠 각
여성 저자 문헌의 역사적 의미를 살펴본다.

규합총서

정양완 역주(1975).《閨閤叢書》. 보진재.

정양완(1975).《閨閤叢書》에 대하여.《朝鮮學報》75.

이효기(1981).《閨閤叢書》'酒食'의 調理科學的 考察.《논문집》1. 한양대 사범대.

홍윤표(1989).《규합총서》해제.《여훈언해·규합총서》(영인본). 홍문각.

김미란(1994). 조선 후기 여류문학의 실학적 특질 - 특히 18세기를 중심으로.《동방학지》84. 연세대학교국학연구원.

주영애(1995).《규합총서》에 나타나는 주택관리의 내용 분석.《한국가정관리학회지》13-3. 한국가정관리학회.

이길표·최배영(1996).《규합총서》의 내용구성 분석.《생활문화연구》10. 성신여자대학교 생활문화연구소.

정해은(1997). 조선 후기 여성 실학자 빙허각 이씨.《여성과사회》8. 창작과비평사.

최영진·신민자(1999).《규합총서》를 통해서 본 우리나라 전통음식의 향약성 효과에 관한 고찰.《관광산업정보논집》1. 경희대 관광산업정보연구원.

박옥주(2000). 빙허각 이씨의《규합총서》에 대한 문헌학적 연구.《한국고전여성문학연구》창간호. 한국고전여성문학연구.

장철수(2001).《閨閤叢書》의 민속학적 의미.《閨閤叢書(한국학자료총서 29)》. 한국정신문화연구원.

양귀순(2002).《규합총서》의 표기 및 단어의 연구. 인하대 교육대학원 석사 논문.

농촌생활연구소(2003).《(규합총서의)전통생활기술집》. 농촌진흥청 농업과학기술원 농촌생활연구소.

한국어세계화재단 편(2004).《규합총서》해제.《100대 한글문화유산 정비 사업 결과 보고서》. 문화관광부.

임정하(2008).《규합총서》의 국어학적 연구. 전남대 대학원 석사 논문.

문미희(2012). 빙허각 이씨(憑虛閣 李氏)의 여성교육관.《한국교육학연구》18권1호. 안암교육학회.

정해은(2019). 19세기《규합총서》의 탄생과 가정 살림의 지식화.《지역과 역사》45호. 부경역사연구소.

　　빙허각 이씨의《규합총서》는 체계적인 학문과 실용 지식을 바탕으로 여성이 저술 주체라는 점에서 한글 발전의 결과이자 징표이면서 근대적 한글 문헌의 본격적 기원이 되는 문헌이다. 이 책은 "최현배(1942).《한글갈》. 정음문화사. 102~103쪽"에서 "이는 약주 방문, 장초법, 어육, 떡과자, 잡음식, 염색법, 그밖에 관한 것을 아낙네에게 일러주는 책으로 순한글로 적은 것이다."라고 간략하게 소개되었다. 정영완(1975)에서 본격적으로 소개가 된 이후에 각종 논저가 나왔다. 홍윤표(1989), 박옥주(2000), 한국어세계화재단 편(2004)에서 체계적으로 해제하였다. 백과사전식 저술이므로 내용별 각종 연구가 나왔다.[13] 의식주에 대한 이효기(1981), 주영애(1995), 최영진·신민자(1999) 등의 연구에서는 먹거리와 주택 문제, 정해은(2019)에서는 지식화 문제를 조명했다. 장철수(2001)에서는 민속학, 국어학 분야에서는 양귀순(2002)의 표기법과 어휘론을 조명하였고, 임정하(2008)는 문법론으로 조명하였다. 저자에 대해 김미란(1994), 정해은(1997)은 실학자로서의 면모로 부각하였고 문미희(2012)에서는 저자의 교육관을 집중 분석했다.

음식디미방

백두현(2001). 음식디미방〈閨壼是議方〉의 내용과 구성에 대한 연구.《嶺南學》1호. 경북대학교 영남문화연구원.

백두현(2006).《음식디미방》주해. 글누림.

배영동(2012).《음식디미방》저자 실명 '장계향(張桂香)'의 고증과 의의.《실천민속학연구》19호. 실천민속학회.

박여성(2017). 한국 요리텍스트 '음식디미방'의 문화교육적 가치 탐색.《교육문화연구》23권. 인하대학교 교육연구소.

음식디미방: http://dimibang.yyg.go.kr/(장계향문화체험교육원).

---

13 실학 시대의 이른바 '백과사전'이라는 것은 오늘날 백과사전처럼 모든 핵심어를 다뤘다는 의미가 아니라 저자 입장에서 보고들은 모든 지식을 담았다는 의미다.

백두현(2001, 2006)은 음식디미방[14]의 내용과 가치를 본격적으로 드러낸 선구적인 업적이다. 배영동(2012)에서는 저자의 인물학적 계보를 밝힘으로써 책의 가치를 더 높였고 박여성(2017)은 음식디미방의 문화콘텐츠로서의 가치를 집중 조명하였다. 실제 문화콘텐츠로 만들어 교육 프로그램으로 함께 하는 장계향문화체험교육원(http://dimibang.yyg.go.kr)은 그래서 더 의미가 있다.

(6) 핵심 주제별 연구사

여성의 한글 사용 역사에서 가장 중요한 분야는 교육 분야이다. 공적 교육과 한자 교육이 철저하게 배제된 만큼 한글 교육이 어떻게 행해졌는가가 중요하다. 교육은 크게 세 분야로 나눠볼 수 있다. 윤리 언해서를 활용한 교육, 전문 여성 교훈서를 활용한 교육, 한글 문자 교육이 그것이다.

송준식(1987). 조선시대 여성교육: 여성교훈서의 편찬과정과 내용을 중심으로.《논문집》9.

윤분희(2004). 규훈서《여범》연구.《여성문학연구》11호. 한국여성문학학회.

김언순(2006). 조선시대 사대부 女訓書에 나타난 여성상 형성에 대한 연구.《한국교육사학》28권 1호. 한국교육사학회.

허재영(2006). 조선 시대 여자 교육서와 문자 생활.《한글》272. 한글학회.

백두현(2006). 조선시대 여성의 문자생활 연구 -한글 음식조리서와 여성 교육서를 중심으로-.《어문론총》45권. 한국문학언어학회.

육수화(2008). 여훈서를 통해 본 조선 왕실의 여성교육.《교육철학》34집. 한국교육철학회.

이선영·이승희 역주(2011).《내훈》(국립국어원 기획 국어문헌자료총서3). 채륜.

허재영(2008). 조선시대 문자. 어휘 학습 자료에 대하여.《한민족문화연구》26집. 한민족문화학회.

---

14 표지 제목은 '閨壼是議方(규곤시의방)'이다. 내용 첫머리의 한글 표기 제목이 '음식디미방'이다. '閨壼是議方'은 안방(규곤) 길잡이라는 뜻이므로 책 내용에 따른 제목은 '음식디미방'이 적절하다.

다음은 교육 관련 특정 문헌에 대한 연구 성과이다.

권정아(2006). 《동국신속삼강행실도》의 열녀 분석. 부산대 교육대학원 석사 논문.

김애리(2007). 《동국신속삼강행실》에 나타난 효 실천 연구: 초등학교 효 교육 자료를 위해. 성산효대학원대 석사 논문.

김중도(2002). 세종조 《삼강행실도》 보급을 통한 교화정책 연구. 한국교원대 교육대학원 석사 논문.

이지원(2001). 조선후기 여성규훈에 대한 고찰. 경성대학교 교육대학원 석사 논문.

조미옥(2007). 《삼강행실도》와 《심상소학수신서》를 통해 본 교화정책. 전남대 교육대학원 석사 논문.

조지형(2006). 《삼강행실도》(열녀편)이 조선 후기 '열녀전'에 끼친 영향. 부산대 교육대학원 석사 논문.

김언순(2008). 조선 여성의 유교적 여성상 내면화 연구 -여훈서(女訓書)와 규방가사(閨房歌辭)를 중심으로-. 《페미니즘연구》 8권 1호. 한국여성연구소.

김언순(2009). 18세기 종법사회 형성과 사대부의 가정교화 -가훈서를 중심으로. 《사회와 역사》 83. 한국사회사학회.

이밖에도 어문생활사 차원에서 단독으로 조명한 단행본은 두 권이 나왔다.

김정경(2016). 《조선 후기 여성 한글 산문 연구》. 서강대학교출판부.

김봉좌(2017). 《고행록, 사대부가 여인의 한글 자서전》. 한국학중앙연구원출판부.

김정경(2016)은 "김정경. 2009. 《조선 후기 서학의 수용과 근대적 글쓰기 양식 형성의 상관성 연구 -18·19세기 여성의 고백 담론을 중심으로》(아모레퍼시픽재단 학술연구지원). (재)아모레퍼시픽재단."과 관련 논저를 모아 펴낸 책으로 여성의 한글 양상을 단순히 문체 수준을 넘어 근대성 관점의 내용 담론으로 기술한 점이 빼어난 저술이다. 다만 근대성에서 중요한 지식 담론 차원의 문자 문제, 곧 실용성 측면에서는 근대적 의식을 보여주면서 문자만큼은 한글 사용을 거부해 전근대성에 머물렀던 남성 지식인들과 대비 분석은 제외하거나 생략한 점이 아쉽다.

김봉좌(2017)는 종합적인 여성의 한글 사용 문제를 다룬 것은 아니지만 고 행론에 대해 집중 분석하여 여성의 한글 사용 의미를 깊이 통찰했다는 데에 의의가 있다. 이 책은 "김봉좌(2011). 조선시대 유교의례 관련 한글 문헌 연구. 한국학중앙연구원 한국학대학원 박사 논문."에서 왕실 여성들의 한글 사용 문제를 집중 조명한 문제의식을 발전시킨 저술이다. 곧 조선시대 여성들은 단순히 남성 중심이 정치 질서에 억압받는 대상으로만 존재했던 것이 아니라 나름의 정체성을 지키고 가꿔 나가기도 했던 것이고 그런 과정에서 한글로 글쓰기가 매우 중요한 역할을 하였다.

1.4.2. 문학사 차원의 여성 한글 연구사

문학사 차원의 여성 한글에 대해서는 규방 문학이라 하여 여성 문학에 대한 조명이 이루어지면서 연구가 시작되었다. 문체 차원에서는 여성 문체라는 의미로 '내간체'라는 용어가 성립되어 있다. 내간체는 보통 여성 중심의 언간에서 비롯된 것이지만, 표준국어대사전의 "조선 시대에, 부녀자들이 쓰던 산문 문체. 일상어를 바탕으로 말하듯이 써 내려간 것으로,《한중록》,《계축일기》,《산성일기》,《의유당일기》,《조침문》,《화성일기》,《인현왕후전》 따위가 이에 속한다. - 온라인 표준국어대사전(2018.12.30.)" 풀이처럼 여성들의 문체 전반을 가리킨다. 그러므로 '내간체'는 문학 차원에서는 여성 문학의 표현 양식을, 문체 차원에서는 일상성이 반영된 언문일치의 여성스러운 문체를 가리킨다. 이에 대한 초기 연구는 다음과 같다.

이병기 편주(1948). 《近朝內簡選》. 국제문화관.

신정숙(1967). 韓國 傳統社會의 內簡에 對하여. 《국어국문학》 37·38 합집. 국어국
문학회.

심재기(1975). 내간체 문장에 대한 고찰. 《東洋學》 5. 단국대학교 동양학연구소.

편지, 교지, 소지(所志) 등을 처음으로 엮어 펴낸 "이병기 편주(1948). 《近朝
內簡選》"에서는 우리 문체를 '내간체, 담화체, 역어체' 셋으로 나누고 내간체
는 "《한중록》, 《인현왕후전》과 같은 세련된 문체"로 "궁정 또는 여염에서 부
녀를 상대로 한 편지로 써 오던 것"으로 규정한 바 있다. 다만 이때의 내간체
는 한글 표기만으로 이루어진 것은 아니고 한글 창제 이전에도 "이두로서 쓰
이어 오로지 우리말글로 된 실답고 정다운 문학"으로 보았다.

심재기(1975: 73)에서는 내간체의 가치를 네 가지로 정리하였다. 곧 첫째는
언문일치의 완벽한 실상을 보여주는 '언문일치성', 둘째는 고유 국어 산문체
로서의 '고유성', 셋째는 여성 작가 의식이 반영됐다는 '여성성', 넷째는 문장
구조의 '독창성' 등으로 가치를 정리했다.

규방문학에서 두드러진 것은 가사와 소설이다. 이중 규방문학 하면 규방
가사를 표상할 만큼 가사의 비중이 높다. 조동일(1992나: 116)에서는 규방가사
를 "부녀자들이 애독하는 가사의 총칭"으로 보고 "남성이 지은 가사라도 부
녀자들이 베끼고 돌려 읽으면 규방가사(116쪽)"라고 보았다. 이는 여성 문학
이 한글 발전에 미친 영향을 규명하는 매우 중요한 열쇠가 된다. 다시 정리
하면 좁은 순수 의미에서 여성문학은 여성들이 창작한 작품만을 가리키지만
넓게 보면 남성 작품을 필사한 작품도 포함한다는 것이다.

이러한 규방가사는 단순히 문학적 서술을 넘어선다는 데에 의미가 있다.
가사는 운문이지만 산문적 내용을 너끈히 담아내는 문학 양식이라는 측면
에서 조동일(1992나: 116)의 지적처럼 "부녀자들이 작자가 되어 생활의 지혜를

가르치고, 정을 술회하고, 불만을 토로하는 작품"으로 "여성 자신의 문학으로서 다른 무엇에 견줄 수 없는 위치"라는 시대적 의미를 표출했기 때문이다.[15]

가사는 한글 문학조차 남성이 주도하는 남성 중심의 문학 담론에서 여성이 능동적 창작 주체로 나설 수 있는 능동적 매체라는 측면에서 주로 독자로 참여하는 소설과 다른 측면의 가치를 지닌다.[16] 여성이 단지 독해 문식성으로만 한글을 향유하는 것과 직접 서술 주체 문식성까지 갖춘다는 것은 대단히 큰 질적 차이가 있다. 이는 18세기 실학자인 이덕무까지도《(사소절士小節)》에서 부녀자들이 시 창작 주체가 되는 것은 불가하다고 한 데서 알 수 있다.

이병기·백철(1957).《國文學全史》. 신구문화사.

장덕순(1960).《國文學通論》. 신구문화사.

김현룡(1964). 제문(祭文)에 關한 硏究-內房歌辭의 한 갈래로서-.《문호》3집. 건국대학교 국어국문학회.

권영철(1971). 閨房歌辭 硏究(1).《연구논문집》8·9합집. 대구효성카톨릭대학교.

이수봉(1971). 閨房文學에서 본 李朝女人像.《여성문제연구》1. 효성여대 여성문제연구소.

---

15 "좁은 의미의 규방가사는 18세기 후반에 자리를 잡기 시작해서 19세기 동안에 결정적인 성장을 보인 것으로 생각된다. 1860년대 이후의 사회 변화가 닥쳐왔을 때에 한창 활발하게 창작되고 있어 낡은 문학으로 몰리지 않았다. 한문학을 정점으로 한 문학적 평가의 등급이 흔들리고 유학에 따른 이념적 규제가 약화된 것이 오히려 유리하게 작용해 더욱 많은 작품이 산출되었다."_조동일(1992).《한국문학통사 4(2판)》. 지식산업사. 116, 117쪽.

16 "가사는 오랫동안 사대부 남성의 문학이었다. 사대부는 남성 중심의 사회를 이룩해서 여성은 규방에다 감금해 놓고, 한문학에서는 물론 국문문학에서도 문학 창작의 능력을 남성이 독점하려고 했다. 그런데 이러한 구속을 뚫고 여류가사가 등장하는 것이 또한 필연적인 추세였다. 여성은 국문을 익히는 데 열의를 가졌으며, 가사로 하소연해야 할 사연을 더 많이 지니고 살았다. 여자들이 길쌈 같은 것을 하면서 흥얼거리는 민요에는 글로 적으면 바로 가사가 될 수 있는 것이 적지 않아 가사의 저층을 이루었다."_조동일(1989).《한국문학통사 2》. 지식산업사. 309쪽.

조선시대 여성과 한글 발전

권영철(1972). 閨房歌辭 硏究 ⑵.《연구논문집》10·11합집. 대구효성카톨릭대학교.

권영철(1975). 閨房歌辭 硏究-誡女教訓類를 中心으로-.《논문집》16·17합집. 대구효성가톨릭대학교.

이재수(1976).《내방가사연구》. 형설출판사.

김동규(1979). 祭文歌辭硏究-閨房歌辭 장르에 있어서.《여성문제연구》8집. 효성여자대학교 여성문제연구소.

권영철(1980).《규방가사연구》. 반도출판사.

황재군(1982). 규방가사의 사상적 배경 연구.《국어교육》41. 한국국어교육연구회.

권영철(1986).《규방가사 각론 연구》. 형설출판사.

신경숙(2002). 규방가사, 그 탄식 시편을 읽는 방법.《국제어문》25집. 국제어문학회.

정길자(2005).《규방가사의 사적 전개와 여성의식의 변모》. 한국학술정보.

김병국(2005).《조선 후기 시가와 여성》. 월인.

박경주(2007).《규방가사의 양성성》. 월인.

김언순(2008). 조선 여성의 유교적 여성상 내면화 연구 -여훈서(女訓書)와 규방가사(閨房歌辭)를 중심으로-.《페미니즘연구》8권 1호. 한국여성연구소.

나정순(2008). 규방가사의 본질과 경계.《한국고전여성문학연구》16. 한국고전여성문학회.

최연(2016).《계녀가류 규방가사 연구》. 학고방.

김창원(2017). 규방가사의 문학사적 위상과 의의.《국제어문》75집. 국제어문학회.

여성들의 한글 편지는 지식과 정보 소통 양식으로서의 비문학성과 문학 작품으로서의 문학성을 함께 가지고 있지만 여기서 정리하기로 한다. 한글 사용과 관련하여 가장 활발하게 연구된 분야로 종합연구사만 여러 차례 정리되었다.

김일근(1991).《언간의 연구》. 건국대출판부.

백두현(2004). 조선시대 여성의 문자생활 연구- 한글편지와 한글 고문서를 중심으로.《어문논총》42. 한국문학언어학회.

황문환(2004). 조선 시대 諺簡 資料의 연구 현황과 전망.《어문연구》32. 한국어문교육연구회.

허원기(2004). 한글간찰 연구사.《국제어문》 32권. 국제어문학회.

허재영(2005). 한글 간찰〈언간(諺簡)〉에 대한 기초 연구 - 연구의 흐름과 간찰 양식의
　　변화를 중심으로.《사회언어학》 13권 2호. 사회언어학회.

노경자(2010). 순천김씨묘 출토 언간 연구. 부산대 대학원 석사 논문.

김슬옹(2012/2015). 한글편지(언간)을 통한 훈민정음 발달.《조선시대의 훈민정음 발달
　　사》. 역락.

　김일근(1991)의 연구는 "김일근(1959).《解說·校註 李朝御筆諺簡集》. 신흥출판사"에서 본격화된 언간 연구를 집대성하여 언간 연구의 중요 이정표를 마련하였다. 허원기(2004: 314)에서 '간찰학'이라는 독자적인 새로운 학문 분야를 제안했을 만큼 자료 발굴과 연구가 축적되었다.

　민족문학사연구소 편(2017)은 "17세기 이전까지는 한문 소설이 상층 남성 지식인을 중심으로 홀로 득세했다면, 임란과 병란을 거치면서 신분제가 동요하고 상업경제 사회로 전환되는 가운데 여성 독자 중심의 한글 소설이 다수 창작되고 향유되기 시작했다.(9쪽)"고 보고 영웅군담소설 12편, 가정소설 4편, 세태소설 4편, 우화소설 3편, 판소리계 소설 9편, 국문장편소설 3편에 대한 평설을 실었다. 여성들이 한글 소설의 주요 독자라는 통념을 넘어서 그 목록을 구체적인 주제별로 제시했다는 데에 의의가 있다. 다만 이런 소설 목록을 어떻게 뽑아냈는가에 대한 체계적 접근은 이루어지지 않았다.

　조선시대 여성에 대한 연구는 여성의 문자 문제에 좀 더 깊이 있는 통찰의 바탕이 된다. 여성 문제를 집중적으로 다룬 논저는 다음과 같다.

최숙경 외 지음(1972).《한국여성사:고대-조선시대》. 이화여자대학교출판부.

삼성출판문화박물관 편(1993).《한국여성문화자료 특별전》. 삼성출판박물관.

최숙경(1993). 한국 여성의 역사-억압에서 해방으로-. 삼성출판문화박물관 편(1993).
　　《한국여성문화자료 특별전》. 삼성출판박물관.

한국여성연구소 여성사 연구실(1999).《우리 여성의 역사》. 청년사.

박주(2000).《조선시대의 효와 여성(한국사 연구총서 29)》. 국학자료원.

박무영 외(2004).《조선의 여성들, 부자유한 시대에 너무나 비범했던》. 돌베개.

한국학중앙연구원 장서각 편(2005).《조선 왕실의 여성》. 한국학중앙연구원 장서각.

최홍기 외(2006).《조선 전기 가부장제와 여성》. 아카넷.

규장각한국학연구원 편(2010).《조선 여성의 일생》. 글항아리.

정해은(2011).《조선의 여성 역사가 다시 말하다: 조선시대 여성들의 안과 밖 그 천의
개성을 읽는다》. 너머북스.

강명관(2012).《그림으로 읽는 조선여성의 역사》. 휴머니스트.

국립고궁박물관 엮음(2014).《조선의 역사를 지켜온 왕실 여성》. 글항아리.

김현주·박무영·이연숙·허남린 편(2016).《두 조선의 여성: 신체·언어·심성》. 혜안.

1.4.3. 각종 자료 모음 도록

직접적인 연구 논문 형식은 아니지만 각종 도록은 논문 못지않은 성과를
거두었다. 주목할 만한 도록은 다음과 같다.

국립중앙박물관 편(2000).《겨레의 글 한글》(도록). 국립중앙박물관.

국립중앙박물관 편(2000)에서는 '여성과 한글' 장에서 "산성일기, 한중록,
이응태 묘 출토 편지, 유씨 부인이 쓴 편지, 유희의 부인 권씨가 쓴 편지, 규합
총서" 등을 수록했다. 교육에 공헌한 한글에서는《내훈》과《여사서》를 소개
하고, '왕실과 한글'에서는 "인선왕후, 명성왕후(명성대비), 명안공주가 쓴 편지
와 대왕대비전가상존호시행례의, 옷감발기, 사절복색요람" 등을 소개했다.

내훈(겨레의 한글 도록 36쪽)	여사서(겨레의 한글 도록 37쪽)

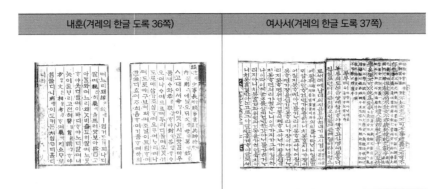

[사진 3] 《겨레의 도록》 내훈과 여사서

[표 10] 문영호 엮음(2015). 《한글편지 시대를 읽다》. 국립한글박물관. 여성관련 한글 문서 분류

성별 갈래	제목	발신자	수신자	시기	소장처
여성 → 남성	명성황후가 민영소에게	명성황후	민영소	1882년(고종19)~ 1895년(고종32)	국립고궁박물관
	순원왕후가 김흥근에게	순원왕후	김흥근	1850년(철종1)	규장각한국학연구원
	순원왕후가 김흥근에게	순원왕후	김흥근	1851년(철종2)	규장각한국학연구원
	정순왕후와 김노서가 주고받은 편지	정순왕후	김노서	1802년(순조2)~ 1804년(순조4)	-
	명성대비가 송시열에게	명성대비	송시열	1680년(숙종6)	송정훈(우암 선생 사손가)
	원이엄마가 이응태에게	이응태 아내	이응태	1586년(선조19)	국립안동대학교 박물관
남성 → 여성	봉림대군이 장모에게	봉림대군	장모 안동김씨	1641년(인조19)	국립중앙박물관
	채무이가 순천 김씨에게	채무이	부인 순천김씨	1550년(명종5)~ 1592년(선조25)	충북대학교 박물관
	나신걸이 신창 맹씨에게	나신걸	부인 신창 맹씨	1490년(성종21)전후	대전시립박물관
	선조가 정숙옹주에게	선조	정숙옹주	1603년(선조36)	규장각한국학연구원
	효종이 숙명공주에게	효종	숙명공주	1652년(효종3)~ 1659년(효종10)	국립청주박물관

조선시대 여성과 한글 발전

현종이 숙명공주에게	현종	숙명공주	1661(현종2)	국립청주박물관
숙종이 명성왕후에게	숙종	명성왕후	1680년(숙종6)직후	오죽헌·박물관
정조가 여흥 민씨에게	정조	여흥 민씨	1795년(정조19)	-
하상궁이 러시아 공사 부인에게	하상궁	러시아 베베르 공사의 부인	1886년(고종23)	러시아 과학아카데미 표트르대제 인류학·민속지학 박물관
김정희가 예안 이씨에게	김정희	아내 예안 이씨	1818(순조18)	국립중앙박물관

1.5. 맺음말: 우리말글 역사 바로 세우기

여성 중심으로 어문생활사를 바라본다는 것은 그간 한 쪽으로 쏠리거나 왜곡된 문법사 중심의 국어사를 바로 세우는 일이기도 하다. 이런 관점에서 연구 동기와 목적, 연구 방법론을 세우고 연구 자료를 구성하였다. 이런 맥락에 따라 주요 연구사는 어문생활사 차원의 연구와 문학사 차원의 여성 한글 연구사, 이와 더불어 각종 자료 모음 도록에서의 여성 한글 문헌 관련 부분을 정리해 보았다.

주요 연구 동기는《훈민정음》해례본(1446)이 간행된 뒤 조선 말까지 훈민정음의 발달 과정에서 여성이 어떤 구실을 해왔는가를 밝힌 것이지만 이는 반대로 훈민정음 발달이 여성의 한글 문화에 어떤 영향을 미쳤는가에 더 초점이 맞춰진 것이다.

조선시대 훈민정음은 지배층이 만들고 지배층, 특히 왕실 중심으로 보급한 문자였지만 지배층은 조선말까지 훈민정음을 주류 공식 문자로 인정하지 않았고 쓰지 않았다. 훈민정음은 이런 제한된 사용과 관련 정책 속에서 소극적으로 발전할 수밖에 없었고 이런 훈민정음 발전 과정에서 공식적인 교육과 한문 권력에서 완전히 배제된 여성의 한글 사용은 훈민정음 발전에 거의 절대적이었다.

이런 관점에서 설정한 핵심 연구 동기는 첫째, 훈민정음이 비주류 문자로 권력과 문자 사용에서 소외를 당해왔다면 그런 악조건 속에서 발전할 수 있는 주요 맥락은 무엇인가이다. 둘째는 한글과 여성에 대해 융합적으로 연구하여 여성이 주도한 한글문화의 실체를 밝혀보자는 것이다. 셋째는 연구사적 동기이다. 넷째는 여성이 주체가 된 각종 텍스트의 질적 분석이다. '내간체, 궁체, 규방문학' 등 여성이 주체가 되었거나 텍스트 생산의 대상 구실을 하는 각종 작품이나 문헌은 그 나름의 여성적 특성을 지니고 있고 이 연구에서는 그런 점을 다양한 측면에서 다시 한번 훑어보고 텍스트 기반 분석을 함으로써 그 실체와 의미와 가치를 다시 드러내고자 한다. 다섯째는 여성의 한글 사용이 한글 발전에 어떤 식으로 영향을 미쳤는지를 구체적으로 살펴보았다. 여섯째는 연구자 개인 측면에서의 동기와 목적이다.

연구 방법론으로는 국어사 차원의 생활사 방법론이고 분석 차원의 맥락분석론이다. 이 연구는 이런 기본 방법론을 존중하되 관련 연구 성과를 반영하여 문헌에 따라 맥락에 따라 적절한 방법론을 적용하기로 한다. 이런 관점으로 탐구 자료를 구성하고 연구사를 정리하였다.

조선시대 여성과 한글 발전

2 ── 여성과 문자에 대한 사회적·역사적 배경

2.1. 머리말

조선시대 여성의 한글 사용 맥락을 구체적으로 살펴보기 전에 문자 또는 한글 사용의 사회적, 역사적 맥락을 살펴보기로 한다.

인류는 언어 능력으로 만물의 영장으로 군림할 수 있었다. 사냥과 농업으로 잉여생산물이 생기면서 남녀 차별과 권력에 따른 신분 차별이 굳어지고 더욱 깊어졌다. 인류는 문자 발명과 사용으로 문명과 문화를 아주 빠르게 발전시킬 수 있었으나 문자를 독점한 세력에 의해 정치적, 경제적 힘에 따른 신분제와 남녀 차별이 심화됐다.

이 장에서는 이런 관점에서 조선시대에 한문과 한글이 공존하면서도 한글이 배타적으로 차별을 받은 맥락과 여성들이 문자에서 소외된 역사적, 사회적 배경을 살펴보기로 한다.

구체적으로는 문자의 권력성에 대한 사회적 배경을 활용해서 인류 보편의 문자 권력과 차별 문제를 살피고 이를 바탕으로 조선사회에서의 문자 문제를 짚어볼 것이다. 아울러 교육에 비추어 문자의 권력성과 여성에 대한 문자 차별이 어떻게 심화되었는지를 알아볼 것이다.

2.2. 문자의 권력성에 대한 사회적 배경

전근대 사회에서의 여성 차별의 역사와 언어, 특히 문자에서의 여성 차별의 역사는 맥을 같이 한다. 전근대 사회에서 문자는 보편적으로 권력이었다.[17] 권력은 남성 점유물이었으므로 "Gaur, A.(1984/1992)/강동일 역(1995: 257)"에서의 지적처럼 문자 곧 쓰기가 권력과 결부되었다는 것은 여성이 문자에서 배제되었음을 의미한다.

레비 스트로스의 문화인류학적 보고는 문자가 가지고 있는 본질적 속성과 권력 관계를 사실적으로 보고하고 있다. 그의 명저 《슬픈열대》[18]에 따르면, 남비콰라족의 우두머리는 무리들 중 아무도 알지 못하는 문자를 알고 있는 것처럼 보이게 하여 우두머리의 권위를 세우고 그의 결정에 무리들이 잘 따라오게 한다. 이 경험을 통해 레비 스트로스는 문자란 "아랫사람들을 희생시켜서 한 개인, 또는 한 기능의 권위와 특권을 고양하기 위한" 사회적 목적 때문에 나타났다고 해석한다. 곧 문자는 인간의 지식과 창조에 이바지한 것보다는 오히려 하나의 영속적인 지배 체제를 확립해 왔다는 것이다.

한글 번역본이 정치 탄압이 되기도 했던 조선 중종 때 채수가 지은 한문 소

---

17 사실 근대, 탈근대 사회가 되어도 이런 기본 맥락은 그대로 유지가 된다. 지금도 영어 문식력은 경제와 출세의 핵심 수단이고 새로운 신분 계층 구별짓기의 핵심 잣대가 된다. 《사피엔스》(유발 하라리/조현욱 옮김, 2015, 김영사) 저자는 이런 점과 관련하여 흥미로운 사실을 던져 준다. 호모 사피엔스가 인류 조상이 된 것은 언어 능력 덕분이었고 언어를 통해 속임수와 선동을 통해 무리를 규합하고 확장해서 최종 승리자가 되었다는 것이다.

18 C. 레비 스트로스 지음/박옥줄 옮김(1998). 《슬픈 열대》. 한길사.

조선시대 여성과 한글 발전

설《설공찬전》에서는 소설의 힘을 빌어 저승에서라도 여자가 문자를 알면 벼슬을 할 수 있다고 그려 놓았다.[19]

> 이싱에서 비록 녀편네 몸이라도 잠간이나 글곳 잘ᄒ면 뎌싱의 아ᄆ란 소임 이나 맛드면 굴실이혈ᄒ고 됴히 인ᄂ니라(설공찬전 10면) _이복규(2018).《"묵재 일기" 소재 국문본 소설 연구》. 박이정. 25쪽.

　남성이 문자를 독점함으로써 권력을 독점하고 있는 상황에 대한 우회적 풍자이기도 하고, 한편으로는 그럴 수 없는 여성에 대한 절대적 한계를 그린 것으로 볼 수 있다. 중종이 직접 이 책을 금서로 지정함으로써 그 시대의 실상을 정치 사건화한 것임을 방증해 주고 있다.

　공교롭게도 조선시대는 문자가 한자였고 한자가 문자이며 진서였다. 한자가 남성 특히 양반 사대부 권력의 표상이자 실질적 도구가 된 것은 오히려 한글 반포로 더 강화되었다고 볼 수 있다. 한글을 여성의 문자로 치부함으로써 남성의 문자인 한자에 대한 접근 자체를 원천적으로 차단할 수 있었기 때문이다.

　고려시대에 도입된 한문 문식력을 시험하는 과거 시험은 조선시대 성리학이 국시가 되면서 더욱 강화된다. 고려시대 음서 제도가 줄어든 대신 조선시대 과거시험은 사대부가 되는 지름길이자 낙타가 바늘 구멍을 통과하는 핵

---

19 《資治通鑑》 권73, 「魏紀」5, 명제청룡삼년조(明帝靑龍三年條, 2305쪽)에 조위(曹魏) 명제(明帝)가 문자를 아는 여성 6인을 여상서(女尙書)로 임명하여 성외(省外) 주사(奏事)를 관장하게 했다고 한다(帝耽于內寵, 婦官秩石擬百官之數, 自貴人以下至掖庭灑掃, 凡數千人, 選女子知書可付信者六人, 以爲女尙書, 使典省外奏事, 處當畫可). 胡三省 註에 따르면, 후한말에 이미 여상서가 있었다(漢東都之末, 宮中有女尙書)고 한다. _최진렬(2017). 胡太后의 臨朝稱制와 권력기반 - 文·武 官僚集團과 측근집단의 분석을 중심으로. 《대동문화연구》. 99집. 성균관대학교 동아시아학술원 대동문화연구원. 186쪽.

심 수단이었다. 그래서 양반집 자제들은 일곱 살만 되면 천자문 등을 익히며 한자, 한문 공부에 평생을 매달리게 된다. 조선사회 평균 과거 급제 나이가 35살이었으므로 대략 20년은 족히 과거 시험에 매달리는 셈이었다. 극소수만이 과거 시험을 통과하지만 과거시험을 볼 정도의 실력이면 사서삼경을 꿰뚫는 실력이 있어야 했으므로 결국 한문 고급 문해력을 갖추어야 과거 시험을 볼 수 있었다.

조선시대 양반들이 지식과 정보를 쉽게 나눌 수 있는 한글이 공표되었어도 한자, 한문을 좋아한 맥락의 핵심도 바로 권력이다. 그것은 다름 아니라 조선말을 중국식 문장으로 번역하는 한문 권력 때문이었다. 우리가 평소 쓰는 말을 중국식으로 번역해야 하니 최소 20년을 공부해야 했다. 그냥 말을 한자로 적는 것이 아니라 중국식 사유와 문장으로 변용하는 것이다. 따라서 조선의 한자와 중국의 한자가 다르다는 다음과 같은 지적은 옳기도 하지만 그때의 한자가 어휘 차원의 표기 한자가 아니라 중국식 번역문에 쓰인 문장 구조 차원의 한자라면 한자의 극히 일부만을 본 셈이 된다.

> 한자는 갑골문에서 발달하여 한나라 때 이후에 문자로서의 완성도를 높인다. 그래서 한나라의 글자라는 의미를 가지게 되었지만, 이후 중국 한국, 일본, 베트남에 들어가서 독자적으로 발달했다. 또 더 다양한 쓰임새를 발전시키는 과정에서 우리는 이두와 구결(입겿). 일본은 가나와 같은 대안적 표기 방식을 발전시켰고 또 자기나름의 독특한 변형도 가해서 이른바 '고유 한자'라 쓴 것도 만들어 썼다. 그런 점에서 본다면 한자를 오로지 중국의 것이었다고만 하는 것도 무리가 있기는 하다. 마치 아랍문자를 오로지 아랍의 것이었다고만 하기엔 페르시아의 문자 개량도 인정해야하듯이 어느 정도의 유연한 시각이 필요하다고 본다. _김하수·이전경(2015).《한국의 문자들》. 커뮤니케이션북스. 79~80쪽.

우리말을 중국식 문장으로 번역하다 보니 한자는 훨씬 어려운 문자 권력으로 다가왔다. 그러다 보니 문자 권력과 특권이 생기고 그 특권을 유지하는 달콤함에 빠져 조선말까지 지식과 정보를 실용적으로 나누는 것을 거부한 것이다.

물론 중국 중심의 동아시아 지적 담론에 자유롭게 참여하고 중국 지식인들과 필담을 자유자재로 할 수 있는 것을 무용담으로 삼을 수 있으며, 국제적으로 소통할 수 있다는 장점이 있었다. 문제는 극소수 특권 계층만이 그런 장점(?)을 향유했다는 아픔이 더 컸다는 것이다.

2.3. 조선시대 여성 한글 사용의 역사적·사회적 배경

한자가 정치적으로나 문화적으로나 절대적이었던 한자 문화권에서 한글의 탄생(창제)과 반포는 기적이었고 혁명이었다. 이두와 향찰 등으로 언어 모순을 극복하려고 하였으나 한자 개량으로는 그 모순을 온전히 바로잡는 건 불가능했다. 그건 오히려 한자 중심주의에 더 빠져들게 만드는 역설을 가져왔다.

조선왕조는 그 기적과 혁명을 일군 위대한 나라였으나 공식적으로는 1894년까지 비공식적으로는 조선 말까지 철저하게 한글을 비주류 문자로 묶어 놓은 안타까운 왕조였다. 지배층이든 피지배층이든 한글을 주류 공식 문자로 인정하지 않았고 그렇게 쓰지 않았다. 결국 반포 449년 만에 고종 임금이 주류 문자로 선언하였지만 1910년에 경술국치로 말과 글의 주권을 빼앗기면서 그조차도 실제로는 그리 되지 않았다. 1945년에 해방이 되었고 북한은 주시경의 수제자인 김두봉과 언어정책에 매우 강한 소신을 가졌던 김일성이 한글을 주류 문자로 정착시킨 한글 전용을 1947년부터 단행하였다. 그러나 남한의 경우는 1948년에 한글을 주류 문자로 못박은 한글전용법을 통과시켰으나 그렇다고 실생활에서 그리 되지는 않았다. 결국 민간에서는 1988년에 한겨레신문이 창간되고 제도적으로는 2005년 국어기본법 제정에 와서야 온전한 한글전용 시대를 열게 되었다.

이러한 한글 사용 역사가 보여주는 역사의 부정성과 긍정성 모두 그 답은 조선시대 한글 사용 역사에 담겨 있고 여성의 한글 사용 문제는 그러한 역사를 되비쳐 보는 잣대가 된다. 또 여성의 한글 사용 역사에는 여성과 문자에 대한 인류 보편성과 조선 사회의 특수성이 함께 담겨 있다.

인류의 고대 역사는 생명의 근원인 어머니, 곧 여성 중심의 역사였으나 농업이 발달하고 수확량이 늘면서 계급과 신분의 차별이 생겼고 물리적 힘이 강한 남성 중심의 역사로 바뀌었다. 더불어 가부장제도가 제도화되면서 남성 중심의 역사가 고착화되고 여성은 남성에게 종속되는 차별의 시대가 열렸다. 이런 흐름은 동서양이 다르지 않았다. 서양말에서 'history/herstory(X), man/woman[20]' 등은 대표적인 성차별 언어의 상징이자 표징이다. 한자 문명권에서는 한자가 어렵기 때문에 여성에 대한 차별이 문자 사용 배제로 곧바로 이어져 대부분의 가정과 제도권에서 여성은 문자교육에서 배제되었다.

> 조선의 여성은 남녀유별의 유교적 성별이데올로기에 의해 철저히 가족 내적 존재로 규정되었으며 가족이나 친족공동체 밖에서 이루어지는 사회적 활동은 궁녀, 기녀, 의녀, 무녀 등 특수 계층 여성층에게만 제한적으로 허용되었다. 여성에게 글읽기와 글쓰기는 권장되지 않았다. 조선 전후기를 통틀어 여성의 글읽기와 글쓰기는 그다지 장려되지 않은 것이 보편적 상황이었다. 조선시대의 '말/글'관계에서 글은 기본적으로 남성 성별화된 매체였다. _이정옥(2009). 경북 여성의 글하기. 국립민속박물관 편.《경북의 민속문화》CD1. 국립민속박물관.

---

20 'woman'은 'man'의 소유물이라는 뜻이다.

조선시대로 오면 여성 차별은 심화되며 임진왜란 이후로는 더욱 심화된다. 다음과 같은 평가는 일부 영역에서는 동의할 수 있지만 조선 후기로 오면 불평등 요소가 지배적이었다.

> 조선의 여성들은 통념적으로 알고 있듯 남성이나 사회의 부속물이 아닌 오히려 역사의 주체였다. 상속에서는 아들과 동등한 지위를 누렸다. 바깥으로만 도는 남편을 대신해서 집안을 책임지고 때로는 남편을 꾸짖기도 하면서 남성과 평등한 삶을 누렸다. _규장각한국학연구원 편(2015). 《조선 양반의 일생》. 글항아리. 12쪽.

평민들도 갈 수 있는 권리가 있는 서당을 양반 여성들은 가는 것이 불가능하였다. 이러한 공식 교육 제도에서의 배제는 곧 주류 공식 문자인 한자와 그 문어인 한문 실용과 권력에서의 배제를 의미했다. 물론 다음과 같은 예외적인 경우도 있다.

> 여성을 불문하고 공식적 문자생활은 한문을 통해서 이루어졌으며, 한글 창제 이후에 국문이 여성들에 의해 이용되기는 했지만 그렇다고 해서 여성들은 한문을 버리고 국문만 사용했던 것은 아니었다. _이혜순(1999). 여성 한시작가의 전기적 고찰. 이혜순 외(1999). 《한국 고전 여성작가 연구》. 태학사. 152쪽.

부유섭·강문종(2007)의 "《기각한필(綺閣閒筆)》 연구. 《고전문학연구》 32권. 한국고전문학회. 435~464쪽."로 보고된 한글 표기 한시집을 보면 '기각'이라는 여성 시인의 한시 수준이 남성 한시 수준 못지않음을 보여주고 있다.[21] 그

---

21 역주서는 "기각(綺閣)/임치균·부유섭·강문종 역주(2015). 《綺閣閒筆-조선 사대부 여성 기각의 한시집》. 한국학중앙연구원출판부."로 나왔고, 이에 대한 가장 최근 연구로는 "김여주

러나 이러한 한시 문화에 참여한 여성과 임윤지당 등과 같은 일부 여성 지식인들이 남성 중심의 문화에 참여한 사례는 극히 예외적인 경우이기 때문이다.

필자는 김슬옹(2012ㄴ: 618~621)에서 훈민정음 발전 단계를 아홉 단계로 밝힌 바 있다. 1단계 훈민정음 창제와 반포, 2단계 악장과 같은 시가 문학을 이용한 보급, 3단계 불교 중심의 보급, 4단계 국가 이념(성리학)과 유교 교육을 이용한 보급, 5단계 생활서(의료 언해서 등)를 이용한 보급, 6단계 문학의 힘으로 지배층과 피지배층을 넘나든 자생적 한글 발전, 7단계 지배층과 피지배층 사이의 소통을 이용한 보급(언문 교서와 윤음언해), 8단계 생활 분야의 자생적 실용서(음식디미방, 규합총서 등)를 이용한 한글의 실용화, 9단계 기독교 한글 성경의 발간 등의 단계를 거치면서 한글의 보급과 확산이 이루어졌다고 보았다. 이런 시대 흐름 속에서 각 단계별로 어떤 여성 주체가 공적, 사적 삶의 영역 속에서 문자생활을 어떻게 영위했는가를 주목해 보아야 한다.

2.4. 조선시대 여성의 계층별 분류와 사회적 지위

조선시대 여성의 사회적 지위에 대한 일반적인 평가는 대체로 학자에 따라 이론이 없다. 고려 시대보다 조선시대에 와서 사회적 지위가 악화되었으며 조선시대에서는 조선 후기로 오면서 더 악화되었다는 담론이다. 다만 조선 후기에 오면서 여성 지위가 더 악화된 것은 맞지만 고려와 전혀 다른 여성에 대한 비하 의식은 이미 조선 초기부터 사대부들의 인식이 그러했다. 태조 1년에 대사헌까지 지낸 남재의 상소문에 그 점이 잘 드러나 있다.

(2018).《綺閣閒筆》을 이용한 19세기 여성문학 활동에 대한 일고찰.《한문고전연구》37집. 한국한문고전학회. 177~230쪽." 참조.

옛날에는 여자가 이미 시집을 간 경우에는 부모가 죽었으면 직접 찾는 의리가 없었으니, 그 근엄함이 이와 같았습니다. 고려 말기에 풍속이 퇴패(頹敗)[22] 해져서 사대부 아내들이 권세 있는 집안에 찾아가 알현하면서도 태연히 부끄럽게 여기지 않으니, 식견이 있는 사람은 이를 수치스럽게 여깁니다. 원컨대, 지금부터 문무 양반의 부녀자들은 부모·친형제·친자매·친백부·친숙부·친외숙·친이모를 제외하고는 서로 왕래하지 못하게 하여 풍속을 바로잡으소서.태조 1년(1392) 9월 2일[23].

이러한 남성 사대부들의 인식은 조선 후기로 갈수록 제도와 풍속으로 더욱 고착화된 것이다. 이러한 여성 차별에 대한 핵심 증거는 다음과 같다.

첫째, 여성들은 그 누구도 공적 교육을 받을 수 없었다. 양반가의 여성들도 공적 교육을 받을 수 없었으므로 남성들과는 근본적인 차별이 있다. 남성들은 평민 이상이면 법적으로는 서당 등 공적 교육을 받을 수 있었다. 실제로는 경제적인 문제, 사회적인 차별 문제로 입학을 하지 못했지만 법적으로는 문제가 없었다. 그러나 여성들은 양반집 고관 대작 딸이라도 그런 제도 범위에 있지 않았다.

둘째, 여성들은 공적 이름이 없어 호적이나 족보에도 이름을 올릴 수 없었고 따라서 호패를 찰 필요도 없었다. 이름은 사회적 지위의 표상이며 매개체다. 물론 이때의 이름은 가문의 주요 구성원으로서 이름의 권위를 갖는 한자

---

22 강윤호(1958)의 "이조여성의 한글보존 - 한글 보존사사상의 한국여성의 공적. 기념논문편집위원회 편(1958).《한국여성문화논총》264쪽" 등 여러 논저에서 '퇴폐(頹廢)'로 인용하고 있으나 '퇴패(頹敗)'가 맞다. 뜻은 '퇴폐'와 '퇴패'가 같다.

23 古者, 女子已嫁者, 父母歿則無歸寧之義, 其謹嚴如此.前朝之季, 風俗頹敗, 士大夫之妻, 趨謁權門, 恬不爲愧, 識者恥之. 願自今文武兩班之婦女, 除父母親兄弟姊妹, 親伯叔舅姨外, 不許相往, 以正風俗.《태조실록》태조 1년(1392) 9월 2일.

식 그것도 항렬에 따라 계보가 정해지는, 그래서 족보에 오르는 그런 이름을 말한다. 18세기 실학 시대를 빛낸, 빙허각 이씨조차도 정식 이름이 없어 '빙허각 이씨'라고 부른다.

셋째, 죽어서도 지방 등에 이름없이 '연안 김씨' 등으로 기재되었다. 정식 이름이 없으니 죽어서도 밝히기 어렵고 본관만을 밝혔던 것이다.

조선시대 여성은 남성과 마찬가지로 계층별 지위에 따라 삶의 양식이 크게 다르다. 지배층 여성으로는 왕실 여성과 양반가 여성을 들 수 있다. 피지배층 여성으로는 중인, 평민, 노비 등을 들 수 있다.

교육과 문자에 관련해서는 계층별로 세밀하게 나눠볼 필요가 있다. 조선시대 여성은 계층별로 보면 대비, 중전, 후궁과 같은 왕실 여성, 양반층 여성, 아전과 같은 중인 관료 부인인 중인층 여성들, 대부분이 농민 여성인 평민층(양인) 여성들, 의녀, 기생·무녀와 같은 전문직 여성, 공노비, 사노비인 천민 여성 등으로 나누어 볼 수 있다.

이들은 남성들과 마찬가지로 각 계층에 따라 아주 다른 삶을 살았다. 이들 가운데 어문 생활이 가능했던 계층은 주로 양반층 여성들과 전문직 여성들이었다. [표 11]과 같이 중인 이상의 남성들은 다중언어주의자가 되는 반면에 여성들은 훈민정음을 중심으로 문맹과 비문맹으로 갈리게 된다. 양반층 여성들 가운데 극히 일부가 한문 문식성을 갖춘 경우도 있지만 그것은 예외일 뿐이다.

조선시대 여성과 한글 발전

[표 11] 일반적인 남성들의 계층별 문자 사용 양상

신분	훈민정음 창제 전	훈민정음 창제 후
양반	한문 사용, 특별한 경우 이두 사용	- 주로 한문 사용 - 특별한 경우, 이두, 훈민정음 사용
중인	이두 사용, 특별한 경우 한문 사용 가능	- 주로 이두 사용 - 특별한 경우 한자, 한글 사용
평민	문자 모름, 문자생활 안됨 *배울 수는 있으나 실제로는 어려움	- 훈민정음 문자 생활 가능
천민	문자 모름, 문자생활 안됨 *배울 수도 없고 실제 사용도 안 됨	- 훈민정음 문자 생활 가능하지만 실제로는 어려움

전문직은 일종의 직업을 갖고 있는 여성으로 왕실 여성과 궁중 여성, 관노비를 들 수 있다.[24] 왕실 여성과 궁중 여성은 공적 교육 제도 혜택을 누린 건 아니지만 제도적 교육을 받는다는 의미가 있다. 궁중 여성 가운데 나인[內人]은 상궁이 되기 전의 궁녀들로 대부분 4세에서 16세 사이에 궁궐에 들어와 견습나인으로 15년 정도 교육을 받고 20세를 전후해 관례를 치르고 정식 나인이 된다고 한다. 황진영(2009: 15)에서는 이러한 나인들이 훈민정음 문해력을 갖추고 있음을 다음과 같이 정리한 바 있다.

> 어린 견습나인은 상궁들에게 한명씩 맡겨져 양육되며, 상궁들로부터 궁중예절과 언어, 걸음걸이 등의 일상생활을 배운다. 또 훈민정음을 익힌 뒤에 소학, 열녀전,규범,내훈 등 나인 생활을 위한 기본적인 서적들을 익히고, 궁체를 배운다. 이러한 교육은 지밀에 속한 나인들이 교육을 받았다. - 황진영(2009). 조선시대 궁녀복식 연구. 단국대학교 석사 논문. 15쪽.

---

24 궁중 전문직 여성들의 품계는 경국대전 '이전' 첫부분, 곧 '빈(정1품), 귀인, 소의, 숙의, 소용, 숙용, 소원, 숙원' 등 후궁들의 품계와 상궁(5품) 등의 전문직 품계가 기록되어 있다.

이렇게 궁녀들은 일정한 법도 아래 일정한 문식력을 갖추게 됨으로써 한글 사용의 적극적 주체가 된다.[25]

> 조선의 전통교육이 널리 보급되지 못하여 여성교육이 일반화되지는 않았지만 깊은 문화가 있고 남자의 교육 수준이 높은 우리 사회에서 왕비와 정승 등 관리들의 부인들은 가정 교육을 통해 《사기》, 《논어》, 《시전》, 《소학》, 《여사서》 등을 읽어야 했지만… _이만규(1946/2010). 《다시 읽는 조선 교육사》. 살림터. 27쪽.

2.5. 여성과 교육

전근대 시대에는 전세계 보편적으로 여성은 공교육 또는 제도 교육에서 배제되었다. 그렇다고 교육 자체에서 배제되었다는 것은 아니다. 제도 교육 대신에 가정 교육 또는 제한된 제도와 윤리에 대한 교화 교육을 해왔다.

> 부인은 군자의 짝이 되어 집안 일을 주장하여 다스리니 집안의 도가 흥하고 패하는 것은 다 부인에게 달려 있다. 그런데 세상 사람들은 남자를 가르칠 줄은 알면서 딸 가르칠 줄을 모르니 잘못된 생각이다(婦人.配君子而主內治.家道之興廢由之.世人知敎男.而不知敎女[26]). _신숙주 지음/고령신씨문헌간행위원회 편저(1984). 《보한재전서(保閑齋全書) 상》. 은성문화사. 제6 敎女'.

---

25 소수 상류 여성 계층만이 문해력을 갖게 된 것은 서양도 같다.
　"중세 시대 서양 여성들이 문자 교육과 활동에 많은 제약을 받았고 공식적인 문자 활동이 장려되지 않은 사회 문화적 상황에서 주로 '비공식적'인 문자 활동의 대표적인 예로 여겨지는 편지를 통하여 나름대로 문자를 향유한 이런 역사적 사실을 Ancrene Riwle에서 인용한 예문을 통해서도 추측해 볼 수 있다." _윤주옥(2013). '문자'(文字)의 의미에 관한 연구 - letter와 character를 중심으로. 인문학연구원 HK문자연구사업단(2013). 《문자개념 다시보기》. 연세대학교 대학출판문화원. 136쪽.
26 한문 원문은 한국고전종합 DB(db.itkc.or.kr/)로 구축되어 있다.

　　　　　　　　　　　　　　　　조선시대 여성과 한글 발전

신숙주처럼 여성 교육의 중요성을 인지한 양반 사대부들도 있었지만, 대부분의 양반가에서는 가정 교육도 제대로 행하지 않았다. 물론 피지배 남성들 또한 제도 교육에서 철저히 배제되었으므로 이러한 교육 배제는 여성만의 문제는 아니다. 그러나 여성을 사회적 소수자로 보면 교육 문제에서 여성이 차지하는 위치를 정확히 자리매김할 수 있다. 지배층, 상류층 여성까지도 제도 교육에서 배제되었다는 점에 주목해야 한다.

훈민정음 반포 전에도 상류층 여성들은 상류층 여성 일부에게 문자 곧 한문 교육을 해왔다. 훈민정음 반포 이후에는 훈민정음이 여성의 문자로 치부되면서 오히려 한문 문식력의 기회는 줄어들었다.

조선시대 기초 교육 기관에 해당되는 서당 교육은 여성이 다닐 수 없었고 더욱이 서당 교육에서 한글 교육이 공적으로 행해지지 않았다. 다만 천자문이나 훈몽자회의 훈과 음을 한글 표기로 익혔으므로 비공식적으로 한글을 교육하였으나 이조차도 남성 양반층에게만 주어지는 혜택인 셈이다.

한글교육은 전적으로 가정 교육에 의존했으나 "이만규(1946/2010).《다시 읽는 조선 교육사》. 살림터. 266쪽"의 다음과 같은 지적처럼 중류 이하의 여성들은 아예 문맹이었다.

> 봉건제도 시대에는 여자에게 학교교육이 없다. 다만 가정 안에서 옷 짓고, 밥 짓고, 수공(手工)의 기술을 연습하는 것뿐이다. 조선에도 여자교육은 역시 가정에 국한하였다. 보통 문자교육을 받았고 그 외에 계급 정도에 따라서는 상당히 높은 수준의 교육을 받은 이가 많았다. 상류나 중류 가정의 여자교육도 개인에 따라 그 수준이 높았고, 훈민정음이 생긴 뒤에는 중류 이상 가정의 여자들은 소설을 읽고 편지를 읽을 정도로 문맹(文盲)을 면한 이가 많았으나 중류 이하의 대부분 여성은 전부 까막눈이었다._이만규(1946/2010).《다시 읽는 조선 교육사》. 살림터. 266쪽.

대개 양반가의 여성들 가운데 사대부가의 여성들이 이상과 같은 정도의 범위에서 공부하였고, 시와 가사는 첩과 기생들이 많이 애용하였다고 한다. 이만규(1946: 267~268)에서는 훈민정음 창제 후 일반 부인의 독서 범위를 다음과 정리하였다.

(1) 교훈서

① 후비명감(后妃明鑑): 성종 때에 지은 것이며 후비가 읽는 것.

② 내훈(內訓): 소혜왕후(덕종왕비)가 열녀전, 여교명감, 소학 등의 책에서 추려서 지은 것.

③ 삼강행실: 성종 12년에 지은 것인데 5부 각 도에 나누어주어 마을의 부녀자들로 하여금 읽고 익히게 하였다.

④ 열녀도: 삼강행실과 함께 지어 같이 반포하였다.

⑤ 소학언해: 중종 18년에 전국에 선포하여 마을의 부녀자에게 모두 가르치게 하였다.

⑥ 오륜가: 인조 때에 간행하였다.

⑦ 경민편(警民編): 김정국(金正國)이 지은 것인데 숙종 7년에 박아 향읍으로 보내 부녀자 등으로 하여금 외워 익히게 하였다.

⑧ 권민가: 정철이 지은 것인데 경민편과 함께 박아 돌렸다.

⑨ 언문사서: 체제공 부인 오 씨가 지은 것.

(2) 이야기책

이야기책은 조선 여자들의 유일한 읽을 거리였다. 그 종류가 천여 종이며 그 가운데 많이 읽는 책이 《심청전》, 《숙향전》, 《박씨부인전》, 《옥루몽》, 《구운몽》, 《창선감의록》, 《사씨남정기》, 《홍길동전》, 《장화홍련전》, 《백학선전》, 《적성의전》, 《유충렬전》, 《제마무전》, 《삼국지》, 《조웅전》, 《소대성전》, 《양풍운전》, 《흥부전》 등이다. 이상 이야기책의 내용은 효행과 열행(烈行)과 충의를 중심으로 한 것도 있고, 가정과 사회를 중심으로 한 것도 있으며, 탐관오리를 매도한 것도 있고, 영웅호걸을 칭송한 것도 있어서 자신도 모르는 사이에 유익한 교양을 주는 것이 많이 있었다.

그러나 황당한 미신과 허영이 가득 차 있는 이야기책이 더 많았기 때문에 여
자교육에 해독을 준 것이 더 컸다. 그리하여 홍직필(洪直弼)도 아래와 같은 말
을 하였다. 곧 "조선에서 부녀자에게 언문(한글)만 가르치기 때문에 음란한
소설만 읽으며 그것을 사실로 믿으니 개탄할 만한 일이다. 소설 읽는 것을 금하
고 《효경》과 《소학》과 《여사서》를 가르쳐 바른 도를 알게 해야 한다.(매산잡식
(梅山雜識)"

이런 여성 교육에서 한글이 차지하는 의미는 경국대전에 명문화되어 있
다.[27]

(1) 삼강행실을 언문으로 번역하여 서울과 지방의 양반층 가장, 마을 어르신,
또는 학당 스승, 서당 훈장 등으로 하여금 부녀자와 어린이들을 가르쳐 이
해하게 하고, 만약 그 큰 뜻에 능통하고 몸가짐과 행실이 뛰어난 자가 있
으면 서울은 한성부가, 지방은 관찰사가 왕에게 보고하여 상을 준다. _《경
국대전》 권 3, 예전[28].
(2) 가. 대사헌 이극돈의 상소: 학교는 인재를 배출하는 곳이기에 교화(풍화)의
근본이니 학교에서 교수와 훈도로 하여금 삼강행실도를 잘 가르치게
하여 세종의 뜻을 이으소서. _성종 1년(1470) 2월 22일.
나. 예조에 《삼강행실》을 여러 고을의 교생으로 하여금 강습하게 하되,
제때에 아울러 강(講)하게 하여서 풍속을 권장하도록 하라."고 지시하
다.[29] _성종 1년(1471) 3월 28일.
다. 사헌부 대사헌 한치형 상소: 《소학》과 《삼강행실》을 널리 간행하여 어

---

27 이안희(2000). 유교의 여성관. 《인문과학연구》 9집. 상명대학교인문과학연구소. 1~16쪽.
28 三綱行實飜以諺文令京外士族家長父老或其敎授訓導等敎誨婦女小子使之曉解若能通大義有
操行卓異者京漢城府外觀察使啓聞行實 -《經國大典》卷 3, 禮典, 獎勸偏 43仆.
29 傳于禮曹曰: "《三綱行實》, 其令諸邑校生講習, 監司講書時幷講, 以勵風俗." 《성종실록》성종
1년(1470) 2월 22일.

른과 어린이가 모두 배우게 하소서.[30] _성종 2년(1471) 6월 8일.

라. 각 도의 관찰사로 하여금 《소학》·《삼강행실》 등을 널리 간행하여 백성들로 하여금 강습하게 하라고 예조에 지시를 내리다.[31] _성종 2년(1471) 6월 18일.

마. 성종이 언문으로 된 《삼강행실열녀도》를 박아 부녀에게 강습하도록 예조에 교지를 내리다.[32] _성종 2년(1471) 3월 24일.

바. 예조에서 《삼강행실열녀도》를 강습시킬 절목을 아뢰다.[33] _성종 12년(1481) 4월 21일.

사. 《삼강행실도(三綱行實圖)》를 경성(京城)의 오부(五部)와 팔도(八道)의 군현(郡縣)에 배포하고 우부우부(愚夫愚婦)로 하여금 두루 알지 못함이 없게 하라고 명하였다.[34] _성종 21년(1490) 4월 1일.

---

30 又下教各道觀察使, 廣刊《小學》,《三綱行實》, 人無大小, 皆令學之, 使知三德, 三行, 六德, 六行._《성종실록》성종 2년(1471) 6월 8일.

31 傳旨禮曹曰: "民風, 士習, 在上之人, 崇獎而激勵之. 其令中外, 搜訪忠臣, 烈婦, 孝子, 順孫, 啓聞旌別, 又令諸道觀察使, 廣刊《小學》,《三綱行實》等書, 令民講習."_《성종실록》성종 2년(1471) 6월 18일.

32 傳旨禮曹曰: "國家興亡, 由於風俗淳薄, 而正風俗, 必自正家始. 古稱東方貞信不淫, 近者士族婦女, 或有失行者, 予甚慮焉. 其印諺文《三綱行實列女圖》若干帙, 頒賜京中五部及諸道, 使村婦巷女, 皆得講習. 庶幾移風易俗._《성종실록》성종 2년(1471) 3월 24일.

33 禮曹啓: "今承傳旨: '國家興亡, 由於風俗淳薄, 而正風俗, 必自正家始. 古稱東方, 貞信不淫, 近者士族婦女, 或有失行者, 予甚慮焉.《三綱行實》《列女圖》, 京外婦女, 遍令講習, 節目磨鍊以啓.' 臣等參商京中, 則非但宗宰閭閻之家, 雖門地寒微者, 皆閭族聚居, 可令家長, 各自教誨, 外方則散居僻巷, 或無親戚, 難以訓誨, 宜擇村老有名望者, 遍行閭里. 令家長或女奴, 傳傳開諭, 俾皆通曉, 因此開悟, 節行卓異者, 特加旌異, 其任教誨者, 幷論賞." 從之._《성종실록》성종 12년(1481) 4월 21일.

34 命頒賜《三綱行實》于京城五部及八道郡縣, 令愚夫愚婦, 無不周知._《성종실록》성종 21년(1490) 4월 1일.

조선시대 여성과 한글 발전

사용 문자	여자 교육서
한문본	내훈, 규범, 부의
언해본	내훈 초간(1573, 1611, 1656), 어제내훈(1737), 어제여훈언해(16 20~1640 추정), 여사서 초간(1736), 여사서 중간(1907), 여자소학(1920년대 박문호 저술) 등.
한글본	계녀서(송시열, 17세기), 규곤시의방(안동 장씨, 1660~1680), 여범(선희궁 영빈 이씨, 1750 전후), 규합총서(빙허각 이씨, 1869), 여학별록(남양 홍씨, 1848), 소쇼졀(이덕무·최성환 편, 1870), 여자소학(이병현 필사, 1902), 규합한훤(미상) 등.

이런 환경 속에서 체계적인 교육의 기회마저 없었던 대부분의 여성들은 원천적으로 문자생활이 불가능했던 것이다. 조선 초기에 창제된 한글은 별다른 노력을 들이지 않고도 문자생활을 영위할 수 있는 수단이 되었지만 그것마저도 제대로 교육받을 기회가 주어지지 않았다. 뿐만 아니라 한글은 공식적으로 사용을 금지당한 적도 있었고, 품격 있는 공식문서에는 거의 사용되지 않았기 때문에 여성들의 문자생활에 기여한 바가 그리 크지는 않았다. -정하영(1999). 고전 여성 산문작가의 전기적 고찰. 이혜순 외(1999). 《한국 고전 여성작가 연구》. 태학사. 153쪽.

한글을 어떻게 부려쓸 것인가에 대한 문체 실험을 세종이 새 문자를 고안하고 반포하면서 안 했을 리가 없다. 세종은 네 가지 문체를 선보였고 궁극적으로 지향해야 할 문체의 전거도 남겼다.[35] 이한우(2006)의 "《세종. 조선의 표

---

35 "한글 창제 이후 한문 텍스트를 언해할 때 기본적으로 한자어는 한자 표기를 원칙으로 하였으며 따라서 언해문은 국한문 혼용으로 표기되었다. 15세기 불경언해뿐 아니라 《삼강행실도》와 같은 교화서의 언해문도 처음에는 국한문 혼용으로 표기되었다. 그러다가 16세기 중엽 이후 교화서의 중간본들을 시작으로 언해문을 순한글로 표기하는 방식이 나타나기 시작하였다. (…중략…) 이들 책에서 한문 원문은 내용 이해에 직접 활용되기보다는 참고를 위한 부가적인 존재에 가까웠다. 그런데 여기서 더 나아가 《소학언해》는 한문 원문까지도 아예 한글로 표기하는 방식을 보여준다." _이영경(2017). 조선 후기 순한글본 《소학언해》와 그 언

준을 세우다》(해냄)"에서 강조했듯이 세종은 22세인 1418년에 즉위하여 한글을 반포한 1446년까지 음악, 천문학 등 각종 분야에서 조선만의 표준을 세워 온 것이다.

(1) 용비어천가 1장식 문체(국한문 혼용 문체)
  : 海東 六龍이 ᄂᆞᄅᆞ샤 일마다 天福이시니 古聖이 同符ᄒᆞ시니
(2) 용비어천가 2장식 문체(한글전용 문체)
  : 불휘 기픈 남ᄀᆞᆫ ᄇᆞᄅᆞ매 아니 뮐씨 곶 됴코 여름 하ᄂᆞ니 ᄉᆡ미 기픈 므른
  ᄀᆞ무래 아니 그츨씨 내히 이러 바ᄅᆞ래 가ᄂᆞ니
(3) 석보상절식 문체(한자어 한자 우선 병기 문체)
(4) 월인천강지곡식 문체(한자어 한글 우선 병기 문체)

여기서 주목할 것은 (1)과 같은 정통 혼용 문체가 소수 문체라는 것이다. 그럴 수밖에 없는 상식적 인식은 (1)과 같은 문체는 한자를 모르는 백성들에게는 이두와 마찬가지로 의사소통 능력을 갖추는 데에 의미가 없다는 것이다. 한자 배울 여력이 없는 계층을 위해 한글을 만들었으므로 그런 창제 취지와도 맞지 않는다. 그러나 양반들이나 중인들에게는 이런 문체가 한문 이상으로 매우 유용한 문체일 수 있다.

(2), (3), (4)는 한자 병기를 하므로 한자를 몰라도 읽을 수 있는 문체들이다. 세종이 첫 문헌과 이런 실험 마지막 단계에서 한글 전용 문체의 가능성을 실제로 보여준 것이다. 결국 한자 문식력에서 철저히 배제된 여성들한테는 (2)와 같은 문체가 주류 문체로 자리잡게 된다.

어·문화적 가치. 《한국학연구》 47. 인하대학교 한국학연구소. 474쪽.

　　　　　　　　　　　　　　　　　　　　조선시대 여성과 한글 발전

2.6. 맺음말: 한글 사용 촉매체로서의 여성

여성들은 한글만을 사용하였지만 남성들은 여성들과의 소통에서는 한글 사용이 필요하거나 절대적이었다. 곧 여성들은 남성들이 한글을 사용하도록 부추기는 일종의 촉매제 역할을 하였다. 그러한 촉매제 역할은 크게 두 가지 방향에서 이루어졌다.

첫째는 소통 측면에서이다. 소통은 관계에 따라 이루어진다. 남성들에게 한자는 자신들의 성리학적 신념과 계급적 성별 특권을 유지하는 데에 탁월한 기호 구실을 했지만 그런 만큼 소통의 도구가 될 수 없음도 자명해진다. 양반 사대부들에게 한글의 제한적 사용은 여성들과의 소통에 탁월하였다. 남성과 여성의 이해관계가 맞아떨어진 것이다.

둘째는 표현 욕망 측면에서이다. 사람은 표현을 욕망하는 동물이다. 남자들은 남아일언중천금이라 은연중에 표현 욕망을 억제 당했다, 한문 쓰기에서는 상대적으로 자유로웠으나 한문의 본질적 어려움 때문에 그 욕망을 맘껏 펼칠 수는 없었다. 여성들은 여자 셋이 모이면 그릇이 깨진다며 여자의 수다를 부정적으로 보는 것이 일반적이나 같은 여성들끼리는 문제가 되지 않았다. 수다 문화는 근본적으로 표현 욕망의 발현이다. 하층민 여성들은 삶에 여유가 없어 문자 표현 욕망 자체를 꿈꿀 수 없었으나 양반 여성들은 그렇지 않았다.

──── '역설' 관점에서 본 여성의 갈래별
한글 사용과 의미

3.1. 머리말

조선시대 한글[36] 발전 역사에서 여성의 구실은 매우 컸다. '훈민정음'을 '암
글'이라고 일컬은 것은 훈민정음과 여성을 함께 낮춰 보는 말이지만, 이 용어
는 역설적으로 훈민정음 발전에서 여성이 매우 큰 구실을 했다는 상징적, 실
질적 증거를 보여 주기도 한다.[37] 이러한 역설은 공적 분야와 주류 지식 담론
에서 배제되었던 문자(훈민정음)와 소수자 여성의 결합이라는 아픈 역사가 낳
은 역설이기도 하다.

최지녀(2002: 87)는 여성의 한글편지에 대해 "사대부 여성이 주역이 되어 국
문 문체를 확충할 수 있었던 데는 한글이 아녀자들의 글로만 치부된 상황이
역설적인 기여를 했다."라고 평가했고 필자가 김슬옹(2012ㄴ)에서 훈민정음

---

36 '한글'의 좁은 의미는 1910년 이후에 한국어를 적는 고유 문자를 가리키지만 넓은 뜻으로는
  1443년에 창제되고 1446년에 반포된 이후의 우리 고유 문자에 대한 총칭이다. 맥락에 따라
  '한글, 훈민정음, 언문' 등의 명칭을 혼용하기로 한다.

37 김슬옹(2005). 《조선시대 언문의 제도적 사용 연구》. 한국문화사. 78쪽.

발달사를 정리하며 내린 결론은 "훈민정음의 비주류성과 여성의 비주류성이 결합이 되어 한글문화의 꽃을 피웠다."는 것이었다.

이러한 '역설'의 관점에 따라 여성의 한글 사용 갈래를 세밀하게 적용해 다음과 같이 논의를 구성하였다.

> 역설의 자연스런 권력: 왕실 여성의 교지
> 역설로 한문 공문서 틀 균열내기: 여성 상소문
> 역설의 생활화: 생활 속의 한글 쓰기
> 역설 즐기기: 문학의 능동적 향유
> 역설을 이용한 지식의 승리: 여성의 실용서 발간

조선시대 지배층인 양반 남성 사대부들은 조선말까지 훈민정음을 이류 문자 취급해 왔다. 학문과 공적 분야에서 철저히 배제했고 심지어 18, 19세기 박지원, 박제가, 정약용 등의 남성 실학자들은 일상생활에서도 훈민정음을 사용하지 않았다.[38] 이런 흐름 속에서 왕실 여성을 비롯하여 양반가 여성들은 훈민정음을 생활 속에서 실천하여 훈민정음이 발전하는 결정적인 축이 되었다.

이와 같은 문제의식 속에서 조선시대 여성이 이룩한 한글문화의 실체를 낱낱이 밝혀 여성 한글문화의 의미와 가치를 드러내고자 한다. 조선시대 여

---

38 실학자들의 문자 보수성에 대해서는 김슬옹(2017: 205~214)에서 자세히 논한 바 있다. 일부 소론 계열, 양명학과 등에서 훈민정음을 연구하기는 하지만 훈민정음(한글)으로 글은 쓰지는 않는다. 이 문제에 대해 "최재목(2004). 江華 陽明學波 연구의 방향과 과제.《陽明學》12호. 한국양명학회. 68쪽"에서는 "한어(漢語)를 사용하면서도 우리말〈訓民正音學〉을 연구하는 것은 한학(漢學)=중국학 즉 중국적인 것의 권위로부터 국학(國學)을 구별시키고 중국을 대상화하려는 노력으로 볼 수 있다."라고 평가하였다. 이런 긍정적 노력이 중국식 한문 번역문으로만 학문을 하는 한계를 극복하는 데까지 나아가지는 못했다.

성들이 남긴 한글 문학을 비롯한 한글문화의 역사적 가치를 되새기기 위해 조선시대 역사 속에서 여성 한글문화를 바라보는 바람직한 관점이 필요하다. 그것이 바로 역설의 관점이자 논리이다.[39]

이러한 역설의 논리는 《훈민정음》 해례본에 이미 그 바탕이 깔려 있다.

(1) 가. 故愚民有所欲言, 而終不得伸其情者多矣. _정음1ㄱ:3-4_어제서문

　　　 이런 까닭으로 글모르는 백성이 말하고자 하는 바가 있어도 끝내 제 뜻을 펴지 못하는 사람이 많다.

　 나. 予爲此憫然, 新制二十八字, 欲使人人易習, 便於日用耳 _정음1ㄱ:5-6_어제서문

　　　 내가 이것을 가엾게 여겨 새로 스물여덟 글자를 만드니, 모든 사람들로 하여금 쉽게 익혀서 날마다 쓰는 데 편안하게 하고자 할 따름이다.

　 다. 遂命詳加解釋, 以喩諸人. _정음해례28ㄱ:8-28ㄴ:1_정인지서

　　　 드디어 임금께서 상세한 풀이를 더하여 모든 사람을 깨우치도록 명하시었다.

(2) 가. 故智者不終朝而會, 愚者可浹旬而學. _정음해례28ㄱ:2-3_정인지서

　　　 그러므로 슬기로운 사람은 하루아침을 마치기도 전에, 슬기롭지 못한 이라도 열흘 안에 배울 수 있다.

---

39 이 연구는 여성이 한글 발전에 얼마나 영향을 끼쳤는가를 따지고 규명하기 위한 것으로 '역설'의 관점은 연구사를 바라보는 관점이자 조선시대 여성의 문자사를 바라보는 관점이기도 하다. 그동안의 이 분야 연구는 크게 보면 국어사, 문학사, 여성사 차원의 연구로 나눌 수 있다. 국어학계의 국어사 연구는 대체로 국어문법사 연구에 치중되어 왔다. 국어생활사 연구가 활성화되면서 국어생활사 영역인 여성의 한글 사용 문제가 주목받게 되었으므로 국어생활사 차원의 집중 연구는 10년이 되지 않는다. 여성의 한글 사용이 더 일찍 주목받은 것은 오히려 문학사 분야로 이른바 내간체 중심의 여성 산문 문학과 가사 중심의 규방 문학이 주목받기 시작하면서이다. 여성사 차원의 연구는 여성학자들이 국어사나 문학사 쪽의 융합 연구에 약하다 보니 그 역사도 짧다. 이런 가운데 조선시대 여성 관련 언간이 대량 발견되고 양성평등의 중요성이 부각됨에 따라 관련 연구 비중이 높아지고 있다. 여기서는 국어생활사 중심으로 보되 문학사의 연구 성과를 함께 아우른다.

나. 庶使觀者不師而自悟. _정음해례28ㄴ:7_정인지서

　　대체로 보는 사람으로 하여금 스승이 없이도 스스로 깨우치게 하였다.

다. 以是解書, 可以知其義. 以是聽訟, 可以得其情. _정음해례28ㄱ:3-5_정인
　　지서

　　이 글자로써 한문 글을 해석하면 그 뜻을 알 수 있다. 또한 이 글자로써
　　소송 사건을 다루면, 그 속사정을 이해할 수 있다.

라. 無所用而不備, 無所往而不達. _정음해례28ㄱ:6-7_정인지서

　　글을 쓰는 데 글자가 갖추어지지 않은 바가 없으며, 어디서든 뜻을 두
　　루 통하지 못하는 바가 없다.

(1)에서처럼 한자를 모르는 우민의 표현 욕구를 핵심 창제 동기로 삼았으
되 (1나, 다)에서는 모든 계층을 아우르고 있다. (2가, 나)에서는 스승이 없이도
집에서 깨우칠 수 있는 쉬움을 강조하면서 (2다, 라)에서는 의사소통과 학문
의 매우 중요한 도구가 될 수 있음을 말하고 있다. '쉬움'이 오히려 양반 사대
부들의 문자(한자) 권력에 대비되는 비주류 문자가 된 것이다. 왜냐하면 '쉬
움'이야말로 '어려운' 한문 권력에 대비되는 최대의 무기이기 때문이다.

최만리 등 7인의 갑자상소는 역설에 대한 오해였다.[40] 한글을 이류 문자가
아닌 주류 공식 문자로 삼는 것으로 오해한 상소인 것이다. 한글이 조선말까
지 비주류 문자로 남는다는 것을 알았다면 반대 상소를 올리지 않았을 것이
다. 결국 해례본은 남성들의 한글에 대한 이중의식을 바탕으로 하고 있고, 하
루아침에 배우는 쉬운 문자는, 서당에 갈 수 없는 여성을 비롯한 소수자의 문
자가 되게 하는 역설을 부추기는 힘이 되었다.

---

40 최만리 등 7인의 갑자상소의 역사적 맥락과 평가에 대해서는 "김슬옹(2017).《한글혁명》. 살
　　림터. 75~89쪽" 참조.

3.2. 역설의 자연스러운 권력화: 왕실 여성의 교지

백두현(2004), 김슬옹(2005ㄴ) 등에서 집약되었듯이 왕실 여성들의 교지는 거의 예외 없이 한글로만 발행되었다.[41] 이 문제에 대해 이승희(2013: 322)에서 다음과 같은 문제제기를 했다.

> 조선 후기 한글 사용의 확대와 보편화를 연구함에 있어서 한자, 한문과의 경쟁과 공존 관계를 고려하지 않을 수는 없을 것이다. 다만 '왕실 여성'의 경우는 분명 그들이 일정 수준의 한문 교육을 받은 것이 분명함에도 불구하고 (인목왕후의 글과 같은 몇몇 드문 예를 제외하면) 한자나 한문을 사용한 사례 자체가 잘 보이지 않는다. 조선 후기에 한문 저작을 남긴 사대부 여성의 사례와 같은 것이 왕실 여성의 경우에는 전혀 보이지 않는다. 이것이 단순히 개인적인 능력의 문제인지, 우연한 결과인지, 아니면 '왕실'이라는 더 엄격한 환경이 제약으로 작용한 결과인지는 앞으로 더 궁구해야 할 과제라 생각된다.

이러한 궁금증은 왕실 여성의 경우 권력자로서의 위치보다 여성으로서의 위치가 앞서는 것에 대한 오해에서 비롯된 것이다. 권력자의 위치가 앞섰다면 본인이 한문을 알든 모르든 측근을 시켜서라도 당연히 한문을 썼을 것이다. 한문을 배운 양반가의 여성의 경우가 오히려 특수한 사례이거나 개인적취향에 해당된다.

이종묵(2010: 249)에서는 이러한 여성의 한글 사용을 언어적 차별로 규정했다. 곧 "여성들은 한문을 알아도 한글을 써야 하고, 한문으로 된 책을 읽고자

---

41 백두현(2004). 조선시대 여성의 문자생활 연구 - 한글편지와 한글 고문서를 중심으로. 《어문논총》 42. 한국문학언어학회.

해도 한글로 된 책을 읽어야 하는 언어적인 차별을 당해야만 했다."고 한 것이다.[42] 차별은 오히려 여성들의 문화적 권력과 지위를 높이는 결과를 가져왔다.

임형택(1997: 115)에서도 다음과 같이 여성들의 한문 문식성을 특별한 경우로 지적한 바 있다.

명문가의 여성들 자운데 文識이 녁녁했던 분들의 이야기가 간혹 전하고 있으니, 시인으로 난설헌, 靈壽閣(徐氏:洪爽周의 어머니), 학자로 允摯堂(任聖周의 누이)은 저명한 사례이다. 앞서 인용한 老村 朴象德의 부인 朴氏(朴師洙의 따님)는 남편이 《東史會網》을 미완으로 남기고 젊은 나이에 세상을 뜨자 그 뒷마무리를 지었다 한다(이능화, 朝鮮女俗考 138쪽). 그러나 여성으로서 이와 같이 한문교양을 갖춘 것은 아주 희한한 사례에 속한다. 農岩의 따님만 하더라도 "이 아이는 풍성이 청숙하고 拙朴하니, 비록 글을 알더라도 폐해가 없을 것이다."라고 판단이 되어 가르쳤다는 것이다. 그러므로 품성이 방불하지 않았으면 금지했을 것이라는 뜻이 내포되어 있다. 여자에게 '언문' 아닌 '진서'를 가르치는 데는 변명이 필요했던 셈이다.

1623년 인조가 광해군을 몰아내고 임금이 된 지 얼마 안 된 때 인목대비가 왕실의 최고 권력자로서 국왕의 비서기관으로 핵심 권력 기관인 승정원에 한글 공문서를 내려 보낸 사건의 맥락을 분석하여 살펴보자.

헌부의 간원이 아뢰기를, "영창 대군은 어린 나이로 불행하게도 골육지변을 당하였으니, 자전의 그지없는 심정과 성상의 추도하는 심정은 참으로 이를 데

---

42 이종묵(2010). 규중을 지배한 유일한 문자: 번역소설에서 게임북까지, 여성의 문자생활과 한글. 규장각한국학연구원 편(2010).《조선 여성의 일생》. 글항아리. 243~315쪽. 이 책은 조선시대 여성의 삶 전반을 미시사적 관점에서 13편의 글로 정리하여 여성들의 내면 세계뿐만 아니라 사회적 맥락까지를 낱낱이 드러내주고 있다.

없을 것입니다. 그러나 시호를 내리는 일에 있어서는 예문에 근거가 없고 법례에 어긋나는 데가 있습니다. 영창 대군이 영특하고 아름다운 자질이 있기는 하였으나 어린 나이로 요절하였기 때문에 선악을 징험할 수 없으니 어떻게 허례의 좋은 시호를 어린 나이의 죽음에 올릴 수 있겠습니까. 더구나 언문 교서[43]를 승정원에서 내린 것은 상전(常典)에 방해로움이 있습니다. 이 길이 한번 열리면 뒤폐단이 이루 말하기 어려울 것입니다. 삼가 바라건대 성상께서는 자전께 곡진히 품달하시어 내리신 명을 거두고 해조로 하여금 거행하지 말게 하소서."라고 하니, 답하기를, "영창 대군이 나이는 어렸으나 이미 군에 봉해졌는데, 시호는 내리는 것이 어찌 나쁘겠는가. 번거로이 논하지 말라."라고 하였다(憲府 諫院俱啓曰: 永昌大君 髫齔之齡 不幸遭骨肉之變 其在慈殿罔極之情 聖上追悼之心 固宜靡所不至 而至於賜謚之事 無據於禮文 有乖於法例. 永昌 雖有英資美質 而稚年殞折 善惡無徵 何可以美謚虛號 追加於三尺之殤乎? 況諺書之下政院 有妨典常. 此路一開 後弊難言. 伏願聖明 委曲禀達於慈殿 還收成命 令該曹勿爲擧行. 答曰: 永昌大君 年雖幼稚, 旣已封君 賜謚何傷? 勿爲煩論). _인조 1년(1623) 윤10월 7일(계사).

상황 맥락을 보면 언문 교서를 발행한 것이 내용과 형식 측면에서 모두 문제가 돼 사건화된 것으로 보인다. 사대부 관리는 영창대군 시호를 내리라는 인목대비의 지시가 부당하다는 것과 그런 공적 지시를 언문 교서로 핵심 관

---

43 온라인 조선왕조실록에는 언문 편지로 번역했지만 여기서는 공식 문서로 발행한 것이므로 언문 교서로 보아야 한다. 물론 김슬옹(2005ㄴ), 이승희(2013: 306~307)에서도 지적했듯이 인목왕후가 수렴청정을 한 것은 아니므로 정식 언문 교서라 보기는 어렵지만 인조반정 직후의 정치적 상황 맥락으로 보아 언문 교서에 준하는 공식 문서로 볼 수 있다. 이런 맥락에서 이승희(2013: 307)에서는 인목왕후가 21건의 언문 교서를 내린 것으로 보았다. 조선왕조실록의 "자전·중전께서 내리신 성지는 반드시 대전을 먼저 거친 뒤에 계하해야 합니다. 지난번 자전께서 산릉의 일에 대해 언지를 곧바로 빈청에 내렸는데도 승지가 전연 살피지 않았기 때문에 끝내 계품하지 않았습니다. 이런데도 다스리지 않으면 뒤폐단이 있을까 우려되니, 색승지는 파직시키고, 동참한 승지들은 아울러 추고하게 하소서. (…후략…) 광해 원년(1608) 2월 12일(기사)" 등의 기록으로 보아 언문 교서는 반드시 임금의 결재 도장을 찍어야 하는데 실제로는 그런 절차를 거치지 않은 경우가 있었던 것으로 보인다.(김슬옹, 2005, 조선시대의 언문사용의 제도적 연구, 한국문화사, 80쪽.)

조선시대 여성과 한글 발전

청에 내린 것을 모두 문제 삼고 있다. 여기서 언문 교서를 내린, 문자 문제로 생각하는 경우가 있으나 그렇지 않다. 이때는 왕실 여성들의 언문 교지가 제도적으로 용납되는 때였으므로 여기서 문제 삼고 있는 것은 인조의 재가 없이 직접 승정원에 내린 절차를 문제 삼고 있는 것으로 보아야 한다.

다만 언문 교서가 이미 승정원에 접수되었고 인조는 이를 문제 삼지 말라고 하였으니 언문 교서는 공적 문서로 효력을 발휘한 셈이다. 인조반정 직후에 인목대비의 권력 비중이 높은 상황을 반영한 것이지만 남성 사대부들이 주된 공식 문자로 인정하지 않은 한글의 사회적 효용성이 여성 권력자로 말미암아 한문 공문서만의 관례에 균열을 내고 있음을 알 수 있다.[44]

조선시대 여성들의 사회적 위치가 무척 열악했던 것은 틀림이 없지만 그것을 단지 남존여비라는 일반적 틀로만 바라보아서는 안 된다. 일반적인 남존여비의 관계가 실제로는 계층 간의 관계에서는 재배치되는 것이다. 다시 말하면 같은 계층에서는 남존여비이지만 상위 계층의 여성과 하위 계층의 남성 사이는 오히려 그 반대의 관계가 성립할 수 있었다. 따라서 여성의 권력 위치가 남성 위치에 따라 결정되는 법 때문에 여성 교서가 실제 권력을 지니게 되었음을 보여준다. 아울러 언문 교서가 왕실 여성의 정체성을 나타내거나 지키는 자리매김이 가능했던 것이다. 이는 조선시대 여성이 남편과의 내외법에 따라 규정되면서도 '어머니'라는 위치로 가족 안에서의 지위가 재배치되는 이치와 같다.

---

44 사서의 언해 정책을 적극적으로 추진하고 언문 교서를 직접 내리기도 한 선조의 한글 우호 정책이 인목대비에게 영향을 끼쳤을 수도 있다.
　김종택(1975). 선조대왕 언교고. 《국어교육논집》 3집. 대구교육대학 국어교육연구회.
　이정섭(1988). 《宣祖國文教書調査報告書》. 文化財管理局.
　충남향토연구회(1986). 宣祖大王의 國文教書. 《향토연구》 3.
　이병근(1996). 宣祖 國文 諭書의 國語學的 意義. 《관악어문연구》 21. 서울대 국어국문학과.

숙종 6년인 1680년 12월 22일에 숙종 모후 명성대비가 송시열(1607~1689)에게 벼슬길에 나오기를 권고하는 한글 전유(傳諭)를 보자. '전유'는 왕가에서 신하들이나 민간에 보내는 공문서이다. 〈한글 반포 570돌 기념 2016 장서각 특별전〉에 특별 전시된 바 있다. 도록 설명문을 그대로 인용하면 다음과 같다.

> 1680년 10월 송시열(宋時烈, 1607~1689)은 서울에 잠시 머물다가 부인의 개장(改葬)과 아들의 병으로 말미암아 다시 서울을 떠났다. 그러나 숙종비 인경왕후(仁敬王后) 김씨의 부음을 듣고는 바로 환조(還朝)했고, 그 다음 달에 인경왕후의 지문(誌文)을 제술하도록 명을 받았다. 12월 지문을 올린 송시열은 다시 서울을 떠났고, 숙종은 승지를 보내 돌아오도록 권유하였다. 그래도 송시열이 돌아오지 않자 현종비 명성대비(明聖大妃, 1642~1683)가 돌아오라는 내용의 한글편지를 직접 써 보냈다. 편지를 받은 송시열은 "이는 옛날 송나라의 선인황후(宣仁皇后)가 사마광(司馬光)을 만류했던 고사(古事)이다." 하고는 은전에 감격하여 서울로 돌아왔다. _한국학중앙연구원 장서각 편(2016). 《한글, 소통과 배려의 문자》. 한국학중앙연구원. 158쪽.

이를테면 여성 관련 교지의 대부분이 왕비나 대비 등의 왕족 여성들이 쓴 것이었지만 이는 그 사용 주체가 누구이냐 이전에 공적 문서라는 점이 중요하다. 이들에게는 언문이 주된 문체였다. 이런 상황 때문에 언문을 암글이라 불렀던 것이고 그런 언문 의식에는 여성에 대한 낮춤의식과 더불어 언문에 대한 낮춤의식이 깔려 있다고 볼 수 있다. 그러나 이를 거꾸로 생각하면 언문 때문에 여성이 역사의 표면 위로 올라올 수 있었다는 해석이 가능하다. 다시 말하면 여성과 관련된 언문 사용은 언문 자체에 대한 낮춤의식이 아니라 여성 자체에 대한 시대적 인식의 부산물이라는 것이다. 주류 양반 남성들도 언문을 비록 이류 문자 차원이었지만 삶의 주요 수단으로 사용했다. 그리고 여성들이 한문만의 문체만을 썼다면 왕실 여성들의 교지를 사용한 수많은 권력 개입이 그렇게 활발할 수는 없었을 것이다. 더욱 중요한 것은 이러한 여성들은 정치와 밀접한 관련을 맺고 있었을 뿐 아니라 이런 교지의 대상은 대개 남성 관리들이었다는 점이다. 결국 가장 핵심적인 권력 기관에서 공적 문서로 쓰였다는 것은 그 실용적 가치를 지배 계층이 자연스럽게 받아들였음을 뜻한다.

왕실 여성들이 주로 공적 공간에서 한글을 적극적으로 사용해 한글의 제도적 가치를 높이는 데에 기여하였다.

그렇다면 어떻게 왕실 여성들의 언문 교지가 자연스럽게 형성이 되었을까? 사실 왕실 여성들은 한문을 모른다 하더라도 대필을 시켜 얼마든지 공문서를 발행할 수 있었다. 그럼에도 언문 교서가 자연스러웠던 것은 세종의 치밀한 훈민정음 보급 전략에 따른 것이다. 훈민정음을 반포한 후에 본격적인 한글 사용 문헌은 사실 용비어천가라기보다 석보상절이다. 용비어천가는 책 전체 내용 가운데 극히 일부인 125장의 시가가 국한문 혼용체로 쓰인 반면에 석보상절은 전면적으로 쓰인 것이기 때문이다. 바로 이 문헌이 소헌왕후 죽음과 연관되어 있다.

> 녜 丙寅年에 이셔 詔憲王后ㅣ 榮養을 셜리 브려시놀 셜버 슬쏘보매 이셔 ᄒ
> 욜 바롤 아디 몯ᄒ다니. 世宗이 날ᄃ려 니ᄅ샤디 追薦이 轉經 곧ᄒ니 업스니
> 네 釋譜롤 밍ᄀ라 飜譯호미 맛당ᄒ니라 ᄒ야시놀 내 慈命을 받ᄌᄫᅡ 더욱 ᄉ랑
> ᄒ몰 너비ᄒ야 僧祐道宣 두 律師ㅣ 各各 譜 밍ᄀ로니 잇거늘 시러 보디 詳略이
> ᄒᆞ가지 아니어늘 두 글워롤 어울워 釋譜詳節을 밍ᄀ라 일우고 正音으로 飜譯
> ᄒ야 사ᄅᆞ마다 수빙 알에ᄒ야 進上ᄒᄉᄫᄋ니 보몰 주ᄉ아시고 곧 讚頌을 지ᄉ
> 샤 일후믈 月印千江이라 ᄒ시니.
>
> (옛 병인년(丙寅, 1446)에 소헌왕후(昭憲王后)께서 돌아가시매 서러워 슬퍼하며 할 바를 알지 못하고 있을 적에 세종대왕께서 나에게 말씀하시기를 죽은 이에게 명복을 빌어 주기 위해 불경을 만드는 것보다 더 큰 공덕은 없을 것이니 "네

가 석가모니(釋譜)를 번역하여 만드는 것이 마땅할 것이니라."라고 말씀하셨다

내가 인자한 명을 받들어 더욱 생각을 넓게 하여 승우(僧祐)와 도선(道宣) 두 율사(律師)가 각각 석보(釋譜)를 만들어 놓은 것을 읽어 보았더니 간략하고 상세함이 한결같지 못하기에 두 책을 아울러서 석보상절(釋譜詳節)을 만들고 정음으로 번역하여 사람마다 쉽게 알 수 있도록 만들어 세종대왕에게 바치었더니 세종께서 읽어 보시고, 기리는 노래를 지으시니 '월인천강지곡(月印千江之曲)'이라 이름 하셨으니 이제 와서 세존을 높이 받들기를 소홀히 하리오.)

_월인석보 서문[45].

훈민정음 초기 두 문헌(석보상절, 월인천강지곡)이 표면적으로는 여성(소헌왕후)으로 인해 발간되었다고 성리학의 나라 사대부들의 반발을 막는 기제가 되었다. 세종은 아마도 이런 개인적인 목적 외에 불경으로 훈민정음을 보급하는 것이 가장 효율적이라 믿었을 것이다. 예나 지금이나 사찰은 여성들이 주로 드나드는 곳이다.

결국 훈민정음을 반포하기 6개월 전, 소헌왕후의 죽음은 훈민정음 보급 정책에 결정적인 도움을 준다.

3.3. 역설을 통한 한문 공문서 틀 균열내기: 여성 상소문

왕실 여성이 교지 같은 공문서에 한글을 쓰는 문제와 일반 백성이 한글 공문서를 발행하는 것은 매우 다른 측면이 있다. 왕실 여성은 남성 사대부보다 우월한 권력이 있기에 아무 거리낌 없이 언문 교지를 발행할 수 있고 그 문서 또한 권력이 있지만 일반 백성이 한글 공문서를 한문 공문서 대신 발행하

---

45 "허웅 역주(1992. 월인석보 서.《역주 월인석보》1·2. 세종대왕기념사업회. 27~42쪽)"를 바탕으로 필자가 다듬었다.

는 것은 쉬운 일이 아니다. 따라서 한글 상소문을 올리는 것은 바로 한문 제도권에 대한 도전인 셈이다. 당연히 흔치 않은 일이며 실록에도 관련 기사 몇 건이 나온다.

여기서는 실제 상언문이 남아 있는 것을 인용해 본다.

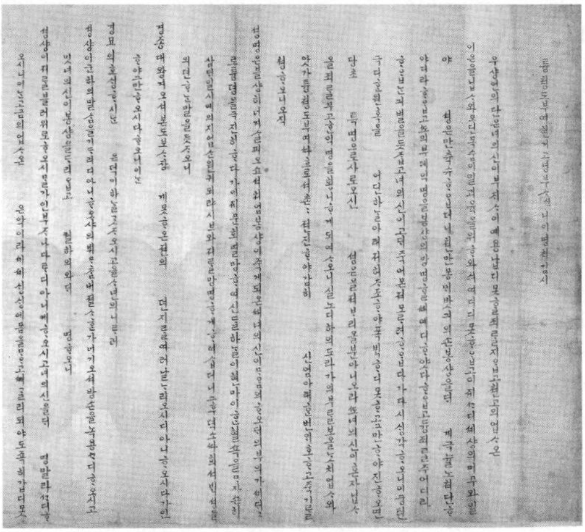

[사진 4] 김씨부인 한글상언 앞부분(문영호 엮음(2014: 10)

이 상언문은 한글문학의 대가인 김만중의 딸이기도 한 김씨 부인이 남편 이이명을 위해 올린 것이다.[46] 상언 내용에 관계없이 남성 중심의 문자 권력 사이에 균열을 낸 사건이라 할 수 있다.

---

46 이 자료는 "임형택(2004). 김씨 부인의 국문 상언-그 역사적 경위와 문학적 읽기.《민족문학사연구》25. 민족문학사학회·민족문학사연구소."에서 학계에 보고된 뒤로 "이상규(2011).《한글 고문서 연구》. 경진. 32, 369쪽"에서 다룬 바 있다. 판독문과 현대어 번역문은 "문영호 엮음(2014).《곤전어필, 정조어필한글편지첩, 김씨부인한글상언》(국립한글박물관 소장자료 총서1). 국립한글박물관."에 따른다.

[표 13] 김씨부인 상언 판독문과 현대어 번역

판독문	현대어
듕 쳥도부여현거고녕부ᄉ니이명쳐김시 우샹언의단은녀의신이부ᄉ이예용납디못홀 죄롤지읍고쳔고의업ᄉ온이은을닙ᄉ와모딘 목숨이일괴육을위ᄒ와싀여디디못ᄒ고이졔 ᄭᆞ디셰샹의머무와일야셩은만츅슈ᄒ더니쳔 만망미밧긔의손봉샹을디계극뉼노쳐단ᄒ야 디라ᄒ고쪼의부뎨익명을봉샹의망명홀예디 ᄒ얏다ᄒ고듕죄롤주어디라ᄒᄂ긔별을듯줍 고녀의신이고딕죽어몬져모ᄅ려ᄒ다가다시 싱각ᄒ오니이궁텬극디ᄒᆞ원혹을어딘하늘아 래저허ᄒᆞ주조ᄒ야폭빅디못ᄒ고그만ᄒ야진ᄒ 오면당쵸 특명으로사로오신 셩은을겨버리 올분아니오라쪼녀의신이혼자닙ᄉ올죄롤무 고흔익명을횡니ᄒ게되여ᄉᆞ오니실노디하의 도라가의부롤보올ᄂᆞᆺ치업ᄉᆞ와ᄭᅡ톤쳥도부 여ᅉᅡᆺᄒᆞ로셔쳔" 젼진ᄒ야감히 신엄아래ᄒ번 이호ᄒᆞ고죽기쳥ᄒ오니오직셩명은불샹히녀 겨슬피오쇼셔쳐엄봉샹이죽게되온ᄢᅢ녀의신 이무의ᄒ오디의부의가셰되" 로튱졍을극진 히ᄒ다가이졔문회멸망ᄒᆞ여신돌하놀이현마 이혼혈속을무자ᅌᅥᆫ허삼디일시ᅵ예의지업ᄉ워 귀되랴시ᄇ와져롤망명ᄒ게ᄒ여습더니그후 먹소ᄭᅡ희셔빅셩들의면ᄂᆞᆫ말을듯ᄌᆞ오니경종 대왕겨오셔본도보ᄉ장 계못ᄒᆞ온젼의 젼지 롤여러날ᄂᆞ리오시디아니ᄒᆞ오시다가인ᄒᆞ야 그만ᄒ오시다ᄒ오니ᄂᆞᆫ경묘의호ᄒᆞ시ᄂᆞᆫ 덕이하놀ᄀᆞᆺ오시고을ᄉ년의니ᄅᆞ러셩샹이군 하의말솜을기두리디아니ᄒᆞ오샤의뷔츔내졀 ᄉᆞ가너기오셔방손을녹용 디 오시고밋녀의 신이봉샹을ᄃᆞ리읍고 궐하의와디명ᄒ오니 셩샹이져롤블러위로ᄒ오시믈가인부ᄌᆞ나다 ᄅᆞ디아니케ᄒᆞ오시고녀의신을ᄃᆞ명말라ᄭᆞ디 ᄒᆞ오시니ᄂᆞᆫ고금의업ᄉᆞ온 은악이라셰셰 싱에몸을ᄋᆞ고굴리되야도죡히갑디못ᄒ올거 시니오눌날와 ᄒᆞᆫ 번죽기롤어이감히ᄉᆞ양ᄒ	충청도 부여현에 사는 고(故) 영부사(領府事) 신(臣) 이이명(李頤命)의 처 김씨 위의 상언은, 이 몸이 천지간에 용납하지 못할 죄를 짓고 천 고에 없는 이 은혜를 입어 모진 목숨이 일괴육(一塊肉, 즉 손 자 봉상)을 위하여 스러지지 못하고 이제까지 세상에 머물 러 밤낮 성은만 축수하였는데 천만몽매 밖에 손자 봉상(鳳 祥)을 사헌부에서 탄핵하여 극한 법률로 처단하겠다 하고 또 시동생 익명(益命)을 봉상이 망명할 때에 알았다 하고 중 죄를 주겠다 하는 기별을 듣고 이 몸이 바로 죽어 먼저 모르 려 하다가 다시 생각하니 이 하늘과 땅같이 끝없는 원혹(冤 酷)을 어진 하늘 아래 두려워하여 머뭇거려 죄가 없음을 밝 혀 말하지 못하고 그만하여 끝나버리면 당초 특명(特命)으 로 살리신 성은을 저버릴 뿐 아니라 또 이 몸이 혼자 입을 죄 를 아무 잘못 없는 익명이 뜻밖에 받게 되었사오니, 실로 지 하에 돌아가 지아비를 뵐 낯이 없어 지금 충청도 부여 땅 으로부터 촌촌전진하여 감히 성상 아래 한 번 슬프게 부르짖 고 죽기를 청하니 오직 성상의 밝은 지혜로 불쌍히 여겨 살 펴주십시오. 처음 봉상이 죽게 된 때 이 몸이 마음에 생각하 되, 지아비의 가대세대로 충정을 극진히 하다가 이제 문호 가 멸망하게 되었을인정 하늘이 설마 이 혈속을 마저 끊 어 삼대를 일시에 의지 없는 원귀가 되게 하랴 싶어 저(즉, 봉상)를 망명하게 하였는데 그 후 귀양지에서 백성들이 전 하는 말을 들으니 경종대왕께서 충청도에서 올린 보사장계 (報事狀啓)대로 못하게 한, 이전의 전지(傳旨)를 여러 날 내 리지 않으시다가 인하여 그만하신다 하니 이는 경묘(景廟) 의 호생지덕(好生之德, 사형에 처할 죄인을 살려주는 제왕 의 덕)이 하늘 같으시고 을사년(즉, 1725년)에 이르러 성상 이 많은 신하의 말씀을 기다리지 아니하시어 (제) 지아비가 끝끝내 자손이 끊어졌는가 여기셔서 방손(傍孫, 즉 손자봉 상)을 관직에 기용까지 하시고 또 이 몸이 봉상을 데리고 대 궐 아래에 와 처벌을 기다리니 성상이 저(즉, 봉상)를 불러 위로하심을 집안의 부자 관계나 다르지 않게 하시고 이 몸 에게 처벌을 기다리지 말라고까지 하시니 이는 고금에 없 는 제왕의 은덕이라. 몇 번을 다시 태어나 몸을 부수고 뼈 가 가루가 되어도 족히 갚지 못할 것이니 오늘날 와 한 번 죽 기를 어찌 감히 사양하겠습니까마는 다만 성상의 이렇듯 한

조선시대 여성과 한글 발전

오리잇가무다만셩샹의이러톳오신 셩덕이훈
갓고과롤블샹히너기시미아니라진실노의나
라위ᄒ야진읍던졍셩을 구버싱각ᄒ오셔십
년상약의우국망가라ᄒ오시고관일지통이잇
다ᄒ오셔일로브디혈쇽이나긋티마라셜워ᄒ
며쥬리ᄂᆞᆫ귀신이되디아니콰져ᄒ오시ᄂᆞᆫ가ᄂ
이다이러ᄒ온거슬시졀사 들이ᄆᆞ자죽여업시
랴ᄒ오니ᄂᆞᆫ셩샹의호싱시ᄂᆞᆫ덕이도로혀져
희ᄉ원슈갑ᄂᆞ거시될가셜 워ᄒ이다또의부
몌익명은임인년뉵월초이일퉁쳥도홍산짜흐
로셔젼나도광 줴력소로바로가옵고녀의신만
혼자봉샹을ᄃ리옵고부여히잇습더니뉵월스
므이튼날의부묘하의보내여습다가간두어날
후의ᄌ긔지의연좌긔별듯줍고녀의신이ᄀᆞ만
이봉샹의잇디로통 ᄒ야그리로셔나가계ᄒ야
ᄉ오니이다녀의신의ᄒ온일이오며셜ᄉ의논
ᄒ랴ᄒ와도익명의귀향가온짜히샹게ᄉ오빅
니오니훈집안사롬이라도모르게ᄒ고져옵거
든어이오뉵일명의셔왕복ᄒ야사롬의이목을
번거케ᄒ오리잇가쏘그익명이독한니질을어
더던ᄉ모로오니ᄂᆞᆫ압거ᄒ던나졸이아ᄂᆞᆫ일
이오니비록훈집의잇ᄉ와도병이인ᄉ모로온
후ᄂᆞᆫ이런일을의논을못ᄒ오려든 몰며먼니셔
엇디아오리잇가이ᄂᆞᆫ녀의신이손조쥬댱ᄒ온
일이오니실노의부몌익명의계간셥ᄒ배죠곰
도업습니다이ᄂᆞᆫ시졀사롬들이녀의신을죽
여ᄂᆞᆫ블관ᄒ오매익명을ᄆᆞ자죽여노쇼업시젹
죡ᄒ게ᄒ려ᄒ고브디익명의계로억늑ᄒ야모
라보내오니이아니지원극통ᄒ오니잇가녀의
신이만번죽기 양타아니 ᄒ고부월의업듸기
쳥ᄒ오니브라ᄂᆞ 니텬디부모ᄂᆞᆫ특별이이원혹
혼졍ᄉ슬피오셔마치녀의신만버히오시고봉
샹의명을빌니오셔의부의혈ᄉ넛고의부몌익
명을난횡니ᄒ화롤면케ᄒ오쇼셔
옹졍오년십월 일

| 셩덕이 한갓 외로운 과부 신세를 불쌍히 여기심이 아니라 진실로 (제) 지아비가 평소에 나라를 위하여 몸 바치고 애쓴 정성을 굽어 생각하시어 '십년상약(十年相若)의 우국망가(憂國忘家)'라 하시고 '관일 지충(貫日之忠)'이 있다 하시어 이로 부디 한 혈속이나 끊지 말아서 서러워하며 주리는 귀신이 되지 않기를 바라시는가 합니다. 이러한 것을 시절 사람들이 (봉상과 익명을) 마저 죽여 없이 하려 하니 이는 성상의 호생지덕이 도리어 저희 개인의 사사로운 원수 갚는 것이 될까 서럽습니다. 또 시동생 익명은 임인년(즉, 1722년) 유월 초이튿날 충청도 홍산(부여) 땅으로부터 전라도 광주 귀양지로 바로 가고, 이 몸만 혼자 봉상을 데리고 부여 땅에 있었는데 유월 스무이튿날에 부묘하(夫墓下)에 보내었다가 간 두어 날 후에 아들 기지(器之)가 연루되었다는 기별을 듣고 이 몸이 가만히 봉상이 있는 데로 통하여 거기에서 나가게 하였으니 이것이 다 이 몸이 한 일이며 설사 (익명과) 의논하려 해도 익명이 귀양 간 땅이, 떨어져 있는 거리가 사오백 리이니 한 집안사람이라도 모르게 하고자 하거든 어찌 오륙 일 사이에 왕복하여 사람의 이목을 소란하고 어지럽게 하겠습니까. 또 그때 익명이 독한 이질을 얻어 인사불성이었는데, 이는 압송하여 가던 나졸이 아는 일이니 비록 한 집에 있어도 병으로 인사불성이었던 후에는 이런 일을 의논하지 못할 것인데 하물며 멀리서 (익명이) 어찌 알았겠습니까.

이는 이 몸이 직접 주장한 일이니 실로 시동생 익명은 간섭한 바가 조금도 없습니다. 이는 시절 사람들이 이 몸을 죽여서는 관계하지 아니하니 익명을 마저 죽여 노소에 상관없이 일족을 멸망시키려 하고, 기어이 익명에게로 부당하게 강제하여 몰아 보내니 이 아니 지극히 원통하지 않겠습니까. 이 몸이 만 번 죽기를 사양하지 아니하고 부월(斧鉞)에 엎드리기를 청하니, 바라오니 천지부모(天地父母, 즉 성상)께서는 특별히 이 원혹(寃酷)한 정사를 살피십시오. 마땅히 이 몸만 베시고 봉상의 목숨은 살리시어 (손자 봉상은) 지아비의 혈통을 잇고, 시동생 익명은 뜻밖에 재앙을 당하는 화를 면하게 해주십시오.

옹정 오년 시월 일 〈1727년 10월〉 |

김슬옹(2005, 조선시대 언문 사용의 제도적 연구, 한국문화사, 105~112쪽)에서는 언문의 제도적 사용 양식을 "상언/상소, 소장/서장, 단자" 등으로 보고 이와 관

련 실록 기록 15건을 분석하여 그 의미를 제시한 바 있다. 매우 적은 기록이지만 실록에 실려 있는 언문 관련 기록 자체가 960여 건에 지나지 않으므로 낮은 비중이라 할 수 없다. 이 가운데 여성 관련 상언, 서장, 단자 기록이 9건인 사건으로서 기사가 11건이 나온다.

(1) 철비가 언문으로 사천을 면해줄 것을 상언함에 추고하여 죄를 다스리다.[47] - 중종 4년(1509) 9월 11일.

(2) 가. 의금부에서 이홍로의 처 기씨가 언문으로 쓴 단자로 상언하다.[48] - 광해 2년(1610) 5월 5일.

나. 의금부 관리들이 이홍로 처의 상언의 일로 대죄를 청하였으나 불허하다.[49] - 광해 2년(1610) 5월 10일.

다. 억울한 일을 당한 부인의 도리로 볼 때 언서로 상언하는 것이 지장이 없음을 들어 임금이 사간원의 언문 상언 비판을 물리치다.[50] - 광해 2년

---

47 鐵非 上言於該司. 鐵非 宗室女 以諺字書上言之辭 援例願蒙上德 免爲私賤. 政院啓曰: 鐵非 以諺呈上言 至爲褻慢. 且其所願 不可從也 請推考治罪. 從之. 鐵非 乃 李顆 母也._《중종실록》중종 4년(1509) 9월 11일.

48 禁府啓曰: 罪死 李弘老 妻 奇氏 持諺書單子 來呈當直廳. 諺書上言 未有前例 而係于大臣 情理切迫 不得不捧入之意 敢啓." 傳曰: "知道."_《광해군일기》 광해 2년(1610) 5월 5일.

49 知義禁府事 李時彦, 同知事 崔濂·姜籤 啓曰: "前日 李弘老 妻諺書上言捧入之時 臣等亦知其 無前規未安之意 而事係大臣 情理切迫 具由啓稟以入矣. 今者重有物議 以違法捧入爲非. 盖王 府至嚴 上言至重 不可容有一毫法外之事 而諺書出納 非但事極猥褻 且有後日之弊. 臣等皆昏 昧妄錯 不能奉法之罪 不一而足. 不勝惶恐 伏地待罪. 答曰: "事係大臣 不可以常規爲拘. 捧入 可矣 勿待罪._《광해군일기》광해 2년(1610) 5월 10일.

50 司諫院啓曰: 王府事體 至嚴且重 上言規例 載在法典 雖有抱冤之事 決不可續續投呈 而況且諺 書 前古所未有者乎? 頃日罪死人 李弘老 妻 奇氏 冒呈諺書上言 爲禁府者 所當據理斥絶 而敢 爲捧入 又從而爲之辭 政院亦不顧事例 朦然入啓. 此路一開 後弊難救 物情愈駭. 禁府堂上色 郞廳及色承旨罷職 其諺書上言 還爲出給. 答曰: 爲同氣訟至冤 而且有自明之事 則其在婦人之 道 以諺呈上言 有何所妨? 況係大臣伸冤之擧 則禁府 政院 安得不捧? 此不可槩論以常規 所 論過矣. "_《광해군일기》광해 2년(1610) 5월 16일.

(1610) 5월 16일.

(3) 정희의 종 남편 정의손이 수춘군 아내가 가져온 언문 서장을 진서로 바꾸어 금부에 올리고 같이 올린 언문 장초도 정의손이 지었다.[51] - 성종 21년 (1490) 11월 13일.

(4) 의정부 요청에 따라 황백인 부자의 언문 소장(언서)에 대해 논의하다.[52] - 선조 33년(1600) 9월 1일.

(5) 유두성이 말하기를 이대헌이 누이동생에게 언문소장을 순찰사에게 바치게 하다.[53] - 숙종 15년(1689) 4월 18일.

(6) 성주목사가 죽자 그의 처가 언서로 겸관(겸직 관리)에서 소장을 올리다.[54] - 영조 12년(1736) 5월 21일.

(7) 사족인 윤씨(여성)가 동기인 윤성동이 포청에 들어가자 종으로 하여금 언문 서장을 바치게 해 모함하여 벌을 내리다.[55] - 영조 29년(1753) 7월 5일.

---

51 義孫 供招云: 壽春君 妻 以諺文書狀 意以示我 我以眞書飜譯而書呈禁府 推納狀草 則乃眞書起草 而以諺文飜譯. 則其 鄭淮 陰嗾其姊 而敎婢夫 義孫 潛撰其狀明矣. _《성종실록》성종 21년(1490) 11월 13일.

52 一云不能死義則然矣 而書狀所稱 則又有別件諺書云: 被脅爲此 爲斷案 則未知如何云. 事係重大 自下有難容議. 議大臣定奪施行何如? 傳曰: 允. 領中樞府事 崔興(深)〈源〉議: 以其書狀言之 則罪固難貸. 今所謂眞假之書 別件諺書 如有査考辨明之端 則猶或可據 而若無憑據之路 而只以 尹仁伯 陳疏 恐難容議. 海原府院君 尹斗壽 議: 黃廷彧 父子事 臣在 義州 行在 見其上達狀啓 封(裏)〈裹〉紙索中 詳陳賊勢云云. 其紙索片片解粘 字行橫書 文理可見 至以王子在此 未敢卽死爲言. 元狀啓內 不論此等事. 今所謂書有眞假 亦有諺書云 似與行在所達之書同意也._《선조실록》선조 33년(1600) 9월 1일.

53 初 刑曹以 柳斗星 爲獄覆奏 謂 李翔 誘脅諸人 證成此獄 請移禁府處之. 禁府逮 翔 而問之曰: 兪夏雄 削 玄光 後〈斗星 繼母之叔父.〉_《숙종실록》숙종 25년(1699) 4월 3일.

54 (…전략…) 上不爲開納. 在魯 又言: 星州 牧使 李誠躋 在任夕食猝死 其妻以銀匙試於口色變 以諺書呈于兼官 方囚監當之史. 毒殺命吏 關係非常 請遣御史按覈. 上從之 以 趙榮國 爲按覈御史. _《영조실록》영조 12년(1736) 5월 21일.

55 王世(孫)〔子〕召接大臣堂. 右議政 金尙魯 曰: 頃日 南部 宋姓 人家作賊者 乃士族也. 其中 李有載 卽 宋哲孫 之婿也. 哲孫 之妻 尹氏 亦士族 而於 尹星東 爲同氣也. 星東 行己乖悖 同氣不相容 轉輾如仇讎. 及其逢賊也 尹氏 致疑於 星東 星東 入捕廳後, 使其婢子 書呈諺狀, 要速殺. _

(8) 고참판 부인이 언서 단자로 가난을 호소하여 진휼청에서 구제하다.[56] - 숙종 25년(1699) 4월 3일.

(9) 정몽주 후손중 늙은 부인이 언단을 올려 제사지낼 것을 청하다.[57] - 영조 19년(1743) 2월 5일.

왕실 여성의 한글 공적 사용을 문제 삼는 경우는 없었다. 그러나 위 기사들을 보면 사대부들은 일반 여성들이 언문을 공적으로 사용하는 것을 문제 삼았다. 여성들의 일상생활에서 한글 사용은 당연한 것으로 여겼지만 그것의 공적 사용은 쉽지 않은 일이었다. 실록에는 '上疏' 단순 검색만 19,931건, '上言'은 3,343건이 등장할 정도로 방대한 사대부들의 한문 표기 상소 기록이 나온다. 이런 비중으로 본다면 극히 일부 여성들의 한글 상소(상언)는 매우 미미한 사건에 지나지 않는다.

이미 한문 권력에 상소 자체가 가로막힌 것이니 '남성-한문-공문서'는 절대적인 권력의 카르텔이다. 이런 견고한 틀 속에서 김씨와 같이, 아무리 절박한 실정이라 하더라도, 한글 상언이 이루어진 것 자체가 거대한 바다에 작은 파문 같은 것이지만 그래서 더욱 의미가 있다는 것이다. 결과적으로 보면 상소 같은 공식 문서에서는 한글을 써서는 안 된다는 남성 사대부 중심의 불문율을 깬 것이기 때문이다.

《영조실록》 영조 29년(1753) 7월 5일.

56 御晝講. 上曰: 爲國急務 莫過於勸農. 每當春節 非不申飭 而飢饉, 癘疫 死亡相繼 子遺殘氓 有難用力於畎畝. 曾前節目 更加添刪 申飭諸道可也. 知經筵 李濡 言: "故叅判 李端錫 以淸白見稱 死無立錐之地 其妻至以諺書呈單 乞得救急之資. 其情可憫 而其淸白尤可驗. 令賑廳 限今年月給米一斛 恐合勵廉之典. 上可之._《숙종실록》 숙종 25년(1699) 4월 3일.

57 只有年老婦人呈諺單 以攝祀爲請 誠可慘然. 依所請以 鄭鎬 從弟 鏷 姑令攝祀 以待宗人長成者立後似宜矣. 上許之. 掌令 尹光毅 申前啓 不允._《영조실록》 영조 19년(1743) 2월 5일.

조선시대 여성과 한글 발전

3.4. 역설의 생활화: 생활 속의 한글 쓰기와 문학의 향유

각종 한글 편지의 발견과 문학의 향유는 일상생활에서 한글을 실천하는 것이므로 역설의 생활화라 볼 수 있다. 한글 편지의 경우에 매체의 雙方向性으로 남성들의 한글 사용을 부추기는 촉매제가 되어 한글 사용의 확산 계기가 되었다.[58]

필자는 조선시대 전반의 훈민정음 발달사를 다룬 "김슬옹(2012).《조선시대의 훈민정음 발달사》, 역락"에서 일반 문학과 한글 편지를 분리해 다음과 같이 구성한 바 있다.

> 5장 | 문학을 통한 훈민정음 발달
> 1. 문학과 훈민정음의 만남
> 2. 시가 문학을 통한 훈민정음 보급 발전 양상
> 3. 한글 산문 문학과 훈민정음
> 4. 계층을 넘어선 한글 문학의 힘
>
> 6장 | 한글편지(언간)를 통한 훈민정음 발달
> 1. 한글편지와 훈민정음
> 2. 한글편지의 역사적 발전
> 3. 한글편지의 다양한 속성과 가치
> 4. 한글편지의 역사적 힘

---

58 "여성들의 문학활동을 불가능하게 하는 또 하나의 요인은 여성들에 대한 문자 교육을 제대로 하지 않았다는 데에 있었다. 당시의 공식 문자인 한문을 배울 시간도 기회도 없었고 한글마저 배울 수 있었던 여성은 극히 일부에 불과했다. 여성들의 교육과 문학 활동은 주로 구전에 의존하는 수밖에 없었다." _이혜순 외(1999).《한국 고전 여성작가 연구》. 태학사. 880쪽.

한글 편지를 문학의 범주로 넣을 수도 있지만 역설의 생활화로 보는 것은 남성들을 언문 공간으로 끌어들인 역동적 매체의 힘과 생활 정보 매체의 특수성 때문이었다. 물론 최지녀(2002), 김일근(1986 / 1991: 160)에서 지적한 것처럼 한글 편지는 서간체 문학으로 발전했다. 그러나 여기서 주목하는 것은 질적 양식의 변용보다 생활 속에서 훈민정음 발달에 미친 영향의 서로 다른 맥락을 주목해 보자는 것이었다.

주류 사대부들은 학문과 공문서에서 한글 사용을 철저히 배제하였지만 문학과 한글 편지에서만큼은 한글 사용에 관대하거나 능동적으로 참여하였다. 한글 편지가 사대부의 한글 사용에 결정적인 역할을 하였다는 것은 두루 알려진 사실이다. 이는 정철, 김성일, 송시열 등 주류 양반들이 남긴 한글 편지로도 알 수 있다.[59]

여성의 역할 측면에서 주목해 보면 문학에서는 독자로서의 역할이 커서 문학을 이용하여 한글 확산에 크게 이바지했다. 더불어 '규방문학', '내간체'라는 말이 있듯이 적극적인 문학 생산 주체로 참여해 한글 확산에 크게 이바지했다.

일반 문학이건 한글 편지건 가장 중요한 건 《훈민정음》 해례본의 '정(情)'이라는 가치로 훈민정음 창제 반포의 근본 가치 확산에 여성이 이바지했다는 점이다.

---

59 순천 김씨 언간: 189건, 1550년대~임진왜란 이전의 자료.
　송강 정철가 언간: 7건, 송강의 어머니인 죽산 안씨(1495~1573)가 아들에게 쓴 편지와 송강이 부인에게 쓴 편지(1571).
　학봉 김성일 언간: 1건. 1592년 김성일이 부인에게 보낸 편지.
　이응태묘 출토 언간: 1건. 1596년. 원이 엄마가 죽은 남편을 애도한 편지.
　곽주와 현풍곽씨언간: 172건. 1602~1650년.
　송규렴가 언간: 128건. 17세기 후반~18세기 초기. 은진 송씨 집안의 편지.
　송준길가 언간: 400건. 17세기 이후~19세기 말.
　추사 김정희가 언간: 70여 건. 18세기 후반~19세기.
　허목, 김윤겸, 이집 등 사대부 편지 : 백두현(2011: 14~15)

故愚民有所欲言, 而終不得伸其情者多矣. 〈정음1ㄱ:3-4_어제서문〉

이런 까닭으로 어린 백성이 말하고자 하는 바가 있어도 끝내 제 뜻을 펴지 못하는 사람이 많다.

所以古人因聲制字, 以通萬物之情以載三才之道, 而後世不能易也. [정음해례 26ㄴ:5-7_정인지서〉

그러므로 옛 사람이 소리를 바탕으로 글자를 만들어서 만물의 뜻을 통하고, 천지인 삼재의 이치를 실었으니 후세 사람들이 능히 글자를 바꿀 수가 없었다.

以是聽訟, 可以得其情. [정음해례28ㄱ:4-5_정인지서〉

또한 이 글자로써 소송 사건을 다루면, 그 속사정을 이해할 수 있다.

이때의 '情'은 누구나 표현하고 싶은, 펼치고 싶은, 주고받고 싶은 뜻과 감정, 욕망을 모두 아우르는 말이다. 이러한 해례본 속 '정(情)'의 가치를 가장 잘 실현할 수 있는 매체가 편지와 문학이며 그 생산 주체 중심에 여성이 놓여 있다.

지배층 남성들은 한문으로 '情(정)'의 가치를 어느 정도 누릴 수 있었으나 온전히 누리지는 못했다. 지배층 여성들은 왕족 또는 양반 신분임에도 한문으로는 누릴 수 없어 느끼는 고통을 오히려 한글을 사용하여 맘껏 풀 수 있게 되었다.

이는 전통적인 여성들의 수다 문화가 글로 옮겨지는 기적이었다. 조선 말에 샤를 바라의 조선 여인들에 대한 증언은 수다 문화의 실상을 잘 보여준다.

하지만 조선의 여인네들에게도 다른 나라 여성과 크게 다를 바 없는 소일거리가 있다. 즉 그들끼리 규방에 모여 앉아 이런저런 수다를 떠는 것 말이다. 물론 남자들이라고 이 집 저 집 몰려다니기를 즐겨하지 않는 건 아니다. 나누는 얘기는 정치 같은 다소 위험하고 무거운 주제만 제외하면 무엇이든 좋다. 흔히들 문학 이야기를 하든가 시짓기를 하지만, 무엇보다도 빠뜨릴 수 없는 단골 메뉴는 역시 요즘 떠들썩한 사람의 험담이나 새로운 익살거리다. 조선인은 재치를 무척이나 즐길 뿐 아니라 그 호기심이란 결코 만족을 모르는 민족인 것이다.
_샤를 바라·샤이에 롱 지음/성귀수 옮김(2001).《조선기행: 백여 년 전에 조선을
둘러본 두 외국인의 여행기》. 눈빛. 131쪽.

안방에서의 수다 문화가 다른 나라에는 없는 독특한 문화임을 증언하고
있다. 바로 세종이 맘껏 펴라고 한 '정(情)'은 수다거리였던 것이다.

3.5. 역설을 이용한 지식의 승리: 실용서 발간

18, 19세기 실학이 꽃피면서 실학자들의 실용 지식에 관한 저술 활동이 활
발하게 일어난다. 그러나 그럴수록 실용적인 문자에 대한 배타와 외면은 더
깊어간다. 가장 방대하고 다양한 실용서를 쓴 정약용의 저술은 모두 한문이
다. 이덕무를 비롯하여 매우 뛰어난 남성 실학자들이 오늘날 백과사전 격인
책을 펴내지만 모두 한문이다. 문체의 실용화를 꾀한 박지원은 한문 구어체
를 구사할 뿐 한글을 모르는 것이 당연한 듯 대놓고 고백한다.[60]

> 이어(俚語)나 속담, 방언, 민요와 같은 순수한 우리의 생활언어를 문장에 담
> 아야 진실된 문장이 된다고 주장하면서 실지로 《열하일기》와 같은 작품에
> 서 쓰고 있다. 그러나 그것은 한자화(漢字化)된 것이지 '한글'은 아니었다. _강
> 동엽(2008).《조선 지식인의 문학과 현실인식 - 허균·박지원·김시습》. 박이정.

---

60 조동일(1978)은 박지원 문학의 실체를 정확히 보고 있다. "박지원이 국문으로 글을 쓰지 않
  았고, 국어 문학이 소중하다는 생각을 하지 않았다. 방언을 문자로 옮기고, 민요를 운율에 맞
  추기만 하면 자연히 문장이 이루어진다고만 했을 뿐이고, 방언을 그대로 쓰고 민요를 그대
  로 부르는 문학을 긍정하는 논의를 전개하지는 않았으며, … 한문을 사용하면서 독자적인
  문학을 개척할 것을 주장했다."_조동일(1978), 〈박지원의 문학사상과 소설론〉, 일조각, 192
  쪽. 박지원의 한글 미사용에 따른 논의는 "강동엽(2008).《조선 지식인의 문학과 현실인식 -
  허균·박지원·김시습》. 박이정. 254~257쪽."에서 종합 정리되었다.

조선시대 여성과 한글 발전

254~255쪽.

吾之平生 不識一箇諺字 五十年偕老 竟無一字相寄 至今爲遺恨耳.

(내 평생에 훈민정음 한 글자도 알지 못하였다. 오십년을 해로하면서 한 글자도 (언문편지를) 서로 부친 것이 없어 지금에 이르러서는 한(恨)으로 남는다.) _《문집》권 3, 〈答族孫弘壽書〉, 75쪽.

실제 박지원은 한글 자체를 모르지는 않았다. 그의 농업 개혁을 담은《課農小抄》(《문집》권 17, 389~390쪽)에서 50여 개의 곡물명을 한글로 표기하고 있기 때문이다.《문집》권 15,〈綵鳥보〉, 310쪽에서도 "鳥卽我俗所名, 뱁새, 無甚奇稀 而値錢五十…"라고 한글 표기 어휘 예를 들고 있다.[61]

정약용은《목민심서》에서 평민들이 한자를 몰라 생기는 문제를 정확히 인식하고 있음에도 그로 말미암은 모순의 실체는 파악하지 못했다.

무릇 시골 평민들은 법리를 알지 못하고 문자(한자)를 이해하지 못해서 혹 시골 서재의 어른이 소장을 대신 지어주기는 하지만, '都都平丈(도도평장)'[62]이라고 할 사람이 어찌 이문(吏文)을 알겠는가. 그 실제 증거는 빠지고 지엽적인 내용만 설명하여 본래의 이치는 바르더라도 그 말이 틀린 것 같이 보이니, 이것이 시골 평민들이 벙어리가 되는 둘째 이유이다(凡村野小民, 不知法例, 不解文字, 其或村齋

---

61 이런 한글 사용을 근거로 "이가원(1965).《연암소설연구》. 을유문화사, 569~570쪽"과 "강동엽(2008).《조선 지식인의 문학과 현실인식 - 허균·박지원·김시습》. 박이정. 256쪽"에서는 박지원이 한글을 모른다는 고백을 겸양의 표현으로 보고 있다. 그렇다면 더더욱 박지원의 한문만 쓰기 전략은 지나치게 보수적이라는 평가가 가능하다. 언어 천재인 그가 그 정도 한글 문식력으로도 한글의 실용성과 우수성을 알았다는 증거가 되기 때문이다.

62 이에 대한 설명은 "박준호(2018). 조선후기 평민 여성의 한글 소지(所志) 글쓰기.《국학연구》36집. 한국국학진흥원. 409쪽." 참조
인용문에 있는 '도도평장'은 글이 짧은 서생을 비유하는 말이다.《논어論語》「팔일편八佾篇」의 '욱욱호문郁郁乎文'을 비슷해 보이는 글자로 착각해서 '도도평장都都平丈'이라고 읽었다는 데서 유래한다.

夫子, 代撰其牒, 都都平丈, 安知吏文. 遺其實證, 衍其枝辭, 本理雖直, 其言似曲, 此其爲啞者, 二也.") _《牧民心書》刑典, 聽訟上.

이러한 퇴행적인 지식 생산과 유통 시대에 한글로 당당히 실용서를 펴내는 여성들이 등장한다. 대표적인 이가 빙허각 이씨와 안동 장씨이다. 역설을 이용한 위대한 지식 공유의 시대를 연 것이다.

만두법(饅頭法) (메밀로 군만두 만드는 법)

메밀가루 장만하기를 마치 깨끗한 면가루같이 가는 모시나 비단에 거듭 쳐서, 그 가루를 덜어 풀을 쑤되 율무죽같이 쑤어서 그 풀을 녹게 반죽하여 개암알 크기만큼씩 떼어 빚어라. 만두소 장만하기는 무를 아주 무르게 삶아 덩어리 없이 다지고, 말리거나 익히지 않은 꿩고기의 연한 살을 다져 기름간장에 볶아 잣과 후추·천초 가루를 양념하여 넣어 빚어라. 삶을 때에 번철에 적당히 넣어 한 사람이 먹을 만큼씩 삶아 초간장에 생강즙을 넣어 먹어라.

꿩고기가 없거든 힘줄 없는 쇠고기 살을 기름간장에 익혀 다져 넣어도 좋다. 쇠고기를 익히지 않고 다지면 한데 엉기어 못쓰게 된다. 만두에 녹두 가루를 넣으면 좋지 않다. 소만두는 무를 그렇게 삶아 표고버섯·송이버섯·석이버섯을 잘게 다져 기름을 홍건히 넣고 잣을 두드려 간장물에 볶아 넣어도 좋다.

밀로도 가루를 곱게 상화가루처럼 찧어 메밀 만두소같이 장만하고, 초간장물에는 생강즙을 치면 좋다. 생강이 없으면 마늘도 좋으나 마늘은 냄새가 나서 생강보다 못하다.

[사진 5] 안동 장씨의 《음식디미방》의 '만두법' 부분과 현대어역(백두현)

이 책은 안동 장씨[63]가 17세기 후반에 조리법을 한글로 적은 책이다.[64] 우리 나라 영남 지방의 토속 음식을 만드는 법을 상세하게 소개했다. 전해 내려오 거나 스스로 개발한 조리법을 한글로 기록하여 전통 음식의 맥을 잇게 하였다.

이 자료는 만두 요리법을 소개한 대목이다. 말하듯이 쓴 입말투 문장이라 만두 빚는 과정이 더욱 실감나게 전달되고 있다. 만두 만드는 방법뿐만 아니 라 맛을 내는 방법, 주의점, 각종 식품의 특성 등을 소상하고도 생동감 넘치 게 기술하였다. 한글 사용의 실용적 가치를 한껏 높인 저술이라 하겠다.

이러한 실용서의 또 다른 한글 사용 공로는 문체의 다변화에 있다.

〈독립신문〉이 채택하고 있는 국문 글쓰기의 새로운 방법은 조선시대의 이른 바 '언문' 글쓰기와는 그 성격이 전혀 다르다. 조선시대 지배층은 한글 사용을 거부하고 그 사회 문화적인 기능을 언문이라는 이름으로 격하시킨 바 있다. 한 글은 한문으로 이루어진 사상과 이념을 번역하는 수단으로 이용되거나, 아녀 자들의 의사전달 수단으로 활용되면서 이른바 '언문체'라는 특이한 문체로 고 정된 바 있다. 조선시대에 언문 글쓰기를 공식적으로 활용한 것은 경서의 언해 작업에서이다. 경서의 번역 문제로 널리 이용된 언문체는 인간의 삶의 규범과 이념의 제시를 목표로 하는 장중한 문체로 고정되어 있어서, 언어의 실제적인 가치를 규정해주는 대화적 공간을 제대로 유지하지 못하고 있다. 아녀자들이 주고받는 편지 글투 역시 편지글이라는 격식을 지키기 위해 어조의 단일성을 유지하고 있다 언문체의 가장 확실한 기반이 되었던 고전소설의 경우에도 어 조의 단일성이 강하다. 고전소설은 서사적인 요건으로서의 행위와 시간을 순 차적으로 제시하는 진술 방식을 택하고 있으며, 서술자의 어조가 작가의 단일

---

63 안동 장씨는 경상남도 안동 서후면 금계리에서 1598년(선조 31년)에 태어나 1680년(숙종 6 년)까지 살았다. 장씨의 아버지는 향리에서 후학을 가르쳤던 성리학자 경당(敬堂) 장흥효(張 興孝)이고, 어머니는 첨지 권사온(權士溫)의 딸이다.

64 백두현(2006).《음식디미방》주해. 글누림. 참조.

한 목소리로 고정되어 있음을 보게 된다. 《독립신문》의 국문 글쓰기는 일상어를 기반으로 하는 것이기 때문에 현실 속에서 살아있는 모든 사회적 언술을 포괄하게 된다. _권영민(2009). 국문 글쓰기와 산문양식의 분화 문제-《독립신문》의 경우를 중심으로. 《한국의 기록문화와 법고창신》(2회 규장각 한국학 국제심포지엄). 주최: 서울대학교 규장각한국학연구원(8.27-28). 265쪽.

《독립신문》에서의 문체의 다변성은 여성들의 실용글쓰기가 있었기에 가능했다.

3.6. 맺음말: 역설의 승리

조선 시대에 훈민정음 반포 이후 한자는 양반 남성의 문자, 한문은 주류 양반의 글쓰기 문체였다. 이상 살펴본 바에 의하면, 조선시대에 한자에 비해 비주류 문자였던 한글이 남성 양반들에 비해 비주류였던 여성에 의해 주로 쓰임으로써 오히려 역설적으로 한글문화가 발전하는 계기가 되었다.

이러한 역설적 관점에서 보면 왕실 여성들의 교지는 역설의 자연스런 권력으로 작용하였다. 매우 드문 경우이지만 여성 상소문은 역설을 통한 한문 공문서 틀을 균열내는 힘으로 작용했다. 생활 속에서 자연스런 한글 편지 등은 역설의 생활화였다. 또한 한글소설과 같은 문학을 여성들이 적극적으로 생활 속에서 유통한 것은 역설을 즐긴 격이었다. 여성들이 펴낸 한글 요리책과 같은 실용서 발간은 역설을 통한 지식의 승리를 의미한다.

이러한 다섯 가지 측면의 여성의 한글 사용은 절대적인 남성 중심의 한자 권력에서 한글이 살아남아 발전할 수 있는 실질적인 힘이 되었다. 물론 훈민정음 전체 발전에서 역설은 발전의 축이기도 하지만 끝내 주류 문자가 되지 못한 부정의 축이기도 하다. 그러나 '역설'의 논리로 보면, 조선사회의 문자

조선시대 여성과 한글 발전

지형도에서 여성의 한글 사용이 갖는 사회적 가치와 효용성을 정확히 볼 수 있다. 기존 연구에서는 여성의 한글 사용에 대한 풍부한 연구 성과에도 불구하고 이런 근본 문제에 대한 통찰이 부족해 이를 보완하였다.

물론 여성에 대한 사회적 차별과 불평등 문제가 해소되지 않은 상황에서 한글 사용이 어떤 가치가 있는가 되물을 수 있다. 결과론으로 보면 그렇기에 여성의 한글 사용이 더욱 가치가 있다는 것이다. 한글 반포가 아니었다면 여성에 대한 남성의 문자 권력은 더욱 심화되었을 것이다.

시기로 보면 초기 한글 발전 과정에서 왕실 여성의 한글 사용은 그러한 남성 중심의 문자 권력을 깨는 디딤돌이 되었으며 그 이후의 양반가의 여성들은 그런 디딤돌 위에 한글 주춧돌을 세움으로써 중국식 번역문으로 문자생활을 하는 양반 사대부들의 권위 의식을 까발리는 새로운 문자 세력이 된 것이다.

2부

문학 분야에서의
한글 사용 의미

4 ——— 여성가사와 한글 사용 의미

4.1. 머리말

운문은 일정한 운율을 띠고 있어 소통과 교육 및 확산에 매우 유용한 문학 갈래이다. 세종이 악장류 서사시인 용비어천가와 찬불가인 월인천강지곡을 훈민정음 적용 초기 문헌으로 간행한 것도 정치나 종교 차원을 떠나 운문이 가지고 있는 효용성에 주목한 한글 보급 전략과 의도가 있었던 것으로 보인다. 훈민정음 반포는 바로 산문보다는 운문으로 그 진가를 발휘한 것이다. 구전으로 내려오던 백제 가요, 고려 가요, 시조 등이 훈민정음 반포로 비로소 표기가 되었고, 그래서 입말을 제대로 표기하지 못함으로써 반쪽 문학으로 머물러 있는 한문 운문 문학의 한계와 모순을 비로소 극복할 수 있었다.

한글이 소리와 입말의 특성을 그대로 담을 수 있다는 것은 그만큼 표현과 소통 측면에서의 효용성과 가치가 매우 뛰어남을 의미한다. 조선시대 한글 반포 이후의 운문 갈래에는 시조와 가사가 있다. 시조는 정형성으로 남성이 주된 창작 주체와 소비자가 되지만 가사는 여성이 중심이요 주체라는 측면에서 여성의 한글 사용과 사회적 영향력은 으뜸이다. 따라서 넓은 의미로 보면 여성이 창작하지 않은 가사라 할지라도 여성이 필사했거나 능동적으로 향유했다면 여성가사로 분류한다. 그러나 좁은 의미로 보면, 여성이 창작한 작품만을 가리킨다. 여기서는 좁은 의미로 보되 남성이 창작한 작품이라도 여성이 적극적으로 유통한 물리적 근거가 있는 것은 맥락에 따라 아우르기로 한다.

가사(歌詞)는 '가스, 두루마리가스, 두루마리' 등으로 부르던 운문으로 시조와 마찬가지로 고려말에 발생하여 구전되다 훈민정음이 반포된 이후에 표기되어 더욱 발전한 조선시대 대표적인 문학 갈래이다.[1] 고려가요와 마찬가지로 가사가 한글이 반포(1446)된 이전에 태어난 문학임을 주목할 필요가 있다.

훈민정음 반포로 비로소 독자적인 문학 갈래로 자리잡게 되었으므로 가사는 훈민정음 발전과 기본적으로 맥을 같이 한다. 구전되던 고려말 최초 가사가 여성가사가 꽃피기 시작한 18세기에 기록된 것도 그와 같은 맥락을 보여 주는 것이다. 고려말 나옹화상(懶翁和尙) 혜근(惠勤: 1320~76)이 지은 불교가사인 '서왕가'가 전승되다가 18세기에 한글로 기록된 것이 한글과 가사의 밀접한 관계를 보여 준다.[2]

> 나도 이럴만졍 셰샹애 인재러니
> 무샹을 싱각ᄒᆞ니 다거즛 거시로쇠
> 부모의 기친얼골 주근후에 쇽졀업다
> 져근닷 싱각ᄒᆞ야 셰ᄉᆞ을 후리치고

---

1 가사가 표기된 매체 특성에 따라 '두루마리'라고 부르기도 했다고 한다.

2 전승과정에 대해서는 "김종진(2005). 《서왕가》 전승의 계보학과 구술성의 층위. 《한국시가연구》 18집. 77~111쪽."에서 자세히 밝힌 바 있고, 이에 대하여 "김학성(2014). 가사 양식의 전통 유형과 계승방향. 《오늘의 가사문학》 1호, 고요아침. 147~148쪽."에서는 고려말 작품이 18세기에 와서 기록될 수 있는 것은 가사가 갖고 있는 구술성 특성에 기인한 것으로 보았다.

부모끠 하직ᄒ고 단표ᄌ 일납애

쳥녀쟝을 비기들고 명산을 ᄎ자드러

션지식을 친견ᄒ야 ᄆ옴을 ᄇ키려고

쳔경 만론을 낫낫치 츄심ᄒ야

뉵젹을 자부리라 허공마ᄅ 빗기ᄐ고

마야검을 손애들고 오온산 드러가니

졔산은 첩첩ᄒ고 ᄉ샹산이 더옥놉다

(…중략…)

건곤이 넙다ᄒᄃ 이ᄆ옴애 미출손가

일월이 불다ᄒᄃ 이ᄆ옴애 미출손가

삼셰 졔불은 이ᄆ옴을 아ᄅ시고

뉵도 즁싱은 이ᄆ옴을 져ᄇ릴ᄉ

삼계 뉸회을 어늬날에 긋칠손고

져근닷 싱각ᄒ야 ᄆ옴을 셰쳐먹고

태허를 싱각ᄒ니 산첩첩 슈잔잔

풍슬슬 화명명ᄒ고 숑쥭은 낙낙ᄒᄃ

화장바다 건네저어 극낙셰계 드러가니

칠보 금디예 칠보망을 둘너시니

구경ᄒ기 더옥죠히 구품 년듸예

념불소ᄅ 자자잇고 쳥학빅학과 잉무공쟉과

금봉쳥봉은 ᄒᄂ니 념불일쇠

쳥풍이 건듯부니 념불소ᄅ 요요ᄒ외

어와 슬프다 우리도 인간애 나왓다가

념불말고 어이ᄒ고 나무아미타불[3] _《보권염불문》(1704).

---

3 나도 이럴망정 세상의 사람인데

   인생무상을 생각하니 모든 것이 거짓이로다

   부모가 남겨준 이 형체는 죽은 후에 아무 소용없다

   잠깐 동안 생각하여 세상 일을 팽개치고

가사는 기본적으로 시조와 마찬가지로 3⑷ 4조의 4음보 가락을 띠는 운문이면서 산문과 같이 길게 창작될 수 있어 산문적 특성을 갖고 있다. 이런 관점에서 다음과 같이 지적돼 온 갈래의 경계성 또는 중첩성 또는 융합적 특이성은 가사 갈래의 장점이기도 하다.

부모께 하직 인사드리고 표주박 하나에 누더기 걸치고
청려 지팡이를 비껴 들고 명산을 찾아 들어
깨달은 이 직접 뵙고 마음을 밝히려고
불경의 모든 말씀을 낱낱이 뜯어 살펴
온갖 번뇌를 잡으려고 허공마(虛空馬)를 비껴 타고
마야검(莫邪劍)을 손에 들고 오온산(五蘊山) 들어가니
여러 산은 첩첩히 막혀있고 사상산(四相山)이 더욱 높다
(…중략…)
천지가 넓다한들 이 마음에 미칠쏜가
해와 달이 밝다한들 이 마음에 미칠쏜가
삼세 제불(三世諸佛)은 이 마음을 아시고
육도 중생(六道衆生)은 이 마음을 저버리니
삼계 윤회(三界輪廻)를 어느 날에 그칠쏜가
잠시 생각하여 마음을 깨쳐 먹고 태허(太虛)를 생각하니
산 첩첩 물 잔잔 바람 슬슬 꽃 화사하고
솔과 대나무는 가지가 축축 늘어졌는데
인간 세계 건너 저어 극락 세계 들어가니
칠보 깔린 비단 땅에 칠보로 된 망을 둘렀으니 구경하기 더욱 좋다
구품 연대(九品蓮臺)에서 염불소리 들려오고
청학 백학과 앵무 공작과
금봉(金鳳) 청봉(靑鳳)은 오로지 염불만 하는구나
맑은 바람 건듯 부니 염불소리 쓸쓸하다
어와 슬프다 우리도 인간 세계에 나왔다가 염불 않고 어이할꼬
나무아미타불―《보권염불문》(1704) 번역.

서정적이면서도 서사적이고, 운율을 가지고 있으면서도 산문적이며, 이런 요소들을 모두 포함하고 있으면서도 '교술적' 또는 '교훈적'이라는 점 때문에 '문학과 비문학의 경계선'에서 있다는 특이성이 강조되기도 한다. _조규익(2014: 324).

이러한 양면적 특성은 장점에 더 주목할 수 있다는 점이다. 그만큼 다양한 소재나 제재의 이야기를 가락있게 풍부히 담을 수 있어 양반과 서민, 남성과 여성 등 다양한 계층을 두루 아우르는 문학으로 주목 받았다. 이러한 가사 가운데 여성이 창작하거나 필사하거나 능동적으로 향유한 가사를 후대 논자들이 규방가사 또는 내방가사, 여류가사, 여성가사 등으로 불러왔다.[4]

시대성을 담고 있는 '규방, 내방[5]'이란 용어는 당대의 실제 용어가 아닌 후대의 용어이다 보니 논자에 따라 첨예하게 대립된 용어로 쓰이고 있다.[6] 두 용어 모두 여성 차별이 심했던 조선시대의 여성을 상징해 주는 '규방, 안방' 등의 의미를 담아 지은 명칭으로 시대성을 담은 명칭으로는 적절하지만 당

---

4   "규방가사는 여훈서에 비해 대중성을 갖는데, 그것은 규방가사가 한글 필사의 방식을 취하고 있고, 가사의 운율이 감흥을 일으켜 호소력이 있으며, 무엇보다 익명성이 자유로운 의견 개진을 위한 좋은 조건으로 작용하고 있기 때문이다." _김언순(2008). 조선 여성의 유교적 여성상 내면화 연구 - 여훈서(女訓書)와 규방가사(閨房歌辭)를 중심으로. 《페미니즘연구》 8권 1호. 한국여성연구소. 4쪽.

5   일반적으로는 1947년에 발간된 조선어학회의 '큰사전'에서는 '규방가사, 내방가사'라는 올림말 자체가 없었지만 '규방문학'은 '규방'을 '안방'으로 풀이하고 "구식 가정 부녀들의 여러 가지 생활을 그린 문학으로서 봉건 가족 제도의 산물"이라고 올려놓았다. 이를 바탕으로 '우리말 큰사전(1992, 어문각)'에서는 '규방가사'를 주 올림말로, '내방가사'를 유의어로 올렸고 표준국어대사전에서는 그대로 따랐다.

6   표준국어대사전에서는 '규방가사'를 주 올림말로 설정하고 '내방가사', '안방 노래'를 유의어로 설정하고 있다. 연구자들의 용어 문제에 대해서는 "백순철(2017). 《규방가사의 전통성과 근대성》. 고려대민족문화연구원. 24~27쪽"에 가장 자세히 정리되어 있다.

대의 실제 용어가 아닌 이상은 굳이 절대적 명칭으로 자리잡기는 어렵다.[7] 그렇다고 당대의 실상을 지금의 시각으로 중화하며 '여성가사, 여류가사'로 부르면 시대성을 함의하지 않아 평범한 명칭으로 남게 되는 문제가 있다. 따라서 '여성가사' 앞에 '조선시대 여성가사 또는 18세기 여성가사' 식으로 시대성을 넣어 부르면 이런 문제가 해결이 된다. 물론 가사는 일제 강점기를 거쳐 해방 이후까지 창작 유통된 것이다. 그러나 이 글은 조선시대에 한정하여 논의하고 있으므로 '조선시대 여성가사'라고 꾸밈말을 넣어 부르면 될 것이다.[8]

조선시대로 한정하는 것은 이 책 주제가 그래서 그렇다는 것이지 여성가사가 조선시대만의 문학 갈래라는 것은 아니다. 조선시대 문학 갈래로 못박는 편견에 대해서는 "이정옥(2017). 《내방가사 현장 연구》. 역락. 99쪽"에서 "내방가사는 조선시대에 지어진 이미 화석화된 고전시가 장르라는 논의가 편견이듯이 '내방'이라는 장르명의 폐쇄성에 사로잡혀 그 경험 공간이 극히 제한적일 수밖에 없다라는 논의 역시 편견이다."라고 지적한 바 있다.

여기서는 여성의 한글 사용 그리고 한글생활사 측면에서 조선시대 '여성가사'를 조명하고자 한다. 그렇다면 어떻게 규방가사는 여성들의 전형적인 문학 갈래로 자리잡게 되었는가가 중요하다. 규방가사의 한글 사용에는 어

---

7 "여성의 입장에서 볼 때 규방이라는 단어는 여성을 '세상에서 격리하고 능력을 국한시키는' 공간 또는 '탄식의 공간'이라는 점에서 부정적인 함의를 지닐 수 있다. 그런데 규방가사에서 보이는 탄식에 대해서는 적극적인 해석이 가능한 부분도 있다." _신경숙(2002). 규방가사. 그 탄식 시편을 읽는 방법. 《국제어문》25호. 국제어문.

8 '가사'는 한글 반포 이전인 고려 말에 발생한 양반 문학이지만 18세기 후반 여성 중심 문학으로 되다 보니 후대 논자들이 이를 어떻게 불러야 하는가가 문제가 되었다. 지금도 용어 문제는 연구자들 사이에서 권영철(1971) 등의 '규방가사'와 이정옥(1981) 등의 '내방가사', 서영숙(1996)의 '여성가사'가 대립되어 있다. 임기중(2003: 13)에서는 '규방(여성)가사'와 같이 병기하기도 한다. 조동일(2005)에서도 규방가사와 여성가사를 맥락에 따라 함께 사용하고 있다.

떤 의미가 있고 어떤 특성이 있는가? 규방가사는 우리 한글 발전에 어떤 영향을 끼쳤는가?

4.2. 연구사

조선시대 여성가사 연구에서 한글 표기 문제만을 다룬 연구는 없었다.[9] 다만 여성과 한글의 관계는 본질적인 특성이기도 하므로 두루 언급되어 왔다. 전복규(1999: 18)에서의 "가사는 한글 사용이라는 문자상의 잇점과 행의 무제한 연속이라는 형식상의 편리함 때문에 경기체가에 비하여 더욱 자유스럽고 부드러운 감정을 표현할 수 있었다."와 같은 일반적 문학 형식에서의 한글 사용 특성과 더불어 여성으로서의 한글 사용 담론을 더 주목해볼 필요가 있다.

그동안 가사에 대한 많은 자료 수집과 연구가 축적되어 왔다. 가사 연구에 대해서는 먼저 두 연구자를 주목할 필요가 있다. 본격적인 가사 연구는 "권영철(1971), 권영철(1972)에서 비롯되었다. 6,000여 수의 자료 발굴과 더불어 개념과 갈래 분석까지 이루어져 가사 연구의 불을 지핀 셈이 되었다. 권영철(1975) 등의 세부 연구를 거쳐 권영철(1980)의 《규방가사연구》, 권영철(1986)의 《규방가사 각론 연구》 단행본으로 집약되었다.

이렇게 자료의 집대성과 더불어 그에 따른 연구를 정리한 이는 이정옥 연구자다. 석사 논문인 이정옥(1981), 박사 논문 이정옥(1993)을 거쳐 단행본인 이정옥(1999)의 《내방가사의 향유자 연구 》, 이정옥(2017)의 《내방가사 현장 연구》, 이정옥(2017)의 《영남 내방가사와 여성 이야기》까지 이어졌다. 영인본

9 　가사 연구와 자료 집성에 대해서는 "임기중(2003). 《한국가사학사》. 이회."에서 집대성 된 바 있다. 2003년 이후로도 많은 연구와 자료가 집성되었다.

인 이정옥 편(2003)의《영남내방가사 1-5》그 성과를 잘 보여준다.

분류	제목	작자 및 연대	필사	주제 및 특징	지역	출전 및 자료 형태	필사 형식	현 소장자
교훈 · 도덕류	계녀가	미상	미상	친정어머니가 시집가는 딸에게 시집가서 지켜야 할 아녀자로서의 도리를 교훈적으로 써 준 교훈적 내방가사	영남 지방	634× 24.5cm 두루마리	1단 2음보 형태의 필사본	안동의 김구현 선생
	여자 교훈가	미상	미상	규수들의 유교적 교화를 목적으로 쓴 내방가사		100× 50cm 규격의 장책본인《교훈가》	2행 4음보 형식의 2단으로 필사	권영철 소장본
	훈ᄌ부가	미상	병진 원월 망일	며느리의 주된 역할은 봉제사(奉祭祀), 접빈객(接賓客), 방적주사(紡績紬絲)가 으뜸임을 설명		513× 18.5cm 크기의 두루마리	단과 행 구분 X	한국국학진흥원 (전 소장처: 진성이씨 근저댁)
	복선 화음가	미상	경북 안동 용산동 권분성	- 착한 사람에게는 복을 내리고 못된 사람에게는 재앙을 내린다는 내용의 교훈가사 - 계녀가의 전형적인 작품 가운데 그 변형의 정도가 가장 큼	경북 안동	385.7× 30cm 크기의 두루마리본		이정옥 소장본
	김뎌비 훈민가	순원 왕후 김씨, 연대 미상	미상	두 편의 가사 - 1편: 남성에게 孝부모, 睦형제, 順부부, 경로, 남녀유별 등을 훈계 - 2편: 부녀자에게 삼종 행실 및 부부는 천지와 같음을 가르치고, 시부모 공경, 금투기, 물인담, 계외출 등을 훈계	안동	18.5× 19cm 크기로 총 57면으로 된 필사 장책본	4음도 두 줄을 한 단위로 위와 아래 줄을 바꿔 기록	이정옥 소장본

	규범	미상	1907년	집안의 자손들이 어떤 마음과 몸가짐으로 가정을 다스리고 남들과 더불어 어떻게 살아가야 하는지를 가르침	28.2× 17cm 《閨範》	10행 26자	경북대학교 중앙도서관 고서 소장본
	경북 대본 우암 송 선싱 계녀서						
	퇴계 션싱도 덕가	퇴계 이황, 연대 미상	미상	성현의 천만 가지 가르침이 인의상수(仁義象數)와 예의문물(禮義文物)에 집약된다는 성리학적 유교 사상	22× 27.2cm 책	단, 행, 음보 구분 없는 줄글 형태의 필사본	
	오륜가	미상	미상	친솔들이 지켜야 할 오륜에 대해 훈계	29.5× 25cm 크기의 책	단과 행의 구분이 없는 줄글	이정옥 소장본
	수신가	미상	미상	- 개화로 인해 삼강오륜이 무너진 세태를 안타까워하며, 시대의 풍속이 변하더라도 부녀자들이 그 도리를 다 해야 함을 훈계 - 부녀자가 지켜야 할 덕목을 구체적으로 나열하여 제시하고 있음	245× 18.8cm 크기의 책	2단 2행 4음보	권영철 소장본 (책주: 박봉례)
	권효가	미상	미상	부모님께 효도를 하라는 가르침을 전함, 효행이 뛰어난 인물들의 이야기를 소개	25.6× 15.6cm 크기의 책		권영철 소장본
송경 축원류	가셰 영언	미상	류정호	설화가 서이 있는 서사적 구조를 보여주며, 전주 류씨 시조로부터 수곡파의 내력과 아울려 양파(류관현) 집 내력을 찬양	가사집 《일도송웇 퓨리로다》 25× 33cm	1행 음보 구분 없이 줄글 형식	한국국학진흥원 (전 소장처: 전 주류씨 류창석)

찬가	무안 박씨 문장의 '원대', 1963년	섬촌댁 장남	- 경북 영덕문 창수면 보림리에 있는 무안박 씨무의공파종택에서 열린 무안 박씨 화수 계에 참석하여 그때의 감회를 적은 가사 - 무안 박씨 자손으로 서 자부심을 가지고 조상의 뒤를 이어 후 손으로서의 도리를 다 할 것을 권하고, 화수계의 참뜻을 강 조하면서 다음 모임 에 모두 참석할 것을 독려하는 내용	경북 영덕	308× 30.5cm 두루마리	1단 1행 4음보 형태의 필사본	권영철 소장본
여ᄌ경 계ᄉ라	곽씨 문중에 출가한 부인으 로 추정, 연대 미상	미상	곽씨 문중의 세덕을 구 체적으로 들어 칭송하 면서 같은 문중에 출가 한 아녀자들이 각자의 직분을 다 하고 삼종지 도를 지킬 것을 훈계		32× 25cm 크기의 책	단, 행, 음보 구분 없는 줄글 형태의 필사본	권영철 소장본
정승상 회혼가	미상	미상	정승상의 회혼연에 참 석하여 보고 느낀 것을 적음		25.6× 15.6cm 크기의 책	3단 3해 4음보 형태의 필사본	권영철 소장본
회제 선조 제문	이언적	미상	이언적이 대부인 손씨 에게 치성할 때 올린 한 글 제문	경북 경주	186.2× 14.3cm 두루마리		이정옥 소장자료

부녀 탄식류	사향가	미상	미상	고향을 떠나 먼 곳으로 시집간 여인이 여자의 몸이기에 한 번도 고향을 찾지 못한 자신의 신세를 한탄하며, 늙으신 어머니와 형제들, 그리고 돌아가신 아버지를 그리워하며 연로하신 어머니의 만수무강을 비는 마음을 담음		397.5× 24.5cm 두루마리	단과 행 구분 없는 줄글 형태의 필사본	권영철 소장본
	로처 녀가	미상	미상	마흔이 되도록 시집을 못 간 노처녀의 비애를 노래		19× 19.3cm 크기의 책	2단 1행 4음보 형태의 필사본	권영철 소장본
	추풍 감별곡	미상	미상	평양의 대동강을 배경으로, 지척에 임을 두고도 만나지 못하는 안타까운 심정을 노래함, 자연물에 자신의 감정을 이입하여 임과 이별한 슬픈 마음을 표현	의성 군 춘 산 지 방	19.5× 27cm 크기의 책	2단 1행 4음보 형태의 필사본	권영철 소장본
	회심곡	미상	미상	부녀 자탄의 내용		19× 19.3cm 크기의 책	2단 2행 4음보 형태의 필사본	권영철 소장본
	노탄가	미상	미상	늙음을 탄식하면서 세상 사람들에게 부디부디 늙지 말고, 늙기 전에 일배하고 놀 것을 당부하나 어지 아니 늙고 죽지 아니 하리라고 탄식하는 글귀로 끝남		《사친가》, 27× 19cm의 장책본	단, 행, 음보의 구분이 없는 줄글 형태의 필사본	권영철 소장본
	사친가	미상	미상	경북 청도로 시집을 든 여성이 친정 부모님을 그리워하면서 씀		가사집 《사친가》, 26× 22.7cm		경북대학교도서관 고도서실

	한별곡	류연집의 친척, 19세기 초엽	미상	혼례에 대한 축복과 예찬, 임과의 생이별의 한 토로, 임에 대한 그리움 절규			
	칠석가라	미상	미상	칠월 칠석에 견우와 직녀가 1년에 한 번 만나게 된다는 설화를 바탕으로 구성하여 교훈을 전달	20.5×30.5 cm의 필사 장책본 가사집		이정옥 소장본
풍류기행류	부여노정기	정부인 연안 이씨 부인, 1802년	미상	연안 이씨가 아들인 유학가1800년 경신 3월에 부여 현감을 제수받아 도임할 때, 경북 안동 하회에서 충남 부여 관아까지 도임행차에 내행으로 동행하는 과정을 기행가사 형식으로 읊는 한편 부여 관아생활의 모습을 기술	경북 안동군 풍천면 하회동	총 219구로 된 수필본	풍산 류씨 댁의 유항우씨
	갑진연여힝기렴	한국전쟁 이후	미상	경주로 여행지를 정하여 통일여객을 타고 여행을 함	31×20.5cm 크기의 책자	2음보 2단의 행 배열로 필사	권영철 소장본
	시절가	미상	미상	세상이 변하여 삼강오륜이 무너지고 인의예지가 끊어져 살기 어려워진 시절을 탄식하며 그러한 가운데에서도 사람의 도리를 다할 것을 당부함	21×15.2cm	2단 2행 4음보 형태의 필사본	영천 임고면에 살던 이종월씨
	봉별갱봉기	김씨 부인	미상	안동 하회에 시집온 초밭댁 김씨 부인이 20년 만에 친정을 갔다 온 여정과 느낌을 적음	경북 의성군 금성면	26×375.3cm 규격의 두루마리	2단 2행 4음보 형태의 필사본	권영철 소장본
	경북대본 화전가(덴동어미)	미상, 1886년 전후	1886년	마을 부녀자들이 소백산 자락의 비봉산으로 꽃놀이를 행한 전 과정에 대해 노래	영주 지역	《小白山大觀錄》15×26.5cm	815행	경북대학교 도서관

	화전가	남성으로 추정	1892년	여자의 행실은 '봉제사', '접빈객'이요, '삼종지도'의 유교적 법도를 따르라고 권유		18.5×19cm의 장책본	음보 구분 없이 필사 형태로 전사	이정옥 소장본
	하슈가	미상	미상	꽃 피는 봄을 맞이하여 오랜만에 만난 화수회 친척들과 화전놀이를 하며 시집살이의 애환을 달래고 봄날의 정취를 즐김	경북 안동 풍천	26.1×30.5cm의 책	단, 행, 음보 구분 없는 줄글 형태의 필사본	권영철 소장본 (전 소장자: 류동열)
	화조가라	궁녀 조맹화, 1827년	미상	태평성대를 마아 왕실을 찬양하고 국운이 융성하기를 송축		31×20.6cm 크기의 책	단, 행, 음보 구분 없는 줄글 형태의 필사본	권영철 소장본
	제주관광	수졸당 종부인 윤은숙		진성이씨 하계파의 여성들이 계모임으로 제주도를 관광하게 된 배경으로 시작하여 제주도의 곳곳을 관광하며 그 절경을 노래한 가사	안동	2100×22cm 크기의 두루마리	1행 2음보	
	귀녀가라 (귀흔쌀노리라)		1874년 추정		경주	《영남 내방가사》, 20×19.5cm의 총 26면 필사 장책본		이정옥 소장본
도덕·수신가류	직여사	미상	미상	여성의 직분 가운데 실을 뽑아 베를 짜는 길쌈 방적의 소중함을 노래		25.6×15.6cm 크기의 책	3단 2행 4음보 형태의 필사본	권영철 소장본
	잠설가	미상	1970년	누에는 탄생부터 죽을 때까지 남을 뭧나게 하고, 마지막까지 자비선심하는 양잠을 노래	안동	《국운명운가》 17.7×24.7cm 크기의 책	1행의 2음보	김형수 (안동 광산 김씨 집안)

	침낭자가	미상	미상			22.6×28.4cm 크기의 책	단과 행의 구분이 없는 21장으로 된 필사본	이정옥 소장본
놀이·유희류	일도송 윷푸리 로다	미상	미상	도(道)를 고사와 같이 설명		25×33cm의 장책본	1행4음보	한국국학진흥원 (전 소장처: 전주류씨 류창석)
	오힝 윷칙	박조실, 병자년 (1936년 혹은 1996년)		윷을 던져 나온 점괘 풀이		100×50cm 크기의 장책된 가사집	음보 구분 없는 줄글	
	언문뒤 풀리	1952년 11월 29일		자음 14자와 모음 4자를 조합한 반절표를 말 잇기 형식으로 구성함	경상도 지역	《영남 내방가사》		
영사·종교경전류	조선건국가	미상, 1948년	미상	조선의 건국과 을사년을 기점으로 일제에 나랄르 빼앗긴 일, 일제 강점기의 민족적 치욕, 해방의 기쁨을 시간의 순서에 따라 서술하고, 나라와 민족을 위해 모두 힘을 모을 것을 역설		27.5×30cm 크기의 책	2행4음보	권영철 소장본
	히동 만화	안치묵, 1867년 (작자를 김병국으로 보기도 함)		고구려 장수였던 대조영이 고구려의 유민과 말갈족을 거느리고 동모산에 도읍하여 세운 나라를 풍자와 해학적으로 풀어낸 이야기를 통해 우리의 자주의식과 민족적 긍지를 심어준느 교화적 내용의 계몽적 작품		220×23cm 크기의 두루마리		한국국학진흥원 (전 소장처: 전주류씨 류창석)

한양 비가	권 첨지, 1900년대		조선 개국부터 조선 말까지의 영사적 기록과 함께 조선의 비운에 대해 안타까워하는 심정을 담아 노래	515×37.2cm 크기의 두루마리	단, 행, 음보 구분 없는 줄글	이정옥
우민 가라	미상	미상	진나라 말기 항우가 한나라 고조의 군사에게 포위된 상황에서 우희와 이별을 하는 대목을 가사로 지어 노래함	20.5×30.5cm 장책본 가사집		이정옥 소장본
권왕가		1908년 범어사에서 만하의 주관으로 판각됨	조선 말기에 건봉사의 축전이 몽매한 중생들을 깨우쳐 불심을 일으키게 하기 위해 지은 한글 불교가사들을 모아 판각한 것	영남 지역		
찬탄염 불가	미상	미상	이 경을 한 번 읽으면 대장경 전부를 읽는 공덕을 얻고 매일 읽으면 수복무량하고 재해가 스스로 소멸한다고 함, 남녀가 명을 마치려 할 때 이 경의 목록을 써서 가슴에 품고 돌아가면 아미타국에 갈 수 있다고 하다.	97.5×22.7cm	2행4음보	김구현 소장본

현종호(1985: 469~620쪽)에서는 허난설헌의 규원가를 비롯하여 봉선화가, 화전가, 계녀가 등 작자 미상의 가사를 조명했다. 작자 미상의 가사는 주제나 사회적 맥락으로 보아 여성이 창작하고 여성들이 유통한 작품으로 보았다. 이상보(1979)의 "《韓國歌辭選集》. 집문당. 244~253쪽"에서도 규원가와 봉선화가를 여성가사로 보았다. 이상보(1991)의 "《18세기 가사전집》. 민속원. 128~130쪽, 498~503쪽"에서는 '절명사'를 전의 이씨 (1723~1748)의 1748년 무렵의 작품으로 '쌍벽가' 정부인 연안 이씨(1737~1815)의 1794년 무렵의 작

품으로 보았다.

[표 15] 여성가사와 작자미상 가사 모음(현종호, 1985: 469~620쪽).

제목	작자	연대	주제 및 특징	출전	지역
봉선화가	미상 (허난설헌이라 는 견해도 있 음)	미상	봉선화를 사랑하는 여성적인 애틋한 정과 향토색이 짙은 우수한 노래	《정일당 잡지》	
화전가	미상	미상	봉건적 속박에서 한순간이나마 벗어나 자연을 즐기려는 여성들의 생활감정을 노래		
계녀가	미상	미상			
규원가	허난설헌	미상	봉건사회의 여러 가지 사회적 불평등으로 인해 외로이 빈방을 지키지 않으면 안되는 부녀자들 의 외로움을 읊은 노래		
사봉가	미상	미상	- 먼 곳에 시집간 여자가 형제들과 동무들을 그 리워 함 - 이별의 슬픔을 강조하면서도 가사 전반에 걸 쳐 낙천적인 정서가 나타남		
교녀사	미상	미상			
석별가	미상	미상	이별의 슬픔		
형제 소회가	미상	미상	신세한탄, 시집살이의 힘겨움		
경녀사	미상	미상	시집갈 딸에게 시부모를 섬기는 며느리의 예절, 시집식구들을 대하는 태도, 손님맞이 및 살림살 이의 제반범절을 가르침		영남 지방
사향곡	미상	미상			
답사향곡	미상	미상			
춘유가	미상	미상			
사친가	미상	미상			
규중 행실가	미상	미상	시집가는 딸에게 교훈 전달, 당부		

정렬모(1964)의 "《가사선집》. 조선문학예술총동맹출판사. 399~532쪽"에서는 기존 논의와 비슷하지만 '훈민가'를 철종 비 김씨 작품으로 본 것이 특이하다.

고정옥·김삼불(1991)의 "《가사집》. 여강출판사. 587~690쪽"에서는 《고금기사》(1866년)에 실려 있는, 임에 대한 그리움을 그린 추풍감별곡 가사를 평양 기생 연연홍의 작으로 보았다. 김기동 외(1983)의 "《상론 가사문학》. 서음출판사. 406~484쪽"에서도 허난설헌의 〈규원가〉 외 〈석별가〉, 〈노처녀가〉, 〈청춘과부가〉, 〈화전가〉, 〈용부가〉, 〈사친가〉, 〈계녀가〉 등을 작자 미상이지만 여성성을 드러낸 작품으로 보았다.

이밖에 여성가사만을 주제로 하는 단행본만 하더라도 자료집 중심의 조애영(1971), 모봉남 저/파전한국학당 편(1998), 전재강 외 편저(2016), 이정옥(2017 ㄱㄴ) 등이 있다. 종합적인 연구로는 이재수(1976). 권영철(1980ㄱㄴ). 권영철(1986), 서영숙(1996ㄱ) 등이 있고 지역성 중심의 연구서로는 이동영(1998) 등이 있다.

여성 주체 중심의 연구는 이정옥(1999ㄱ), 역사적 맥락 중심의 연구로는 정길자(2005), 김병국(2005), 백순철(2017) 등이 있다. 표현과 특성 중심의 연구로는 나정순 외(2002), 박경주(2007) 등이 있다. 특정 작품 중심 연구로는 박혜숙(2011), 최연(2016ㄱㄴㄷ) 등이 있다. 글쓰기 문제 중심으로는 최규수(2014)가 있다.

박사 논문에서는 여성가사의 전승과정과 향유층의 의식 연구(이정옥: 1993)부터 사회적 맥락(백순철: 2001), 역사적 맥락(정길자: 2003), 여성 의식 문제(손앵화: 2009), 경제적 맥락(조자현: 2012) 등 가사를 둘러싼 내적, 외적 맥락이 고루 분석되었다. 단순한 여성성 분석에서 벗어나 사회적, 역사적 맥락과 내면 의식까지 두루 조명하여 여성가사 연구의 깊이와 넓이를 더해 주었음을 알 수 있다. 그러나 이러한 분석에서 본질적인 여성의 한글 사용 문제를 결부하지 못한 것은 아쉬운 점이었다.

석사 논문으로는 성옥련(1962)을 필두로 여성의식에 대해서는 조남호 (2006), 김민승(2010), 개별 작품론으로는 한정희(1992), 황영은(1994), 강연옥 (1998), 양지혜(1998), 박병근(2004), 최정은(2005), 권선애(2009), 엄경섭(2012) 등 계녀가나 탄식류 연구에 집중되어 있다. 제문가사에 대해 김동규(1979ㄱㄴㄷ), 화전가에 대해 김영숙(1982), 박정숙(2000), 생활상에 대해 서글희(2006), 개화 기에 대해 최낙현(1987), 피동전에 대해 황영은(1994), 미학과 표현에 대해 이 정옥(1981), 독자에 대해 김현인(1991), 의식에 대해 백기숙(1991), 정길자(1992), 강연옥(1998). 권정은(2000), 김윤숙(2005), 시대상에 대해 김문자(2001), 교육에 대해 신연희(2001), 조일진(2001), 변혜정(2002), 손승범(2007), 외국시와 비교한 주진니(2015) 등이 있다.

여성가사는 한글 표기가 매우 중요한데 이들 연구사에서는 집중적으로 다 루지는 않고 있다. 가사 자체는 한글 표기이지만 국한문 혼용의 남성들의 가 사도 많은 만큼 오로지 한글만으로 창작된 여성들의 가사 작품에는 '한글 가 사'라는 명칭을 붙일 수 있다. 남성들의 가사 작품에도 한글 가사가 많지만 여성들의 가사와는 달리 국한문 혼용 가사도 많으므로 이러한 표기 특성이 매우 중요하다. 개별 논문에 대한 논의는 논의 과정에서 언급하기로 한다.

4.3. 주체 측면에서 본 여성가사의 한글 사용 의미

조선시대 문학 가운데 유일하게 여성성을 문학 갈래 명칭으로 붙일 수 있 는 것이 가사이다.[10] 물론 여성 시조, 여성 소설 등의 명칭도 가능하지만 그것

---

10 흔히 계층별로 김기동 외(1983)에서처럼 "양반가사, 평민가사(서민가사), 승려가사, 내방가 사" 등으로 나누지만 여성가사 대부분은 양반 계층이므로 엄격히는 양반 남성가사 양반 여

조선시대 여성과 한글 발전

이 하나의 독립된 갈래로 설정되기에는 약하다.[11] 그러므로 가사 역시 남성들이 지어서 퍼져나갔음에도 여성 문학으로 자리잡은 점에 주목할 필요가 있다.[12] 지배층 여성이라 하더라도 왕실 여성은 가사 창작에 관여하지 않는다는 점에서 양반가 여성이라는 정체성을 보인다.[13]

한글생활사 측면에서 왜 누가 여성가사 창작에 참여하고 여성가사 향유문화의 주체가 되었는지가 중요하다. 여성 문학의 창작과 향유 주체로서의 여성성도 중요하지만 더불어 시대 흐름에 비추어 당대의 삶을 주도적으로 담아내고 그것을 일정한 담론으로 이끌어내는 작지만 힘 있는 여성 문학의미도 중요하다.

'내방가사' 또는 '규방가사'는 '내간체'와 같이 여성이 주체임을 내세우는 용어이다. 그러한 주체는 창작에 직접 참여한 창작 주체와 기존의 가사를 필사하거나 읊어서 전승하거나 향유하는 향유 주체로 나눌 수 있다.

지금의 문식력으로 보면 글쓰기 문화에 직접 창작자로 참여하는 것과 단지 읽기 독자로만 참여한 것은 차이가 매우 크기 때문에 적극적 주체와 소극적 주체로 나눌 수 있지만 조선시대는 한글 문식력을 갖춘 여성 자체가 매우 드물었으므로 향유와 전승 주체로서의 구실도 매우 중요하다.[14]

성가사 식으로 나눠야 한다. 이 책에서도 양반가사는 남성 사대부 가사만을 가리키고 있다.

11 임형택(1997), 조혜란(2003ㄴ)에서 '규방소설'이란 용어를 정식으로 쓰고 있지만 '규방가사' 수준의 독자성을 띠지는 않는다.

12 이정옥(2017ㄱ: 14)에서는 규방규수 작품만 가리키는 것이 아니기 때문에 이 용어보다는 덜 계층적인 '내방가사'라는 용어가 더 적절하다고 주장하고 있다.

13 "사대부 여성의 경우는 일상의 경험이나 커다란 사건을 일기로 남기거나 규방가사와 같은 문학적 형식으로 표현하였으나, 왕실 여성의 경우는 자유롭고 사적인 기록, '회고록'의 형식으로 나타났다는 점에서 차이가 있다."_이승희(2013: 321, 주석 27)

14 조동일(2005/2011: 4판: 116)에서도 "부녀자들이 작자가 되어 생활의 지혜를 가르치고, 심정

먼저 능동적 주체로 가사 창작에 참여하는 것은 여성들의 정체성과 주체성을 지키고 펼치는 과정이다.

> "우리들은 속에 쪼끔 한스러운 일이 있으면 그걸 누구한테 말을 못하잖아. 그러니까 내가 글로 짓는 거야. 글로 고마 소회를 하는 거야. 평생 가사를 일기처럼 썼으니까 항상 가사와 같이 했지. 내 삶하고 같다고 보면 돼."_이정옥(2017ㄱ:36).

이와 같은 고백에 나타난 정체성과 주체성의 발현은 당시 시대적 맥락으로 볼 때 더 간절하고 절실한 것이었다. 그래서 이정옥(2017ㄱ)에서는 문자 기록과 낭송이라는 이중 전달 체계가 여성들의 생활 속 어려움이나 말로 다 못하는 고통을 치유해주는 공감 언어로도 기능하였다고 보았다. 곧 18세기 이후 갑자기 늘어난 내방가사 향유는 남성 중심 문화에서 자신들의 이야기를 풀어내려던 여성들의 욕망이 발산된 것이다.

말로 못하는 것을 오히려 글로 풀어내고 일기처럼 쓰면서 그 자체가 삶이 되었으니 말이다. 이덕무(李德懋)가 《사소절》(士小節)에서 부녀자들이야 한문의 기본 독해력을 갖추고 족보, 역대 국호, 성현의 이름 정도나 알면 그만이고 함부로 시를 지어서 밖에 내놓는 것은 불가하다는 식으로 남성사대부와 그들의 제도가 씌운 굴레를 과감히 벗어던졌다는 데 더 큰 가치가 있다. 이는 현대문학에서도 그와 같은 흥미로운 점이 발견된다. 김영민(1998)과 조혜정(1994)은 여성 독자들이 박완서 문학에서 특별한 재미를 느끼는 것이 여성 자

을 술회하고, 불만을 토로하는 작품이 규방가사로서 가장 큰 비중을 차지했다. 그런 개념으로 한정될 수 있는 좁은 의미의 규방가사는 여성 자신의 문학으로서 다른 무엇에 견줄 수 없는 위치를 차지했으며, 시대가 달라져도 그 기능과 의의가 좀처럼 약화되지 않았다."라고 평가하고 있다.

신을 위한 글이기 때문이라는 것이다.[15] 다음과 같은 조혜란(1999)의 지적도 같은 맥락이다.

　　고전 여성 산문에서 강하게 나타나는 작가 의식의 하나가 바로 감정 표현에 대한 욕구이다. 특히 여성작가들은 슬픔을 표현하는 데 있어 적극적이다. 여성들의 글이 일상과 밀접하며, 삶이란 그리 만만한 것이 아니기에 여성들의 산문에서는 대부분 기쁨이 아니라 슬픔이 토로되고 있다. 이런 감정의 술회는 주로 한글 자료에서 두드러진다. _조혜란(1999). 고전 여성 산문작가의 문학세계. 이혜순 외(1999).《한국 고전 여성작가 연구》. 태학사. 423쪽.

자신을 드러내는 감정 토로야말로 가장 기본적인 정체성 발현 과정이다. 조혜란(1999)의 지적대로 감정의 술회는 한글로만 가능하다. 이는 훈민정음 해례본의 세종 서문에서 세종이 창제 주요 목적으로 언급한 바이기도 하다.

　　故愚民有所欲言, 而終不得伸其情者多矣.〈정음1ㄱ: 3-4_어제서문〉 이런 까닭으로 글모르는 백성이 말하고자 하는 바가 있어도 끝내 제 뜻을 능히 펴지 못하는 사람이 많다.

이때 '情'은 이성뿐만 감성을 포함하는 것이고 이러한 자신의 감성을 마음껏 펼칠 수 있는 문자가 훈민정음이라는 것이다.

다음으로는 익명성으로서의 주체 의미에 주목해야 한다. 여성가사 대부분이 익명이다. 이는 두 가지 의미가 있다. 여성으로서의 사회적 신분이 사회적, 제도적으로 존중받지 못하는 시대를 보여준다. 그럼에도 익명으로 작품

---

15 김영민(1998).《손가락으로, 손가락에서: 글쓰기(와) 철학》. 민음사. 70쪽. 조혜정(1994). 박완서 문학에서 비평은 무엇인가?.《탈식민지 시대 지식인의 글읽기와 삶읽기》. 또하나의 문화. 249쪽.

을 유통하고 공유한 것은 바로 그런 사회에 대한 일종의 맥락적 저항적 의미
가 담겨 있다.

> 그 동안 고전 여성작가와 그들의 작품이 제대로 수합되지는 못했으나 이들
> 을 사적으로 정리하려는 노력들은 일찍부터 있었다. 이들을 대체로 한시나 시
> 조를 중심으로 수행되었고, 문학 갈래나 한자 한글의 사용 매체에 상관없이 총
> 체적으로 이를 규명하는 작업은 아직 시도되지 못했다. 새로운 고전 여성작가
> 가 발굴된 성과는 별로 나타나지 않았으나,《완월회맹연》이 최근 여성작가의
> 작품으로 추정되어 여성작가의 수준에 대한 새로운 인식을 가져왔고, 내방가
> 사, 서간 부문에서 아직 알려지지 않은 많은 여성작가의 출현이 기대되고 있다.
> _이혜순(1999). 한국 고전 여성작가 연구사. 이혜순 외(1999).《한국 고전 여성작
> 가 연구》. 태학사. 29쪽.

이와 같은 맥락에서 '작가'는 실명을 밝힌 작가를 의미한다. 그러나 익명으
로 존재한다고 해서 작가의 존재가 없는 것은 아니다. 익명 작가로서의 의미
를 우리가 읽어낼 필요가 있다.

> 훈민정음(訓民正音)을 반포, 시행되기 전에는 부인(婦人)으로서 문장에 능하고
> 글씨에 뛰어난 사람들이 적지 않았을 것으로 생각된다. 세종조(世宗朝)에 처음
> 으로 언문(諺文)이 있었으므로 부인들이 글씨를 배우지 않았다. 이후에는 부인
> 으로서 시(詩)에 능한 사람은 이따금 있었지만 글씨로 이름난 사람은 아주 드물
> 었다. _이덕무《청장관전서》 57권.

이덕무는 한글 때문에 한문 글씨를 배우지 않는다고 비판조로 말하고 있
지만 오히려 그것이 여성의 정체성을 잘 드러내고 사람다움의 권리를 찾아
가는 과정이었다.

> "가사의 출현은 당시까지 순수한 우리말로서의 산문이 없었던 터라 정음 창
> 제의 업적과 밀접히 관계를 맺으면서 보다 평이한 우리말로 능란한 수사와 기
> 교를 부려 우리말을 예술적으로나 순화(醇化), 앙양(昻揚)시킨 수법은 현대문학
> 의 바탕을 이루는 연원을 보아 찬찬을 금할 수 없다._김기동 외(1983: 서문).

김기동 외(1983)의 지적처럼 평이한 우리말로 '능란한 수사와 기교'를 부릴
수 있는 것이 한글이었고 그런 한글의 최대 장점이 가장 잘 꽃핀 것이 여성
가사 문학이었다.

다음으로 여성가사 창작 주체는 대부분 양반가의 기혼 여성이었다. 이들
은 조선 남성 중심의 양반 굴레를 가장 무섭게 써야 하는 계층이었고 역설적
으로 반 한문, 한글 시가로 자신들의 세계를 구축하고 펼쳐나갔던 것이다. 조
동일(2002/2011:16)에서 강조하였듯이, 한문학은 남성 사대부가 주체일 때만
가치가 있었다. 일부 여성들의 한시 창작의 주체가 되기도 했으나 그 작품은
문학으로서의 가치를 인정받기 어려웠다. 그러므로 여성가사 창작 주체가
양반가의 기혼 여성이었기에 더욱 의미가 크다.

4.4. 주제 속성으로 본 한글 사용 의미

흔히 가사의 주제는 "주로 시집에서 지켜야 할 몸가짐과 예절 따위를 내용
으로 한 것"으로 보고 있지만 이런 식의 범주화는 가사의 풍부한 맥락을 놓
치게 한다.

여성가사의 발전은 한글 발전 양상과 맥을 같이 한다. 주제 범위가 넓어지
는 시기와 창작 주체가 넓어지는 시기가 일치한다. 조선 전기에는 창작 주체
도 양반으로 한정되어 있고 주제도 자연 사랑과 임금 사랑 등으로 한정되었
으나 임진왜란 이후 특히 영조 이후에는 창작 주체도 여성과 서민 등으로 확

대되고 자연스럽게 주제 범위도 넓어졌다.

그동안 내방가사는 내용 또는 주제에 따라 다양한 방식으로 분류돼 왔다. 이정옥(2017ㄱ: 24)에서 지적했듯이 주제별 분류는 내용이 복잡하여 짜임새 있게 분류하기 어렵다. 여기서는 어문생활사 또는 한글 사용 측면에서 분류하고 그 의미와 가치를 따져보고자 한다.

권영철(1985)에서는 ① 시집갈 또는 시집간 딸이 지켜야 할 내용을 노래한 '계녀가, 규행가'와 같은 계녀교훈류(誡女教訓類), ② 여자인 자신의 주변 환경을 탄식한 '여탄가, 여자탄식가'와 같은 신변탄식류, ③ 부모를 생각하고 그리는 '사친가, 상사몽'과 같은 사친연모류, ④ 이별한 임을 생각하고 느낀 바를 노래한 'ᄉ녀가, 붕우사모가'와 같은 상사소회류(相思所懷類), ⑤ 놀이의 풍류를 노래한 '화전가, 화수가'와 같은 풍류소영류(風流嘯咏類), ⑥ 친척·가문의 자랑거리를 노래한 '향원행락가(香園行樂歌)'와 같은 가문세덕류(家門世德類), ⑦ 부모의 장수와 가정의 영화를 축원하고 송축한 '슈신가, 수연연하츤문'과 같은 축원송도류, ⑧ 죽음을 슬퍼하거나 그에 따른 제사를 묘사한 '인산가, 노전제문'과 같은 제전애도류(祭典哀悼類), ⑨ 아름다운 곳을 보고 찬미한 '순행가, 청량산가(淸凉山歌)'와 같은 승지찬미류(勝地讚美類), ⑩ 은덕을 갚고자 하는 '인산가'와 같은 보은사덕류(報恩謝德類), ⑪ 인간세계를 동식물에 비유한 '화조가, 화초가'와 같은 의인우화류, ⑫ 여행 노정을 기록한 '부여노정기(扶餘路程記)'와 같은 노정기행류, ⑬ 선을 권하고 신앙을 권하는 '권독가, 혜원가'와 같은 신앙권선류, ⑭ 달마다 계절마다 행할 농사일과 풍속을 노래한 월령계절류(月令季節類), ⑮ 노동과 그 과정을 노래한 '보촌가, 농부가'와 같은 노동서사류, ⑯ 언어유희를 노래한 언어유희류, ⑰ 소설을 규방가사화하거나 내간을 규방가사화한 '상장가사(上狀歌辭), 양귀비가'와 같은 소설내간류, ⑱ 한말의 개화와 계몽을 노래한 'ᄀ교사'와 같은 개화계몽류, ⑲ 한문학을 번안하거나 역사를 노래한 '장한가(長恨歌), 기완별록'과 같은 번안영사류(飜案咏史類), ⑳ 남자가 노래한 것을 노래한 '망실애사(亡室哀詞)'와 같은 남요완상류(男謠玩賞類) 등등이다.

이재수(1976)의 《내방가사연구》. 13, 14쪽"에서는 수집한 597종 자료에 대해 다음가 같은 체계로 분류했다.

[표 16] 이재수(1976: 14~16)에서의 '내방가사' 분류

번호	유형		내용	창작류	남요·번안류	계(%)
1	교훈류	계녀형	계녀	계녀가, 계아가, 경계가, 훈계가, 기여사, 계녀일언, 계녀가, 여아교훈가, 여야살피라, 사여회, 신행시에 계녀사, 여아경계가, 여아훈가, 여아에게, 견여가, 여자생신법, 경계초, 계여사, 벌교사, 교녀가, 해로교계사, 복선화음곡, 계매가, 규중행실가, 규중교훈가	규문통, 부부유별가	48
			교부	교부가, 부인경계사		
		경세형	훈민	김대비 훈민가, 교훈가, 부부화락가	효행가, 도덕교훈가, 도덕가, 오륜가, 충효록, 이퇴계선생도덕가, 강륜가, 회포가	46
			역대		고금역대가, 명륜진성가, 당화가	
			권학		권학가, 훈몽가, 아손경계사	
			열녀		김낭자 열녀가, 김부인열행록, 김씨부인열녀가, 열부원사록, 정부인가	
			권선	회심곡Ⓐ, 서천불설팔만장경가	회심곡Ⓑ, 백발가Ⓐ, 백발가Ⓑ	

2	송축류	축원형	애자	명신정송가, 농장가, 재롱가, 금동귀자		15
			애부	전가사		
			애녀	귀녀가, 일녀가, 애교사, 귀여가라, 애념사		
			애서	서랑축수가		
		송축형	회갑	헌수가, 수연가, 채언동락가, 만수가, 만수강영송, 회갑경회가, 부군수연가, 신파별곡		31
			회혼	회혼경축가, 회혼참경가, 중뇌연경축가, 중뇌연경축답가, 회혼가, 승경가		
			선조세덕		세덕가, 선조가, 무실유씨 가계영언	
3	탄식류	여탄형	여자유행(A)	여자유행가, 여자자탄가, 여자탄식가, 여자가, 여자탄, 불망종행동류사, 부모형제내별가사, 두견문답가, 이별가, 원별이회곡, 편친이회곡, 정부인귀천가, 신행가서, 상사상하곡, 여탄가		222
			여자유행(B)	군별이향가, 군제환희록, 회행가, 향산이회곡, 터회논정, 기천노화가, 상사별곡Ⓐ, 위안가, 봉우소회가, 애연답가	同朱綠分歌	
			석별	석별가, 고별가, 송별애교사, 송교행, 애교사		
			사친(A)	사친가Ⓐ, 사친곡Ⓐ, 사친척가	사친가Ⓒ, 달거리	
			사친(B)	제문Ⓐ, 제문Ⓑ, 사친가Ⓑ, 여심정록, 어마생각하는노래, 사친곡Ⓑ, 제헌고문, 향산귀취곡, 사모가, 모부인가	제문Ⓒ	

	사향	사향가, 사향곡, 고향이별가, 이향가, 망향가, 귀래사향가, 견월가, 귀래가		
	사형제	형제가, 사형가, 사제가, 형제이별가, 삼형제원별곡, 형제사모상형가, 형제원별가, 회심가Ⓐ, 원별가, 이회가		
	사우	사우가, 붕우춘희곡, 꽃붕우소회가		
	부부이별	한별곡, 한별가, 상사별곡, 망부가, 술회가, 상장가Ⓐ, 애심가, 가을가, 삼가을가, 탄식가, 이혼가, 시골색시의 서른타령, 시골색시 탄식가, 망부회사가, 청춘가Ⓐ, 별한가, 청춘자탄가 규원가, 자탄가, 출가사, 수심가, 과부가, 청춘과부가, 장수심가	상장가Ⓑ, 부부가, 상사곡, 소처가, 양유사, 추풍감별곡, 베틀가, 자치가, 서상염사, 진정부, 古상사가, 상사가, 別상사가, 홍도상사가, 상사회답곡, 규수상사곡, 상사진몽가	
	여자일생	이씨회심곡, 회심곡Ⓒ, 회심가Ⓑ, 감회가, 감회곡, 피몽사, 회상, 단장인단표회곡, 추월가, 위나무다리	화용월태가, 상부가, 금선별곡, 수심탄, 단장가사, 양신화답가, 정래회답가, 일생가사	
	기타	노처녀가, 원한가, 모녀사별가, 단장록, 모녀유서, 상원가, 춘정난심설	노처녀가Ⓑ, 신랑가	
노탄형	노쇠	노부인조롱탄, 노비인답가, 수시탄, 노부인가		
	허무	옥설화답가, 노탄가, 청춘가Ⓑ, 저물어가는 인생, 청춘자탄가Ⓑ	백발가Ⓒ	21
	취락	회춘가, 대춘가	노탄가Ⓑ, 탄금가	
생활고형		창열가, 애심가, 견월성전, 생자자회가, 베틀가Ⓑ, 위안가(애연답가)		7

		시절형	중국 역대		우미인가, 초한가, 장한가, 풍전가, 침부사, 육국시, 장한가, 양귀비전, 당태종양귀비전, 초패왕가사	42
			일제	時節歌, 자탄가사, 유모사	대명복수가, 시절가, 국민시국가, 은사가, 육이오전투가	
			해방 이후	경인유월피난가, 원수의삼팔선, 삼일오투표감상, 정의의 폭풍		
4	풍류류	야유형	화전	화전가, 화전답가, 반화전가		78
			화류	화류가Ⓐ, 고원화류가, 운정상화, 승지가경으로 조소각목가라	화류가Ⓑ, 유산가Ⓐ	
			화수	화수가, 화수답가, 안동김씨 친목화수가, 해수정씨 친목가, 花遊歌		
			춘유	춘유가, 봄노래, 화초가, 산수화초가, 화주석춘가, 석춘가, 장춘사	화조가Ⓐ, 화초답가	
			낙유	낙유가, 낙유가답가, 뱃노래, 관동별곡, 기명작가, 월명하선유곡	적벽가, 전적벽부. 후적벽부	
		절기형	칠석	칠석가, 견우직녀가		13
			기타	상원가, 망월가, 백설가, 동지가		
		척사형	윷놀이	척사가, 척사회답가, 立春승희가		6
			윷띠 풀이	윷띠놀이, 윷노래		
		해학형		경주최씨 화수가, 화수답가, 유산가Ⓑ	숫자희	17
		화조형	화조초	꽃노래, 상연가, 화조가Ⓑ, 선초가Ⓐ, 두견가, 황조가	선초가Ⓑ, 향화곡, 남영초탄, 남초탄, 제비화초가	14

		관동팔경유람기, 관동팔경유람노정기, 관동경, 금강산일람가야행곡, 가야한해인곡, 유람기금오산하채미정유희가, 유희가서신전頌歌	관동별곡, 도산가, 도산별곡, 한양가, 북천가, 반경무도사, 청량산가, 청량가, 팔도가, 몽유가, 악양루가, 남행가, 유람강산, 해동만화	37
기행형				

이정옥(1981: 10~15)에서는 "① 교훈·도덕류, ② 신변탄식류, ③ 사친연모류, ④ 상사소회류, ⑤ 풍류음영류, ⑥ 축원송축류, ⑦ 승지찬미류, ⑧ 노정기행류, ⑨ 신앙원선류, ⑩ 개화계몽류", 이정옥(2017: 23, 24)에서는 "① 교훈·도덕류, ② 송경축원류, ③ 부녀탄식류, ④ 풍류기행류, ⑤ 도덕·수신가류, ⑥ 놀이·유희류, ⑦ 영사·종교경전류" 일곱 가지로 분류했다.

이러한 주제별 분류는 논자에 따라 또는 논의 기준에 따라 다양하게 설정될 수 있지만 여성가사의 주제별 맥락을 뚜렷하게 보여주지 못했다. '탄식류, 신변탄식류'와 같이 분류할 경우 두 가지 문제가 있다. 하나는 그 내용이 탄식으로만 끝나는 것은 아니라는 것이다. 이를테면 '노처녀가'는 탄식은 맞지만 탄식을 이용해 결혼 제도와 관련된 당 풍습에 대한 비판이나 풍자가 매우 중요하기 때문이다.[16]

여기서는 그 주제를 특성에 따라 목적지향성 주제와 비판·저항성 주제, 감성표현성 주제, 생활과 종교성 주제로 나누고자 한다. 이렇게 나눌 경우 기존이 다양한 주제 분류를 아우르면서도 여성가사의 한글 표기가 주는 맥락적 의미를 더 잘 드러낼 수 있다.

---

16 "백순철(2017). 《규방가사의 전통성과 근대성》. 고려대민족문화연구원. 51쪽"에서도 기존의 많은 연구들이 여성들의 한과 같은 부정성에 집중해 편향성을 보여왔다고 보고 "고난받는 현실을 표현하는 가운데서 터져 나오는 탄식과 눈물의 이면에는 여성들의 다양한 의식지향들이 자리잡고 있다."라고 보았다.

목적지향성 가사는 사대부 지배층들의 지배 이데올로기에 따른 체제에 포섭된 것이든 특별한 교화를 목적으로 한 일종의 교훈성 가사들로 다음과 같은 권효가가 대표적이다.

　　　청춘 쇼연 아히들라 이니 말슴 드러보소
　　　천지 〃간 만물 중이 귀혼 거시 사람이라
　　　사람을 귀타ᄒ미 오류으로 일너씨니
　　　오륜을 모를진ᄃ 금수와 갓할지라
　　　귀타ᄒ미 무어신고 부모 구존 ᄒ신 사람
　　　사군지절 고사ᄒ고 부모 봉양 먼저 ᄒ소
　　　오륜을 모를 진ᄃ 금수와 갓할지라
　　　귀타ᄒ미 무이진고 부모 구존 ᄒ신 사람
　　　사군지절 고사ᄒ고 부모 봉양 먼저 ᄒ소
　　　부모의게 불효혼 놈 동기인정 어이 알며
　　　쟝유 〃서 붕우신을 안다ᄒ미 무어인고
　　　제 부모이게 불효혼 놈 타인으게 조와ᄒ며
　　　제 형제게 불목ᄒ면 남과 별노 친압ᄒ니[17]
　　　인의을 어이야랴 취혼 거시 주식이라
　　　(번역:청춘 소년 아이들아 이내 말씀 들어보소
　　　천지 지간 만물 중에 귀한 것이 사람이라
　　　사람을 귀하다 함이 오륜으로 일렀으니
　　　오륜을 모르는 것은 짐승과 같을지라
　　　귀하다 함이 무엇인고 부모가 모두 살아계신 사람
　　　사군지절 고사하고 부모 봉양 먼저 하소
　　　오륜을 모르는 것은 짐승과 같을지라
　　　귀하다 함이 무엇인고 부모가 모두 살아계신 사람

---

17 친압(親狎)ᄒ니: 너무 지나치게 친하니.

사군지절 고사학고 부모 봉양 먼저 하소
부모에게 불효한 놈 동기 인정 어찌 알며
장유유서 붕우신을 안다 함이 무슨 의미인가
제 부모에게 불효한 놈은 타인을 좋아하며
제 형제와 불목하면 남을 지나치게 좋아하니
인의를 어떻게 알까 취하는 것은 주색이다)

교훈성 가사가 본격적으로 유행하기 시작한 18세기 중반 이후에 널리 퍼진 '여사서언해(女四書諺解)'에 주목할 필요가 있다. 이 책의 주요 맥락에 대해서는 김슬옹(2012/2015: 164~166)에서 자세히 밝힌 바 있다. 1736년에 영조는 《내훈》을 직접 고쳐 펴낸 《어제내훈(御製內訓)》과 여성 교육서인 《여사서》[18]도 이덕수 등으로 하여금 언해하게 하여 서문을 내리고 1737년에 실제로 펴냈다. 1734년에 영조는 두 책을 함께 펴내는 맥락에 대해, 당나라판인 《여사서(女四書)》는 《내훈(內訓)》과 다름이 없다고 하면서 여성들을 위한 법은 곧 왕도 교화의 근원이 된다고 밝혔다.

본문은 한문 원문에 언문토를 달고, 언해문을 한 칸 낮추어 편집했다. 한문 원문과 언해문 모두 한글 독음을 달아 한자를 모르는 여성층을 배려했고 특히 권4의 경우는 원문에 모두 끝난 뒤 언해문이 실려 있어 국한문 병기에 따른 불편함을 없애려고 하였다.

김슬옹(2015: 166)에서 "여성들을 주류 문자인 한문의 주체로 인정하지 않는, 지극히 현실적인 여성 인식이지만 여성들을 교육의 대상으로 교육의 주체로, 교화의 대상으로 설정한 것 자체가 그 시대로 보면 적극적인 여성 인

---

18 이 책은 후한 조대가의 《여계(女誡)》, 당나라 송고조의 《여론어(女論語)》, 명나라 인효문성후의 《내훈》, 명왕절부의 《여범(女範)》을 엮은 책이다.

식이었다."라고 밝힌 것처럼 '여사서'는 남성 시각의 교육서이지만 여성들이
베껴 쓴 필사본까지 나오는 등 활발하게 유통되어 여성들의 문해력 향상에
많은 영향을 끼쳤다.

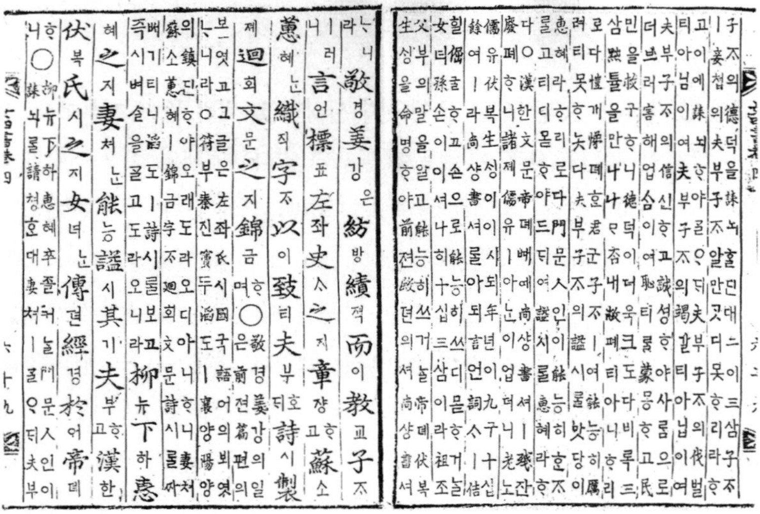

[사진 6] 여사서(언해본) 영인본 1ㄴ-2ㄱ

이렇게 내훈서 발간 맥락과 함께 계녀가사 창작 시기를 추론한 것은 서영
숙(1996ㄱ: 366)으로 계녀가사가 창작되기 시작한 시기는 내훈서들이 형성된
조선 중기 아니면 후기로 볼 때 17세기 이후로, 초기에는 한학에 소양이 깊
은 남성들이나 일부 여성들이 창작하였을 것이라고 보았다. 내훈서들이 한
글로 번역되었다고 하더라도 일반 여성들에게는 쉽게 읽히기에는 무리가 있
으므로 평소 여성들이 가까이하고 쉽게 낭송, 암기할 수 있는 가사체로 풀어

조선시대 여성과 한글 발전

씌어 지면서 여성들의 손에 전해졌을 것이라고 보고 있다.[19]

이러한 목적지향형 가사들은 지배 질서와 맞물려 여성의 자발적 내면 윤리 수신 차원에서 두루 퍼지고 낭독 또는 낭송되었다.[20] 최연(2016: 168)에서는 지배층의 교훈서 보급과 여성 교육과 수양의 연관성을 다음과 같이 기술했다.

> 규방은 여성의 삶이 영위되는 공간일 뿐만 아니라 또한 삶의 중심이었다. 조선시대 여성을 위한 학교 교육이 전무하고 규방에만 있던 여성들은 배움의 갈증을 어떻게 해결했을까? 한글의 발명과 교훈서의 보급이 여성들의 지식 습득에 획기적인 영향을 준 것이다. 조선은 초기부터 여성들이 갖추어야 할 덕목을 적은 국문 '교훈서'를 보급하였다. 이런 교훈서들을 통해 규방의 여성들은 더 넓은 학문의 세계, 문학의 세계로 들어가게 되었다. _최연(2016). 《계녀가류 규방가사 연구》. 학고방. 168쪽.

결국 여성용 교화 언해서가 서책의 고장인 안동을 중심으로 널리 퍼졌을 것이고, 자연스럽게 교훈 가사로 변용·유통되었을 것이다. 이런 목적지향성 주제에 대비되는 비판이나 저항의 의미를 가사류도 있다.

로쳐녀가(老處女歌)[21]

인간 새상 사람들아 이내 말삼 드러보소
인간 만물 생긴 후애 금수초목 싹이 잇다

---

19 최연(2016ㄷ: 17)에서 이런 점을 언급하였다.

20 보고 읽는 것은 '낭독'이고 외워서 하는 것은 '낭송'이다. 낭독 모습 재현은 "https://www.youtube.com/watch?v=JFrP5G6azQ0(검색: 2019.2.17.)" 참조. 낭송 재현 경창대회는 "https://www.youtube.com/watch?v=WKa4FillQmA(검색: 2019.2.17.)" 참조.

21 이정옥(2017ㄱ: 314~316)에서 재인용.

인간애 생긴 남자 부귀자손 갓근마는
이애 팔자 험하할손 날같흔 이 쏘 잇난가
백년을 다 사라야 삼만육천 날이로다
혼자 살면 백년 살며 정녀되면 말년 살가
답〃한 우리 부모 가탄한 좀양반이
양반인 채 도를려 처잣가 불민하며
괴망을 일삼은니 다만한 딸 늘그간다
적막한 빈방 안애 전전불매 감존일위
혼자 사슬 드러보소 로망한 우리 부모
날 길여 무엇하리 죽도로 날 길어서
잡아슬가 꾸어슬가 인환씨 적 생긴 남녀
보희씨 적 온가쥐 인간배필 혼취하문
예로부터 잇끈마는 엇든 처녀 팔자 조화
이십 전애 시집 간다 남녀 자손 시집 장가
쩌쩌한이 치근마는 이니 팔자 기협하야
사십까지 처녀로다 이럴 주로 아라시면
처음 안니 나을 거슬 월명사창 긴긴 밤애
침불안석 잠 못 들어 적막한 빈 방안애
오락가락 다니면서 장래사 생각한니
드욱 답〃 민망하다 부친 하나 평이요
모친 하나 숙맥불별 날이 새면 내일이요
새가 새면 내년이라 혼인 사설 전패하고
가난 사설 뿐이로다 어대서 손님 오면
행여나 중매신가 아해 불러 힐문한 적
외삼촌애 부엄이라 어대서 편지 왓내
외삼촌애 부엄이라 애달고도 서럽지고
이 내 간장 어니 할고 압집애 아오아가
벌서 자손 보다말가 동편집 용골년는
금연간애 시집 가내 그 동안애 무정 새월

시집가서 푸려마는 친고 업고 혈손 업서
위로하리 전혀 업고 우리 부모 무정하야
위로하리 전혀업고 우리 부모 무정하야
내 생각 전혀 업다 부귀빈천 생각말고
인물 풍채 맞당크든 처녀 사십 나이 적소
혼인 그동 처러주오 김동이도 상처하고
이동이도 기처로다 중매하리 전혀 업내
날 치우리 전혀 업소 갈동 암소 살저 잇고
봉사 전답 갓건마는 사조가 분 가리면서
이대로록 늘거가니 연지분도 잇근마는
성적 단장 전패하고 율동치마 호박단저고리
화장 그울 압패 두고 원산갓튼 푸련 눈섭
새루 갓튼 가는 허리 아럽답다 나의 잣태
묘하도다 나의 거동 겨울다려 하는 말이
어화 답 〃 내 팔자야 갈대 업다 나마 나도
쓸대업다 너도나도 우리 부모 병조판서
할아버지 호조판서 우리 문별 이러하니
풍속 좃기 어려워라 어연듯 춘절되니
초목군생 다 질기니 두견화 만발하고
잔지입 속입 난다 삭은 박개 쟁쟁하고
종달새 놉히 뜬다 춘풍야월 새우 시애
독수공방 어이할고 원수어 아해들아
그런 말 하지마라 압집애는 신랑오고
뒤집애는 신부가내 내 귀애 드른 바는
늣길 일도 하도만타 록양방초 저문 날애
해는 어이 수이 가노 초목갓튼 우리 인생
표여이 늘거러 간다 머이채는 엽해 끼고
다만 한숨 쑨이로다 간 밤애 짝이 업고
긴 날애 버지업서 안자다가 누워다가

다시금 생각한니 아마도 모진 목슘
죽지못해 원수로다

이러한 노처녀가는 노처녀의 신세 한탄을 통해 인생과 사회에 대한 사회
비판성 풍자를 노래하고 있다.

시대 정체성에 부응하는 여성성을 잘 드러내 주는 가사도 있다.

남녀 로소 분별하니 나의 례절 받자오니
남자는 밧게 잇고 여자는 안에 잇서
여공에 매인 일을 난낫치 비와 니리《행실교훈기라》
밧그로 맛튼 일을 안으로 간여 말고
안으로 맛튼 일을 밧그로 밋지 마라
가장이 구종커던 우스면 디답후면
공경은 부죡후다 화슌키난 후나니라《훈시가》

생활류는 교훈이나 이념이 아닌, 의식주 생활이나 일상생활을 담은 여성
가사를 말한다. 또한 가사체로 쓴 편지처럼 생활의 주요 도구로 쓰인 것도 생
활류 가사로 본다.

> 계녀가류 규방가사는 여성들의 생활문학이다. 문학은 생활의 반영이다. 계
> 녀가류 규방가사의 내용을 보면 비생활적, 비실제적인 일반이론, 추상이론, 이
> 론적인 교훈보다 일상생활의 내용과 직결되는 세미한 언어, 행동, 윤리, 인간관
> 계 등 경험적인 내용을 절실하고도 실감나게 표현하고 있다. 또한 한자나 한문
> 보다도 여성의 문자라고 할 수 있는 언문으로 표현되었기에 평이하면서도 일
> 상적인 특성을 더하고 있다. 때문에 계녀가류 규방가사는 여성들의 일상 속에
> 서 이루어진 문학행위이자 산물로 여성적 자아표출의 장을 마련해 주었다고
> 할 수 있다. -최연(2016).《계녀가류 규방가사 연구》. 학고방. 253쪽.

많지는 않은 다음과 같은 종교 관련 가사도 있다.

정구업진언 수리수리 마하수리 수수리사바하

서천불설 팔만대장경 목록
나무불 八만대장경 열반경 보살경
허공장경 사의장경 수능엄경 결정경
보장경 화엄경 이진경 대반야경
금강명경 미증유경 삼론별경 금강경
정법론경 법화경 불본행경 오룡경
보살계경 대집경 서천론경 승지경
서천불국장경 귀신론경 대지도론경 유보장경
대개경 정율문경 인명론경 유식론경
구함론경 사십이장경 유교경 미타경
원각경 범만경 지장경 시왕경
목련경 팔야경 고왕경 백록경
월장경 유가론경
서천불설 八만대장경 총귀 四억 八만四백전
장경목록 총귀 칠십구전 중 이경 목록은
당나라 현장법사가 서천에 가서 모셔온 바
여기에 의하면 남녀가 다 읽고 외워 수복을 짓기 위함
이니 한번 읽으면 장경 전부 읽는 공덕을 얻고
무량제불이 효렴하시며 세세생생에 남자대인
의 삼호를 얻으며 매일 읽으면 수복무량하
고 일체 재해가 스스로 소멸하나니 남녀가
명을 마치려 할 때 이 경 목록을 써서 포
대에 넣어 흉중에 품고 돌아간 즉 지부
명사 염라대왕이 합장예배하고 말씀하되
이 사람은 유죄무죄를 막론하고 아미타불국

토로 모셔드려라하시고 게송으로 옮기를
막도차경 무영하라 대자명종왕서방 하
나니라 이경 영험이 없다고 하지 말라
가지고 그 목숨 마칠 때 결정코 극락으로
가느니라 하였다
청부의 말씀에 이 경 목록과 다라니는 죽
은 후 천만금으로 재하는 것보다도 수승하여
지옥의 윤회보를 면하고 바로 극락에 왕
생하는 법이니라 하였고 지장경에 부모
권속이 재를 잘 모시면 七분 공덕에 一분은
영가가 받고 六분은 산 사람이 받는다
하였으니 자기 일은 자기가 준비함이 안심
되오리다 살아서는 사법청 형무소가 있고
죽어서는 염라대왕 지옥이 있으니 만당
처자 형제진이여 수고당시 부대신 하리라
집에 가득한 처자와 재물이 흙과 같이
많아도 내가 고통 받을 때 몸을 대신하 리 없다
하였으니 명을 마치려 할 때 두렵고 겁나지
않으리오 나무서방 대교주 무량수 여태불
나무아미나불 힘껏 부르시요
찬탄 念佛歌(염불가)

4.5. 시대성과 지역성으로 본 의미

한글 확산 매체로서의 내방가사에 주목할 경우 먼저 내방가사의 시대성과
지역성에 따른 한글 표기 의미를 짚어보기로 한다.

1) 시대성의 의미

정길자(2003)의 "규방가사의 사적 전개와 여성의식의 변모. 숙명여대 대학원 박사 논문(24쪽)"에서는 여성가사 역사에 대해 "규방가사는 유교의 역사와 비슷한 길을 걸어왔다고 할 수 있다."라고 했지만 여성가사는 유교적 굴레를 수용하면서도 반유교적 또 다른 계열을 만들어왔다. 훈민정음은 성리학의 천명 사상이 담겨 있음에도 신분제를 부정하는 요소가 담겨 있기 때문이다.

이와 같은 맥락에서 여성가사는 훈민정음 역사와 같은 길을 걸어왔다고 할 수 있을 것이다. 18세기, 유교 역사가 시대에 적응하지 못하고 한문 굴레에 점점 더 갖혀 있을 때 여성가사는 더 발전했다.

여성가사가 어떻게 발전 확산해 나갔느냐에 대한 주요 논자들의 논의를 정리해 보고 그 의미를 밝히기로 한다.

류연석(1994: 82~425)에서는 다음과 같이 가사 문학사를 다섯 단계로 나누었다.

> 발생기: 14~15세기, 나옹화상의 《서왕가》, 정극인의 《상춘곡》.
> 발전기: 15~16세기(임진왜란), 14명의 작가, 24편의 작품 중 허난설헌의 《규원가》.
> 홍성기: 16~18세기(선조-경종), 38명의 작가, 63수.
> 전환기: 18~19세기(경종-갑오경장), 200여 편의 작품 중 규방가사 포함.
> 쇠퇴기: 19세기~현재(갑오경장-현재).

이러한 시대 구분은 가사 전반에 걸친 시대 구분이므로 오히려 여성가사의 역사를 제대로 보여 주지 못한다.

여성가사 자체 대한 시대 구분은 "김사엽(1956). 《이조시대의 가요 연구》"에서는 주제 중심으로 1기는 계녀가사류, 2기는 화전가류, 3기는 자기중심의 서정시가류로 나눴다.

권영철(1990: 219~220)에서는 (1) 발생기(모방습작기), (2) 발전기(융성기 전기), (3) 개화기(융성기 후기), (4) 쇠잔기 네 시기로 나누었다. 발생기는 영조 시대 곧 18세기로 양반 남성들이 써 준 가사를 읽거나 모방하는 단계로 교술적인 교훈가가 유통되던 시기다. 발전기는 갑오경장(1894) 때까지로 여성가사 전성기로 교훈가 외 신변탄식류 등 20여 종의 유형이 유통된 시기다. 개화기는 갑오경장부터 일제시대를 아우르는 시기로 격변기에 더 융성해진 셈이다.

정길자(2002)에서는 여성 의식과 지위 발전을 기준으로 다섯 단계로 나눴다. (1) 여성 자각 시대, (2) 여범 중심 시대, (3) 여범 지향 시대, (4) 자아 지향 시대, (5) 자아 실현 시대로 구분할 수 있다.

이렇게 보면 가사는 한글 반포 이전의 문학 갈래로 한글로 표기 가능, 문학성 대중성 발휘을 하였고 18세기 영조 이후 남성 중심 한글문화는 큰 변화가 없는 데 반해 여성 중심 한글문화는 번성한 여성 중심 한글문화의 꽃이 되었다. 비록 개화기는 암흑시대로 전락했지만 여성가사는 새 시대를 여는 상징적 의미가 있다.

조동일(2005/2011: 116)에서도 창작에 참여한 좁은 의미의 규방가사는 18세기 후반에 자리를 잡기 시작해서, 19세기 동안에 결정적인 성장을 보인 것으로 평가했다. 더욱이 "1860년대 이후의 사회 변화가 닥쳐왔을 때에 한창 활발하게 창작되고 있어 낡은 문학으로 몰리지 않았다."라고 보았다.[22]

---

22 17세기 말엽인 숙종 18년, 1692년 12월 30일자 숙종실록 기록에 의하면, 평안 병사 홍시주는 아들 홍이하가 언문으로 노래를 지어 조정의 진신들을 하나하나 비방했는데도 꾸짖어 금할 줄을 알지 못하고, 도리어 익혀서 부르도록 하였으므로, 서관 기악의 새 곡조가 되어 버렸다고 한다. 양반 사대부가의 아들 홍이하가 언문 노래는 가사 형식의 노래였을 것이다.

조선시대 여성과 한글 발전

2) 지역성의 의미

그동안 내방가사의 뚜렷한 영남 지역성은 두루 밝혀진 바다.[23] 물론 박요순 (1970)의 "호남지방의 여류가사 연구.《국어국문학》 48호. 국어국문학회. 72, 73쪽"에서 "필자가 현재 조사한 바로는 여류가사의 流傳 교류 관계는 실로 광범위한 것이었다. 그 교류 범위를 보면, 호남 자체 지역 내에서의 교류는 물론이지만 경기↔호남, 영남↔호남에서 동서남북 전역에 걸친 것이었다" 와 같이 반박하고 있고 이재수(1976: 11)에서도 "충청도, 경기도에도 약간의 분포를 보이고 있으며 호남지방에는 흔적을 보이고 그밖의 지방에서는 전혀 그 존재가 보고된 바 없다."라고 하였다. 이밖에 충남 지역 가사를 소개한 사 재동(1972), 강원도 지역의 가사를 소개한 김선풍(1977), 박만일(1989) 등이 있다.

이런 일부 반론이나 다른 지역 보고 자료를 충분히 고려한다 해도 신경숙 (2002: 20)에서 지적한 것처럼 영남 지역성의 의미가 사라지는 것은 아니다.[24] 그렇다면 영남 지역성의 의미와 함께 더불어 나라 전체로 보면 다른 지역으 로 확산되지 않은 부정성에 대해서도 해명해야 한다.[25]

선조 후기에 들어와서 여성들의 한글 생활화는 대단한 위치에 있었다. 여성 문학은 주로 규방에서 이루어진 것이지만 그 문학성과 예술성은 높은 수준에 있었음이 파악되었다. 그러나 지역적으로 영남지방에 국한되어 있었음이 하나 의 흠이다._김무조(1998) '엄마의 가사문학' 발간사. 모봉남(1998) 수록.

---

23 경북지역 한글 자료에 대한 종합 정리와 논평은 "임노직(2017). 경북지역의 한글 자료 개관. 《세종대왕 즉위 600주년 기념, 훈민정음 언해본 복각 기념 학술자료집》. 111~162쪽." 참조.

24 신경숙(2002: 20)에서는 가사를 영남 지역 문학으로 한정한다고 해서, 문학 자체가 지역성을 띠는 경우가 많으므로 문제가 되거나 흠은 아니라고 강조하고 있는데 필자도 동감한다.

25 (…전략…) 여성들의 가사에 대한 지대한 애착심은 위의 제한된 핸디캡을 극복했던 것이다.

이재수(1976: 11~12)에서는 지역 편중의 원인으로 유교와 연관된 것으로 보았다. 영남 지방은 예로부터 '추로지향(鄒魯之鄕, 공자와 맹자의 고향)'이라 하여 많은 유교적 인재가 배출된 곳으로 유교 사상이 생활 깊숙이 침투되어 있다는 것이다. 그만큼 여성 입장에서 보면 유교적, 제도적 압박을 받은 곳이기에 "내방가사가 유교의 압제 밑에서 신음하던 여성들의 생활 고백이었고 그들의 불행을 카타르시스라는 것이었다면, 영남지방은 필연적으로 내방가사의 본고장이 되고도 남음이 있는 지방(12쪽)"으로 보았다. 그렇다면 규방가사는 한글 사용 측면에서 봤을 때 지역의 역설, 이념의 역설이다. 한문과 성리학이 발달한 곳에서 발달했기 때문이다.

장덕순(1985)의 "한글문화 수호자로서의 女人像.《韓國女性의 傳統像》. 민음사. 34쪽"에서도 기본 시각은 같다. 장덕순은 여성가사의 지역을 영남의 소백산맥 문화권으로 보고 이 지역에서 이러한 여성가사가 발전한 것은 중요한 지리적 요인이 있다고 보았다. 영남지방의 문화 주류는 사림파에 따라 형성되었는데 이 남성들의 사림파 문학이 퇴조함에 따라 여성가사가 발전했다는 것이다. 곧 "사림파 문학은 조선 중기까지 활발한 작품활동을 계속하다가 붕당의 패배로 정치적 실권을 상실한 채 그 문학활동마저 쇠퇴"했다는 것이다. 이런 경우 중인문학의 발흥으로 이어지기 마련인데 그러하질 못하고 여인들이 이어받았다는 것이다.

장덕순(1985)은 둘째 요인으로 여인들이 한문학 지식의 수준도 비교적 높았는데 영남의 여인들은 남성들의 전유물인 한문학을 받아들여 계승한 것이 아니라 어떤 방법으로든 문학활동을 해야겠다는 절박함에서 가사 창작에 매달리게 된 것으로 보았다. 이런 경우는 여성들의 한문 문해력을 높이 평가한 것을 전제로 한 논리라서 문제가 있다. 그러나 이런 논리는 여인들을 주된 문학의 창작 주체로 인정할 때 가능하다. 이보다는 더 근본적인 지역 특성이 있다.

조선시대 여성과 한글 발전

이러한 원인 외에 훈민정음 보급과 관련된 원인이 더 보태져야 한다. 공교롭게도 《훈민정음》(1446) 해례본이 발견된 곳도 언해본이 16세기에 복각본이 간행된 곳도 영남 지역이다. 해례본은 1940년에 경북 안동에서 발견되었고 언해본 복각본은 1597년 경북 영주시 풍기읍 희방사에서 간행되었다. 여기서 더 주목할 것은 언해본의 복각본 간행이다. 복각본은 원간본이 소실되어 발행한 경우도 있지만 그만큼 수요가 많아 대량 보급이 필요했기 때문이기도 하다. 언해본은 공적으로 한글 교육이 이루어지지 않은 상황에서 한글교육에 직간접 영향을 미쳤다.

> 남성들이 서원이나 향회를 중심으로 결사체를 강화하였다면 여성들의 경우, 가문을 중심으로 문중계나 종계 혹은 딸네계(화수계)가 활성화되었다. 그에 반해 하민들 역시 동계(하계)나 대동계(상하계)를 강화하면서 하민 집단과 양반 집단체 간의 결사체를 강화하였다. _이정옥(2017). 《내방가사 현장 연구》. 역락. 18쪽.

조동일(2005/2011: 116)에서도 "규방가사는 충청도나 전라도 쪽에서도 적지 않은 작품이 창작되었으므로 지역적인 한계를 가진 문학이라고 할 수는 없지만, 특히 경상도 북부지방에서 중요한 구실을 했다. 그곳은 규방가사가 정착한 본고장으로서 오랜 전통이 있을 뿐만 아니라, 전통문화를 보존하고자 하는 열의가 각별하고 양반 사회를 배경으로 한 항일운동이 계속 일어나고 있어서 규방가사의 지속과 변화에 직접적인 작용을 했다. 반상의 구분이 오랫동안 남아 있어, 규방가사가 양반 가문의 통혼권에 따라 유통되면서 지체 구분의 징표 구실을 했으며, 상민부녀자들은 작자나 독자로 참여할 기회를 얻지 못했다."라고 보았다.

4.6. 텍스트 관점에서 본 한글 사용 의미

'텍스트'는 김슬옹(2012)의 《맥락으로 통합되는 국어교육의 길찾기》. 동국대학교출판부, 52쪽"에서 자세히 밝혔듯이 논의의 대상이 되고 의미 부여가 가능한 언어와 기호, 각종 매체로 "토론 텍스트, 볼펜 텍스트, 텔레비전 텍스트" 등 모든 것이 텍스트가 될 수 있다. 2007 국어과 교육과정에서도 언어나 다매체적 요소로 이루어진 것으로 "설명 텍스트, 매체 텍스트, 애니메이션 텍스트, 도식 텍스트, 검색된 텍스트" 등으로 사용할 수 있다. 다양한 해석 여지에 따라 '닫힌 텍스트'와 '열린 텍스트'로 나눈다.

이런 텍스트 관점에서 보면 가사는 맥락에 따라 복합적 텍스트로 구성된다. 따라서 맥락에 따라 문학이 되기도 하고 교육서가 되기도 하고 오락 도구도 되었을 것이다. 이렇게 보면 텍스트 관점에서 다양한 텍스트 맥락으로 쓰였다는 것이 한글 사용 양상의 의미를 더한 것이다. 물론 가장 본질적인 갈래는 문학 텍스트이다. 운문 형식의 문학 창작과 감상, 향유에 참여함으로써 삶의 애환과 느낌, 생각 등을 풀어낸 것이다.

다음 작품은 누에에 관한 가사로 이정옥(2017ㄱ: 538)에서는 1970년에 필사된 것으로 보고한 것이지만 내용 자체는 조선시대부터 전승되어 온 것으로 보인다.

　　잠설가[26]

　　천지간 만물 중에 너 이름이 누이로다
　　긴 〃 영사 오늘까지 천백년 지나가도

---

26 이정옥(2017ㄱ: 538~541)에서 그대로 인용.

갸륵한 선심공덕 그 누가 말하던고
나는 오죽 사람이요 너는 오죽 미물인대
너만 갖지 못하노니 사람이 오만함을
내가 능히 알고 잇다 인간 육십 지나도록
그 무엇설 자랑할고 남을 위해 할일업고
충성효도 몰났으니 너 보기가 부끄럽다
일게곤충 너해몸이 누이로 삼겨나서
인간 밀집 깁은 인연 어이 차마 이줄손가
만화방창 봄이 오면 너가 날을 차자와서
서로 만나 반겨보고 애지중지 사랑할 적
때마처 밥을 주고 똥 가라 잠재우며
추울새라 더울새라 (添:쉬파리가 찝을 새라)
한 달을 조심하고 일심공덕 하다보며
어나사이 완성하여 자리 잡고 올려주며
손도 발도 업는 너가 입 하나로 실을 뽀바
너해 몸을 가리면서 자갈 갓치 집을 짓고
오롱조롱 달렷으니 영특한 너 재주가
미물 중에 비상한대 전생에 무삼 죄로
인간 세상 선심적덕 엇지 하여 다하던고
불쌍한 너의 몸을 끌는 물에 집어여서
은빗 갓튼 실을 뽀바 금관조복 골용포을
어전에 페백하니 너의 충성 장할시고
그 다음 만인간에 덥허 주고 입혀주어
조흔 호강 쓰기면서 너는 엇지 알몸으로
인간공덕 보답하니 선심공덕 갸륵하다
그것마저 부족하여 대도장안 걸 〃
인간 따라 단이면서 업난 사람 구제하고
약한 아해 살지우니 오호통곡 불상하다
고금간에 흐른 영사 너만이 자랑일세

너가주는 명주비단 수복차림 곱게 하여
생전사후 광체로다 어느 시절 왕능인지
발굴하여 다시 보니 찬란한 금이채색
그대로 불변하니 숫천연 갈지라도
썩지 안코 변치 안코 영원한 너에 공덕
세상에 또 인는가 만물에 영장으로
인간에 최귀함을 어느 누가 자충하노
천륜지장 인간이요 자비선심 인간인데
충성효도 못하엿고 남을 위해 한 일 업고
무록지심 충만하여 남을 죽여 내 가사는
양육강식 하는 세상 너해 압혜 북그럽다
내가 죽고 남을 살여 유방백세 자랑하나
너을 엇지 당할손애 인유사회 낫든 발천
무어스로 자랑하나 너을 엇지 당할손가
자최 업시 가는 인생 허무하기 그지업다
천차만차 지은 죄는 사람박게 다시 업내
미물에 곤충이라 무심히 보지마소
질이를 알고보라 갸륵한 자비선심
영특한 그 재주와 불상한 너모습을
이 가사에 기록하와 세상에 전하력고
너 이름 불러가면 빈나고 슬픈 사연
낫〃치 적고 나이 너와 나와 깁은 인연
내엇지 이줄소냐 알몸으로 남을 위해
죽엇스이 오호통제 불상하다
너가 주는 명주비단 어루만져 사랑하여
내가죽어 가는 날에 곱게〃〃 차려입고
수천연 갈지라도 변치 안코 이슬거라
허무한 것 사람이라 죽어지면 허사로다
인유세상 사는 사람 누에선심 뿐을 보고
남에 공덕 보답하소 진자리 마른자리

조선시대 여성과 한글 발전

알드리 기른자식 부모은공 잊지마라
세상이 이러하니 만사가 그러하다
하도적막 심 〃 하여 누애 영사 기록하니
자비선심 누에로다
끗 _이정옥(2017ㄱ: 538~541).

누에에 관한 이 가사는 가사가 문학 텍스트로서의 의미와 가치를 잘 보여
준다. 누에를 미물로 보았으나 문학의 최대 요소인 상상적 구성을 이용해 누
에에 얽힌 삶을 알콩달콩 풀어내고 있다. 일부만 현대말로 옮겨 보면 다음과
같다.

손도 발도 없는 네가 입 하나로 실을 뽑아
너의 몸을 가리면서 자갈 같이 집을 짓고
오롱조롱 달렸으니 영특한 너의 재주가
미물 중에 비상한데 전생에 무슨 죄로
인간 세상 선심적덕 어찌 하여 다하던가?
불쌍한 너의 몸을 끓는 물에 집어넣어서
은빛 같은 실을 뽑아 금관조복을 입고서
임금께 폐백하니 너의 충성이 장하다
그 다음 만인간에 덮어 주고 입혀주어
좋은 호강을 시키면서 너는 어찌 알몸으로
인간 공덕에 보답하니 선심공덕이 갸륵하다_현대말 옮김.

둘째는 교육과 학습서 역할을 함으로써 지속적으로 이어져 내려왔다는 점
이다. 이때 교육은 문자 교육과 윤리 교육으로 나누어진다. 최근 기록이기는
하지만 자신의 가사 작품을 "조애영(1971).《隱村內房歌辭集》. 금강출판사."으

로 펴낸 기록에서 그런 맥락을 직접 증언하고 있다.[27] 조애영은 7세부터 가사를 학습해 15세에는 '日月山歌' 등의 가사를 창작하여 1971년에 자신의 작품 16편과 문중 여성들의 작품 세 편을 묶어 가사집을 발간하였는데 창작 동기나 배경을 밝힌 작자 후기에 그런 점이 잘 드러나 있다.

> (1) "나는 어릴 때 이곳에서 자랐다. 머리를 길게 느리고 안방에 앉아 '한문' 공부와 항상 붓글씨 연습을 해야 했다. 어머님께서 쓰시는 '한글내방가사'를 읽고 그 글을 연습을 해야 했고 밤늦도록 붓과 벼루와 싸워야 했었다. 그것 뿐이랴! 여성들이 하는 바느질, 길쌈, 수놓기 등 많은 일을 배워야 했다. 그 때에 이미 나는 '내방가사'의 의미와 작법을 습득, 연습, 자습을 많이 했었던 것이다. (…후략…)
>
> (2) 화전가: "이 가사는 우리문중 딸내들이 언문글씨 배울 적에 부르고 받아 쓰는 글이다"
> 애련가: "이 가사는 우리 어머님 책설기에서 발견하였으나 해방 후 수차 화재로 인하여 소실되었음. 작자의 딸로써 다시 엮어둠. 작자는 李退溪先生 宗派 딸내로서 안내지방에서 유명한 문장이요 명필이었다."

셋째는 생활 텍스트였다. 가사는 길이를 맘껏 늘여 쓸 수 있는 장점 때문에 풍부한 이야기와 사건을 담을 수 있다. 기존의 탄식류로 분류됐던 가사들 대부분은 여성들의 경험과 삶에서 우러나온 이야기나 사건을 바탕으로 하고 있다. 그러한 제재 중심의 내용에 주목해 보면 그러한 가사들은 생활 텍스트로 묶을 수 있다.

> 직여사
> 니 가ᄉᆞ난 려공 간난콰 빈부 살님을 졀 〃 당 〃 ᄒᆞ계 억양ᄒᆞ고 유식도 ᄒᆞ고 자

---

27 백순철(2017). 《규방가사의 전통성과 근대성》. 高麗大學校 民族文化研究院. 155~157쪽. 참조.

의가 곡창호여 비록 부려 스담과 되훅호난 무리나 슉려의 유한훈 틱도가 닛신
이 부려되여 자죠 보면 힝실의 유죠 호리로다

　천상의 저 여직아 옥경황제 짠님으로
　일싱의 혼가호여 할일이 무이업다
　문 압페 별쏭 밧헤 목화나 주어볼신
　씨이을 트ᄌ호이 벽역소리 귀 압푸고
　물뎃살 압페 노니 비상 정신 두 올닌다
　군박훈 살님사리 연종조추 질〃찬타
　볏틀을 지려호고 월궁의 긔별ᄒ여
　계수 저편 훈 쌱가지 동방희아 부탁ᄒ여
　부상목 씃딘목을 오강ᄌ 드는 도키
　목수마튼 선관불어 손의 맛게 당부호고
　칩도 덥도 조흔 씨의 칠월 길삼 ᄒ여보시
　무지기 활을 메워 황호수 쥴을 달고
　안기 쏘각 구름뭉치 솜〃이 곱게 타서
　번기 쏼 조심여 벽공의 실경다라
　쳡〃이 장이 언쓰 선궁의 열두낭ᄌ
　둘게 미영 손품아ᄉ 천문의 금짤 울 제
　몃〃 시비 신고호야 운모씨 이웃 낫틀
　낫틀 엇ᄌ 히 다간다 일연포로 나아보자
　삼빅 육십 바듸 싀가 긔〃 춤〃 별꽁기라
　별쌀 흘여 쏩바나라 날기사 날아서나
　밀기리 아득호다 곡셕 주고 미자호어
　창곡정이 두비엿고 촌픔박과 미ᄌ히도
　이웃 동듸 만〃 춘타 서쌱의 서왕모은
　아레보고 맛좌던니 요지연 뉘잔츠의
　복상ᄯ서 부조호고 쳥조시 사환부려
　풋웃다고 기별노고 쳔뮈산 뒤편 따의
　마고 히미 쳥희던니 쌩밧가의 갓든 길의

군산주 찬걸마셔 닝체가 협발되고
조기주어 등쓸다가 손틈도러 시로나서
빅셜갓탄 종즁머리 요두쑹이 자로나서
아죠실투 혼속호이 논혼쑹도 잇거니와
사세드러 러그호고 동희용여 소리호이
가주자는 이웃지요 거걸수 지세호여
우의엇다 닉일 가마 홰김의 이러서 〃
사황디비 좁쌀을 싹 〃 으러 볏풀 쑤고
동천이 시비 번기 볏불을 달게 놋코
남북극말 목박아 은호수 긴쨋침의
무저울노 사친질녀 여와씨 왕근력이
큰돌 눌러 쑹이 노코 익지 못혼 선솝씨예
맛손 업서 어이 미랴 월궁항아 전갈호여
볏마지로 마조 안즈 두 셋 스룸 모힌 마당
세상 만수 식그럽다 괸적은 져여와씨
아히낫 턴 옛이익이 맛아치 수지잇서
남걸 후워 집을어 유초씨 펴명호고
둘지 아히 어이호여 디홍씨 사장정코
소리반히 오닙 가고 셋지 즉식 쌍동이로
수히 장히 일홈호여 거른발 인지타서
불신 부름 수인씨오 플쨉질은 신롱씨라_이정옥(2017: 523~526).
-뒤줄임-

이 가사는 여성들의 주요 일거리였던 실을 뽑아 베를 짜는 길쌈 방적의 삶
을 생생하게 묘사하여 더 보여주고 있다.

4.7. 유통 측면에서의 한글 사용 의미

여성가사가 유통되는 방식은 가사 향유 주체가 직접 창작해서 유통하느냐
아니냐가 중요할 것이다. 직접 창작할 경우 그것을 어떤 방식으로 유통했느

냐이다. 직접 창작했든 남의 작품을 베끼었든 간에 그것을 어떤 매체로서 어떤 방식으로 유통하느냐도 중요한 전파 맥락을 보여주는 것이다.

지금 여성가사로 채록된 것들은 대부분 무명씨라 사실 정확한 창작 여부를 판단하기 어렵다. 그러나 무명씨라는 것 자체가 무명씨[28]가 여성 창작자임을 반증해 주는 것이기도 하다. 남성 사대부들은 일반적으로 창작자가 기록을 남겼기 때문이다.

신경숙(2002: 3~21)에서는 여성가사들이 실제로는 '00댁, 00씨 부인' 등으로 전하고 있으므로 무명씨가 아니라고 보고 있다. 그러면서 남성작가들처럼 계보를 정확히 알 수 없다고 해서 무명씨로 단정하는 것은 옳지 않다고 보고 있다. 그러나 여기서는 정확한 실명 자체를 밝히지 않으면 무명씨로 보고자 한다. 그것 자체가 그 시대상을 보여주는 것이고 여성들의 처지를 나타내는 것이며 그 자체가 역사적 의미가 있기 때문이다.

지금도 그렇지만 어떤 글의 독자로 남는 것과 창작자로 참여하는 것은 속된 말로 하늘과 땅 차이가 될 만큼 큰 것이다.

창작 못지않게 중요한 유통 문식력에 참여하는 것은 필사와 낭송이다.

베껴쓰기로서의 필사는 주요 학습 방법이기도 하지만 인쇄 출판문화가 발달하지 않았던 시절에는 주요 문화 소통 행위였다. 필사하면서 뭔가를 덧붙이거나 변형할 경우 일종의 패러디처럼 2차 창작 행위가 되기도 한다. 여성가사에서 필사의 중요성에 대해서는 "이지영(2008). 한글 필사본에 나타난 한글 필사(筆寫)의 문화적 맥락.《한국고전여성문학연구》17. 한국고전여성문학

---

28 내방가사는 작자를 정확히 알 수 있는 작품이 드물다. 대부분의 여성 작자들이 그 이름을 밝히지 않기 때문이다. 비록 이름은 아니더라도 택호를 이름 대신으로 하는 경우도 있으나 이 역시 드물다. 또한 자료를 수집하는 과정에서 원작자에 대한 충분한 검증을 하지 않은 이유도 크다. _이정옥(2017).《내방가사 현장 연구》. 역락. 43쪽.

회. 273~308쪽."에서 자세히 다뤘다. 이지영(2008: 287~288)에서는 첫째 규방 가사 필사는 마음 위안 얻기의 기능이 있다고 보았다. 곧 규방가사는 필사 후 기가 아닌 텍스트 본문에 여성들의 실제 삶의 이야기들이 담겨 있는데 여성 들이 겪는 애환을 서술함으로써 위안을 받았다는 것이다. 필사는 단순이 옮 겨쓰기, 베껴쓰기에 그치는 것이 아니라 온몸으로 읽어내며 풀어내는 과정 이었다는 점이 적절한 지적이다. 둘째 '계녀가사'처럼 집단적인 필사의 경우는 베껴쓰는 이의 흔적이 약화되는 대신에 공동체의 담론이 부각된다는 것이다.

이정옥(2017ㄱ: 16)에서 지적했듯이 3·4조 2음보격 가사는 낭송하기에 최적 화되어 있기도 하다. 이정옥(2017: 679~680)에서 소개한 이 대본은 조성신(趙星 臣, 1765~1835)이 쓴 남성 가사이다.

낭송자 : 안동내방가사보존회 회원 김후주(안동시 일직면 소호리)

도산별가

태백산 나린 용이 영지산 높았어라
황지로 솟은 물이 낙천이 맑아서라
퇴계수 돌아들어 온계촌 올라가니
노송정 높은 집에 대현이 나시셨다
공맹의 도덕이요 정주의 연원이라
문정공로 날이 달라 그 곁이 명승지라
오홉다 우리 선생 이 땅에 장수하사
당년의 장구지요 후세에 조두세라
연말 후학 인읍에 생장하니 문전은 못미치나
강산은 지척이라 유서를 송독하고
고풍을 상상하야 백리 연하 지점하야 올랐더니
임자년 춘삼월에 예관이 명을 받아

조선시대 여성과 한글 발전

묘하에 치제하고 다사를 함께 모아
별과를 보이시니 어화어화 성은이야 가도록 망극하다
교남 칠십 뉘 아니 흥귀하리
서책을 옆에 끼고 장보의 뒤를 따라
향례를 참례하고 대향을 마친 후에
시장에 들어가서 무사히 성편하고
월야에 퇴좌하야 신세를 생각하니
공명이 염에 없어 물색이나 구경하자
농운정사 바로 올라 앞 서현 들어가니
문전에 살평상은 장석이 의의하고
궤 중에 청여장은 수택이 반반하다
갱장을 뵈옵는 듯 경치를 듣잡는 듯
심신이 숙연하고 비린이 절로 난다
완락재 시습재와 관난헌 지숙요와 정우당 절우사를
차차로 다본 후에 몽천수 떠나시고 유정문 다시나와
녹구암 가던 길로 운영대 올라앉아
원근산천 일안에 굽어보니
동취병 서취병은 봉만도 기수하고
탁염담 반타석은 수석도 명려하다
금사옥역 곳곳이 벌려있고 벽도홍행 처처에 잦았으니
용문팔절 보든 못하였으나
무이구곡 이에서 더할손가 서대를 다본 후에
동대에 올라앉아 상사를 살펴보니 이름 좋다 천연대야
운간에 저 소라기 너는 어찌 날았으며
강중에 저 고기야 너는 어찌 뛰노는고
우리성왕 수고하사 작인하신 연회로다
형용 찬란 활발지는 비은장이 여기로다
창강에 달이 뜨니 야색이 더욱 좋다
상류에 매인 배를 하류에 띄워놓고

사공은 노를 젓고 동자는 술을 부어

이경에 먹은 술이 삼경에 대취하니

주흥은 도도하고 창파는 호호하다

그제야 고쳐 앉아 요금을 빗겨 안고

영영한 옛곡조를 줄줄이 골라내야

청량산 육육가를 어부사로 화답하니

이리 좋은 무한 흥을 도화백구 너왔더냐

춘춘추우 언제련고 추월한수 비치었다

십팔수 칠언시와 이십육수 오언시를 장장이 뽑아내야

차차로 외운 후에 강산을 하직하고

편주로 돌아설 제 백구를 다시 불러 정녕히 언약하고

구추단풍 또 한번 놀잤더니 인간의 일이 많고 조물이 시기하야

우연히 얻은 병이 거연히 십년이라 공산에 혼자 누워

왕사를 생각하니 청춘에 못다 놀아 백수에 여한이라

이 뜻을 이여가며 시시로 풍영하니 백년광음

일편에 부치나니

아마도 수이 죽어 구천에 내려가서

선생을 뵈온 후에 이 말씀 사르리라._낭송자 : 안동내방가사보존회 회원 김

후주(안동시 일직면 소호리)_이정옥(2017ㄱ: 676~678).

이 작품의 작가는 김기동 외(1983: 118)에서 작자 문제에 대해 자세히 밝혔듯이 조성신이라는 양반 사대부 작품이지만 여성들의 낭송 방식으로도 널리 유통되었다. 이러한 낭송으로 남성 사대부가 쓴 가사라 하더라도 여성들의 낭송으로 널리 퍼져나갔음을 알 수 있다. 그런데 기본적으로 낭송은 읽기가 가능해야 하고 더 나아가 한글 문식력 향상을 부추긴다는 점이다.

더욱 중요한 것은 양반층 여성에서 상민(평민)층 여성에게까지 전파돼 나갔다는 것이다.

차츰 사민과 하민들의 경계가 무너지면서 하민 여성들도 한글을 깨치고 어깨 너머로 사민 여성들이 향유하던 가사를 베껴쓰기도 하고 낭송법을 배우는 향유자의 수가 늘어날 수밖에 없었다._이정옥(2017ㄱ: 18).

이정옥(2017ㄱ)의 진술처럼 베껴쓰기와 낭송으로 지배층 여성의 테두리를 넘어서 확산돼 나갔다는 점이 어문생활 측면에서 매우 중요하다. 조동일(1989)의 "《한국문학통사 2》, 지식산업사, 262쪽"에서는 사대부가 한문을 버리지 않고 한문학을 자기네 문학으로 지키면서 시가문학에서는 한시와 함께 국문 시가를 즐겨 지으며 시조와 가사를 발전시킨 것은 시가는 노래 부를 수 있어야 하기 때문이었다고 본 것도 같은 맥락이다.

4.8. 남성사대부 가사와의 차이로 본 의미

여성가사의 한글 사용의 역사적 의미나 그 효과를 알기 위해서는 남성사대부 가사와의 차이가 규명되어야 한다. 이에 대해서는 권영철(1985)에서 여덟 가지로 잘 정리한 바 있으므로 여기서는 어문생활 차원에서만 그 차이와 의미를 살펴보기로 한다.

첫째는 문체 차원에서의 차이다. 남성가사는 대부분 국한문 혼용체이며 그만큼 한자와 한자어 사용비중이 높다. 토박이말을 많이 사용했다고 하는 정철의

관동별곡

"관동별곡"도 한자어는 한자를 앞세운 혼용체이다.

이에 반해, 여성가사는 대부분 한글전용체이고 그만큼 한자어 사용 비중도 작다.[29]

둘째는 남성 가사에 비해 여성가사는 민요 형식의 영향을 받아 입말투 서술이 많다.[30] 조동일(2005)의 《한국문학통사 3》. 지식산업사. 조동일. 469쪽"에서 예를 든 것처럼 민요의 자탄가를 여성가사에서 노년에 이르러서 일생을 길게 회고하는 방식으로 받아들여 활용했다. 이는 여성가사가 민요의 영향을 받았다는 것은 그만큼 민요가 가지고 있는 입말적 요소를 많이 수용했다는 것이다. 이를테면 여성가사에서 첫 시작을 '어와세송 사름들아 이닉말슴 드러보소.'와 같은 호소청유형, '어화 이달홀샤 이닉신세 애달홀샤 건곤부모 정훈후의 성남성녀 되엿도다.'와 같은 여신인과형(女身因果形), '이○는 어느○고 삼월춘풍 조흔○라.'와 같은 계절형, '산아산아 일월산아 영남○에 솟은 산아.'와 같은 민요형 등의 전형을 보인다.

  시집살이 노래

  형님 온다 형님 온다
  보고저즌 형님 온다.

---

29 이는 명칭 그 자체에도 반영돼 있다. 남성 가사의 명칭은 '가사(歌辭·歌詞)'·'별곡(別曲)'·'곡(曲)'·'사(詞)'·'가(歌)' 등 한자식 제목이지만 여성가사 명칭은 '가스' 또는 '두루마리', '○○○가라' 등과 같다.

30 민요의 작가는 따로 개인적인 작가라고 하기보다 노래 부르는 사람들이다. 그래서 민요와 같은 구비문학은 공동작의 문학이다. "공동작의 작가는 공동작을 한 집단 전체이며, 특정인물이 공동작에서 중요한 구실을 했다. 그렇다고 해도 집단 특정인물의 성격을 살피는 데 있어서는 집단의식이 개인의식보다 더 중요하다. 집단의 성격은 무엇을 통해서 이루어진 집단이며, 그 사회적 위치와 심리적 특징은 무엇이며, 이념적 지향은 무엇인가 하는 데서 규정될 수 있다. _이정옥(2017).《내방가사 현장 연구》. 역락. 55쪽.

형님 마중 누가 갈까
형님 동생 내가 가지.
형님 형님 사촌 형님
시집살이 어뎁데까?
이애 이애 그 말 마라
시집살이 개집살이.
앞밭에는 당추(唐椒) 심고
뒷밭에는 고추 심어
고추 당추 맵다 해도
시집살이 더 맵더라.
둥글둥글 수박 식기(食器)
밥 담기도 어렵더라.
도리도리 도리 소반(小盤)
수저 놓기 더 어렵더라.
오 리 물을 길어다가
십 리 방아 찧어다가
아홉 솥에 불을 때고
열 두 방에 자리 걷고
외나무다리 어렵대야
시아버님같이 어려우랴?
나뭇잎이 푸르대야
시어머니보다 더 푸르랴.
시아버니 호랑새요
시어머니 꾸중새요
동서(同壻) 하나 할림새요
시누 하나 뾰족새요
시아지비 뾰중새요
남편 하나 미련새요
자식 하난 우는새요

나 하나만 썩는샐세.

귀 먹어서 삼 년이요

눈 어두워 삼 년이요.

말 못하여 삼 년이요

석 삼 년을 살고 나니.

배꽃 같던 요 내 얼굴

호박꽃이 다 되었네.

삼단 같던 요 내 머리

비사리춤이 다 되었네

백옥(白玉) 같던 요 내 손길

오리발이 다 되었네

열새 무명 반물치마

눈물 씻기 다 젖었네.

울었던가 말았던가

베개 머리 소(沼) 이겼네.

그것도 소(沼)이라고

거위 한 쌍 오리 한 쌍

쌍쌍이 때 들어오네. _출전: 충남 예산 지방 노래 채록.

셋째는 갈래 이동으로 한글 확산에 이바지했다. 민요 수용에서 알 수 있듯이 여성가사는 갈래 이동 덕에 더 풍부하게 발전했다는 것이다. 양반가사는 소설이나 편지 제문 등도 가사식의 표현이 많아 다른 갈래와의 이용 수용 등이 거의 없지만 여성가사는 이런 다른 갈래들과 뒤섞여 더욱 폭넓게 발전했다.

넷째는 여성가사가 양반 가사와는 달리 두루마리 형식으로 필사하여 둥글둥글하게 말아두고 이어간 것도 특이하다. 그만큼 여성다운 매체를 거쳐 한글 표기 가사를 확산해 나갔다는 점이다.

다섯째는 주제나 내용 측면에서 여성가사의 주제는 남성 가사에 비해 다양하다. 주제 갈래에서 보았듯이 아주 다양한 주제로 유통하였다. 그만큼 한글 표기 문학으로서의 생산성과 유통성이 높다는 것이다.

> 사대부 부녀자들의 규방가사를 본떠서 변형시키는 수법을 써서 하층민의 반발을 나타냈다. 화전가를 짓는다 하고서 모두들 뜯기는 광경을 서술하다가. 거기 모인 사람들은 전혀 겪어보지 못한 경험을 내놓았다-반역의 작품이 나타나 규방가사의 의의가 더욱 확대되었다고 할 수 있다. _조동일(2005/2011: 392).

4.9. 맺음말: 여성가사에서 한글 사용 의미

이상에선 논의된 것을 집약해보면 다음과 같다.

첫째, 주제로 보면, 목적지향성 주제와 비판·저항성 주제, 감성표현성 주제, 생활과 종교성 주제로 각각의 주제는 여성가사의 한글 표기가 주는 맥락적 의미를 더 잘 드러낸다. 곧 목적지향성 가사는 사대부 지배층들의 지배 이데올로기에 순종적이면서도 여성들이 처한 처지를 드러내 주어 소극적으로 여성정체성을 드러내 준다. 이에 반해 비판 저항성 주제는 사회적 맥락 속에서 여성의 강한 주체성을 드러내 준다. 생활과 종교 또는 감성성 등의 주제도 여성들의 정체성 발현의 구실을 해 준다.

둘째, 유통 측면에서 보면 대부분 익명성을 가지고 낭송이나 필사로 일종의 가사 공동체를 형성해 이로써 한글 문해력 교육과 여성만의 글쓰기 문화를 만들어갔다.

셋째, 이렇게 보면 가사는 문학으로서 치유적 역할도 하고 교육서이면서 생활과 오락을 겸한 텍스트였다.

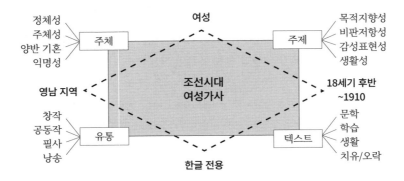

[그림 3] 조선시대 여성가사의 주요 특성

이상 조선시대 여성가사는 한글 생활사 차원에서 네 가지 중요한 영향을 미쳤다.

첫째, 여성들의 표현과 소통으로 사회적 참여를 부추겨 여성 정체성을 강화하였다. 철저한 남존여비라는 문화 속에서 여성으로서의 자신을 드러냈다는 데 큰 의미가 있고 가치가 있었다.

둘째, 한글 문학의 저변화와 발달에 이바지했다. 조동일(2005/2011: 163)에서의 지적처럼 규방가사가 두루 창작되고 널리 필수 교양물로 읽히자 한글 문학의 저변이 크게 확대되었고 더 나아가 다음과 같은 지적처럼 여성 문학으로 우뚝 자리잡게 되었다.

> 사대부 부녀자들은 가사에서 마땅한 행실에 대한 교양을 얻으면서 국문을 익히고 문장력을 가다듬었다. 그런 공식적인 기능이 있어 금지의 대상이 되지 않는 것을 다행으로 여기면서 가사를 내심의 불만을 나타내고 번민을 호소하는 여성 자신의 문학으로 가꾸어 독자적인 작품세계를 이룩했다. 하층 부녀자들이 민요에서 얻는 것을 상층은 규방가사에서 찾았다. _조동일(2005/2011: 385).

셋째, 갈래를 이동하여 한글과 한글 문헌 확산에 기여하였다. 가사에는 전통 이야기도 담기고 또 때로는 가사로 소설화도 되는 등 갈래의 이동으로 한글 문화 발전에 이바지하였다.

넷째, 언문일치 확산과 더불어 우리말 표현 정립과 발전에 이바지하였다. 이는 박종국(2019: 404)에서는 "《월인천강지곡》은 한글 전용과 언문일치를 보여준 최종의 문헌"이라고 평가했듯이 바로 여성가사는 '월인천강지곡'의 한글 전용과 언문일치 정신을 이어간 것이다.

〈5〉── 한글 소설과 여성

5.1. 머리말: 왜 한글 소설과 여성인가

소설 문학은 상상력을 가장 잘 발휘할 수 있는 문학의 꽃이다. 이야기가 주는 재미와 오락 도구로서의 가치 때문에 전파성이 강해 예나 지금이나 독자들의 사랑을 받는 문학 갈래이다. 공적 문서에서 철저히 배척당하거나 이류 문자 취급을 받은 한글은 비공적 분야의 문학 분야에서 더 발달할 수밖에 없었고 그 중심에 한글 소설이 있었다.[31]

먼저 한글 소설의 사회적, 역사적 배경을 살펴보고 세 가지 측면에서 한글과 여성 관계를 분석하고자 한다. 첫째는 독자와 작자 측면에서 본 한글 소설과 여성의 관계와 의미다. 한글 소설의 주독자는 주로 양반가의 여성들이었으며 극히 일부 작품에 한해 여성이 작자로 참여하였다는 것은 두루 알려진 내용이다. 여기서는 어문생활 측면에서 그 의미를 살펴보기로 한다. 둘째

---

31 문학 전반에 걸친 흐름에 대해서는 김슬옹(2012)의 "《조선시대의 훈민정음 발달사》. 3부 문학을 통한 문민정음 발달"에서 다루었다.

는 내용과 주제 측면에서 본 한글 소설과 여성이다. 한글 소설의 주제나 내용이 여성들 입장에서 또는 여성 관점에서 어떤 의미가 있는가를 살필 것이다. 셋째는 유통 과정으로 본 한글 소설과 여성이다. 여성을 중심으로 한글 소설이 어떻게 생성 발전해 갔는가가 중요하다. 소설류의 문헌이 유통되고 소통되는 방식이 중요하므로 그런 문헌의 유통 과정의 의미와 그런 맥락 속에서 소설류가 어떤 영향을 미쳤는지를 분석할 것이다. 넷째는 텍스트 차원에서 한글 소설 책들이 여성의 어문 생활 전반에 걸쳐 어떤 구실을 했는지를 살필 것이다.

정출헌(1999ㄱ: 46)에서 "언문을 자신의 문자로 가꾸고 다듬어 온 규방 여성의 소설사적 역할에 보다 주목해야 한다."라고 했는데 그런 의미에서 여성은 훈민정음사와 소설사의 중심에서 매우 중요한 역사적 의미를 남겼다.

여성의 최초 한글 사용은 공식 기록으로는 1446년에 한글을 반포한 7년 후인 1453년 단종 1년 때이다.[32] 한 시녀가 언문으로 유모의 안부를 써서 혜빈에게 보냈고 혜빈은 중전한테 바쳤고 중전은 그 언문을 승정원에 보냈는데 바로 그 편지에 시녀와 별감 사통을 밀고하는 내용이 있었던 것이다.[33] 궁궐 안이었고 한글이 반포된 지 7년이 지난 시점이었다.

실제 민간의 여성들이 한글을 사용하기까지는 많은 세월이 흘러야 했다. 가장 많은 여성이 가장 폭넓게 참여한 문학 갈래가 소설이며 소설은 조선 후기에 와서야 발달한 것으로 보면 그런 점을 잘 알 수 있다.

박상란(2005)의 "《여성과 고소설, 그리고 문학사》, 165~167쪽"에서는 여성

---

32 단종실록에 세 기사(1453년 4월 2일, 1453년 4월 14일, 1453년 5월 8일)에 걸쳐 기록되어 있다.

33 이러한 여성의 최초 한글 사용에 대해서는 백두현(2004ㄱ), 김슬옹(2005ㄱㄴ), 정주리·시정곤(2011: 142~145), 김슬옹·김웅(2016: 35~38)에 소개된 바 있다.

작가 측면에서 한글이 창제된 이후에도 한문학만을 고집하는 여성작가들이 있었으며 그로부터 수 세기가 지나 여성의 국문 문학이 융성해진다고 보았다. 한글이 여성 위주로 발달된 것은 맞지만 여성 문학은 여성 작가들의 특수한 사회적 위치와 폐쇄적인 문학 환경 속에서, 유통 과정에서조차 어려움이 많았다. 이런 어려움 속에서 18세기 이후에 한글 소설을 여성들이 꽃피우게 되었기에 더욱 의미가 있다.

5.2. 한글 소설의 개념과 범위

고전소설은 표기를 기준으로 한문 소설과 한글 소설로 나눌 수 있다. 비문학 실용문은 순 한문, 순 한글 외에 혼용문이 많지만 소설은 한문 전용이거나 한글 전용인 것이 특징이다. 이렇게 한글만으로 표기된 소설을 한글 소설이라 한다. 엄격히 말하면 한글 표기소설인 셈이다. 한글 소설은 흔히 '국문 소설'이라고 부른다.

표준국어대사전에서는 '한글 소설'을 독립된 올림말로 올리지 않았다. 대신 '국문 소설'만 올림말로 올리고 "우리글로 쓴 소설을 한문 소설과 구별하여 이르는 말"정도로만 풀이하고 있다. 고려대 한국어대사전(Daum 사전)에서는 '한글 소설'을 "조선 시대에 한글로 쓰여진 소설의 형식, 권선징악의 내용을 담고 있으며, 주로 인물의 일대기를 다루고 있다."라고 풀이하고 있다. '한글'이란 용어가 1910년 이후에 쓰인 말이므로 '한글 소설'이 조선시대 소설 용어로 쓰인 것은 아니다. 그런 측면에서는 '국문'도 거의 마찬가지이다. 1894년에 고종의 국문 칙령으로 일반화된 용어이기 때문이다. 또한 '한글 소

설'이나 '국문 소설'이나 당대 실제 쓰이던 용어는 아니다.[34]

'한글 소설'이란 용어는 "김동욱(1960). 한글小說 坊刻本의 成立에 對하여. 《향토서울》 8. 서울특별시사편찬위원회."에서 본격적으로 쓰면서 일반화되었다. 이원수(2001)는 "한글 소설의 개념과 최초의 한글 소설.《교육이론과 실천》 1권 1호. 253~261쪽."에서 한글로 표기된 소설이라는 넓은 뜻과 한글로 창작된 소설이라는 좁은 뜻으로 나누고 좁은 뜻으로 보는 것이 좋다고 밝혔다. 이렇게 보는 이유는 '설공찬전'처럼 원래 작자가 한문으로 창작했는데 다른 사람들이 한글로 번역한 것까지 한글 소설이라고 하면 원작 의도와 달라지기 때문이라는 것이다. 이렇게 좁은 뜻으로 봐야 하는 것은 "한문학과 한글 문학이 양립하고 있고, 그 향유층 또한 일정하게 차별화되어 있던 조선시대 문학풍토에서, 표기 문자의 선택은 곧 독자층의 선택과 사실상 동일한 의미를 지니는 것이기 때문(258쪽)"이라는 것이다.

창작된 한글 소설과 번역된 한글 소설은 분명 질적 차이가 있고 구별해야 마땅하다. 그러나 번역된 소설 또한 한글 표기로서의 가치는 충분한 것이고 그 독자도 창작된 소설 독자와 겹치므로 이러한 논리는 적절하지 않다. 물론 주제 측면, 곧 작자들의 세계관이나 미의식에 대한 창작 소설과 번역소설의 차이는 존중해 주어야 한다. 그렇다면 어문생활 관점에서 창작 한글 소설은 그 나름대로, 번역된 한글 소설은 왜 번역돼서 유통되었는가의 측면에서 모두 중요하다.

이원수(2001)는 시대적 논리로 한글 소설의 개념을 좁게 보아야 한다고 했

---

34 이복규(2018)의 《"묵재일기" 소재 국문본 소설 연구》에서는 "'국문 소설'이란 창작 당시에 그 원본이 한글로 표기되어 발표된 작품을 가리키고 '국문본소설'이란 원작이야 어쨌든, 실제 이본의 표기가 한글로 되어 있는 경우를 가리키는 말_서문"으로 보았다.

지만 오히려 시대적 논리에서 한글 표기 자체가 소중하고 그 유통 맥락이 중요하므로 넓은 개념으로 보되 창작 한글 소설의 가치를 맥락에 따라 평가하면 될 것이다.[35]

5.3. 연구사

허웅(1974)은 《한글과 민족문화》에서 "소설은 한글 문화의 알맹이이다.(164쪽)"라고 했다. 그것은 긴 사연들은 한자로는 불가능하기 때문이며 김시습의 '금오신화'와 같은 한문 소설은 진정한 국문학이 아니라고 보았다. 곧 문학은 언어 예술이므로 그 문학의 국적은 그 표현 형식인 언어에 따라 결정되어야 한다고 하기 때문이다.

어문생활과 관련하여 여성의 한글 소설 문제를 집중적으로 다룬 논저는 "임치균(1995). 조선 후기 소설의 전개와 여성의 역할. 사재동 편(1995).《한국 서사문학사의 연구 Ⅴ》. 중앙문화사."와 "이지하(2008). 조선후기 여성의 어문생활과 고전소설.《고소설연구》26권. 한국고소설학회." 등이 있다.

임치균(1995)에서는 독자로서의 여성, 필사자로서의 여성, 작가로서의 여성, 여성 향유층과 조선 후기 사회사적 문제를 다루었다. 고전소설은 조선 후기에 광범위한 여성 독자층을 갖게 되었고 더욱이 남성 작가들은 여성 독자층을 의식한 작품을 창작하기도 하였다는 것이다. 필사를 통한 유통을 주도한 것도 여성이었고 실제 드러난 여성 작자는 적지만 드러나지 않은 많은 작

---

35 황패강(1986)의 "《朝鮮王朝小說研究》. 41~95쪽."에서는 한글(국문)소설을 "번역체 국문 소설, 본격적 국문 소설, 판소리계 소설"로 나눴는데 이는 '한글 소설'의 개념과 범위를 넓게 본 것이다. 다만 '본격적 국문 소설'과 '판소리계 소설'이 경계가 모호하다.

자가 있었을 것이라고 추정하였다.

이지하(2008)에서는 조선 후기 여성의 어문생활 양상을 바탕으로 고전소설이 여성의 어문생활에서 차지하는 위치와 의미를 분석하였다. 조선 후기 역시 여성들은 지배층 사대부에 비해 매우 제한적인 범위 안에서 주로 한글을 통한 어문생활—소설, 언간, 규범서—을 하였다. 그 가운데 소설을 통한 어문생활은, 여성들을 대상화하는 내훈류의 여성규범서들과 사적 경험 분야 언간과는 달리 허구 이야기가 주는 재미 때문에 여성의 어문생활에 새로운 영역을 구축하였다고 보았다. 여성들은 소설을 통해 대중문화의 소비주체로서 거듭나고 더불어 어문생활 자체가 적극적이고 집단적인 차원으로 변모할 수 있었다. 이 연구는 여성들이 지극히 실용적인 현실에서 가장 비실용적인 분야를 통해 현실의 굴레를 벗어났다는 점을 주목한 점이 의미가 있다.

이종묵(2010)의 "규중을 지배한 유일한 문자: 번역소설에서 게임북까지, 여성의 문자생활과 한글"에서는 한글은 먼저 궁중의 여성 공식 문자로 자리잡은 뒤 번역소설 등이 한글이 더 널리 퍼지는 데 중요한 역할을 한 것으로 보았다. 또한 게임 방식으로 소설이나 한시 읽기 재미를 더한《규방미담》같은 여성 전용 책을 특별한 의미로 소개했다.

정선희(2013)의 "조선후기 여성들의 말과 글 그리고 자기표현: 국문장편 고전소설을 중심으로."는 어문생활 관점은 아니지만 글쓰기를 활용하여 자기정체성 문제를 다뤘다는 점에서 의의가 있다. 국문장편 고전소설의 초기 작품인《소현성록》,《유씨삼대록》을 중심으로 이들 소설이 향유되었던 시기에 중국이나 일본 등 동아시아 소설들에서 여주인공이 자신의 목소리로 자신의 삶을 말하여 진실성을 극대화 했던 것처럼, 우리의 국문장편 고전소설들에서도 여성들이 자신의 목소리를 내면서 독자들의 공감과 동정, 대리만족을 불러일으켰던 것으로 보았다.

5.4. 한글 소설의 사회적, 역사적 배경

한글 소설의 융성은 훈민정음 발달사에서 매우 중요한 대사건이면서 사회 사적으로 매우 중요한 사건이다. 가장 중요한 역사적 배경은 훈민정음 반포이고 한글이 상상의 물꼬를 터 준 셈이었다. 중종 때의 한글 번역소설인 설공찬전은 그 기폭제가 된 셈이다.

그러나 한글 소설이 여성들에 따라 본격적으로 퍼지고 유통되기까지는 많은 세월이 필요했고 그만큼 여러 가지 사회적 조건의 성숙이 필요했다.

16세기 말인 1592년부터 1598년까지의 임진전쟁은 최종 승리한 전쟁이라지만 실제로는 참혹하게 학살당하고 유린당한 전쟁이기도 했다. 1598년 11월, 선조 31년에 이순신이 노량에서 왜적을 대파했지만 전사하고 일본군이 철수하면서 막을 내렸다. 이로부터 10년 더 선조의 통치가 이어지고 17세기 초인 1608년에 광해군 새로운 시대가 열렸다. 백성들과 함께 전쟁의 온갖 고초를 함께 겪은 광해군은 백성들에게 가장 절실했던 세금 제도 개혁을 먼저 실시한다. 그것이 대동법이다. 특산물을 쌀로 대체하게 되니 각종 물물거래의 활성화를 가져오게 되어 상업 경제 발달의 기반이 된다.

1623년에 인조 반정과 병자호란으로 광해군이 추진했던 개혁 정치는 주춤하지만 거대한 역사의 흐름은 막을 수 없었다. 1628(인조6)년에 유성룡의 《징비록》이 간행되는 등 전후의 상처를 근본적으로 치유하고자 하는 반성도 일어나지만 끝내 인조 등극 10년도 안 된 1636년에 청의 침략을 받아 1638년부터는 모든 내외문서에 모두 청의 연호를 사용하게 된다.

병자호란의 아픔을 그린 《산성일기》가 쓰여진 때가 1639년이다. 1649년 인조가 27년 통치 끝에 운명하고 효종이 등극하지만 10년만인 1659년에 죽고 현종을 거쳐 영정조 문화 르네상스의 기반을 닦는 숙종 시대가 17세기 후반부를 장식한다. 결국 숙종 시대가 양란을 극복하는 본격적인 시대가 된다. 우리는 흔히 숙종을 장희빈, 인현왕후 사건과 결부하거나 정치판을 뒤엎은 환국 정치와 연관하여 숙종을 부정적으로 평가하지만 어문생활과 관련하여 그는 매우 중요한 업적을 남겼다.

첫째, 상업 경제 발달로 영정조 르네상스의 바탕을 마련했다.[36] 1678년(숙종 4)에는 새롭게 상평통보를 주조하여 400문을 은 1냥으로 환산하고 금속화폐의 전국적 유통을 선포하고 평안·전라도의 감영·병영에서 동전을 주조하게 하는 등 상업 경제 발달에 따른 토대가 마련되었다. 숙종의 잦은 판바꾸기 환국 정치는 가혹한 정치 풍파를 불러일으키기도 했지만 특정 정파의 독주를 막는 장점도 있었다.

사농공상 위계의 핵심은 문자 한문이다. 한문은 일을 안하는 사람들이 최소 10년 배워야 어느 정도 문식력을 갖출 수 있다.

종일 일해야 하는 '농공상'이 넘볼 수 없는 문자다. 이런 틀을 하루아침에 깰 수 있는 문자가 한글이었으니 양반들이 좋아할 수 없는 문자였다. 그런데 한문을 제대로 배우려면 한글이 필수였다. 그래서 짜낸 양반들의 교묘한 지혜가 공식 문자로 인정하되 비주류로 묶어 놓는 것이었다.

고종이 1894년에 내각에 이제부터는 한글이 주류 한자가 비주류라고 선언하지만 양반들은 이를 따르지 않고 조선말까지 비주류로 묶어 놓았다.

둘째, 17세기 말미인 1691년(숙종17)에 숙종은 《훈민정음후서》[37]를 남겼다.

---

36 "정기인(2014).《경제대왕 숙종 상, 하》. 매일경제신문사."는 소설 형식으로 숙종 시대를 재평가한 작품이다.

37 이유원의 임하필기 18권에 수록되어 있다. 번역은 김경희 역(1999) 한국고전번역원(http://db.itkc.or.kr/: 검색: 2019.2.23.)

윤정하(1938). "훈민정음후서 숙종대왕".《정음》 22.

이보다 2년 전인 1689년(숙종15)에 김만중의 한글 소설 《구운몽》·《사씨남정기》 등이 나왔으므로 그 시대 분위기를 반영한 셈이다.

> 삼가 우리 세종대왕께서는 타고난 성스러운 자질이 요순보다도 높아 예악과
> 문물이 찬란히 구비되었는데도 우리나라의 말과 소리가 중국과 달라 어리석은
> 백성이 뜻을 펴지 못함을 우려하셨다. 그리하여 정사를 돌보시는 여가에 새로
> 28자를 만들어 밝게 후세 사람들에게 보여 주셨으니, 대개 쉽게 배워 날로 쓰는
> 데 편리하게 해 주시려는 것이었다. 형상을 본떠 만들었는데도 고저(高低)가 음
> (音)에 맞으며, 글자가 간략한데도 이리저리 쓸 수 있는 범위가 광대하다. 그리
> 하여 어리석은 사람이나 지혜로운 사람 할 것 없이 큰일이나 작은 일 할 것 없
> 이 문자로 형용할 수 없었던 것이 모두 이를 통하여 바른 소리로 풀리게 되었
> 다. 조화(造化)의 묘리를 극진히 하고 만물(萬物)의 정을 통할 수 있게 되었으니,
> 이는 진실로 대성인(大聖人)이 하시는 바는 그렇게 만들려고 기필하지 않아도
> 지극한 도리에 합치되는 것이다. 아, 아름답도다. 아, 훌륭하시도다.[38] _숙종 17
> 년(1691.11.21.).[39]

숙종의 훈민정음서는 특별한 훈민정음 정책 시행으로 이어진 것은 아니고 단지 세종과 훈민정음의 가치를 재조명한 것이지만 18세기에 훈민정음의 실

안병희(1970). 肅宗의 '訓民正音後序'.《낙산어문》2. 서울대학교.

성원경(1985). 숙종어제 '訓民正音後序' 내용 고찰.《覓南 金一根 博士 華甲紀念 語文學論叢》. 건국대학교. 851~858쪽.

이유원 편저/민족문화추진회 옮김(2008).《(新編 국역)귤산 임하필기. 1-9》. 한국학술정보.

38 訓民正音後序
恭惟我世r宗大王聖資天縱高出唐虞禮樂文物燦然備具而猶慮夫東方語音之异乎中國愚民之不得ᅟᅵ申情乃於聽政之暇 新制二十八字昭示後人蓋欲其易習而便日用也象形而高低叶音字約而轉用廣大人無愚智事無巨細而不能形容於文字者皆得以正音解之極造化之妙通萬物之情是誠大聖人之所作爲自有不期然而合至理者於乎其美於乎其盛矣 -歲在重光協治黃鍾念一日序

39 연도 추정은 "안병희(1970). 肅宗의 '訓民正音後序'.《낙산어문》2. 서울대학교. 재수록1: 안병희(1992).《國語史 硏究》. 문학과지성사. 209쪽"에 의하다.

조선시대 여성과 한글 발전

용적 가치가 꽃핀 것과 무관하지는 않다.

5.5. 주체: 작자와 독자 측면에서 본 한글 소설과 여성

한글 소설 역시 초기 생산 유통의 주요 작가는 남성 사대부였다.[40] 창작 한 문소설인 '설공찬전'이든 '수호전'같은 중국 소설이든 한문을 한글로 옮기기 위해서는 김만중, 정철, 이황 같은 이들의 뛰어난 한문 실력과 한글 실력이 동시에 필요했기 때문이다. 한글 소설은 여성이 주독자이면서도 주요 창작 자는 아니라는 점이 어문생활과 관련하여 여러 가지 시사점을 던져 준다.

> 소설에는 한문소설도 있고 국문소설도 있었다. 두 가지 언어를 사용한 작품 이 단일 갈래 안에 공존하면서 밀접한 관련을 가진 것은 전에 없던 일이다. 그 것은 소설이 상층과 하층, 남성과 여성의 경쟁적 합작품이라는 증거이다. 상층 남성은 한문소설, 상층여성과 하층남성은 국문소설의 독자 노릇을 하면서 작 가로도 참여했다 그런 활동이 명확하게 구분되지 않고 서로 얽혀 한문소설과 국문소설이 중첩되는 경우가 많았다. _조동일(2005/2011).《한국문학통사 3》. 지 식산업사. 91쪽.

이러한 초기 한글 소설을 소비하고 그 문화에 적극 동참한 이들은 양반가 의 일부 여성들이었다. 이러한 증거 사례로 그동안 알려진 이야기로는 김만 중은 한글에 능했고, 한글 이야기 읽어주기를 좋아했던 어머니 윤씨 영향을 받고 자라서 직접 어머니를 위해 '구운몽'을 창작하기에 이른다.[41]

---

40 김수업(1978: 43~44)에서의 지적처럼 남성들은 여성들보다 먼저 중국소설을 즐기고 있었다. 남성 양반들은 소설을 유교적 교훈주의로 보아 여늬 백성들과 여성들에게는 읽히지 않는다 고 하여 숨겨 왔던 것이다.

41 稗說有九雲夢者 則西浦所作 大旨以功名富貴 歸之於一場春夢 要而慰釋大夫人憂思 其書盛

(1) 1595년 1월 3일, 하루 종일 집에 있으면서 무료하기 짝이 없던 참에 딸이 청하기에 《초한연의(楚漢演義)》를 언해하여 둘째딸에게 그것을 쓰도록 했다. _오희문, 《쇄미록》 권4

(2) 태부인(어머니)은 총명하고 슬기로워서 고금의 역사책이나 괴기한 이야기 류 등을 모르는 것이 없을 정도로 두루 알고 있었다. 늘그막에 누워서 다른 사람이 읽어주는 소설을 듣는 것을 좋아했는데, 이는 잠을 쫓거나 시름을 잊기 위함에서였다. 그래서 아들 조성기는 항상 누워서 책 읽기를 듣는 것이 계속되지 못할까 근심하였다. 조성기는 남의 집에 아직 그의 모친이 읽지 않은 책이 있다는 말을 듣게 되면 어떻게 해서든지 그것을 구해 오곤 하였다. 또 때로는 자신이 직접 옛이야기에 의거하여 몇몇 작품을 지어 바치기도 했다. _조성기, 《졸수재집》.

조재삼(趙在三, 1808~1866)의 《송남잡지(松南雜識)》에 따르면, "우리 선조 졸수공 행장에 이르기를, "대부인은 고금의 역사책과 전기를 두루 듣고 익숙히 알지 않음이 없었다. 만년에는 또한 누워서 소설 듣기를 좋아하셨으며, 이로써 졸음을 막고 근심 풀 거리로 삼으셨다. 공이 그러므로 스스로 옛이야기를 연의하는 것에 의지하여 몇 책을 엮어 바쳤다."라고 한다. 세상에 전하는 《창선감의록》[42], 《장승상전》 등의 책이 그것이다(我先祖拙修公行狀曰 太夫人 於古今 史籍傳奇 無不博聞慣識 晚又好臥聽小說 以爲止睡遺悶之資 公自依演古說 構出數冊以進 世

行閨閤間 余兒時慣聞其說 盖而釋伽寓言 而中多楚騷遺意云. 이재(李縡), 《삼관기》(三官記) 권1 이야기책에 〈구운몽〉이 있는데 곧 서포가 지은 것이다. 큰 뜻은 인간의 공명과 부귀를 일장춘몽에 돌린 것이니 요는 대부인의 근심 걱정을 위로하고 풀어드리려 한 것이다. 그 책이 여성들 사이에 성행하고 있어 내가 어린 아이 시절 그 이야기를 익히 들었다. 대개 석가의 뜻 있는 말이면서 그 가운데에는 초나라 이소(離騷)의 남긴 뜻이 있다. _번역: 이명구(2007). 《이야기 한국고전문학사》. 박이정. 836쪽.

42 조성기/단국대학교 동양학연구원 편/윤재환·맹영일 역(2014). 《창선감의록》. 단국대학교출판부.

傳創善感義錄張丞相傳等冊 是也)."라고 기록되어 있다.[43]

조태억(1675~1728)의 어머니 권씨(1647~1698)는 《서주연의》(한글본)을 좋아하여 필사했다는 기록도 있고《소현성록》,《한씨삼대록》,《설씨삼대록》등의 장편소설을 자손들에게 나누어 준 권섭(1671~1759)의 어머니의 예도 널리 알려졌다.

《완월회맹연》(180책)을 안겸재의 모친 전주 이씨(1675~1743)가 짓는 일도 있었다.《옥원재합기연》도 여성이 지었다는 설이 지배적이다.

조선시대 한글 소설의 작자에 대해서는 여성과 관련하여 장덕순(1985: 32)에서 다음과 같이 흥미로운 사실을 소개한 적이 있다.

> 그런가 하면 남성들이 지은 한글 소설들의 독자는 역시 여성이 절대 다수였다는 정도 주목할 만한 사실이다. 수백 종을 헤아리는'고대소설'은 한글로 씌어졌는데 거의가 작자미상이다.. 그러나 이런 소설들을 지은 사람들은 남성이요 그들은 漢字위주의 생활을 하는 지식인들이었다. 전하는 말에 의하면 '남산골 샌님'들이 중국의 소설(漢字 作品)들을 입수하여 이를 우리말로 번역·번안하여 궁중을 비롯한 良家의 부녀자들에게 팔아서 생계를 유지했다고 한다. 남산 일대에 살고 있는 이들은 신분은 양반이나 벼슬을 얻지 못한 가난한 자들로 공부만 하는 지조 있는 선비(士)들인데 조석의 끼니를 위해 한글 소설을 썼던 것이다. _장덕순(1985). 한글문화 수호자로서의 女人像.《韓國女性의 傳統像》. 민음사. 32쪽.

창작 주체 측면에서 보면 한글 소설은 대부분 익명이다.[44] 이런 익명성 자

---

43 "흔히 조재삼의 기록을 바탕으로 조성기(趙聖期, 1638~1689)가 남긴 《졸수재집(拙修齋集)》에 노모가 즐겨 읽던 소설을 종종 구해 드렸으며 《창선감의록》을 지었다고 하지만 '졸수재집'에는 없는 기록이다."(http://kostma.korea.ac.kr/ 2019.2.10.).

44 "작가가 분명한 작품은 손으로 꼽을 정도라 조광국(2005: 87~88)에서 한문소설과 한글 소

체가 중요하다. 기록문화가 철저했던 조선시대에 철저하게 익명성으로 유통되었다는 것은 역시 비주류 텍스트로서의 시대적 위상을 보여 준다. 그것은 실명성으로 상징되는 주류 문화에 대한 저항 문화 또는 하위 문화로서의 자리매김을 뜻한다.

또 수많은 이본 텍스트를 이용해 다수가 공동 저자로 참여하는 격이므로 특정 저자를 내세울 필요가 없었음을 의미하기도 한다. 특히 판소리계 소설의 경우는 그런 집단성에 따라 입에서 입으로 옮겨가며 형성이 되어 소설화가 된 것으로 볼 수 있다. "오오타니 모리시게(大谷森繁)(2010)의 "《韓國 古小說 硏究》. 347쪽."에서 밝히고 있는 한글 소설 필사본 800여 종, 방각본 80여 종에 따르면 익명성이 주요 특징임을 알 수 있다.

최운식(2004)에서 한글 표기 문학으로 말미암아 간접 독자가 직접 독자로 전환될 수 있는 가능성이 넓어졌다는 데서 여성 독자의 잠재적 의미를 읽을 수 있다.

[표 17] 고소설 독자 유형(최운식(2004), 《한국 고소설 연구》, 보고사, 126쪽)

	남성	여성
직접 독자	(Ⅰ) 한문과 국문을 아는 남성 독자	(Ⅱ) 한문과 국문을 아는 여성 독자
	(Ⅲ) 국문만 아는 남성 독자	(Ⅳ) 국문만 아는 여성 독자
간접 독자	(Ⅴ) 남성 청자	(Ⅵ) 여성 청자

설을 통틀어 25명의 작가를 들고 있다. 이중의 일부는 작자 미상으로 논란이 되는 것도 있으니 이런 작품을 제외하면 대략 20명의 작가만 드러난 셈이다. 작가가 밝혀진 《홍길동전》, 《구운몽》조차도 그 근본은 익명성으로 보아야 한다. 작품 가운데 밝혀진 것이 아니라 전후 맥락이나 증언에 따라 작가가 밝혀진 것이기 때문이다. 스무 명 남짓 작가 가운데 대부분은 한문 소설 작가이고 보면 한글 소설 작가는 익명성이 주된 특징임을 알 수 있다."_김슬옹 (2012/2015: 298).

5.6. 내용과 주제 측면에서 본 한글 소설과 여성

주제나 내용 측면에서 한글 고소설을 여성과 관련하여 살펴보고 그 의미를 살펴보고자 한다. 일단 남성과 여성이라는 성별에 관계없이 가장 많이 영향을 끼친 것은 판소리계 소설이다. 이러한 판소리계 소설의 내용면 특징은 소설 독자층의 요구와 강담사, 세책가의 상업적 목적과 맞물려 유통되고 기록되었다. 또한 근원설화를 바탕으로 내용이 고쳐지고 보태진 공동체 문학이란 점이다. 그러다 보니 판소리의 4음보 가락투 문장에 한시나 고사와 같은 양반 언어문화와 일상적인 구어체의 반복, 과장, 언어 유희, 욕설 등의 서민들의 언어문화가 융합되어 있다는 점이 중요하다.

이러한 판소리계 소설은 주제면에서 볼 때 조동일(1970), 황패강(1981)에서의 지적처럼 표면적 주제와 이면적 주제로 나눠지는데 이런 측면이 소설의 재미와 소통의 가치를 높였을 것이다.[45] 지배계층의 위선과 부패를 폭로하는 주제라 할지라도 풍자와 해학 기법으로 전달하고 있어 누구나 쉽게 접근할 수 있었다.

토끼전은 표면으로 보면 허욕을 경계하고 위기를 모면하는 지혜, 별주부의 충성 등을 보여주지만, 이면으로 보면 무능한 집권층에 대한 비판과 풍자를 보여준다.

흥부전은 표면으로 보면 형제간의 우애와 권선징악이 주제지만 이면으로 보면 부농과 빈농 사이의 경제적 갈등 속에서 서민의 신분상승 열망을 그리고 있다. 심청전은 표면으로는 효녀를 그리고 있지만 이면으로는 자기를 희

---

45 조동일(1970). 갈등에서 본 춘향전의 주제.《계명논총》6. 계명대학.
  황패강(1981). 춘향전 - 전달의 두 가지 국면.《조선왕조소설연구》. 단국대출판부.

생하여 고귀한 위치로 신분 이동을 그리고 있다. 춘향전은 표면으로 보면, 남녀간의 사랑을 활용해 유교적 정절을 보여주지만 이면으로는 탐관오리에 대한 시민의 저항과 신분 상승 의지를 그리고 있다.

적벽가는 표면으로는 적벽대전 전야의 군사들의 설움을 노래하고 있지만, 이면으로는 허세와 위선으로 가득한 기성권위와 폭력적 권력 비판하고 있다. 지배층의 위선에 대한 풍자와 해학이 돋보이는 《배비장전》, 신흥 서민 부자에 대한 일반 서민들의 반감 내용을 풍자하고 있는 《옹고집전》도 있다.

더 나아가 여성의 역할을 능동적으로 그린 작품으로, 남성의 무능을 폭로하는 진취적 여성상을 제시한 《이춘풍전》, 남존여비와 개가 금지의 유교 도덕을 풍자하고 지배층에 쫓겨 유랑하는 현실을 비판한 《장끼전》 등이 있다.

이러한 비판적 사회 소설로는 적서 차별 철폐와 평등 사상의 꿈을 담은 홍길동전과 빈민 구제와 당시 정치 비판과 전우치의 의로운 행동을 그린 《전우치전》이 있다.

다음으로는 여성을 주인공으로 내세운 여성 영웅 소설류가 있다. 병자호란을 배경으로 한 《박씨전》이 가장 많이 알려져 있다. 병조판서 이시백(李時白)의 부인 박씨가 슬기와 도술로써 병자호란을 수습한다는 줄거리로, 여성도 남성 못지않게 우수한 능력을 갖추어 국난을 극복할 수 있다는 의식을 반영하고 있다. 60여 종의 필사본으로 보아 매우 인기가 많았음을 알 수 있다.[46]

다음으로는 남장 여성 영웅소설이 있다. 《방한림전》은 문무 양쪽에 재능을 겸비한 여주인공이 자신의 성별을 속이고 등과하여 전쟁을 승리로 이끌고

---

46 조희웅(2002). 《고전소설 줄거리 집성》 1. 집문당.
　　사재동(1980). 《박씨전》의 형성과정. 《장암지헌영선생고희기념논총》.
　　김대숙(1990). 《박씨전》연구. 《벽사이우성선생정년퇴직기념 국어국문학논총》.

승상까지 오른다는 내용으로 이루어진 일종의 여성 영웅 소설이다. 여주인공이 성별을 속이고 상대 여성과 결혼하여 평생 부부 모습으로 살아가는 모습이 다른 소설과는 다른 점이라 할 수 있다.

《설소저전》은 남장을 한 설소저가 청암사로 들어가 공부를 한 뒤 과거에 급제하여 그 원한을 갚는다는 이야기다. 장원에 급제하여 황제에게 상소를 올려서 그 원수를 갚는다는 점이다. 《설소저전》은 현재 2종류가 남아 있는데, 각각 필사 시기와 제목을 표지와 책 안에 써 놓았다.

《쌍련몽》은 쌍둥이인 쌍주·쌍옥 남매가 세도가의 강압으로 헤어졌다가 각기 고난을 슬기롭게 극복하고 마침내 상봉하여 부귀영화를 누리게 되는 내용의 고전소설이다. 이 소설은 주인공이 자신들을 괴롭힌 적대자(왕추밀)의 자식(왕유옥, 왕징옥 남매)과 결연을 맺고 벼슬길에 나아갈 수 있도록 배려하여 집안의 갈등을 풀고 선업(善業)을 쌓는 모습을 잘 보여주고 있다.

《양소저전》은 여주인공 양일점이 계모 모함으로 집을 떠났다가 모든 고난을 극복하고 마침내 부귀영화를 누린다는 내용으로 이루어져 있다. 서사적 구성으로 볼 때 전반부는 주인공 양일점이 계모 허씨의 모함으로 집을 나온 후 겪게 되는 고난을 중심으로, 후반부는 고난을 극복하고 병법과 학문을 연마하여 장수가 된 후 대군을 격파하고 부귀영화를 누리는 이야기로 이루어져 있다. 따라서 전반부는 계모형, 후반부는 여장군형(여성 영웅) 소설의 성격을 갖추고 있다고 할 수 있다.

《옥낭자전》은 살인죄로 옥에 잡혀 들어간 남편을 구하려고 남편 대신 옥살이를 하다가 그 열행이 조정에 알려져 오히려 죄를 면했다는 송사소설이다.

《이대봉전(李大鳳傳)》은 남녀 주인공이 혼사 장애를 만나 헤어졌다가 각각 영웅이 되어 전쟁에 나가 큰 공을 세운 후 다시 만나 혼인에 성공하여 부귀영화를 누린다는 영웅소설이다. 여주인공들이 월등한 지위에서 활약한다는 점은 여성의 역할에 대한 시대 의식의 변모의 일단을 보여주고 있어, 여성영웅소설로서의 면모도 확인할 수 있는 작품이다. 대표적인 이칭으로는 《대봉전》·《봉황대》·《양주봉전》이 있다.

《정수정전》은 여주인공인 수정이 남자로 변장하여 학문과 무예를 닦은 후 벼슬에 올라 대원수가 된 후 전장에 나아가 승리하여 부친의 원수를 갚고 가문을 빛내는 내용으로 이루어진 소설이다. 《정수정전》에서는 여성을 군담의 주인공으로 하였을 뿐 아니라, 남편보다도 훨씬 뛰어난 실력을 갖추고 있는 모습으로 표현하고 있다. 이러한 내용을 다루고 있는 소설을 '여장군(女將軍) 또는 여성 영웅 소설'이라 하는데, 《정수정전》은 이러한 소설 중 대표적인 작품이라 할 수 있다.

《홍계월전》 중국 명나라를 배경으로 여장군을 주인공으로 설정한 영웅 소설이다. 여장군이 주인공인 만큼 여성을 남성보다 우월하게 이야기를 그리고 있어 남편이 아내의 지배를 받고, 군법 위반으로 처벌받기도 한다. 회군(回軍)한 뒤 여자의 벼슬은 그대로 유지된다.

이밖에 여성성 주제로는 이른바 '가정소설'과 '염정 소설'이 있다. 가정소설로는 김만중의 사씨남정기와 지은이를 알 수 없는 '장화홍련전'이 두드러진다. '사씨남정기'는 처첩의 갈등을 그린 소설로 인현 왕후를 폐위하고 장희빈을 책봉한 숙종의 잘못을 풍간하기 위한 소설로도 유명하다. 장화홍련전은 전형적인 계모에 대한 '권선징악'을 그리고 있다. 염정 소설로는 남녀 간의 지고지순한 사랑을 그린 '운영전', 인생무상을 그린 '구운몽(김만중)' 남녀의 애정과 유교 도덕관의 대립을 극복한 여성을 그린 '숙향전', 진취적인 한 여성의 사랑 쟁취를 그린 '채봉감별곡'도 있다.

5.7. 유통 과정으로 본 한글 소설과 여성

한글 소설이 단지 소설에만 머무른 것이 아니라 소설 이상의 사회적 매개체로 또는 교육 매체로 유통되어 왔다는 점이 중요하다. 그리고 그 중심에 여성이 있었다. 텍스트 관점에서 본다면 한글 소설은 여성들에게 때로는 오락 텍스트요 때로는 교육 텍스트로 때로는 한글 교과서로 작용했다.

1) 유통의 복합성과 역동성
가장 인기 있었던 춘향전을 활용해 얼마나 다양한 방식으로 유통되고 향유되었는지를 살펴보자. 춘향전은 필사본 30종, 목판본 7종, 활판본 5~60종에 이르는 방대한 이본 있다. 그동안 가장 오래된 고본으로 경판 16장본, 완판 84장본 '열녀춘향수절가'로 알려 졌으나 완판본보다 30년이나 앞선 것으로 2배 이상 긴 '남원고사'가 있었다. '남원고사'는 프랑스 파리 동양어 학교 소장본으로, 전 5책으로 대략 1860년대에 필사된 것으로 보인다.

2) 교육용 텍스트와 교육
조혜란(1999: 399)에서는 "조선시대 여성들에게 있어 소설이란 가사 노동과는 비교도 안 될 만큼 재미있는 오락거리이면서 동시에 언문 교과서였다."라고 지적했는데 '언문 교과서'라는 의미 부여가 매우 적절하다. 소설을 읽기 위해서는 최소한의 한글 문해력이 필요했고 읽기와 필사, 낭독 등으로 고급 한글문식력을 키워 갔던 것이다. 더욱이 첨삭하고 전승하여 이야기공동체 문화를 만들어갔고 그 과정에서 여성으로서의 사회적 규범도 익히고 교양을 쌓고 인격을 닦았다.

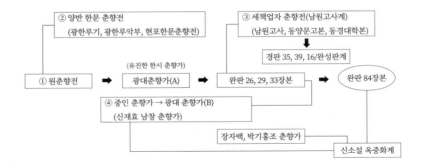

[그림 4] '춘향전'의 유통 구조도(설성경, 2003, 춘향전의 비밀, 203쪽.)

이렇게 한글 소설은 조선시대 여성들에게 문자 교육, 소통 교육, 교양 교육, 소설 감상과 창작 교육을 실천하는 구실을 했다. 오희문(吳希文, 1539~1613)의 《쇄미록》에 보면 "1591년 1월 3일. 하루 종일 집에 있으면서 무료하기 짝이 없던 참에 딸이 청하기에 《초한연의》를 언해하여 둘째 딸에게 그것을 쓰도록 했다."라고 했는데 이때 둘째 딸은 한문과 한글에 두루 능했던 아버지 덕에 소설 읽기와 언문 공부를 같이 했음을 알 수 있다.

한글 소설 자체가 교육서 구실을 하기도 하지만 월인석보 앞에 한글 학습을 위한 언해본이 실려 있듯이 한글 소설에도 〈사진7〉처럼 완판본 고소설인 '언삼국지' 안에 한글음절표가 실려 있어 복합적 한글교육서 구실을 하기도 했다.

조선시대 여성과 한글 발전

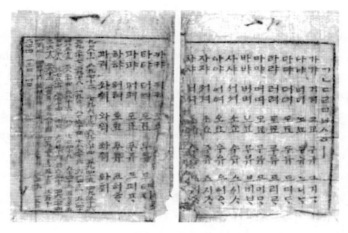

[사진 7] '언삼국지' 속의 한글 음절표(홍윤표, 2013ㄱ: 271)

다음과 같이 《춘향전》 소설 속에도 한글음절표 내용이 들어 있다.

가갸거겨호니 가니읍신 니 몸니 거주읍시 되여고나 고교구규호니 고고니 밋
츤 금심 구비구비 다 풀어니 그기ㄱ호니 그기고가 쎵갓트머 셜셜 긔여 갓연마
는 난야넌녀호니 날 발이고 죠와라고 너울너울 노든 낭군 너울너울 노든 낭군
으니 글니 안니 오너 노뇨누뉴호니 놀긔죠와 오든 낭군 누달여 워망할가 노니
ㄴ호니 너고나고 니진 〻량 늬 마음 쓴니로다 다댜드지호니 달악달악 ᄒ든 정
니 덧듯읍시 되야고나 도됴두듀호니 도든반야 적막흔듸 두 몸니 한몸 되여 어
허둥둥 놀아보ᄌ 드디ᄃ호니 드던 정 집푼 〻량 으계 다시 만니볼가 라랴러려
호니 원낭지〻양연비호니 날ᄋ가는 원낭시야 너야 츰ᄋ 우지 마라 로료루류
호니 노은ᄒ〻무즁군호니 놀유죵화 경 죠흔 듸 누고을 죠ᄎ 너 우는야 르리르
호니 한식동으류〻호니 늘어진 버들가지 나의 〻량 밋고지고 마먀머며호니 마
〻〻봉뮤지필호니 한식 청명 느진 봄의 마〻향각 우리 낭군 오날 올가 늬일 올
가 멀고 멀어 못 온는가 모묘무뮤호니 목젼의 임의 정니 뮤졍홈도 뮤졍ᄒ다 모
미무호니 말니타향 멀고 먼 길 고인을 보ᄌ호니 밋틈밋틈 가는 시월 ᄶ라올 줄
워 몰으너 바뱌버벼호니 반야월〻경 됴든 달언 벗 읍시 보건마은 보보부뷰호

니 보고십푼 니 니 부뷰 부집읍즈 와다 보비부호니 비발암 츠풍의 임 싱각 절
노 난다 사샤서셔호니 사군오마 쥰쳘이혼이 육일거시 집푼 밤의 방야독셔호여
보세 소쇼수슈호니 쇼쇼츄풍숑안군호니 울구가 안져 기러억아 쇼식을 전코자
슈쳘이 박기로다 스시스호니 ᄋ시호시호부즈니라 으니 할스 니 일니야 즈즈
져져호니 즈거즈리당숭연호니 적기 잇는 져 츠즈야 요니 품의 즈고가계 조죠
쥬쥬 스니고독 슈조지란지호니 죠롬인들 좀니 오면 쥬검닌들 임니 올가 죠지
즈호니 지져거는 제 시쇼 놉외 든 좀 기우는야 아야어여호니 ᄋ취요번군츠가
호니 ᄋ심싱벌 어니 가너 오요우유호니 우월강심 쵸직호니 오월염쳔 더운 날
의 우유일낙호여보즈 으이ᄋ호니 나금정비일문지호니 여 슐 혼 준 즈시고 ᄋ
쥴년 가지 말계 츠츠쳐쳐호니 츠심호즈 츠쇼심호니 츠고츤 빈방 안의 쳐량홈
도 쳘앙호다 초쵸추츄호니 만국병정 죠목줌호니 초목도 군병 되고 츄월니 늘
글나라 초치츠호니 층병호고 누워신니 츠회읍시 누어신니 나 죽계너 카캬커켜
호니 쳥쳔숙출금부용호니 믹약야금 드는 칼노 굴원수 갑파보즈 코쿄쿠큐호니
쇼쇼니량 노피리호니 놀고 큰 니 니 몸 일편 칼나라 크키크호니 디ᄒ금 큰 칼
노 큰 원 갑투타차트쳐호니 타셕타향숑직비 틱틱ᄒ던 이니 가슨 텅 빈 집만 나
마구나 토토투튜호니 이미순월반눈츄ᄒ고 토옥심간 젹막혼디 투림벽죠 홀노
운다 트티토ᄒ호니 타일상스ᄒ거던 틈을 타셔 오랴문나 파퍄퍼펴호니 경슈무풍
야즈푸호니 푸능강 동졍호의 풍덩 빠즈 죽고지고 포표푸퓨호니 포스ᄒ던 굴
원이도 품은 근심 미진커든 포피푸ᄒ니 피난야는 두견화은 푸손쳘니가 네 원
이라 하햐허혀호니 하야워여 경금뇌호니 하로 잇틀 ᄒ직할 졔 허숑셰월 웬 일
인 호효후휴호니 호시츈풍 후상졍 호시졀 경 죠혼 디 흐히ᄒ호니 흔젹읍시 졍
혼 일이 하일읍시 되야구나

(중모리) 와워과귀호니 와병의 인스졀호니 안즈시락 누워시락 좌쥐솨쉬호니
쫠쫠 흘은 이니 눈물 고흔 치북 다 젹신다 콰쿼화훠호니 콱콱 치든 이니 가심
훨훨 푸러 다버리고 좌불안셕 식불감이라 _홍윤표 소장《춘향전》.

이밖에도 다양한 언어문화 또는 글쓰기 양상을 소설로 배울 수 있다. 이를
테면《심청전》에서 심청이가 누추한 삶에서 왕비가 된 궁중 생활까지 다양
한 계층의 언어문화를 보여주고 있는데 여성들은 이런 문학 작품을 이용해

조선시대 여성과 한글 발전

다양한 언어문화나 글쓰기 양식을 배웠던 것이다.

3) 필사

한글 소설의 확산에는 필사본의 유통이 매우 중요한 구실을 하였고 필사자들 대부분은 여성이었다. 이지하(2008: 310)에서도 "여성교육서의 저술자는 남성이 압도적인 반면 필사자는 여성이 우세하다."라고 밝혔듯이 창작 주체는 남성이 많은 반면에 필사 주체는 여성이 많았다.

그렇다면 어떤 책을 언제부터 어떻게 필사했을까? 이에 대한 실마리는 '궁체'라는 말에서 찾아 볼 수 있다. 궁체의 유래와 사회적 배경을 자세히 기술한 "홍윤표(2013ㄴ: 100~113쪽)"에 따르면 한글 궁체는 한문 궁체에서 유래하여 17세기부터 널리 퍼진 것으로 보았다.

궁체는 부드러우면서 아름다워 힘 있고 박력 있는 판본체나 이보다 살짝 부드러운 송설체보다 더 유려해 여성 글씨 문화를 대표하는 명칭이 되었고 한글 궁체 문화를 이루게 하였다. 따라서 궁체는 여성 글씨 문화의 상징적 이름이 되었고 한글 확산과 한글 소설 확산에 기여하였다. 이와 관련된 18세기에 나온 이옥의 《이언(俚諺)》에 실린 '아조(雅調)'라는 시가 있다.[47]

진작에 익힌 궁체 글씨	早習宮體書
이응자가 약간 각이 져 있네	異凝微有角
시부모 글씨 보고 기뻐하시니	舅姑見書喜
언문 여제학이라 하시네	諺文女提學

진작에 익혔다는 것으로 지은이는 궁체에 익숙해 있음을 알 수 있다. 이런

---

47 실사학사 고전문학연구소(2009). 《완역 이옥전집》 2. 휴머니스트. 425쪽.

경험을 바탕으로 이응자의 변형을 주는 멋까지 부렸고 시부모는 그런 며느리를 언문을 제일 잘하는 여제학으로 추켜세우고 있다. 가정 공동체에서 시어머니와 며느리 모두 언문 궁체 해득자로서 언문 공동체 문화를 함께 향유하고 있음을 알 수 있다.

인목대비의 《서궁일기》의 "시시로 진셔로며 언셔로 뻐 광ㅈ리이며 소코리예 담아 둔니며(때대로 한문을 한글로 써서 광주리며 소쿠리에 담아 다니며)"라는 구절을 보면 궁중에서도 한글책이 널리 유포되어 있음을 알 수 있다.

필사본은 인쇄본보다 필사 주체가 다양함을 의미하고 그만큼 개작의 가능성이 높다는 것을 의미한다. 윤세순(2008ㄴ)에서는 필사자의 신분이나 위치, 필사의 목적, 필사본 독자의 맥락에 따라 수많은 필사본이 있었다고 보았다. 이지영(2008)에서도 필사본은 한글 텍스트가 가진 읽기와 쓰기의 복합성, 작자와 독자의 중층성 등의 맥락이 한글 텍스트의 확산을 부추겼다. 조동일(2005: 92~93)에서는 지금까지 밝혀진 바로는 소설의 총수를 858종쯤으로 보고 이본 수를 다음과 같이 기술했다.

> 《춘향전》에는 349종, 《조웅전》에는 295종, 《구운몽》에는 292종, 《유충렬전》 268종, 《심청전》에는 248종, 《창선감의록》 236종, 《사씨남정기》에는 214종의 이본이 있는 것으로 집계되었다. 필사본이 많은 것들은 《창선감의록》 211종, 《사씨남정기》 188종, 《유충렬전》 176종, 《춘향전》 150종, 《조웅전》 150종, 《구운몽》 140종이다. 목판본이 많은 것들은 《구운몽》 127종, 《조웅전》 119종, 《춘향전》 75종, 《심청전》 70종, 《소대성전》 55종, 《유충렬전》 54종이다. 활자본이 많은 것들은 《춘향전》 110종, 《유충렬전》 37종, 《적벽가》 34종, 《심청전》 31종, 《옥루몽》 30종이다. _조동일(2005). 92~93쪽.

이러한 이본 수의 확산에 필사본이 아주 중요한 역할을 했다.

4) 번역

번역 측면에서 보았을 때 번역 한글 소설은 한문본과 한글본이 공존하는 것을 의미하므로 남성 양반들이 한글 공동체에 참여하는 것을 의미한다. 권혁래(2004)에서 제시한 한글로 번역된 한문 소설의 목록은 그런 유통의 의미를 보여준다.

> 강로전, 구봉기, 금산사몽유록, 금선각, 김영철전, 난학몽, 동선기, 박태보전, 박효랑전, 배시황전, 봉래신설, 삼한습유, 서대주전, 설공찬전, 숙향전, 염시탁전, 옥련몽, 옥루몽, 옥린몽, 옥수기, 왕경룡전, 왕랑반혼전, 운영전, 원생몽유록, 위경천전, 유생전, 유연전, 육미당기, 육신전, 윤지경전, 임경업전, 임진록, 정향전, 조충의전, 주생전, 최척전, 최고운전, 최현전, 홍백화전, 효열지, 흥무왕연의_권혁래(2004). 조선조 한문소설 국역본의 존재 양상과 번역문학적 성격에 대한 시론.《동양학》36집. 단국대학교 동양학연구소. 1~25쪽.

권혁래(2004)는 한문소설 작품을 국문으로 번역하는 행위는 "상위 계층의 고급 문학의 성과를 서민 문학계에 소개하고 파급하는 효과"가 있다고 보아 번역소설의 소통과 확산은 권혁래(2004)의 지적처럼 상층과 하층, 남성과 여성의 새로운 의사소통의 통로 역할을 한 것이다. 이강옥(2009: 76)에서도 "한문소설의 한글 번역은 계층별 문화 영역의 확장이라는 순기능적 의의를 가진다."라고 한 것도 같은 맥락이다. 조동일(2005: 3권, 91)은 "소설이 상층과 하층, 남성과 여성의 경쟁적 합작품이라는 증거이다."라고 하였는데 번역 유통이 바로 그런 증거이기도 하다. 정출헌(2003: 197)은 "표기 문자가 전환하여 계층과 계층을 자유롭게 둘러싸고 전개된 고전소설은 문제적"이라 하였다.

> 언문으로 번역한 이야기책(《傳奇》)을 탐독하여 집안일을 방치하거나 여자가 할 일을 게을리해서는 안 된다. 그런데 심지어 돈을 주고 빌려보는 등 거기에

취미를 붙여 가산을 파탄하는 자까지 있다. 또는 그 내용이 모두 투기하고 음란한 일이므로, 부인의 방탕함이 혹 그것에 연유하기도 하니, 간교한 무리들이 요염하고 괴이한 일을 늘어놓아 선망하는 마음을 충동시키는 것이 아닌 줄을 어찌 알겠는가? 언문으로 번역한 가곡은 입에 익혀서는 안 된다. 당(唐) 나라 사람의 시나 장한가(長恨歌) 같은 따위는 요염하고 호탕하므로 기녀(妓女)들이나 욀 것이니, 또한 익혀서 안 된다. _《청장관전서》30권.

더 나아가 여성이 번역 주체로 나서기도 했다는 점이다. 심경호(1989)의 "조선후기 소설고증(1) - 포공연의·성풍뉴·왕경룡전·소시직금회문녹·소씨명행록.《한국학보》56. 일지사."에서 "매우 소수이긴 하지만 일부 여성들이 조선 후기 번역소설 유통에 참여" 했음을 밝혔다.

5) 소설 생활과 상업 출판을 통해

한글 소설이 중요한 것은 상품화되었다는 것이다. 물론《구운몽》한문본도 출판 유통되었지만 한글 소설의 상품화에 미치지 못했다. 한글 소설의 상품화는 크게 세 가지 방법으로 이루어졌다. 첫 번째는 이른바 돈 받고 빌려주기인 '세책', 두 번째는 직업 전기수의 낭독, 낭송용 교재화, 세 번째는 방각 출판 등이다.

주로 필사본을 빌려주는 세책업이 활발하게 발달한 때는 18세기 무렵이다. 채제공(蔡濟恭, 1720/숙종 46~1799/정조 23)은 부인이 쓴《여사서》의 서문에 당시 여성들이 소설에 빠져든 세태를 다음과 같이 기록하고 있다.

"근세에 안방의 부녀자들이 경쟁하는 것 중에 능히 기록할 만한 것으로 오직 패설稗說이 있는데, 이를 좋아함이 나날이 늘고 달마다 증가하여 그 수가 천백 종에 이르렀다. 쾌가는 이것을 깨끗이 베껴 쓰고 무릇 빌려주는 일을 했는데 번

번이 그 값을 받아 이익으로 삼았다. 부녀자들은 식견이 없어 혹 비녀나 팔찌를 팔거나 혹 빚을 내면서까지 서로 싸우듯이 빌려가지고 그것으로 긴 해를 보냈다."_ 채제공(蔡濟恭). 《여사서서》.《번암집(樊巖集)》. 번역은 이민희(2007 : 22).

그 수가 천백 종에 이르렀다는 것은 그야말로 매우 '성행'했음을 알 수 있다. 또 상업적 유통이 이루어졌고 그 주 소비자는 여성들이었음을 증언하고 있다. 이덕무(李德懋, 1741~1793)가 18세기 후반인 1775년에 쓴 《사소절(士小節)》에서도 비슷한 사회상을 증언하고 있다.

"한글로 번역한 전기를 빠져서 읽어서는 안 된다. 집안일을 내버려 두거나 여자가 해야 할 일을 게을리 해서는 안 된다. 심지어는 돈을 주고 그것을 빌려 보면서 깊이 빠져 그만두지 못하고 가산을 탕진하는 자까지 있다. 그리고 그 내용이 모두 투기와 음란한 일이어서 부인의 방탕함과 방자함이 혹 여기서 비롯되기도 한다. 그러므로 어찌 간교한 무리들이 염정(艶情)의 일이나 기이한 일을 늘어놓아 선망하는 마음을 충동시키는 것이 아닌 줄 알겠는가?"_이민희(2007). 《조선의 베스트셀러》. 프로네시스. 24쪽.

방각 등 한글 소설의 상업 출판은 경제에 매우 중요한 영향을 미쳤다.

조선시대 한글로 제작된 상업출판물은 근대국민국가를 건설하는 과정에서 문자의 통일을 이루고 언어의 규범을 만들어내는 데 바탕이 되었다. _이윤석(2015). 한글 고소설의 탄생과 유통. 《인문과학》 105집. 연세대 인문학연구원. 8~9쪽.

수요가 많을수록 경제적 문제와 연결된다. 곧 책을 돈 받고 빌려주는 세책업과 상업적 출판인 방각본 유통에 따른 경제적 변화가 한글 소설의 확산을 부채질하였다.[48] 그것은 한글 어문생활의 확산이 가능했고 그 이면에는 상품 화폐 경제의 발전, 시장의 발전, 신분제 변화에 따른 사회적 욕구의 확대가 중요하다. 18세기 중엽 전국 각지에는 1000여 곳의 장이 열리고 이를 연결하는 도로, 수상 운송망이 뚫려 18세기 중엽 세책업 성행 시기와 전체 경제 변화가 일치한다는 것이다.

김슬옹(2012: 306)은 이에 대해 "세책을 통한 독자의 확대와 교류는 사회적 경제의 주체로서 사회적 목소리의 잠재적 주인공으로서, 쓰기, 읽기의 주체로서의 욕망과 권리를 실현해 감으로써 근대를 열어가는 실질적 주체가 되어감"으로 보았다.

6) 시기별 유통 과정

한글 소설의 개념을 번역소설까지 넓게 볼 경우와 창작 소설로 좁게 볼 경우 시작된 시기는 사뭇 달라진다. 넓게 볼 경우 최초의 한글 번역소설인 설공찬전은 15세기 말에서 16세기 초에 번역되어 유통된 것으로 보이므로 한글이 반포(1446)된 지 50년도 채 안 돼 두루 퍼졌음을 의미한다. 김슬옹(2012ㄴ: 270)에서 표로 정리한 것처럼 창작 소설인 경우는 홍길동전을 기점으로 본다면 17세기가 된다.

---

48 세책 고소설 연구는 김동욱(1971)에서 논의한 이래 정명기(2003ㄱ), 이윤석·大谷森繁·정명기 편저(2003), 정병설(2005ㄴㄷ, 2008ㄴ), 오오타니 모리시게(1985) 등 매우 활발하게 진행되어 많은 진척이 있었다. 세책에 관한 최초 기록은 18세기의 문헌이다. 채재공(1720~1799)이 부인이 필사한 《여사서(女四書)》에 쓴 서문과 이덕무(1741~1793)가 《사소절(士小節)》에서 여성들의 세책 행위에 대한 비판이다. 이런 기록을 통해 이윤석·정명기(2003)에서는 18세기 이후에는 세책업이 성행한 것으로 보고 있다.

최초의 한글 번역소설	《설공찬전》 (한글본)	원작자	채수
		번역자	모름
		원작 존재 여부	원작 발견 안 됨
		원작 창작 시기	16세기
		번역본 여부	일부 전함(이문권, 묵재일기)
		번역 시기	15세기 말~16세기 초
최초의 한글 창작 소설	홍길동전	지은이	모름
		지은 때	17세기
		원본	전함

[표 18] 최초의 한글 번역소설과 창작소설의 기본 정보(김슬옹, 2012ㄴ: 270)

여성들이 적극적으로 참여한 17세기 이후에는 번역소설, 창작소설 순으로
발전해 갔다. 이상과 같은 시대적 흐름에 대해 최남선(1946)의 《조선상식문
답》에서 그 흐름을 다음과 같이 정확히 파악한 바 있다.

（훈민정음 보급 초기에는) 조정에서의 노력이 많았던 반면 민간에서의 호응은
그다지 현저치 못한 채로 오랜 세월을 지내다가 숙종 전후로부터 민중소설의
유행이 커짐에 따라 국문의 세력이 한번 늘게 되고 고종 전후 크리스토교의 보
급이 그대로 조선 국문의 보급으로 이어져 그 지위가 다시 한번 높아졌다가 갑
오경장 이후 관공문서의 국한문혼용, 학교 교과서의 국문 범위 확대, 신문·잡
지·소설 등의 국문 본위적 경향 등의 단계를 거쳐 마침내 오늘날에 이르렀습니
다. _최남선(1946/2007) 《조선의 상식(원제: 조선상식문답)》(해제: 최상진). 두리미디
어. 277쪽.

오오타니 모리시계(大谷森繁)/소재영 역(1977: 30)에서는 한글 소설은 지식
인층의 여성들에게 독서 취미가 일깨워진 17세기 말엽부터 18세기에 걸쳐
중국소설을 번역하여 하나의 장르로 정착되었다고 보았다. 이 가운데 한글
소설의 걸작들은 독본 이외의 설화를 바탕으로 완성되었고 방각본은 소설독

서와 인연이 멀었던 계층들까지 독서층으로 끌어들이는 효과를 가져왔다고
보았다.

그런데 중국 소설의 번역은 국내 작가의 한문 소설 번역인 《설공찬전》에
이어 한글(언문)이 반포된 지 100년 무렵인 16세기 중엽인 1550년에, 중국소
설 《오륜전비기(伍輪全傳備記)》를 한글로 옮긴 《오륜전전》을 유언우가 충주에
서 간행하였다.[49]

> 내 보니 저잣거리의 무식쟁이들이 언문을 배워 옛 노인들이 전하는 이야기
> 를 베껴 밤낮 떠들고 있는데 '李石端 翠翠의 이야기 같은 것은 음란하고 망녕
> 되어 도무지 볼 게 없다. (…중략…) (오륜전전을) 언문으로 번역해 부인네처럼 한
> 자를 모르는 사람이라도 읽기만 해도 또렷이 알 수 있게 하였다. 하지만 이렇게
> 하는 것이 어찌 뭇사람들에게 전하려는 의도였겠는가? 집안 여자들과 같이 보
> 려 할 따름이다. _낙서거나, 《五輪全傳》 서문 / 심경호(1990). 《오륜전전》에 대한
> 고찰. 《애산학보》 8. 애산학회. 116~118쪽.

18세기 후반기에 나온 이옥(李鈺, 1760~1815)의 《봉성문여(鳳城文餘)》에는 소
설 유통에 관한 기록이 다음과 같이 실려 있다.[50]

> (1) "어떤 사람이 언문소설을 가지고 와서 나에게 긴 밤을 지새우는 데 도움
> 이 된다 하기에, 그것을 보니 바로 인본인데, 《소대성전(蘇大成傳)》이었다.
> 이 책은 서울의 담배 가게에서 부채를 치며 낭독하는 것들이 아닌가? 크
> 게 윤리가 없고, 다만 사람들에게 웃음이 그치지 않게 할 뿐이다. 그러나
> 이것은 패사稗史보다는 낫다고 생각한다."

---

49 《왕랑반혼전》도 원래 한문소설인데 17세기 중엽 무렵인 1637년에 한문본과 한글본이 같이
   간행되었다.(이윤석 2015: 13).
50 실사학사 고전문학연구소(2009). 《완역 이옥전집》 2, 휴머니스트, 131쪽. 이정옥(2017)에서
   도 참조.

(2) 1권 소대성전 상하 완판 43장본

쇼디셩젼이라

디명 셩화 연간의 쇼쥬 짜의 흔 명현이 잇시되 셩은 쇼뇨 명은 양이뇨 ᄌ
는 경이니 옛놀 쇼현셩의 현손이라 셰디로 강노와 공후작녹이 써나지 안
이ᄒ더니 쇼양의 미쳐 베슬이 병부상셔로 일홈이 죠졍의 진동ᄒ더라 셰
상변화을 혐의ᄒ야 베슬을 바리고 고향의 도라와 농부어옹을 겸ᄒ야 셰
월을 보니니 인간ᄌ미 극진하미 베슬이 도로여 막연ᄒ고 평싱 ᄒ니 실ᄒ
의 일졈 혈육 업시물 혼탄ᄒ더니 일 〃 은 상셔 부인으로 더부러 완월누의
올나 월싁을 귀경ᄒ다가 상셔 쥬연 탄 왈 우리 연광이 반이 너머씨되 누
압푸 인도ᄒ며 뒤을 이홀 ᄌ식이 업시니 ᄉ후 빅골인들 뉘라 거두며 션영
힝화을 쓴케 되니 쥬거도 죄인이로다 ᄒ며 기탄ᄒ니 부인이 쏘흔 비감ᄒ
여 옷깃셜 염의고 디 왈 불효 습쳔 즁의 무ᄌ식흔 죄 크다 ᄒ니 우리 무후
ᄒ문 쳡의 박복이라 맛당히 니침직ᄒ되 군ᄌ의 후ᄒ신 덕으로 지금 히로
ᄒ오니 진실노 감격ᄒ온지라 _《소대성젼1ㄱㄴ》.[51]

'소대성전'은 인기 소설이었던 만큼 조수삼의 《추재집》 등 조선시대 여러
문헌에 언급되었다. "정명기·이윤석·전상욱(2018).《(교주) 소대성전》. 보고
사."를 비롯 60여 건에 학위 논문만 12편이 나와 있을 정도로 연구도 많았다.
이 기록은 한글 소설 읽기가 일상화되어 양반 남성들도 일부 소설 읽기에
빠져 드는 경우가 있음을 보여주고 있다. 때로는 소설 읽기로 밤을 지새우기
도 하고 시장에서 일하면서 읽거나 들을 만큼 널리 퍼지고 있음을 보여준다.
바로 이 무렵에는 전기수와 같은 소설 낭독가들과 다양한 방식의 필사로 한
글 소설이 유통되고 있음을 보여준다. 김홍도의 '담배썰기' 그림이 남성들도
이야기책에 빠져 있음을 보여 주어 이때의 상황을 사실처럼 보여주고 있다.

---

51 정명기·이윤석·전상욱(2018).《(교주) 소대성전》. 보고사.

[사진(그림) 8] 김홍도의 '담배썰기'

5.8. 맺음말: 여성 한글 소설이 훈민정음 발전에 끼친 영향

훈민정음 발전의 궁극적 목표는 단순한 문자의 쓰임새가 아니라 사회적 맥락 속에서 소통과 나눔을 위한 담론의 문자나 텍스트로 얼마나 쓰였느냐 이다. 그러한 발전 척도를 측정하는 가장 중요한 점은 공적 문서에서의 쓰임 새이다. 그러나 이건 제외해야 한다. 아예 조선 말기까지 한글은 주요 공적 문서에서 배제되었기 때문이다. 국가에서 펴내는 언해서나 용비어천가, 삼 강행실도와 같은 교화서에는 쓰였지만 행정 문서와 계약 문서, 조선왕조실 록 같은 주요 기록 문서에서는 한글은 철저히 배제되었다.

그렇다면 서당이나 서원 같은 교육 기관의 교육용 문자로 쓰이거나 그마 저도 실행되지 않았다. 그런데 문학 분야에서는 한자와 한문을 문학다움을 잘 드러낼 수 있는 한글로 대체해야 하는데 남성 사대부 문학에서는 제한 된

조선시대 여성과 한글 발전

분야나 일부 사대부에 한해 한글 문학이 등장하지만 18세기 박지원의 예에서 보듯 한문학은 더욱 심화되고 그 자체는 더 발전한다. 양반사대부들이 남긴 문집, 한글을 잘 했던 정조까지도 그가 남긴 홍재전서는 모두 한문이다. 이런 실정에서 여성 중심의 한글 문학이 정치, 사회, 경제, 교육 모든 분야에서 제도적 배척을 당했던 여성들의 손에서 발전하게 된 것은 필연이었을 것이다.

그러한 한글 문학 가운데 한글 소설은 풍부한 서사성과 문학적 예술성, 오락적 재미까지 더해 사회적 담론 중심에 있기에 충분했다. 그렇다면 우리의 어문생활에 미친 영향을 중심으로 그 가치를 따져보고자 한다.[52]

첫째, 여성 중심의 한글 소설은 언문일치의 토대를 마련하였다. 한글, 곧 훈민정음 자체가 이미 언문일치가 전제가 되어 있다. 소리가 그대로 글자로 적혀지고 그 글자가 다시 소리로 자연스럽게 재현되는 그런 소리글자로 창제되었기 때문이다.

또 언문일치는 말하듯이 글을 쓰는 것을 의미하므로 1차적인 전제는 한글 전용이다. 가사만 하더라도 국한문 혼용체가 많다. 그러나 한글 소설에서는 그러한 섞어쓰기가 없다. 한글 소설이 갖고 있는 여성성과 사건 중심의 서사성이 한글만 쓰기로 이어지게 했을 것이다.

둘째는 입말성을 반영한 낭독문화의 반영이다. 말소리가 그대로 글로 적혀지고 글이 다시 말소리로 의미와 감정을 실어나르는 입말과 글말이 소통되는 문자가 소설로써 제대로 구현된 것이다. 김균태(2005: 381)에서 정리되었듯이, 18·19세기에 전문 이야기꾼은 구수하게 이야기하듯 이야기를 전달하

---

52 김슬옹(2012ㄴ: 296~306)에서 후기 한글 소설의 국어생활사적 의미를 (1) 익명성 (2) 다중언어성과 다계층성 (3) 필사본과 이본성 (4) 입말성 (5) 여성성 (6) 상업성 등 여섯 가지 측면에서 조명하였다. 후기 한글 소설의 중심에 여성이 있으므로 여성성과 결부해 보아도 무방하다.

는 '강담사(講談師)', 소리와 아니리를 이용하여 판소리하듯 이야기를 전달하는 '강창사(講唱師)', 이야기책을 읽어주는 '강독사(講讀師, 전기수)'가 등이 있었다.

이야기책 읽어주는 노인은 동대문 밖에 산다. 언문으로 쓴 이야기책을 입으로 줄줄 외우는데 《숙향전》, 《소대성전》, 《심청전》, 《설인귀전》 따위의 전기소설들이다. 매달 초하루에는 청계천 제일교 아래 앉아서 읽고, 초이틀에는 제이교 아래 앉아서 읽으며, 초사흘에는 배오개에 앉아서 읽고, 초나흘에는 교동 입구, 초닷새에는 대사동 입구, 초엿새에는 종루 앞에 앉아서 읽었다. 그렇게 거슬러 올라가기를 마치면 초이레부터는 거꾸로 내려온다. 아래로 내려갔다가 올라가고, 올라갔다가 또 내려오면 한 달이 지난다. 달이 바뀌면 또 전과 같이 한다.

노인이 전기소설을 잘 읽었기 때문에 몰려들어 구경하는 사람들이 노인 주변을 빙 둘러 에워쌌다. 소설을 읽어가다 몹시 들을 만한, 가장 긴장되고 중요한 대목에 이르면 노인은 갑자기 입을 다물고 아무 말도 하지 않는다. 그러면 사람들이 다음 대목을 듣고 싶어서 앞다투어 돈을 던지면서 '이게 바로 돈 긁어내는 방법이야."라고 했다. _조수삼, 추재기이/ - 안대회 역(2010). 《조선을 사로잡은 꾼들》. 한겨레출판사. (77~78쪽)

전기수가 《임경업전》을 읽어주다 살해당하는 살인 사건까지 일어날 정도로 인기를 끌었다. 이 이야기는 비극성보다는 한글 소설의 낭독 문화가 얼마나 사람들의 흥미를 끌었으며 인기가 있었는지를 보여주는 상징적 사건이다. 정조가 어전 회의에서 직접 말한 사건이다.[53]

---

53 "어떤 사내가 종로 절초전(담배 썰어 파는 가게) 앞에서 전기수가 읽어주는 역사소설을 듣고 있었다. 그런데 영웅이 실의에 빠진 대목에 이르자 구경꾼 하나가 돌연 눈초리가 찢어지도록 눈을 크게 뜨고 입에서 거품을 내뿜었다. 사내는 담배 써는 칼을 집어들어 전기수를 찔러 그 자리에서 죽이고 말았다."(이덕무의 〈청장관전서〉).

항간에 이런 말이 있다. 종로거리 연초 가게에서 짤막한 야사를 듣다가 영웅이 뜻을 이루지 못한 대목에 이르러 눈을 부릅뜨고 입에 거품을 물면서 풀베던 낫을 들고 앞에 달려들어 책 읽는 사람을 쳐 그 자리에서 죽게 하였다고 한다. 이따금 이처럼 맹랑한 죽음도 있으니 참으로 가소로운 일이다.[54] _《정조실록》, 1790년(정조 14) 8월 10일자.

그때 전기수가 읽은 책은 《임경업전》이었다고 한다. 당대의 학자 심노숭 (1762~1837)은 "임경업 장군이 역적 김자점의 무고로 목숨을 잃는 장면을 묘사하는 대목에서 흥분한 구경꾼이 실감난 연기를 펼친 전기수를 찔러 죽였다."라고 전했다.

이씨 경업이 다려갓든 격군과 호국 스신을 다리고 의쥬의 이르니 스지 와 이 로디
"장군이 반호다 호여 역율로 잡히엿다"
호고 칼을 쓰히며 지촉호니 의쥬 빅셩등이 울며 왈
"우리 장군이 만이 타국의셔 이졔야 도라오건디 무슴 연고로 잡혀 가단고"
호거놀 경업 왈
"빅셩 등은 느의 형송을 보고 조곰도 놀느지 말느 나는 무죄히 잡혀가노라"
호고 시별영의 다두라 젼일을 싱각호고 격군을 불너 왈
"너의 등이 부모 쳐즈롤 이별호고 만니타국의 무스 회환호믹 너의 은해를 갑고져 호더니 시운이 불힝호여 죽게 되믹 다시 보기 어려오니 여 등은 각각 도라가 조히 잇스라"
호거놀 격군 등이 울며 왈
"아모 연귄쥴 모로거니와 장군의 충셩이 호놀의 스뭇츠스니 셜마 웃더호리 오 과히 슬허 마르쇼셔"

54 諺有之, 鍾街烟肆, 聽小史稗說, 至英雄失意處, 裂眦噴沫, 提折草劍直前, 擊讀的人, 立斃之. 大抵往往有麥浪死, 可笑_《정조실록》. 정조 14년(1790) 8월 10일.

ᄒ며 ᄎ마 ᄯᅥᄂᆞ지 못ᄒᆞ더라. 경업이 삼각산을 바라보고 탄 왈

"디쟝뷔 셰상의 쳐ᄒᆞ여 평싱 긔긔를 일우지 못ᄒᆞ고 이미히 죽게 되니 뉘라셔 신원ᄒᆞ여 쥬리오"

ᄒᆞ고 통곡ᄒᆞ니 산쳔초목이 다 슬허ᄒᆞ더라. 경업의 오ᄂᆞᆫ 션문이 나라히 들이니 샹이 깃거ᄒᆞ며 승지를 명ᄒᆞᄉ 위로 왈

"경이 무ᄉᆞ히 도라오미 즉시 보고져 ᄒᆞ되 원노 구치ᄒᆞ여 왓스니 잘 쉬고 명일노 입시ᄒᆞ라"

ᄒᆞ신디 승지 ᄌᆞ졈을 두려ᄒᆞ여 ᄒᆞ교를 젼치 못ᄒᆞᆫ지라. 경업이 싱각ᄒᆞ되 나라히 친님ᄒᆞ시면 ᄂᆡ 죽어도 한이 업슬거시오 셰ᄌᆞ와 디군이 ᄂᆡ일을 모로고 계신가 ᄒᆞ여 쥬야 번민ᄒᆞ여 목이 말ᄂᆞ 물을 구ᄒᆞ되 옥졸이 쥬지 아니ᄒᆞ니 니ᄂᆞᆫ ᄌᆞ졈의 흉계로 젼옥 쇼쇽의게 분부ᄒᆞᆫ 연괴러라. 경업이 탄 왈

"옥졸등이 ᄯᅩᄒᆞᆫ 무이 여기니 니ᄂᆞᆫ ᄲᅢᄲᅢ기 ᄒᆞ놀이 날를 죽게 ᄒᆞ시미라"

ᄒᆞ더니 익일의 샹이 쳔좌ᄒᆞ시고 승젼빗〈承傳色〉 환ᄌᆞ를 보ᄂᆡ여 경업을 부르시니 그 환ᄌᆞ ᄯᅩᄒᆞᆫ ᄌᆞ졈의 동위라 죽을 쥴노 아라 쥬져ᄒᆞ더니 잇ᄯᅥ 맛춤 젼옥 관원이 경업의 이미ᄒᆞᆷ믈 불상이 여겨 경업더러 일너 갈오디

"장군을 역젹으로 잡아 젼옥의 가도미 다 ᄌᆞ졈의 모계니 그디ᄂᆞᆫ 잘 쥬션ᄒᆞ여 누명을 벗게ᄒᆞ라"

ᄒᆞ거ᄂᆞᆯ 경업이 그졔야 ᄌᆞ졈의 흉겐 쥴 알고 불승 통ᄒᆞᆫᄒᆞ여 바로 몸을 날여 입궐ᄒᆞ여 쥬샹ᄭᅴ 뵈옵고 관을 벗고 쳥죄ᄒᆞ온디 샹이 경업을 보시고 반기ᄉ 친히 붓들냐 ᄒᆞ시다가 문득 쳥죄ᄒᆞᆷ믈 보시고 디경 왈

"경이 만니타국의 갓다가 이졔 도라오미 반가온 마음을 진졍치 못ᄒᆞᄂ 원노 구치ᄒᆞᆷ믈 앗겨 금일이야 셔로 보미 시로온 마음이 층양치 못ᄒᆞ거든 쳥죄란 말이 무슴 일이뇨"

경업이 돈슈 ᄉ죄 왈

"신이 무인년의 북경의 잡혀 가옵가다 즁간 도망ᄒᆞᆫ 죄ᄂᆞᆫ 만ᄉᆞ무셕이오ᄂᆞ 디명과 동심ᄒᆞ와 호왕을 벼혀 병ᄌᆞ년 원슈를 갑고 셰ᄌᆞ와 디군을 뫼셔오고져 ᄒᆞ더니 간인의게 쇽아 북경의 잡혀 갓삽다가 쳔ᄒᆡᆼ으로 사라오옵더니 의쥬셔붓터 잡혀 목의 칼을 쓰고 올ᄂᆞ오오미 아모 연괸쥴 모로와 망극ᄒᆞ옵더니 오늘놀 다시 쳔안을 뵈오니 니졔 죽ᄉᆞ와도 한이 업습ᄂᆞ니다"

조선시대 여성과 한글 발전

ᄒ거놀 샹이 드르시고 디경ᄒᄉ 죠신더러 아라드리라 ᄒ시니 ᄌ졈이 ᄒ릴
업셔 긔망치 못ᄒ여 드러와 쥬왈

"경업이 역적이옵기로 잡아 가도고 품달ᄒ고져 ᄒ여ᄂ이다"

ᄒ거놀 경업이 고셩 디미 왈

"니 몹슬 역젹아 네 벼살이 놉고 국녹이 죡ᄒ거늘 무어시 부죡ᄒ여 찬역할
마음을 두어 ᄂ를 ᄒ릐코져 ᄒᄂ뇨"

ᄌ졈이 묵묵 무언이여놀 샹이 진노 왈

"경업은 슴국의 유명ᄒ 쟝슈요 ᄯ호 쳔고 츙신이라 너의놈이 무슴 ᄯᄌ로
죽이려 ᄒᄂ다 이ᄂ 반다시 부도를 쇠ᄒ미라"

ᄒ시고

"ᄌ졈 함ᄭᅴ 참녜ᄒ 자를 금부의 가도고 경업은 물이치라 ᄒ시다"

ᄌ졈이 ᄂ오다가 경업의 ᄂ오물 보고 무ᄉ를 분부ᄒ여 치라 ᄒ니 무ᄉ더리
경업을 무슈 난타ᄒ여 거의 죽게 되미 젼옥의 가도고 ᄌ졈은 금부로 가니라. 죄
의졍 원두표(元斗杓)와 우의졍 니시빅(李時白) 등이 이런 변이 잇슬쥴을 알고 참
예치 아니ᄒ엿더니 ᄌ졈이 경업을 죽이려 ᄒᄂ 쥴 짐작ᄒ고 경업의 일을 아ᄂ
지라. 이ᄯᅵ 디군이 디경 왈

"아지 못ᄒ엿ᄂ니 님쟝군이 어졔 입셩ᄒ여스면 어디 잇ᄂ뇨"

됴신등이 디왈

"신 등도 그곳을 모로ᄂ이다"

디군이 입시ᄒ여 님쟝군의 일를 뭇ᄌ오디 샹이 슈말을 자셰 이르시니 디군
이 쥬왈

"츙신을 모히ᄒᄂ 자는 역젹이 분명ᄒ오니 국문ᄒ소셔" (…중략…) 《임경업
젼》 가운데 임경업이 김자점의 모함을 받아 죽게되는 장면.

한시나 한문은 뽐내기용 암송은 가능할지언정 소통을 전제로 한 낭독은
불가능하다. 바른 문자로 바른 소리를 구현해 소리와 문자가 자연스럽게 이
어지는 훈민정음의 진정한 꿈이 소설로 구현된 것이다.

홍윤표(2007: 11)에서도 낭송과 베껴쓰기, 판소리 등 다양한 방식으로 유통

되던 한글 고소설의 가치에 대한 적절한 평가를 내리고 있다.

> 고소설을 낭송하면서 전사하거나 판소리로 창을 하면서 전사한 것이 완판본 고소설의 특징이어서 눈으로 읽어야하는 한자동은배제시키고 한글로만쓴 것이다. 훈민정음 창제의 동기와 목적에 부합되는 언어생활 이었던 것이다. 이것은 우리의 언어 생활사에서 매우 가치 있는 역사적 전기를 마련한 것이라고 할 수 있다. _홍윤표(2007)의 "한글의 역사와 완판본 한글 고소설의 문헌적 가치. 《국어문학》 43. 국어문학회. 11쪽.

셋째, 한글 소설은 여성들의 고급 글쓰기 규범서 역할을 하였다. 소설은 그야말로 호흡이 긴 문장들의 연쇄 텍스트이다. 이런 텍스트를 독해하고 베껴 쓰고 일부는 창작에 참여하고 그야말로 소설 공동체를 주도해 나간 여성들의 글쓰기 능력은 다음 이윤석(2015: 8, 9) 평가처럼, 이는 고급 글쓰기 능력을 갖추게 하는 핵심 교재 구실을 했음을 의미한다.

> 한글 고소설의 창작은 조선 사람이 자신이 일상적으로 쓰는 언어로 이야기를 꾸며서 썼다는 것을 의미한다. 한글 고소설 이외의 한글 글쓰기는 기껏해야 한글편지 정도를 들 수 있을 것이다. 그러나 편지는 상투적인 내용의 편지투가 따로 있고, 한 장을 넘는 긴 한글편지는 거의 없으므로 한글 문장의 규범이 될 만한 것을 만들었다고 말하기 어렵다. 그러므로 한글 문장을 정착시킨 것은 중국소설의 번역과정에 익힌 한글 글쓰기이고, 이 번역과정에서 익힌 글쓰기 능력을 발휘해서 창작한 한글 소설에서 한글문장은 가장 높은 수준을 달성했다고 볼 수 있다. 한글 고소설은 이렇게 한글 문장의 토대를 닦았다는 점에서도 커다란 의미가 있다. _이윤석(2015). 한글 고소설의 탄생과 유통. 《인문과학》 105집. 연세대 인문학연구원. 8. 9쪽.

필자가 "김슬옹(2017). 《한글혁명》. 살림터. 161~168쪽."에서 "조선 후기 일부 남성 양반들과 여성들이 합작하여 만들어낸 한글 소설(홍길동전, 춘향전, 완월회맹연 등등)이 남긴 문장의 가치는 경이로운 것이었다. 세종의 훈민정음 반포 의도를 가장 잘 살린 것이었으며 중국식 한문 쓰기의 절대적 보편성을 뚫고 이룩한 빛나는 말과 글의 성찬"이라고 평가한 근거이기도 하다.

넷째, 다양한 언어문화 소통을 이루고 궁체 문화를 확립하였다. 정출헌은 훈민정음을 "봉건적 가부장제의 질곡을 온몸으로 받아들이던 여성들의 언어이자 무기이기도 했다. _정출헌(1999). 17세기 국문소설과 한문소설의 대비적 위상.《한국한문학연구》22권. 한국한문학회. 43쪽."라고 했다. 이중언어 시대에 한문소설에 비해 한글 소설이 미친 영향은 질적으로 다르다. 이를테면 '금오신화'와 같이 한문으로 된 소설은 소설 그 자체로서의 가치는 있지만 중국식 한문 문장이고 보면 우리의 언어문화에 영향을 미칠 만한 가치가 없다. 그러나 한글 소설은 우리말을 있는 그대로 적을 수 있게 되었고 더욱이 한글 소설은 일상어가 문학이 되고 그 문학이 우리의 어문생활을 풍부하게 하는 기제로 작용하였다.[55]

고전 한글 소설이 담고 있는 다양한 언어생활과 거기에 담긴 역동적 언어문화는 양반 중심의 죽은 한문이 보여주는 폐쇄적이고 배타적인 언어문화와 비교할 바가 못 된다.

---

55 "문학에 있어 형식과 내용은 서로를 간섭하는 경향이 있으며, 표기 수단 및 장르에 따라 고유한 특성들을 지니고 있다. 한글, 한문, 실용문부터 문예문, 논문까지 다양한 장르에 걸쳐 분포되어 있는 고전 여성 산문을 하나로 묶어 설명하기 위해서는 이 다양한 변수들을 포용할 수 있는 잣대가 필요하다." -조혜란(1999). 고전 여성 산문작가의 문학세계. 이혜순 외 (1999).《한국 고전 여성작가 연구》. 태학사. 362쪽.

3부

생활 분야의 한글 사용
맥락과 의미

6 ——— 한글 편지(언간, 한글 간찰)와 여성

6.1. 머리말

흔히 '언간'이라 부르는 조선시대 한글 편지는 공적 분야와 사적 분야에서
고루 사용된 매체였다.[1] 왕실의 한글 편지는 자연스럽게 공적 성격을 띠게 되
고 사가에서 쓰인 한글 편지는 지극히 사적인 언어사용임에도 그 어떤 경우
든 한글 소통과 한글의 다계층성을 실현한 대표적인 매체요 한글 중심 어문
생활이었다. 한글을 비주류 문자로 여겼던 남성들을 한글공동체로 끌어들인
대표적인 매체가 편지였고 끌어들인 주체가 여성이었다. 이런 점에 주목하
여 한글 편지가 여성들의 글쓰기와 남성들의 글쓰기에 어떤 작용을 했는지
를 집중 검토하고자 한다.

---

1 조선시대 편지 관련 용어로는 흔히 '내간, 간찰, 언간'으로 불렸지만 허재영(2005ㄴ: 88)에서
   "한글 편지의 작자층은 남녀는 물론, 다양한 신분 계층의 분포를 보이고 있으므로, '내간'이
   라는 용어는 적절성을 잃는다. 이 점에서 한글 편지는 '한글 간찰', 또는 '언간'으로 불릴 수
   있다."라고 제안한 것처럼 시대성을 살리기 위해서는 '언간'이라고 부르고 보통은 '한글 간
   찰' 또는 '조선시대 한글 편지'라고 부르기로 한다.

김일근(1991: 14)에서는 언간의 개념을 좁은 뜻과 넓은 뜻으로 갈라 보았다. 곧 좁은 뜻은 "갑오경장 이전에 씌여진 개인 간의 사적인 서간"으로, 넓은 뜻으로는 "공적 성격을 띤 전교(傳敎), 의지(懿旨), 정장(呈狀), 소지(所持), 발괄[白活]² 등 고문서의 영역에 속하는 것과 유서(遺書), 제문(祭文)까지 포괄하는 것"으로 보았다. 여기서는 '언간'의 개념을 넓은 개념으로 보되 그렇다고 일정한 공문 양식을 띤 소지, 발괄이나 형식적 틀에 따른 제문 등은 제외한다. 왕비나 대비가 신하들에게 내린 의지 등은 공적 제도 안에서 쓰였지만 언간 형식으로 주고받은 것만을 넓은 뜻의 언간으로 보기로 한다.

그동안 한글 간찰에 대해서는 방대한 자료 집성과 논문, 저술 등 매우 연구가 활발히 진행되어 왔다.³ 필자도 "김슬옹(2012), 《조선시대 훈민정음 발달사》, 309~347쪽"에서 훈민정음 발달 관점에서 한글 편지의 맥락을 다음과 같이 짚은 바 있다.

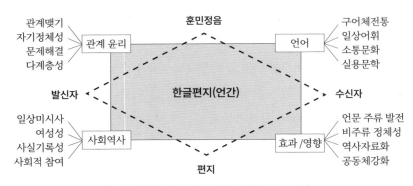

[그림 5] 한글편지 속성과 가치 (김슬옹, 2012ㄴ: 347)

---

2 억울한 사정을 관아에 호소하는 말이나 글로 한자로는 "白活"이라고도 한다.

3 한국학중앙연구원 편(2005~2009)의 《조선 후기 한글 간찰(언간)의 역주 연구》 1-7. 태학사." 참조.

여기서는 여성 관련 논의만을 집중적으로 정리해보기로 한다. 한글 간찰 연구 가운데 여성과 문자 사용 측면을 집중적으로 다룬 논저는 다음과 같다.[4]

최지녀(2002). 조선시대 여성 서간과 서간체문학. 서울대학교 대학원 석사 논문.

최윤희(2002). 16세기 한글편지에 나타난 여성의 자의식 - 신천 강씨의 한글편지를 중심으로-.《여성문학연구》8호. 한국여성문학학회.

이경하(2003). 15~16세기 왕후의 국문 글쓰기에 관한 문헌적고찰.《한국고전여성문학연구》7. 한국고전여성문학회.

백두현(2004ㄱ). 조선 시대 여성의 문자 생활 연구 - 조선왕조실록 및 한글 필사본을 중심으로.《진단학보》97호.

백두현(2004ㄴ). 조선시대 여성의 문자생활 연구 - 한글편지와 한글 고문서를 중심으로.《어문논총》42. 한국문학언어학회.

김무식(2006). 한글편짓글에 반영된 조선조 여성의식과 문화.《여성과 사회》16집. 아모레퍼시픽재단.

김정경(2011).《선세언적》과《자손보전》에 실린 17~19세기 여성 한글 간찰의 특질 고찰.《정신문화연구》125호. 한국학중앙연구원.

이기대(2011). 19세기 왕실 여성의 한글편지에 나타난 공적(公的)인 성격과 그 문화적 기반.《어문논집》48집. 중앙어문학회.

홍인숙(2014). 조선시대 한글 간찰(언간)의 여성주의적 가치에 대한 재고찰 시론.《이화어문논집》33집. 이화어문학회.

최지녀(2002: 87)는 여성의 한글 편지가 "사대부 여성이 주역이 되어 국문문체를 확충할 수 있었던 데는 한글이 아녀자들의 글로만 치부된 상황이 역

---

4 전반적인 연구사에 대해서는 "허원기(2004). 한글 간찰 연구사.《국제어문》32권. 국제어문학회. 297~324쪽. 허재영(2005). 한글 간찰〈언간(諺簡)〉에 대한 기초 연구 - 연구의 흐름과 간찰 양식의 변화를 중심으로.《사회언어학》13권 2호. 사회언어학회., 황문환(2010). 조선시대 언간 자료의 현황과 특성.《국어사 연구》10호. 국어사학회. 73~131쪽. 조용림·백낙천(2013). 언간의 연구사적 검토.《國際言語文學》28호. 국제언어문학회. 155~175쪽." 등에서 이루어졌다.

설적인 이바지를 했다."라는 관점으로 한글 간찰의 역사적 의미를 분석했다. 남성들이 남긴 편지는 대부분이 한문이며 각종 문집에 실려 문학으로 평가 받은 데에 반해 여성 편지는 한글만으로 쓰여졌고 사적인 소통에 머물러 그 대비적 의미가 무엇인가를 살폈다. 따라서 여성 한글 간찰의 의의를 여성의 체험적 기록, 문학적 자의식 형성, 한글 산문 문체 확충 등 세 가지로 보았다. 지금에 비해서 당시로는 발견된 여성의 한글 편지가 턱없이 부족했던 여성 의 한글 편지의 가치와 영향을 짚은 데 의미가 있다. 다만 문학적 관점에 치 우쳐 편지가 갖고 있는 사회적 담론에 주목하지는 못했다.

최윤희(2002)에서는 신천 강씨가 남긴 한글 편지로 그녀의 자의식이 어떻 게 발현되었는가를 밝혔다. 강씨가 가족공동체 내에서 차지할 수 있었던 딸, 며느리, 아내, 어머니의 입장에서 그녀의 정체성을 조명하였다는 데에 의미 가 있다. "서신혜(2015). 김훈의 아내 '신천 강씨'라는 한 여성의 삶 재구.《동 양고전연구》60집. 동양고전학회 9~35쪽"와 같이 삶이 재구될 정도로 신천 강씨가 남긴 한글 편지는 의미가 깊다. '순천 김씨(신천 강씨 딸)묘 출토 간찰' 로 널리 알려진 자료에서 한 여성의 자의식을 분석해 냈다.

이경하(2003)는 당시로서는 드문 조선왕조실록 기록을 통해 훈민정음 창제 에서 16세기 중반에 이르기까지 왕실 여성들의 한글 언간 사례를 찾아 분석 했다는 데 의미가 있다. "조선 전기 여성문학사의 빈 공간을 메우는 데에 크 게 기여"라는 자체 평가에서 알 수 있듯이 어문생활 관점보다는 문학사 관점 에서 접근하였다. 이러한 왕실 여성들의 실록 기록을 어문생활 관점에서 분 석한 것은 "백두현(2004). 조선 시대 여성의 문자 생활 연구 - 조선왕조실록 및 한글 필사본을 중심으로.《진단학보》97호. 김슬옹(2005).《조선왕조실록》 의 한글 관련 기사를 통해 본 문자생활 연구. 상명대학교 국어국문학과 박사 논문." 등이 있다.

백두현(2004)은 이두 등 한문 관련 여성의 어문생활도 다루고 있으므로 실록 기록에 등장하는 한글 간찰 부분만을 살펴보면 중전과 대비, 빈궁과 궁녀 등 궁중 여성, 일반 여성, 기녀와 여비(女婢)의 한글 사용으로 나눠 분석했다. 왕실 여성들의 언문 사용은 언간이 아닌 일반 교서로 보았고 여기서는 일본인들 책임 아래 나온 고종실록과 순조실록은 제외하였다.

[표 19] 실록 기록으로 본 여성들의 문자 사용 실태(백두현, 2004: 169)

분류 문자		여성의 역할	사용 목적	주요 내용	문서 형식	받는 자	영향력	성격
이두		독서자 참여자	재산·청원 등 법률 적 문제 해결	집안 및 개인 가정 사 중심	고문서 형식	관청	이해관계 당사자	관청 문서
한 글	대비 및 중전	서사자 혹은 구술자	국정 논의	국사와 왕의 신변 문제	언문 교서	조정 대신	국가적 국사	국가 문서
	기타 인물	서사자 혹은 독서자	수수자 간 정보·정 서 교류	개인 신변 및 가정사	편지	개인	개인	개인 문서
한문		서사자 혹은 독서자	정서와 사상 표현	개인의 정서와 사상	시문·편지	개인	개인	창작물 개인 문서

일본인들 책임으로 편집되었다 하더라도 언문 사용 사실 자체를 왜곡한 것은 아니므로 고종실록과 순조실록도 분석 대상으로 포함해야 하는데 이는 김슬옹(2005)에서 이루어졌고 10장에서 다루기로 한다.

여성의 한글 편지에 대한 본격적인 어문생활적 분석은 백두현(2004)에서 이루어졌다. 순천 김씨 언간: 189건(1550년대-임란전의 자료), 송강 정철가 언간: 7건(1571년, 1572년 등), 안민학 언간: 1건(1576년), 학봉 김성일 언간: 1건(1592년), 이응태묘 출토 언간: 1건(1586년), 현풍 곽씨 언간: 167건(1602년~1640년대), 송규렴가 언간: 128건(17세기 후반~18세기 초기), 추사 김정희가 언간 20건(18세기 후반~19세기), 김일근(1986)에 수록된 사대부가 언간 등을 대상으로 여성의 역할, 발신자와 수신자의 관계, 내용상의 특징을 분석하였다. 언간의 건수와 비율로 볼 때 어머니가 딸과 아들에게 보낸 것이 39.5%로 가장 많고 동일한 신분인 아내·어머니·며느리가 수신자 역할을 한 비율은 40.5%로 이는 언간 주고받기 관계에서 어머니와 아내인 여성이 가장 중요한 역할을 하였고, 그 비중도 가장 높음을 객관적으로 증명하는 것이라고 보았다. 여성 수신자 비율이 남성 수신자 비율보다 압도적으로 높은 것은 언간이 주로 여성을 위한 통신 수단이라는 것이다. 왕실 언간의 경우, 왕과 공주, 왕비와 공주 간에 주고받은 것이 가장 많았음을 밝혔다. 이밖에 한글 교육 관련 언간 분석 등 어문생활 의미를 최초로 집중 조명하였으나 왕실 언간과 사대부가 언간의 공적 성격 차이 등이 규명되지 않았다.

김무식(2006)은 조선왕조실록과 같은 2차 자료에서 벗어나 실제 여성의 한글 편지를 분석했다. 한글 편지는 "여성 화자 자신이 자신의 삶과 가족 주변 사회에 대하여 기록한 자료"이므로 여성 관점에서 분석할 수 있다는 점에서 발신자와 수신자 관계별 분석을 하였다. 곧 순천 김씨묘, 현풍 곽씨, '선세언독' 소재 은진 송씨, 은진 송씨(박순임: 2004), 제월당편 '선찰' 소재 은진 송씨, '편지급지문집' 등의 한글편지를 대상으로 수신자별, 주제별 분석 결과를 내놓았다. 이와 더불어 한글은 전국적으로 이미 15세기 말에 보급된 것으로 보았다.

김정경(2011ㄱ)에서는 《선세언적》과 《자손보전》에 실린 17~19세기 여성 한글 간찰을 검토하여 한글 간찰은 발신자와 수신자 관계에 따른 정형화된 틀이 중요함을 밝혔다. 한글 간찰의 규식화는 엄밀하게 양식화된 조선의 유교 질서를 재현하는 동시에, 누구나 그러한 규식을 사용하여 한글 간찰을 편리하게 작성할 수 있는 양면적 결과를 가져왔다고 보았다. 조선 후기 여성 한글 간찰의 규식은 여성 자신들의 삶을 유교적 질서로 틀 지워진 체계의 구성 요소로 의미화했음을 말하는 한편, 간찰의 보편적 사용을 가능하게 함으로써 성별 간, 신분 간의 엄격한 경계를 흐리는 결과를 가져왔다는 것이다.

이기대(2011)에서는 19세기 왕실 여성들이 한글 편지를 활용하여 개인적인 의사소통 이외에, 왕실 밖의 인물들과 의견을 전달하고 수렴하는 양상에 주목하였다. 왕실의 여성들은 '정보의 제공과 의견의 수렴'을 위해 편지를 활용하면서, 왕실과 조정의 인사, 경제, 군사 문제와 외교적인 사항을 편지로 전달하고 있었다. 또한 '문제의 호소와 사건의 해결'을 위해 편지를 활용하고자 하였음도 분석했다. 이로써 편지는 왕실 여성들에게 개인적으로 뿐만 아니라 왕실 내의 역할을 수행하기 위해서도 중요한 의미를 지니며, 그만큼 공적인 성격이 있다고 보아 왕실 여성들 편지의 공적 특성을 규명했다. 이는 김슬옹(2015ㄱㄴㄷ)에서 강조했던 왕실 여성들의 제도적 권력이 한글을 이용해 드러났음을 밝힌 맥과 같다.

홍인숙(2014)에서는 창원 황씨 가문의 사돈 간 간찰을 이용해 기존 논의에서 소홀히 했던 여성주의 문제를 분석했다. 이로써 편지를 이용해 잦은 소통과 안부 인사를 뛰어넘은 폭넓은 공유가 있었음을 밝혔다. 또 혼례 과정에서의 세밀한 소통도 편지로 주고받은 것을 밝혔다.

6.2. 공공성: 한글 공적 사용의 기제로서의 왕실 여성들의 한글편지

왕실의 한글 편지는 설령 개인 차원에서 주고받은 것이라 하더라도 공적 성격을 띠게 된다. 황문환(2010: 76)에서 남성 간의 한글 편지가 존재하는 이유에 대해 "남성이 공적인 영역을 독점했던 당시의 현실을 감안하면 '언문'이 공식성을 인정받지 못했던 사실과 상통"한다고 했는데 한글의 공식성이 전면 부정된 것은 아니고 제한한 범위, 곧 왕실 여성 관련 공문서에서는 한글의 공식성은 인정된 셈이다.

왕실 여성과 양반 사대부들에게 내린 편지는 형식 편지지만 공문서로서의 가치와 의미가 있다. 따라서 왕실 편지를 이런 맥락으로 분석해야 한글 사용에 미친 영향과 의미를 제대로 짚어낼 수 있으므로 공식 문자의 의미를 먼저 짚어보도록 한다.

기존 각종 논저 대부분은 한글이 조선시대의 공식 문자 또는 공용 문자가 아니라고 주장하고 있다. 필자는 이에 맞서 다음과 같은 논저들을 활용해 한 나라 제도의 정점에 있는 임금이 만들어 사대부들과 함께 반포(간행)하고 경국대전에까지 언급된 공식 문자임을 밝힌 바 있다.

김슬옹(2005).《조선왕조실록》의 한글 관련 기사를 통해 본 문자생활 연구. 상명대학교 국어국문학과 박사 논문.

김슬옹(2005). 조선시대 언문의 제도적 사용 연구. 한국문화사.

김슬옹(2012).《조선시대의 훈민정음 발달사》. 역락.

김슬옹(2012). 조선시대의 훈민정음 공식문자론.《한글》297. 한글학회.

공식 문자가 아니라는 주장은 다음과 같은 기록과 그 맥락 때문이다.

(1)《현종실록》권18, 11년 4월 3일: 所謂假作諺書, 異於眞書, 僞造甚易, 所當 十分明査也(이른바 가짜 언문 문서란 한자 문서와는 달라 위조하기가 매우 쉬우므로 마땅히 충분히 분명하게 조사해야 한다.).

(2) 가.《대전회통》권2, 호전(戶典) 徵債條:〈續〉私債成文, 諺文及無證筆者, 勿聽. 나. 諺文及無訂筆者勿施(百憲摠要, 刑典 文記條) 다. 出債成文 必具證筆者 聽理 諺文及無證筆者 勿許聽理(受敎輯錄, 戶典 微債條. 百憲摠要, 刑典 微債條).

(3) 凡負私債 有具證筆文記者 許徵 _경국대전 권 3 호전 (사채는 증인과 필자(筆者)를 갖춘 문기(文記)가 있으면 징수하는 것을 허락한다.).

(1)은 한글이 한자에 비해 위조하기 쉽다는 것이고 (2)는 한글로 작성한 문서는 법적인 효력이 없다는 것이다. (1)은 실제 이즈음에 언문 교서 위조 사건이 발생해서 그런 것이다. (2)는 법전에 언문이 언급된 것 자체가 공적 영역에서 언문의 실용성이 자주 등장했기 때문에 이런 조문이 나온 것이다.

실제 1894년에 고종의 국민 칙령이 공표되기 전, 실제로는 조선말까지 한글은 공식 문자다운 대접을 받지 못했다. 그러나 공적 문서가 계약서나 법률 문서가 있는 것은 아니다. 한글은 제도 차원에서 한 나라 임금이 창제하고 사대부들과 함께 공식 반포한 문자이고 국가에서 발행하는 교화 문서나 각종 제례나 의식에 관련해 많은 문서에서 공적 차원에서 쓰였으므로 비주류 공식 문자인 셈이다.

이런 상황에서 왕실 여성들이 한글을 공적 차원에서 썼다면 그것은 한글의 발전에 매우 큰 영향을 미친 것임은 두말할 필요가 없다. 더욱 중요한 것은 남성 사대부 관리들도 왕실 여성들에게 편지나 공문을 보낼 때는 한글 문서로 보냈다는 것이다.

> 영평 부원군 윤개, 영의정 이준경, 좌의정 심통원, 우의정 이명, 좌찬성 홍섬 (洪暹), 좌참찬 송기수(宋麒壽), 우참찬 조언수(趙彦秀), 병조 판서 권철(權轍), 이조 판서 오겸(吳謙), 공조 판서 채세영(蔡世英), 예조 판서 박영준(朴英俊), 형조 판서 박충원(朴忠元), 대사헌 이탁(李鐸), 부제학 김귀영(金貴榮), 대사간 박순(朴淳)이 언서로 중전에게 아뢰기를 (…후략…)[5] _ 명종 20/1565/09/17/.

---

5 平府院君尹漑, 領議政李浚慶, 左議政沈通源, 右議政李蓂, 左贊成洪暹, 左參贊宋麒壽, 右參贊趙彦秀, 兵曹判書權轍, 吏曹判書吳謙, 工曹判書蔡世英, 禮曹判書朴英俊, 刑曹判書朴忠元, 大司憲李鐸, 副提學金貴榮, 大司諫朴淳, 以諺書啓于中殿曰:國本之事, 《명종실록》. 명종 20년(1565) 09월 17일.

중전이 언문 교서를 내리자 사대부는 답장을 언문으로 보냈음을 보여주는 기사다. 왕실 여성들의 언문 교서는 백두현(2004)의 "조선시대 여성의 문자생활 연구 – 한글편지와 한글 고문서를 중심으로. 160쪽"에서 집약되었듯이, 직접 정치에 참여 못하는 왕실 여성들의 특성상 언문 교서는 대부분 '언간'의 형태를 띠게 된다.

[표 20] 왕실 여성들의 언문 교서(백두현, 2004: 160)

왕대	건수	관련 인물	비고
세 조	1건	세조비 貞熹王后 尹氏	
성 종	17건	정희대비 2건, 인수대비 외 15건	수렴청정
연산군	1건	성종비 정현왕후	
중 종	3건	자순대비	
명 종	12건	명종 모 문정대비 6건, 명종의 妃 仁順王后 6건	수렴청정
선 조	10건	대왕대비인 공의전(인성왕후) 7건, 명종비 인순왕후 1건, 선조비 인목왕후 2건	
광해군	3건	인목대비	
인 조	16건	인목대비	
현 종	3건	莊烈대비 趙氏(인조의 계비)	
숙 종	17건	莊烈대비 3건, 明聖대비 김씨(현종비) 13건, 중전(인원왕후 김씨) 1건	
경 종	5건	인원대비 김씨	
영 조	13건	인원대비 김씨 10건, 정성왕후 1건, 정순왕후 2건	
정 조	24건	혜경궁 홍씨 5건, 정순대비(영조의 계비) 19건	
순 조	25건	대왕대비 정순대비 22건, 왕대비(정조비 효의선왕후) 3건	수렴청정
현 종	3건	대왕대비 효의선대비 2건, 왕대비 1건	
철 종	1건	대왕대비	

그렇다면 실제 '전유' 형식의 언간을 보자. 1680년의 명성대비 전유이다. 문화체육관광부(2011)의: 《한글고문서자료집》. 145쪽"에 따르면 '전유(傳諭)'

는 "계청(啓請), 품계(稟啓), 의지(懿旨), 밀서(密書), 유교(遺敎)" 등 각종 교령 문서를 뜻하는 용어로 주로 왕후나 대왕대비들이 사용하였다. 이 자료집에 따르면, 세종의 혜빈 양씨는 단종의 유모 노릇을 하면서 한글로 '계청'을 올렸으며 정희왕후(세조비)도 조정사 '품계'를 올렸다. 정희왕후는 한글 '의지'로 수렴청정을 하였으며 문정왕후는 인종 즉위 때부터 명종 8년까지 근 10여 년 동안 수렴청정을 하면서 한글 '밀서'와 '유교'를 대신들에게 내렸다. 그런데 "임란 이후에는 사민층이나 하층민에까지 한글 언간을 사용한 것을 보면 선조 이후는 궁중에서부터 사민층과 민간에 이르기까지 한글이 비공인 소통 문자로 활발하게 사용되었음을 알 수 있다."라고 한 것은 옳지 않다. 공적 상황에서 쓰인 이상 '비공인-'이란 말을 붙이면 안 된다. 곧 인목왕후(선조계비), 인원왕후(숙종계비), 정순왕후(영조계비), 순원왕후(순조비), 신정왕후(익종비)가 궁중에서 수렴청정을 하면서 한글로 정사를 대신들에게 지시하였고(以諺文下敎于…) 품의 문서에는 반드시 한글 번역을 첨부하도록 하는 등 이런 상황은 궁중에서 '한글' 문서가 공식 문서로 인정받았음을 보여준다.

명성대비 전유는 1680년(숙종 6) 12월 22일 송시열(1607~1689)에게 관직에 나오도록 권고한 것이다.[6] 《숙종실록》 숙종 6년(1680) 12월 23일자에 따르면, 당시 송시열은 예송(禮訟) 문제로 귀양 갔다가 7년 만에 풀려난 뒤 10월에 영중추부사 겸 영경연사로 임명되었으나, 여러 차례 사직을 청하며 부름에 응하지 않았다. 이에 대비 명성왕후가 그 동생 김석연을 시켜 한글 전유를 써서 부르니 송시열이 도성으로 들어왔다고 한다.

이 문서는 당시 송시열이 받은 대비의 한글 편지를 베낀 것으로 청주 송시

---

6 김일근(1986)의 "《언간의 연구》, 64쪽", 이상규(2014)의 "《한글 고문서를 통해 본 조선사람들의 삶》. 15~17쪽"참조.

열 종가에서 전승해온 것이다. 원본은 1726년(영조 2) 7월에 약방 도제조 민진원(閔鎭遠)이 영조에게 올렸음이 실록에 실려 있다. 효종 어필과 더불어 명성왕후(현종 비) 언찰을 바쳤다.

> 임금(영조)이 이르기를,
> "제 4폭은 어떤 일에 관한 것의 것인가?"
> 하였다. 민진원이 말하기를,
> "이는 곧 명성 왕후(明聖王后, 현종 비)의 언찰(諺札)입니다. 경신년(1680, 숙년 6년)에 선정(先正, 송시열)이 다시 조정으로 돌아왔을 때에 명성 왕후께서 특별히 어찰을 내리시어 김석연(金錫衍)으로 하여금 어찰로 부르게 했던 것입니다."(上日: "第四幅, 是何事也?". 鎭遠曰: "此乃明聖王后諺札也. 庚申年先正復還朝, 明聖王后特降御札, 使金錫衍傳宣矣") _영조 2/1726/7/5.

[표 21] 명성대비 전유 판독문과 번역문

판독문(문단 재배열, 띄어쓰기)	조선왕조실록 한문 번역문(현대말 번역)
션됴(先朝) 례우(禮遇)ᄒᆞ오시던 원노대신(元老大臣)으로 뉵칠년을 머니 가 간 관만ᄉ지여(間關萬死之餘)의 다시 드러오셔 연셕(筵席)의 드르시니 그 비감(悲感)ᄒᆞ오몰 어이 다 니로리잇가 듯ᄌᆞ오니 수이 도라가려 ᄒᆞ신다 ᄒᆞ오니 쥬샹(主上)도 근졀(懇切)ᄒᆞ야 머므로시과뎌 ᄒᆞ시거니와 즉금(卽今) 텬변(天變)이 공극(孔極)ᄒᆞ고 국개(國家ㅣ) 위의(危疑)ᄒᆞ고 민싱(民生)이 원긔(怨氣) 만ᄉ온디 닉뎐(內殿) 상ᄉ(喪事)7조차 나시니 쥬샹(主上)도 져므신 사롬이	卿以先朝禮遇之元老大臣, 六七年遠竄, 間關萬死之餘, 復爲入來, 出入筵席, 其爲悲感, 何可盡論? 聞, 卿近當還歸, 主上亦穩勸勉, 必欲留之. 而卽今天變孔極, 國家危疑, 民多怨氣, 內殿喪事, 又出此際. 主上以年少之人, 獨當萬機, 勤勞之狀誠爲悶慮. 此時如卿之以儒宗重望, 受恩累朝者, 豈可決去乎? 京第當冬, 雖甚齟齬, 必須入來城內也. 未亡人於朝家事, 無所干預, 而卿至今不爲入來, 主上不任企待, 故使金錫衍傳諭耳. 蓋錫衍, 王大妃弟也, 方爲禮賓寺正. 錫衍旣傳慈敎, 時烈惶恐入城.

---

7 닉뎐 상ᄉ(內殿喪事): 숙종 원비 인경왕후(仁敬王后, 1661~1680) 상사. 인경왕후 김씨는 광성부원군 김만기(金萬基)의 딸로, 1670년(현종 11)에 세자빈으로 간택되어 이듬해 가례를 올리고 1674년에 숙종이 즉위하면서 왕비에 진봉되었다. 1676년에 정식으로 왕비의 책명을 받았으나 1680년(숙종 6)에 천연두로 죽었다. 소생으로 명선, 명혜, 명안공주가 있다.

조선시대 여성과 한글 발전

만긔(萬機)룰 당(當)호야 근로(勤勞)호눈 양(樣)이 민망(憫惘)호오니 이 째 경(卿) 굿툰 유종듕망(儒宗重望)으로 누됴(累朝) 은혜를 닙어 겨시니 엇디 쩔티고 가시리잇가 셔울집이 겨을이 서어(齟齬)호 읍거니와 브듸 셩니(城內)의 드러와 머므롤쇼셔 미망인(未亡人)이 됴가(朝家)의 참예(參與)호눈 일이 업소오디 녕부시(領府事]) 지금 드러오디 아니호시니 쥬샹(主上)이 기두리디 못호야 호시매 김셕연(金錫衍)호야 젼유(傳諭)호라 호누이다
경신(庚申) 십이월 이십이일 오시(午時) 젼유(傳諭)

(경은 선왕조에서 예우하던 원로대신으로서 6, 7년 간이나 멀리 귀양 갔다가 온갖 어려움과 고생을 다 겪은 다음에 다시 들어오시어 경연에 출입하고 계시니 그 비감함을 어찌 다 설명할 수 있으리까? 그런데 들으니 경이 요즈음 즉시 돌아가시려고 하므로 주상께서도 이를 만류하여 반드시 머물게 하려고 한다는데, 현재 천재지변이 매우 심하고 국가가 안정되지 못하여 백성들의 근심스러운 기색이 많은 데다 내전(인경왕후)의 장례 또한 이 즈음에 발생하였으니, 나이 어린 주상으로서 온갖 중요 업무를 혼자 담당하여 애쓰는 모습은 참으로 민망하고 염려가 되오. 이럴 때에 경과 같은 유학자의원로서 두터운 신망을 받고 있으며 여러 조정의 은혜를 받은 이가 어찌 떠나가려고 결심하신단 말이오? 서울 집이 겨울철이라 매우 썰렁하겠지만 되도록이면 성 안으로 들어오도록 하시오. 미망인이 조정 일에 대해서 간여할 바는 아니나 경이 지금까지 들어오지 아니하시고 주상도 기대하는 마음을 금할 수 없으므로 김석연(명성왕후 동생)을 시켜 나의 뜻을 전하는 바이오.)

명성대비의 이런 한글 편지의 가치는 이 한글 편지를 한문으로 번역하여 실은 실록 기록과 이를 다시 현대 한글로 번역한 맥락[표21]을 통해 그 가치를 알 수 있다. 그런데 남북 실록 번역은 문제가 있다.

〈남한 번역〉 경은 선왕조에서 예우하던 원로대신으로서 6, 7년 간이나 멀리 귀양갔다가 온갖 어려움과 고생을 다 겪은 다음에 다시 들어와서 경연(經筵)에 출입하고 있으니 그 비감(悲感)함을 어찌 다 설명할 수 있겠는가? 그런데 들으니 경이 요즈음 즉시 돌아가려고 하므로 주상께서도 이를 만류하여 반드시 머물게 하려고 한다는데, 현재 천변(天變)이 매우 심하고 국가가 안정되지 못하여 백성들의 근심스러운 기색이 많은 데다 내전(內殿)의 상사(喪事) 또한 이 즈음에 발생하였으니, 나이 어린 주상으로서 온갖 기무(機務)를 혼자 담당하여 애쓰는 모습은 참으로 민망하고 염려가 된다. 이럴 때에 경과 같은 유학자(儒學者)의 종주(宗主)로 중망(重望)을 받고 있으며 여러 조정의 은혜를 받은 자가 어찌 떠나

---

8 김셕연(金錫衍): 1648~1723. 명성왕후 김씨의 동생.

가려고 결심하는가? 서울 집이 겨울철이라 매우 썰렁하겠지만 되도록이면 성안으로 들어오도록 하라. 미망인(未亡人)이 조정 일에 대해서 간여할 바는 아니나 경이 지금까지 들어오지 아니하고 주상도 기대하는 마음을 금할 수 없으므로 김석연(金錫衍)을 시켜 유언(諭言)을 전한다. _온라인 조선왕조실록(http://sillok.history.go.kr).

〈북한 번역〉경은 먼저왕때의 우대받던 원로대신으로서 6~7년동안 먼곳에 귀양가서 천만가지 죽을 고비를 다 겪던 끝에 들어와서 경연에 드나들게 되었으니 그 비감을 어떻게 다 말로 할수 있겠는가.

듣자니 경은 머지않아 고향으로 돌아갈 것이라고 하므로 임금도 기어코 머물러있게 하려고 권고한다. 그런데 지금 하늘의 변괴현상은 심하기 이를데 없고 나라의 앞길을 위태롭고 의심스러우며 백성들은 원성이 많은데다가 왕후의 상사가 이즈음에 또 났다. 임금이 나어린 사람으로서 혼자서 복잡한 정사를 맡아가지고 애쓰는 모양은 참으로 딱하고도 걱정스럽다.

이러한 때에 경과 같이 으뜸가는 선비이며 신망이 중하여 여러 왕대에 걸쳐 은혜를 받아 사람이 어찌 결연히 떠나갈수 있겠는가. 서울에 마련한 집은 겨울이 되어 몹시 불편할수 있으니 꼭 도성안으로 들어오도록 할것이다.

남편을 잃은 내가 조정일에 간참할바는 아니지만 경이 지금까지 들어오지 않고 임금도 발돋움하여 기다리면서 더 참을수 없어하기때문에 김석주를 시켜 지시를 전달하게 한다.

《숙종실록》1680년 12월 23일자에는 명성대비가 송시열에게 보낸 한글 편지(전유)가 실록에 한문으로 번역돼 있다. 당연히 명성대비는 원로대신을 높여 높임말로 했다. 한문 번역은 우리말의 높임법을 전혀 살릴 수 없어 최악의 번역인 셈이다. 그렇다면 지금 말로 번역할 때 높임법을 살려야 하는데 남한이나 북한이나 그냥 중립 반말투로 되어 있다.

조선시대 여성과 한글 발전

6.3. 관계성: 남성들의 한글 사용 동인으로서의 양반가 여성들의 한글 사용

여성 한글 편지에서 더욱 주목할 것은 남성들을 한글공동체로 끌어오는 구실을 했다는 것이다. 그것은 남성 위주의 한문공동체에 대한 도전이며 절대적, 보편적 한문 사용의 균질성을 깨는 길이기도 했다. 그런 측면에서 김무식(2009)과 홍인숙(2014)의 연구 결과는 흥미로운 의미를 던져 준다. 김무식(2009)의 자료 통계는 일부 제한된 자료를 대상으로 한 것이지만 남성끼리 언문 사용은 매우 드물다.

황문환(2010ㄴ: 76)에서도 16세기 중반 이래로 숱한 언간이 현재 전하지만 남성 간에 주고받은 것은 드물다고 했다. 이는 남성들끼리는 주로 한문 편지를 주고받고 비공식분야에서 여성 중심으로 쓰인 글자임을 보여준다. 이는 한글편지에서의 문자 사용의 특징이라기보다 한글이 갖고 본질적인 특성에 기인하는 셈이다.

반면에 여성끼리와 '남-여/여-남'이 대부분인데 여성끼리는 여성들만의 한글공동체의 의미를 던져 준다. 이에 반해 '여-남' 또는 '남-여'는 남성들을 언문공동체로 끌어오는 구실을 했음을 보여주는 것이다.

[표 22] 김무식(2009) 통계 자료 핵심 내용 재구성(김슬옹, 2012ㄴ: 337)

한글편지류 (발신-수신)	순천김씨묘 출토 한글편지	현풍곽씨 한글편지	'선세언독' 소재 은진송씨 한글편지	은진송씨 한글편지 (박순임: 2004)	제월당편 '선찰' 소재 은진송씨 한글편지	'편지급지 문집'의 한글편지
여성끼리	64.7%	29.4%	17.5%	7.7%	3.3%	79.5%
남성끼리	0%	0.6%	0%	0%	2.4%	0%
여 - 남	3.7%	4.4%	27.5%	54.8%	65.0%	9.0%

남 - 여	28.3%	65.0%	52.5%	22.1%	20.3%	3.8%
기타 (불명 포함)	3.2%	0.6%	2.5%	1.0%	9.0%	2.6%

순천 김씨 묘출토 언간은 1977년에 충청북도 청원군에서 채무이(蔡無易: 1537~1594)의 부인인 순천 김씨(順天金氏: 1592년 이전 사망 추정)의 묘를 이장하면서 발견된 문서로 중요민속자료 제109호로 지정된 유물 중에서 낱장으로 작성된 192장의 문서를 일컫는다. 자료 192건 가운데 3건은 한문 편지이고, 나머지 189건은 한글로 된 자료로 한글편지가 대부분이다. 여기서도 '여 → 남'보다 '여 → 남' 비율이 훨씬 높다.

홍인숙(2014: 115~116)에서는 [표 23]와 같은 통계를 제시한 뒤 기존 논의에서 별로 드러나지 않은 통계적 의미를 제시했다. 첫째는 주요 수신 상대가 남성이라는 점이다. 둘째는 남성 필자가 의외로 많다는 것이다.

[표 23] 한중연 편 역주 자료집(태학사, 2003~2009) 10권의 한글 간찰 자료상황(홍인숙, 2014: 114~115쪽)

	가문별 자료명	전체 편수	남녀 필자 수	여성 필자 간찰의 주요 수신인 관계 및 편수	여성 간 간찰의 관계 및 편수
2권	창원황씨 (19c중~20c전)	67건	남8 여59	→아들1→남편3→사위1 →부모, 친정친척 18 →구고, 사돈, 시집친척36	35건(사돈15, 시집16 친정 4) *자매2, 모녀2
	순흥안씨 (19c중~20c전)	22건	남6 여16	→부모, 친정친척2 →구고, 사돈, 시집친척14	8건(사돈2, 시집6)
3권	고령박씨 《先世該蹟》 (17~18c)	21건	남0 여21	→아들,손자9 →남편7 →구고,사돈, 시집친척5	2건(시집2)
	신창맹씨 《子孫寶傳》 (18~19c)	20건	남0 여20	→아들, 손자10 →부모, 친정친척5 →구고, 사돈, 시집친척2 →기타3	0건

조선시대 여성과 한글 발전

나주임씨	총암공 수묵내간 (17c중)	8건	남8 여0	해당 없음	0건
	임창계 선생 묵보(17c후)	18건	남18 여0	해당 없음	0건
4권	은진송씨 송준길	先世諺牘 (17~18c)	40건	남20 여20	→아들, 손자6→남편3→사위3 →부모, 친정친척6 →구고, 사돈, 시집친척2	4건(시집1,친정3) *모녀3
		낱편지 (17c~18c)	97건	남30 여67	→아들, 손자19→남편16 →구고, 사돈, 시집친척31 →기타(미상)7	3건(시집3)
5권	은진송씨 송규렴가 (17c후~18c전)	124건	남35 여89	→아들, 손자87 →손녀2	2건(친정2) *조모손녀2
6권	의성김씨 김성일파 (19c전)	167건	남24 여143	→아들15→남편60→사위5 →부모, 친정친척32 →구고, 사돈, 시집친척31 →기타1	1건(기타)
7권	전주이씨 덕천군파 (19c중~20c중)	76건	남40 여36	→아들6→남편4 →부모, 친정친척11 →구고, 사돈, 시집친척15	11건(사돈6,시집2,친정3) *모녀3
8권	안동권씨 (18c)후	28건	남19 여9	→아들, 손자6 →부모, 친정친척2 →구고, 사돈, 시집친척1	1건(시집1)
	안동 진성이씨 (14c말~20c중)	44건	남19 여23	→아들2→남편1 →부모, 친정친척4 →구고, 사돈, 시집친척15 →기타1	16건(사돈6, 시집9, 친정1) *질녀숙모1
	보령 경주김씨 (20c전)	20건	남7 여13	→사위2 →구고, 사돈, 시집친척1 →기타10	0건
	용인 해주오씨 (18c중~19c후)	33건	남19 여14	→아들3→사위1 →부모, 친정친척2 →구고, 사돈, 시집친척8	5건(시집4,친정1) *질녀숙모1

권		건	성별		
	영광 연안김씨 (19c후)	25건	남15 여10	→아들5 →부모, 친정친척3 →구고, 사돈, 시집친척1 →기타(미상)1	3건(시집1,친정2) *자매1, 조모손녀1
9권	광산김씨 (19c중~20c전)	149건	남104 여45	→남편2 →부모, 친정친척16 →구고, 사돈, 시집친척26	33건(사돈13,시집10,친정10) *모녀8, 숙모질녀2
10권	의성김씨 천전파 (19c후~20c중)	76건	남41 여35	→아들3 →부모, 친정친척4 →구고, 사돈, 시집친척28	25건(사돈19,시집3,친정3) *모녀3
	초계정씨 (19c후)	46건	남12 여34	→아들4→남편11 →부모, 친정친척9 →구고, 사돈, 시집친척8 →기타2	4건(시집1, 친정1, 기타2) *자매1

이렇게 여성을 중심으로 한 남성과의 소통이 중요한 이유는 박지원의 편지에서 확인할 수 있다. 박지원은 한문 편지로 아들과는 자잘한 일상까지 주고받는다. 그러나 그는 한글을 싫어해 제대로 배우지 않았고 누이들과는 한글편지를 주고받지 못한 것을 후회하는 글을 남기고 있다.[9]

妹書雖慰. 而盡送內行. 獨守空衙. 傍無替讀倩寫者. 奈何. 吾之平生. 不識一箇
諺字. 五十年偕老. 竟無一字相寄. 至今爲遺恨耳. 此事想有聞知. 爲之傳及如何.

---

9 최세진의 훈몽자회(1527)에서 보듯 한자 학습의 편의성 때문에 양반들이 대부분 한글 문식
력이 있었지만 그렇지 않은 경우도 꽤 있었던 듯하다. 가례언해 관련 다음 기록을 보면 사계
(沙溪) 김장생(金長生, 1548~1631)은 한글을 제대로 몰랐음을 알 수 있다.
《灘村先生遺稿》卷7, ‘漫錄’: 家禮諺解, 卽申拙齋湜之子得淵所成也. 得淵公爲本道監司時, 刊
布道內, 而其所解釋者, 或多錯誤, 後來見者, 多有疑信之惑, 其外孫宋廷奎, 戊子爲本道伯, 有
改正之意, 而未得與議者, 詢於雙湖崔伯謙, 伯謙誤以余薦之. 余辭之不得, 取諺解據其誤解之
甚者而改正之. 適宋公遭彌遞歸, 事遂寢, 改正草本, 見漂於辛卯之水.【傳云, 申公初使全昧家禮
者解釋, 而取證於沙溪先生, 沙溪亦昧諺文, 苟爲從解之故也.】

조선시대 여성과 한글 발전

燕巖集卷之三 潘南朴趾源美齋著 / 孔雀舘文稿○書_答族孫 弘壽 書 _한국고전
DB(http://db.itkc.or.kr/).

누이동생에게서 온 글이 비록 위로는 되겠으나, 아내를 보내버리고서, 빈 관
아를 혼자 지키고 있으므로, 곁에는 대신 읽어 줄 사랑도, 시켜서 쓸 사람도 없
으니 어떻게 할꼬? 내 평생에 한 자의 언문자도 알지 못하여 (누이와) 50년을 함
께 늙어 가면서 마침내 한글자도 서로 주고받지 못했으니, 지금에 이르러 남는
한이 될 뿐이다. 이 일이, 생각컨데 (세상에) 알려져 그것이 퍼지게 되면 어찌할
꼬? _번역: 박지홍(1982). 실학파의 언어·문자관과 그 자료 - 북학파를 중심으로.
《부산한글》 창간호. 한글학회 부산지회. 28쪽.

큰 아이(아들)에게
누님에게 돈 두 냥을 찾아 보내는데 언서(諺書)를 쓸 줄 모르니 네 누이동생
에게 쓰게 해서 보내는 것이 좋겠다. 광엽의 처에게는 모름지기 쌀 한 말로 존
문(存問사정을 알기 위해 직접 찾아가 봄) 했으면 한다. 혹 개성의 인편에 편지가 오
면 이번에는 잊지 말고 내게 보내렴. 제사는 몇 차례나 지냈느냐? _박지원이 큰
아이(아들)에게 보낸 편지에서_박지원/박희병 옮김(2005). 고추장 작은 단지를
보내니(연암 박지원이 가족과 벗에게 보낸 편지). 93쪽. 돌베개.

대문호인 박지원은 일반 양반들이 흔히 하는 한글 편지를 하지 않았다. 여
러 정황상 한글을 아예 모른 것은 아니었으므로 한글편지를 못 쓴 것이 아
니라 안 쓴 것으로 볼 수 있다. 못썼든 안썼든 그는 딸과의 편지 소통을 이루
지 못했고 아들과의 한문 편지로 이룬 자잘한 소통의 의미조차 이루지 못했
다.[10]

---

10 실학자들의 반실용적 문자관 비판은 "박지홍(1982). 실학파의 언어·문자관과 그 자료 -북학
파를 중심으로.《부산한글》 창간호. 한글학회 부산지회. 27~35쪽, 김슬옹(2017).《한글혁명》.
살림터. 205~214쪽." 참조. 박지원의 탄식이 10년만 앞섰어도 박지원의 문학은 더 꽃피웠을
것이고, 양반 사회를 풍자하는 "호질, 양반전"을 양반들의 최대 모순인 한문으로 쓰는 문학

6.4. 정체성과 주체성: 자기 드러내기와 주장하기로서의 여성의 한글편지

훈민정음 발달과 연계하여 여성의 한글편지를 다루다 보니 공공성과 관계성을 주로 보았지만 정작 중요한 것은 정체성과 주체성이다. 문자는 권력이기 이전에 욕망이다. 표현하고 싶은 욕망, 소통하고 싶은 욕망, 읽고 싶은 욕망, 이러한 기본 욕망을 드러낼 때 자아 정체성은 사회적 정체성으로 더 나아가 주체성으로 발전한다. 이는 세종이 훈민정음 해례본 서문에서 '신기정(申其情)'이라고 밝힌 바와 같다.

이런 측면에서 최윤희(2002)가 신천 강씨의 한글편지에서 그의 자의식에 주목한 것은 바로 정체성 발현으로서의 한글편지를 제대로 주목한 것이다. 곧 신천 강씨가 남긴 한글편지 118장을 수신자별로 보면, "딸 순천 김씨 107장, 아들 3장, 딸 1장, 며느리 3장, 사위 4장" 등인데 신천 강씨의 삶과 생각, 고뇌, 느낌 등을 읽어내기에 충분하다. 최윤희(2002: 104)에서 "시집간 딸과 주고받은 편지글에서 그녀가 지녔던 자신의 정체성에 대한 고민 그에 대한 자신의 생각을 표출한 것"으로 보고 "누가 16세기에 이런 여성 존재했다고 생각할 수 있겠는가"라고 반문했다. 그러한 반문에 대한 답은 한문 배우기는 아예 꿈도 못꾸고 쉬운 한글조차 배울 수 없었던 절대다수의 여성들의 문맹 삶에서 반추해 볼 수 있을 것이다. 신천 강씨도 한글을 몰랐다면 절대 문맹

가의 한계를 벗어날 수 있었을 것이다. 더욱이 실학자들의 실용 지식을 중국식 한문 문장에 가두어 양반 계층조차 극소수만 읽게 하는, 지식을 나누지 못하는 비극은 없었을 것이다. 18, 19 지식인들이 언문(훈민정음)을 통해 지식 실용화를 거부한 지 채 50년도 안 돼 우리는 지식으로 문장한 일본의 먹잇감이 되어 40여 년을 직접 지배를 받았고 그 고통은 지금까지 처절하게 이어지고 있다.

세계에서 고민이든 자의식이든 이렇게 구체적으로 충분하게 드러내지 못하고 그녀의 삶은 더욱 오그라들었을 것이다.

6.5. 표현성: 수다체로서의 한글편지

한글 편지에 쓰인 한글 문장은 끊어질 듯 끊어질 듯 이어지는 문장으로 구성되어 있다. 이는 여성들의 대화가 끊임없이 이어지는 수다를 닮아 수다체라고 할 수 있다. 보통 사전에서는 수다를 "쓸데없이 말수가 많음. 또는 그런 말(표준국어대사전)"이라고 부정적으로 써 놓았지만 그건 점잖아야 한다는 남성 중심의 시각을 반영한 것으로 여기서는 긍정적인 언어문화로 보고자 한다. 신나게 즐겁게 대화를 나눈다는 것은 누구나 즐거운 일이기 때문이다.

충북 청원군 북일면의 '순천 김씨묘'에서 출토된 언간 자료는 이러한 문체 특성을 잘 보여준다.

채셔방집
요이는 긔오니 엇더ᄒ니 동도 다 ᄂ려오고 셔방님도 나가다 ᄒ니 더 근심ᄒ노라 우리는 무다 다 됴히 인노라 다믄 서드라나 나면 아니 보랴 네 소는 엇더ᄒ고 너는 그리 병드니 내 겨믄 적티 무ᄉ미 졍시니 이시면 져그나 아니 도라보랴 내 무ᄉ미양 싱슝샹슝ᄒ니 내 니블 일도 다닛고 혼영이롤사 지그미겨구리도 몯히여 주노라 졍시는 간 디 업고 바ᄂ지론 어히업거니와 올히는 ᄭ우리 낫도 소니 거러보디 몯ᄒ니 주글 나룰 기ᄃ리노라 밧 이만ᄒ노라 시월 보롬날 모

• 번역(조항범)
채셔방집(채서방에게 시집간 딸)
요사이는 기운이 어떠하냐? 동기(同氣)들도 다 내려오고 서방님(사위인 '채무이')도 나갔다 하니 더욱 근심한다. 우리는 무사하다. 다 잘 있다. 다만 섣달이나

지나면 보지 않겠느냐? 네 손은 어떠하냐? 너는 그렇게 병드니 내가 젊었을 때처럼 마음과 정신이 있으면 조금이나 돌보지 않겠느냐? 내 마음이 매양 취한 듯 싱숭생숭하니 내 입을 일도 다 잊고 한영이에게는 지금까지 저고리도 못하여 준다. 정신은 간 데 없고 바느질은 형편없거니와 올해는 꾸리 낳도 손에 걸어 보지 못하니 죽을 날을 기다린다. 바빠 이만한다. 시월 보름날 모(母).

이 편지는 어머니 '신천 강씨(信川康氏)'가 시집간 딸 '순천 김씨(順天金氏)'에게 보낸 편지로 딸 '순천 김씨'는 편지의 채서방인 서울 사람 '채무이(蔡無易)'에게 시집가 '채셔방집'은 '채무이에게 시집간 딸인 순천 김씨'를 가리킨다. 편지는 딸 걱정에 대한 애틋한 마음과 속절없이 늙어만 가는 본인의 아픔을 마치 딸이 곁에 있어 말걸 듯이 속사정을 풀어내고 있다.

홍윤표(2008: 134~135)에서는 이런 언간 편지 문체를 한문 번역문으로서의 한글 문장과 비교하여 그 가치를 드러내고 있다.

> (1) ᄆᆞᆫ 예 인ᄂᆞᆫ ᄆᆞᄅᆞᆯ ᄆᆞ리 줄 거시니 ᄆᆞ리 가라 ᄒᆞ니. 나죄 가 필죵이ᄃᆞ려 ᄆᆞ리 갈 양으로 일 오라 ᄒᆞ소._16세기 순천김씨 언간 첫 부분
> (2) 子ㅣ ᄀᆞᆯ오샤디 學ᄒᆞ고 時로 習ᄒᆞ면 ᄯᅩᄒᆞᆫ 깃브디 아니ᄒᆞ랴 버디 遠方으로브텨 오면 ᄯᅩᄒᆞᆫ 즐겁디 아니ᄒᆞ랴 _1590. 論語諺解1: 1ㄱ.

(1)이 그 당시의 구어를 한글로 표기한 문장이고 (2)가 언해문에 보이는 문장 형식들로 확연히 다른 모습을 보이는데 바로 (1)유형 같은 언간체는 서사어의 한 유형으로 자리를 잡아갔다는 것이다.

한글로 쓰인 문장이 생김으로써 이제야 명실공히 우리말을 제대로 표기하는 서사어가 등장하였다고 할 수 있다. 한글로 쓰인 문장은 대부분이 한문문장을 이해하기 위한 도구로 쓰이었다. 한글로 쓰인 글들이 그 당시의 구어를 있는 그대로 표기하는 데만 쓰이었다면 우리 어문생활은 전혀 다른 길을 갔을 것이다.

그러나 한글로 쓰인 글은 주로 한문으로 쓰인 문장(한문 원문만으로 되어 있든 또는 음독구결문만 있든 상관없이)을 이해하는 도구로 쓰이었기 때문에 쓰는 문장에 간섭을 주게 되었다. 그래서 한글로 쓰인 문장은 두 종류로 분화하게 된다. _홍윤표(2008: 134).

일제 침략으로 (1)과 같은 언간체 문장이 제대로 이어지지 못한 것이 우리 역사의 안타까움이었다. 분명한 것은 언문일치가 언어 또는 문체의 근대화의 핵심 지표인 만큼 여성들의 바로 그러한 구어체식 언문일치가 바탕을 마련했다고 볼 수 있다.

이러한 여성들의 내간체는 일부남성들 문체에까지 영향을 끼쳤다. 딸에게 아버지가 보낸 편지를 보자.

채 민

아기네 형뎨손ᄃᆡ 나ᄂᆞᆫ 몯 가만뎡 됴히 인노라 아기네 오나ᄂᆞᆯ 안부드니 깃게라 두 지 말 신슈니 복기리 슌이리 훠 보내노라 뉴워ᄅᆡ 몯 가니 셧ᄯᆞ래나 갈가 고ᄌᆞ기 ᄇᆞ라노라 예 뎨 다 무ᄉᆞ니 그여서 더으랴 ᄯᅩ 슈ᄂᆡ 어마니 조판셔 ᄯᅵ긔 죠ᄒᆡ 봉ᄉᆡ 가니 분경 저ᄑᆞ니 셔방님ᄃᆞ려 닐어 뎐호ᄃᆡ 오셰뎡이ᄂᆞᆯ 블러 뎐ᄒᆞ면 의심 업ᄉᆞ니 셧ᄯᆞᆯ 져 뎐ᄒᆞ예라 〃 十月 十七日 父 (수결).

• **번역**

채씨와 민씨 집에 시집간 딸 형제에게

나는 못 가지만 잘 있다. 아기네 왔기에 안부는 들으니 기쁘구나. 두 집에 참깨 한 말씩 보내고, 신순이 복길이 순일이가 신을 목화(木靴) 보낸다. 유월에는 못 가니 섣달에나 갈까 간절히 바란다. 여기저기 다 무사하니 그에서 무엇을 더 바라겠느냐? 또 순이의 어머니가 조판서 댁에 종이 봉상(捧上)하러 가는데 분경(奔競, 금품이나 연줄 그 밖의 온갖 방법으로 벼슬자리를 구함)으로 오인될까 걱정되니 서방님(사위인 '채무이')에게 일러 전하되 오세정이라는 사람을 불러 전하면 의심 없으니 섣달 전에 전하여라. 섣달 전에 전하여라. 시월 십칠일 부(父) (수결)

-조항범(1998ㄱ: 608~611).

이 편지는 '순천 김씨'의 아버지 '김훈(金壎)'이 시집간 두 딸에게 보낸 편지이다. '채 민, 아기네'가 '채무이(蔡無易)'와 '민기서(閔麒瑞)'에게 시집간 두 딸을 가리킨다. 이 편지는 사대부가의 남성이 쓴 것이지만 생생한 구어체로 마치 곁에 있는 딸한테 얘기하는 듯하다.

이렇게 수다체 관점에서 보면 남성들이 쓴 한글 편지 또한 여성들 편지투와 다른 바가 없다. 그러므로 이런 문체 특성이 여성들만의 문체 특성이라기보다 한글 편지의 본래 특성이라고 할 수도 있다. 그러나 한글 편지를 주도하거나 그 구심점 구실을 한 이가 여성들이므로 여성들 문체라 해도 과언이 아니다.

6.6. 맺음말: 여성들의 한글편지에 따른 훈민정음 발달 의의

여성들의 한글편지가 갖고 있는 특성과 그 의미를 네 가지 측면, 곧 공공성, 관계성, 정체성과 주체성, 표현성 등으로 드러내 보였다.

첫째, 공공성의 잣대는 한글의 공적 사용 기제로서의 왕실 여성들의 한글편지의 가치를 드러낸 것이다. 이는 공인으로서 왕실 여성들이 차지하는 시대적, 정치적 맥락 속에서 한글편지의 위상이 매우 주요하다는 것이다. 실제로 언간 형태로 소통되던 언간은 한글의 공적 가치를 높임과 동시에 남성 사대부들을 한글 사용의 공적 영역으로 끌어들이는 효과를 냈다.

둘째, 관계성의 잣대로는 남성들의 한글 사용 동인으로서의 양반가 여성들의 한글 사용 의미를 짚은 것이다. 조선시대 남성 사대부들에게 한글은 계륵과 같은 의미였을 것이다. 남성성의 한자와 한문을 위해서는 무시해야 하지만 그 남성성의 한문 권력을 유지하기 위해서는 한글은 절대적이었다. 그런 남성들이 생활 차원에서는 가정과 떨어져 있을 때가 많았으므로 여성들과의 소통에는 필수적이다. 그러다 보니 남성들은 남성끼리는 한문 편지를 주고받고 여성들과는 한글 편지를 주고받은 다중 문체를 구사해야 했다. 한문생활 위주의 균질성과 획일성을 깨는데 한글편지가 큰 역할을 하였다.

셋째, 정체성과 주체성의 잣대로는 자기 드러내기와 주장하기로서의 여성의 한글편지 의미를 밝혔다. 자신을 표현할 수 있는 것과 없는 것은 정체성을 존중받느냐 못 받느냐의 차이와 같다. 편지로 여성들이 자신의 감정과 삶의 소소한 정보들을 표현하고 주고받는 것 자체가 정체성의 질적 차이를 구별해 주는 요소가 된다.

한글편지가 아니었다면 대다수의 양반가 여성들은 고된 시집살이를 더 이겨내기 어려웠을 것이다. 물론 평민층 여성들은 절대다수가 문맹이었다. 그만큼 그들은 신분적 차별을 더 감내해야 하는 처지가 되었다.

넷째, 표현성의 잣대로는 수다체로서의 여성 한글편지의 의미를 짚었다. 수다체는 일종의 입말체(구어체)요 사람답게 말하듯이 글을 쓰는 문체의 뿌리다. 대상이 앞에 있듯이 써야 하는 것이 편지이므로 자연스럽게 입말투가 될 수밖에 없다. 한문 편지로는 그것이 불가능하므로 한글편지가 편지의 본질을 드러내 주었다.

이상의 한글 편지의 특성이나 가치는 한글 편지 자체가 갖고 있는 본질이다. 이러한 한글 편지는 한글 사용의 본질적 가치일 수 있고 더욱이 사적인 편지의 주고받음으로써 한글은 은근한 불길로 사람들 사이를 파고들면서 역사의 흐름을 담았다.

7 ───── 생활문에서의 여성의 한글 사용 맥락과 의미

7.1. 머리말

여성의 한글 사용은 단연 생활문과 생활문학에서 두드러진다. 생활문은 일상생활 속에서 생활을 소재로 하거나 개인의 삶을 소재로 한 글을 말한다.[11] 일기, 생활수필, 여행기, 편지, 제문, 회고록/자서전 등이 여기에 해당한다. 이 작품들은 문학이기도 하므로 문학 차원에서 말할 때는 생활 문학이라 한다.

이 장에서는 6장에서 다룬 '언간'과 일반 실용서를 제외하고 수필, 일기, 자서전을 살펴보고, 죽음 관련 제문과 유서는 따로 살펴보기로 한다.

여성과 생활문을 체계적으로 정리한 연구로는 조동일(2005)의 《한국문학통사 3》. 지식산업사. 469~476쪽"이 있다. 물론 조동일은 '생활문'이란 용어를 쓰지는 않았다. '여성생활과 국문 사용'이라고 종합 정리한 것을 표로 분

---

11 Daum 사전(고려대 국어대사전)에서는 생활문을 "일상생활에서 일어난 이야기를 적은 글"로 생활문학은 "일상생활에서 흔히 경험할 수 있는 일을 소재로 한 문학"으로 정의하고 있다.

류해 보면 다음과 같다.

[표 24] 각종 여성 관련 생활문(조동일. 2005. 《한국문학통사 3》. 지식산업사. 469~476쪽)

갈래	제목	지은이	내용	기타
생애를 되돌아 보는 글	병자일기	남평 조씨	병자호란 때 피란한 내력	
	인목대비 술회문		궁중에서 일어난 일 회고	
	한중만록		궁중에서 일어난 일 회고	
	고행록	유명천(柳命天)의 부인: 한산 이씨 (1659~1727)		6대손이 한문으로 설명을 달고 그 아내가 1925년에 베껴 쓴 것도 있어 언어 변화를 확인하는 소중한 자료
	자기록	풍양조씨 (1772~1815)	15세에 시집가서 20세에 남편을 잃고 자식도 없이 살아가게 된 처지를 되돌아본 글	
	규한록	유선도의 대종손의 부인 광주이씨 (1804~1863)	시집간 지 50일 만에 남편을 여의고 어려운 살림을 맡아 친척들 사이의 갈등을 견디며 멀리서 양자를 얻어가다 후사를 삼은 내력	
제문	제선비 손부인문	이언적		한글 번역
	정경부인이씨 제문	윤숙(1733~1779)		
	전의이씨 제문	전의이씨 (1723~1748)	혼인한 다음 해인 1747년 (영조23)에 죽은 남편 곽내용에게 바치는 제문	
	조침문	유씨(兪氏)	바늘을 애도하는 글	

조선시대는 글쓰기 분야에서 여성을 철저히 배제했다. 물론 이때의 글쓰기는 한문으로 쓰는 글쓰기다. 그러나 한글로 글쓰기는 예외였다. 결국 여성의 한글문학은 한글을 한글답게, 여성을 여성답게 만든 문학이었다. 남성 주

류 양반들 가운데 이황, 정철처럼 한글 문학에 참여하는 경우도 있지만, 한글
수필, 일기 등은 여성들의 독차지였다.

7.2. 수필류(교술산문)

수필 분야에서 여성의 한글 사용이 갖는 가장 큰 의의는 자기표현이 가능
하게 되었다는 점이다. 일상생활을 한글로 기록해 생생한 삶을 그대로 담아
냈다. 양반 남성들의 압도적인 한문 문집의 방대함에 비하면 미미하지만, 적
은 만큼 더 한글 사용의 가치를 보여 준다.

조동일(2005)의 "《한국문학통사 3》 431~432쪽"에서는 조선시대에 수필이
라는 용어는 있었지만 오늘날의 수필 개념과는 맞지 않는다고 하면서 '교술
산문'이란 용어를 제안했다. 이른바 붓가는 대로 쓴 글이라는 가벼운 개념으
로는 조선시대의 다양한 수필을 포괄할수 없다는 것이다. 그러나 현대 수필
갈래에서도 수필은 경수필과 중수필로 나누는 것이 일반 관계다. 수필을 중
수필(에세이, 논술)까지 포함한 개념으로 보면 조선시대 수필류를 '수필'로 부
르는데 문제는 없다.[12] '교술산문'도 좋은 용어이긴 하나 '수필'이란 용어가
워낙 보편적으로 쓰이고 있어 그대로 쓰고자 한다.

조선시대 여성 수필에 대한 종합 연구로는 "배근숙(2005). 조선시대 한글
여류수필에 나타난 여성의식에 관한 연구. 건국대학교 교육대학원 석사 논
문."이 있다. 여류 수필을 일기류, 전기류, 역사류, 교훈류, 서간류, 기타류로

---

12 표준국어대사전에서는 수필을 경수필과 중수필로 나눠 보면서도 실상은 "일정한 형식을 따
르지 않고 인생이나 자연 또는 일상생활에서의 느낌이나 체험을 생각나는 대로 쓴 산문 형
식의 글"이라는 경수필의 의미로만 풀이해 놓았다. 중수필은 에세이, 논술이라고 하는 만큼
일정한 짜임새와 논리적 내용을 담아야 한다.

나누고 이로써 여성의식을 도출하였다. 일부 갈래상의 논란이 되는 작품도 있지만 여성주의에 주목한 것이 돋보인다.

[표 25] 배근숙(2005)에서의 조선 후기 수필류 분류

구분	규방수필	저자	궁중수필	저자
일기류	의유당관북유람일기	의유당 남씨	① 계축일기 ② 병자일기 ③ 산성일기	① 궁녀(대비 측근 나인) ② 남평 조씨 ③ 궁녀
전기류	의유당의춘일소흥	의유당	인현왕후전(전기이고 논픽션이므로 수필에 포함)	궁녀
애해류	① 전의 이씨 ② 장씨 제문 ③ 조침문	① 정최능부인 장씨 ② 유씨 부인	인목대비 술회문	
교훈류	① 규범 ② 내훈녀계서 ③ 연안김씨유훈			
서간류	① 이규영의 부인 김씨 편지 ② 송강대부인 안씨 편지 ③ 이용태의 부인 한글 편지 ④ 양주 조씨 편지 ⑤ 진양 정씨 편지 ⑥ 옥경의 情書		① 혜경궁홍씨 편지 ② 명온공주의 편지 ③ 명성대비의 傳諭 ④ 순원왕대비 傳敎	
기타류	① 의유당의 영명사 득월누상량문(번역문) ② 규중칠우쟁론기	① 의유당 남씨 ② 여성이나 작가 미상	① 한중록 ② 계해반정록	① 혜경궁 홍씨 ② 작자미상

조침문은 제문 형식이지만 여성 수필의 빼어난 작품으로 뽑힌다. 장덕순 (1960)의 "《국문학통론》. 신구문화사. 218쪽."에서는 "보통 제문이라면 천편일 률의 순 한문투의 격식인데, 이는 유려한 한글로 살뜰하고도 애절한 성정을 그대로 호소한 미문의 조사"라고 극찬했다.

유세차 모년 모월 모일에, 미망인 모씨는 두어 자 글로써 침자에게 고하노니, 인간 부녀의 손 가운데 종요로운 것이 바늘이로되, 세상 사람이 귀히 아니 여기는 것은 도처에 흔한 바이로다. 이 바늘은 한 작은 물건이나 이렇듯이 슬퍼함은 나의 정회가 남과 다름이라. 오호 통재라, 아깝고 불상하다. 너를 얻어 손 가운데 지닌 지 우금 이십칠 년이라. 어이 인정이 그러치 아니하리오. 슬프다. 눈물을 잠간 거두고 심신을 겨우 진정하야 너의 행장과 나의 회포를 총총히 적어 영결하노라.

연전에 우리 시삼촌께압서 동지상사 낙점을 무르와 북경을 다녀오신 후에, 바늘 여러 쌈을 주시거늘, 친정과 원근 일가에게도 보내고, 비복들도 쌈쌈이 낱낱이 나눠 주고, 그중에 너를 택하야 손에 익히고 익히어 지금까지 해포 되었드니, 슬프다, 연분이 비상하야 너이를 무수히 잃고 부러뜨렷으되, 오즉 너 하나를 연구히 보전하니, 비록 무심한 물건이나 어찌 사랑스럽고 미혹지 아니하리오. 아깝고 불상하며 또한 섭섭하도다.

나의 신세 박명하야 슬하에 한 자녀 없고 인명이 흉완하야 일찍 죽지 못하고 가산이 빈궁하야 침선에 마음을 붙여 널로 하여 생애를 도움이 적지 아니하드니 오늘날 너를 영결하니, 오호 통재라, 이는 귀신이 시긔하고 하늘이 미워하심이로다.

아깝다 바늘이어, 어여쁘다 바늘이어, 너는 미묘한 품질과 특별한 재질을 가젓으니, 물중의 명물이요, 철중의 쟁쟁이라. 민첩하고 날래기는 백대의 협객이요, 굳세고 곧기는 만고의 충절이라. 추호 같은 부리는 말하는 듯하고, 두렷한 귀는 소리를 듣는 듯한지라. 능라와 비단에 난봉과 공작을 수놓을 제, 그 민첩하고 신기함은 귀신이 돕는 듯하니, 어찌 인력이 밎을 바리오.

오호 통재라, 자식이 귀하나 손에 놓일 때도 있고, 비복이 순하나 명을 거스를 때 잇나니, 너의 미묘한 기질이 나의 전후에 순응함을 생각하면 자식에게 지나고 비복에게 지나는지라. 천은으로 집을 하고 오색으로 파란을 놓아 겉고름에 채엿으니, 부녀의 노리개라. 밥 먹을 적 만져 보며 잠잘 적 만져 보고 너로 더부러 벗이 되어 여름날과 겨울밤에 등잔을 상대하야 누비며 호며 감치며 박으며 공글를 때에 겹실을 꾀엇으니 봉미를 두르는 듯 땀땀이 뜨어 갈 적에 수미가 상응하고 솔솔이 부쳐 내매 조화가 무궁하다. 이생에 백년 동고 하럇드니 오호 애재라, 바늘이여.

　금년 시월 초십일 술시에, 히미한 등잔 아레서 관대 깃을 달다가 무심중간에 자끈동 부러지니 깜짝 놀라와라. 아야 아야 바늘이여, 두 동강이 나앗고나. 정신이 아득하고 혼백이 산란하야 마음을 베어 내는 듯하며 두골을 깨쳐 내는 듯하매 이윽도록 기식혼절하엿다가 겨우 정신을 차려 만저 보고 이어 본들 속절없고 할일 없다. 편작의 신술로도 장생불사 못 하엿네. 동내 장인에게 때이련들 어찌 능히 때일손가. 한 팔을 베어 낸 듯 한 다리를 베어 낸 듯 아깝다 바늘이어, 옷섶을 만저 보니 꽂혓든 자리가 없네. 오호 통재라, 내가 삼가지 못한 탓이로다.

　무죄한 너를 마치니 백인이 유아이사라, 누를 한하며 누를 원하리오. 능난한 성품과 공교한 재질을 나의 힘으로 어찌 다시 바라리오. 절묘한 의형은 눈 속에 삼삼하고, 특별한 품재는 심회가 막막하다. 네 비록 물건이나 무심치 아니하면 후세에 다시 만나 평생 동고지정을 다시 이어, 백년 고락과 일시 생사를 한가지로 하기를 바라노라. 오호 통재라. _《한글》 9권(조선어학회, 1933). 370쪽.

조침문은 일종의 우화이다. 이와 관련하여 정병설(2009: 15)에서도 다음과 같이 평가하였다.

　한문우언은 대체로 어떤 사물의 시원을 밝히는 내용이 많고 한글우언은 시원보다는 현상을 그리려는 경향이 강하다. 한문우언인 '국순전', 공방전 등은 술과 돈을 의인화하면서 그 시원에 초점을 맞추어 서술하는 데 반해 '규중칠우쟁론기', '사성록' '조침문' 등의 한글우언은 여성들이 안방에서 사용하는 바느질 도구들의 세계를 그리면서 그들의 관계 특히 다툼에 초점을 맞추고 있다. 요컨대 '중화' 문화를 대표하는 한문은 세계의 주재자로 관념적이고 추상적인 세계를 주로 다루었고 '오랑캐' 문화를 대표하는 한글은 그 문화에 순응한 구체적인 현실을 주로 표현했던 것이다. _정병설(2009). 조선시대 한문과 한글의 위상과 성격에 대한 一考-心身寓言의 비교를 통하여-.《한국문화》 48. 15쪽.

한문으로 기록된 중화 문화에 대비된 한글문화에 대한 장점을 구체적인 현실에 대한 묘사나 서술로 보았다. 한글로 쓴 실용문은 사실 내용의 엄밀성과 구체성, 표현 문체의 섬세함 측면에서 한문이 감히 흉내 내거나 따라올 수 없었다.

7.3. 일기류

조선시대 일기로 가장 많이 알려진 것은 이순신 장군의 '난중일기'다. '난중일기'는 조선시대 양반 사대부 어문생활의 실상을 보여준다. 남성 양반들은 전쟁 중에도 나날이 일어난 일과 생각, 느낌 등 소소한 일상사를 그대로 적을 수 있는 한글보다 일종의 중국식 번역인 한문으로 적는 것이 당연한 기록문화였다.[13] 실제로 지금 남아 있는 일기류는 남성들 일기이고 당연히 남성들 일기는 거의 다 한문이다.

[표 26] 조선 후기 여성 기행문 목록(이승희 2006: 4)

작품명	지은이	창작 및 탈고 연대	장르	표기 문자	작품소재	여정
의유당일기 (意幽堂日記)	의령 남씨 (1727~1823)	1772	수필	한글	《조선역대여류문집》. 을유문화사. 1955.	서울→함흥
호동서낙기 (湖洞西洛記)	김금원 (1817~?)	1850	수필	한글	연세대 소장	원주→충북 제천→금강산 (내금강→외금강)→통천 (관동팔경)→경성
금행일기 (錦行日記)	은진 송씨 (1803~1860)	1845	가사	한글	사재동 소장	충남 논산→공주

---

13 남성이 쓴 일기로는 유의양이 쓴 《남해견문록》(1771년 경)과 《북관노정록》(1773년 경)이 대표적이다.

조선시대 여성과 한글 발전

부여노정기 (扶餘路程紀)	연안 이씨 (1737~1815)	1802	가사	한글	임기중, 《역대가사문학전집》 11, 여강출판사, 1988.	안동 하회→부여
이부인기행 가사	미상	1821 혹은 1881	가사	한글	임기중, 《역대가사문학전집》 16, 여강출판사, 1988.	충북 청주 덕평→전남 나주 시량면 회진촌

조선시대 여성 일기만을 대상으로 한 연구는 《병자일기》와 같이 개별 연구 밖에는 없다. 조선시대 일기류를 종합 검토한 다음 연구에서도 여성이 쓴 일기를 특별히 다루지는 않았다.

정구복(1996). 조선조 일기의 자료적 성격. 《정신문화연구》 65호. 한국학중앙연구원.

정하영(1996). 조선조 '일기'류 자료의 문학사적 의의. 《정신문화연구》 19호. 한국학중앙연구원.

염정섭(1997). 조선시대 일기류 자료의 성격과 분류. 《역사와현실》 24. 한국역사연구원.

황위주(2007). 조선시대 일기자료의 현황과 활용방안. 《국역 조선시대 서원일기: 한국국학진흥원 소장자료를 중심으로》. 한국국학진흥원.

최은주(2009). 조선시대 일기 자료의 실상과 가치. 《대동한문학》 30집. 대동한문학회.

아쉽게도 이 논저들에서는 조선 일기를 총괄하고 있음에도 여성들이 쓴 일기에 대한 특별한 언급은 없다. 대부분이 남성들의 한문 일기라 그렇겠지만 비록 극소수라 하더라도 여성들이 직접 남긴 소수자 일기로서의 가치는 양적인 남성 일기에 못지않은 것이다. 그간 어느 궁녀가 쓴 일기로 알려졌던 《산성일기》는 남성이 쓴 《병자록》의 번역이다. 물론 단순한 번역은 아니다.

《산성일기》라고 통칭되는 《산성일기 병자》는 국문본이다. 작자가 밝혀지지 않았으며, 체험의 기록이 아닌가 하지만 후대인의 저작일 가능성도 있다. 남한 산성에서 겪은 수난을 긴박하게 서술하고 독자가 울분을 느끼지 않을 수 없게 하는 설득력을 갖추고 있다. 그것이 국문을 능숙하게 사용한 문장의 힘이다. 나라의 치욕을 국문만 읽을 수 있는 부녀자나 하층민들도 알아야 한다는 생각에서 쓴 책이라고 생각된다. _조동일(2005/2011). 《한국문학통사 3》(4판). 지식산업사. 28쪽.

이러한 평가는 《산성일기》가 한글을 사용한 가치와 의미를 정확히 짚어내고 있다. 만일 한문으로 쓴 글이었다면, 병자호란에 대한 울분을 한글로 표현한 글만큼 느끼지 못했을 것이다. 왜 한글로 번역했을까는 1차적 대상을 부녀자로 삼았기 때문이다. 대다수 평민 이하 하층민들은 쉬운 한글이 있어도 대다수가 문맹이었기 때문이다.

지금까지 보고된 여성 일기는 똑같은 병자호란을 배경으로 한 《병자일기》가 손꼽힌다. '병자일기'는 인조 14년(1636) 12월부터 인조 18년(1640) 8월까지 병자호란 중에 직접 겪은 일을 기록한 일기다. 여성 개인이 남긴 글로, 성별 관계없이 난리 통에 온갖 체험을 한글로 남겨 값진 한글 기록 문학으로 평가받는다.

《병자52》 십칠 아젹의 믈ᄀᆞ의 ᄂᆞ려 대룰 ᄀᆞ리오고 지어간 춘밥을 일힝이 술술이 ᄂ화 먹고 튱이과 어산이 대룰 븨고 연장이 업서 갓가ᄉᆞ로 이간 길의예 문 ᄒ나홀 내여 명막의 집ᄀᆞ티 움홀 무드니 싱대닙 ᄭᆞᆯ고 대닙흐로 니여 세 딕 니힝치 열네히 그 안해 드러 새아고 죵들은 대룰 뷔여 막을 ᄒ여 의지코 디내나 믈 업슨 무인되라 대수픠 가 눈을 그러 노겨먹고 당진셔 튝이 등히 알파 몯와 졀이ᄒ고 오장에 양식 디허 나ᄅ다 바다믈의 아이 시서 밥을 ᄒ나 모든 냥반둘 피란ᄒ니 거러의 믈을 나가 기러오되 우리 힝ᄎᄂᆞᆫ 거러도 업고 그릇도 업

스니 혼 그릇 믈도 어더 몯 머그나 듀야의 산셩을 ᄇᆞ라 통곡ᄒᆞ고져 ᄆᆞ음의 ᄎᆞ
마 나롤 디내니 인싱이 언메나 ᄒᆞ고 구들손 인명이니 아디 몯게라 일사이 혼
ᄌᆞ식을 다 업시코 참혹ᄒᆞ여 셜워ᄒᆞ더니 이때ᄂᆞᆫ 다 니저 다만 산셩을 싱각고 망
국듕의 나라 이리 되신 이롤 부녀의 아롤 일이 아니로듸 엇디 아니 통곡 통곡
ᄒᆞ리오

• 판독과 번역: 박경신

1월 17일: 아침에 물가에 내려 대(竹)를 가리고 지어간 찬밥을 일행이 몇 숟가
락씩 나누어 먹었다. 충이와 어산이가 연장도 없이 대나무를 베어 가까스로 이
간(二 間) 길이나 되는 집을 짓고 문 하나를 내어 명매기의 둥지처럼 조그만 움
을 묻고 생댓잎으로 바닥을 깔고 댓잎으로 지붕을 이어 세 댁(宅)의 내행차(內
行次) 열네 사람이 그 안에서 지내고 중들은 대나무를 베어 막을 하여 의지하고
지내나 물이 없는 무인도라 대나무 수풀에 가서 눈을 모아 녹여 먹었다. 당진에
서 죽이가 몹시 아파 오지 못했는데 조리하고 오장(五將)의 양식을 찧어 날라다
가 바닷물에다 애벌 씻어서 밥을 해 먹었고, 주야로 산성을 바라보며 통곡하고
싶을 뿐이었다. 마음 속으로 참으로 날을 보내니 살아 있을 날이 얼마나 되랴.
그래도 질긴 것이 사람의 목숨이니 알지 못할 일이다. 한 번 일에 한 자식을 다
없애고 참혹하고 설워하더니 지금은 다 잊고 다만 산성을 생각하는가? 망국 중
에 나라가 이렇게 된 일을 부녀자가 알 일이 아니지마는, 어찌 통곡하고 통혹하
지 아니하겠는가? _전영대·박경신(1991).

생생한 개인 일기답게 상황 묘사가 매우 섬세하다. 전쟁으로 피난 중에 겪
는 고초를 생생하게 묘사하고 서술하고 있다. "일사이 혼 ᄌᆞ식을 다 업시코
참혹ᄒᆞ여 셜워ᄒᆞ더니 이때ᄂᆞᆫ 다 니저 다만 산셩을 싱각고 망국듕의 나라 이리
되신 이롤 부녀의 아롤 일이 아니로듸 엇디 아니 통곡 통곡ᄒᆞ리오(한 번 일에 한
자식을 다 없애고 참혹하고 설워하더니 지금은 다 잊고 다만 산성을 생각하고 망국 중에
나라가 이렇게 된 일을 부녀자가 알 일이 아니지마는, 어찌 통곡하고 통혹하지 아니하겠는

가?")라는 구절에는 여자로서 나랏일에 나설 수 없는 현실을 수긍함과 동시에 이렇게 백성의 삶을 끝없는 나락으로 떨어지게 만든 나랏일을 원망할 수밖에 없는 속내를 드러내고 있다.

사실 그 당시 전쟁 통에 종이도 붓도 부족한 터에 이런 일기를 남긴 것 자체가 기적이다. 어떻게 그게 가능했을까를 생각해보면 일단 참상을 기록에 남겨야겠다는 역사가와 같은 소명의식이 있었을 것이다. 둘째는 오늘날 유명 여성 작가와 같은 남다른 글쓰기 역량 또는 그 같은 끼가 있었을 것이다

정우봉(2012)의 "남평 조씨《병자일기》의 성격과 작품 공간. 209~239쪽"에서 밝혔듯이 병자일기 이전에 여성이 쓴 한글 일기 기록은 아직 발견된 적이 없다. 여기서 남성들의 한문 일기와의 차이를 사실의 기록성과 내면 심리 묘사라고 보았다(221쪽). 곧 남성들의 한문 일기는 사실의 기록성을 중요하게 여겼지만 병자일기는 사실 기록을 절대시하지 않은 대신 남성들의 한문 일기에 비해 자기 내면의 심리와 감정 변화를 적극적으로 드러냈다고 보았다. 또한 남성 한문 일기는 내밀한 감정과 심리 표현이 한정적이고 부분적인 데 반해 병자일기는 지속적이고 구체적이고 전면적으로 보았다.

7.4. 자서전류/회고류

삶을 성찰하고 정리하는 일이야말로 사람다움의 주요 잣대가 된다. 그러한 성찰은 기록으로 남길 때 진정한 가치가 있다. 생각과 상상으로 지난날을 성찰하는 것은 누구나 쉽게 할 수 있지만 그것이 좀 더 가치 있는 행위가 되기 위해서는 기록하여 정리되고 객관화되어야 하기 때문이다. 나날이 성찰하는 글쓰기가 일기라면 일정한 기간 또는 오랜 세월 살아온 내력을 성찰하는 글쓰기는 자서전 또는 회고록이라 부른다.

266

한문은 일종의 번역문이기 때문에 생각 그대로 또는 성찰 내용을 최대한 자세하고 생생하게 적기에는 한계가 있다. 회고하는 것을 글로 남기려 할 때 한문으로 남기려 한다면 번역의 한계나 틀지움 때문에 자유로운 회고가 어렵다. 조동일(2005)의 《한국문학통사 3》에서 "한문으로 쓰는 전(傳)은 원래 역사서의 열전에 올리던 것이어서 객관적인 서술과 평가를 필수 요건으로 하므로 자서전이 있을 수 없었는데, 국문을 사용할 때에는 그렇지 않았다.(469쪽)"라고 평가한 것도 같은 맥락이다.

말하듯이 글을 쓰는 진정한 언문일치 글쓰기가 가능할 때 자유롭게 회고할 수 있다. 그런 면에서 훈민정음, 한글은 자유롭게 회고하는 글쓰기를 가능하게 한데서 큰 가치가 있다.

회고와 성찰을 위해 우리는 나다움을 실천할 수 있고 정체성이 바로 서게된다. 성찰과 회고에서는 심리 묘사가 중요한데 한문으로는 흉내 낼 수 없는 한글 서술의 빼어난 장점이 된다.

김갑기(1998). 한산 이씨 고행록의 저술배경과 문학적 가치. 《국어국문학》 122. 국어
국문학회.
김봉좌(2017). 《고행록, 사대부가 여인의 한글 자서전》. 한국학중앙연구원출판부.

회고록은 경험과 생각을 논리적인 체계로 엮어내야 하기 때문에 일정 수준 이상의 교양이 필요하다.[14]

언문으로 쓴 최초의 기록은 실록 기록에 전한다. 언문으로 된 원문은 남아

---

14 "자서전은 주요 사건과 그에 따른 감정들을 적절하게 조절하면서 써야 하는데, 그러려면 한글 구사력 못지않게 논리적인 사고력을 가져야 한다. 즉 어느 정도의지식과 교양을 갖추어야 가능하다._김봉좌(2017). 《고행록, 사대부가 여인의 한글 자서전》. 한국학중앙연구원출판부. 8쪽.

있지 않지만 중종실록에 직접 간추린 짧은 대왕대비 전기가 한문으로 번역되어 실려 있다. 곧 중종 25년 1530년 8월 23일 기록[15]에 따르면, 중종 임금이 승하한 자순대비가 생전에 자신의 행적을 언문으로 써 놓은 것이 있어서, 임금이 이것을 예조에 내려 대비의 지문(誌文)을 짓게 하였다는 것으로 보아 자순대비가 생전에 자서전을 언문으로 남겼음을 알 수 있다. 자순대비는 성종의 계비인 중종의 생모로 1530년에 운명하였으므로 그 이전에 남긴 것이다.

한문 번역을 다시 번역하면 그 당시 언문으로 남겼을 자서전이 얼추 그려진다. 언문 기록의 가치를 반추하기 위해 번역 한문과 대비해 보면 다음과 같다.

[표 27] 자순대비 행장 한문본과 현대어 번역

慈順王大妃尹氏, 坡州人也. 父壔爲新昌縣監時, 壬午六月戊子, 生於縣衙, 故以昌字作名曰: '昌年.' 先是, 母田氏夢, 見於天上彩雲中, 天女下降入懷, 甚奇之, 因以有〔脈〕〔娠〕. 父母心甚異焉. 年十二歲癸巳六月癸酉, 選入淑儀, 貞熹, 昭惠兩王后, 特加撫之, 敎以婦道, 承順無違. 貞熹王后常稱歎曰: '以爾試觀之, 人必幼年選入, 然後可以易敎, 亦可易習.' 貞熹王后, 又常敎成宗曰: '尹淑儀年少, 而醇謹寡言, 異於他人.' 己亥, 生翁主, 庚申十月, 冊封王妃. 性慈惠聰敏, 博學多聞. 事成廟, 小心日新, 小無妬忌, 撫恤諸如嬪子女如己出, 終始無間. 上孝慈闈, 下撫	자순왕대비 윤씨의 본향은 파평이다. 아버지 호가 신창현감으로 있을 때인 임오년 6월 무자일에 고을관청에서 낳았기 때문에 창[창성창]자로 이름을 지어 창년이라고 불렀다. 이보다 앞서 어머니 전씨가 공중에 어린 채 색구름 속에서 선녀가 내려와 품속으로 들어오는 꿈을 꾸고 매우 기이하게 여겼는데 이어 임신하였으므로 아버지와 어머니가 속으로 몹시 이상하게 여겼다.

열두살 되던 해인 계사년 6월 계유일에 숙의로 뽑혀들어왔다. 정희, 소혜, 두 왕후가 특별히 보살펴 부녀의 도리로 가르치자 어김없이 받들어 순종하였으므로 정희왕후가 늘 칭찬하고 감탄하여 말하기를 "너를 통하여 보면 사람이란 반드시 어린 나이에 뽑혀들어와야만 쉽게 가르칠 수 있고 또 쉽게 배울수 있다."라고 하였다. 정희왕후는 또 늘 성종에게 말씀하기를 "윤숙의는 나이는 어리지만 순박하고 착실하며 말이 적은것이 다른 사람들과는 다르다."라고 하였다.

기해년에 옹주를 낳았으며 경신년 10월에 왕비로 책봉되었다.

성품이 인자하고 총명하여 학문이 넓고 견문이 많았다. 성종을 섬기는데서는 날이 갈수록 더욱 조심하면서 질투하는 일이란 조금도 없었고 여러 |

---

15 (…전략…) 俄而下備忘記于禮曹曰: 大行王大妃生時, 以諺書留之. 今予遑遽, 略書大槪. 其文曰 (…후략…) 《중종실록》 중종 25년(1530) 8월 23일.

조선시대 여성과 한글 발전

眷屬, 雖古王后, 無以加焉. 成宗毎
稱歎曰: '自古婦人, 鮮不妬忌, 予
心之安, 實由中宮, 可謂賢妃. 昭惠
王后喜溢顔色, 常稱曰: '中壼得人,
夙夜何憂?' 乙巳十一月, 九朔生公主
, 中宮驚駭. 戊申三月己巳, 生大君
,【卽今上也.】庚戌十一月, 生公主
, 丁未二月癸丑五月, 幸本第獻壽,
世子與嬪, 扈駕赴宴, 人皆稱慶. 壬
子五月, 親覲于昌德宮禁苑. 燕山早
失慈母, 大妃撫育, 倍於己子, 内外皆
稱歎不已. 不幸甲寅十二月, 成宗晏
駕, 大妃撫膺痛哭, 不食數日. 因此
患疾, 幾至於危, 昭惠王后百般救
藥. 文昭, 延恩薦新, 數進不怠, 誠
孝出於天性. 遭燕山昏亂, 憂心焦
慮, 寢息不安. 因此罹病, 艱難得差
. 甲午四月昭惠王后薨逝, 哀痛罔
極. 燕山欲短喪, 大妃據古禮敎之曰
: '三年之喪, 自天子達於庶人, 天下之
通喪也, 豈可爲短喪? 我不敢從.' 燕
山勃然曰: '婦有三從之義, 時王之
法, 何可不從?' 大妃心雖大恨, 黽
勉從之. 徑脫衰服, 敎諸左右曰: '我
得罪於昭惠王后, 終身憾恨焉.' 丁
丑五月, 忽患大病, 移御于齊安大
君家, 六月得差, 七月還御于昌慶
宮. 壬午十二月, 又感疾幾至於危
. 予親禱于内苑, 焚香祝天, 大病自
愈. 庚寅六月, 因微恙轉劇, 彌留三
朔, 八月初六日, 移御于桂城君家
, 證勢危重. 八月十七日, 還御于景
福宮承政院, 證轉危革, 十九日, 還
入于景福宮東宮, 二十二日, 薨于
正寢."

왕비와 빈의 소생들을 자기 소생과 같이 보살펴 주면서 시종일관 변함이
없었다. 위로는 대비에게 효성을 다하고 아래로는 식구들을 보살펴주었는
데 옛날의 왕후라도 그보다 나을수 없었다. 성종은 늘 칭찬하고 감탄하기
를 "예로부터 질투하지 않는 여자란 드문 법인데 내가 마음이 편안한것은
사실 중궁때문이니 어진 왕비라고 이를만하다."라고 하였으며 소혜왕후는
기쁨이 넘친 낯빛으로 항상 칭찬하기를 "왕비를 어진 사람으로 얻었으니
밤이나 낮이나 무슨 걱정이 있겠는가."라고 하였다.

을사년 11월에 아홉 달만에 공주를 낳으니 중궁이 깜짝 놀랐다. 무신년
3월 기사일에 대군(즉 지금 임금이다.)을 낳았고 경술년 11월에 공주를 낳
았다. 정미년 2월과 계축년 5월에 친정에 가서 부모에게 오래 살기를 비는
술잔을 올렸는데 세자와 빈도 행차를 따라가서 연회에 참가하자 사람들이
다 경사라고 하였다.

임자년 5월에 창덕궁 후원에서 누에치는 의식을 직접 가졌다. 연산이 일
찍이 어머니를 잃자 대비가 자기 아들보다 갑절이나 잘 보살펴 주었으므
로 안팎에서 다 칭찬하여 마지않았다. 불행하게도 갑인년 12월에 성종이
세상을 떠나니 대비가 가슴을 두드리며 통곡하면서 며칠동안 음식을 들지
않았다. 이로 인하여 병이 나서 거의 위급하게 되었다가 소혜왕후가 온갖
약을 써서 구원되었다. 문소전과 연은전에 햇것을 올리는 제사를 자주 지
내면서 게을리하지 않았으니 그의 효성은 천성에서 나온 것이었다. 연산
이 어지러운 정사를 하게 되자 근심으로 애를 태우느라고 편안히 잠을 자
지 못하더니 병까지 얻었다가 간신히 나았다.

갑자년 4월에 소혜왕후가 세상을 떠나니 그지없이 슬퍼하였으며 연산이
거상기간을 짧게 하려 하자 대비가 옛 예절에 근거하여 말씀하기를 "3년
동안 상복을 입는 것은 황제로부터 일반사람에 이르기까지 공통된 거상제
도인데 어찌 그것을 짧게 할수 있습니까. 나는 감히 따를수 없습니다."라
고 하였다. 연산이 발끈하면서 말하기를 "여자에게는 부모나 남편이나 아
들을 따르는 의리가 있는데 지금 임금의 법을 어찌 따르지 않을 수 있겠
는가."라고 하므로 대비가 속으로는 크게 한스러우나 마지못해 따랐다. 상
복을 앞당겨 벗고는 곁에 있는 사람들에게 말씀하기를 "나는 소혜왕후에
게 죄를 지었다."라고 하였으며 종신토록 한탄하였다.정축년 5월에 갑자
기 큰 병을 앓게 되어 제안대군의 집에 처소를 옮겼다가 6월에 나았고 7월
에 창경궁으로 돌아왔다. 임오년 12월에 또 병에 걸려 위급한 지경에 이르
렀는데 내가 직접 후원에서 기도하고 향을 태워 하늘에 빌었더니 큰 병이
저절로 나았다. 경인년 6월에 대단치 않은 탈이 중한 병으로 번져 석 달이
나 낫지 않으므로 8월 6일에 계성군의 집으로 처소를 옮겼다가 증세가 위
급해져서 8월 17일에 경복궁의 승정원으로 돌아왔다. 증세가 더욱 위급해
졌으므로 19일에 경복궁의 세자궁으로 돌아왔는데 22일 몸채에서 세상을
떠났다.

실록에 한문으로 번역하여 싣기 전 자순대비의 회고록이 남아 있다면 번

역문 비슷한 문체의 글이었을 것이다. 물론 15세기 한 여성의 생생한 입말투가 한문으로 쓰여 화석화됐고 현대말로 복원한 것은 화석화된 것을 조금 더 복원했을 뿐이다. 더 중요한 것은 양반 남성들처럼 머리로만 우리말식으로 생각하고 곧바로 한문으로 번역해서 실록처럼 썼다면 머릿속 생생함은 이미 머리에서 나오기 전에 걸려진 것이다.

7.5. 맺음말: 나다움의 여성 글쓰기와 한글

생활문이나 생활문학의 가장 큰 가치는 생생함과 소소함, 자잘함의 미학이다. 한자와 한문은 위대한 문자요 서사 짜임새를 갖고 있지만 조선 사람들에게는 번역 그 이상도 그 이하도 아니다. 이질적인 문자 체계에 생생함, 소소함, 자잘함이 갇히게 된다. 나다움이 없어진다. 한글로 글쓰기는 바로 나다움을 살리는 길이었다.

여성의 한글 사용은 단연 생활문과 생활문학에서 두드러졌고 그 결과 일기, 생활수필, 여행기, 편지, 제문, 회고록/자서전 등이 여기에 해당된다. 조선시대는 글쓰기 분야에서 여성을 철저히 배제했지만 한글로 쓰는 글쓰기는 예외였으므로 여성의 한글문학은 한글을 한글답게 여성을 여성답게 만든 문학이었다.

수필 분야에서 여성이 한글을 사용한 가장 큰 의의는 자기표현이 가능하게 하여 일상생활을 한글로 기록해 생생한 내용을 담아 주므로 그만큼 더 한글 사용의 가치가 있다.

여성들의 한글 일기는 개인 일기답게 상황 묘사가 매우 섬세하여 남성들의 한문 일기에 비해 자기 내면의 심리와 감정 변화를 적극적으로 드러냈다. 또한 남성 한문 일기는 내밀한 감정과 심리 표현이 한정적이고 부분적인 데에 반해 병자일기는 지속적이고 구체적이었다.

삶을 성찰하고 정리하는 일이야말로 사람다움의 주요 잣대가 되므로 여성들이 나날이 성찰하는 글쓰기와 살아온 내력을 성찰하는 자서전이나 회고록은 의미가 깊다.

── 제례와 죽음 관련 분야에서
여성의 한글 사용 맥락과 의미[16]

8.1. 머리말

제문(祭文)은 죽은 사람을 애도하는 글로 흔히 제물을 올리고 축문처럼 읽는 글을 말한다. 좀 더 구체적으로 보면 "죽은 사람을 애도하거나 천지산천에 제사를 지낼 때 낭독하는 글 또는 그 글이 기록된 낱장의 문서(김봉좌, 2011: 163)"를 가리킨다. 이에 비해 '유서(遺書)'는 죽은 사람이 직접 남긴 글이다.

'죽음'에 대한 제례나 관련 문서들은 어느 시대나 어느 사회나 엄숙한 전통문화 행위와 생활 관습으로 매우 중요하다. 조선사회 제례는 가부장적 사회인지라 철저히 남성 위주의 의식 행위이지만 그만큼 여성들의 역할이 매우 컸다.

죽은 사람의 신주를 모시는 종이 신주의 '지방'은 21세기에 이르기까지 남성 위주의 문자인 한문으로 이어져 내려올 정도로 한문 중심의 관습은 거의

절대적일 만큼 문자의 남성성은 강력하다.

어문생활에서 가장 보수성을 띠는 분야가 제례 분야이다. 21세기 지금까지도 남한에서 대부분의 가정에서 한문으로 쓴 지방으로 제사나 차례를 지내거나 지금 세워지는 비석에 한자가 꼭 쓰이는 것을 보면 쉽게 알 수 있다.

이런 문화적 관습 속에서 여성들의 여성들을 위한 제문을 중심으로 그것이 차지하는 의미를 밝혀보고자 한다.

8.2. 연구사

백두현(2015)의 《한글문헌학》에서 "제문은 한문으로 쓰인 것이 압도적으로 많으나, 제문의 작자가 여성이거나 여성이 제사의 대상인 경우는 한글로 지은 것이 적지 않다.(210쪽)"라는 지적이 옳다. 그만큼 소수자 여성이 남긴 한글 제문의 가치는 더 높을 수밖에 없다. 그와 같은 맥락에서 김봉좌(2011)에서도 다음과 같이 문제를 제기한 바 있다.

> 유교의례와 관련된 한글문헌은 왕실의 각종 행사를 비롯하여 사대부가의 관혼상제를 두루 살필 수 있을 만큼 다양한 유형으로 제작되었으며, 동일한 내용의 한자본과 함께 현전하는 경우가 많다. 조선의 사회 규범과 정신적 기반 위에 형성되어 당대인들의 생활에 깊숙이 녹아있었던 것이 유교의례였으므로 관련 기록물 역시 한자 일색으로 편찬하는 것이 당연하다. 그럼에도 불구하고 한글로 별도의 기록물을 제작하여 이용한 것은 어떻게 보아야 하는 걸까? _김봉좌 (2011: 2).

제문에 대한 연구는 많지만 여성의 한글 제문만을 대상으로 연구는 많지는 않다. 여성의 한글 제문에 대한 연구로는 학위 논문으로는 "류경숙(1996). 朝鮮朝 女性 祭文 硏究. 충남대학교 박사 논문."이 있고, 일반 논문으로는 "조성윤(2017). 여성 한글 제문(祭文)에 보이는 감성 소통의 원리와 교육.《동악어문학》72. 동악어문학회. 37~59쪽."이 있다.

류경숙(1996)에서는 조선조 여성들의 제문 연구는 여성들의 생활사를 이해하고 여성들의 세계관까지 알 수 있는 자료로 보고 조선조 여성들의 의식세계와 구조적 사상체계가 문학적으로 어떻게 승화되었는지를 주목했다. 류경숙(1996: 4)에서는 제문을 "죽은 사람을 애도하거나, 천지 산천에 제사를 지낼 때 사용되는 글"로 '여성제문'은 여성들이 창작하여 전승되어 온 제문이지만 비록 남성이 지었다 하더라도 여성이 대상인 경우까지 포함하여 "작자 또는 대상이 여성인 경우로서 죽은 사람을 애도하는 글"로 보았다.

[표 28] 여성 관련 제문(조동일, 2005: 469~476쪽)

제목	지은이	내용	기타
제선비손부인문	이언적		한글 번역
정경부인이씨제문	윤숙(1733~1779)		
전의이씨 제문	전의이씨(1723~1748)	혼인한 다음 해인 1747년(영조 23)에 죽은 남편 곽내용에게 바치는 제문	
조침문	유씨(兪氏)	바늘을 애도하는 글	

유서는 죽음을 앞두고 쓴 글인 만큼 동기야 어떻든 가장 비극적인 글쓰기임이 분명하다. 유서에는 억울한 죽음과 관련된 것도 많은 만큼 한글(언문) 유서는 여성들에게 매우 절실한 수단이었을 것이다. 1701년에 있었던 그런 안타까운 사고 기록이 남아 있다. 숙종 27년에 진사 유석기(兪碩基)가 일찍이 아내 윤씨를 쫓아냈는데 유석기가 죽자 윤씨가 돌아와 상복을 입고 곡을 하니 유석기의 이모부 심익겸이 윤씨의 상복을 뺏고 쫓아냈다. 이에 윤씨가 통곡하며 죽은 남편 무덤에 가서 언문 유서를 써서 나무에 걸어두고 나뭇가지를

꺾어 목을 찔러 자결하니, 조정에서 심익겸과 유씨 집안의 어른 유명겸을 옥에 가두고 죄를 묻게 하였다는 것이다(숙종 27년(1701) 4월 25일).[17]

칸트는 유서를 "생애의 가장 불행한 기록이고 또 가장 효력 있는 기록이다.《문장백과사전(금성출판사) 재인용》"라고 하였는데 18세기 양반가 여성의 유서가 처절하게 그런 의미를 보여주고 있다. 남편의 죽음 앞에 통곡조차 할 수 없었던 한 여인의 한이 실록 기록으로나마 남아 전해져 오고 있는 것이다. 가장 불행한 일을 가장 불행한 죽음으로 마무리하면서 남기는 유서의 진정성을 칸트는 가장 간결한 말로 표현하고 있다. 언문 유서가 그런 불행과 함께하는 것이 안타깝지만 이 사건에 죽음으로 본 사람은 처벌로 이어졌으니 억울함을 풀어주는 한 가닥 길이 되었다. 그러나 이렇게 죽어서나마 억울함을 푼 경우는 극히 일부에 지나지 않았을 것이고 수많은 언문 유서는 여인들의 한과 함께 영원히 묻혀 갔을 것이다.

8.3. 제문

홍윤표(2013ㄴ)의 '한글 제문은 누가 누구에게 썼을까요?'에서는[18] 안동민속박물관 편(1998).《안동의 한글 제문》에 실린 94편의 한글 제문을 다음과 같이 통계를 낸 바 있다.

---

17 引見大臣,備局諸臣. 執義金致龍論: "故進士兪碩基, 娶尹氏, 生一男彦聖. 仍棄其妻, 碩基死, 碩基父命觀又死, 而彦聖代服其喪. 尹女又自其家, 聞喪而至, 則命觀之弟若子及其親黨, 無一人異議者, 而獨命觀妹壻沈益謙, 奪彦聖衰服, 而使尹女痛哭彷徨, 無所往. 遂至其夫所葬處, 手裁諺書, 懸於墓木, 折取其枝, 揷頸而死. 命觀之弟命謙, 以其一家之長, 不能善處, 致有此變, 請沈益謙,兪命謙, 令該曹囚禁究覈" 從之.

18 홍윤표(2013).《한글이야기2: 한글과 문화》. 태학사. 220~278쪽.

번호	제문의 대상	숫자	번호	제문의 대상	숫자
1	어머님 영전에	13	23	사돈 영전에	1
2	아버님 영전에	9	24	사친 영전에	1
3	장모님 영전에	9	25	삼종질부 영전에	1
4	고모님 영전에	4	26	선배 영전에	1
5	외숙부 영전에	3	27	숙모님 영전에	1
6	숙부님 영전에	3	28	시어머님 영전에	1
7	남편 영전에	2	29	아우 영전에	1
8	고종형 영전에	2	30	아재 영전에	1
9	누님 영전에	2	31	양어머님 영전에	1
10	동서 영전에	2	32	오라버님 영전에	1
11	사형 영전에	2	33	어머니가 딸 영전에	1
12	종형님 영전에	2	34	외숙모님 영전에	1
13	처남 영전에	2	35	외조모님 영전에	1
14	처백부님 영전에	2	36	외종형 영전에	1
15	할머니 영전에	2	37	장인 영전에	1
16	친정어머님 영전에	2	38	재종질부 영전에	1
17	누이 영전에	1	39	제종매 영전에	1
18	대종숙 영전에	1	40	종고조모님 영전에	1
19	백모님 영전에	1	41	종제 영전에	1
20	부인 영전에	1	42	친구 영전에	1
21	큰 오라버님 영전에	1	43	형님 영전에	1
22	할머니 영전에	1	44	기타	6

이 제문들은 조선시대 제문만은 아니지만 조선시대부터 전해오는 여성 중심의 한글 제문이 아주 다양하게 사용되는 맥락을 보여주고 있다. 홍윤표 (2013ㄴ)에서는 다음과 같이 한글 제문의 여성성은 한글 그 자체의 특성에 있다고 보았다.

한글 제문에는 돌아가신 분들에 대한 절절한 감정이 녹아 있어서 여성적인 면이 많아 대부분의 한글 제문은 여성들이 쓴 것으로 알려져 있지만, 실제로 한글 제문들을 조사해 보면 꼭 그렇지 않다는 사실을 알게 됩니다. 여성이 쓴 것이 많지만 모두가 여성들이 쓴 것은 아니며, 또 남성들이 썼어도 여성들이 쓴 글만큼 감정이 넘쳐 흐르고 있음을 볼 수 있습니다. 이것은 남성과 여성의 문제가 아니라 우리말과 한글이 그러한 감정을 표출하는데 매우 적절히 사용될 수 있는 말과 문자임을 알려 주는 것이라고 할 수 있습니다. 만약에 그러한 감정을 한문이나 영어로 쓴다면 이러한 간절한 생각을 표현하기 힘들 것은 분명합니다. 한문과 한자에 아무리 익숙하더라도, 그리고 영어에 매우 익숙한 한국인이라도 자신의 솔직한 의견과 감정을 표출하는데, 우리말과 한글로 쓴 것처럼 적절하게 표현하지는 못할 것입니다.

그런데 제문에서 한글은 여성만이 쓰거나 여성만을 대상으로 여성성을 나타내므로 한글 사용 그 자체에 여성의 한글 사용 의미가 있다. 이런 관점 아래 남성이 여성을 위해 쓴 한글 제문의 의미를 볼 필요가 있다.

홍윤표(2013ㄴ)에서 소개된 '아들이 어머니에게 쓴 제문'이다. 양반 남성들이 여성과 소통하기 위해 한글 간찰을 쓰는 것은 일반적인 예이지만 특별한 의식이 전제된 제문에서의 남성의 한글 사용은 그보다 한글 사용의 맥락적 의미는 더 크다. 여섯 장 가운데 첫 장과 마지막 장만 소개하면 다음과 같다. 홍윤표(2013ㄴ)에서는 모두 2,221자로 원고지 약 11장이 넘는 분량으로 크기는 가로 223.0cm, 세로 24.0cm라고 밝혔다.

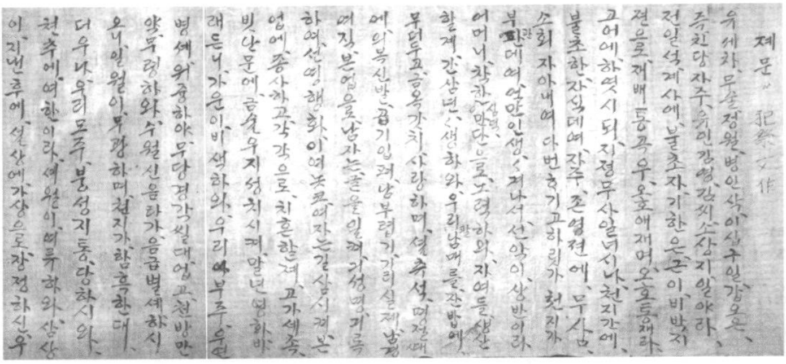

[사진 9] 아들이 어머니에게 쓴 제문 6장 가운데 첫째 장

[사진 10] 아들이 어머니에게 쓴 제문 6장 가운데 마지막 장

유세차 무술 정월 병인삭 이십구일 갑오(甲午)은 즉 친당(親堂, 친부모) 유인(孺人) 김영김씨(金寧金氏) 소상지일야(小祥之一夜)라 전일석(前日夕) 계사(癸巳)에 불초자 기한은 근이 비박지견(鄙薄之奠, 보잘것없는 제사 음식)으로 재배통곡우 오호애재며 오호통재라 고어(古語, 옛말)에 하엿시되 지정무사(至精無事, 깨끗하고 탈이 없다) 일너시나 천지간(天地間)에 불초한 자식 데여(되어) 자주 존영(尊影) 젼에 무삼 소회(所懷) 자아내여 다버느기(多煩하게, 번거롭게) 고하릿가 천지가 부판(剖判,

조선시대 여성과 한글 발전

갈라짐)데여 억만 인생 생겨나서 선악(善惡)이 상반(相反)이라 어머니 착한 심덕(心德) 만단(萬端)으로 노력하와 자여(子女)들 생산할 제 간삼년(間三年, 삼년 동안에) 년생(緣生, 인연으로 생겨남)하와 우리 팔남매를 잔밥(잔식구)에 무더두고 금옥 갓치 사랑하며 셜 츄석 명절째에 이복(衣服) 신발 곱기(곱게) 입펴 남부렵기 기리실제(기르실 제) 남경여직(男耕女織, 남자는 농사를 짓고 여자는 길쌈을 하다) 본업으로 남자는 글을 일켜(읽혀) 그 성명(姓名) 긔록하여 선영행화(先塋行化) 이여놋코 여자는 길삼시켜 본업에 종사하고 각각으로 치혼(治婚)할 제 고가세족(故家世族, 여러 대에 걸쳐 세도를 누린 큰 집안) 빗난 문에 금슬우지(琴瑟友之, 부부간의 금슬이 좋아 친구처럼 지내는 것) 셩치(成就)시켜 말년영화(末年榮華) 바래든니(바랬더니) 가운(家運)이 비색(否塞, 운수가 꽉 막힘)하와 우리 부주(父主, 아버지) 우연 병세 위중하야 무당(巫堂) 경각(頃刻) 씰대업고(쓸데없고) 천방만약(千方萬藥, 천 가지 처방과 만가지약) 무령하와 수월(數月) 신음타가 응급 별세하시오니 일월이 무광(無光)하며 천지가 함흑(含黑, 검음을 머금다)한대 더우나 우리 모주(母主, 어머니) 붕성지통(崩城之痛, 남편의 죽음을 슬퍼하며 우는 아내의 울음) 당하시와 쳔추에 여한이라 셰월이 여류(如流)하와 삼상(三霜, 흰옷을 입고 상제로 있는 삼년)이 지낸 후에 설상에 가상으로 장정(壯丁)하신 우리 형님 우연이 득병하와 천방 만약 구원하되 백약이 무호(無效)하니 천명(天命)이 그뿐인지 생전불호 기치놋코 홀연 별셰하시오니 당상백발(堂上白髮) 우리 모주(母主) 서하지참(西河之慘, 부모가 자식을 잃은 참혹함) 억울하다 그 중간 격근(겪은) 심회 엇지 다 말하릿가 널버신(넓으신) 마음으로 고생을 영화로 생각하고 재쥬 형제게 락을 붓쳐 주경야독(晝耕夜讀) 고훈(教訓)하여 부급종사(負笈從師, 책 상자를 지고 스승을 따름) 시기오니 말년자미(末年滋味) 혼자온닷 사람 생전 즐길락자(樂) 별셰 사후 슬플애자(哀) 자고이래 사람마다 상사(喪事)라고 하지마는 부모형제 친척간에 별셰날이 하직되니 존비귀천(尊卑貴賤) 물론하고 슬픈 정곡(情曲, 간곡한 정) 일반이라 오륜을 생각하고 이내 몸을 도라본니 애애(哀哀)하신 모주여 구로생육(劬勞生育, 자식 낳고 기르는 수고) 하실 적에 은공 놉아 하날이요 자정(慈情) 깁픈 바다이라 하날같치 높은 공과 바다같이 깊은 정을 호심(孝心)으로 갑사오며(갚으며) 정셩으로 가파낼가(갚아낼까) 그 은공을 갚을진대 활부봉양(割膚奉養, 양식이 부족해서 자신의 살을 베어서 부모를 봉양함) 부족이라 통재며 애재라 오늘밤 영혼 전에 오호애재 통곡하니 호천(呼天, 하늘을 우러러 부르짖음)이 망극이요 일월이 무광이라 자고로 사람마다 별셰하면 다 이련가 작년 이 달 하신 말슴 어이 그리 못 듣는고 작년 이 달 보든 얼굴 어이 그리 못 보는고 부모된 그 자정은 별반이 후박(厚薄) 없지마는 자주(慈主, 인자하신 어머니) 같은 그 자정(慈情)은 이 셰상에 누 잇슬가 다남애(多男妹)를 길러낼 제 자식에게 씨친 자정 열 손가락 한가지라 아들 딸 차등업시 애지중지 하신 자정 어이 그리 유달한지 이리 귀케 기러낼 제 요조숙녀(窈窕淑女) 자부(子婦, 며느리) 보고 군 자호기(君子豪氣) 사휘(사위) 보아 차례차례 성혼(成婚)하고 손부(孫婦) 증손(曾孫) 보고 백년 상수(上壽) 바랬더니 우연이 어든 병환 근근(僅僅) 해부하시드니 일조 일석에 홀련(忽然) 별셰하시오니 천지가 무너지고 일월이 무광이라 창천창천(蒼 天蒼天) 이 무슨 변이리요 천도(天道)가 무심하고 신도(神道)가 무지(無知)튼가 염 나왕이 무광턴가 강산이 무너지고 천지가 합색이라 오호통재며 오호애재라 일 차 왕림 바랫더니 금수셰계(禽獸世界) 보기시러(보기싫어) 어느곳을 향하시고 생 리 백운(白雲) 높이 타고 지우제(祈雨祭) 행하시난가 공중에 구름 타고 신션 되로 (되러) 가시년가 춘산에 꽃피여도 자주 생각이요 추야에 달 발가도 자주 생각이 라 원수해 작년 차월 자주 가신 날을 날이 가고 달이 가매 어연간(어언간)에 오 는 세월 다 긴다시 일년 삼백육십일이 순시간에 다 지나고 어마주 소상일이 어 언간에 다은지라 무정세월은 가도 다시 오것마은 애중하신 어마주여 가시드니 못오신가 보고지고 자주(慈主) 얼골 듯고지고 자주 말슴 사생(死生) 길이 멀다 한 들 어이 이리 못오시요 황천으로 가는 길이 몇달이나 머러건대 그 길로 가는 사 람 가면 다시 못 오는고 원수로다 황천길이 원수로다 황천길만 업섯시면 애중 하신 자주며 아무리 머러서도 맞날 곳이 잇지마는 예로부터 죽는 사람 황천길 을 못 마가서 별세한 그날부터 영결(永訣) 종천(終天) 하직(下直)이라 만고영웅 진 시황도 통일천하 그 도량에 지우만세 바랜 마음 어이 그리 지각업소만은 서책 (書冊) 불에 살 제 다른 서책 살지 말고 죽은 사자 사라시면 후천지에 나온 사람 죽지 안고 사라 보지 애고 답답 자모주(慈母主)여 어이 그리 못오신고 골룡산(곤 룡산) 높은 봉이 평지되여 오실나오 삼철리(삼천리) 약수물이 육지되면 오실나오 슬프다 우리 자주여 야월공산(夜月空山) 깁흔 밤에 실피 우난 두견죠야 너는 무 슨 한이 깁퍼 불여귀(不如歸)로 우름 우노 인생 금수 다를망정 심중에 깁푼 한은 너와 나와 일바(일반)인가 너의난 고국(故國) 생각 나의난 친당(親堂) 생각 어이

조선시대 여성과 한글 발전

그리 다 갓튼냐 우리 동기 팔남매가 어무니(어머니) 음덕(陰德)으로 부귀복록(富貴福祿) 누릴 줄노 누구업시 밋슴니다 친외손(親外孫)이 흥성하야 어무니(어머니) 산소 압해(앞에) 친외손 느려서서 천추향화(千秋香華) 밧자오면 자주 사후복록(死後福祿) 그 안이 조흐릿가(좋으리까) 혼령이 생각하시고 아모조록 도으소서 지리한 심중설화(心中說話) 저저히(這這히, 있는 대로 낱낱이) 다 하재면 의희(依稀한, 어렴풋한) 황촉하에 듯삽기 장황할닷 대강 주리고(줄이고자) 하오니 불매하신 존령(尊靈)은 근이 일배쥬(一杯酒)로 박(薄)하오나 서기 흠격(歆格)하옵소서 오호애재 상힝_홍윤표(2013ㄴ: 262~264) 판독 해석.

홍윤표(2013ㄴ)에서는 이 제문은 남성이 썼지만 길고 애절하게 표현한 것을 한글 본래의 특성으로 보았다.[19] 이러한 제문은 단순히 망자에 대한 사연뿐만 아니라 우리 삶의 구체적인 정황을 드러내 주어 더욱 가치가 있다.

남자에게는 주경야독, 즉 낮에는 밭 갈고 밤에는 독서하는 것을, 여자에게는 길쌈 매는 것을 가르쳤습니다. 그리고 이들 서민들이 가장 행복하게 생각하는 것은 아들은 요조숙녀인 며느리를 맞고, 딸에게는 군자와 같은 사위를 맞이하고 또한 친외손을 많이 보고 오랫동안 무병장수하는 것임을 알 수 있습니다. 그래서 우리 생활 문화재 속에 '수복강녕'(壽福康寧)과 '부귀다남'(富貴多男)이라는 글이 많은 이유를 알 수 있을 것 같습니다._홍윤표(2013ㄴ: 265).

홍윤표(2013ㄴ)에서는 한글 제문이 안동과 같은 특정 지역을 중심으로 유행하면서 한글로 번역한 제문도 등장하였다고 보고 있다. 이밖에 제문과 더불어 제사기나 기일 등이 한글 표기로 유통된 사례도 여성들의 또는 여성들을 위한 한글 사용 영역에 제례 영역까지 넓혀 있음을 알 수 있다.

---

19 홍윤표(2013ㄴ)에 지적했듯이 제문을 쓴 아들의 이름은 '기한'으로 성과 나이는 알 수 없다. 어머니는 김녕 김씨(金寧金氏)이다.

제사기는 실생활에서 매우 중요한 기일을 한글로 적은 기록으로 제사 준비에 실질적인 역할을 했던 여성들이 쓴, 여성들을 위한 자료이다.

[사진 11] 제사기(홍윤표 소장)

기일기(忌日記)도 같은 맥락이다. 홍윤표(2013) 보고에 따르면, 가로 5.5cm, 세로 11.4cm의 크기로 접어놓은 것으로 좌우로는 5등분 하고 상하로는 2등분하여 접어놓은 것이라 일상생활에서 실용적 문서 사용의 전형을 보여준다.

[사진 12] 《생가기일과 양가기일》(홍윤표 2013ㄴ)

조선시대 여성과 한글 발전

다음 문서도 홍윤표(2013ㄴ)에서 소개된 것이다.

판독문 _홍윤표

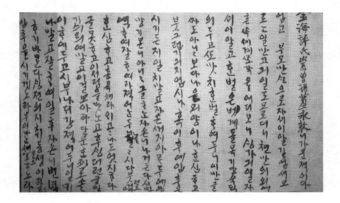

金海 許氏 出系 曾孫 第二 永敦니 가문적이 다 업고 부모 만성으로 자서이 알 길 업셔 모로는 일 만코 긔일도 모로더니 쳔만 의외예 혼 쪽 셰계 쪼각을 어더 보니 싱가 긔일 자서이 알고 혼 벌은 벳계 돌목기 당숙딕의 두고 쏘 맛치 혼 벌 ᄒ여 두니 이만 글쓰도 아니니 보다 나은 뫼양이나 흔심ᄒ고 붓그럽기 긔지업시나 혹 이후에 입후을 시기든지 일치 말고 자손써지 아루 두어야 양기본니 아니니 글ᄒ는 자손니 나거든 다시 번역ᄒ여 잘ᄒ여라 젹어는 두나 글시 다 붓거럭도다 흔심ᄒ고 통곡쳐라 이고 이고 나도 엇지ᄒ다 글 못ᄒ고 이 서룸을 밧눈고 후셩더런 글 일기 싀릐여 말고 이걸 보아라 단문흔 죄로 소소이 ᄒ여 두고 시부나 디강 젹어 두니 일키나 말고 잘ᄒ여 일후 자손니 번녁ᄒ기 바룬다 싱젼의 지춰 동셩이라도 입후을 시기겟노라 무이 나는 셔문으로 ᄒ노라

[사진 13]《생가기일과 양가기일》(홍윤표 2013ㄴ)

이 자료는 한자, 한문을 못 배운 서러움을 하소연하고 있어 은연중에 한글로 쓸 수 밖에 없는 자괴감을 드러내고 있다. 그럼에도 이렇게 한글로 더 제문다운 제문을 쓸 수 있는 상황이 그런 자괴감을 덮어 주고 있다.

8.4. 맺음말: 죽음 앞에 하나 되는 한글

관혼상제(冠婚喪祭)는 어른 되기의 관례, 결혼하기의 혼례, 장사 지내기의 상례, 제사 지내기의 제례를 합친 말이다. 이 가운데 상례와 제례 분야에서의 문자는 지극히 보수적이라 한자, 한문이 절대적이었다. 그런 역사적, 사회적 상황에서 일부나마 한글 제문과 유서가 죽음의 아픔을 위로하고 때로는 각종 슬픈 사연을 역사에 남기고 있다.

조선 사회 제례는 철저히 남성 위주의 의식 행위이지만 한글 제문은 남성과 여성, 산 자와 죽은 자, 관련된 지인들을 하나의 정의 공동체로 묶어주는 끈이었다.

유서는 죽음을 앞두고 가장 비극적인 글쓰기이지만 한글(언문) 유서는 여성들에게 매우 절실한 수단이었고 그만큼 망자의 흔적을 누군가의 가슴에, 역사의 한 편에 남기는 절박한 기록이었다.

9 ⬡ ——— 실용성 분야에서 여성의 한글 사용 맥락과 의미

9.1 머리말

한글이 실용 분야에서 어떻게 쓰였고 그 가운데 여성이 직접 참여하여 남긴 한글 문헌이나 자료가 얼마나 되며 어떤 가치가 있느냐이다. 문자 가치는 어떤 분야에 어떻게 쓰이느냐에 따라 정해지며 또 그 가치 평가는 맥락에 따라 달라질 수 있다. '한글'의 쓰임새 측면에서 최대 가치는 실용성에 있다. 그렇다면 실용 문서에서 한글이 어떻게 쓰였는가는 한글 가치 평가의 주요 척도가 될 것이고 그런 분야에서 여성의 구실이 어문 생활에서 차지하는 의미가 더 클 것이다.

실용 분야나 범위를 어떻게 설정하는가는 '실용' 자체 범위도 넓고 또 어떤 관점에서 보느냐에 따라 달라지기에 갈래 정하기가 쉽지는 않다. 김슬옹 (2012ㄴ: 351)에서는 '실용'의 핵심을 "몸과 일상성, 도구성"으로 보고 정신이 아닌 몸의 움직임에 관한 것, 그 몸으로 실질적으로 이루고자 하는 것 등이 여기에 해당된다고 보았다. 곧 몸을 치료하는 의학, 몸이 아픈 질병 분야, 몸의 움직임이 중요한 농업 분야, 몸을 움직여 수행하는 전쟁 분야, 몸을 위한 요리 분야, 몸을 둘러싼 생활총서 분야 등으로 설정했다.

규장각한국학연구원(2013)의 "《실용서로 읽는 조선》. 12쪽."에서는 실용서는 예나 지금이나 다를 바 없는 '사람들이 살아가는 삶 자체'에 초점을 맞춰 '실용'을 해석하고, 의식주를 해결하고 질병을 치료하려는 보편적으로 '늘 경험하는 세계'에 관한 책으로 보았다. 이렇게 보면 조선시대 사대부들이 펴낸 실용서는 생존을 위해서 꼭 필요하고 절실한 의학, 농업, 병서 등에 집중되어 있다.

그 어떤 분야든 한글이 쓰였다면 한자 모르는 일반 백성이나 여성을 독자로 둔 것이므로 여성과 모두 관련될 것이다. 여기서는 여성의 한글 사용 가치와 사회적 영향력 차원에서 공공 분야 실용서와 일반 분야 실용서로 나눠 보기로 한다. 이를 위해 "이상규 외(2011).《한글 고문서를 통해 본 조선사람들의 삶》. 문화체육관광부. 79쪽"에서 분류한 공공 문서를 좀 더 쉽고 간결하게 다음과 같이 나눠 보기로 한다. '왕실에서 사용하는 의례 문서'는 이 목록에서는 없는 것인데 "김봉좌(2011). 조선시대 유교의례 관련 한글 문헌 연구. 한국학중앙연구원 한국학대학원 박사 논문."에서 정리된 문서들이다.

> 1) 공공 관청과 관련된 소통 문서
> (1) 왕실에서 신하나 백성들에게 전달하는 문서: 어제, 유서, 전유, 교서, 전교, 국서, 칙령, 사송기, 윤음
> (2) 관청에서 백성들에게 알리는 문서: 고유, 조칙, 고시, 효유문, 전령, 감결, 조회, 완문
> (3) 백성들이 관청에 청원하거나 내는 문서: 상언, 원정격쟁, 의송, 소지, 원정, 발괄, 단자(언단), 등장, 청원·진정·고소장
> 2) 왕실에서 사용하는 의례 문서
> 발기(件記), 단자(單子), 도식(圖式), 치부(置簿), 의주(儀註), 홀기(笏記), 책문(冊

조선시대 여성과 한글 발전

文), 제문(祭文), 악장(樂章), 일기(日記), 등록(謄錄), 의궤(儀軌), 예서(禮書)
　3) 민간에서 주고받는 계약서, 단체 알림 문서
　　(1) 계약문서: 분재기, 명문, 수표, 다짐, 자문, 전문, 계약서
　　(2) 전달문서: 배자, 고목, 화제, 유언
　　(3) 집단공고문서: 완의, 동계, 문중 문서(문중계, 문중계안, 중계일기, 회문), 촌락
　　　　　관련 문서(동약, 계문, 동계, 동계안), 계문서(족계, 상부계, 친목계)

　일부 명칭은 겹쳐 쓰이기도 한다. '단자(單子)'는 청원류의 '소지'와 같은 뜻
으로 쓰이기도 하고 의례 문서인 "타인에게 보낼 물품이나 어떠한 사실을 조
목조목 적어 받을 사람에게 올리는 문서(민족문화대백과사전)"의 '단자'로 쓰이
기도 한다.

　이 가운데 여성 관련 문서는 '전유'같이 왕실 여성들이 사대부에게 내리는
문서와 왕실에서 사용하는 의례 문서, 관청에 내는 청원 문서, 민간에서의 계
약 문서 등이 있다. '전유'는 언간에서 다루었으므로 나머지만 다루기로 한다.

9.2. 연구사

　실용서 전반에 걸쳐 여성 문제를 다룬 연구는 없다. 다만 공공 문서에 한해
서는 "황인순(2018). 한글 공문서를 통해 드러난 여성지식 기술의 양상.《한글
자료를 통해 본 조선시대 여성 지식과 사유의 새로움》(55차 동계 학술대회 자료
집). 한국고전여성문학회. 1~16쪽."이 유일하다. 다만 여기서는 이상규(2011)
문헌 가운데 두 건의 소지를 집중 분석했다.

　백두현(2006)의 "조선시대 여성의 문자생활 연구 - 한글 음식조리서와 여성
교육서를 중심으로"는 여성의 어문 생활을 특정 실용서와 결합하여 분석한
본격적인 이 분야 연구 업적이다.

사실 행정 실용 문서 차원에서 보면 한글은 조선 말까지 이두보다 못한 문자였다. 이두는 비록 조악한 문자 체계이지만 주로 하급 관리가 작성하는 행정 문서로 쓰였기 때문이다. 《유서필지》는 자주 쓰이는 중요한 행정 문서 양식을 실어 놓은 책이다. 제목 그대로 '선비나 서리들이 반드시 알아야 할 공문서'의 작성 양식을 설명한 책이다. 편찬자나 편찬 연도는 정확히 알 수 없으나 규장각의 이진호 해제에 따르면, 공문서 형식으로 보아 《大典會通》이 간행된 1785년(정조 9) 이후에 나온 것으로 보인다. 내용은 "상언류(上言類), 소지류(所志類), 단자류(單子類), 고목류(告目類), 문권류(文券類), 통문투(通文套), 보상식(報狀式), 서목식(書目式)" 등 각종 공문서 예가 수록됐다. 행정 문서 서식인 만큼 이두가 중요하므로 '吏頭彙編'이란 제목으로 약 240여 항목의 이두를 수록했다. 1음절 한자로 된 것부터 7음절 한자로 된 것까지 배열하고 이두 용어마다 한글 독법을 싣고 있다. 사진은 1872년에 간행된 범우사 소장본이다.

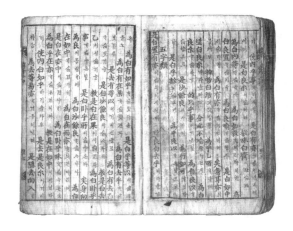

[사진 14] 《유서필지(儒胥必知)》에 실어놓은 이두와 한글

　　　　　　　　　　　　　조선시대 여성과 한글 발전

9.3. 공공 분야 실용서: 상언, 소지, 단자

공공 분야 실용서로는 관청에 제출하는 서류로서의 실용서, 각종 의례에 쓰이는 공용서로 나눌 수 있다.

   (1) 청원용 실용서: 상언(上言), 소지(所志), 단자(單子), 원정(原情), 발괄(白活), 고
       소장(告訴狀)
   (2) 의례용 실용서: 발기(件記), 단자(單子), 도식(圖式), 치부(置簿), 의주(儀註), 홀
       기(笏記), 책문(冊文), 제문(祭文), 악장(樂章), 일기(日記), 등록
       (謄錄), 의궤(儀軌), 예서(禮書)

김봉좌(2011: 50, 51)에 따르면, 왕실이나 관청에서 작성한 한글 고문서는 한문본을 바탕으로 번역한 것이거나 한자음을 한글로 표기하여 낭독의 편의를 도운 것이 대부분이었다. 그러나 사가에서 작성한 한글 고문서 가운데 행정 관청에 제출한 한글 고문서는 자발적 문서로 한글을 원칙적으로 배제한, 관청에 접수된 문서라는 데에 의의가 있다. 특히 관아에 억울함을 호소하는 내용의 소송 문서인 상언, 소지는 그래서 더욱 중요하다.

상언에 대해서는 김씨 부인 한글 상언을 비롯하여 실록 기록에 나오는 상언은 3장에서 다루었으므로 여기서는 단자를 다루기로 한다.[20] 이때의 단자는 소지라고도 하는데 이상규 (2011ㄴ: 370~379)에서는 '소지'로 소개했으나 원문에서는 '단자'로 표기되어 있다.

---

20 소지에 대한 주요 연구로는 "안승준(1999). 1689년 鄭氏夫人이 禮曹에 올린 所志.《문헌과해석》00호. 문헌과해석사.", "홍은진(1998), 구례 문화 유씨가의 한글 所志에 대하여.《고문서연구》13집. 한국고문서학회." 등이 있다.

1689년에 조지원 처 정씨 단자는 실록에까지 언급됐을 만큼 꽤 오랜 세월 역사를 물들인 자료다.[21] 여성이 한글로 쓴 단자가 공공 기관에 접수되어 그 것이 행정 처리되는 과정이 고스란히 남아 있어 그 의미를 더 잘 짚어낼 수 있다. 숙종 15년 1689년 7월 한성부 남부 부동에 사는 조지원 처 정씨가 예조에 올린 것이다. 조지원(됴지원, 趙持元)은 풍양 조씨 조복양(趙復陽, 1609~1671)의 아들이다. 이는 문숙공 정엽(鄭曄, 1563~1625)의 증손인 정씨가 친정 초계 정씨 집안에 들어온 양자가 방탕한 생활로 전답과 노비를 모두 팔고 급기야 빚을 지고서 집을 나가자, 가묘를 옮겨와 제사를 올릴 수 있도록 허락해 달라는 단자다.

이 단자는 사진에서처럼 한글(언문)로만 되어 있지만 정식 공문으로 접수되었고 처결 결과까지 왼쪽 아래에 한문 기록으로 남았다. 여성의 소지라 한 글로 되어 있어도 접수가 되었을 것이다. 남성이 한글로 접수했다면 인정되지 않았겠지만, 여성이 쓴 한글 문서라 공문 취급을 받은 것이다. 처결 결과가 한문으로 기록되어 그 당시 어문 생활의 실상과 한계를 함께 보여준다는 점에서 매우 의미 있는 자료다.[22] 여성이 올린 한글 상언이라면 처결 내용도 한글로 적어야 하지만 한문 공문서 원리주의에 얽매여 양반 사대부들은 한 문으로 적었다.

---

21 현종개수실록, 현종 4년 1663년 9월 15일에 고 문숙공 정엽의 후사를 이어 줄 것을 청하는 기사가 실려 있다.

22 이상규(2011ㄱㄴ), 문영호 엮음(2014ㄱ) 참조.

(1) 녀의신(女矣身)이 비록 녀지(女子ㅣ)오나 문슉공(文肅公) 혈손(血孫)이웁고 부모 조부모 소당이 님자 업시 뷘 집의 거우(居寓)ᄒ여 녀가(呂哥)의 무혼(無限)ᄒ온 욕셜(辱說)을 들리오니 조손(子孫)의 통박(痛迫)ᄒᆫ 정시(情事ㅣ) 남녜(男女ㅣ) 다ᄅᆞ미 이시리잇가 (이 몸이 비록 여자이오나 문숙공 혈손이고 부모, 조부모의 사당이 임자 없이 빈집에 모시도록 하여 여씨의 무한한 욕설을 듣게 되니 자손의 통박한 정세에 대해 남녀가 다름이 있겠습니까?)

(2) …婦人雖是女子之身, 悶宗祀之將亡… (부인이 비록 여자의 몸이지만 종사가 장차 없어짐을 근심하였고) [23]

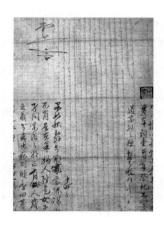

23 前監役兪枋等上疏曰:臣外祖父, 故文肅公 鄭曄, 早事宣祖, 爲名臣, 逮至仁祖反正之初, 倚毗眷注, 逈出尋常, 德望經術, 模範士林. 及其卒也, 仁祖大王下敎嗟悼, 特贈議政, 以示平日欲命之意, 君臣知遇之際, 死生哀榮之典, 可謂盛矣. 不幸嗣屬零替, 子元奭孫援, 相繼而逝, 只有元奭妻沈氏, 八十婦人, 率養援之十歲兒子, 今又夭沒, 祀事無托, 不得已將以同宗弟抃之子, 爲援之子, 以承其祀, 而沈氏年老, 不能陳情. 乞副情願, 以續賢臣旣絶之嗣. 上, 下禮曹. 禮曹以爲: "鄭曄名臣, 不可不繼絶, 似當依願," 上許之._《현종개수실록》권9, 4년(1663) 9월 15일(기묘).

남부(南部) 부동(部洞) 거(居)ᄒᆞᆫ 고호싱(故學生) 됴지원(趙持元) 쳐 뎡시 〈趙持元妻鄭氏〉

우근언지뎐망극졍유단(右謹言至天罔極情由段)은 녀의신(女矣身)이 고참찬문슉공슈몽뎡션싱(故參贊文肅公守夢鄭先生)의 증손(曾孫)이웁더니 문슉공(文肅公)이 디디독ᄌᆞ(代代獨子)로 ᄂᆞ리오웁다가 녀의부(女矣父)의 디(代)예 니르와 무후(無後)ᄒᆞ와 녀의신(女矣身)ᄲᅮᆫ 잇ᄉᆞᆸ더니 현죵됴(顯宗朝)의 션현봉ᄉᆞ(先賢奉祀)롤 던념(惓念)ᄒᆞ웁셔 특명계후(特命繼後)ᄒᆞ라 ᄒᆞ웁시매 원죡(遠族) 뎡일댱(鄭日章)이롤 문슉공(文肅公) 양증손(養曾孫)을 삼앗ᄉᆞ옵다니 일댱(日章)이 무형(無形)ᄒᆞ와 봉ᄉᆞ뎐민(奉祀田民)을 몰슈(沒數)히 풀아 업시 ᄒᆞ웁고 녯 집의 ᄉᆞ당(祠堂)만 나마ᄉᆞᆸᄂᆞᆫ디 녯집을 사 뷘 터흔 ᄉᆞ면(四面)으로 다 버혀 ᄑᆞ옵고 집 지은 딤만 나마ᄉᆞᆸ다가 갑ᄌᆞ년(甲子年, 1684)의 그 집을 므자 ᄑᆞ옵고 가뫼(家廟 ㅣ) 의지ᄒᆞ올 디 업소올 ᄲᅮᆫ 아니오라 그 터히 문슉공(文肅公) 싱댱(生長)ᄒᆞ온 터흐로 칠팔디(七八代) 뎐ᄂᆡ(傳來)ᄒᆞ옵다가 일됴(一朝)의 ᄉᆞ당(祠堂)을 뫼웁고 나고 놈이 들게 되오니 무지(無知)ᄒᆞ온 녀ᄌᆞ(女子)의 ᄆᆞᄋᆞᆷ이온들 망극(罔極) 셟습기롤 어이 층냥(測量)ᄒᆞ와 알외오리잇가 그 히예 문슉공(文肅公) 외손(外孫)들이 모화 졍댱(呈狀)ᄒᆞ와 도로 환퇴(還退)ᄒᆞ와 가묘(家廟)롤 양동싱이 뫼와ᄉᆞᆸ다니 져 년(年)히 ᄯᅩ 집 문긔(文記)롤 갓다가 녀필쥬(呂弼周)의게 잡히고 빗을 만히 내고 갑다 못ᄒᆞ다 ᄒᆞ옵고 녀개(呂哥 ㅣ) 져 즈옵의 가쇽(家屬)을 ᄃᆞ리고 블의(不意)예 ᄃᆞ라드오니 양동싱이 가묘(家廟)롤 브리웁고 인ᄒᆞ여 나가와 지금 아니 드러오웁고 녀가(呂哥)ᄂᆞᆫ 시방 집을 아사ᄃᆞ러셔 가묘(家廟)의 욕(辱)이 참혹(慘酷)ᄒᆞ오니 뎐디간(天地間)의 이런 망극(罔極)ᄒᆞ온 변(變)이 어이 이시리잇가 녀의신(女矣身) 부모 이샹 ᄉᆞ디신쥬(四代神主)롤 직히리 업시 녀가(呂哥)의 환난듕(患難中)의 두웁고 일야(日夜)의 망극(罔極)ᄒᆞ온 졍ᄉᆞ(情事)롤 어이 내내 다 알외오며 증조(曾祖) 문슉공(文肅公)이션죠명신(宣祖名臣)으로 죠가(朝家)의셔 닙후(立後)ᄒᆞ시고 ᄉᆞ림(士林)의셔도 셔원(書院)ᄒᆞ야 존봉(尊奉)ᄒᆞ웁거늘 양동싱이 블죠(不肖)ᄒᆞ웁기로 이러텃 참혹(慘酷)ᄒᆞ온 변(變)과 욕(辱)이 밋ᄌᆞ오니 녀의신(女矣身)이 통박(痛迫)ᄒᆞ올 ᄲᅮᆫ 아니와 진신ᄉᆞ림(縉紳士林)이 뉘 아니 혁샹(嚇傷)ᄒᆞ리잇가 시방(時方) 헌부(憲府) 한셩부(漢城府)의 쳐치(處置)ᄒᆞ웁ᄂᆞᆫ 일도 잇ᄉᆞ거니와 누디(累代) 가묘(家廟)롤 뫼실 곳이 업고 셩친(成親)이 바히 업ᄉᆞ온디 외손(外孫)도 디원(代遠)ᄒᆞ웁기로 ᄉᆞ당(祠堂)도 뫼셔 가리 업고 녀가(呂哥) 드럿ᄂᆞᆫ 집의 가묘(家廟)롤 혼 째온돌 뫼와 두웁고 어이 욕(辱)을 뵈오리잇가 녀의신(女矣身)이 비록 녀지(女子 ㅣ)오나 문슉공(文肅公) 혈손(血孫)이웁고 부모 조부모 ᄉᆞ당이 닙자 업시 뷘 집의 거우(居寓)ᄒᆞ여 녀가(呂哥)의 무훈(無限)ᄒᆞ온 욕셜(辱說)을 들리오니 ᄌᆞ손(子孫)의 통박(痛迫)ᄒᆞᆫ 졍시(情事 ㅣ) 남녀(男女 ㅣ) 다르미 이시리잇가 양동싱 드러오기 지쇽(遲速)을 뎡(定)티 못ᄒᆞ오니 녀의신(女矣身)이 즉시 가묘(家廟)롤 뫼셔 오올거시오더 누디(累代) 가묘(家廟)롤 임의(任意)로 뫼와 오옵기 어렵ᄉᆞ와 〈격〉 본조(本曹: 禮曹)의 알외오니 양동싱 드러오올 동안의 권도(權道)로 봉안(奉安)ᄒᆞ오몰 놀리(論理) 〈격〉 뎨급(題給)ᄒᆞ옵쇼셔

녜조(禮曹) 쳐분(處分)

긔ᄉᆞ(己巳) 칠월(七月) 일(日) 단ᄌᆞ(單子)

堂上 〈署押〉

【題辭】

果如狀辭, 則鄭家宗孫, 誠爲/不肖是在果, 婦人雖是女子之 /身, 悶宗祀之將亡, 有古人載馳/之義, 則或出私財, 贖還舊第, 使/鄭家世傳之基, 俾免鳩居之歎/則以情以義, 孰不嘉尙, 而至於/遷奉祠堂, 自奉祭祀, 不無逼遏宗孫之嫌, 相考施行向事./十四日

한성 남부동에 사는 고학생 조지원의 처 정씨〈趙持元妻 鄭印〉

삼가 말씀드리고자 하는 지극히 망극한 사정은 이 몸이 고 찹찬 문숙공 수몽 정 선생의 증손이옵더니 문숙공이 대대로 독자로 내려오다가 이 몸의 아버지 대에 이르러 계후자가 없이 이 몸만 있습니다.

현종 조에 선현 봉사를 진실로 생각하여 특별한 명으로 계후하라 하심에 먼 친척인 정일장을 문숙공 양증손으로 삼았더니 일장이 무능하고 불초하여 봉사조 전답과 노비를 한꺼번에 줄여서 없애고 옛집에 사당만 남았는데 옛집을 사서 빈 터는 사면으로 다 베어서 팔아먹고 집만 남겼다가 갑자년에 그 집마저 팔아버리니 가묘가 의지할 곳이 없을 뿐만 아니라 그 터가 문숙공이 성장한 터로 7~8대 전래해 오다가 하루아침에 사당을 뫼시고 〈모시 는 터에〉 남이 들어오게 되니 무지한 여자의 마음이지만 망극하여 서러움을 어이 측량하여 아뢰겠습니까? 그 해에 문숙공의 외손들이 모여서 정소(呈訴)하여〈그 터를〉도로 되물린 다음 가묘를 양자 동생에게 뫼시게 했더니 지난해에 또 집문기를 가져다가 여필주에게 전당 잡히고 빚을 많이 내었다가 갚지 못한다 하고 여씨가 그 무렵에〈자기네〉식구를 데리고 갑자기 이 집에 들어오니 양동생이 가묘를 버리고 이어 집을 나가서 지금까지 아니 들어오고 여씨는 지금 집을 빼앗아 차지하여 가묘에 욕됨이 참혹하오니 천지간에 이런 망극한 참변이 어찌 있겠습니까? 이 몸의 부모 위로 4대 신주를 지킬 사람이 없이 여씨의 환란 중에 두고 하룻밤 사이에 망극한 사정을 어이 내내 다 아뢰오며 증조 문숙공이 선조 대 명신으로 나라에서 계후자를 세우고 사림의 선비들도 서원을 세워 존봉하거늘 양동생이 불초하기로 이렇듯 참혹한 변고와 욕이 미치니 이 몸이 원통하고 괴로울 뿐 아니라 출사한 선비나 출사하지 않은 선비나 모두 누구나 애통해 아파 하지 않겠습니까? 지금 사헌부 한성부에서 조처하는 일도 있거니와 누대로 가묘를 모실 곳이 없고 종가가 거의 없어졌으니 외손도 바라기로 사당도 뫼시고 갈 사람이 없고 여씨가 들어가 사는 집의 가묘를 한때인들 모셔 두고 어이 욕을 보 일 수 있겠습니까? 이 몸이 비록 여자이오나 문숙공 혈손이고 부모, 조부모의 사당이 임자 없이 빈집에 모시도록 하여 여씨의 무한한 욕설을 듣게 되니 자손의 통박한 정세에 대해 남녀가 다름이 있겠습니까? 양동생 들어오기가 빠를지 늦을지 정리하지 못하니 이 몸이 즉시 가묘를 모셔 올 것이나 누대의 가묘를 마음대로 모셔 오기 어려워 본조에 아뢰오니 양동생이 들어올 동안에 권도(權度)로 봉안하는 것을 균등하게 적은 제사를 내려주소서.

예조 처분

기사년(1689)년 7월 일 단자

(제사)

과연 소장의 말과 같다면 정가의 종손이 진실로 불초가 되거니와, 부인이 비록 여자의 몸이지만 종사가 장차 없어짐을 근심하였고 고인을 따라 죽으려는 뜻이 있었다면 혹시라도 개인의 재물을 내고 옛집을 기부하여 정가의 대대로 전하는 터로 하여금 남의 집에 사는 처지를 면하게 하였다면 정의는 누군들 가상하게 여기지 않았겠는가? 사당을 옮겨 받들고 제사를 스스로 받듦에 이른다면 종손을 협박하고 막는다는 혐의가 없을 수 없으니 살펴 보고 시행할 일.

[사진 15] 조지원 처 정씨 소지(사진)와 판독문(띄어쓰기만 현대)과 번역(이상규 2011ㄴ: 370~379)

소지에나 처결문에나 모두 '비록 여자이지만'이라는 구절이 들어있는 것이 그 시대 여성이 쓴 한글 공문서의 한계를 보여주지만 그래서 더욱 가치가 있다.

조지원 처 정씨의 조상 정엽(鄭曄)의 후계가 정해진 것은 1663년(현종 4) 9월이었다. 정엽의 아들 정원석(鄭元奭)이 일찍 세상을 떠나 그 부인 심씨가 열 살 난 정원(鄭援)을 기르다 정원이 요절하여 후사를 이을 수 없게 되었다. 이에 정엽의 외손 전 감역(前監役) 유방(兪枋)이 현종에게 상소를 올려 '동종 아우 정변(鄭抃)의 아들을 후사로 삼게 해달라'고 청하였고, 예조의 허가를 받아 정일장(鄭日章)을 양증손(養曾孫)으로 삼았다.

이 문서의 내용에 따르면, 정일장은 양증손이 된 후 봉사조 전답과 노비를 모두 팔아 사당만 남겼다가 1684년(숙종 10)에는 옛 집터까지 팔았고, 그해에 외손들이 소장을 내 가묘를 도로 찾아 모시게 하였으나 지난해 1688년(숙종 14)에 집문서를 여필주에게 잡히고 많은 빚을 졌다가 갚지 못하여 도망갔다. 이에 정씨 부인은 의탁할 데 없는 가묘를 모시고 올 수 있도록 허가해 달라고 요청하는 문서를 올렸고, 예조에서는 정씨 부인의 마음은 가상하지만 사당을 옮겨 제사를 모시는 일은 종손을 핍박하는 혐의가 없을 수 없다는 내용의 판결문을 내렸다.

이후 정일장의 행위는 사헌부(司憲府)의 논핵(論劾) 대상이 되어 여필주와 함께 먼 땅으로 유배 가는 벌을 받았고, 외손들의 장계(狀啓)에 따라 파양(罷揚)되어 정계장(鄭啓章)이 조상을 잇게 되었다.[24]

이와 같이 여성들이 쓴 한글 상언은 꾸준히 쓰였다.

1904년에 백씨 여인이 한글로 억울한 사연을 호소한 소지도 똑같은 흐름을 보여준다.[25] 고종 41년에 충청도 노성군에 '백조시'라는 여인이 여산 사또

24 《숙종실록》권46, 34년(1708) 8월 20일.

25 이상규 외(2011).《한글 고문서를 통해 본 조선사람들의 삶(한글 고문서 자료집)》. 문화체육 관광부. 48~49쪽.

에게 한동네에 사는 서씨를 고소하는 청원서다. 서씨가 백씨 여인의 집안 재산으로 있던 논밭을 가로챘기 때문인데, 백씨 여인은 자신의 동생이 약값 3냥 5돈을 갚지 못한 것 때문에 서씨에게 논밭을 뺏긴 일을 뒤늦게 알게 되었다. 그래서 집안 재산을 찾아 달라고 여산 사또에게 한글로 고소장을 써서 억울한 사연을 호소하게 된 것이다.

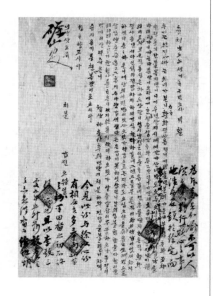

충청남도 노성 거하는 빅죠시 빅활

우거는 원정사짜는 의녀가 본니°치호 황화경 사읍던니 거 병술년분의 가운니 불힝호와 죠차 친정 동긔간 불목지변 니니 거우년 산지시예 여간 가산녀 박토오 두오 싱낙과 티젼 셔 말낙을 바리고 가기짜는 다름 안니오라 미거훈 동싱을 싱각호와 두고 갓던니 기간 셔로 죵젹이 업셔고 장년 지월의 비로°쇼 와 보온직 동싱은 하나도 샹관니 업시 남°의 집 고입을 호옵길네 젼휴를 탐지호온 직 황화경사읍넌 셔타인찍이 젼담 차지하여 경식한다 하길네 그 연고를 무른 직 이왕의 약갑이 잇셔 차지 하였다 운운하온니 셰샹의 이런 법이 잇사오릿가 약갑으로 논지라도 오십오 양을 쥬옵고 또 페빅으로 삼십양을 쥬옵고 그 후의 유아 약갑 셕양 닷돈은 갑지 못하엿삽던니 남의집 불힝함을 다 힝이 알러 이러한 무거한 힝사를 호온니 엇지 원통치 안이 하오릿가 알을 말삼이 무궁하오나 즁졍이 막켜 이만 엿쥬온니〈隔〉참샹 하옵신 후의 명박키 쳐분하와 젼담을 불닐 니 차져 쥬시옵기를 쳔°만 복망이로소이다
힝호향교시사
녀산 삿도쥬
쳐분 갑진 오월 일

다음과 같이 하소연합니다. 저는 본 마을 치하 황화정에 살았는데 지난 병술년(1886년) 즈음에 집안 운수가 불행한 데다가 친정 동기간에 불화하는 일까지 일어났습니다. 부모님께서 돌아가신 해에 가족들이 흩어질 때 약간 남아 있는 재산인 메마른 땅 5마지기 5되지기(곡식 5말 5되를 심을 만큼의 땅)와 콩밭 3마지기(곡식 3말을 심을 만큼의 땅)를 버리고 간 것은 다름 아니오라 철없는 동생을 생각하였기 때문입니다. 그간에 서로 자취를 찾을 수 없었는데 작년 동짓달에 비로소 와 보니, 동생은 논밭과 하나도 상관없이 남의 집 일을 하고 있었습니다. 앞뒤 사정을 알아보니 황화정에 사는 서씨 댁에서 논밭을 차지하여 농사를 짓는다고 합니다. 그 연고를 물으니, 그동안의 약값 빚이 있어 그 논밭을 차지하였다고 이러쿵저러쿵 말하니 세상에 이런 법이 어디 있습니까? 약값으로 따지더라도 55냥을 주었고, 또 포목으로 30냥을 주었고, 그 후에 어린아이 약값 3냥 5돈을 갚지 못하였더니, 남의 집 불행을 다행으로 알아 이런 터무니없는 짓을 하니 어찌 원통치 아니하겠습니까? 아뢸 말씀은 끝이 없사오나 가슴이 막혀 이만 여쭈오니, 헤아려 생각하신 후에 명백히 처분하여 논밭을 며칠 내에 찾아주시기를 하늘 앞에 엎드려 바랍니다. 여산 사또님께서 처분해 주실 일입니다.

• 판결문

지금 이 소장과 서씨의 노비가 발급한 소장을 보니 서로 다른 점이 많다. 30냥의 수고비와 논밭을 처음부터 허락해 주지 않았다는 말이다. 또 이치삼에게 땅을 2마지기 5되지기에 내다 팔라고 말한 것 또한 서씨 집안에서 어찌 헐값에 팔 수 있었는지 사람으로서 할 수 있는 것이 아니다. 오랫동안 함부로 행동하여 마음을 속이는 일이다. 지난번에 관아의 판결문을 서씨 댁에 보여 주었는데, 그대로 조처하는 것이 마땅할 일이다.

[사진 16] 백조시 여인의 소장(1904)과 판독문, 번역문

그 뒤로 서씨와 백씨 여인의 주장이 달라 여러 차례 고소장이 오갔다. 이때는 1904년으로 1894년에 고종 임금이 한글을 국문으로 선포했음에도 공문서가 한문으로 작성되는 경우가 많았다. 그런 상황에서 한글로도 나라의 문서가 소통되었다는 점은 매우 놀라운 일이다. 더불어 세종이 백성들이 억울한 사연을 호소하기를 바라며 한글을 만들었는데, 이 고소장이야말로 그러한 세종 임금님이 한글을 만든 뜻이 잘 담겨 있는 문서라고 할 수 있다. 하지만 여산 사또가 내린 판결 문서는 역시 한문으로 쓰였다. 이것으로 고위 관리들의 소통 방식은 여전히 변하지 않았다는 것을 알 수 있다.

이러한 소지나 발괄에서 한글 사용의 최대 가치는 박준호(2018)의 "조선후기 평민 여성의 한글 소지(所志) 글쓰기"에서 잘 드러나듯 정확함에 있다. 박준호(2018)에 따르면, 전체 소지의 10% 정도는 여성이 제출한 것이고, 여성

조선시대 여성과 한글 발전

이 제출한 소지 중 20% 정도는 한글로 작성된 것으로 한글로 작성할 경우
는 "상대방에게 이야기하듯 구어체로 작성된 것"과 "생각과 감정이 있는 그
대로 반영"된 측면을 두드러진 장점으로 보았다. 곧 장소사는 소송의 결정적
인 증거 자료에 대한 설명이 필요할 때 한글 소지를 작성하였다는 것이다. 물
론 비록 한글을 쓸 수는 없어도 읽을 수는 있었고, 이로써 의도한 생각을 표
현할 수 있었다고 한다. 곧 장소사가 한글 소지를 작성한 가장 큰 이유는 정
확한 의사 전달을 할 수 있었을 것이고 이에 반해 한문 소지는 몰개성적이고
투식화된 표현으로 작성되어 한자 중심의 문자생활에서 배제될 수밖에 없었
던 평민 여성들에게 한글은 유일하면서 완벽한 소통 수단이었음을 밝혔다.

9.4. 공공 분야 실용서: 의례 문서

왕실 의례 문서는 "김봉좌(2011). 조선시대 유교의례 관련 한글문헌 연구.
한국학중앙연구원 한국학대학원 박사 논문"에서 처음 체계적으로 정리되었
다. 왕실의 한글 문서는 실록에 나오는 '언문교지'에 대한 논의가 오랫동안
풍성하게 이어져 왔으나 대부분 1차 자료가 남아 있지 않은 2차 자료에 대한
논의였다. 이런 면에서 김봉좌(2011)은 왕실에서 사용하던 실제 자료를 정리
하여 왕실의 한글 사용의 폭이 훨씬 넓었음을 보여주었다.

[표 30] 왕실에서의 의례 문서 갈래(김봉좌, 2011: 재구성)

용어	쓰임새(뜻)
발기(件記)	사람이나 물건의 이름을 죽 적어 놓은 글
단자(單子)	1. 부조나 선물 따위의 내용을 적은 종이. 2. 사주 또는 후보자의 명단 따위를 적은 종이
도식(圖式)	사물의 구조, 관계, 변화 상태 따위를 일정한 양식으로 나타낸 그림. 또는 그 양식

치부(置簿)	금전이나 물건 따위가 들어오고 나감을 기록하다. 또는 그런 장
의주(儀註)	나라 전례(典禮)의 절차를 주해(註解)하여 기록한 책
홀기(笏記)	혼례나 제례 때에 의식의 순서를 적은
책문(冊文)	간책(簡冊)에 새기는 글
제문(祭文)	죽은 사람에 대하여 애도의 뜻을 나타낸 글
악장(樂章)	조선 초기에 발생한 시가 형태의 하나
일기(日記)	그 날 그 날의 각종 사건들을 하루 단위로 써서 엮은 기록물
등록(謄錄)	전례(前例)를 적은 기록
의궤(儀軌)	의례(儀禮)의 본보기
예서(禮書)	사회에 통용되는 의례 제도의 일반적인 규정들을 정리하여 엮은 책

이 가운데 발기는 당시 행사에 참여했던 사람들에게 올린 상차림의 내역을 상세하게 기록한 것으로 김봉좌(2011)에서 부록으로 제시한 종합 목록 전체 341건 가운데 190건으로 압도적으로 많다.[26]

[표 31] 김봉좌(2011) 부록 자료 목록 갈래별 구성

문헌 유형	개수	비율(전체: 341개)
왕실 발기	172	50.44%
사가 발기	18	5.28%
치부	56	16.42%
홀기	46	13.49%
단자	8	2.35%
책문	8	2.35%
의주	6	1.76%

---

26 이명은(2003). 《궁중불긔》에 나타난 행사 및 복식연구-장서각소장품을 중심으로-. 단국대학교 대학원 석사 논문. 김봉좌(2016). 왕실 의례를 위한 발기〈件記〉의 제작과 특성: 1882년 왕세자 가례를 중심으로. 《書誌學研究》 65집. 한국서지학회.

예서	5	1.47%
도식	5	1.47%
악장	5	1.47%
등록	3	0.88%
제문	3	0.88%
일기	2	0.59%
의궤	2	0.59%
지장	2	0.59%

'발기'는 토박이말로 조선시대 표기는 '볼긔'이고 이를 한자로 표현할 때는 "件記(건기), 發記, 撥記, 拔記" 등으로 쓴다.[27] 지금 남아 있는 자료는 대부분 왕실 자료이고 사가의 자료는 "녜물볼긔〈禮物發記〉, 혼수발기〈婚需件記〉" 식으로 남아 있다. 왕실 발기는 발행 시기를 대부분 알 수 있는 반면에 사가의 발기는 시기가 정확하지 않은 자료가 대부분이다. 발기 유형 또한 사진에서 보듯 '낱장, 첩, 책' 등 세 가지 유형이 있다. 이러한 발기 문서가 가지고 있는 한글 사용의 의의는 다음과 같다.[28]

---

27 이명은(2003).《궁중볼긔》에 나타난 행사 및 복식연구 -장서각소장품을 중심으로-. 단국대학교 대학원 석사논문. 6~7쪽. 김봉좌(2011). 조선시대 유교의례 관련 한글문헌 연구. 박사 논문, 151쪽.

28 이 내용은 김봉좌(2011) 연구 결과와 관련 자료를 확인하여 그 의미를 압축하고 보완한 것이다.

낱장	첩	책
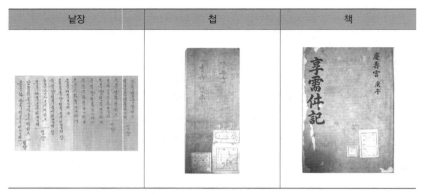		

[사진 17] 한글 발기의 유형(김봉좌, 2011: 153)

어상 발기	사찬상 발기	
	《한글본》	《한자본》

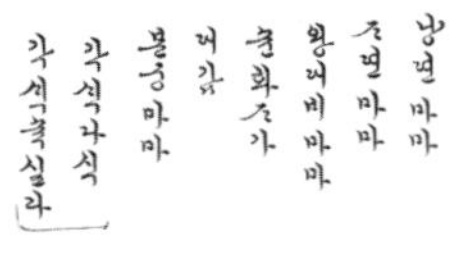

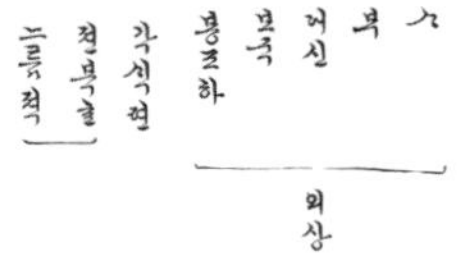

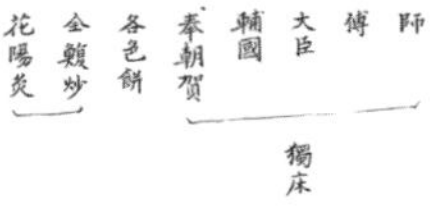

[사진 18] 왕세자 관례시 상차림 발기(김봉좌, 2011: 62)

첫째, 주로 궁체로 기록되어 여성의 한글 문화 확산에 기여했다는 점이다.[29] 여성들이 쓴 여성들을 위한 문서이므로 당연히 궁체로 기록되어 있다. '궁체' 하면 흔히 궁녀들의 한글 편지를 떠올리기 마련이지만 매우 일상적이

---

29 최영희(2015). 조선시대 한글 發記의 서예사적 意義 및 궁체의 典型 모색: 장서각 소장 丙寅발기 및 壬午발기를 중심으로.《서예학연구》27집. 한국서예학회. 325~362쪽.

조선시대 여성과 한글 발전

면서도 중요한 기록물에서도 궁체가 쓰였다.

　궁체는 궁중에서 형성된 한글 서체로서 왕실의 여성 특히 궁녀들을 중심으로 전승·발전되어 온 것이다. 궁녀 가운데 왕실의 구성원을 가장 가까이에서 모시는 지밀나인(至密內人)은 7세부터 한글 궁체 쓰는 법을 끊임없이 연습하여 발기를 비롯한 각종 문서나 책을 쓰고, 심지어 아침저녁 문안 편지 등의 대필(代筆)을 전담하였다고 한다. 익종비 신정왕후 조씨의 대비전에서 서기(書記)라는 직책으로 있으며 평생 발기와 문안편지를 썼던 나인 이씨의 존재가 바로 그 실례이다.[30]

　둘째, 문서 성격상 사가에서보다 왕실에서 여성들만의 사용 예로 많이 남아 있다. 그것은 바로 공식 문서에 한글 사용한 가치가 있다. 양반가에서 쓰인 발기는 비록 형식은 같을지라도 공적 문서는 아니다.

　공식 문서의 형식은 '단자'의 경우도 마찬가지다. 김봉좌(2011: 156)에서 제시한 한글 단자 유형은 공식 문서의 일정한 형식을 보여 준다.

간택단자	다례단자	의양단자
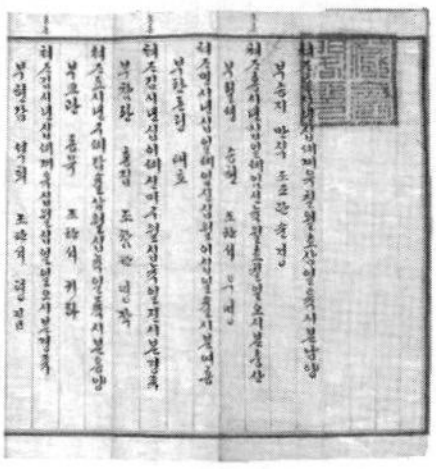	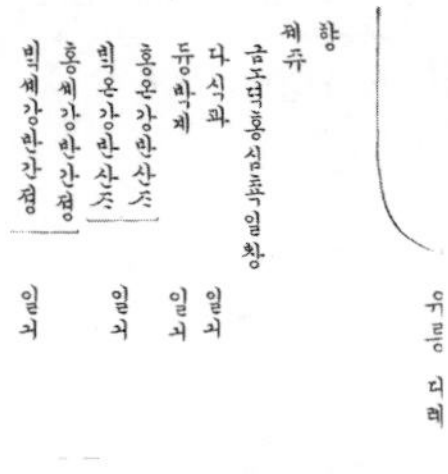	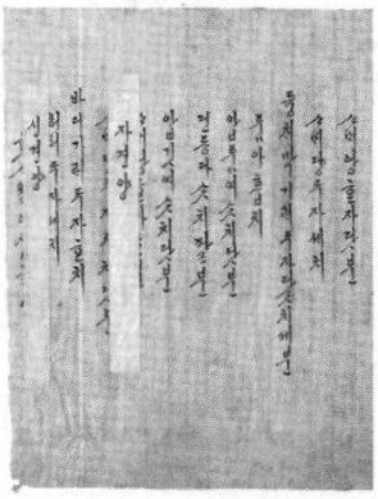

[사진 19] 한글 단자의 유형(김봉좌, 2011: 156)

---

30 김용숙(1987). 《조선조 궁중 풍속 연구》. 일지사. 54쪽.

셋째는 한글 발기는 한문 발기와 함께 쓰이는 경우가 많아 이때의 한글 문서는 한자 문서의 보완재 구실을 한다는 점이다. 물론 의례 왕실 문서는 유의양(柳義養)이 1788년경에 펴낸《춘관통고(春官通考)》에서 보듯 각종 의례 문서에서 한자, 한문 사용은 절대적이고 보편적이다.[31] 그런 가운데 실제 의례 실무 주체인 여성들을 위해 이러한 한글 문서가 꼭 필요했던 것이다.

이런 측면은 공식 문서로서의 성격은 약하지만 실제 여성들이 상차림을 해야 하는 도식의 대표적인 진설도에서 잘 드러난다.

그림형(한글)	격자형(한글)	배열형(한자)
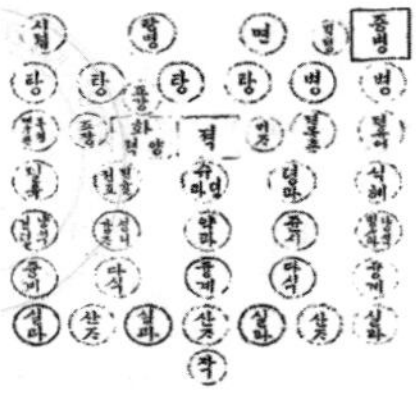		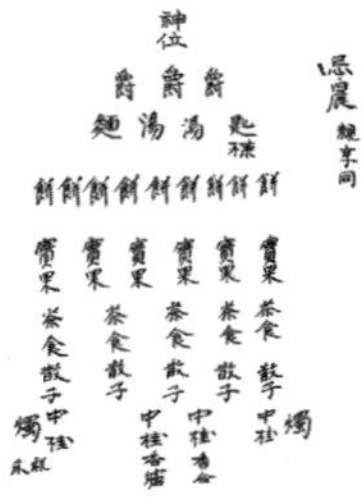
《셜찬도》	《一室各節祭需品名冊》	《陳設圖》

[사진 20] 한글과 한자 진설도의 유형(김봉좌, 2011: 157)

---

31 천혜봉(1975). 奉謨堂 舊藏의 稿本 '春官通考'에 대하여.《국학자료》20호. 문화재관리국 장서각사무소. 참조.

9.5. 일반 분야 실용서: 백과사전 외

일반 문서로서 가장 많이 쓰인 계약 문서는 남성 양반들이 주도하고 계약 당사자들이 남성이다 보니 이 분야에서 여성이 직접 관련된 문서는 발견되지 않았다. 그 대신 극소수이긴 하지만 특별한 목적을 가지고 펴낸 백과사전류와 조리서 등이 여성이 펴낸 이 분야를 대표하는 문서가 된다.

백성호 글/권혁재 사진(2014)의 《인문학에 묻다, 행복은 어디에: 17명의 대표 인문학자가 꾸려낸 새로운 삶의 프레임》을 보면, 정조 임금이 10년만 더 살았어도 조선이 그렇게 쉽게 패망하지는 않았을 것이라는 탄식이 나온다. 필자는 이보다 더 큰 탄식을 한다. 조선의 실학자들이 책을 한문이 아닌 한글로 써서 지식을 폭넓게 나눴더라면 정조가 일찍 운명했어도, 조선은 그렇게 쉽게 외침으로 참혹하게 망하지 않았을 것이다. 조선 실학자들이 세종의 한글 사용 정신을 거부한 것은 16, 17세기도 아니고 한글 반포 300~400년이 지난 18, 19세기였다. [32]

---

32 함석헌(1987)의 다음과 같은 비판도 같은 맥락이다.

우리는 왜 남의 식민지가 됐던가? 19세기에 있어서 남들은 다 근대식의 민주국가를 완성하는데 우리만이 그것을 못했다. 왜 못 했나? 동해 바다 섬 속에 있어 문화로는 우리에게조차 업신여김을 당하던 일본도 그것을 하고 도리어 우리를 엎어누르게 되는데, 툭하면 예의의 나라라, 작은 중화라 자존심을 뽐내던 우리가 왜 못했나? 원인은 여러 말 할 것 없이 서민 곧 이 백성이란 것이, 이 씨알이 힘있게 자라지 못했기 때문 아닌가? 남들은 아무리 봉건제도라 하며 정치가 아무리 본래 백성 부려 먹는, 씨알 짜 먹는 얼이라 하더라도 그래도 그 오리인 서민계급을 걸러 가며 생산방법을 가르쳐 주며, 그 금알을 짜 먹을 만한 어짊과 인정은 있었는데, 우리나라 시대시대의 정치업자 놈들은 예나 이제나 한결같이 그저 짜 먹으려만 들었다. _함석헌(1987). 생각하는 백성이라야 산다. 김삼웅 편저. 《韓國筆禍史》. 동광출판사. 57쪽.

1) 생활총서류

조선은 유교 질서와 유교식 소양을 높이기 위해 많은 사전을 펴냈다.[33] 국가가 편찬하여 간행한 백과사전은 100권 40책의 《동국문헌비고》(1770)를 비롯하여 아주 많다. 당연히 국가든 사가이든 남성이 쓴 책들은 모두 한문본이다.

반면에 양반가의 여성인 빙허각 이씨가 쓴 《규합총서》만이 한글로 된 조선시대 유일한 생활총서, 백과사전이다. 이 책은 19세기 초인 1809년(순조 9)에 의식주와 질병 관련 생활 지침을 모아 한글로 기록한 책이다. 이 책 서문에서 책 집필 동기와 목적, 서술 시기를 대략 알 수 있다.

> (1) 무릇 부인의 하는 일이 안방 밖을 나지 아니하므로, 비록 예와 이젯일을 통하는 식견과 남보다 나은 재주가 있더라도, 혹 문자로 표현하여 남에게 보고 듣게 하려 함은, 아름다움을 속에 품어 간직하는 이의 도리가 아니다. 하물며 나의 어둡고 어리석음으로 어찌 스스로 감히 글로 표현하는 방법을 생각하리요마는 이 책이 비록 많으나 그 귀결점을 구한즉 이것들이 다 건강에 주의하는 일이요, 집안을 다스리는 중요한 법이라. 진실로 일용에 없지 못할 것이요, 부녀의 마땅할 바다. 그러므로 마침내 이로써 서를 삼아 집안의 딸과 며늘아기들에게 준다. _《규합총서》 서문(정양완 역주 (1975). 《閨閣叢書》. 보진재.1~2쪽).
>
> (2) 긔ᄉ ᄀ을의 닉 도호 힝뎡의 집후야(기사 가을에 내 동호 행정에 집을 삼아)…

(1)을 보면 여자로서 재주를 문자로 드러내는 것이 도리가 아니지만 건강과 집안일 등은 부녀자들이 꼭 챙겨야 할 일들이라서 한글 책으로 썼다는 것이다.

(2)를 통해서는 '긔ᄉ'는 이씨 생전의 기사년이므로 규합총서 저술 시기는

---

33 국립중앙도서관의 '조선의 사전 디지털 컬렉션(http://nlcollection.nl.go.kr/: 2019.3.10.)' 참조.

51세 때인 1809년(순종 9)인 것으로 추정했다(한글디지털 박물관 이영경 해제 참조).

어문생활과 관련한 이 책의 가치는 다섯 가지로 정리할 수 있다.

첫째, 이 책은 남성 실학자들의 비합리적 비실용적 문자관에 대한 도전임을 분명히 했다. 이는 17세기부터 19세기에 나온 남성들이 집필한 실용서들을 보면 쉽게 알 수 있다.

[표 32] 조선 후기 주요 한문본 실용서

분야	이름	제목	간행 연도
종합	이수광(李睟光)	지봉유설(芝峯類說)	52세 때인 1614년(광해군 6)에 탈고, 1633년(인조 11) 발간
종합	이익(李瀷)	성호사설(星湖僿說)	1740년경 조카들이 정리
종합	서유구(徐有榘)	임원경제지(林園經濟志)	조선 후기
농업, 가정생활	홍만선(洪萬選)	산림경제(山林經濟)	숙종 시대
종합	유수원(柳壽垣)	우서(迂書)	18세기 초
종합	이덕무(李德懋)	청장관전서(靑莊館全書)	조선 후기
종합	이규경(李圭景)	오주연문장전산고 (五洲衍文長箋散稿)	19세기
농업	박지원(朴趾源)	과농소초(課農小抄)	1799년 3월
오례	유의양(柳義養)	춘관통고(春官通考)	1788년경
토지/농업	유형원(柳馨遠)	반계수록(磻溪隨錄)	1770년
과학	홍대용(洪大容)	의산문답(醫山問答)	조선 후기 1766년(영조 42) 무렵 추정
의학	허준(許浚)	동의보감(東醫寶鑑)	1610년
상업	박제가(朴齊家)	북학의(北學議)	1778년
정치/경제	허목(許穆)	기언(記言)	1689년
역사	이긍익(李肯翊)	연려실기술(燃藜室記述)	1776년(영조 52) 이전
지리	이중환(李重煥)	택리지(擇里志)	1751년
역사/지리	한백겸(韓百謙)	동국지리지(東國地理誌)	1615년(광해군 7년)

어휘	권문해(權文海)	대동운부군옥(大東韻府群玉)	1589년(선조 22) 편찬 완료 1836년(헌종 2) 완간
훈민정음	최석정(崔錫鼎)	경세훈민정음(經世訓民正音)	조선 영조. 1701년~1715년 추정
	신경준(申景濬)	훈민정음운해(訓民正音韻解)	1750년
	유희(柳僖)	언문지(諺文志)	1824년

　조선 후기 조리서는 모두 중국식 한문으로 편찬되어 있다. 한글로 나온 것은 여성이 펴낸 '규합총서'가 유일하다. 그래서 더욱 가치가 있다.

　정해은(1997)의 "조선후기 여성 실학자 빙허각 이씨.《여성과사회》8. 창작과비평사. 298쪽."에서 규합총서를 가정백과서로 분류하는 것은 이 책의 가치를 낮춰보는 것으로 '실학서'로 조명해야 한다고 강조했다. 그렇다고 "빙허각은 규합총서를 한글로 저술하여 남성들이 한문으로 쓴 방대한 지식을 여성들에게 알기 쉽게 전달(298쪽)"것은 오해의 여지가 있다. 기존의 한문책을 참고하고 인용하면서 쓴 부분은 많지만 이것은 번역서가 아닌 독자적인 책이다.

　언어와 문자에 대한 저술도 남성들에 의해 한문으로만 저술되었다.

[표 33] 강신항(1987.《증보개정판 國語學史》. 보성문화사, 67~68쪽. 재구성

성명	생애	중요저술	주요논제(학설)
이수광	명종18~인조6년(1563~1628)	지봉유설(芝峰類說)	언문기원, 어원
최석정	인조24~숙종41년(1646~1715)	경세정운(經世正韻)	韻圖, 훈민정음연구
정제두	인조27~영조123년(1649~1736)	하곡집(霞谷集)	음학일반
홍만종	효종대(1650)	순오지(旬五志)	이언(俚諺)
이익	숙종8~영조40년(1682~1764)	성호사설(星湖僿說)	언문기원
박성원	숙종23~영조43년(1697~1767)	화동정음통석운고 (華東正音通釋韻考)(凡例)	문자, 음운
홍계희	숙종29~영조47년(1703~1771)	삼운성휘(三韻聲彙)(凡例)	문자

이광사	숙종31~정조원년(1705~1777)	원교집(圓嶠集)	음운일반
이사질	숙종31~영조52년(1705~1776)	훈음종편(訓音宗編)	문자, 음운
신경준	숙종38~정조5년(1712~1781)	훈민정음운해(訓民正音韻解)	문자, 음운, 운도
홍양호	경종4~순조2년(1724~1802)	북새기략(北塞記略), 경세정운도설서(經世正韻圖說序)	방언, 문자
황윤석	영조5~정조15년(1729~1791)	이제유고(頤齊遺稿), 자모변(字母辨)	문자, 어원, 음운
금영택	영조15~정조14년(1739~1790)	만우제집(晩寓齊集)	문자, 음운
이영익 (李令翊)	영조16~정조4년(1740~1780)	신재집(信齋集) #표기 누락	문자
이덕무	영조17~정조17년(1741~1793)	청장관전서(靑壯館全書)	언문기원, 방언
정동유	영조30~순조8년(1754~1808)	주영편(晝永編)	문자, 어휘수집
정약용	영조38~헌종8년(1762~1836)	아언각비(雅言覺非), 이담속찬(耳談續纂)	어원, 이언
유희	영조49~헌종3년(1773~1837)	언문지(諺文志), 물명고(物名攷)	문자, 음운, 어휘
이의봉	정조대	고금석림(古今釋林)	어휘집, 어원, 吏讀
구윤명	정조대	전율통보(典律通補)	이독
이성지	정조대	재물보(才物譜)	어휘
이규경	헌종대	오주연문장전산고(五洲衍文長箋散稿)	문자음운일반이독
윤정기	철종대	동환록(東寰錄)	방언

　20세기 서양의 근대 지식이 물밀 듯이 들어오는 시점에서도 양반 사대부들은 지식을 실용화하고 대중화하는데 관심을 기울이지 않았고 오로지 한문으로만 펴냈다. 물론 이런 책들은 양반 지식인을 대상으로 펴낸 책이라 한문으로 펴냈을 것이다. 그렇다면 양반 지식인이외 사람들을 이런 지식 유통에서 배제한 것이 문제가 되고, 더욱 문제가 되는 것은 그 당시 양반들조차 이런 책을 읽은 사람은 극소수였을 것이다. 경세치용, 이용후생 등 실용과 생활

에 주목하였지만 문자와 책만큼은 철저히 비실용을 견지했다.

물론 여성들의 백과사전 저술이 한글로만 집필된 것은 아니다. 오히려 한문 저술이 더 많다.

[표 34] 18세기 이후 여성의 저술활동 사례(정해은, 1997: 302) 재구성

지은이	책 이름	표기 문자
윤지당 임씨(允摯堂 任氏, 1721~93)	윤지당유고	한문본
유한당 홍씨(幽閑堂 洪氏, 1791~?)	유한당시고	
의유당 남씨(意幽堂 南氏, 1727~1823)	의유당일기	
유희 부인 권씨(權氏, ?-?)	유희의 전기	
사주당 이씨(師朱堂 李氏, 1739~1821)	태교신기	
박죽서(朴竹書, ?-1851)	죽서시집(반아당시집)	
영수합 서씨(令壽閤 徐氏, 1753~1823)	영수합고	
금원 김씨(錦園 金氏, 1817~47)	호동서락기	
정일헌 남씨(貞一軒 南氏, 1840~1922)	정일헌시집	
삼의당 김씨(三宜堂 金氏, 1769~?)	삼의당고	
정일당 강씨(靜一堂 姜氏, 1772~1832)	정일당유고	
빙허각 이씨(憑虛閣 李氏, 1759~1824)	규합총서	한글본

이 자료 목록을 보면, 여성들이 18세기 이후에 저술한 목록에는 한문본이 대부분이고 한글본은 규합총서가 유일하다. 여성들의 일반적인 문자 사용 관례로 보면 이런 한문 사용은 극히 예외적인 현상이다. 저자들이 뛰어난 이유도 있겠지만 한문 중심의 남성 문화를 따라한 것이다.

19세기 후반의 한성주보의 한 논단을 보면 이러한 문자 사용의 불합리성에 대한 문제를 읽을 수 있다.[34]

---

34 개화기 때 신문을 문체별로 나누면 한문체에는 한성순보, 국한문체는 한성주보를 비롯하여

유럽의 大學·中學·小學에서는 모두 본국의 문자와 언어로 가르치는데 사물에 대해 모르는 것이 없다고 한다. 그들의 글자는 26자인데 자모가 相連되어 단어를 만들고, 分合에 따라 소리가 달리 생기는 것이 우리 나라의 諺文과 조금도 다르지 않다. 이 글자로 初學者들을 교습시켜 2~3개월만 되면 즉시 책도 읽고 글도 지을 수 있으며, 이 글자로 모든 서적을 기술하기 때문에 당초에 誦讀의 노력을 들이지 않아도 義理를 분명히 이해할 수가 있다.

혹 가난하여 학자금을 지출할 수 없는 사람이라서 1개월만 배우고 말았더라도 文辭가 日用에 쓰는 데 구애되지 않는다. 이를 東洋의 學制에 견주어 보면 그 便否가 하늘에 땅일 정도가 아니다. 그렇다면 우리 나라에서도 학교를 설립하여 의당 諺文으로 학생들을 교습시켜야 한다. 孔孟 성현의 책에서부터 유럽인의 殖貨術에 이르기까지 모두 언문으로 번역하여 가르쳐야 한다. 그리고 수 10년을 공부해도 가계에 군색함이 없는 사람일 경우에는 부차적으로 漢文을 학습시켜 鴻儒를 만들도록 해야 한다. 이렇게 하면 학교가 보편화되고 教化가 두루 흡족하게 될 것이다. 우리 나라는 본디 학과를 분류하는 제도가 없는 데다가 더구나 근세에 비로소 개발된 학술을 언문 책으로 가르치므로 학문이 있는 士大夫들이 거개 입학하는 것을 수치스럽게 여기고 있다.

원컨대 要職에 있는 諸公들께서는 정부차원에서 의논하여 특별히 번역하는 기관을 설치, 각종 학과의 기술을 모두 언문으로 하게 해주기 바란다. 그리하여 번역된 것을 책자로 만들어 국내에 頒布하여 士民들로 하여금 이것이 편리하다는 것을 주지시키게 해야 한다. 그리고 정부에서 학비를 보조하여 격려권장한다면 학문이 멀지 않아서 대대적으로 확장될 것이다. 西語에 이런말이 있다. 《朝鮮에 그 나라 글자가 있는데 동양 각국의 글자 가운데 더욱 간편하다. 만약 조선의 士民들이 그 나라의 글자를 이용하여 모두 그 편의함을 채득한다면 정치와 學政이 틀림없이 동양에서 으뜸이 될 것이다》_漢城周報 1886년 02월 15

"한성신보, 황성신문, 시사총보, 대한일보, 대동신보, 국민신보, 만세보, 조양보, 대한신문, 대한민보, 경남일보" 등이 있다. 한글체로는 "독립신문, 조선크리스도인회보, 그리스도신문, 협성회회보, 경성신문, 대한황성신문, 미일신문, 대한보, 뎨국신문, 대한미일신보, 중앙신보, 경향신문, 예수교신보, 대동일보, 구세신문, 예수교회보, 대한일일신문" 등이 있다.

일 (西歷 一千八百八十六年 二月 十五日) 論學政第三 07면 01단 ~ 09면.[35]

유럽이 간결한 알파벳으로 교육과 학문으로 근대화를 이루었듯이 언문도 그렇게 해야 한다는 논지다. "조선에 그 나라 글자가 있는데 동양 각국의 글자 가운데 가장 간편하다. 만약 조선의 선비와 백성이 그 나라의 글자를 이용하여 모두 그 편의함을 체득한다면 정치와 학문 정책이 틀림없이 동양에서 으뜸이 될 것이다."라는 서양 사람의 말을 인용하여 갈무리함으로써, 한글이

---

35 현대어 번역:유럽의 대학·중학·소학에서는 모두 본국의 문자와 언어로 가르치는데 사물에 대해 모르는 것이 없다고 한다. 그들의 글자는 26자인데 낱글자들이 서로 이어져 단어를 만들고, 나누고 합함에 따라 소리가 달리 생기는 것이 우리나라의 언문과 조금도 다르지 않다. 이 글자로 처음 배우는 이들을 교습시켜 2~3개월만 되면 즉시 책도 읽고 글도 지을 수 있으며, 이 글자로 모든 서적을 기술하기 때문에 당초에 소리내어 읽는 노력을 들이지 않아도 뜻을 분명히 이해할 수가 있다. 혹 가난하여 학자금을 지출할 수 없는 사람이라서 1개월만 배우고 말았더라도 나날의 글살이에 지장이 없다. 이를 동양의 학제에 견주어 보면 그 편하기가 하늘에 땅만큼 다르다. 그렇다면 우리나라에서도 학교를 설립하여 의당 언문으로 학생들을 교습시켜야 한다. 공맹 성현의 책에서부터 유럽인의 경영술(殖貨術)에 이르기까지 모두 언문으로 번역하여 가르쳐야 한다. 그리고 수10년을 공부해도 가계에 군색함이 없는 사람일 경우에는 부차적으로 한문을 학습시켜 큰 학자를 만들도록 해야 한다. 이렇게 하면 학교가 보편화되고 교화가 두루 흡족하게 될 것이다. 우리나라는 본디 학과를 분류하는 제도가 없는데다가 더구나 근세에 비로소 개발된 학술을 언문 책으로 가르치므로 학문이 있는 사대부가 대부분 입학하기를 부끄럽게 여기고 있다. 원컨대 중요한 직책에 있는 여러분께서는 정부차원에서 의논하여 특별히 번역하는 기관을 설치, 각종 학과의 기술을 모두 언문으로 하게 해주기 바란다. 그리하여 번역된 것을 책자로 만들어 국내에 반포하여 선비와 백성들로 하여금 이것이 편리하다는 것을 주지시키게 해야 한다. 그리고 정부에서 학비를 보조하여 격려 권장한다면 학문이 멀지 않아서 대대적으로 확장될 것이다. 서양 사람의 말에 이런 말이 있다."조선에 그 나라 글자가 있는데 동양 각국의 글자 가운데 가장 간편하다. 만약 조선의 선비와 백성이 그 나라의 글자를 이용하여 모두 그 편의함을 체득한다면 정치와 학문 정책이 틀림없이 동양에서 으뜸이 될 것이다."《한성주보》 '논학정', 1886. 2. 15 김영환(2018). 구한 말 한문 폐지론 다시 보기.《621돌 세종날 기념 전국 국어학 학술대회 자료집》. 한글학회. 128쪽.

조선시대 여성과 한글 발전

지식 실용화를 이룬 영어 알파벳 못지않은 뛰어난 문자임을 천명하고 있다. 더욱이 공맹 성현의 생각이나 그와 관련된 지식을 부정한 것이 아니라, 뛰어난 언문 번역으로 가르쳐야 한다는 것이다. 이는 언문의 우수성과 실용성을 만천하에 한글전용 신문으로 선포한 독립신문 창간(1896)보다 10년 앞서 주장한 것이라 더욱 의미가 있다.

둘째, 남성 중심의 지식 담론에 대한 도전이다. 관련 서책을 인용해 가며 최대한 지식과 생활 정보에 대한 객관적 기술을 하고 있다.

> 뉴두일은
>
> 여지승남의 왈, 신나 적 옛 풍속은 이 날의 동뉴슈의 머리을 감고, 묘혀 놀며 뉴두연이라 혼고로 써 비로스이라.(여지승람에 이르되, 신라 적 옛 풍속은 이 날에 동으로 흐르는 물에 머리를 감고 모여 놀며 유두잔치라 한 고로 이로써 비롯함이다.)

책 이름 유래를 적은 남편 서유본의 글에서도 실증적, 실용적 지식을 한글로 적은 가치를 발견할 수 있다.

> 나의 아내가 여러 책에서 줄거리를 뽑아 모아서 항목별로 나누었다. 시골 살림살이에 요긴하지 않은 것이 없고 특히 초목, 새, 짐승의 성미가 상세하게 적혀 있다. 이에 내가 책이름을 규합총서라고 하였다. _서유본(徐有本), 左蘇山人文集 권1 _번역: 정해은(1997: 306).

셋째, 한글 사용의 극대화이다. 규합총서는 단순한 실용서가 아니다. 생활 정보와 지식을 체계적으로 정리하고 기존의 다양한 지식을 논문에 준하는 담론으로 발전시킨 실용서다. 이렇게 보면 빙허각 이씨의 저술에 비해 남성 실학자들의 저술은 진정한 실학이 아닌 셈이다.

무릇 각각 조항을 널리 적기에 힘써 밝고 자세하고 분명하게 하고자 하였으므로, 한 번 책을 열면 가히 알아보아 행할 수 있도록 하고, 그 인용한 책 이름을 각각 작은 글씨로 모든 조항 아래 나타내 적고, 혹시 자기 소견이 있으면 신증(新增)이라 썼다._서문

넷째, 근대 지식 담론의 토양이다. 다양한 문헌을 바탕으로 정확한 지적 계보를 밝혀 지식을 서술함으로써 지식을 과학적 지식 담론으로 구성했다. 주로 인용한 문헌들은 "《고금주》,《본초강목》,《산림경제》,《설부》,《사문유취》, 《동의보감》,《수원식단》,《북평풍속유취》,《사류박해》,《박물지》" 등 아주 많다. 시동생으로 빙허각이 직접 가르치기도 했던 서유구(남편 서유본의 동생)가 지은 《임원경제지(林園經濟志)》도 같은 방식으로 지적 계보를 밝혀 집안의 실학 풍토였음을 알 수 있다.

[표 35] 조선말 개화기 때 여성 교육을 강조한 논설 모음(허재영·김슬옹 외(2019)

1908.12.25.	기호흥학회월보	5	한남녀ᄉᆞ	긔셔
1909.01.25.	기호흥학회월보	6	李喆柱	女子敎育이 爲尤急
1907.10.30.	낙동친목회학보	1	文乃郁	女子敎育論
1907.07.25.	대동보	3		女子敎育이 富强之要
1907.07.25.	대한구락	2	金華山人	女子의 敎育
1906.07.31.	대한자강회월보	1	尹孝定	女子敎育의 必要
1909.10.20.	대한흥학보	6	滄海子	女學生의게 醫學 硏究를 勸告홈
1909.07.20.	대한흥학보	5	퇴빅山人 譯	結婚혼 娘子의게 與혼 書
1909.04.20.	대한흥학보	2	東海滄夫 姜邁	女子界의 進步
1908.02.01.	서북학회월보 (서우+한북학회)	15	金河琰	女子敎育의 急先務
1908.03.01.	서북학회월보 (서우+한북학회)	16	日本 巖谷松平의 부인 巖谷孝子	女子之光明
1909.10.01.	서북학회월보	1-16	新民子	女學生 諸氏여

1910.01.01.	서북학회월보	1-19	秋醒子	感覺性이 女勝於男乎아
1907.06.01.	서우	7	金聖烈 述	五月 十二日 西北學生親睦會 運動場 演說 (안창호와 논쟁)
1907.01.01.	서우	2	柳東作	女子敎育
1907.06.01.	서우	7	安昌浩	〈演說〉
1907.05.01.	서우	6	天津報	袁總督 夫人 演說: 天津報 照謄
1906.09.24.	태극학보	2	尹貞媛	본국 제 형졔미의게
1906.08.24.	태극학보	1	金洛泳	녀ᄌ교휵
1906.11.24.	태극학보	4	尹貞媛	공겸의 졍신
1906.10.24.	태극학보	3	尹貞媛	추풍일딘(寄書)
1908.09.24.	태극학보	24	竹廷	學窓餘話
1907.02.24.	태극학보	7	尹貞媛	獻身的 精神
1908.10.25.	호남학보	5	崔俊植	女校必要

다섯째 한글 문서 확산과 한글 사용에 큰 영향을 끼쳤다.《규합총서》는 빙허각 이씨의 시가가 되는 서씨(徐氏) 후손 집에서의 발견을 보도한 동아일보 1939년 1월 31일자 기사는 이 책이 일제 강점기 때까지 이어져 내려왔음을 보여 준다. 또 이 책은 오늘날 전해지지 않는 다음과 같은《빙허각전서(憑虛閣全書)》의 1부였다고 한다.[36]

빙허각전서
규합총서: 주식(酒食)·봉임(縫紝)·산업(産業)·의복(醫卜)
청규박물지: 천문지리(天文地理)·세시초목(歲時草木)·금수충어(禽獸蟲魚)·복식음식(服飾飮食)
빙허각고략(憑虛閣稿略): 자작시 한문대역(自作詩漢文對譯)·태교신기발(胎教新記跋)·(부문헌공묘표父文獻公墓表)

---

36 정양완 역주(1975)의《閨閤叢書》앞머리에 기사 영인과 현대 역이 실려 있다.

이 전서는 총 3부 11책으로 제1부가 모두 5책으로 된《규합총서》로서 술과 음식, 바느질과 길쌈, 시골 살림의 즐거움, 병 다스리기 등으로 구성되었다.

[표 36]《규합총서》'연엽주' 만들기 판독문과 현대어역

판독문	현대어 번역
년엽쥬 구을 셔리 젼에 날이 더우면 싀기 쉬온니라 뿔 혼 말을 빅 셰ᄒᆞ야 담가 밤을 지아 찌고 죠흔 믈 두 병을 쓸혀 밥과 믈이 어름 갓치 츠거든 혼 듸 셕고 싱년엽을 독 속에 편 후에 밥을 그 우의 너코 국 말 칠 홉을 가지고 밥 우희 혼 계을 펴고 다시 년엽을 펴고 우희 밥을 너코 누록을 펴되 펴기을 켸켸 찍 안치 닷 ᄒᆞ야 둔돈이 봉ᄒᆞ야 앙긔 업눈 츤 듸 두어 닉히되 일졀 날물을 드리지 안이허면 향긔가 비승ᄒᆞ고 오리 두어도 샹치 안이ᄒᆞ니 슐을 다 쓴 후 다른 죠흔 슐을 부어도 향긔가 의구ᄒᆞ니라	가을 서리 전에 (날이 더우면 쉬기 쉬우니까) 쌀 한 말을 여러 번 씻어 물에 담가 밥을 짓는 다. 좋은 물 두 병을 끓여 밥과 물이 얼음같이 차갑게 되면 한데 섞는다. 연잎을 술독에 편 뒤에 밥을 그 위에 넣는다. 좋은 누룩 일곱 홉 을 준비해서 밥 위에 누룩을 뿌리고 다시 연잎 을 펴고 위에 밥을 넣고 누룩을 뿌린다. 떡 안 치듯 술을 안치고 봉한다.

이렇게 생활 풍속을 전통과 옛 서책에 의거하여 간결하면서 알기 쉽게 기술하였다. 이는 조선시대 때 한글로 집필된 서적 가운데 실용적 가치와 사회적 가치로는 최고다.

2) 특정 목적의 언문서: 조리서

한국 조리서 연구에 대해서는 이성우(1982)의《조선 시대 조리서의 분석적 연구》,《韓國古食文獻集成》에서 종합 정리된 후, 박채린(2015)의 "신창 맹씨 종가《자손보전》에 수록된 한글조리서 '최씨 음식법'의 내용과 가치."에 이르 기까지 지속적으로 연구돼 왔다. 특히 안동 장씨의 음식디미방에 대해 가장 많이 연구되어 "박은향(2004). 조선 후기 한글 음식조리서《주방문》의 음운 연구. 경북대학교 대학원 석사 논문.", 어문생활과 연계한 연구로는 "백두현 (2006). 조선시대 여성의 문자생활 연구 - 한글 음식조리서와 여성 교육서를

중심으로" 두드러진다.

배영동(2017)의 "17세기 장계향의 삶과 조리 지식의 현대 문화자원화 과정. 《비교민속학》 63. 비교민속학회. 293쪽."에서 지적했듯이, 최초의 한글조리 서는 박채란(2015)에서 밝힌, 신창 맹씨 종가 '자손보존'에 수록된 해주 최씨 (1591~1660) 조리서이고 체계적이면서 단행본 방식의 최초 한글 조리서는 안 동 장씨의 '음식디미방'이다.

[표 37] 조선시대 음식 관련 문헌의 계보(박여성, 2017: 399쪽) 표기 보완 재구성

시대	연도	저자	제목	특징	표기
15세기	1400년대	전순의	식료찬요(食療纂要)/ 산가요록(山家要錄)	우리나라 최초의 조리서	한문
16세기	1500년대	김유	수운잡방(需雲雜方)	식품가공 및 조리법을 한문으로 적은 전통조리서	
17세기	1611년	허균	도문대작(屠門大嚼)	팔도 명물과 별미음식을 소개한 음식평론서	
	1623년	이수광	지봉유설(芝峰類說)	문화백과사전에 해당하는 총서	
	1670년경	장계향	음식디미방	여성이 한글로 직접 쓴 조리서(閨壼是議方)	한글
	1680년경	미상	요록(要錄)	한문으로 기록된 고조리서	한문
	1691년경	미상	치생요람(治生要覽)	농촌가정백서	
	1600년대	하생원	주방문(酒方文)	술을 빚는 방법서	
18세기	1700년경	이표?	술 만드는 법	술 빚는 법, 음식 각양법, 한글 조리서	한문
	1715년	홍만선	산림경제(山林經濟)	가정생활서	
	1766년	유중임	증보산림경제 (增補山林經濟)	홍만선의 산림경제를 증보하여 엮은 책	
	1700년대	진주 정씨	음식보(飮食譜)	술, 반찬, 떡과 과자류 등 36항목의 한글 조리서	한글
	1740년대	이표	수문사설(鎪聞事說)	신선로가 소개된 최초의 문헌	한문

19세기	1815년경	빙허각 이씨	규합총서(閨閤叢書)	가정살림에 관한 내용을 담은 생활백과사전	한글
	1827년	서유구	임원십육지(林園十六志)	조선 후기 농업 위주의 백과사전 '임원경제십육지'로도 불림	한문
	1850년경	이규경	오주연문장전산고(五洲衍文長箋散稿)	백과사전 형식	
	1854년	이규경	찬법(饌法)		
	1858년		음식유취(飮食類聚)		
	1860년	미상	금승지댁주방문(金承旨宅廚房門)	계절에 따른 술 빚는 법	
	1869년	미상	간본규합총서(刊本閨閤叢書)	생활백과사전	한글
	1896년	미상	규곤요람(閨壼要覽)	11장으로 된 한글필사본 조리서	
1800년대		빙허각 이씨	식경(食經)	실학자가 쓴 조리서	한문
		서유구	옹희잡지	조리 가공서	
		미상	군학회등(群學會謄)	음식조리법과 식사할 때의 주의점 등	
		미상	역주방문(曆酒方文)	책력 뒤에 적은 주방문	
		미상	시의전서(是議全書)	한글과 한자 병기	국한문

박여성(2017)에서 제시한 요리서 가운데 한글 조리서에 대한 집중 조명은 백두현(2006)의 "조선시대 여성의 문자생활 연구 - 한글 음식조리서와 여성 교육서를 중심으로.《어문론총》 45권. 한국문학언어학회. 261~321쪽."에서 이루어졌다.

[표 38] 한글 음식조리서 목록(백두현, 2006: 263)

제목	저자	연대	소장처
음식디미방	안동 장씨	1670년경	경북대학교
주방문	하생원?	1600년대 말엽 추정	규장각

음식보	미상	1700년대 초엽?	황혜성(마이크로필름)
술만드는법	미상	1700년대?	고려대학교
규곤요람	미상	1795년	고려대학교
규곤요람	미상	1896년	연세대학교
규합총서(刊本)	빙허각 이씨	1869년	
규합총서	(정양완 역주)	1800년대	고려대학교 신암문고
주방	미상	1800년대 초엽?	이씨 소장
역잡록	미상	1830년대?	
정일당잡지(貞一堂雜識)	정일당	1856년?	
음식책	단양댁?	1838년경·1898년경?	
음식방문	미상	1800년대 중엽?	동국대학교
윤씨음식법(찬법)	미상	1854년?	윤서석 소장
김승지댁 주방문	미상	1860년	황혜성 사본
술빚는 법	미상	1800년대 말엽?	
이씨음식법	미상	1800년대 말기?	이씨 소장
시의전서	미상	1800년대 말엽?	홍정 여사 소장

안동 장씨는 경상남도 안동 서후면 금계리에서 1598년(선조 31)에 태어나 1680년(숙종 6)에 별세하였다. 장씨의 아버지는 향리에서 후학을 가르쳤던 성리학자 경당(敬堂) 장흥효(張興孝)이고, 어머니는 첨지 권사온(權士溫)의 딸이다. 서학의 바람이 불기 전인 17세기에 전문 실용서인 요리책이 나왔다. 안동 장씨가 지은 《음식디미방》은 한글 필사본으로, 정식으로 간행되지 못해 정확한 완성 시기는 모르지만 17세기 후반으로 추정한다.

부덕 실천이 연장선상에서 집필된 《음식디미방》이야말로 실용적 경험지식을 체계한 점, 한글로 써서 널리 활용되도록 한 점에서 여성에 의한 한국 최초의 실학적 저술로 평가된다. _배영동(2014). 16~17세기 안동문화권 음식조리서의 등장 배경과 역사적 의의 - 《수운잡방》과 《음식디미방》의 사례. 《남도민속연구》 29집. 153~154쪽.

장계향은 후대의 실학자들보다 더 실용정신을 발휘하여 한문을 잘 알면서도 한글로 썼다. 여인들이 보고 배울 수 있도록 하기 위한 실용적 학문관이 구현된 결실이다. _배영동(2014). 16~17세기 안동문화권 음식조리서의 등장 배경과 역사적 의의 - 《수운잡방》과 《음식디미방》의 사례. 《남도민속연구》 29집. 171쪽.

우리나라 영남 지역의 토속 음식조리법을 체계적으로 저술한 것임에도 출판되지 못한 것은 조선시대의 한계였다. 따라서 이 책이 그 당시에 어떤 영향을 미쳤는지는 논의하지 못하므로, 이런 저술이 의미하는 역사적 의미는 간접적으로 추론할 수밖에 없다.

이 책은 전해 내려오거나 스스로 개발한 조리법을 한글로 기록하여 이 분야의 역사적 전통을 살려 놓았다. 이 책에 소개한 만두 요리법 부분을 이 책을 발굴하고 널리 소개한 백두현 교수의 번역을 함께 제시하면 다음과 같다.

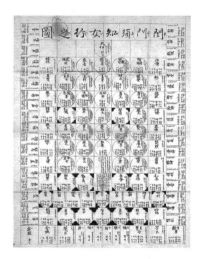

[사진 21] '규문수지여행지도' 《겨레의 한글 도록》 121쪽, 여성들용 교육과 오락용 윷놀이

이런 실정이었기에 여성들의 생활문 또는 실용문에서 한글 사용은 매우 소중한 것이다.

> 여성 지성의 담론이 보아주는 강점은 그것이 경험에 기반한다는 점으로, 이것이 비로 조선 후기 여성 지성사의 성취이기도 이다. 이러한 특성은 '실사구시' '이용후생' 등으로 정의되는 실학과도 차이를 보인다. 여성의 경우 실사란 단지 실제로 보고 듣는 견문을 넘어 구체적으로 만들어보고 생산해 본 일이기 때문이다. _이혜순(2010). 고통을 발판 삼아 피어난 지성, 조선 여성 지성인들의 계보. 규장각한국학연구원 편(2010). 《조선 여성의 일생》. 글항아리. 86쪽.

경험에 기반한다는 점이 '실사구시, 이용후생'을 내세우던 실학보다 더 실용적이고 구체적인 일상을 한글 또는 문학에 담아냈다는 측면에서 여성의 한글 문학의 실용적 가치를 지적하고 있다.[37]

'실학사상'은 "17세기 중엽 이후에, 성리학의 공리공론에 반대하여 정치·경제적 현실 문제와 과학, 기술, 역사, 문학, 풍습과 같은 우리 문화에 대해 광범위하게 연구하여 당시 조선의 변화와 개혁을 주장하던 새로운 사상 조류_표준국어대사전"라고 풀이한 것처럼 성리학에 반대한 것이 아니라 성리학의 공리공론에 반대하여 '실사구시. 이용후생' 등을 중요하게 여겼다. '사농공상'이라는 신분제 자체가 이미 '상인 신분' 또는 상업을 하찮게 봄으로써 그것이 바로 공리공론의 바탕이 됨을 알 수 있었다. 그러나 이러한 실학사상은 정작 지식의 실용성이나 실용적 유통 모순인 한문 사용에 대해서는 전혀 문제의식을 보이지 않았다.

---

37 '실학'이란 말은 당대에 쓰인 말은 아니다. 일제 강점기 때 정인보 등이 붙인 이름이다.

柄鑿行(예조행)

柄鑿不相容/氷炭不相悅/方輪求其轉/推挽軸乃折/烏頭不泡炙/下咽中毒烈/
本欲煖命門/氣息奈先絶/魯叟亦獵較/豈其忘禮節/姬鞅拂衆志/終爲衆所撇/柄
鑿不相容/氷炭異寒熱 _정약용이 1791년(30세) 5월에 지은 시

둥근 장부와 모난 구멍은 서로 용납하지 못하고,
얼음과 숯은 서로 기뻐하지 않네.
네모난 바퀴를 굴러가게 하려고,
밀고 당기면 굴대가 바로 부러지네.
오두(투구꽃)은 달이지 않고서,
목으로 넘긴다면 강한 독에 중독되니,
본래 명치를 따뜻하게 하려 한 것이나,
숨이 먼저 끊어짐을 어찌하리.
공자도 사냥을 하셨으나,
어찌 예절을 잊어서였겠는가.
상앙은 뭇사람들 뜻 거슬렀다가,
끝내 뭇사람들의 공격 받았네.
둥근 장부와 모난 구멍은 서로 용납하지 못하고,
얼음과 숯은 차고 뜨거움이 다르다네. _번역: 김봉남(2010). 정조년간 다산의
고뇌와 시적 형상화.《인문연구》 58호. 영남대학교 인문과학연구소. 489쪽.

　대표적인 실학자인 정약용의 한문시처럼 한문과 지식실용화는 둥근 도끼
자루와 모난 구멍과 같은 관계였지만 남성 실학자들은 끝내 한글 사용을 거
부하였다.
　여성들의 실용 부분에서의 한글 사용은 그래서 더욱 가치가 있다.

9.6. 맺음말: 여성 실용서의 역사적 의미

조선은 사대부들의 성리학 이념에 따라 굳건히 세워지고 발전한 나라였으나 그것이 조선 후기까지 교조주의화 됨으로써 부정적 결과를 가져오는 핵심 요인이 되었다. 이러한 모순을 벗어나려는 성리학자들이 이른바 후대에 '실학자'라 일컬어지는 정약용 등의 17~19세기 실학자들이었다.

이들 실학자들은 성리학의 교조주의에서 벗어나려고 노력하였으나 정작 한문 교조주의를 벗어나는 데는 실패했다. 바로 여성들이 한글로 펴낸 실용서의 가치는 반실용적인 남성들의 문자관에서 찾아야 한다.

남성 실학자들이 실용적인 지식으로 개혁을 시도하거나 꿈꾼 것은 좋았으나 그러한 지식을 한문 교조주의에 가두고 쉬운 한글로 지식을 더욱 실용화하고 공유하는 방식을 활용하지 못했다.

> 녜 슌챵의셔 사던 셜튱난이는 지극호 가문윗 사룸이라 ᄀ장 가옴여더니 제 훈 똘이 이셔 셔방 마즈니 무ᄌ식ᄒᆞ야셔 일 죽고 아이 이쇼듸 일홈이 셜공찬이오 이명은 슉동이러니 져믄 적브터 글ᄒᆞ기를 즐겨 한문과 문장 제법을 쇠 즐겨 닑고 글스기를 ᄀ장 잘ᄒᆞ더니 갑ᄌ년의 나히 스믈히로듸 댱가 아니 드럿더니 병ᄒᆞ야 죽겨눌 셜공찬의 아바님 예엇브 너겨 신쥬 밍그라 두고 됴셕의 미일 우러 졔ᄒᆞ더니 병인년의 삼년 디나거눌(현대역: 옛날 순창에서 살던 설충란이는 지극한 가문의 사람이라. 아주 가멸더니 저의 한 딸이 있어 (그 딸이) 시집갔으나 무자식하여서 일찍 죽고 (딸의) 아우가 있으되 이름이 설공찬이요 아명은 숙동이러니, 어릴 적부터 글하기를 즐겨 한문과 문장·제법(에 관한 책)을 몹시 즐겨 읽고 글쓰기를 아주 잘 하더니, 갑자년에 나이 스물이로되 장가 아니 들었더니 병들어 죽거늘, 설공찬의 아버님이 불쌍히 여겨 신주를 만들어 두고 조석에 매일 울며 제사지내더니, 병인년에 삼년이 지나거늘) _현대역: 정우영(1998).《설공찬전(薛公瓚傳)》한글본의 原文 判讀 및 그 註釋,《東岳 語文論集》33, 東岳語文學會.

이 이야기에는 양반들이 어렸을 때부터 학업에 정진하는 모습이 잘 나타나 있다.

성리학은 원칙과 원리 중심의 주리론과 응용과 실용 중심으로 주기론으로 나누는데 그 어떤 종파와 관계없이 모두 한문 중심의 모순은 인식조차 하지 않았다. 실학자들 가운데 소론 계열에서 훈민정음의 가치는 발견하지만 그 것을 학문 도구의 문식력으로는 인식하지 않아 한문만으로 저술했다.

아직도 풀리지 않는 의문은 양반 남성 지식인들은 왜 조선이 망할 때까지 왜 한글이 지식 실용화 도구로 쓰이는 것을 철저히 막았을까에 대한 의문이다. 물론 성리학교조주의 한자숭배주의 때문이라는 것은 알지만 "그래도 20세기까지 설마 그래도"라는 의문이다

흔히 세도정치, 쇄국정치 등을 조선 패망의 1차 원인이라고 한다. 그것이 틀렸다는 것이 내 가설이다. 주요 원인이지만 가장 중요한 1차 원인은 아니다. 1차 원인은 조선 지식인들이 지식 실용화와 대중화를 조선이 망할 때까지 막았기 때문이다. 민현식(2016)의 "한글 문화의 정신사.《한국언어문화학》 13권 3호. 국제한국언어문화학회. 107쪽."에서도 다음과 같이 국치의 언어적 원인을 '문맹과 불통'으로 보았다.

> "세종대왕의 말글 정책은 역성혁명을 통해 왕조가 교체되고 권력이 불안정한 상황에서 훈민정음 창제와 보급으로 '문맹 타파'와 '소통 증진'을 이루고 '국민 통합'을 추구하면서 왕조의 기초를 다졌다 그러나 세종 시대에 찬란했던 말글 정책의 기조가 점차 쇠퇴하면서 조선 중기와 후기에 이르러 백성을 계몽하려던 한글중심의 말글정책이 실종되고 백성을 위한 공교육이 발달하지 못해 백성의 문맹이 심화되고 관리와 양반층의 부정부패가 만연하연서 각계각층이 소통하기 어려운 불통사회가된다 이러한 '문맹과 불통'의 심화는 결국 조선의 쇠망과 국치를 가져오는 언어적 원인이 되었다.(117쪽)."

18~19세기에 집중적으로 저술된 실학자들의 방대한 백과사전들은 100% 중국식 한문 번역문이다. 당연히 양반 극소수만이 읽었다. 20세기가 다가와도 나라가 망해가도 끝내 세계 최강의 문자 한글 사용을 거부했다(학문 분야, 행정 분야, 지식 실용 분야).

여성들이 펴낸 한글 실용서는 바로 이러한 남성 중심의 반실용적인 한자 문화 속에서 피어난 한 떨기 빛이었다.

4부

시대별 한글 사용 맥락과 역사적 의미

10 ─── 시대별 여성 한글 사용 의미

10.1. 머리말

여성들이 시대별로 한글을 어떻게 사용했고 한글이 어떻게 발전해 왔는가를 규명하고자 한다. 1446년에 공식 문자로 반포되어 1894년에 주류 공식 문자로 선언되기까지 한글은 고르지 못한 운명 속에 발전을 해왔고 그 가운데 여성의 역할은 어떠했는가를 밝히는 것이다. 김정경(2016)의 《조선 후기 여성 한글 산문 연구》에서 "조선의 여성들이 한글로 쓴 산문은 18세기부터 본격적으로 생산되는데 (…후략…) (14쪽)"라는 지적처럼 과연 18세기를 본격적 사용의 기점으로 보아야 하는가. 그렇다면 그 전과 후는 여성들의 한글 사용 양상은 질적으로 양적으로 어떻게 다른가?

사대부가 한문을 버리지 않고 한문학을 자기네 문학으로 지키면서 시가문학에서는 한시와 함께 국문시가를 즐겨 지으며 시조와 가사를 발전시킨 것은 시가는 노래 부를 수 있어야 하기 때문이었다. 이황(李滉)이 〈도산십이곡〉(陶山十二曲)을 지으면서 남긴 발문에서 그런 사정을 잘 설명했다. 그런데 사대부 부녀자들은 한문을 익히기 어려워 국문을 일상생활에 널리 썼다. 그래서 국문소설의 발달을 가능하게 하는 한

가지 조건을 만들었다. 조선 후기에 이르러서 시민을 위시한 하층 민중이 문자생활을 국문으로 하고 현실 인식과 흥미를 아울러 갖춘 문학을 요구하게 되자, 국문문학이 한문학과 맞서서 크게 성장했다. 그러다가 중세에서 근대로의 이행기가 끝나자 국문만 사용하고, 문학은 국문문학이라고 하는 데 이르렀다. 이처럼 국문 사용의 확대와 국문문학의 성장은 훈민정음 창제 당시의 의도나 계산과 관계없이 문자생활을 둘러싼 상하층의 경쟁, 중세와 근대의 대결을 통해 이루어졌다. 그렇게 해서 국문은 시대마다 다시 태어났다. _조동일(1989: 2판). 《한국문학통사 2》. 지식산업사. 262쪽.

조동일의 이러한 담론에서 우리가 주목할 점은 '국문(한글)은 시대마다 다시 태어났다.'는 말이다. 단선적 발달사보다는 시대 맥락 속에서 한글 사용 양상이 더 중요하다는 것이다.

한글은 더디지만 다양한 방식으로 발전해 나갔다. 그 과정에서 여성들의 한글 문식성은 어떻게 발전해 나갔으며 또 여성들의 한글살이는 어떠했는지 주목할 필요가 있다.

[표 39] 실록에 수록된 여성 관련 기사 수

시기	왕	기사 수	총 기사수	비율(%)
15세기	단종	4	49	11.17%
	세조	3		
	성종	38		
	연산	4		
16세기	연산	12	89	20.22%
	중종	29		
	인종	4		
	명종	23		
	선조	21		

조선시대 여성과 한글 발전

17세기	선조	9	116	26.36%
	광해	30		
	인조	24		
	효종	1		
	현종	7		
	숙종	47		
18세기	숙종	13	123	27.95%
	경종	10		
	영조	36		
	정조	64		
19세기·20세기	순조	42	61	13.86%
	헌종	5		
	철종	1		
	고종	13		
합계			440	100%

　　다만 여기서 여성과 직접 연관되지 않더라도 여성 한글 문화의 밑바탕이
된 지배층이 펴낸 각종 언해서는 여기서 논하지는 않는다. 필자의 "김슬옹
(2012). 《조선시대의 훈민정음 발달사》. 역락"에서 이런 문헌의 맥락을 밝혀
서이기도 하지만 이들 문헌들이 여성의 한글 사용과의 연계성을 실증적으로
논증하기는 어렵다.

[표 40] 조선시대 한글 문헌 간행의 시기별 경향과 특징
(이호권(2008). 조선시대 한글 문헌 간행의 시기별 경향과 특징.《한국어학》41. 한국어학회. 재구성)

시기	내용	문헌
제1기 (요람기) 훈민정음 창제~예종 (1443~1469)	한글	훈민정음해례본(1446), 훈민정음언해(1459), 동국정운(1448), 구급방언해(1466)
	문학	용비어천가(1447)
	불교	석보상절(1447), 월인천강지곡(1447), 월인석보(1459), 몽산법어언해(1460), 아미타경언해(1461경), 능엄경언해(1461), 능엄경언해(1462), 법화경언해(1463), 영가집언해(1464), 금강경언해(1464), 심경언해(1464), 아미타경언해(1464), 원각경언해(1465), 법어언해·목우자수심결언해(합부 1467)
제2기 (성장기) 성종~ 임진왜란직전 (1470~1592)	불교	관음보살주경(1476), 금강경삼가해(1482), 남명집언해(1482), 불정심경언해(1485), 오대진언(1485), 육조단경언해(1496), 진언권공언해·삼단시식문언해(1496), 목우자수심결언해(1500), 영가집언해(1520), 법화경언해(1523/1547), 심경언해(1553), 아미타경언해(1558), 금강경언해(1575),원각경언해(1575), 몽산법어(1521/1523/1525), 월인석보(1542/1559/1562/1568/1569), 별행록절요언해(1522), 부모은중경언해(1545), 육자선정언해(1560), 몽산화상육도보설언해(1567), 선가귀감언해(1569), 칠대만법(1569), 초발심자경문언해(1577/1583), 진언집(1569)
	교화	내훈(1475/1573), 삼강행실열녀도언해(1481), 삼강행실도언해(1490), 이륜행실도(1518), 여씨향약언해(1518), 정속언해(1518), 경민편언해(1519), 속삼강행실도(1514)
	교육	훈몽자회(1527), 신증유합(1574/1576), 천자문(1575), 석봉천자문(1583)
	시가	두시언해(1481)
	의학	구급간이방언해(1489), 신선태을자금단언해(1497), 창진방촬요언해(1517), 간이벽온방언해(1525), 우역방언해(1541), 분문온역이해방언해(1542), 구황촬요언해(1554), 촌가구급방(1538),
	농사	금양잡록(1492)
	외국어	이로파(1492), 번역노걸대(1520), 번역박통사(1510), 노박집람(?), 사성통해(1517), 속첨홍무정운(?)
	유교	번역소학(1518), 소학언해(1588), 대학언해(1590), 중용언해(1590), 논어언해(1590), 맹자언해(1590), 효경언해(1590)
제3기 (변동기) 임진왜란~ 경종 (1592~1724)	사서 언해	주역언해(1606), 시경언해(1613), 내훈(1611), 용비어천가(1612), 훈몽자회(1613), 사성통해(1614)

조선시대 여성과 한글 발전

	의학		언해구급방(1607), 언해태산집요(1608), 언해두창집요(1608), 동의보감(1613), 간이벽온방언해(1613), 우역방언해(1636), 벽온신방언해(1653), 구황벽온방언해(1639), 신간구황촬요언해(1660)
	교화		동국신속삼강행실도(1617), 가례언해(1632), 경민편언해(1658)
	병학		무예제보언해(1598), 무예제보번역속집(1610), 연병지남언해(1612), 병학지남언해(1649), 진법언해(1693), 화포식언해·신전자취염소방언해(1635), 신전자초방언해(1698), 신간삼략언해(1711)
	외국어		노걸대언해(1670), 박통사언해(1677), 역어유해(1690), 오륜전비언해(1721), 첩해신어(1676), 왜어유해(1780?), 팔세아(1704), 소아론(1704), 삼역총해(1704), 청어노걸대(1704)
제4기 (융성기) 영조~정조 (1725~1800)	교화		삼강행실도/속삼강행실도/이륜행실도(1726~1730), 오륜행실도(1797), 어제내훈(1737), 어제소학언해(1744), 여사서언해(1737), 어제상훈언해(1745), 어제훈서언해(1756), 어제경민음(1762),어제백행원(1765), 종덕신편(1758), 천의소감언해(1756), 명의록언해(1777), 속명의록언해(1778), 계주윤음(1757), 효유윤음(1776), 제주대정정의등읍부로민인서(1781), 경기대소민인등윤음(1782)
	외국어	한학서	노걸대언해(1745), 노걸대신석언해(1763), 중간노걸대언해(1795), 박통사신석언해(1765), 역어유해(보)(1775)
		왜학서	개수첩해신어(1748/1762), 중간개수첩해신어(1781), 인어대방(1790), 왜어유해(1780년대초)
		몽학서	첩해몽어(1737), 몽어노걸대(1741/1766), 몽어유해(1768),
		청학서	신석청어노걸대(1765), 중간삼역총해(1774), 신석팔세아(1777), 신석소아론(1777), 동문유해(1748), 한청문감(?1779)
	병학		병학지남언해(1787), 무예도보통지언해(1790)
	의학		증수무원록언해(1796), 제중신편(1799)
	한글 연구		화동정음통석운고(1747), 삼운성휘(1751), 규장전운(1796), 전운옥편(1796)
제5기 (변혁기) 순조~ 갑오경장 (1801~1894)	윤음 언해		척사윤음언해(1839)
	도교		태상감응편도설언해(1852), 남궁계적언해(1876), 삼성훈경(1880), 과화존신(1880), 관성제군명성경언해(1883), 기령현묘경언해(1886)
	방각본		주해천자문(1804), 신간증보삼략직해(1805), 임경업전(1840), 조웅전(1857)
	천주교, 기독교		천주성교공과(1864), 성찰기략(1864), 회죄직지(1864), 신명초행(1864), 성교절요(1864), 성교감략(1883), 성경직해(1892~1897), 예수성교요령(1881), 예수성교문답(1881), 예수성교누가복음전서(1882), 예수성교성서요안내복음전서(1882), 예수성교전서(1887)

10.2. 15세기

1) 머리말

15세기는《훈민정음》(1446) 해례본이 간행되었으므로 50년 정도 된 시기였다. 초창기 훈민정음 역사에서 여성의 역할은 무엇이며 구체적으로 훈민정음 사용 역사에서 어떤 의미를 남겼는가이다. 이를 두 가지 측면에서 살펴보고자 한다. 첫째는 여성 관련 책의 의미다. 반포 후 실질적인 최초 한글 문헌이라고 할 수 있는 '《석보상절》, 《월인천강지곡》'은 그 책 자체로서 이미 훈민정음 보급 발전에 이바지한 것이다. 두 책은 훈민정음 반포 6개월 전에 운명한 소헌왕후 명복을 빌기 위한 것이었고 성리학 사대부들의 불교 반발을 잠재우는 구실을 하였다.

둘째, 실록 기록 등을 이용해 실제 여성이 사용한 사례를 분석한다. 실록 기록은 1차 원문은 거의 남아 있지 않지만 생생한 어문생활을 전달해 준다.

2) 연구사

15세기 여성의 어문생활만을 다룬 연구로는 이경하(2010)의 "15세기 상층 여성의 문식성(literacy)과 읽기교재 《내훈》" 연구가 유일하다. 이경하(2003)의 "15~16세기 왕후의 국문 글쓰기에 관한 문헌적 고찰"에서 15세기 분야를 더 발전시켰다.

이경하(2010ㄱ)에서는 15세기 후반에 간행된 《내훈》은 특별히 기획된 여성 규범서로서 여성 독자들이 한자와 한글의 기초적인 이해능력을 높이고 다양한 고전에 대한 소양을 기를 수 있어서 문자 사용능력과 고전 읽기가 사고력 신장과 자아 성장에 기여할 수 있었다고 보았다. 주석 등에 포함된 여성 독자 배려 특징 등을 밝혔지만 이중언어 체계와 한자음 위주의 한계 등은 제대로 드러내지 못했다. 《내훈》은 여성 대상 맥락은 분명하지만 세종이 《월인천강지곡》에서 전범을 보인 한글 위주의 편집 전략은 아쉽게도 드러내지 못했다. 《내훈》은 남성 중심 유교적 질서와 규범을 담고 있지만 그것은 왕실 여성으로서 당연한 전략이었을 것이고 그 점이 양반 사대부가를 중심으로 이 책을 남성들이 수용 보급할 수 있는 기반을 주었을 것이다.

이경하(2003)는 훈민정음 창제때부터 16세기 중반에 이르기까지 조선왕조실록의 '諺文' 관련 기사들을 활용해 여성의 국문 글쓰기 양상을 분석했다. 15세기 후반인 성종 때 수렴청정을 한 바 있는 정희왕후의 언문 교지 등의 분석에서 왕후들의 한글 글쓰기 사례는 조선 전기 여성문학사의 빈 공간을 메우는 데에 크게 이바지 했다고 보았다. 왕실 여성들의 한글 사용은 자연스럽게 양반가 여성들의 한글 쓰기로 이어졌을 것이고 그런 맥락의 흐름을 분석해 여성들의 한글 중심 어문생활을 밝혀 의미가 있다.

3) 특정 문헌이 여성들의 어문생활에 끼친 영향과 의미

세종대왕은 1446년에 소헌왕후가 세상을 떠나자 둘째 아들인 수양대군에게 소헌왕후의 명복을 빌고 어려운 불경을 쉬운 한글로 옮겨 부처의 뜻을 널리 알리기 위해 석가모니의 일대기를 엮게 했다. 수양대군은 아버지 세종대왕의 명에 따라 1447년에 《석가보》, 《법화경》 등에서 석가모니의 일대기를 뽑아 한글로 풀이한 산문집 《석보상절》을 완성했다. 이 책은 다른 한글 불교책과는 달리 불경 이야기를 자연스러운 우리말로 풀어 써서 훈민정음을 적용한 본격적인 산문책인 셈이다. 그만큼 훈민정음 보급에 결정적인 역할을 한 책이다.

세종대왕은 수양대군이 《석보상절》을 펴낸 1447년에 석가모니의 공덕을 찬양하는 노래를 직접 지어 《월인천강지곡》을 펴냈다. 《용비어천가》에 실린 노래들은 2장, 30장, 67장, 68장을 제외하고는 국한문 혼용체 운문이고 모두 한시와 대응시인 데 반해《월인천강지곡》에 실린 노래들은 창작 운문이라는 의미가 있다. 그만큼 일반 백성들에게 널리 알리고 편하게 노래로 불릴 수 있기를 바랐다. 또 보통은 한자를 먼저 크게 쓰고 그 아래 한글로 작게 음을 달았지만《월인천강지곡》은 한글을 크게 쓰고, 한자를 작게 썼으며 현대 맞춤법 원리도 적용했다.

《석보상절》과《월인천강지곡》은 세조 5년(1459년)에 언해본이 실려 있는 《월인석보》라는 책으로 같이 묶여 보급될 정도로 훈민정음 보급에 결정적인 역할을 한다.

언해본이 실려 있는 ≪월인석보≫ 권1 짜임새(모두 108장)

차례	장 수
세종어제훈민정음(언해본)	15장
팔상도	8장
〈석보상절〉 서	6장
〈어제월인석보〉 서	26장
위패도	1장
〈월인천강지곡〉 제1, 〈석보상절〉 제1	52장

사실 이러한 보급은 반포 후의 일이고 창제 과정에서는 세종대왕은 신하들이나 백성들에게 알리지 않고 홀로 새 문자를 만들어야 했다. 당시 사대부 양반들에게 중국 한자가 아닌 새로운 문자를 만들어 쓰는 것은 상상조차 할 수 없었기 때문이다. 그렇다고 모든 것을 세종대왕 혼자 생각하고 연구할 수는 없었다. 세종대왕은 비밀리에 소리와 문자 연구를 하면서 늘 가까이 했던 자식들과 신하들의 도움을 간접적으로 받았을 것이다. 그중에서도 세종대왕의 막내딸 정의 공주(1415/1416?~1477)는 시집을 간 뒤에도 궁궐 밖에 살면서

소리 연구에 많은 도움을 주었다. 아버지를 닮아 절대 음감을 갖고 있었고 수학과 천문에 밝았던 정의 공주는 세종대왕이 문자를 연구하다 막힐 때면 함께 토론하고 해결해 나갔다.

이와 더불어 성리학 경전인 사서 번역에 실패한 점도 주목할 필요가 있다.

세종 30/1448/03/28/직제학 김문이 죽어 상주사 김구를 불러들여 《사서》를 언문으로 번역하게 하다.

세종대왕은 불교책인 《석보상절》과 《월인천강지곡》을 간행한 뒤, 김문을 시켜 사서를 번역하게 했으나 마치지 못하고 죽자 상주사 김구를 불러들여 유교 경전 《사서》를 한글로 번역하는 일을 지시했다. 《삼강행실도》와 같은 유교 책을 펴내서 백성들을 가르치기 위해 새 문자 한글을 창제했지만 세종 대왕은 불교 관련 책들을 먼저 펴냈다. 사대부 양반들이 귀하게 여긴 유교 경전을 먼저 한글로 펴냈다면 최만리가 한글 창제를 반대했던 것보다 더 심한 반발에 부딪힐 수도 있었기 때문이다. 결국 《사서》 한글 번역 작업은 언어적, 정치적 문제로 지지부진하게 되어 세종대왕 생전에 완성하지 못했다.

이것이 의미하는 바는 훈민정음 반포 후 초기 문헌인 《석보상절》, 《월인천 강지곡》이 훈민정음 보급 발전에 결정적인 역할을 했다는 점이다. 이 책들이 여성(소헌왕후)으로 인해 나왔고 이 책이 보급된 사찰은 여성 중심의 공간이기도 했으므로 이 책들이 보급된 기록은 남아 있지않지만 능히 짐작하고도 남을 일이다.

4) 실록에서 본 15세기 여성의 한글 사용 의미

실록 기록은 그 편찬 과정으로 볼 때 사실성과 진정성이 높은 사료이긴 하나 그렇다고 그 시대 모든 진실을 대변하지는 않는다. 승정원일기와 같은 1

차 사료가 아닌데다가 사건 한참 후에 사초를 바탕으로 편집된 것이기 때문이다. 그러나 당대의 사실과 진실을 추론할 수 있는 가장 확실한 자료이기도 하다. 따라서 우리는 여성 관련 기록을 바탕으로 당대 한글 관련 어문생활의 실상과 의미를 따져보기로 한다.

15세기 여성 관련 기사는 단종 때부터 연산군 때까지 모두 49건이 나오고 각각은 단종 때 4건, 세조 3건, 성종 38건, 연산군 4건이다. 이들 기사들을 언문 사용자와 대상자, 그리고 주제별로 분석해 보면 몇 가지 의미를 읽어낼 수 있다.[1]

[표 41] 15세기 여성 관련 실록 주요 기사 요약(날짜별)

사용자	대상	갈래	내용(요약)
시녀	혜빈 (→승정원)	고발 언문	단종 01/1453/04/02/한 시녀가 언문으로 유모의 안부를 써서 혜빈에게 보냈고 혜빈은 내전에 바쳤고 내전은 그 언문을 승정원에 보냈는데, 그 내용은 자금(者今)·중비(重非)·가지(加知) 등이 별감(別監)과 사통함을 고하다. 별감 사통 내용에 관한 것이다.
별감 부귀	중비	언문 편지	단종 01/1453/04/14/ 별감 부귀가 시녀 월계에게 언문으로 서신을 중비에게 써 주도록 청하다.
숙혜옹주	혜빈	요구 언문	단종 01/1453/04/20/ 성원위(星原尉) 이정녕(李正寧)의 아내 숙혜옹주(淑惠翁主)가 어머니 병 치료를 할 수 있도록 청하는 언문서를 혜빈(惠嬪)이 올리고 혜빈도 언문으로 영풍군의 집에 옮겨 들어가기를 청하다.

---

1 이 요약 자료는 "백두현(2004). 조선 시대 여성의 문자 생활 연구 - 조선왕조실록 및 한글 필사본을 중심으로-.《진단학보》97호." 부록으로 실려 있는 왕별 기사 요약 자료와 필자가 직접 조사한 "김슬옹(2005).《조선 시대 언문의 제도적 사용 연구》. 한국문화사." 부록 자료를 종합하여 다시 정리한 것이다. 자료 정리에 직접 도움을 주신 백두현 교수님께 감사드린다. 더 자세한 실록 기록은 부록 참조.

조선시대 여성과 한글 발전

가지함로 중비 부귀자금	별감 수부이	언문 편지	단종 01/1453/05/08/ 방자(房子) 가지(加知)와 소친시(小親侍) 함로(咸老), 방자(房子) 중비(重非)와 소친시(小親侍) 부귀(富貴), 방자(房子) 자금(者今)과 별감(別監) 수부이(須夫伊) 등이 간통하려고 언문을 서로 주고 받았다. 또 방자(房子) 복덕(卜德)은 그들이 그 情을 글로 써서 통하게 하고자 하였고, 그 답서가 이르면 이들을 위해 읽어 주었다.
중궁	임금	요구 언문	세조 04/1458/08/24/중궁이 임금에게 감형을 언문으로 청하다.
기녀	임금	언문 가요	세조 06/1460/10/13/임금의 수레가 황주에 이르니, 기녀 등이 언문 가요를 지어 올리다.
기녀	임금	언문 가요	세조 06/1460/10/15/임금의 수레가 평양부에 이르니, 기녀 등이 언문를 지어 올리다.
기녀와 세류지	임금	언문 가요	세조 06/1460/11/04/임금의 수레가 남대문에 이르니, 기녀와 세류지 등이 언문 가요를 지어 올리다.
궁녀 덕중	귀성군 이준	언문 편지	세조 11/1465/09/04/궁녀 덕중이 귀성군 이준을 연모하는 편지를 써서, 환관 최호와 김중호에게 전해 주기를 청하다. 이준이 이 사실을 아비와 함께 와서 고해 바쳤다. 이에 두 명의 환관을 장살하였다.
8명 기녀	임금	언문 가사	세조 14/1468/05/12/임금이 사정전에 나아가 종친·재신·제장 등과 술 마시며 8명의 기녀에게 《월인천강지곡(月印千江之曲)》언문 가사를 부르게 했다.
대비	대신들	언문 교지	성종 01/1470/03/09/대비가 숙선옹주·경신옹주 모녀들이 서로 송사한 일과 관련하여 경신옹주의 처신과 과거 세조가 이들에 대해 처결한 사유를 언문으로 적어 의견을 대신들에게 알리다.
대왕대비	정승	언문 편지	성종 07/1476/01/13/대왕대비가 정무(政務)에서 물러나고자 한다는 언문편지를 정승들에게 전하니 원상(院相)이 내려 만류하다.
대비	대신	언문 의지	성종 08/1477/03/29/ 대비가 언문글(의지)을 내려 정소용(鄭昭容)·엄숙의(嚴淑儀)와 관련하여 중궁 윤씨의 불순한 소행을 들며 폐비 문제를 대신들에게 의논토록 하다.
사비	중전폐 비 관련	언문방양서	성종 08/1477/03/29/중전 폐비 문제로 윤구의 아내와 종 삼월이를 국문하다. 삼월이가 아뢰기를, "언문 방양서 중 큰 것은 윤구의 아내가 쓰고, 작은 것은 사비(四非)가 썼습니다"라고 했고 윤구의 아내는 언문을 모른다고 해 석방하다.
	중궁	비방 언문	성종 08/1477/03/30/중궁을 비방하는 굿하는 책에 쓰인 언문을 누가 썼느냐가 논의되다.

익명	임금	언문 투서	성종 10/1479/06/05/임금이 중궁을 폐출한 연유를 대신들에게 알리는 내용에 언문 익명 투서가 언급되다
대비 윤씨	빈청	언문 교지 언문 글	성종 10/1479/06/05/대비가 내관 안중경으로 하여금 언문 의지 (교지)와 윤씨가 만든 언문 글을 빈청(賓廳)에 내렸다.
채수, 윤씨	-	조작된 언문	성종 10/1479/06/05/채수(蔡壽)가 윤씨가 조작한 언문서를 한자로 번역해서 역사책에 쓰라고 건의하여, 성종이 채수 및 이창신(李昌臣)·정성근(鄭誠謹)에게 번역하게 하였다.
곡성현감 첩	윤구 아내	언문 방양서	성종 10/1479/06/05/삼월이가 말하기를, 곡성현감 첩이 가지고 있는 언문 방양서(方禳書)를 몰래 가지고 윤구 아내에게 보이고 그와 사비에게 베끼게 하다.
대비	대간	언서 하교	성종 11/1480/05/30/대간들이 월산대군을 추숭해야 한다는 상소를 올리자 대비가 모든 일이 불사를 좋아하는 자신의 탓이라는 언서를 내리다.
대비전	환관 안중경, 승지 강자평	언문 교지	성종 13/1482/06/10/대비전에서 나온 언문 교지를 환관 안중경과 승지 강자평으로 하여금 한문으로 번역케 하다.
제안대군 아내, 금음물	몸종 내은금, 왕대비 전	언문 편지 언문 편지	성종 13/1482/06/11/제안대군의 아내 박씨가 그의 몸종 내은금(內隱今)에게, "너는 어젯밤에 몇 번이나 나를 사랑했느냐? 내가 남자의 형세가 있었다면 (…중략…) 너는 마음으로 나를 안타깝게 여겼을 것이다"와 같은 음탕한 글을 언문으로 써서 주다. 이를 안 궁중의 유모 금음물(今音物)이 언문 편지를 왕대비전에 올려 고하다.
대비	신하	언문 교지	성종 13/1482/08/11/대비가 폐비 윤씨를 옹호한 권경우를 처벌하라고 신하들에게 언문 교지를 내리다.
삼전	임금	언문 교지	성종 13/1482/08/16/삼전(三殿)이 임금이 폐비를 옹호한 권경우를 벌준 것의 의의를 담은 언문 교지를 보내 임금이 대신들에게 들려주다.
인수대비 인혜대비	임금	언문 편지	성종 14/1483/05/13/두 대비전(인수대비와 인혜대비)에서 손비장을 보내 고기반찬을 먹기를 권해도 임금이 따르지 않자 언서로 다시 설득하여 허락을 받다.
두 대비전	홍문관 신하들	언문 교지	성종 15/1484/03/01/안암사 중창을 반대하는 홍문관 신하들에게 두 대비전에서 그 사유를 해명하는 언문 교지를 내리다.
두 대비전	홍문관 신하들	언문 교지	성종 15/1484/03/02/안암사 중창(重創) 반대 상소에 대해 두 대비전에서 재차 언문교지로 반박하다.

조선시대 여성과 한글 발전

두 대비전	홍문관	언문 교지	성종 15/1484/03/13/부제학 이명숭 등이 안암사 중창을 반대하는 상소를 올리자 두 대비전에서 이에 반박하는 언문 교지를 내려 홍문관에 보이게 하다.
두 대비전	대간	언문 교지	성종 15/1484/03/15/왕이 대간을 불러 안암사 중창에 대한 두 대비전의 언문 교지를 보인 후 더 이상 이 일에 대한 계문을 받아들이지 않도록 하다.
정의손	금부	언문 편지 언문 장초	성종 21/1490/11/13/정희의 종 남편 정의손이 수춘군 아내가 가져온 언문 서장을 한문으로 바꾸어 금부에 올리고, 같이 올린 언문 장초도 정의손이 지었다.
임금	대간	언문 교지	성종 23/1492/11/21/임금이 양전의 중 문제에 대한 언문 한 장을 내려서 승지에게 한문으로 번역하여 대간 등에게 보이게 하다.
대비	대간 홍문관 관원	언문 교지	성종 23/1492/11/25/불교에 관용적인 대비의 태도를 문제 삼아 대간과 홍문관 관원이 상소한 것에 대해 대비가 언문 교지를 내리다.
두 대비	허종 유지	언문 교지	성종 23/1492/12/02/두 대비가 불교를 억누르는 정책을 반대하는 언문 글을 허종과 유지 등에게 내리다.
대비	조정	언문 교지	성종 23/1492/12/02/부제학 안침 등이 대비의 언서를 통한 정치 간여가 부당함을 아뢰었으나 임금이 양전을 옹호하다.
아지	석금	언문 편지	성종 25/1494/07/10/석금(石今)이 고하기를 아지(阿之)가 갇히기 전에 언문 편지를 나에게 부치기를, "이것은 폐물을 옮기는 일이니, 너는 수비(守非)의 집에 전해 주라"고 했다.
대비	성종	언문 교지	연산01/1495/01/02/대비(慈順大妃=정현왕후)가 성종의 효성스러운 행장을 언문으로 적은 글을 내리다.

언문 작성 주체로 본다면 일반 궁녀나 시녀들이 쓴 것과 왕실 여성들이 쓴 것으로 나눌 수 있다.

먼저 왕실 여성들의 언문 사용은 공적 틀 속에서 자연스럽게 이루어지고 있음을 알 수 있다. 중궁이 임금에게 감형을 청하는 문서(세조 04/1458/08/24/)가 처음 등장한 이래, 성종 때는 대비나 대왕대비가 신하들에게 내리는 문서(성종1/1470/03/09,성종7/1476/01/13/,성종8/1477/3/29/, 성종11/1480/5/30,성종13/1482/08/16/) 등과 같이 왕실 여성들의 한글 공문서가 일반화되었음을 알 수 있다.

'성종 23/1492/12/02'에서는 부제학 안침 등이 대비의 언서를 통한 정치 간여가 부당하다고 아뢰었으나 임금이 양전을 옹호하는 일까지 있었다. 대비의 언문 교지때문에 정치 행위가 문제가 되었다는 것은 언문 교지가 중요한 정치적 수단으로 작용했음을 보여주는 것이다. 더욱 중요한 것은 성종이 그러한 언문 교서를 이용한 정치 참여를 옹호했다는 사실이다.

39세로 요절한 성종의 행장을 대비(정현왕후)가 성종의 효성스러운 행장을 언문으로 적은 글을 내리기까지(연산 01/1495/01/02) 한다. 극히 보수적인 문서인 행장 제문까지 언문으로 쓴 것은 최소 왕실 여성이 주체가 되거나 관련된 문서에서 언문 사용은 제도적으로 공인되었음을 보여준다.

사대부가 한문 상소를 올려도 그에 대한 답변은 언문 교지로 내려졌다. 곧 부제학 이명숭 등이 안암사 중창을 반대하는 상소를 올리자 두 대비전에서 이에 반박하는 언문 교서를 내려 홍문관에 보이게 하는(성종 15/1484/03/13) 등 몇 차례의 논박이 언문 교지로 오고갔다.

한글이 반포된 지 7년 만의 기록인 '단종 1년 1453/4/2'의 사건은 별감과 시녀와의 사랑 편지가 발각된 사건이다. 별감은 언문을 모르고 있지만 언문 대필을 통해 소통하는 사건으로 언문이 궁녀들 사이에서는 주요 의사소통 도구로 쓰이고 있음을 알 수 있다.

10.3. 16세기

1) 머리말

16세기는 1501년부터 1599년이므로 연산군 7년부터 중종, 인종, 명종을 거쳐 선조 33년까지다.

　　　　　　　　　　　　　　조선시대 여성과 한글 발전

16세기는 정치적으로 보면 연산군의 한글 탄압과 한글 보급 발전에 결정적인 역할을 한 최세진의 《훈몽자회》(1527), 훈민정음 언해본 복간본인 희방사본 간행(1568) 등 굵직굵직한 사건이 있는 세기이기도 하다.

세 사건 모두 여성과 직접 연관되지 않은 듯하지만 실제로는 연관되어 있다. 다음과 같은 논평에서 보듯 16세기에는 일반 여성들 사이에서도 한글은 꽤 보급되었음을 알 수 있다.

> 종래 알려져 온 임진란 이전의 간찰로는 松江 鄭澈의 慈堂이 아들에게 보낸 것이 있었다. 선조 4년(1571) 추정. 그런데 1977년 충청북도 淸原那의 한 무덤에서 192면의 간찰이 발굴되었고, 그 일부가 충북대학교 박물관에 기증되었다. 이 중에는 선조 2년 (1569)의 날짜를 분명히 기록한 것도 있어서 임진란 이전의 자료임이 확실시된다. 이들은 한 가족의 남자와 여자가 쓴 편지가 대부분이어서, 그 무렵에 한글이 얼마나 보급되었던가를 보여 주는 좋은 증거가 된다. _이기문·장소원(1994/2007).《국어사》. 한국방송통신대학교출판부. 112쪽.

16세기초인 1527년에 나온 최세진의 《훈몽자회》에서는 시골이나 지방에는 언문 모르는 이가 많다고 하였으나 16세기 후반기에는 훨씬 더 많이 보급되었음을 할 수 있다.

> 무릇 시골이나 지방사람들 가운데, 언문을 모르는 이가 많아서, 이제 언문 자모를 함께 적어 그들로 하여금 먼저 언문을 배운 다음 훈몽자회를 공부하게 하면, 혹시 밝게 깨우치는데 이로움이 있을 것이니, 한자를 모르는 사람도 역시 모두 언문을 배우고 한자를 알면, 비록 스승의 가르침이 없더라도 한문에 통할 수 있는 사람이 될 것이다. (凡在邊鄙下邑之人 必多不解諺文 故今乃并著諺文字母 使之先學諺文 次學字會 則庶可有曉誨之益矣 其不通文字者亦皆學諺而知字 則雖無師授亦將得爲通文之人矣).

2) 연구사

16세기 어문생활만을 대상으로 한 논저는 9건으로 이중 여성의 어문생활과 직접 연관된 자료는 세 건이다.

> 박준석(1996). 16세기 청주 북일면 김씨묘 간찰의 선어말 어미. 동국대 대학원 석사 논문.
> 서태룡(1996). 16세기 淸州 簡札의 종결어미 형태. 《정신문화연구》 64. 한국정신문화연구원.
> 최윤희(2002). 16세기 한글편지에 나타난 여성의 자의식 - 신천 강씨의 한글편지를 중심으로-. 《여성문학연구》 8호. 한국여성문학학회.

이중 박준석(1996)과 서태룡(1996)은 문법형태소에 관한 논의라 여성의 어문생활을 드러내지는 않았다. 최윤희(2002)의 논의가 여성의 어문생활과 직접 연관된 논의다.[2]

3) 실록 기록으로 본 여성 관련 어문생활사

16세기 여성 관련 실록 기록은 모두 89건으로 다양한 문서 양상이 드러난다.

첫째는 16세기 초는 연산군의 한글 탄압 사건이 있던 때인데 실제 한글 사용으로 피해자가 발생한 기록이다. '연산 11/1505/05/22/'의 사건은 겸사복 벼슬의 한곤이란 자가 그의 첩 채란선(採蘭仙)에게, 예쁘게 꾸미면 궁중에 뽑혀 들어갈 것이니 꾸미지 말라고 하는 언문 편지를 보냈다가 사지를 찢어 죽

---

2 여성과 직접 관련된 어문 생활을 다룬 것은 아니지만 여성들의 제문 관련 논의는 다음과 같다.
   이은영(1990). 16세기 사림파 제문연구. 이화여대 석사 논문. 고영진(1991). 16세기 후반 喪祭禮書의 發展과 그 意義. 《규장각》 14집. 서울대학교 한국문화연구소. 29~62쪽. 도수희(1995). 哀悼文에 나타난 16세기 국어. 《어문논집》 4·5. 충남대 국문과. 399~403쪽. 최웅환(1999). 16세기 '안민학 애도문'의 판독과 구문 분석. 《국어교육연구》 31. 국어교육학회.

이는 언서 죄율에 걸려든 참혹한 사건이다.

둘째는 조정 대신들이 왕실 여성들에게 보내는 공문도 한글로 썼음을 보여주는 기록들이다.

> (1) 명종 20/1565/09/17/영평 부원군 윤개 등이 국본[왕위를 이을 세자]에 관하여 중전에게 언문 문서로 아뢰자, 중전이 세 차례에 걸쳐 언문서를 내리다.
> (2) 명종 20/1565/09/18/신하들이 중전에게 국본[왕위를 이을 세자]를 정하는 데 대한 언문서를 올려 아뢰자, 중전이 그에 답하는 언문서를 내리다.
> (3) 명종 20/1565/09/19/신하들이 중전에게 국본[왕위를 이을 세자]를 정하는 데 대한 언문서를 올려 아뢰자, 중전이 다시 그에 답하는 언문서를 내리다.

세 기록 모두 조정 대신들이 왕실 여성들에게 언문으로 공문을 보냈음을 보여준다.

셋째는 여성이 상소문(상언)을 한글로 접수한 기록이다.

> 중종 04/1509/09/11/ 철비가 언문으로 상소(상언)하여 성상의 덕을 입어 사노비를 면해 달라고 청하다. 철비는 종실녀(宗室女)로 이과(李顆)의 어미이다.

넷째는 궁인의 편지가 멀리 사찰에까지 전달되어 쓰이고 있는 기록이다.

> 명종 20/1565/10/10/궁중 나인의 언문 서간이 먼 절간까지 전해지고 있는 사실을 홍문관 부제학 김귀영이 상소문에서 언급하다.

어떤 사건인지는 자세히 나와 있지 않지만 궁중의 궁인의 한글편지가 먼 사찰에까지 전달되었다는 기록이다. 사찰 누구한테 보냈는지 알 수 없지만 한글이 궁중 안의 단순한 의사소통 수준이 아니라 매우 요긴한 소통 수단으로 쓰이고 있음을 알 수 있다.

다섯째는 실제로 그런 일은 없었지만 있었다면 우리의 역사가 바뀌었을 법한 기록이다. 16세기 초인 중종 14년, 1519년 4월 22일의 일이다. 이날 아침 경연에서 김안국이 명(明)나라 사람 상노(商輅)가 편찬한《속자치통감강목(續資治通鑑綱目)》을 강의하다가 우리도 중국처럼 여자 사관을 두어 왕실 여성들의 공적 기록을 남기자고 제안을 했다. 그러자 장령(掌令) 기준(奇遵)이 이렇게 말한다.

> 안국의 말이 합당합니다. 임금은 깊은 궁궐 속에 거처하므로 그 하는 일을 바깥 사람은 알 수 없습니다. 그러므로 반드시 여사를 두어 그 선악을 기록하게 하였으므로, 비록 깊숙한 궁궐 속의 혼자서 마음대로 할 수 있는 곳에서일지라도 감히 방과(放過)하지 못했던 것이니, 모름지기 고제에 따라 여사를 두는 것이 가합니다.

이 말을 듣고 중종이 "옛날에는 여자들이 모두 글을 지을 줄 알았으므로 올바른 여사를 얻어서 궁중의 왕실 여성의 일을 빠짐없이 상세하게 기록하도록 할 수 있었으나, 지금은 글에 능한 여자가 아마도 적은 것 같으니 기록할 수 있는 사람을 얻기가 어려울 것 같다."라고 말한다. 이에 대해 김안국이 문자를 조금만 알아도 된다고 하자. 시강관(侍講官) 이청(李淸)이 "세속의 이른바 언문(諺文)으로 기록해도 해로울 것이 없습니다. 어찌 문자(文字)로만 기록해야 할 필요가 있겠습니까?"라고 말한다.[3] 곧 문자(한자) 아닌 언문으로 기록

---

3 同知事金安國曰: "此記太后與神宗言論事, 甚詳. 此乃閨門之言, 非史官所得記, 必出於女史之筆. 自古女史, 於閨門之內, 人君擧動言行, 皆悉書之, 故外人知之, 而書之於策, 後人見之, 而知其善惡. 國朝之事, 未詳得之, 閨門之內, 衽席之間, 一動一靜, 豈能詳記之乎? 臣意可依古制, 置女史, 使得記動靜言爲可也." 掌令奇遵曰: "安國之言, 當矣. 人主處深宮之中, 其所爲之事, 外人所不能知. 必有女史, 以書其善惡, 故雖深居九重之中, 幽獨得肆之地, 而不敢放過. 須依古置女史可也." 上曰: "古者女子, 皆能屬文, 故女史得其人, 而宮壼之事, 詳記無遺, 今則能文之女蓋寡, 似不得易爲也." 安國曰: "女史不必能文, 然後爲之. 若稍解文字, 則閨門之事, 隨所見

조선시대 여성과 한글 발전

할 것을 건의한 것이다. 중종은 끝내 이 건의를 받아들이지 않아 시행되지는 않았지만 받아들여졌다면 우리의 역사는 바뀌었을 것이다.

이렇게 되면 비록 여성만의 기록이라 하더라도 한글(언문)의 실용성은 더욱 입증되었을 것이고 한글이 역사 기록 주류 문자로 더 일찍 전환되었을 것이다.

[표 42] 16세기 여성 관련 실록 주요 기사 요약(날짜별)

사용자	대상	유형	내용
겸사복 한곤	첩 채란선	언문 편지	연산 11/1505/05/22/겸사복 벼슬의 한곤이란 자가 그의 첩 채란선(採蘭仙)에게, 예쁘게 꾸미면 궁중에 뽑혀 들어갈 것이니 꾸미지 말라고 하는 언문 편지를 보냈다가 사지가 찢겨 죽는 언서 죄율에 걸려 들다.
번역자?	죽은 궁녀	언문 제문	연산 11/1505/09/15/죽은 궁녀를 위해 제문을 짓고, 언문으로 번역하여 의녀(醫女)를 시켜 읽게 하다.
?	홍청 운평	언문 인쇄	연산 11/1505/11/18/새로 지은 악장 경청곡(敬淸曲) 등을 여민락(與民樂) 등의 가사에 의거, 진서와 언문으로 인쇄하여 홍청과 운평으로 하여금 각자 틀리면 벌을 주게 하다.
소속 관청	공노비 사노비 평민 여성 등	언문 활용능력	연산 12/1506/05/29/공노비와 사노비, 그리고 평민 여성을 막론하고 언문을 아는 여자를 소속 각 관청에서 2사람씩 뽑아 들이게 하다.
홍청, 운평	홍청과 운평	언문 번역	연산 12/1506/06/01/새로 뽑혀온 홍청과 운평들이 어전에서 쓰는 존칭어를 익힐 수 있도록 존칭어를 언문으로 번역·인쇄하여 각 원에 배포하여 배우게 하다
홍청 2인	홍청 2인	언문 편지	연산 12/1506/06/01/홍청 두 사람이 몰래 밥 속에 언문 편지를 넣어 암통하다가 발각 되어 곤장 1백대 벌을 받고 검거하지 못한 각원의 관리 책임자들은 태장 40대에 처하도록 하였다.

以記, 使後王,後賢, 知先生之於閨門之內, 幽獨之中, 無所闕失. 如此則其爲勸懲大矣. 外則左右侍從,史官俱在, 而內闕女史, 大欠於治道. 閨門袵席間事, 後世子孫, 不知其何如, 甚不可也." 侍講官李淸曰: "俗所謂諺書不妨, 豈必以文字爲哉? _《중종실록》 중종 14년(1519) 4월 22일.

이과의 어머니 철비	성상	언문 상소	중종 04/1509/09/11/ 철비가 언문으로 상소(상언)하여 성상의 덕을 입어 사노비를 면해 달라고 청하다. 철비는 종실녀(宗室女)로 이과(李顆)의 어미이다.
중종	부녀자 어린이	언문 교지	중종 08/1513/02/06/중종이 절약과 검박함을 권장하는 글을 언문으로 번역하여 부녀자와 어린이로 하여금 모두 알도록 하라는 전지를 내리다
양지손의 첩 수종여자 3인	조정	언문 교지	중종 09/1514/04/04/1513년 왜란 때 잡혀간 영등포 만호 양지손의 첩과 수종 여자 3인이 대마도에서 언문 교지로 돌아오기를 희망하여 쇄환(刷還)하기로 하다.
시강관 이청	조정	언문 기록	중종 14/1519/04/22/시강관 이청이 궁궐 내전에서 일어나는 왕의 일상생활을 기록하기 위해 여성 사관(女史)를 두자고 신하들이 제안하면서 여사의 기록은 언문으로 해도 무방함을 아뢰다.
대비	신하	언문 교지	중종 17/1522/12/15/대비가 대신들에게 주상과 세자의 기력이 약하니 상사(喪事)를 예전 그대로 시행해서는 아니된다고 언문 교지를 신하들에게 내리다.
대비	대신	언문 기록	중종 22/1527/04/14/지를 잡아 동궁을 저주한 작서(灼鼠)의 변이 일어나자, 대비가 그 범인으로 경빈(敬嬪) 박씨(朴氏)를 지목하여 의심스러운 행태를 언문으로 적어, 조정 대신에게 보내다.
자순대비	예조	언문 자서전	중종 25/1530/08/23/임금이 승하한 자순대비가 생전에 자신의 행적을 언문으로 써 놓은 것이 있어서, 왕이 이것을 예조에 내려 대비의 지문(誌文)을 짓게 하다
왕대비		언문 교지	명종 00/1545/09/07/왕대비가 언문 교지로 왕의 병에 대해 말하다.
시위 궁인	윤인경, 이기	언문 보고	명종 00/1545/10/14/시위 궁인들이 언문으로 윤인경, 이기에게 산릉 흙에 대해 아뢰다.
대비	조정	언문 교지	명종 20/1565/04/06/대비가 조정의 여러 일에 대한 의견을 적은 언문 교지를 내리다.
중전	대신	언문 교지	명종 20/1565/09/15/중전이 대신들에게 이양 및 윤원형 등의 감형에 대해 3차례의 언문서를 내려 자기의 생각을 말하고, 이를 관철하다.
중전	대신	언문 교지	명종 20/1565/09/16/이준경 등이 이양 및 윤원형 등의 감형에 관해 중전에게 아뢰자, 중전이 다시 언문 교지를 내리다.
영평 부원군 윤개, 중전	중전	언문 교지	명종 20/1565/09/17/영평 부원군 윤개 등이 후사에 관하여 중전에게 언문 문서로 아뢰자, 중전이 세 차례에 걸쳐 언문서를 내리다.

조선시대 여성과 한글 발전

신하 중전	중전 신하	언문 교지	명종 20/1565/09/18/신하들이 중전에게 후사를 정하는 데 대한 언문서를 올려 아뢰자, 중전이 그에 답하는 언문서를 내리다.
신하 중전	중전 신하	언문 교지	명종 20/1565/09/19/신하들이 중전에게 후사를 정하는 데 대한 언문서를 올려 아뢰자, 중전이 다시 그에 답하는 언문서를 내리다.
궁중 나인	절간	언문 교지	명종 20/1565/10/10/궁중 나인의 언문 교지가 먼 절간까지 전해지고 있는 사실을 홍문관 부제학 김귀영이 상소문에서 언급하다.
대비	조정	언문 교지	대비전에서 언문 교지가 나오자, 이것을 한문으로 번역하여 실록에 싣다.
중전	승정원	언문 교지	명종 22/1567/06/27/승정원이 옥을 열어 죄수를 석방하는 일에 대하여 중전에게 아뢰자, 중전이 두 차례에 걸쳐 언문 교지를 내리다.
석상궁		언문 편지	선조 01/1568/07/12/홍문관 상소에 답하면서 석상궁 관련 언문 편지와 관련해 처벌할 수 없다고 하다.
윤원형	문정 왕후	언문 편지	선조 03/1570/04/01/홍문관 상차에 윤원형이 윤임 일파를 몰아내기 위해 날조한 언문 편지를 다시 날조하여 대궐 뜰에 떨어뜨려 문정 왕후의 마음을 동요시켰음을 언급하다.
한글 표기 문헌《내훈》 언급		언문 책	선조 06/1573/02/25/인쇄한《황화집》·《내훈》이 흐릿하자 담당관을 추고하다.
한글 표기 문헌《내훈》 언급		언문 책	선조 06/1573/02/26/제조 유희춘이《내훈》·《황화집》의 부실을 이유로 사직하다.
한글 표기 문헌《내훈》 언급		언문 책	선조 06/1573/03/17/조강에서《내훈》출판 문제가 논의되다.
한글 표기 문헌《내훈》 언급		언문 책	선조 06/1573/03/17/형조가 교서관에서《내훈》·《황화집》을 잘못 낸 데 대한 법적용을 논하다.
한글 표기 문헌《내훈》 언급		언문 책	선조 06/1573/04/12/조강에 유성룡 등이 인재 배양, 현릉 수호군,《내훈》·《학부통변》출판을 논하다.
한글 표기 문헌《내훈》 언급		언문 책	선조 06/1573/04/12/임금이《학부통변》의 개간과《내훈》을 더 찍으라고 교서관에 전교하다.
공의전 (인성왕후)	주상	언문 교지	선조 06/1573/05/04/공의전(恭懿殿, 인성왕후)에서 장사를 검소히 할 것과 주상은 고기를 먹을 것 등을 언문 교지로 내리다.
대비	약방	언문 교지	선조 06/1573/07/11/대비가 약방(藥房)에 언문 교지를 내려 왕의 진찰을 명하다.
공의전 (인성왕후)	대신	언문 교지	선조 08/1575/01/07/대신들이 공의전(인성왕후)에 나가 위로하며 수라 들기를 권하니, 언문 교지를 내려 응하다.

대비	대신들	언문 교지	선조 08/1575/01/18/조정 대신들이 공의전에 나아가 육식을 청하니, 대비가 언문 교지로 답하다
공의전	대신	언문 교지	선조 08/1575/02/15/공의전이 고기를 권하니, 상이 물리치고 받지 않다. 이에 공의전이 언문 교지를 대신에게 내리다.
공의전	약방 제조	언문 교지	선조 08/1575/02/30/약방 제조가 공의전을 문안하니, 언문 교지를 내리다.
공의전	상	언문 교지	선조 08/1576/02/30/삼공이 공의전을 문안한 일로 상께 아뢰면서 공의전 언문 교지 2통을 등봉하다.
공의전	대신	언문 교지	선조 10/1577/11/28/공의전이 의녀(醫女)를 심문하지 말 것을 대신들에게 언문 교지를 내리다.
이이	비복	언문 번역 훈서	선조 17/1584/01/01/이이는 살아생전에 비복에 이르기까지 배울 수 있는 훈사(訓辭)를 만들어 언문으로 번역해서 가르쳐 규중이 관청같았다.
의병장, 감사 번역	촌민 부녀자	임금교서 언문 번역문	선조 25/1592/08/01/공선조가 황해도에 내리는 교서를 조정의 방문처럼 만들고, 의병장이나 감사에게 언문으로 번역하여 촌민과 부녀자들이 모두 알 수 있도록 하라고 지시하다.
나인 덕양 부인	중종	언문 편지	선조 26/1593/06/28/나인과 덕양 부인이 언서로 중종의 용모를 기록한 사실을 예조 참의 이판이 검시 보고서에서 언급하다.
신숙의	아산 현감	언문 편지	선조 26/1593/07/11/명종의 후궁 신숙의(愼淑儀)가 아산 지방을 떠돌다가 그곳 현감에게 언문 편지를 써서 굶주림을 호소하다.

10.4. 17세기

1) 머리말

17세기는 임진왜란의 후유증이 가시기도 전에 정묘호란, 병자호란을 겪어야 했던 고난의 시기였다. 그만큼 양반 지배층의 모순은 더욱 첨예화되었고 양반사회의 제도적 모순의 핵심인 서얼제도를 비판하는 한글 소설이 1607년 (선조40) 무렵에 나오게 되었다. 한문은 양반 사회의 모순을 지탱해 주는 지식 체계의 상징 기호인 만큼 그에 반하는 한글로 썼다는 것 자체가 그런 양반 사회에 대한 비판을 담고 있다.

17세기 후반 무렵인 1687~1692(?)년 김만중이 《서포만필》에서 한글을 '국서(나랏글)'라 하고, 《구운몽》, 《사씨남정기》 등의 한글 소설을 쓴 것도 한문 중심의 지배층 모순에 대한 비판을 한 것이다. 이런 흐름 때문인지 1610년에는 여성(기씨(奇氏))이 의금부에 언문 청원서(소지)를 올려 접수되는 일까지 발생했다. 그러나 지배층은 큰 변화가 없었다. 1675년(숙종 1)에는 공문서에서 한글 사용을 금하는 수교(手敎)를 내리기까지 한다.

그러나 1608년(선조41)에는 여성들을 위한 허준의 《언해태산집요》가 간행되고 같은 해 내의원에서 《언해두창집요》를 간행했다. 최고의 업적은 1670년(현종 1)에 안동 장씨(장계향)이 한글 조리서 《음식디미방》을 펴낸 것이다.

이런 중요한 시기에 지배층은 1617년(광해군 9)에 《동국신속삼강행실도》를 펴내 민심을 교화하는 정책은 꾸준히 이어갔다. 다행히 이런 책들은 한글로 언해된 책들이어서 한글이 더욱 널리 퍼지게 하는 구실은 했을 것이다.

훈민정음 관련해서는 1678년(숙종 4)에 최석정이 《경세훈민정음도설》을, 1691년(숙종 17)에는 숙종이 직접 '훈민정음후서'를 지었다.

17세기 후반의 문자생활을 생생하게 전해 주는 증언도 있다. 한글 우수성을 해외에 최초로 알린 이는 하멜(?~1692)이고 이를 자세하게 학술 차원에서 알린 이는 헐버트다. 하멜이 알린 때는 현종 9년인 1668년이고 헐버트가 짧은 학술 논문으로 알린 때는 1889년(고종 26)이다. 하멜은 1653년(효종 4) 8월에 일본으로 가다가 제주 부근에서 배가 부서져 일행 36명과 함께 조선에 억류당해 주로 잡역 일을 했다. 억류당한 지 13년만인 1666년(현종 7) 9월에 7명과 함께 탈출에 성공, 고국 네덜란드로 돌아가 2년 뒤인 1668년(현종 9)에 《하멜 표류기(난선제주도난파기)》를 출판했다.

하멜은 이 책에서 "문자와 인쇄_조선국에 관한 기술(헨드릭 하멜/김태진 옮김 (2003). 《하멜표류기》. 서해문집. 136~137쪽.)"라는 제목으로 조선의 문자생활을 간결하면서도 명확하게 진술하고 있다. 18세기 조선의 언어생활을 생생하게 기록에 남긴 셈이다.

그 당시 조선의 문자생활을 세 가지로 분류하고 있다. 정식으로 인쇄되는 일반 행정 공식 문자로는 정자체 한문만 사용했으며 그 외 필기 형식으로 이루어지는 행정 공식 문자는 초서체 한자나 이두를 사용했다는 것이다.[4] 세 번째는 '훈민정음, 언문' 등의 용어는 사용하지 않았지만 "일반 백성들이 사용하는 문자로 배우기가 매우 쉽고, 어떤 사물이든지 쓸 수 있다. 전에 결코 들어 보지 못한 것도 표기할 수 있는, 더 쉽고 더 나은 문자 표기 방법이다. 그들은 이 글씨들을 붓으로 매우 능숙하게 빨리 쓴다."라고 하여 그 당시 언문(한글)이 배우기가 매우 쉽고 어떤 사물이든지 쓸 수 있다고 그 우수성을 명확하게 진술하고 있다. 17세기 초에는 한글 소설 홍길동전이 나왔으므로, 하멜이 억류당한 17세기 후반에는 이러한 한글 소설이 널리 퍼진 시기이기도 하므로 하멜의 증언은 매우 정확한 셈이다.

더욱 놀라운 것은 조선의 수준 높은 독서 문화와 인쇄 문화도 소개한 점이다. "그들(조선인)은 옛날 문서나 책들을 많이 보관하고 있으며 이것들을 매우 소중하게 다루는데 이것을 왕의 형제, 즉 왕자들이 항상 이 책들에 대한 감독

---

4   원문 전문을 번역문으로 소개하면 다음과 같다.

문자를 쓰는 데는 세 가지 다른 방법이 있다. 첫 번째 것은 주로 쓰는 방식인데 중국이나 일본의 글자(한자, 괄호 인용자)와 같다. 조정과 관계된 공식적인 국가 문서뿐만 아니라 모든 책들이 이런 식으로 인쇄된다. 두 번째 것(한자 초서나 이두, 인용자)은 네덜란드의 필기체처럼 매우 빨리 쓰는 문자가 있는데 이 문자는 고관이나 지방관들이 포고령을 쓰거나 청원서에 대한 권고를 덧붙일 때 쓰며 서로 편지를 쓸 때에도 사용한다. 일반 백성들은 이 문자를 잘 읽을 수가 없다. 세 번째 것은 일반 백성들이 사용하는 문자로 배우기가 매우 쉽고, 어떤 사물이든지 쓸 수 있다. 전에 결코 들어 보지 못한 것도 표기할 수 있는, 더 쉽고 더 나은 문자 표기 방법이다. 그들은 이 글씨들을 붓으로 매우 능숙하게 빨리 쓴다. _헨드릭 하멜/김태진 옮김(2003). 하멜표류기. 서해문집. 136~137쪽.

을 하고 있다는 사실로 보아 알 수 있다. 사본이나 목판을 화재나 그 밖의 재해로 분실되는 일이 없도록 여러 도시에 안전하게 보관하고 있다."라고 증언하고 있다.

17세기 여성 관련 어문생활을 보여주는 문서로서 의미가 있는 것은 현존하는 최초의 판본 한글 고문서이기도 한 것으로, 1609년의 표옹(瓢翁) 송영구(宋英耈, 1556년~1620년)[5] 선생의 집안에 전해 오는 '서증양자흥시처 최씨'(書贈養子興詩妻崔氏)이다. 이 문서는 송영구 선생이 양자(養子)인 흥시(興詩)의 처인 며느리 최씨에게 준 것으로 개인 편지임에도 목판본으로 되어있다. 여성이 쓴 것은 아니지만 여성을 대상으로 남성이 쓴 문서라서 더욱 의미가 있다. 남성 사대부가 한글을 자연스럽게 생활 속에서 실천한다는 의미도 있지만 여성을 따라서 남성 사대부가 한글공동체에 깊숙이 들어와 있다는 점도 의의가 있다.

이러한 목판본 인쇄에 대해 홍윤표(2012)의 "현존하는 최고(最高)의 판본 한글 고문서는 무엇일까요(쉼표·마침표 웹진 8월호 〈역사 속의 우리말〉/국립국어원)."에서는 부녀자 교육을 그만큼 중요시하였고 또 그 교육에 정성을 다했다는 징표로 보았다.

---

5 송영구(宋英耈, 1556년(명종 11년)~1620년(광해군 12년))는 표옹(瓢翁) 또는 백련거사(白蓮居士)가 호다. 표옹 선생은 전북 익산 출신으로 1593년 38세의 나이로 임진왜란 때에 송강 정철(鄭澈)이 명나라의 성절사(聖節使, 조선시대에 중국 황제나 황후의 생일을 축하하기 위해 보냈던 사절)로 중국에 가게 되었을 때 서장관(書狀官, 외교 사절로 외국에 갈 때 기록을 담당하였던 임시 벼슬)이었다.

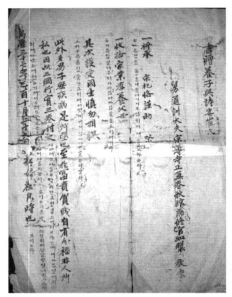

[사진 22] 《서증양자흥시처최씨》 51.2cm x 37.5cm(송영구 선생 후손 소장)

홍윤표(2012 쉼표·마침표 웹진/국립국어원)에서는 고문서 마지막 '萬曆三十七
年己酉十月二十九日新婦○見時也'기록을 통해 만력 37년인 1609년에 송영
구 선생이 직접 쓴 것으로 판정했다.[6] 고문서 제목 자체가 '서증양자흥시처최
씨'(書贈養子興詩妻崔氏, 양자 흥시의 처 최씨에게 써서 주노라)에서 알 수 있다.

---

6 추정 근거로는 제목 바로 뒤 '구통훈대부종부사정겸춘추관편수관지제'(舅通訓大夫宗簿寺
正兼春秋館編修官知製)에서 구'(舅)라고 하여 최씨의 '시아버지'가 쓴 것임을 알 수 있고 '통
훈대부'(通訓大夫), '종부사정'(宗簿寺正), '춘추관편수관'(春秋館編修官)은 송영구의 관직명
을 통해 그런 점은 더욱 뚜렷해진다.

[표 43] 며느리에게 보낸 한글편지 (홍윤표: 2012 / 쉼표·마침표 웹진)

일은 장차 손씨 집안의 제사를 이을 것이니 조심해서 제사를 도와라.
일은 집의 일을 거두어서 아버님 어머님께 효도하여 봉양하라.
그 다음은 동생들을 간수하여 사랑하여서 삼가 서로 잘못하지 말라.
이 밖에는 아들 자식이 많고 병 없는 것이 바라는 바이니, 부자 되며 가난하며 천하기에 이르는 것은 스스
로 타고난 복이 있으니, 사람이 능히 사사롭게 하지 못할 것이다. 그래서 삼강행실 3권을 첨부한다.

홍윤표(2012 쉼표·마침표 웹진)에서는 17세기 초의 문신이 한글을 잘 알고 있을 뿐만 아니라 정확한 한글 표기법을 구사하였다는 사실, 특히 며느리에게 한자와 한글로 쓴 문장을 언해본처럼 만들어 준 사실로 보아, 우리는 한글이 가족 간의 중요한 소통의 도구로 쓰였음을 확인할 수 있었다고 보았다.

2) 연구사

17세기는 전후 혼란한 시기였음에도 지배층 중심의 성리학적 가부장 질서는 더욱 고착화된다. 그러나 시대 변화는 조혜란(2003)의 "17세기 조선의 규방 현실에 대한 보고.《한국고전연구》9집. 한국고전연구학회. 376쪽."에서 "17세기 조선은 이질적인 방향성을 보이는 현상들이 공존하고 있었던 시기"로 본 것처럼 다양한 변화가 움트는 시기였다.

17세기를 직접 대상으로 삼은 연구는 이 시기에 발견된 한글편지를 중심으로 이루어졌다. 현풍 곽씨 언간을 대상으로 한 백두현(1997)의 "17세기초의 한글편지에 나타난 생활상", 백두현(1998)의 "현풍 곽씨 언간에 나타난 17세기의 習俗과 儀禮", 백두현(1999)의 "17세기의 현풍 곽씨 언간에 나타난 민간신앙" 등의 집중 연구가 있다. 황수연(2003)의 "17세기 사족 여성의 생활과 문화-묘지명, 행장, 제문을 중심으로.《여성문학연구》6"은 제례 문화에서 여성

들의 한글 사용 의미를 분석했다.

민족문학사연구소 고전소설사연구반(2013)의 《서사문학의 시대와 그 여정 - 17세기 소설사》은 18세기 이후의 한글 소설 연구에 비해 조명이 덜했던 17세기에 집중한 점이 돋보인다. 여성만을 초점 맞춘 연구는 아니지만 김정녀 등 9인의 저자들이 17세기 소설 유통을 활용해 여성 참여를 간접적으로 분석했다. 이에 반해 조혜란(2003)의 "17세기 조선의 규방 현실에 대한 보고. 《한국고전연구》 9집"은 17세기 여성 문화를 폭넓게 조명하고 있다.

이밖에 직접 17세기를 대상으로 하지 않았어도 17세기에 나온 한글 작품, 홍길동전, 음식디미방, 병자일기 등을 대상으로 한 논저들도 17세기 어문생활 관련 논저들이다.

안숙원(1999)은 "역사의 총체성과 여성 담론: 남평曺氏의 《丙子日記》를 대상으로. 《여성문학연구》 2권. 한국여성문학학회. 226쪽."에서 남성들이 쓴 일기와 대비된 한글 일기의 가치를 다음과 같이 평했다.

> 동시대의 병자호란 관련 일기들인 〈산성일기〉 〈속잡록〉 과 같은 남성 일기들이 교훈적, 설득적인 데 비해 〈병자일기〉는 솔직한 내면 고백과 엄밀한 기록성, 간결하고 격조 있는 문장, 한글표기 구어체의 언어적 미감으로 내간체의 문학적 다양성은 물론 17세기 국어이 자료적 가치도 큰 것으로 생각된다.

3) 실록으로 본 17세기 어문생활

이 시기의 여성 관련 실록 기록 대부분은 중전과 대비의 언문교서이다. 그 다음은 여성용 《내훈》 같은 문헌이 지속적으로 간행되어 여성 교육용으로 쓰이고 있음도 알 수 있다.

첫째, 여성들의 단자나 상언 등이 등장했다는 점이다. 광해 2년 1610년에는 의금부에서 벌을 받고 죽은 이홍로(李弘老)의 처 기씨(奇氏)가 의금부에 언문 소지를 올리자, 언문으로 상언하는 일이 전례에 없지만 부득이 접수되었다고 기록(5월 5일)하고 있다.[7] 이러한 여성의 한글 상언이 전례에 없는 일이라는 것까지 기록하고 있어 한글 상언의 역사적 가치를 드러내고 있다. 숙종 10년인 1684년에는 경안군(慶安君)의 부인 허씨(許氏)가 언서로 종부시(宗簿寺)에 단자를 올려, 임금의 둘째 아들 이엽의 혼사를 홍구서(洪九敍)의 딸과 할 수 있도록 청원하였다(10월 27일). 이때의 단자는 짧은 상소문으로 상언과 같은 의미다. 이때는 왕실 여성의 상언이지만 거꾸로 생각하면 대필을 시켜서라도 한문으로 올릴 수 있음에도 한글로 올렸다. 숙종 15년인 1689년에도 유두성의 누이동생인 유두임(柳斗任)이 이대헌의 사주를 받아 언문 소장과 한문 소장을 순찰사에게 제출하였다. 남매가 모두 관계된 사건이라 한글, 한문 동시에 올렸을 것이다. 숙종 25년(1699)에는 청백리로 소문난 참판 이단석(李端錫)이 죽은 후 극도로 곤궁해진 그의 아내가 언문으로 단자를 올려 진휼을 청하자, 매달 쌀 1곡(斛)을 지급하게 한 사건도 있었다(4월 3일).

둘째, 왕대비가 선왕(효종)의 행장을 언서로 적어 내리자, 대제학 김만기 등이 한문으로 번역하였다(숙종 00/1674/09/08/). 또 왕대비가 임종에 임하여 언문으로 유교(遺敎)를 지어 내린 사례(숙종 09/1683/12/05/)도 있다.

[표 44] 17세기 여성 관련 실록 주요 기사 내용 요약

사용자	대상	유형	내용
대왕대비	조정	언문 유교	선조 33/1600/07/03/좌의정 이헌국이 대행 왕비 언문 유교에 따라 대렴의로 유의를 쓰게 된 연유를 아뢰다.
중전	삼공	언문 교지	선조 40/1607/10/11/중전이 삼공을 빈청에 모이게 하고, 임금이 조섭에 힘쓰기 위해 세자가 섭정토록 하라는 언문 교지를 내리다.

---

7 知義禁府事 李時彦, 同知事 崔濂·姜籤啓曰: "前日 李弘老妻諺書上言, 捧入之時, 臣等亦知其無前規未安之意, 而事係大臣, 情理切迫, 具由啓辭以入矣. 《광해일기》광해 01/1610/5/5.

중전	조정	언문 교지	선조 40/1607/10/11/중전이 홍경신에게 언문 교지로 임금이 왕위를 세자에게 물려주거나 섭정하도록 하는 명령을 따르라고 내리다.
중전	조정	언문 교지	선조 40/1607/10/11/영의정 유영경 등 삼공이 중전의 언문 교지(세자의 섭정을 인정함)의 불가함을 아뢰니, 중전이 다시 답하는 언문 교지를 내리다.
중전	조정	언문 교지 언급	선조 40/1607/10/11/중전의 언문 교지에 대해 영의정 유영경, 좌의정 허욱, 우의정 한응인이 비판 인정하다.
중전	유영경	언문 편지	선조 41/1608/01/01/정인홍이 세자의 전위와 영의정 유영경을 논박하는 상소 가운데 유영경이 중전의 언서를 비밀로 처리한 것을 비판하다
중전	좌의정 허욱, 우의정 한응인	언문 교지 언급	선조 41/1608/01/22/정인홍의 상소로 좌의정 허욱과 우의정 한응인이 대죄하면서 중전 언서를 언급하다.
대비	조정	언문 편지	광해 00/1608/02/07/대비가 선왕(선조)의 원릉을 정한 곳에 자신의 장지를 정하라는 언서를 내리다
자전	빈청	언문 교지	광해 00/1608/02/12/자전이 내린 언문 교지를 승지가 살피지 않아 계품되지 못한 일이 있으므로 언지를 살피지 않은 승지에 대하여 뒤폐단을 걱정한 정언 이사경등이 대전의 계하(허락)없이 빈청(賓廳)에 내려 승지 징계를 요구하다.
대왕대비	빈청	언문 교지	광해 00/1608/02/14/능 위치에 대한 대왕대비의 언지에 〈계〉자 인장을 찍어 빈청(賓廳)에 내리다.
대비	약방	언문 교지	광해 00/1608/07/11/대비가 약방에 언문 교지를 내려 전하의 건강을 염려하다.
대비	정원	언문 교지	광해 00/1608/07/12/대비가 왕의 거처를 동궁으로 옮겨 조섭(건강이 회복되도록 몸을 보살피고 병을 다스릴)것을 언서로 정원(승정원)에 하교하다.
한글 표기 문헌 《내훈》	《내훈》반포		광해 02/1610/03/01/《내훈》을 모아서 반포토록 홍문관에 전교하다.
한글 표기 문헌 《용비어천가》, 《내훈》	《용비어천가》, 《내훈》		광해 02/1610/03/22/ 《용비어천가》, 《내훈》 등을 인쇄토록 교서관에 전교하다.
이홍로의 처 기씨	의금부	언문 소지	광해 02/1610/05/05/의금부에서 죄를 받고 죽은 이홍로(李弘老)의 처 기씨(奇氏)가 의금부에 언문 소지를 올리자, 언문으로 상언하는 일이 전례에 없지만 부득히 접수하다

한글 표기 문헌《내훈》	《내훈》 관련		광해 02/1610/09/19/책 인출 순서를 《서전언해》와 《내훈》을 먼저 하고《용비어천가》 등은 나중에 하라고 하다.
한글 표기 문헌《내훈》	책 교정		광해 04/1612/01/16/《시경언해》와 《내훈》을 교정한 홍문관의 관원의 직급을 올려주고 물건을 내리다.
한글 표기 문헌《내훈》	《내훈》 교정		광해 04/1612/01/18/사간원이 《내훈》 교정 일로 상이 지나침을 아뢰다.
한글 표기 문헌《내훈》	《내훈》 교정		광해 04/1612/02/02/사간원이 《내훈》 교정 일로 상이 지나침을 아뢰다.
한글 표기 문헌《내훈》	《내훈》 교정		광해 04/1612/02/03/사간원이 《내훈》 교정 일로 상이 지나침을 아뢰다.
한글 표기 문헌《내훈》	시경언해《내훈》		광해 04/1612/02/05/사간원이 근래 시경언해, 《내훈》 등의 교정에 대한 상으로 가자한 일의 지나침을 아뢰고 개정을 청하다.
한글 표기 문헌《내훈》	《내훈》 교정		광해 04/1612/02/05/사간원이 《내훈》 교정 일로 상이 지나침을 아뢰다.
한글 표기 문헌《내훈》	《내훈》 교정		광해 04/1612/02/07/사간원이 《내훈》 교정 일로 상이 지나침을 아뢰다.
이이첨	김상궁	언문 의견	광해 05/1613/08/11/이이첨이 언문을 통해 김상궁 개시로 하여금 임금에게 의견을 아뢰게 하다.
대비전 나인	죄인 병조서리 서응상	언문 편지	광해 06/1614/01/07/죄인 병조서리 서응상(徐應祥)과 대비전의 나인들이 서로 주고 받은 언문 편지 한 통을 임금이 보고 국청에 내리다.
인목대비	유영경	언문 밀지	광해 10/1618/01/04/우의정 한효순 등 백관이 폐모론을 주장하면서 인목대비가 역적 유영경 등과 결탁하여 언문으로 자기소생을 세우려고 밀지를 주고받은 이유를 들다.
희개	세동	언문 편지	광해 11/1619/12/17/희개(옥지 유모)와 세동이 음간의 언문 편지를 주고 받다.
허환 어미	?	언문편지	광해 14/1622/03/08/곽천호, 이시정, 정담 등이 허환 어미의 언문 편지에 드러난 전유형, 이귀, 권진의 엄중 처벌을 청하다.
자전	조정	언문 교지	인조 01/1623/03/14/자전(慈殿)이 폐군(광해군)의 죄목 10가지를 적어 언문 교지로 내리다.
자전	영사윤방	언문 교지	인조 01/1623/윤10/06/영사 윤방이 자전께서 언문 교지 내린 일이 미안하다는 뜻을 개진하다.

대비	승정원	언문 교지	인조 01/1623/윤10/07/이에 대해서 사헌부 관원들이 이의를 제기하여 대비가 언문 편지를 승정원에 내린 것은 옳지 않은 일이라고 상소하였으나, 왕이 받아들이지 않았다.
자전	조정	언문 행장	인조 01/1623/10/29/자전이 죽은 영창대군의 행장을 언문으로 지어 내려 시호를 의정케 하다.
인목 대비		언문 교지	인조 01/1623/12/07/인목 대비가 언문 교지로 어승마를 영안위 홍계원에게 주라고 하교 하여 간원이 임금께 간하다.
자전	대신	언문 비답	인조 04/1626/01/16/대신들이 자전께 왕의 몸관리가 안되고 있음이 부당함을 청하니 자전이 언서로 비답을 내리다.
자전	신하	언문 교지	인조 04/1626/07/02/자전이 신하들에게 언서로 하교하여 왕이 건강에 힘쓰도록 청하기를 요구하다.
자전	외조	언문 편지	인조 04/1626/07/03/자전이 언찰로 외조에 왕 건강 문제에 대해 하교하다.
보모 상궁	승려	언문 편지	인조 04/1626/07/07/광해군 때의 보모 상궁이 임해군 이숙노의 집에 머물던 승려와 정기적으로 사통하며 언문 편지 10여통을 주고받다.
자전	승정원	언문 교지	인조 04/1626/07/10/자전이 정명공주(선조의 딸)의 집을 수리하도록 한 명령을 환수토록 승정원에 언문 교지를 내리다.
자전	삼공 정원	언문 교지	인조 05/1627/01/19/자전이 임금의 수라에 육선을 올리도록 삼공과 정원에 언문 교지를 내리다.
자전	조정	언문 교지	인조 05/1627/02/04/자전이 농촌 소의 도살이 많음을 걱정하여 쇠고기를 찬에 올리지 말라고 언문 교지를 내리다.
자전	조정, 부민	언문 교지	인조 05/1627/02/09/자전이 언서로 하교하여 부민들을 위로케 하다.
자전	대신 정원	언문 교지	인조 05/1627/02/09/자전이 대신과 정원에 언서로 하여 국가를 지키는 계책에 대해 말하다.
자전	대신들	언문 교지	인조 05/1627/04/25/자전이 환도할 때 노량에 부교를 설치하는 것은 민폐가 된다고 언서로 하교하여 못하게 하다.
자전	국청	언문 교지	인조 06/1628/01/03/허유의 역모 사건을 국문할 때 자전이 언문으로 쓴 하교를 국청에 내리다.
자전	대신	언문 교지	인조 06/1628/01/20/자전이 대신들에게 인성군 이공을 처벌할 것을 윤허받으라고 언문 교지를 내리다.
자전	국청	언문 교지	인조 06/1628/02/21/자전이 인성군의 처벌을 원하는 언문서를 국청에 내리다.

조선시대 여성과 한글 발전

자전	국청	앞 언문 교지	인조 06/1628/05/14/ 인성군 처벌에 대한 자전의 언문 교지가 언급되다
자전	백성들	언문 교지	인조 06/1628/09/07/흉년이 들자 백성들이 바치는 물건을 줄이라고 자전이 언문 교지를 내리다.
자전	조정	언문 교지	인조 06/1628/09/11/자전이 흉년에 양전의 진상 품목을 줄이라고 언문 교지를 내리다.
김경현	조정	언문 편지	인조 07/1629/02/06/김경현이 언문 편지(누이 동생 말치가 남편 김홍원 등을 거짓역모로 고발)로 김호원·윤우구·유인창 등이 역모한다고 고변하다.
자전	임금	언문 교지	인조 07/1629/09/21/자전이 삼공과 육경에게 흉년이 들어 수연(壽宴)을 거행할 수 없음을 상께 아뢰도록 언문 교지를 내리다.
한글 표기 《내훈》		언문 책	효종 07/1656/07/28/지경연 이후원이 《내훈》·《경민편》의 간행·반포를 건의하니 허락하다.
한글 표기 《내훈》		언문 책	현종 01/1660/09/05/임금이 옥당의 관원에게 《대학연의》와 《내훈》을 언해의 향음도 일일이 정리하여 바로잡도록 지시하다.
정재빈의 외조모	?	언문 편지	현종 11/1670/02/13/지평 이후징(李厚徵)이 정재빈(鄭載賓) 외조모가 쓴 언문 편지 내용을 일일이 들며, 정시성(鄭始成)의 처벌을 주장하다.
대왕대비	약방	언문 교지	현종 15/1674/03/06/왕이 병 증세가 있어 대왕대비가 언서로 약방에 하교하다.
대왕대비	약방	언문 교지	현종 15/1674/03/07/대왕대비의 언서가 있자 약방 도제조 허적이 왕에게 입진할 것을 계청하다.
대왕대비	시약청		현종 15/1674/08/17/대왕대비가 시약청에 하교하여 왕의 거처를 옮기게 하다.
효유 헌서 왕대비		언문 교지	현종 부록/효유 헌서 왕대비가 선왕에 대한 언문 교지(諺敎)에서 순조의 추모를 기술하다.
		언문 유시	현종 부록/신해년에 기근들어 왕이 국내에 유시를 내려 해묵은 포흠은 일체 탕감하고 가벼운 죄수를 풀어주며 버려져 있던 인재를 다시 서용하게 하였으므로, 시골 아낙들이 그 유시를 언문으로 번역하여 서로 외우면서 감격의 눈물을 흘리고 죽음이 있는 것도 다 잊었다.
대왕대비 왕대비	약방	언서 교지	숙종 00/1674/08/30/대왕대비와 왕대비가 언서로 약방에 교지를 내려, 왕이 약 드시기를 청토록 하다.
대왕대비	약방	언문 편지	숙종 00/1674/09/02/대왕대비가 약방에 내린 언서에서 임금이 약 드시게 됨을 알리다.

왕대비	조정	언서 행장	숙종 00/1674/09/08/왕대비가 선왕(효종)의 행장을 언서로 적어 내리자, 대제학 김만기 등이 한문으로 번역하다.
왕대비	약방	언문 교지	숙종 00/1674/12/07/왕대비가 약방에 언문 교지를 내려 왕의 기침이 심하니, 도성 밖으로의 거둥을 중지하도록 권유하다.
왕대비	약방	언서 교지	숙종 00/1674/12/09/왕대비가 언서를 약방에 내려 교외에서 백관이 왕을 맞이함을 알리다.
왕대비	신하	언문 교지	숙종 01/1675/03/18/왕대비가 어린 나이로 보위에 오른 숙종을 잘 보필하라고 신하들에게 언문 교지를 내리다.
왕대비	신하	언문 글	숙종 01/1675/06/21/왕대비가 친부 김우명의 상을 당하자 자결코자 한다는 언문 글을 내리니, 듣는 이가 다 눈물을 흘리다.
왕대비	왕	?	숙종 06/1680/07/24/ 도깨비 소동이 일어나자 왕대비가 왕에게 날을 받아 경덕궁으로 옮겨 거처할 것을 청하는 하교를 약방에 내리고, 약방 도제조 김수항이 이를 거행하다.
왕대비	영중추부사 송시열	언문 교지	숙종 06/1680/12/23/왕대비가 영중추부사(領中樞府事) 송시열(宋時烈)에게 궁궐에 들어와 왕을 도우라고 언문 교지를 내리니 송시열이 명을 따르다.
왕대비	신하	언문 교지	숙종 07/1681/01/03/왕대비가 인경왕후가 죽자 새 중전의 간택에 관해 언문 교지를 내리다.
왕대비	신하	언서 답문	숙종 07/1681/01/04/새 중전의 간택에 관해 논의하는 중 왕대비가 언서로 답하다.
	약방	언찰 하교	숙종 07/1681/03/21/왕대비를 방문하려고 하자 날짜를 늦추도록 약방에 언찰로 하교하다.
왕대비	신하	언문 교지	숙종 07/1681/03/26/왕의 혼인을 위해 삼간택을 거행하니 왕대비가 병조판서 민유중의 딸을 간택해 두고 언문 교지를 내려 신하들의 뜻을 묻다.
왕대비	신하	언문 교지	숙종 09/1683/10/13/성내에 두질(痘疾)이 크게 번지니 왕대비가 궐 중 왕래를 삼가도록 언문으로 하교하다.
왕대비	신하	언문 유교	숙종 09/1683/12/05/왕대비가 임종에 임하여 언문으로 유교(遺敎)를 지어 내리다.
경안군의 부인 허씨	종부시	단자	숙종 10/1684/10/27/경안군(慶安君)의 부인 허씨(許氏)가 언서로 종부시(宗簿寺)에 단자를 올려, 임금의 둘째 아들 이엽의 혼사를 홍구서(洪九敍)의 딸과 할 수 있도록 청원하다.
대왕대비	관청	언문 교지	숙종 10/1684/11/04/대왕대비가 임금의 거처를 창경궁으로 옮기도록 권하는 언문 교지를 내리다.

조선시대 여성과 한글 발전

유두성 누이	관청	언문 소장	숙종 14/1688/11/25/유두성이 출옥하자 그의 누이가 어머니의 음행을 증거하는 언문 소장(訴狀)을 내다.
유두임	순찰사	언문 소장	숙종 15/1689/04/18/유두성이 누이동생인 유두임(柳斗任)이 이대헌의 사주를 받아 언문 소장과 한문 소장을 순찰사에게 제출하다.
대비	송시열	언문 편지	숙종 15/1689/06/03/대비가 언찰로 만류하여 송시열이 돌아간 적이 있다.
왕대비	송시열 아들 송기태	언문 편지	숙종 20/1694/05/11/송시열의 아들 송기태가 왕대비로부터 받은 언문 편지 등을 왕에게 바치다.
참판 이단석의 아내	관청	단자	숙종 25/1699/04/03/청백리로 소문난 참판 이단석(李端錫)이 죽은 후 극도로 곤궁해진 그의 아내가 언문으로 단자를 올려 진휼을 청하자, 매달 쌀 1곡(斛)을 지급하게 하다.

5. 18세기

1) 머리말

18세기는 숙종부터 정조에 이르는 시기로 조선의 개혁 물결이 요동치며 이른바 조선 후기의 르네상스이자 한편으로는 조선이 기우는 정점을 찍는 시기이기도 했다. 이때는 서학과 기독교가 전파되던 시기로서 기독교를 통한 한글 보급과 확산이 이루어진 시기다. 기독교에서는 여성이 한글 보급의 중심에 놓여 있어 매우 주요한 시기였다.

한글 소설이 확산돼 1790년(정조 14)에 전기수가 한글 소설을 읽어주다 살해되는 사건이 정조에게 보고되었고 정조는 이를 가소로운 죽음으로 여기기도 했다.(8.10). 한글 소설 유통을 부채질한 이들이 양반가의 여성들이고 보면 여성들도 이 죽음과 무관하지 않을 것이다. 1795년(정조 19)에는 혜경궁 홍씨가 한글 표기 회고록인 《한중록》을 펴냈다. 정치적으로는 친정 가문에 대한 변명서라고 욕을 먹지만 남편 사도세자에 얽힌 시대적 흐름을 섬세한 여성의 붓글씨로 기록해 낸 것만은 틀림이 없다. 18세기 그림인 윤덕희의 '독서하는 여인'은 이 시대 한글 표기 책에 빠진 여성문화를 잘 보여준다.

[사진(그림) 23] 독서하는 여인. 윤덕희, 18세기, 20*14.3cm. 서울대박물관 소장(이혜순, 2010: 104)

이런 중요한 시기에 정조는 어문생활 관점에서는 개혁은커녕 문체 반정으로 보수 회귀를 하는 안타까움을 보인다. 문체 반정은 새로운 시대에 새로운 지식과 정보를 한글로 담아낼 생각이 아니라 박지원이 주도하던 한국식 구어체 한문이 아닌 공맹 시대의 전통 한문으로 회귀하는 것을 의미하기 때문이다. 그런 의미에서 막대한 국가 프로젝트로 1797년(정조 21)에《오륜행실도》언해서를 펴내지만 그 가치는 퇴색될 수밖에 없었다.

주로 소론 계열의 사대부 학자들이 훈민정음 가치를 드러내는 연구서를 펴내었고 곧 1747년(영조 23)에는 박성원이《화동정음통석운고》를 짓고, 1750년(영조 26)에는 신경준이《훈민정음운해(저정서)》를 짓고, 1751년(영조 27)

조선시대 여성과 한글 발전

에는 홍계희가《삼운성휘》를 펴내지만 정작 한문으로 기술하는 한계를 보인다.
이런 흐름 속의 여성 관련 어문생활을 짚어보기로 한다.

2) 연구사

18세기 어문생활만을 다룬 논저 가운데 시대상을 담고 있는 논저는 다음
과 같다.

> 김언순(2009). 18세기 종법사회 형성과 사대부의 가정교화-가훈서를 중심으로.《사회
> 와 역사》83. 한국사회사학회.
> 서울대 도서관 편(1990).《규장각과 18세기 한국문화》. 서울대학교 도서관.
> 박수밀(2007). 18세기, 재현과 진실의 가능성.《한국언어문화》33. 한국언어문화
> 학회.

김언순(2009)은 18세기에도 여성 교화가 강조되어《계녀서》와 같은 한글
여성용 교훈서가 많이 읽힐 수 없는 상황을 서술하고 있다. 서울대 도서관 편
(1990)과 박수밀(2007)도 18세기 어문생활을 유추해 볼 수 있는 사회상을 담고
있다.

18세기 한글 자료가운데 비중이 높은 것은 청나라 여행기인 연행록이
다. 김창업의《연행일긔》(1712), 강호보의《상봉녹》(1741), 이상봉의《셔원녹》
(1765), 작자 미상의《기축연행록》(1770), 홍대용의《을병연행록》(1766), 작자
미상의《승시록》(1790년대), 이계호의《휴당의 연행록》(1793), 서유문의《무오
연행록》(1798), 옮긴이 미상의 박지원의《열하기(국역본 열하일기)》(1799/1859)
등이 있다.[8]

---

8 "김정경(2016).《조선 후기 여성 한글 산문 연구》. 서강대학교출판부. 224쪽." 참조.

장경남(2006). 18세기 한글본 연행록에 서술된 천주당 견문기.《숭실어문》22집. 숭실
　　대학교 국어국문학회.

장경남(2009). 조선후기 연행록의 천주당 견문기와 서학 인식.《우리문학연구》26. 우
　　리문학회

김정경(2016). 18세기 한글본 연행록 연구-정녀묘와 천주당 견문기록을 중심으로.《열
　　상고전연구》49. 서강대학교출판부.

장경남(2006), 장경남(2009), 김정경(2016)은 모두 천주교 관련 한글 가치를
드러내고 있다.[9]

정병설(2000). 18세기 조선의 여성과 소설.《18세기연구》2. 한국18세기학회.

김소은(2007). 18세기 嶺南 士族의 일상과 생활의례(Ⅰ)-《청대일기》에 나타난 혼례를
　　중심으로-.《사학연구》88호. 한국사학회.

홍학희(2010). 17~18세기 한글편지에 나타난 송준길(宋浚吉) 가문 여성의 삶.《한국고
　　전여성문학연구》20. 한국고전여성문학회.

정병설(2014). 18세기 한글문학의 저변과 궁궐(도록 해제). 문영호 엮음(2014).《곤전어
　　필, 정조어필한글편지첩, 김씨부인한글상언》(국립한글박물관 소장자료총서
　　1). 국립한글박물관.

박정숙(2014). 조선시대 (18세기) 왕실 '한글 필사류 자료'의 서예적 고찰(도록 해제).

문영호 엮음(2014).《곤전어필, 정조어필한글편지첩, 김씨부인한글상언》(국립한글박물
　　관 소장자료총서1). 국립한글박물관.

이 논저들은 18세기 여성들 중심의 어문생활의 다양한 모습을 보여준다.
정병설(2000ㄱ)은 18세기 소설책 유통과 여성을 역할을 이용해서, 김소은
(2007)은 일상생활어, 홍학희(2010)는 편지, 정병설(2014)은 상언, 박정숙(2014)
은 왕실 여성들의 한글 사용 등을 다루고 있다.

9　여성과 한글 관련 논의는 없지만 주류 18세기 연행록에 대해서는 "김현미(2007).《18세기 연
　행록의 전개와 특성》. 혜안."참조.

여성 관련 논저는 아니지만 조성산(2009)의 "18세기 후반~19세기 전반 조선 지식인의 어문 인식 경향.《한국문화》47. 서울대 규장각한국학연구소. 177~202쪽."은 박제가, 박지원 같은 사대부들이 언문일치 문제나 해결을 중국어나 한문에서 찾으려 했던 맥락을 짚고 있다. 그러나 이 논저는 실학자들의 언어 인식이 얼마나 퇴보했는지에 대한 비판을 담고 있지는 않다. 왜냐하면 정약용등의 실학자들이 15세기에 세종과 집현전 학자들이 언문일치의 정확한 방향을 제시하고 여성들의 한글 중심의 어문생활이 그점을 입증해온 역사와 현실을 무시하고 있기 때문이다.

3) 실록 기록으로 본 여성과 한글

18세기는 숙종 27년부터 영조를 거쳐 정조 시기를 모두 아우르는 매우 중요한 시기인 만큼 의미 있는 기록들이 많다.

첫째, 18세기에 등장하는 새로운 의미 있는 사건은 서학 또는 천주교 관련 기록이다. 다음 두 기록을 보자

　(1) 정조 12년(1788) 8월 2일 정언 이경명이 서학을 엄히 가리기를 청하면서 어리석은 농부와 무지한 촌부까지 서학책을 언문으로 베껴 신명처럼 받든다고 하니 요망한 학설 폐단을 막기 위해 수령방백에게 백성들을 잘 계도하도록 상소하니 잘 헤아려 품처하도록 지시하다.[10]_《정조실록》정조 12년(1788) 8월 2일 (번역 요약: 온라인 조선왕조실록).

---

10 正言李景溟上疏曰:今俗所謂西學, 誠一大變怪. 頃年聖敎昭揭, 處分嚴正, 而日月稍久, 其端漸熾, 自都下以至遐鄕, 轉相誑誘, 雖至愚田氓, 沒知村夫, 諺謄其書, 奉如神明, 雖死靡悔. 若此不已, 則妖學末流之禍, 不知至於何境. 請自朝家, 嚴飭諸路方伯,守宰, 俾無更熾之弊. 批曰: "令廟堂, 詳考疏辭, 商量稟處.《정조실록》정조 12년(1788) 8월 2일.

(2) 상이 이미 《향례합편(鄕禮合編)》을 반포하고 나서 또 규장각 관리인 심상규(沈象奎) 등에게 명하여 《삼강행실》과 《이륜행실》 두 서적을 가져다가 합하여 바로잡고 증정(證訂)하고 언해(諺解)하여 이름하기를 《오륜행실》이라 하였다. 그리고 주자소에 명하여 활자로 인쇄해서 널리 반포하게 함으로써 《향례(鄕禮)》의 우익(羽翼)이 되게 하였다.[11] 《정조실록》 정조 21년(1797) 7월 20일 (번역 온라인 조선왕조실록 수정 보완).

(1)의 기록은 서학 특히 천주교 교리가 한글 문서로 널리 퍼지고 있음을 보여준다. 19세기 기록에서 논의되지만 이 시기에는 자생적 천주교 확산으로 여성들 중심으로 천주교 한글 문헌이 급속도로 퍼지던 시기였고 관련 풍속을 실록이 그대로 전하고 있는 것이다. 그러나 개혁 군주 정조도 이 분야만큼은 철저히 보수를 택한다. 공맹 시대의 한문을 써야 하는 문체반정을 일으키고 (2)의 기록처럼 막대한 자금을 들여 오륜행실도 언해서를 펴내게 되는 것이다. 18세기 말엽은 그 어느 때보다 지식의 보급과 확산이 중요하던 시기에 16세기때나 필요할 법한 윤리 교화서를 펴낸 것이다.

둘째 17세기와 마찬가지로 여성의 상언이 두 건이 접수되었다. 영조 12년(1736)년에 성주목사가 죽자 그의 처가 언서로 조사관에게 소장을 올렸다(5월 21일). 영조 19년(1743)에는 정몽주 후손 가운데 나이 든 한 부인이 짧은 상소문인 '언단'을 올려 제사지낼 것을 청하였다(2월 5일).

셋째, 죽으면서 남긴 언문 유서가 억울함을 푸는 도구로 작용했다. 숙종 27년(1701) 진사 유석기(兪碩基)가 일찍이 아내 윤씨를 쫓아냈다. 유석기가 죽자

---

11 上, 旣頒《鄕禮合編》, 又命閣臣沈象奎等, 取《三綱》,《二倫》兩書而合釐之, 證訂諺解, 名曰《五倫行實》. 命鑄字所, 活印廣頒, 俾作《鄕禮》之羽翼. 其孝子類郭巨一條之特命刊刪, 蓋有倣於朱子戒門人勿詳鄧攸事於《小學》之遺意云._《정조실록》 정조 21년(1797) 7월 20일.

조선시대 여성과 한글 발전

윤씨가 돌아와 상복을 입고 곡을 하자, 유석기의 이모부 심익겸이 윤씨의 상복을 뺏고 쫓아냈다. 이에 윤씨가 통곡하며 죽은 남편 무덤에 가서 언문 유서를 써 두고 자결하니, 조정에서 심익겸과 유씨 집안의 어른 유명겸을 옥에 가두고 문책하였다(4월 25일)는 내용이다. 당연히 한글이 아니었으면 이 여인은 유서를 남길 수 없었을 것이다. 비록 죽어서이지만 이 한글 유서가 억울함을 드러내고 원한을 해결하는 도구로 쓰인 것이다.

[표 45] 18세기 실록의 여성 관련 주요 기사 요약

사용자	대상	유형	내용
진사 유석기 아내 윤씨	?	언문 유서	숙종 27/1701/04/25/진사 유석기(兪碩基)가 일찍이 아내 윤씨를 쫓아냈다. 유석기가 죽자 윤씨가 돌아와 상복을 입고 곡을 하자, 유석기의 이모부 심익겸이 윤씨의 상복을 뺏고 쫓아냈다. 이에 윤씨가 통곡하며 죽은 남편 무덤에 가서 언문 유서를 써 두고 자결하니, 조정에서 심익겸과 유씨 집안의 어른 유명겸을 옥에 가두고 문책하다.
국장도감	대비 장례식때 여관 읽기	진서, 언문	숙종 27/1701/11/11/국장도감(國葬都監)에서 대비의 장례식 때, 시책문(諡冊文)과 애책문(哀冊文)을 여관(女官)으로 하여금 읽게 하므로 전례에 따라 진서와 언문 두 가지를 모두 써서 넣도록 아뢰다.
태영	관청	진술 언문	숙종 31/1705/09/12/태영(泰英)이 심문을 받으면서, 제 지아비 유정기(兪正基)의 죄상을 언문서로 진술하다.
장희재의 처	관청	언문 편지	숙종 32/1706/07/19/윤순명 공초에 장희재의 처가 김춘택과 간통한 것을 고백한 언문편지가 언급되다.
강재승의 어머니	?	언문서	숙종 35/1709/10/09/동궁 모해 역모로 포도청에 갇힌 강재승(姜宰承)의 집안을 수색하니, 그의 어머니가 쓴 언문서 1매와 원정 등의 문서가 나오다.
영원군	과매	언문 편지	숙종 36/1710/10/29/영원군(靈原君)이 과매(寡妹)에게 언문 편지를 보내어, 의금부 수사에서 좋은 말로 대답해 달라고 부탁하다.
중궁	영의정 김창집	언문 교지	숙종 46/1720/06/08/중궁이 영의정 김창집에게 임금을 칭송한 언문 교지를 내리다.
중전	원상 김창집	언문 교지	숙종 46/1720/06/09/중전이 원상(院相) 김창집(金昌集)에게 언문 교지를 내리고, 은자를 주어 국장에 보태 쓰게 하였다.

대비	조정	언문 교지	경종 00/1720/06/21/대비가 언서로 하교하여 장녕전에 있는 숙종의 어진을 벽상에 펴서 봉안하게 하다.
대비	왕	언문 교지	경종 01/1721/08/20/대비가 왕에게 준 언문 교지에 근거하여 연잉군(영조)를 왕세제로 삼다.
대비	영의정 조태구	언문 교지	경종 01/1721/12/23/박상검이 환관과 모의하여 왕세제를 살해하려 한 사건이 일어나자, 대비가 영의정 조태구 등에게 언문 교지를 내려 왕세제를 궁 밖으로 나가도록 권유하다.
대비	영의정 조태구	언문 교지	경종 01/1721/12/27/영의정 조태구가 대비가 직접쓴 언문 교지의 문제를 상소하자 임금이 대비의 언문교지 내용을 자세히 언급하다
역적 이희지 어머니와 누이	?	언문 편지	경종 02/1722/05/05/사헌부가 계를 올려 이이명과 김창집의 가산 적몰을 주장하며, 역적들의 어머니와 누이가 그들이 쓴 언문 편지 내용이 드러나자 스스로 자결했다고 아뢰다. 또 역적 이희지의 어머니가 쓴 언문 편지를 찾아 조사한 사실을 언급하다.
승지 김보택의 아내	?	언문 편지	경종 02/1722/09/12/죽은 승지 김보택(金普澤)의 집안이 죄에 빠져 의금부의 조사를 받던 중, 아내의 언문 편지에서 그의 죄상이 적발되자, 그의 아내가 가문의 보호를 위해 자결하다.
대비	정원	언문 교지	경종 02/1722/11/20/대비가 언문 교지를 정원(政院)에 내려, 왕의 치통을 진료하도록 의관을 부르다.
대비	?	언문 교지	경종 03/1723/06/01/조태구(趙泰耇)가 대비의 언문 교지를 봉환(封還)하다.
대비, 왕비	영조	언문서	영조 00/1724/08/30/영조가 즉위할 때 어좌에 오르는 것을 사양하자, 대비와 왕비가 언문서를 지어 보위에 오를 것을 권유하다.
명성왕후	민진원	언문 편지	영조 00/1724/11/29/이의연을 비호하고 대신을 무욕하는 박지혁 상소에 명성왕후 언찰이 언급되다.
대왕대비	약원	?	영조 00/1724/12/22/ 대왕대비의 하교에 따라 약원에서 왕대비전에 아뢰어 권도를 따를 것을 청하다.
명성왕후	민진원	언찰 바침	영조 02/1726/07/05/민진원이 효종 어필과 더불어 명성왕후(현종 비) 언찰을 바치다.
이희지 어미	?	언찰 언급	영조 03/1727/10/20/목효룡 사건과 관련하여 이희지 어미 언찰이 언급되다.
자전	?	언문 교지	영조 09/1733/02/06/봉조하 민진원이 아뢰면서 경종 때의 자전 언문 교지를 언급하다.

조선시대 여성과 한글 발전

중전	조정	언문 편지	영조 12/1736/01/27/중전이 언서를 내려 대왕대비전의 진연례 행하는 것을 허락하지 않다.
성주목사 처	관청	언서 소장(상언)	영조 12/1736/05/21/성주목사가 죽자 그의 처가 언서로 겸 관에서 소장을 올리다.
정몽주 후손 중 늙은 부인	관청	언문 소장	영조 19/1743/02/05/정몽주 후손 중 늙은 부인이 언단을 올려 제사지낼 것을 청하다.
대왕대비	왕	요구 언문	영조 19/1743/07/17/대왕대비가 왕에게 오순 잔치를 권유하는 언문 글을 내리다.
나인 작부 귀정	?	언문책	영조 24/1748/12/02/공승언 공초에 귀정이라는 나인 작부가 언책을 잘 읽었다고 언급하다.
대왕대비	조정	언문 교지	영조 28/1752/02/27/명정전에 나아가 황단의 서계를 받고, 존호를 올리는 일을 의논하였으나 왕이 가납하지 않자, 대왕대비가 여러 차례 언문 교지를 내리다.
이소 첩 초정	이양제	언문 편지	영조 28/1752/04/18/포도청에서 이소(李炤) 첩 초정(草貞)이 이양제에게 보낸 언문 편지를 증거로 이양제와 초정을 심문하여 공초를 받다.
대왕대비	왕	언문 교지, 언문 답서	영조 28/1752/12/05/송현궁에 거둥한 이후 환궁 문제로 논란을 벌일 때 대왕대비가 언서로 하교하고 왕이 이에 대해 언문 답서를 올리다.
대왕대비	김상로등 신하	언서 하답	영조 28/1752/12/08/김상로 등 신하들이 대소 공무를 동궁(정조)에게 처결 받으라는 왕명을 거두어 달라고 대왕대비전에 청하니, 대왕대비가 언서로 하답하다.
대왕대비전, 동궁	조정	언문 교지	영조 28/1752/12/17/왕의 귀궁 문제로 대왕대비전과 동궁에서 언서로 승전색에 하교하다.
사족인 윤씨	관청	언문 서장	영조 29/1753/07/05/사족인 윤씨(여성)가 동기인 윤성동이 포청에 들어가자 종으로 하여금 언문 서장을 바치게 해 모함하여 벌을 내리다.
대왕대비	왕	언문 편지	영조 31/1755/12/08/왕이 대왕대비의 하교를 받고 존호를 올리기를 윤허하다. 대왕대비의 언서를 한문으로 번역케 하다.
대왕대비	왕	언문 글	영조 32/1756/02/24/왕이 대왕대비의 언문 글을 잘 간직하도록 하다.
대왕대비	왕	언문 교지	영조 32/1756/07/09/대왕대비의 언문 교지를 받아 왕이 축하 받음을 허락하다.

?	대행 대왕대비 빈전	언문 기록	영조 33/1757/05/05/대행 대왕대비 빈전의 시책문과 애책문을 언문으로 쓰도록 명하다.
중전	약방	언문 답서	영조 45/1769/11/20/약방에서 중궁전에 평소 식성을 회복하도록 청하니, 중전이 언문 답서를 내려 이에 따르다.
중전	조정	언문 교지	영조 52/1776/03/08/대신과 백관이 중궁전에 가서 왕세손이 보위를 잇도록 설득해 달라고 청하자, 중전이 언문 교지를 내리다.
대비	조정	언문 교지	정조 00/1776/03/12/대비가 은자 일천냥을 유사(有司)에게 내리도록 언문 교지를 내리다.
명성왕후	정조	언문 교지	정조 00/1776/06/03/송환억이 예전에 명성왕후가 내렸던 언문 교지를 정조에게 올리다.
홍술해 아내	?	언문 편지	정조 01/1777/08/11/역모 사건에서 홍술해 아내가 언찰을 통해 점방에서 비방과 저주를 일삼다.
효임	?	언문 편지	정조 01/1777/10/26/효임이 정이(丁伊)를 시켜 언찰을 가지고 자주 무당의 집에 오가며 저주하는 일을 의논하도록 했다.
대비	조정	언문 교지	정조 02/1778/05/02/대비가 언문 교지를 내려 빈(嬪)의 간택을 명하니, 조정에서 금혼령을 내리다.
왕대비	백성	언문 교지	정조 02/1778/05/02/왕대비가 언문교지를 반포하여 금혼령을 내리다.
왕대비	대신	언문 편지	정조 04/1780/02/21/왕대비가 언서로 대신에게 왕의 후사가 없음을 지적하며, 빈 간택을 청하다.
자전	백성	언문 교지	정조 09/1785/05/04/김한기가 상소에서 역적 홍인한·정후겸 등에 대한 일을 자전의 언문 교지로 기록하여 반포하길 청하다.
왕대비	승정원	언문 교지	정조 10/1786/12/01/홍국영 상계군 이담 등의 역적됨을 왕대비가 빈청(賓廳)에 언문으로 승정원에 전하다.
대비	조정	언문 교지	정조 10/1786/12/01/대비가 내린 언문 교지를 영의정 등이 읽어 보고 눈물을 흘리며 팔도에 반포하도록 청하다.
왕대비	조정	언문 교지	정조 10/1786/12/02/영의정 김치인 등이 왕대비 언문 교지를 받들며 왕대비에게 탕약을 드시도록 청하다.
왕대비	조정	언문 교서	정조 10/1786/12/02/홍국영·송덕상·이담 등의 처벌에 대한 영의정 김치인의 계사에서 왕대비의 언문교서를 언급하다.

왕대비	조정	언문 교서	정조 10/1786/12/02/홍국영·송덕상·이담 등의 처벌에 대한 대사헌 윤승렬·대사간 박천행의 계사에서 왕대비의 언문교서를 언급한다.
자전	조정	언문 교지	정조 10/1786/12/03/영의정 김치인의 상소에서 자전의 언문 교지를 기리다.
자전	조정	언문 교지	정조 10/1786/12/03/홍국영·이담 등의 처벌에 대해 영의정 김치인 등이 연명으로 올린 상소문에서 자전의 언문 교지를 언급하다.
대비	조정	언문 교지	정조 10/1786/12/04/대비가 내린 언문 교지의 내용이 제대로 실천되지 않자, 탕약과 수라를 거부한다.
자전	조정	언문 교지	정조 10/1786/12/07/추국을 행하여 이담과의 혼사를 도왔는지 등에 대해 김우진 등을 문초하는 과정에서 자전의 언문 교지를 언급하다.
자전	조정	언문 교지	정조 10/1786/12/08/역모사건에 대한 구선복 문초에서 자전의 언문교지가 언급되다.
자전	조정	언문 교지	정조 10/1786/12/16/삼사 역모 사건에 대한 상소에서 자전의 언문교지를 언급하다.
자전	조정	언문 교지	정조 10/1786/12/17/역적의 처벌 완화에 이의를 제기하는 판돈녕부사 김종수의 상소문에서 자전의 언문교지를 언급하다.
자전	조정	언문 교지	정조 10/1786/12/20/반정에 관한 김종수의 계목(啓目)에서 자전의 언문전교를 언급하다.
자전	조정	언문 교서	정조 10/1786/12/22/임금이 역적토벌에 관한 중앙과 지방에 반포한 교서에서 자전의 언문교서를 언급하다.
자전	조정	언문 교지	정조 11/1787/01/08/역적토벌에 공을 세운 왕대비에게 존호를 더 올리면서 언문 교지를 언급하다
자전	조정	언문 교지	정조 11/1787/01/14/동지중추부사 정술조가 역적 의원과 유모에 대해 국청을 설치하기를 바라는 상소에 영조 때 대비전 언문 교지를 언급하다.
농부 촌부	조정	언문 책	정조 12/1788/08/02/정언 이경명이 서학을 엄히 가리기를 청하면서 어리석은 농부와 무지한 촌부까지 서학책을 언문으로 베껴 신명처럼 받든다고 하니 요망한 학설 폐단을 막기 위해 수령방백에게 신칙(申飭)하도록 상소하니 잘 헤아려 품처(權道)하도록 지시하다.

대비	약원	언문 교지	정조 13/1789/09/01/대비가 약원에 언문 교지를 내리니, 정조가 이를 가납하다.
대비	대신	언문 교지	정조 13/1789/09/26/대비가 윤승렬과 이인의 일로 탕제를 도로 내리고, 대신들에게 언문 교지로 하교하다.
대비	조정	언문 교지	정조 13/1789/09/26/대비가 다시 언문 교지를 내려, 이인의 토죄를 엄히 분부하다.
혜경궁	박명원	언문서	정조 13/1789/10/02/혜경궁이 박명원에게 언문서를 내렸는데, 이것을 왕이 열람하고 환궁을 의논하다.
대비	총호가	언문 교지	정조 13/1789/10/02/대비가 총호가에 언문 교지를 내리다.
자전	?	언문 교지	정조 13/1789/10/12/영돈녕부사 홍낙성 등이 올린 차자에서 자전의 언문교서를 언급하다.
자전	?	언문 교서	정조 13/1789/10/14/정언 신기현이 자전의 교서에 따를 것을 상소하다.
대비	?	언문 교지	정조 13/1789/10/23/완성군 이의행이 대비의 언문 교지 내용을 찬탄하고 그 실천을 청하다.
자전	?	언문 교지	정조 14/1790/01/10/양사가 올린 상소에서 자전의 언문교지를 언급하다.
대비	임금	언문 교지	정조 14/1790/11/18/대비가 예정에 없는 임금의 돌발적인 행차와 관련하여 언문 교지를 내리다.
자전	임금	언문 교지	정조 14/1790/11/19/좌참찬 김화진 등이 환궁을 청하는 자전의 언문교지를 바치다.
자전	?	언문 교지	정조 16/1792/12/08/채제공이 간단한 상소문에서 다시 구선복 사건에 대한 자전의 언문교지를 언급하다.
대비	대신	언문 교지	정조 17/1793/11/22/대비의 탄신 행사에 대해 대신들이 논의하자, 대비가 언문 교지를 내려 이를 타이른다.
혜경궁	신하들	언문 교지	정조 17/1793/11/22/대비와 혜경궁의 탄신 의례 문제를 신하들이 논하자, 혜경궁이 언문으로 답서를 내린다.
혜경궁	영의정 홍낙성	언분 교지	정조 18/1794/01/20/영의정 홍낙성 등의 호소에 대해 혜경궁이 언문으로 비답을 내리다.
혜경궁	대신들	언문 교지	정조 18/1794/01/20/시임·원임 대신들이 경모궁 참배를 중지하고 환궁하도록 혜경궁에 호소하여 혜경궁이 언문으로 비답하다.

대비	신하들	언문 교지	정조 18/1794/04/10/대비가 역적 처벌 문제로 자신의 생각을 밝히는 언문 교지를 모든 신하들에게 내리다.
자전	영의정 홍낙성	언문 교지	정조 18/1794/04/10/영의정 홍낙성 등이 자전의 언문 교지를 받들고 강제로 합문을 들어와 문제되다.
대비	김희 등 백관	언문 교지	정조 18/1794/04/10/대비가 김희 등 백관이 대비전에 와서 면대를 청하자, 언문으로 비답을 내리다.
대비	조정 신하들	언문 교지	정조 18/1794/04/11/강극성의 국문과 관련하여 대비가 조정 신하들에게 언문 교지를 내려 충신으로 구하라고 말하다.
대비	신하들	언문 교지	정조 18/1794/04/12/대비가 모든 진상품을 물리칠 것이라는 언문 교지를 신하들에게 내리다.
왕대비	신하들	언문 교지	정조 18/1794/04/12/사옹원 도제조 김이소를 소견하면서 진상품거부의 왕대비 언문전교 내용을 언급하다
대비	사옹원 도제조 김이소	언문 교지	정조 18/1794/04/13/사옹원 도제조 김이소가 대비전에 진상품을 받아들이시도록 청하자, 거절하는 언문 답서를 내리다.
왕대비	사옹원 도제조 김이소	언문 교지	정조 18/1794/04/13/사옹원 도제조 김이소가 왕대비전에 공상을 받아들이시기를 재차 아뢰자 언문으로 비답을 내리다.
자전	조정	언문 교지	정조 18/1794/04/13/전 좌의정 김이소가 임금께 자전께서 역모 문제로 사제로 거동하겠다는 언문 교지에 대해 말씀 드리다.
왕대비	대신	언문 교지	정조 18/1794/04/14/왕대비가 탕약도 안들고 내린 언문교서에 대해 임금이 내탓이라고 말하다.
혜경궁	빈청	언문 교지	정조 18/1794/06/03/빈청에서 혜경궁에게 글을 올려 탄신 진하 허락을 요청하였으나, 혜경궁이 언문 비답을 내려 거절하다.
혜경궁	빈청	언문 교지	정조 18/1794/06/03/빈청에서 혜경궁에게 글을 올려 탄신 축하 허락을 재차 요청하였으나, 혜경궁이 언문 비답을 다시 내려 거절하다.
자전	영충추부사 김희의	언문 교지	정조 19/1795/08/21/영중추부사 김희의 상소에서 자전의 언문교지 문제를 논하다.
《오륜행실도》 간행		여성/만백성 대상 언해책	정조 21/1797/07/20/ 만백성 교화를 위해 《오륜행실》을 간행하다.
정순대비	대신들	언문 교지	정조 부록/정순 대비가 대신들에게 언문 교지를 내려 사족 중에서 빈어를 골라 두어서 널리 후사를 구할 것을 명하다.

자전		언문 교지	정조 부록/정조 대왕 행장: 겨울에 자전이 언문교서로 홍국영의 죄상을 열거하고 죄인처벌에 늑장을 보인 대신들을 책하였다.
대왕대비		언문 교지	정조 부록 속편/정조 대왕 천릉 지문(遷陵誌文): 대왕대비가 의리에 관한 언문교서를 장차 반시하여 소견을 듣기로 하다.

10.6. 19세기

1) 머리말

18세기 말에 정조가 죽자 19세기 초에 어린 순조가 등극하게 되고 어린 순조 대신 정순왕후의 통치 시대가 열린다. 1801년에 관노비가 해방되는 등 시대 변화와 개혁의 흐름을 반영하는 변화도 일어나지만 세도정치로 조선은 오히려 반개혁, 퇴보의 길을 걷게 된다.

그러는 중에 1894년에 갑오경장 개혁안과 더불어 한글을 주류 공식 문자로 선언하는 고종의 국문 칙령이 내각에 지시되고 1895년에는 온 나라에 반포되지만 어문생활의 큰 변화를 유도하지는 못했다. 다만 일부 제한적이긴 하나 홍범 14조처럼 공문서에 국한문 혼용체가 도입되고 유길준의 서유견문처럼 일부 지식인들이 국한문체 저서를 내는 등의 변화가 있었다.

오히려 더 큰 변화는 가사와 소설 등 문학작품의 향유와 유통에서 여성의 역할과 방각본과 상업 출판의 영향 등이 지속적인 어문생활의 발전을 반영하고 있다. 모리스 쿠랑(Maurice Courant; 1865년~1935년)은 1890년부터 1892년까지 조선에 머물며 서지학 관련 중요 기록을 남겼다.

> 책을 볼 수 있는 곳은 서점에서만이 아니고, 세책가(貰冊家)도 꽤 많이 있는
> 데, 이들이 가지고 있는 것은 특히 이야기책이나 노래책과 같은 평범한 책들이

조선시대 여성과 한글 발전

고, 이것들은 거의 모두가 한국어로 쓰여 있으며, 어떤 것은 인본(印本)이고 또 다른 것은 수사본(手寫本)이다. (…) 주인은 이런 책들을 매우 헐값으로 빌려 주는데, 하루 한 권에 10분의 1, 2푼 정도이다. 흔히 그는 보증금이나 담보물을 요구하는데, 예컨대 현금으로 몇 냥이라거나, 현물로 화로나 냄비 같은 것들이다. 이런 종류의 장사가 옛날엔 서울에 꽤 널리 퍼져 있었으나, 이젠 한결 귀해졌다고 몇몇 한국 사람들이 나에게 말해주었다. 이 직업은 벌이는 좋지 않지만, 점잖은 일로 인정되어 있기 때문에 가난해진 양반들이 기꺼이 택하는 바가 되었다. 책을 빌려간 사람들은 빌려준 책을 잘 돌려주지 않으므로 세책가의 책은 급속히 줄어들어 도서목록을 대신하고 있는 조잡한 일람표와 매우 불완전하게밖에 일치하지 않는데, 내가 그러한 일람표를 믿고 어떤 책을 달라고 하면 번번이 그것은 분실되었다고 대답하는 것이었다.' 《조선서지학》 서론 (모리스쿠랑 저, 정기수 옮김, 탐구당).

이러한 증언은 1890~1892년 무렵의 조선의 책문화를 잘 보여주고 있다. 가난한 양반들이 책 빌려주는 직업에 종사할 만큼 품위 있는 인기 직업이었다. 이러한 세책업소에서 유통되던 책들이 거의 다 한글 표기 책임을 증언하고 있다. 책 회수율이 낮다는 것은 대여 문화의 문제점을 보여주기도 하지만 그만큼 성행했다는 의미도 되므로 최소한 한글책 유통이 그 이전보다 양적으로 늘었음을 의미한다. 이로부터 2, 3년 뒤 1894년에 고종의 국문 칙령이 나오는데 바로 이런 문화에 힘입은 선언이라고 볼 수 있다.

2) 연구사

19세기를 중점적으로 다룬 논저들은 다음과 같다.

김병철(1987). 19세기말 국어의 문체·구문·어휘의 연구. 경북대학교 대학원 박사 논문.
고려대학교 고전문학·한문학연구회 편(1995).《19세기 시가문학의 탐구》. 집문당.

이강옥(2007). 이중 언어 현상으로 본 18,19세기 야담의 구연,기록,번역. 《고전문학연구》 32권. 한국고전문학회.

임혜련(2008). 19세기 수렴청정 연구. 숙명여자대학교 박사 논문.

주형예(2010). 19세기 한글통속소설의 서사문법과 독서경험 -여성이야기를 중심으로-. 《고소설연구》 29권. 한국고소설학회.

정우봉(2013). 19세기 여성일기 《병인양란록》의 작가와 작품세계. 《한국고전여성문학연구》 26집. 한국고전여성문학회.

김현숙(2017). 19세기 양반 여성의 사회적 관계와 그 양상: 안동김씨 가문의 《경술일기》를 중심으로. 《이화사학연구》 55집. 이화사학연구소.

정재영(1996). 19世紀末부터 20世紀初의 한국어문. 《한국문화》 18집. 서울대 규장각 한국학연구소.

이 가운데 임혜련(2008)에서는 왕실 여성들의 한글 사용 맥락을 읽을 수 있다.(다음 절에서 함께 논의). 정우봉(2013), 김현숙(2017)은 각각 여성이 직접 남긴 일기인 《병인양란록》와 《경술일기》에 대한 논의이다. 정우봉(2013)은 《병인양란록》은 남평 조씨의 《병자일기》의 한글 일기 전통을 잇는 작품으로 평가하고 저자는 경주 김씨가 아니고 나주 임씨임을 고증했다. 과거 체험 재구성 방식의 일기로 강화도 지역 주민의 삶을 생생하게 증거했다는 데 의의가 있다고 보았다. 김현숙(2017)은 일기를 활용해 사람 사이의 관계망을 분석해 한글 일기의 미시사적 가치를 논증했다.

고려대학교 고전문학·한문학연구회 편(1995)은 주로 문학작품으로 19세기 어문생활을 유추하거나 들여다볼 수 있는 논저들을 모았다. 여성 문제를 직접 다룬 논저는 김용철의 "〈덴동어미화전가〉 연구"와 장정수의 "〈복선화음가〉 연구", 신경숙의 "여창가곡" 등을 다루고 있다. 주형예(2010)는 19세기에 많이 읽혔던 "하진양문록, 현씨양웅쌍란기, 옥루몽, 정비전, 수저옥란병, 유화기연" 등을 대상으로 이들 작품들이 전통 윤리에 기반하면서도 여성 독자들의 사회 진출 욕망 등을 담고 있는 이중 서사 문법을 담고 있다고 보았다.

전통 사회 윤리를 거부할 수는 없었지만 새로운 시대 변화에 따른 여성 정체성 형성과 유통에 한글 소설이 일정한 공동 담론 구실을 했음을 밝혔다. 이는 여성들의 어문생활 측면에서 매우 중요한 의미를 던져 준다.

3) 종교와 한글

19~20세기에서 주목할 점은 기독교 전파에 따른 여성들의 한글 사용이다. 18, 19세기에 여성들의 한글 사용이 급증하고 그로 말미암아 사회적 정체성이 높아지긴 했지만 여성 차별 문제가 해결된 것은 아니다. 사회적 여성 차별 문제가 해결되지 않은 상황에서 한글 사용의 가치는 퇴색될 수밖에 없다. 자생적 천주교 확산과 천주교 도입이 본격화되는 정조 시대부터 여성들의 천주교 참여가 높은 것은 어찌 보면 당연한 현상인지 모른다. 그런 의미에서 정효섭(1971: 18)에서의 다음과 같은 지적은 일리가 있다.

> 정조(1784) 때부터 우리 여성들의 새로운 정신적(精神的) 피난처(避難處) 내지는 구제(救濟)가 된 것은 천주교(天主敎)였다. 당시의 천주교(天主敎)는 주자학적(朱子學的) 사회(社會)와 공존(共存)할 수 없는 혁명적(革命的) 성격(性格)을 띤 것이었다. 천주교는 과부(寡婦)에 대해서도 천당(天堂)에의 희망과 남녀가 교제할 수 있는 기회를 주었다._정효섭(1971).《한국여성운동사 - 일제치하의 민족운동을 중심으로 》. 일조각. 18쪽.

주자학적(성리학적) 질서가 차별적 신분제, 남존여비를 전제로 하고 있고 그러한 남존여비를 새 종교, 천주교가 부정한다면 당연한 그런 종교에 귀화할 확률은 높아진다.

앙베르 주교와 현석문이 1839년(헌종5) 기해박해를 전후로 천주교 박해를 일기 형식으로 펴낸 《긔히일긔(기해일기)》[12]는 천주교 초기 역사에서 여성의 역할이 드러나 있다. 이 기록에 따르면, 《기해일기》에는 선교자 78명의 행적이 적혀 있는데 그 가운데 50명, 64%가 여성이었다.

Fishe(1970: 96)/정효섭(1971: 33)에서 다음과 같이 기술한 초기 천주교 선교목적은 한글 보급과 확산에서 천주교와 여성의 역할이 컸음을 보여준다.

(1) 병자와 부상자에 대한 과학적 치료.

(2) 빈민·고아 등에 대한 조직적인 보호책.

(3) 미신 숭배의 감소.

(4) 어린이에 대한 존중.

(5) 조혼과 혼인습속의 개선.

(6) 여성에 대한 태도와 처우의 개선.

(7) 민주주의 사상의 보급.

(8) 한글의 보급과 일반화.

(9) 민주적인 인간관계와 계급차별의 타파.

(10) 사회복지에 대한 봉사와 새로운 관심.

(11) 알콜·마약 등에 대한 계몽.

(12) 근대 과학적인 학교교육에 대한 요청과 존중의 증대.

_E. Fisher: Democracy and Mission Education in Korea, Reprinted by YonseI University Press. 1970, p.96. 재인용: 정효섭(1971). 《한국여성운동사 - 일제치하의 민족운동을 중심으로》. 일조각. 33쪽.

---

12 '기해일기'에 대해서는 "방상근(2010). 기해일기에 대한 기초적 연구. 《한국교회사연구》 12권. 한국교회사연구소."와 "윤인선(2013). 《기해일기》에 나타난 순교경험의 서사화 양상-'고난'을 매개로 나타나는 순교의 문화적 의미. 《기호학연구》 38집. 한국기호학회." "김정경(2017). 조선후기 천주교 성인전과 순교일기의 비교 연구: 《성년광익》과 《기해일기》를 중심으로. 《한국고전연구》 39집. 한국고전연구학회. 329~365쪽." "김정경(2016). 《조선 후기 여성한글 산문 연구》. 서강대학교출판부. 3장 새로운 주체의 형성(2): 천주교 여성 순교자전을 중심으로" 참조.

한글 보급과 일반화가 아예 여덟 번째 항목으로 설정되고 성차별과 신분제를 타파하는 민주주의 정신이 명시되어 있다.

19세기 한글 사용의 영향력을 볼 수 있는 좋은 자료가 있다. 1883년에 간행된 한성순보를 시작으로 1910년의 경술국치 전, 조선 말에 간행된 신문의 문체를 보면 27개 매체 가운데 순국문 매체가 14건으로 52%나 된다. 국한문체도 주류 한문체를 벗어난 것이다.

[표 46] 조선말 신문의 표기 문자별 분류

갈래		창간	폐간	창간인	발행기관	발행주기
한문체	한성순보	1883.10.1	1884년 갑신정변 이후	김만식	박문국	월 3회
국한문체	한성주보	1886.1.25	1888.7.14	김윤식	박문국	1주간
	한성신보	1895년 추정	1906.7.31	아다치 겐조		격일
	황성신문	1898.9.5	1910.9.14	남궁억, 나수연		일간
	시사총보	1899.1.22	1899.8.17	장지연	황국협회	격일
	대동일보	1948.2	모름	박명래		일간
	국민신보	1906.1.6	1910.10.11	이용구, 송병준	일진회	일간
	만세보	1906.6.17	1907.6.29	손병희	천도교	일간
	조양보	1906.6.25	1907.12	심의성	조양보사	월 2회
	대한신문	1907.7.18	1910.9.1	신광희	이완용 내각	
	대한민보	1909.6.2	1910.8.31	오세창, 장효근	동문관 (창간:대한협회)	일간
	경남일보	1909.10.15		장지연	경남일보사	격일

국문 (한글)체	독립신문	1896.4.7	1899.12.4	서재필	독립협회	일간
	조선크리스도 인회보	1897.2.2		아펜셀라	감리교 선교부	주간
	그리스도신문	1897.4.1. (1905.7.1. 조선크리스도인 회보와 합침)	1910	언더우드	장로교	주간
	협성회회보	1898.1.1	1898.4.2	양홍묵	배재학당 협성회	주간
	경성신문	1898.3.2	1898.3	윤치호	경성신문사	주 2회
	대한황셩신문	1898.4.6	1898.9	윤치호	경성신문사	주 2회
	미일신문	1898.1.26	1899.4.4	양홍묵, 유영석, 이승만	매일신문사	일간
	대한신보	1898.4.10			광무협회	주간
	뎨국신문	1898.8.10	1910.8.2	이종일		일간
	대한미일신보	1904.7.18	1910	베델, 양기탁		일간
	경향신문	1906.10.19	1910.12.30	안세화	천주교	주간
	예수교신보					
	대동일보	1948.2	모름	박명래		일간
	구세신문	1909	1940.12		구세군	
	예수교회보	1910.2	1914.8	한석진, 게일	예수교장로회 제3회 대한노회	

* 《대한미일신보(대한매일신보)》 1904.7.18.~1905.3.9.: 한글판, 1905.8.11.~1907.5.22.: 국한문 혼용, 1907.5.23.~1910.10.28.: 순한글판과 국한문혼용판, 1905.8.11. -영문판 병행.

이러한 결과는 어느 날 갑자기 이루어진 변화가 아니라는 것이다. 17세기 부터 여성들 중심의 한글공동체의 성장과 18세기의 상업적 변화에 힙입은

조선시대 여성과 한글 발전

한글 문헌의 폭발적 증가와 맞물려 있다. 이런 흐름 속에서 신문명을 전해야 하는 신문 매체들이 국문체 위주로 문체를 선택해야 했을 것이다.

4) 실록 기록으로 본 여성들의 한글 사용 의미

순조부터 고종까지 한글 관련 기사는 102건으로 이 가운데 61건이 여성 관련 기사 수다. 이를 중심으로 어문생활 관련 몇 가지 의미를 읽어내고자 한다.

첫째는 56건의 기사 가운데 19세기부터 20세기 초까지 실록의 여성의 한글 사용 기록은 대부분 왕실 여성들의 언문 교지다. 순조, 철종, 헌종, 고종 모두 대비 섭정을 받아야 했기 때문이다. 특히 정순왕후의 권력이 가장 강력하고 섭정 기간이 길었던 순조의 경우는 40건으론 한글 기사 가운데 제일 많았다.

둘째, 서양의 근대와 산업화 시대가 진행되는 이 시기에도 조선은 왕실 여성들의 공문서는 그들의 권력이 아무리 높아도 한글로만, 그와 반대로 일반 임금 관련 공문서는 한문으로만 쓰여졌다. 1894년 이후 한문이 아닌 국한문 공용 문서가 등장하지만 미미했다. 다음 기사는 섭정 상태에서 언문 교지를 받은 후 다시 한문으로 번역으로 한문 공용 문서를 반포하는 장면이 잘 묘사되어 있는 기사이다.

> 대왕대비가 이르기를,
> "흥선군(興宣君)의 적자(嫡子)에서 둘째 아들 이명복(李命福)으로 익종 대왕(翼宗大王)의 대통(大統)을 입승(入承)하기로 작정하였다."
> 하자, 【아래에 실린 30일에 발을 친 안에서 내린 하교를 참조한다.】 정원용이 아뢰기를,

"언문 교서(諺文敎書)를 써서 내려 보내는 것이 좋을 듯합니다."[13]

하니, 대왕대비가 발 안에서 언문 교서 한 장을 내놓았다. 도승지(都承旨) 민치상(閔致庠)이 받들어 보고, 여러 대신들이 한문(漢文)으로 바꾸어 쓴 것을 대왕대비에게 읽어 아뢴 후 받들고 나와 반포하였다._《고종실록》, 고종 즉위년/1863/12/8.

셋째, 어린 중전 등 왕실 여성들에게는 언해되어 있는 《내훈》 등의 전통 윤리서 중심의 교육이 이루어졌다(순조 16/1816/01/21). 일제 침략이 노골화되는 고종 39년 1902년에는 김태제가 상서하길 사서와 삼경 언해본은 오직 우리 왕조에만 있는 것으로 해석에 문제가 많고 사서도 이이의 언해본이 있었지만 지금은 전습되지 않아 안타깝다고 아뢰다(양력 2월 5일).

성인들이 이미 세상을 떠난 다음에 그들의 도리를 거슬러 연구하는 일을 그들이 남긴 경서(經書)에 전적으로 의존하는 수밖에 없습니다. 그런데 여러 차례 화재를 겪고 걷잡을 수 없이 흩어져버린 13경(經)과 《설문(說文)》은 논하지 않더라도 우선 현재 통용되는 영락(永樂) 연간의 사서(四書)와 삼경(三經)으로 말하더라도 판각과 활판이 다른 부분이 한두 곳이 아닙니다. 이른바 언해본(諺解本)은 오직 우리 왕조에만 있는 것인데 학덕이 높았던 이황(李滉)이 편찬한 것으로 잘못 전해지는데 실상은 그렇지 않습니다. 그 해석이 모두 꼭 들어맞는 것은 아니어서 정자(程子)나 주자(朱子)의 본의와 다른 것이 없지 않고 음과 뜻도 틀린 부분이 매우 많습니다.[14] 《고종실록》 고종 39년(1902) 2월 5일.

---

13 元容曰: "以諺敎, 書下, 恐好矣." 大王大妃, 自簾內, 出諺敎一紙. 都承旨閔致庠奉覽諸大臣因翻眞, 讀奏. 訖, 奉出頒布._《고종실록》, 고종 즉위년(1863) 12월 8일.

14 且伏念聖人旣沒, 追究其道, 惟在遺經. 而刦灰屢飜, 秋葉莫掃, 十三經與《說文》尙矣, 姑以通行永樂七書言之, 刻板活板, 訛誤非一. 所謂諺解者, 惟獨本朝有之, 而訛傳先正臣李滉所撰, 然其實非也. 其所解不能盡爲曲當, 不無與程,朱本旨逕庭, 而音義之錯誤者甚多. 《고종실록》 고종 39년(1902) 2월 5일.

조선시대 여성과 한글 발전

실용 지식에 능했던 지석영조차 우리나라 글 언문은 세종이 만든 훌륭한 글인데 혼탁해져 국문을 정리하고 성인들의 가르침을 번역해서 교화해야 한다고 상소하고 있을 정도다. (고종 42년(1905) 7월 8일(양력)

셋째는 18세기 말엽인 1795년(정조 19)에 혜경궁 홍씨가 한글 표기 회고록 인《한중록》을 펴냈는데 고종 임금이 "혜경궁의《한중만록(閑中漫錄)》은 언문 으로 사실을 직접 기록한 것이어서 실로 오늘의 확증으로 된다._고종 36년 (1899) 8월 22일(양력)"라고 말한 기록이다. 사실 기록 도구로서의 한글 가치를 드러내고 또 앞선 시기의 여성 회고록이 지속적으로 영향을 끼치고 있음을 알 수 있다.

[표 47] 19세기 여성 관련 실록 기사 요약

사용자	대상	유형	내용
대왕대비	조정	언문 교지	순조 00/1800/07/04/대왕대비가 언문 교지를 내려 윤행임을 도승지로, 박준원을 어영 대장으로, 황인점 등을 종척의 집사로 삼다.
대왕대비	조정	언문 교지	순조 00/1800/07/04/대왕대비가 또 언문 교지를 내려 심환지를 영의정으로 이시수를 좌의정으로 삼다.
대왕대비	조정	언문 교지	순조 00/1800/07/04/대왕대비가 언문 교지를 내려, 국장과 산역에 대한 책임자를 정하다.
대왕대비	조정	언문 교지	순조 00/1800/07/04/대왕대비가 언문 교지를 내려 홍용한, 홍준한 등을 종실의 집사로 삼다.
대왕대비	조정	언문 교지	순조 00/1800/07/20/대왕대비가 언문 교지를 내려, 왕의 보호와 몸 조섭에 대해 의논하다.
대왕대비	조정	언문 편지	순조 00/1800/07/20/대왕대비가 조보(朝報)나 소장(訴狀) 등의 조정 공사를 언서로 써서 들이게 하다.
대왕대비	조정	언문 교지	순조 00/1800/08/11/대왕대비가 왕대비와 혜경궁의 지위에 관해 언문 교지를 내리다.
왕대비	신료들	언문 교지	순조 00/1800/12/18/왕대비가 언문 교지 1통을 내리고, 신료들과 국사를 논의하다.

대왕대비		언문 교지	순조 00/1800/12/25/대왕대비가 의리 언문 교지를 다시 강조하다.
대왕대비		언문 교지	순조 00/1800/12/25/대왕대비가 의리 언문 교지를 들어 대신과 삼사를 질책하다.
대왕대비		언문 교지	순조 01/1801/01/06/대왕대비가 의리 언문 교지를 다시 강조하다.
정순왕후	김귀주	언문 편지	순조 01/1801/01/16/정순왕후가 김귀주에게 내린 봉서를 관찰사와 수령이 한문과 언문을 조금 아는 방기를 보내 뜯어보게 하다.
대왕대비		언문 교지	순조 01/1801/01/25/대대왕대비가 의리 언문 교지를 다시 언급하다.
대왕대비		언문 교지	순조 01/1801/04/25/이병모 등이 은언군과 홍낙임의 처벌을 요청하며 대왕대비의 언문교지를 언급하다.
대왕대비		언문 교지	순조 01/1801/04/27/대왕대비가 이인과 홍낙임의 처벌에 관한 언문 교지를 내리다.
대왕대비		언문 교지	순조 01/1801/05/10/성학, 의리 및 백성의 고통을 구제하기 위해 대왕대비가 언문 교지를 반포할 것을 청하는 원재명의 상소문이 있다.
대왕대비	조정	언문 교지	순조 01/1801/05/19/대왕대비가 김치묵의 처벌에 관한 일로 언문 교지를 내리다.
왕대비	신하들	언문 교지	순조 01/1801/05/29/왕대비가 신하들의 의견을 듣고, 종사와 임금을 위한 처분을 언문 교지로 내리다.
대왕대비	조정	언문 교지	순조 01/1801/07/27/대왕대비가 윤승렬, 이원배의 죄를 용서하라는 언문 교지를 내리니, 승지 장지면 등이 반대하는 의견을 내다.
대왕대비	조정	언문 교지	순조 01/1801/07/28/대왕대비가 윤승렬, 이원배의 죄를 용서하라는 언문 교지를 내리니, 승지 장지면 등이 반대하는 의견을 내다.
노모	이근	언문 편지	순조 01/1801/08/16/노모가 유배 죄인 이근에게 언문 서찰을 보내다.
왕대비	빈청	언문 교지	순조 02/1802/05/13/왕대비가 존호를 올리는 건의에 대해 언서로 빈청에 하교하다.
대왕대비	조정	언문 교지	순조 02/1802/05/14/대왕대비가 왕대비전의 존호에 관한 언문 교지를 내리다.
왕대비, 대왕대비전		언문 교지	순조 02/1802/05/15/빈청(賓廳)에서 왕대비전의 언문 교지와 대왕대비전의 교지에 대해 말하다.
대왕대비		언문 교지	순조 02/1802/05/16/대왕대비가 그저께 내린 언문 교지를 다시 강조하다.

조선시대 여성과 한글 발전

대왕대비	조정	언문 교지	순조 02/1802/07/06/대왕대비가 세도를 깊이 우려한다는 언문 교지를 내리다.
대왕대비	조정	언문 교지	순조 02/1802/10/05/대왕대비가 가을날에 심히 번개와 천둥이 친 재변 때문에 언문 교지를 내리다.
대왕대비	조정	언문 교지	순조 03/1803/12/28/대왕대비가 수렴청정을 거두고 환정(還政)한다는 언문 교지를 내리다.
대왕대비	조정	언문 교지	순조 03/1803/12/28/대왕대비가 수렴청정을 거두면서, 모든 공사를 들이지 말 것과 언문 문서를 올리던 일을 중지토록 하교하다.
대왕대비	조정	언문 교지	순조 04/1804/01/03/대왕대비가 흉측한 상소를 올린 조진정과 함부로 통문을 돌린 유생들을 추궁하라고 언문 교지를 내리다.
대왕대비	좌의정 서용보	언문 교지	순조 04/1804/01/09/대왕대비가 좌의정 서용보에게 언문 교지를 내려, 조정을 진정시키라고 유시하다.
대왕대비	조정	언문 교지	순조 04/1804/06/23/대왕대비가 다시 수렴청정을 하겠다고 하면서, 언문 교지로 정사를 처분하는 일에 대해 하교하다.
대왕대비	조정	언문 교지	순조 04/1804/06/24/대왕대비가 일관과 관계된 김노충의 일에 대해 언문 교지를 내리다.
대신들	대왕대비	언문 교지	순조 04/1804/10/21/대신들이 한해옥의 옥사에 대한 조서를 언문으로 써서 대왕대비에게 올리자, 대비가 여기에 대해 잘 조사하도록 하교하다.
대왕대비		언문 교지	순조 04/1804/11/22/빈청(賓廳)에서 대왕대비를 칭송하면서 대왕대비의 언문 교지를 만백성이 칭송했음을 언급하다.
대왕대비	조정	언문 교지	순조 05/1805/06/20/대행 대왕대비께서 언문 교지를 통해 홍국영의 역모를 막다.
왕대비	대신	언문 교지	순조 10/1810/06/05/대신들이 왕대비가 내린 언문 교지의 환원을 청하다.
왕대비	승전색	언서 교지	순조 10/1810/06/05/왕대비가 왕과 함께 잠시 경희궁으로 거처를 옮기도록 하는 언문 교지를 승전색에 내리다.
소학, 《내훈》, 어제훈서, 빈교육			순조 16/1816/01/21/영묘께서 익정공을 명하여 《소학》·《내훈》·《어제훈서(御製訓書)》등의 책을 별궁(別宮)에서 가르치게 하였는데, 빈(嬪)이 한 번 들으면 그 뜻을 이해하고 하나도 빠뜨리지 않고 외우셨다.
정순대비		언문 교지	순조 21/1821/08/07/1778(정조2년)년에 정순대비의 언문 교지에 중전이 아이 낳을 가망성이 없다는 말이 있어 박재원이 양의를 구해 치료하자고 하자 홍국영이 질책하였다는 회상이 있다.

대왕대비	대신		헌종 12/1846/윤5 16/대왕대비가 임금이 상여를 수종하지 않도록 대신들에게 하교를 내리다.
대왕대비	빈청	언문 교지	헌종 13/1847/07/18/대왕대비가 빈청에 언문 교지를 내려, 왕실 자손을 이을 처자를 구하도록 하다.
곤전	이승헌 (?)	언문 교지	헌종 13/1847/08/25/이승헌이 곤전의 병의 원인을 진찰하고 약제를 발리 쓰도록 상소하면서 곤전 언문 교지를 언급하다.
왕대비	대신들	언문 교지	(헌종 부록)효유헌서 왕대비(孝裕獻聖王大妃)가 선왕에 대해 대왕대비가 대신들을 불러 임금의 학업 증진에 대해 의논하고, 언문 교지를 내리다.
대왕대비	임금	언문 교지	철종 00/1849/06/09/대왕대비가 임금에게 백성을 사랑하고 학문에 전념할 것 등을 하교하다.
대왕대비	대신들	언문 교지	고종 00/1863/12/08/대왕대비가 철종의 뒤를 흥선군의 두 번째 아들로 정하는 언문 교지를 내리다.
대왕대비	대신들	언문 교지	고종 00/1863/12/13/대왕대비가 대신들에게 정사를 잘 돌볼 것을 부탁하는 언문교지를 내리다.
대왕대비	국왕	언문 훈계	고종 00/1863/12/13/대왕대비가 언문으로 국왕을 훈계하다.
대왕대비	대신들	언문 교서	고종 00/1863/12/13/대왕대비가 언문으로 대신들에게 임금을 잘 보좌하라는 교서를 내리다.
대왕대비	조정	언문 교지	고종 01/1864/06/15/대왕대비가 오래 된 죄에 연루된 자들의 혐의를 풀어 줄 것을 지시하는 언문 교지가 다시 언급되다.
대왕대비	조정	언문 지시	고종 01/1864/07/14/대왕대비가 죄인에게 내린 특전에 대해 거론하지 말라고 언문으로 지시하다.
대왕대비		언문 지시	고종 01/1864/07/25/임금의 비답과 대왕대비의 언문 지시를 통해 의리와 법을 밝히다.
대왕대비	백성	언문 반포	고종 02/1865/05/03/대왕대비가 경복궁 공사에 나오지 말고 농사를 짓는 것에 힘쓰라고 한문과 언문으로 반포할 것을 지시하다.
대왕대비	백성	언문 반포	고종 03/1866/01/24/대왕대비가 천주교를 금하는 교서를 한문과 언문으로 반포하도록 지시하다.
대왕대비	조정	언문 교지	고종 03/1866/02/13/대왕대비가 수렴청정을 그만둔다는 언문 교지를 내리다.
혜경궁		언문 책	고종 36/1899/08/22(양력)/임금이 "혜경궁의 《한중만록(閑中漫錄)》은 언문으로 사실을 직접 기록한 것이어서 실로 오늘의 확증으로 된다."라고 말하다.

조선시대 여성과 한글 발전

10.7. 맺음말: 세기별 발전의 의미

이상 세기별 여성들의 한글 사용 맥락과 의미는 다음과 같다.

15세기는 훈민정음 반포(1446) 후 50년도 채 안 된 시기였다. 특정 문헌으로 보는 의미로는 1447년에 세종의 명으로 수양대군이 훈민정음으로 펴낸 《석보상절(釋譜詳節)》과 1447년에 세종이 직접 훈민정음으로 저술한 《월인천강지곡》은 훈민정음 반포 6개월 전에 운명한 소헌왕후 덕에 보급될 수 있었다. 성리학의 나라에서 불교 언해서를 펴낼 수 있었던 계기가 되었기 때문이다. 실록에서 본 의미로는, 왕실 여성들의 언문 사용은 공적 틀 속에서 자연스럽게 이루어졌고 궁녀들 사이에서는 언문이 주요 의사소통 도구로 쓰이고 있음을 알 수 있었다.

16세기는 연산군의 한글 탄압과 한글 보급 발전에 결정적인 역할을 한 최세진의 《훈몽자회》(1527), 훈민정음 언해본 복간본인 희방사본 간행(1568) 등 주요 사건이 있는 세기였다. 실록 기록으로 본 여성 관련 어문생활사로는 연산군의 한글 탄압이 실제 많은 영향을 끼쳤지만 그럼에도 한글은 지속적으로 발전해 나가고 있음을 알 수 있다. 또 조정 대신들이 왕실 여성들에게 보내는 공문도 한글로 써 한글의 공적 가치를 높였다. 16세기에 이미 여성이 상소문(상언)을 한글로 접수하였다. 궁인의 편지가 멀리 사찰에까지 전달되고 사찰 중심으로, 여성 중심으로 한글이 쓰이고 있음도 확인 된다.

17세기에는 양반사회의 제도적 모순을 비판하는 한글 소설 홍길동전이 나온 시기로 한글 소설로 보아 한글이 더욱 널리 사용되고 있음을 알 수 있다. 또 17세기 후반 김만중의 《구운몽》, 《사씨남정기》 등의 한글 소설로 여성 독자들의 한글 사용과 유통이 많았음을 알 수 있다. 한글 조리서 《음식디미방》과 같은 실용서가 널리 퍼졌음을 알 수 있다. 실록을 살펴보면 여성들의 단자나 상언 등이 정부에 접수된 것을 통해 한글의 실용적 가치가 높아지고 적용됐음을 알 수 있었다.

18세기에는 한글 소설이 확산돼 1790년(정조 14)에 전기수가 한글 소설을 읽어주다 살해되는 사건에서는 한글 소설 책이 인기가 많았음을 알 수 있다. 실록 기록으로 보면, 17세기와 마찬가지로 여성의 상언이 두 건이 접수되었고 죽으면서 남긴 언문 유서가 억울함을 푸는 도구로 작용했다. 천주교를 통한 한글 보급과 확산이 이루어진 시기로 기독교에서는 여성이 한글 보급의 중심에 자리하고 있어 매우 주요한 시기였다.

19세기에는 관노비가 해방되는 등 시대 변화도 일어나지만 세도정치로 조선은 오히려 거꾸로 길을 걷게 된다. 그러던 중 1894년에는 갑오경장 개혁안과 더불어 한글을 주류 공식 문자로 선언하는 고종의 국문 칙령이 내각에 지시되고 1895년에는 온 나라에 반포되지만 어문생활의 큰 변화를 유도하지는 못한다. 오히려 더 큰 변화는 가사와 소설 등의 문학작품 향유와 유통에서 여성 역할이 매우 컸고 방각본과 같은 상업 출판이 지속적인 어문생활의 발전을 반영하고 있다.

따라서 여성들의 한글 사용 의미는 공문서 한문과 대비된다. 어린 중전 등 왕실 여성들에게는 언해되어 있는 《내훈》 등의 전통 윤리서 중심으로 교육을 했다. 18세기 말엽인 1795년 정조 19년에 혜경궁 홍씨의 한글 표기 회고록인 《한중록》을 사실 기록 도구로서의 한글 가치를 드러내고 또 앞선 시기의 여성 회고록이 지속적으로 영향을 미치고 있음을 알 수 있다. 19~20세기에서 주목할 점은 기독교 전파에 따른 여성들의 한글 사용이다.

18, 19세기에 여성들의 한글 사용이 급증하고 그 덕에 사회적 정체성이 높아지긴 했지만 여성 차별 문제가 해결된 것은 아니다. 자생적 천주교는 차별적 신분제, 남존여비를 전제로 하고 있기 때문이다. 그러나 남존여비등의 차

별을 새 종교, 천주교가 궁극적으로 부정하므로 한글 발전에 크게 기여하게
된다.

11 ──── 마무리: 여성 중심 한글 사용의 역사적 의미

책을 마무리하려니 세종은 여성들을 위해 한글을 반포한 것은 아닌지 착각이 들 정도다. 그만큼 조선시대 한글 발전에서 여성의 구실은 거의 절대적이었다. 그렇다면 그 의미를 어떻게 부여할 수 있을까? 10장까지 논의한 바를 바탕으로 그 의미를 역사적 의미, 문화적 의미, 국어사적 의미, 인문적 의미로 나눠 정리하기로 한다.

11.1. 역사적 의미

많은 사람들이 오해하는 것이 있다. 세종이 쉬운 한글(훈민정음, 언문)을 반포했으니 민중들이 한글을 두루 썼고 그 민중들에 의해 발전해 나갔을 것이라는 것이다. 이런 통념이 허구요 고정관념이라는 것을 최초로 밝혀낸 것이 필자의 첫 번째 박사 논문 "김슬옹(2005).《조선왕조실록》의 한글 관련 기사를 통해 본 문자생활 연구. 상명대학교 국어국문학과 박사 논문."이었고 이는 단행본 "김슬옹(2005).《조선시대 언문의 제도적 사용 연구》. 한국문화사."로 나왔다. 이 연구의 결론은 간단하다. 조선왕조실록에 나오는 한글 관련 기사를 최초로 모두 조사(960여 건)한 결과 한글을 제한(공적 분야 배제)한 것도 또 제한적으로 발전시킨 것도 양반 지배층이었다. 대다수 민중은 조선 말까지 한글조차 모르는 문맹이었다.

여성들의 한글 발전 공로 연구도 사실 이런 흐름을 바꾸거나 고칠 수 있는 것은 아니다. 왕실 여성들, 양반가의 여성들 역시 지배층에 속하기 때문이다. 다만 여성으로서 약자(소수자) 위치에 있기 때문에 특별한 의미가 있다.

《훈민정음》 해례본 '정인지서'에서 정인지는 세종의 명에 의해, 슬기로운 사람은 하루아침에, 어리석은 사람이라도 열흘 이내에 배울 수 있는 문자를 만들었다고 호언장담하면서 스승이 없이도 배울 수 있도록 자세히 풀어서 해례본 책을 내게 되었노라고 했다.

스승이 없이도 배울 수 있는 문자가 되게 하라는 것은 쉽게 배울 수 있는 문자라는 측면에서는 훈민정음의 최대 장점이고 스승이 없이도 깨우치도록 하고 공식 기관에서 배울 수 있는 교육 문제를 소홀히 한 것은 세종 정책의 최대 아쉬운 점이었다. 꼭 그래서는 아니지만 1895년에 근대 교육이 시작되기 전까지 서당이든, 4부 학당이든 성균관이든 그 어디서도 한글을 공식적으로 가르치는 교육 프로그램이나 공식 교재가 제작된 적이 없다.

만일 세종이 공식 교육으로까지 제도화했다면 반포 4년 만에 병사하기 이전에 세종은 많은 반발에 직면했을 것이다. 왜냐하면 한글을 공식 기관의 공식 교육으로 제도화한다는 것은 행정과 학문의 공식 문자인 한자에 대한 도전이자 위협을 의미하고 그것은 신분제를 바탕으로 한 양반 사회의 붕괴를 의미하기 때문이다.

해례본은 한글(언문)이 한자 이상의 학문 문자가 될 수 있음을 정인지 입을 빌려 밝히고 있다. 전환이 무궁한 28자 훈민정음으로 어려운 한문책을 풀어낼 수 있고 간결하지만 중요한 것을 다 담아낼 수 있고 자세하면서도 두루

통할 수 있다고 했기 때문이다. 이러한 한글의 실체를 누구보다 잘 알았던 이들이 양반 사대부들이었다. 성리학을 잘 이해하고 풀어내기 위해, 자신들의 이념을 공고히 하기 위해 한글이 필요했다. 그래서 그들은 100년이라는 시간은 끌지만 끈질기게 성리학 경전인 사서(논어, 맹자, 중용 대학)를 한글로 풀어냈고 그를 완성한 주역이 선조와 이이, 유희춘 등 핵심 사대부들이었다. 선조는 임진왜란 때는 무능했지만 사서 번역을 완성하고 전쟁 중에 한글로 백성들과 소통을 꾀한 임금이었다.

그러나 지배층은 그러한 한글이 전면화되는 것이 두려웠다. 그것은 한자와 한문으로 신분제를 유지해야 하는 자신들을 부정하는 것이기 때문이다. 그래서 세종을 중국 황제에게나 쓸 수 있는 하늘이 내린 성인으로 백왕을 초월한 임금이라고 기술한 해례본은 암묵적 금서였고 그런 만큼 빨리 사라져 간행된 지 50년도 안 돼 희귀본이 되었고 1940년에 기적처럼 경상북도 안동에서 유일본이 발견되었다.[15]

세종은 과거 시험에까지 도입하면서 공적 영역에 한글이 쓰이게 함으로써 널리 퍼지게 하려고 온갖 노력을 기울였지만 병세가 심한 상태에서 반포한 지 4년만에 운명했고 후대 왕들은 그 누구도 세종의 의도대로 확대 발전시키지 않았기 때문이다. 그나마 문종, 세조, 성종이 그 기본 뜻을 적극적으로 이어갔다.

행정 공적 영역 또는 경제와 관련된 영역에서 양반들이 철저히 한문, 한자로 제한하다 보니 민중들조차 서당에 들어가 한자를 배우려고 했지 한글을 배우려고 하지 않았다. 세종은 그러한 민중들을 위해 한글을 만들었지만 민

---

15 2015년에 간송본은 필자의 학술 책임 아래 원본과 똑같이 간송미술문화재단과 교보문고에서 복간되었다.

중들은 지배층이 심어 놓은 한자 유전인자(디엔에이)에 중독돼 평생 한자를 모르거나 배울 수 없는 처지를 원망했지만, 배워봤자 경제적 이익과 연결이 안 되는 한글을 못 배우거나 모르는 것을 탄식할 겨를이 없었다. 이는 21세기 지금까지도 한자와 한문을 잘 몰라도 한자 지방을 써 놓고 제사를 지내는 것을 보면 알 수 있다. 양반 지배층들이 심어 놓은 한자 유전인자는 피보다 더 강력한 것이었다.

다시 정리하면 조선말까지도 민중들은 대다수 한글까지도 문맹이었다. 세종이 그 어린 백성, 민중이 하고 싶은 말을 적을 수 있게 만들었지만 실제로 그렇게 되지는 않았다. 그나마 양반가 여성들이 권력(양반)과 여유가 있어 언문(한글)을 배워 소통하고 살았던 것이다.

그렇다면 여기서 다시 근본적인 물음을 던질 수 있다. 세종의 한글(훈민정음) 반포 의도가 잘못되었거나 빗나간 것인가? 꼭 그렇지는 않다. 대다수 문맹이었지 100%가 문맹은 아니었기 때문이다. 최소 10%라도 한글을 깨우친 그들이 역사의 물꼬 구실을 했고 90% 한문의 거대한 반민주적, 반민중적 흐름을 바꿔 놓은 구실을 했기 때문이다.

중국인 못지않게 한문 실력이 뛰어났던 조선 지배층 지식인들의 중국식 문장 쓰기, 한문 실력이 조선을 최고의 문명국가로 끌어올리게 하였으나 그런 그들의 한문 실력이 양란을 겪으면서도 한글을 활용하는 지식 실용화를 막는 바람에 끝내 일본의 먹잇감이 되는 가장 중요한 비극적 요인이 되었다.

이런 거대한 흐름을 최초로 제대로 밝힌 책이 "최현배(1942). 《한글갈》. 정음문화사."이었고 이를 바탕으로 더 풀어낸 책이 필자의 "김슬옹(2012). 《조선 시대의 훈민정음 발달사》. 역락."이었다.

사건 기사를 중심으로 보면 조선왕조실록에는 966여 건의 훈민정음 기록이 나온다. 그중 324건이 여성 관련 기록이고 대부분이 왕실 여성들의 언문 교지 관련 기록이다. 왕실 여성들은 훈민정음 발전의 가장 중심축이자 블랙홀이었다. 여성이었지만 강력한 권력을 바탕으로 공적 문서에 훈민정음을 씀으로써 훈민정음의 권위를 높였고 남성 사대부들이 한글을 쓰게 하는 강력한 블랙홀 구실을 하였다.

11.2. 문화적 의미

문화적 관점에서 보면 여성의 한글 사용은 그야말로 한글문화 역사 그 자체였다.

일반적으로 문화란 삶의 방식, 태도, 신념 등을 총체적으로 일컫는다. 매체 중심으로 보면, 영화, 텔레비전 등 대중매체로 표현되거나 소통되는 문화를 말한다. 역사적 관점으로 보면, 역사적 흐름 속에서 형성된 문화, 우리들의 삶의 방식에 오랫동안 녹아있는 전통문화, 민족문화, 고유문화를 가리킨다. 주체 측면에서 보면, 문화를 창조하고 누리는 다양한 주체에 따른 문화, 대중문화, 고급문화, 저항문화, 지배문화 등을 가리킨다. 이러한 다양한 문화 개념으로 한글문화의 개념을 자리매김한다면 한글문화는 한글로 표현된 언어문화요, 한글과 연관된 매체문화이면서 한글에 담긴 정신문화를 가리킨다. 이러한 한글문화 개념으로 볼 때 한글문화의 주요 특성은 '소통성, 생태성, 평등성, 미학성' 등으로 볼 수 있다.

1) 소통성

한글문화의 최대 장점은 소통성에 있다. 이때의 소통은 단순히 사람사이의 소통만을 의미하지 않는다. 지식과의 소통, 역사와의 소통 등 매우 폭이넓다. 그러나 가장 중요한 것은 의사소통이다. 끊임없이 발굴되는 조선시대

조선시대 여성과 한글 발전

한글 간찰은 문자로 행하는 소통문화가 얼마나 중요한가를 잘 보여준다. 같은 여성들끼리의 소통도 중요하지만 절대적이고 보편적인 한문 권력에 갇혀 있는 남성들이 한글문화에 동참함으로써 여성과의 소통문화를 이룰 수 있었다. 지배층 여성들이 한글만 쓸 수 있는 상황이 그런 소통문화를 만들어낸 것이다.

이러한 여성 중심의 한글문화는 다양한 지식과 정보를 소통하게 하는 또 다른 소통문화를 낳았다. 계층간의 소통 못지않게 이러한 지식정보와의 소통은 소통의 가치를 극도로 끌어올려주는 지적 문화의 장이었다.

다만 이러한 여성 중심 한글문화도 지배층 여성으로 한정되었고 역시 평민 이하 피지배층은 절대 다수가 한글문화를 향유하지 못했다. 그러나 조선 후기로 오면서 서서히 한글문화가 하층민까지 확산되었으니 그 또한 여성 중심 한글문화가 이끈 힘이었다.

2) 생태성

생태성은 다름을 배려하고 나다움을 존중하는 특성을 말한다. 그 바탕은 자연다움이다. 자연 앞에서는 차이만 있을지언정 차별은 없다. 한자는 인류 초기 문명을 담고 발전시킨 위대한 문자지만 문자의 절대적 한계 때문에 차별적 제도와 질서를 공고히 하는 역할을 해왔다. 그러나 한글의 '쉬움'과 '간결함'은 사람을 차별하지 않는 힘을 가졌다.

생태성의 바탕은 입말에 담겨 있다. 입말은 기본적으로 생태적이다. 자연스럽게 형성된 말이 사람을 차별하지 않으며 누구나 소통할 수 있는 기본 속성이 있기 때문이다. 그러나 입말의 생태성을 그대로 담은 문자가 한글이었다.

여성성은 생태성의 주요 특징이자 결과이다. 여성성은 조화로움 속에 생명을 잉태하고 함께 생명을 가꿔가는 본래적인 자연과 우주의 신성함이 담겨 있다. 생태성은 남성과 여성을 가르지 않지만 차별받는 여성을 구원하고 성별차이를 아우르는 근본 힘이 담겨 있다. 남성 사대부가 차별하는 한글이 그러한 여성성과 결합이 된 건 차별하는 남성까지도 아우르게 되는 생태성의 힘이었다.

3) 평등성

한글문화는 생태성에서 드러났듯이 평등성을 지향한다. 성별이나 신분의 차이와 차별 모두를 극복할 수 있는 속성을 담고 있는 문자가 한글이고 한글은 그런 평등성을 실현하는 실제적 기호이다.

매우 드문 예이기는 하지만 조선왕조실록에는 노비들이 어깨 넘어 한글을 배워 문식력을 갖춰 특정 사건에 연루된 사례 기록이 있다. 매우 예외적인 특수 사건이겠지만 한글이기에 가능한 사건이기도 하다. 한글은 경제나 제도에서 철저히 소외받은 계층이 배울 수 있는 유일한 문자였다.

한글이 전면적으로 쓰였다면, 그래서 경제적, 정치적 도구로 쓰이고 그 가치를 누구나 나눌 수 있다면 그게 참민주주의일 것이다. 아쉽게도 그런 제도화가 불가능한 전근대 사회에서 한글은 태어나 제 구실은 온전히 하지는 못했다. 그러나 한자에서 소외받은 여성들이 한글을 씀으로써 누구나 평등하게 문자생활을 할 수 있는 길을 열었고 바로 그것이 여성 중심의 한글문화였다.

4) 미학성

한글 '궁체'는 여성들이 가꿔온 한글 맵씨를 가리키는 말이고 한글문화의 상징직 기호이기도 하다. 모든 문자에는 예술적 가치가 있지만 가장 간결한 직선, 점, 원만으로 이루어진 한글은 한글 나름의 독창적인 미적 가치가 있다. 그런 미적 가치가 누구나 쉽게 지식과 정보를 나누라는 인문주의 가치에서 나온 것이고 보면 궁체가 갖고 있는 미학적 가치는 인문주의 가치를 아우르는 힘이다.

간결한 도형으로 구성된 한글이 붓의 미학과 여성성과 결합함으로써 역동적인 소통의 멋으로 태어난 것이 궁체이다. 한글문화는 바로 궁체가 더욱 꽃 피우고 발전시킨 문화인 셈이다. 반대로 궁중의 수많은 여성들과 양반가의 여성들이 궁체를 함께 쓰고 퍼뜨리며 가꿔온 결과가 한글문화로 볼 수도 있다. 그만큼 한글 궁체가 갖고 있는 여성성과 한글 본연의 가치는 한글문화를 대표하는 말이요 멋이 되기에 충분하다.

11.3. 국어사적 의미

우리 말글 역사에서 훈민정음 반포는 일종의 혁명이었다. 입말과 글말이 불일치하는 모순을 바로잡으면서 국어의 역사가 근본적으로 바뀌게 된 것이다. 국어는 말과 글을 함께 아우르는 것이지만 말을 제대로 적을 수 있는 글자가 반포되면서 말과 글의 역사는 융합적으로 바뀌게 되었다. 그것은 크게 보면 한글만으로 온전한 어문생활이 가능하게 한 것이며, 그리하여 언문일치의 토양을 마련하고 우리말이 맘껏 글말로 전환될 수 있었다.

1) 한글만 쓰기

여성 글쓰기는 거의 예외 없이 한글전용체다. 한자 섞어쓰기는 단 한 글자를 섞어 쓰더라도 일정한 한자 문식력이 필요한데 한자는 철저히 지배층 남성의 문자였으니 한글전용체는 당연한 선택이었다.

조선의 성리학 절대주의는 18, 19세기 세상이 바뀌어도 근본적으로 바뀌지 않는다. 실학은 성리학을 실용적으로 개혁하려는 흐름이었으나 성리학 자체를 부정하지는 않는다. 이러한 성리학 절대화의 중심에 한자, 한문이 있다. 성리학을 고정불변의 학문 체계로 묶어 두고 그러한 학문을 양반 남성들의 독점 체제로 가져가기 위해 한자는 절대적 도구였다.

2) 언문일치

언문일치의 근본 뜻은 오늘날 '-다.'로 끝나는 표준 문어체와는 별개로 말하듯이 글을 쓰는 이른바 구어체 문장을 가리킨다. 그러한 구어체 글쓰기가 중요한 것은 두 가지 가치로서 의미가 있다.

첫째는 쉬움의 가치이다. 말은 누구나 손쉽게 소통하는 의사소통 도구이다. 그러한 쉬움의 가치를 담아 실제적으로 쉽게 쓰는 문장이 언문일치 문장이다. 이런 구어체를 바탕으로 하되 글말의 특성을 살려 문장의 표준화된 문체가 1930년대부터 본격화되는 '-다'형식의 문장이다. 이러한 형식은 입말에서는 사용하는 경우는 거의 없다. 표준 문어체로서의 형식일 뿐이다. 한자 섞어쓰기는 근본적으로 언문일치 문장이 될 수 없다. 우리가 말할 때 한자를 보이면서 말하는 경우는 없는데다가 한자가 섞이는 순간 '쉬움'의 가치는 사라지기 때문이다.

여성들이 직접 창작에 참여한 가사의 경우 비록 운문 형식이지만 여성들의 감성을 말하듯이 가락을 살려 풀어낸 문장이라 언문일치 문장에 근접하고 있다. 여성들이 확산한 한글 소설은 소설 그 자체에 풍부한 입말 대화나 그러한 특성이 반영되어 있어 언문일치의 전범이 된다.

둘째는 평등의 가치다. 한자는 위대한 문자지만 어려워 평등한 문자가 될수 없다. 누구나 쉽게 배울 수 있는 문자라는 말은 누구나 평등하게 배울 수 있는 문자를 의미하고 누구나 평등하게 지식과 정보를 나눌 수 있는 문자를 의미한다. 언문일치는 이런 평등성을 문자 차원에서 문장 차원으로, 문장 차원에서 글쓰기 차원으로, 글쓰기 차원에서 담론 차원으로 확대하는 핵심 원리이자 결과였다.

3) 우리말의 기록

순우리말과 한자어 모두 우리말이다. 한자어를 배타적으로 바라볼 필요가 없다. 한자어일수록 한글로 적어 우리말로 품어야 한다. 문제는 한문만 쓰면 순우리말이 사라져가고 한자를 섞어 쓴다 해도 많은 순우리말 어휘가 사라져가는 것은 보편적이다. 훈민정음 반포의 최대 성과는 언어 측면에서 봤을 때 바로 입말에서 살아 있는 어휘들을 살릴 수 있었던 것이다.

> 조선학은 조선글의 발명과 그 발달에 의하여 비로소 그 존재의 가치를 증정 (增正)하게된 것은 사실(史實)이 증명하는 바이다. 만일 조선사에서 조선글의 창정 그것을 뽑아 버린다고 가상하자. 그럴 때는 조선말은 절름발이 말이 되고 조선 역사는 눈멀은 역사가 되고 조선 문학은 얼빠진 문학이 되어 따라서 조선학의 성립을 보기가 자못 곤란하였을 것이다. 오직 이 조선말의 생명을 담은 조선글의 발명으로 해서 진정한 조선문학의 수립을 가능케 하니만큼 조선글은 조선학의 독특성을 고조한 것이라 하겠다. 그러므로 조선글은 조선심에서 생겨난 결정인 동시에 조선학을 길러주는 비료라 하려니와 조선글이 발명된 이래 6세기 동안에 조선의 사상계는 자는 듯 조는 듯 조선학의 수립에 대하여 격별한 진전을 보지 못하였다. _문일평(1935). 사안(史案)으로 본 조선(朝鮮). 《호암전집》 2권. 재수록: 독서신문사 엮음(1985). 《한국사를 빛낸 명 논설》. 민성사. 259~260쪽.

이렇게 문일평은 훈민정음으로 인해 조선학과 조선문학이 비로소 제대로 성립할 수 있게 되었다고 보았다.

여성들은 한글 사용과 글쓰기를 하여 입말을 살려내고 입말에 담긴 수많은 어휘들을 우리 삶의 생생한 글말로 널리 쓰일 수 있는 틀을 마련했다.

11.4. 인문적 의미

조선시대 여성은 주류 공식 문자에서 배제되었을 뿐 아니라 호적에 오르는 이름부터 죽어서 남기는 비명, 지방에도 이름을 남길 수 없었다. 호적이나 비명은 모두 한자를 전제로 하기 때문이다. '출가외인'이라는 말은 족보에서 배제하겠다는 것이며 그렇다고 신랑쪽 족보에의 편입을 의미하지 않았다.

이러한 철저한 배제 속에서 차별을 당해야 했던 여성들의 정체성을 확립해 준 것이 한글이었다. 이런 관점에서 여성의 한글 사용의 사람다운 인문적 의미는 세 가지로 정리할 수 있다.

1) 소수자(약자) 지향

한글 자체가 소수자를 배려한 또는 소수자를 위한 문자였다. 문일평(1935)이 일제 강점기 때 '민중 본위의 문자'라고 한 맥락과 같다.

> 민중의 발전은 최근의 일이니 5백년 전에 있어서 민중 본위의 정치를 시행하고 민중 본위의 문자를 창제하였다면 누구든지 놀랄 바이어니와 세종대왕의 사상은 과거의 조선을 지도하였을 뿐아니라 그 유풍여운(流風餘韻)이 훈민정음을 통하여 길이 장래의 조선을 강화할 것이다. _문일평(1935). 사안(史案)으로 본 조선(朝鮮).《호암전집》2권. 재수록: 독서신문사 엮음(1985).《한국사를 빛낸 명논설》. 민성사. 257쪽.

한글 발전의 핵심 구실을 한 양반가의 여성들은 비롯 지배층 여성들이었으나 성리학 교조주의가 만든 남존여비 질서 때문에 소수자로 살아야 했다. 평민 남성은 서당 등의 기초 교육을 공식적으로 배울 수 있었지만 양반가의 여성은 그조차도 어려웠다.

오늘날 여성에 견줄 정도로 자유로웠던 고려 시대 여성의 지위가 땅에 떨어지듯 낮아진 것은 성리학 교조주의 탓이었다.

2) 소통과 나눔

사람답게 사는 기본 조건은 소통이다. 세종은 훈민정음 해례본 서문에서 말과 글(한자, 한문)이 유통이 되지 않아 한자를 아는 사람과 모르는 사람이 유통(소통)이 되지 못한 언어 모순이 훈민정음 창제 반포의 1차적 동기임을 밝혔다. 바로 훈민정음은 소통의 문자였고 실제로 소통이 되게 한 중심축은 여성들이었다.

소통 문자를 사용해 수많은 한글 문헌이 생성되었고 왕실 여성들은 공적 문서인 언문 교지로, 양반가의 여성들은 한글편지와 한글 이야기 책등으로 서로의 감정과 생각을 소통했다.

수많은 이야기책으로 역사와 상상을 나눴다. 노랫가락처럼 퍼져나가는 가사로 자신들의 삶과 울분과 바램을 담아 나눴고 소설 이야기로는 각종 욕망과 현실 불만을 상상 이야기로 나누며 이야기공동체, 한글공동체의 의미와 가치를 나눴다.

조선 후기에는 실용서로 지식과 정보를 나눴다. "김슬옹(2012).《조선시대의 훈민정음 발달사》. 역락"에서 확실히 알아낸 사실은 조선시대 양반들이 지식과 정보를 쉽게 나눌 수 있는 한글이 공표되었어도 한자, 한문을 좋아한 맥락을 밝혀낸 것이다. 그것은 다름 아니라 조선말을 중국식 문장으로 번역하는 한문 권력 때문이었다. 우리가 평소 쓰는 말을 중국식으로 번역을 해야 하니 최소 20년을 공부해야 했다. 그냥 말을 한자로 적는 것이 아니라 중국식 사유와 문장으로 변용하는 것이다. 그러다 보니 문자 권력과 특권이 생기고 그 특권을 유지하는 달콤함에 빠져 조선이 망할 때까지 지식과 정보의 실용적 나누기를 어려운 문자에 가둔 것이다. 물론 중국 중심의 동아시아 지적 담론에 자유롭게 참여하고 중국 지식인들과 필담을 자유자재로 할 수 있는 것을 무용담으로 삼을 수 있고, 국제적으로 소통할 수 있는 장점이 있었다. 문제는 극소수 특권 계층만이 그런 장점(?)을 향유했다는 아픔이 더 컸다.

반면에 일본은 8세기에 가나 문자를 만들어 10세기부터 일본 왕부터 한문 지식을 일본식으로 푼 책으로 공부하고 지식을 실용하고 그것을 무기삼아 한반도에서 7년간 학살 전쟁을 벌이고 그것도 모자라 36년간 한반도를 지배한다.

3) 여성 정체성

사람다움의 핵심은 정체성을 인정하고 발현하는 일이다. 앎과 배움이 없다면 나다움의 정체성을 제대로 드러낼 수 없다. 훈민정음은 여성 개개인의 삶을 표현하고 소통할 수 있게 해 주었다.

훈민정음은 여성다움과 나다움을 맘껏 펼칠 수 있는 문자였다. 여성다움은 남성을 배타적으로 타자화하는 여성다움이 아니라 남성다움과 더불어 여성다움을 더욱 빛내는 여성다움이다.

조선시대 여성들은 한글 가사로는 같은 여성들끼리의 문화를 공유하며 여성다움을 드러냈고 한글편지로는 남성들과의 관계에서 여성다움을 드러내고 굳세게 가꾸어 나갔다.

일부 여성이기는 하나 실용서로 남성들의 한문 중심 문화와 남성들 정체성에 당당히 맞서 진정한 실용성을 증거함으로써 남성다움에 단순히 맞서는 여성다움이 아니라 그 이상을 뛰어넘는 새로운 여성다움으로 정체성을 유지시켜 나갔다.

조선의 성리학은 우주론과 심성론과 수양론을 하나로 꿰는 위대한(?) 철학

조선시대 여성과 한글 발전

이었고 정치 이념이었다. 그러나 조선의 성리학자들은 세 가지 큰 잘못을 저질렀다. 첫째는 '사농공상, 남존여비'와 같은 차별적 질서를 마치 본질적이면서 보편적인 질서(원리, 理)인 것으로 못을 박았다는 사실이다. 더욱 잘못된 둘째 실수는, 성리학은 한자, 한문 만으로만 해야 한다는 엉뚱한 문자 교조주의에 빠져 조선말까지도 거기에서 헤어 나오지 못했다는 점이다. 정인지와 이황이 인정했듯이 한글로 성리학을 더 잘 할 수 있다는 사실을 철저히 무시했다. 셋째는 성리학을 소중화 논리에 가둬 '성리학=사대주의'라는 등식을 만든 것이다.

세종이 한자보다 더 성리학 이념(우주론과 심성론과 수양론을 하나로 꿰기)에 투철한 한글(훈민정음)을 발명하자 성리학자들은 혼란에 빠졌다. 한글을 쓰게 되면 학문 자체는 더 잘 할 수 있지만 차별적 질서와 소중화가 깨지기 때문이었다. 그래서 《훈민정음》(1446) 해례본이 두려웠다. 그렇다고 한문을 배우는 데에 절대적으로 도움이 되는(한자음 적기) 한글 자체를 막을 수는 없었다. 그래서 꼼수를 부린 것이 행정 문자와 학문 문자로 못쓰게 막되 여성 문자로 이류 문자로 묶어 두는 것이었다.

남성 사대부들의 이런 태도는 한글문화와 한글 발전에 여성을 우뚝 세우는 결과를 가져왔고 여성들은 한글문화를 자신들의 문화와 남성들과 소통하는 문화로 세우고 가꿔 나갔다.

11.5. 맺음말: 여성 중심 한글문화의 의미

이상 밝힌 의미를 집약해 보면 다음과 같다.

역사적 의미로는 조선말까지도 민중들은 대다수 한글에도 문맹이었다. 세종이 그 어린 백성, 민중이 하고 싶은 말을 적을 수 있게 만들었지만 실제로 그렇게 되지는 않았다. 그나마 양반가 여성들이 권력(양반)과 여유가 있어 언문(한글)을 배워 소통하고 살았던 것이다.

문화적 의미로는 문화적 관점에서 보면 여성의 한글 사용은 그야말로 한글문화 역사 그 자체였다. 한글문화의 주요 특성은 '소통성, 생태성, 평등성, 미학성' 등으로 볼 수 있다. 이러한 네 가지 특성은 여성의 한글문화가 가능하게 했다. 국어사적 의미로는 우리 말글 역사에서 훈민정음 반포는 일종의 혁명이었다. 입말과 글말의 불일치로 생긴 모순을 바로잡으면서 국어의 역사가 근본적으로 바뀌게 된 것이다. 곧 한글만 쓰기, 언문일치, 생생한 우리말 기록 등이 어문생활과 우리 삶의 변화에 영향을 미쳤다. 인문적 의미로는 조선시대 여성은 소수자(약자) 지향, 소통과 나눔, 여성 정체성 강화 등으로 여성다움과 나다움으로 한글 발전에 크게 이바지했다.

성리학적 이념에 기반을 둔 남성 사대부들의 한자 중심 태도는 역설적으로 여성을 한글문화와 한글 발전에 여성을 우뚝 세우는 결과를 가져왔고 여성들은 한글문화를 자신들의 문화와 남성들과 소통하는 문화로 구축하고 가꿔 나갔다.

조선시대 여성과 한글 발전

========== 참고문헌(한글과 여성 관련 논저 목록 포함) ==========

누리집

고려대학교 민족문화연구원 https://riks.korea.ac.kr

국가 기록 영상관 http://film.ktv.go.kr

국가 기록원 http://www.archives.go.kr

국가 문화 유산 종합 정보 서비스 http://www.heritage.go.kr

국가 지식 포털 https://www.knowledge.go.kr

국사 편찬 위원회 http://www.history.go.kr

네이트 한국학 http://koreandb.nate.com

독립 기념관 http://www.i815.or.kr

동북아 역사 재단 http://www.historyfoundation.kr

디지털 한글박물관 http://www.hangeulmuseum.org

문화재청 http://www.cha.go.kr

서울대학교 규장각 http://kyujanggak.snu.ac.kr

승정원일기 http://sjw.history.go.kr

역사 문제 연구소 http://www.kistory.or.kr

역사 문화 학교 http://www.koreaschool.co.kr

유네스코 세계 유산 http://www.unesco.or.kr/whc

일성록 http://e-kyujanggak.snu.ac.kr

장계향문화체험교육원(음식디미방) http://dimibang.yyg.go.kr

조선왕조실록 http://sillok.history.go.kr

한국 고전 번역원 http://www.itkc.or.kr

한국역사정보시스템 http://koreanhistory.or.kr

한국학 중앙 연구원 http://www.aks.ac.kr

한국학진흥사업 성과포털 http://waks.aks.ac.kr

홍윤표의 국어연구 http://www.hongyp.co.kr

문헌 목록 관련 단행본

고려대학교 민족문화연구소 편(1971).《한국도서해제》. 고려대학교민족문화연구소.

곽정식(1997).《고전자료강독》. 신지서원.

국립중앙도서관 편(1970/1992).《선본해제》上·下. 경인문화사.

국어연구회 편(1992).《국어사자료와 국어학의 연구》. 문학과 지성사.

규장각(1978~1987).《규장각한국본도서해제》. 서울대학교도서관.

규장각(1994~2003).《규장각한국본도서해제 속집》. 서울대학교도서관.

규장각(2001).《규장각소장 어문학자료》(어학편 2책. 문학편 3책). 서울대학교도서관.

김목한 외(2000).《장서각 한글자료 해제》. 한국정신문화연구원.

김석득·박종국·최기호 편(2001).《한글 옛 문헌 정보 조사 연구》. 문화관광부.

김윤경(1938).《조선문자급어학사》. 조선도서출판관.

김지용(1971). 국어·국자의 보급 발전에 기여한 문헌 고.《한글학회 50돌 기념논문집》. 한글학회.

남풍현(1998). 고대 국어 자료·국어학의 삼대 자료.《국어의 시대별 변천 연구 3 - 고대 국어》. 국립국어연구원.

농촌진흥청(2004).《農家說·渭濱明農記·農家月令·農家集成》. 농촌진흥청.

류탁일(1989).《한국문헌학연구》. 아세아문화사.

류탁일(1981).《완판방각소설의 문헌학적 연구》. 학문사.

박종국(2003).《한글문헌 해제》. 세종대왕기념사업회.

백두현(2015).《한글문헌학》. 태학사.

서병패(1993).《文獻篇. 重要民俗資料 指定報告書(晉州 河氏墓 出土 遺物)》. 문화재관리국.

서울대학교 도서관(1993).《규장각 한국본 도서해제》. 서울대학교 출판부.

송일기·노기춘(2003).《해남 녹우당의 고문헌》. 태학사.

안병희(1979). 중세어의 한글 자료에 대한 종합적인 고찰.《규장각》3집. 서울대 도서관. 재수록: 안병희(1992). 중세국어의 한글 자료.《국어사 자료 연구》. 문학과지성사.

안병희(1992).《국어사 자료 연구》. 문학과지성사.

양태진(1990).《알기 쉬운 옛책풀이》. 법경출판사.

윤병태 편(1972).《한국서지연표》. 한국도서관협회.

윤형두(2003).《옛 책의 한글판본》. 범우사.

윤형두(2007).《옛 책의 한글판본 Ⅱ》. 범우사.

이상은(1987).《고서목록》. 보경문화사.

이해준 외(2005). 《조선시대 민속문헌 해제》. 국립문화재연구소.

이현희(1996). 중세국어자료(한글문헌). 《국어의 시대별 변천·실태 연구 - 중세 국어》 1. 국립국
　　　　어연구원.

이현희(1999). 개화기 국어 자료. 《국어의 시대별 변천 연구 4 - 개화기 국어》. 국립국어연구원.

정재영 외(2000). 《정조대의 한글문헌》. 문헌과해석사.

조선총독부 편(1932). 《조선도서해제》. 조선통신사.

조오현 편저(2010). 《(자료로 찾아가는) 국어사》. 박이정.

조희웅 편(1999). 《고전소설 이본목록》. 집문당.

조희웅 편(2000). 《고전소설 문헌정보》. 집문당.

조희웅 편(2000). 《고전소설 작품연구총람》. 집문당.

천혜봉(1990). 《한국전적인쇄사》. 범우사.

천혜봉(2003). 《일본 봉좌문고 한국전적》. 지식산업사.

최현배(1942/1983). 《고친 한글갈(改正 正音學)》. 정음사.

충북대학교 박물관 편(2002). 《순천김씨묘 출토 간찰》. 충북대학교.

한국도서관학연구회 편(1976). 《한국고인쇄사》. 한국도서관학연구회.

한국어세계화재단 편(2004). 《100대 한글문화유산 정비 사업 결과 보고서》. 문화관광부.

한국정신문화연구원 편(1991). 《한국민족문화대백과사전》. 한국정신문화연구원.

한국정신문화연구원 편(1999). 《장서각고소설해제》. 한국정신문화연구원.

한국정신문화연구원 편(2000). 《장서각한글자료해제》. 한국정신문화연구원.

허 웅 외(1974/2000: 2판). 《한국의 명저》. 세종대왕기념사업회.

홍윤표(1993). 《국어사 문헌자료 연구(근대편 I)》. 태학사.

홍윤표(1994). 《근대국어연구(I)》. 태학사.

홍윤표(1997). 근대국어자료. 《국어의 시대별 변천 연구 - 근대 국어》 2. 국립국어연구원.

江田俊雄(1934). 朝鮮語譯佛典に就いて. 《青丘學叢》 15.

三木 榮(1973). 《朝鮮醫書誌(增補版)》. 大阪: 學術圖書刊行會.

小倉進平(1940). 《增訂朝鮮語學史》. 東京: 刀江書院.

前間恭作(1944. 56. 57). 《古鮮冊譜》 I Ⅱ Ⅲ. 東京: 東洋文庫.

黑田 亮(1986). 《朝鮮舊書考》. 東京: 岌沽書院.

Courant. Maurice(1894~1896. 1899). Bibliographie coréenne Ⅰ. Ⅱ. Ⅲ. Paris: Ernest Leroux. and
　　　　Supplément. Paris: Imprimerie Nationale. 〈李嬉載 譯(1994). 韓國書誌(수정번역판).
　　　　일조각〉.

사전

국립국어원 편. 《표준국어대사전(온라인판)》. http://stdweb2.korean.go.kr. (2017.1.20.)
남영신(2017). 《보리 국어 바로쓰기 사전》. 보리.
단국대학교 동양학연구소 편(1996). 《韓國漢字語辭典》1~4. 檀國大學校出版部.
두산동아 백과사전연구소 편(1996). 《두산세계대백과사전》1~30. 두산동아.
박재연 편(2001). 《고어사전: 낙선재 번역소설 필사본을 중심으로》. 이회.
박재연 편(2010). 《(필사본) 고어대사전》1~7. 학고방.
서울대학교 국어교육연구소 편(1999). 《국어교육학 사전》. 대교출판.
서울대학교 동아문화연구소 편(1983). 《국어국문학사전》. 신구문화사.
세종대왕기념사업회 편(2001). 《한국고전용어사전》1~5. 세종대왕기념사업회.
연세대언어정보개발연구원 편(1998). 《연세대 한국어 사전》. 두산동아.
임종욱 편(2010). 《중국역대인명사전》. 이회문화사.
임종욱·배규범 편(2008). 《동양학 관련 대사전 어휘색인 총람》1~10. 이회문화사.
한국민족문화대백과사전 편(1997). 《한국민족문화대백과사전》1~27. 한국정신문화연구원.
한글학회 편(1995). 《우리말 큰사전: 옛말과 이두 편》. 어문각.

漢語大詞典編委會(2001). 《漢語大詞典》1~12. 上海: 漢語大詞典出版社.

영인본과 역주서

〈昭和13(1938)〉. 小白山大觀錄(필사본). 경북대학교 중앙도서관 소장.
《서궁록·인현왕후전·한중록·의당집·산성일기》(원문고대여류문학대표선집). 영인본(1988)(해제: 한국
　　　　학연구원).
가곡원류. 대제각 영인본(1988). 《송강가사》등과 합본. 대제각.
가례언해(권1). 대제각 영인본(1985). 대제각.
가례언해. 홍문각 영인본(1984). 홍윤표 해제. 홍문각.

간이벽온방. 여강출판사 영인본(1988). 한국과학기술사자료대계 의약학편 38. 여강출판사.

경민편. 세계대왕기념사업회 영인본(2005). 《정속언해》와 합본. 김문웅 역주 / 해제. 세종대왕
    기념사업회.

경민편언해. 홍문각 영인본(1992). 홍문각.

고정옥·김삼불(1991). 《가사집》. 여강출판사.

구급간이방언해 1. 세종대왕기념사업회 영인본(2007). 김동소 역주 / 해제. 세종대왕기념사업회.

규합총서. 홍문각 영인본(1990). 《여훈언해》와 합본. 홍문각.

규합총서. 한국정신문화연구원 영인본(2001).

기각(綺閣)/임치균·부유섭·강문종 역주(2015). 《綺閣閒筆 - 조선 사대부 여성 기각의 한시집》. 한
    국학중앙연구원출판부.

김기동·이가원·장덕순·박무의·양주동(1983). 《상론 가사문학》. 서음출판사.

김성배 외(1977). 《주해 가사문학전집》. 집문당.

김일근 엮음(1974). 《친필언간총람(新筆諺簡總攬)》(영인본). 경인문화사.

김춘택(조선, 金春澤). 飜諺南征記序. 김만중. 《南征記》.

남평조씨(조선)/전형대·박경신공역(1991). 《(譯註)丙子日記》. 예전사.

내훈/영인본(1988). 《여범》. 《여사서》와 합본. 대제각.

내훈/영인본(1973). 아세아문화사.

내훈/영인본(1990). 홍문각.

동국신속삼강행실. 대제각 영인본(1988). 대제각.

동국신속삼강행실/영인본(1992). 홍문각.

동몽선습언해/영인본(1986). 대제각.

동문유해. 연희대학교 동방학연구소 영인본(1956). 《소아론》. 《팔세아》. 《삼역총해》와 합본. 연
    희대학교 동방학연구소.

동문유해/영인본(1995). 홍문각.

반야심경언해. 홍문각 영인본(1984). 《경신록언석》과 합본. 홍문각.

백두현 역주(2004). 《현풍곽씨 언간 주해》. 한국문화사.

백두현 주해(2003). 《현풍곽씨언간 주해: "아이들에게 한글을 가르쳐 주십시오"》. 태학사.

백두현 주해(2006). 《음식디미방》 주해. 글누림.

번역소학(권 6-19). 세종대왕기념사업회 영인본(2011). 정호완 역주 / 해제. 세종대왕기념사업회.

불설대보부모은중경언해. 세종대왕기념사업회 영인본(2011). 김영배 역주 / 해제. 세종대왕기
    념사업회.

삼강행실도. 세종대왕기념사업회 영인본(1972). 세종대왕기념사업회.

삼강행실도. 홍문각 영인본(1990). 《상백문고본》과 합본. 홍문각.

상례언해. 홍문각 영인본(1997). 홍문각.

상원사중창권선문. 세종대왕기념사업회 영인본(2010). 《영험약초》. 《오대진언》과 합본. 김무봉
    역주 / 해제. 세종대왕기념사업회.

서유문(조선)/조규익 외 주해(2002). 《한글로 쓴 중국여행기 - 무오연행록》. 박이정

소학언해(권1·2). 세종대왕기념사업회 영인본(2011). 정호완 역주 / 해제. 세종대왕기념사업회.

송강가사. 대제각 영인본(1988). 《고산유고》 등과 합본. 대제각.

어느 궁녀(조선)/김성해 역음. 해설(2005). 《계축일기》. 넥서스.

어느 궁녀(조선)/전규태 주해(2005). 《계축일기》. 범우사.

어느 궁녀(조선)/정은임 교주(2005). 《계축일기》. 이회문화사.

어제훈서언해. 홍문각 영인본(1982). 《어제백행원》. 《어제경민음》과 합본. 홍문각.

언해납약증치방. 대제각 영인본(1985). 대제각.

언해태산집요. 세종대왕기념사업회 영인본(2010). 정호완 역주 / 해제. 세종대왕기념사업회.

여사서. 대제각 영인본(1988). 《여범》. 《내훈》과 합본. 대제각.

여사서. 아세아문화사 영인본(1973). 아세아문화사.

여사서언해. 홍문각 영인본(1996). 홍문각.

여씨향약언해. 세종대왕기념사업회 영인본(2012). 김문웅 역주 / 해제. 세종대왕기념사업회.

여씨향약언해. 태학사 영인본(1978). 《정속언해》와 합본. 태학사.

여훈언해(고려대 만송문고본). 홍문각 영인본(1990). 《규합총서》와 합본. 홍문각.

영천시(1988). 《규방가사집》. 영천시.

오대진언. 세종대왕기념사업회 영인본(2010). 《상원사중창권선문》. 《영험약초》와 합본. 김무봉
    역주 / 해제. 세종대왕기념사업회.

오대진언. 홍문각 영인본(1979). 《사법어언해》와 합본. 홍문각.

오륜전비언해. 아세아문화사 영인본(1982). 아세아문화사.

오륜행실도. 홍문각 영인본(1990). 홍문각.

오희문(조선)/이민수 역(2014). 《쇄미록》. 올재.

용비어천가. 아세아문화사 영인본(1972). 아세아문화사.

유경기민인윤음. 대제각 영인본(1985). 대제각.

유경상도관찰사급진읍수령윤음. 대제각 영인본(1985). 대제각.

유합. 태학사 영인본(1993). 《천자문》.《훈몽자회》와 합본. 태학사.

유향/이숙인 역(2013). 《열녀전》. 글항아리.

유협/성기옥 역(2010). 《문심조룡》. 지식을 만드는 지식.

이대준(1995). 《안동의 가사》. 안동문화원.

이덕무(조선)/김종권 역주(1985). 《(新完譯) 士小節: 韓國의 傳統禮節》. 명문당.

이상보(1979). 《韓國歌辭選集》. 집문당.

이상보(1987). 《17세기 가사선집》. 교학사.

이상보(1991). 《18세기 가사전집》. 민속원.

이상보(2001). 《한국가사선집》. 민속원.

이정옥 편(2003). 《영남내방가사 1-5》. 국학자료원.

이화여자대학교 한국여성연구원 편(1993). 《한국여성사 자료집》. 이화여자대학교출판부.

인수대비 한씨(조선)/이선영·이승희 역주(2011). 《내훈》(국립국어원 기획 국어문헌자료총서3). 채륜.

임기중(2005). 《한국가사문학 주해연구 1-20》. 아세아문화사.

자휼전칙. 대제각 영인본(1985). 대제각.

전영대·박경신 역주(1991). 《역주 병자일기》. 예전사.

정렬모(1964). 《가사선집》. 조선문학예술총동맹출판사.

정속언해. 《여씨향약언해》와 합본. 태학사.

정신문화연구원 엮음(2001). 《閨閣叢書》. 한국정신문화연구원.

조성재(조선)/이승수 역(2001). 《拙修齋集: 천년 뒤 知己를 기다리다》1, 2. 박이정.

조즙(조선)/최강현 역주(2000). 《계해수로조천록》. 신성출판사.

천의소감언해. 홍문각 영인본(1984). 홍문각.

청주북일면순천김씨묘출토간찰(순천김씨묘출토한글편지). 충북대학교박물관 영인본(1981). 조건
    상 해제. 충북대학교박물관.

최강현 역주(2000). 《갑자수로조천록》. 신성조천록.

최강현(1996). 《기행가사자료선집》1. 국학자료원.

한국고전연구학회 편(2005). 《고전소설 텍스트읽기》(영인본). 보고사.

한국정신문화연구원(1979). 《규방가사 1》.

해주오씨추탄공파종중 엮음(1990). 《瑣尾錄》(오희문 저/이민수 역). 海州吳氏楸灘公派宗中.

홍대용(조선)/김대준 편(1983). 《을병연행록》. 명지대학 출판부.

홍대용(조선)/조규익 외 주해(1997). 《주해 을병연행록》. 태학사.

홍순학 외(조선)/심재완 교주(1984). 《日東壯遊歌 燕行歌》. 敎文社.

황원구(1976). 연행록선집 해제. 《국역 연행록선집 I 》. 민족문화추진회.

도록류

강릉시립박물관 편(1989). 《명안공주관련유물도록》. 강릉시립박물관.

국립고궁박물관 편(2010). 《명성황후 한글편지와 조선 왕실의 시전지》(도록). 국립고궁박물관.

국립중앙박물관 편(2000). 《겨레의 글 한글》(도록). 국립중앙박물관.

국립중앙박물관 편(2003). 《빛나는 옛책들: 혜전 송성문 기증 국보》(도록). 통천문화사.

국립중앙박물관 편(2008). 《한글 노래의 풍류: 시조·가사》(도록). 국립중앙박물관.

문화재청(2009). 《한국의 옛글씨 - 조선왕조의 어필》(도록). 예맥.

문화체육관광부 편(2011). 《한글 고문서를 통해 본 조선 사람들의 삶》(도록). 글로벌콘텐츠 출판
　　　그룹.

삼성문화재단 편(1996). 《호암미술관 명품도록 II 》. 삼성문화재단.

삼성출판문화박물관 편(1991). 《교과서특별기획전》(도록). 삼성출판박물관.

삼성출판문화박물관 편(1993). 《한국여성문화자료 특별전》(도록). 삼성출판박물관.

서울대 규장각 편(1998). 《조선왕조실록과 기록문화》(도록). 서울대학교 규장각.

서울대 규장각 편(2000). 《규장각 명품도록》. 서울대학교 규장각.

서울대 규장각 편(2000). 《정조. 그 시대와 문화》(도록). 서울대학교 규장각.

서울대 도서관 편(1990). 《규장각과 18세기 한국문화》(도록). 서울대학교 도서관.

서울역사박물관 편(2002). 《서울역사박물관 도록》. 서울역사박물관.

서울역사박물관 편(2002). 《조선여인의 삶과 문화(서울역사박물관 개관기념 특별전)》(도록). 서울역
　　　사박물관.

성보문화재단 편(1999). 《호림박물관 명품선집 II 》(도록). 성보문화재단.

송일기 편(2004). 《송광사 성보박물관 불서전시 도록》. 태학사.

영남대 도서관 편(1997). 《고서·고문서전시회》. 영남대학교 중앙도서관.

예술의전당 서울서예박물관 편(2004). 《추사 한글편지》. 우일출판사.

이재정 외 편(2008). 《금속활자에 담은 빛나는 한글》. 국립중앙박물관.

조효종·구일회·유호선 외 엮음(2010). 《사농공상의 나라 조선》. 국립중앙박물관.

문영호 엮음(2014ㄱ). 《세종대왕, 한글문화 시대를 열다》(국립한글박물관 개관 기념 특별전). 국립한
　　　글박물관.

문영호 엮음(2014ㄴ).《한글이 걸어온 길》(국립한글박물관 전시 도록). 국립한글박물관.[1]

문영호 엮음(2014ㄷ).《곤전어필, 정조어필한글편지첩, 김씨부인한글상언》(국립한글박물관 소장자
　　　료총서1). 국립한글박물관.

문영호 엮음(2015ㄱ).《열녀전: 여러 여성들의 이야기 》(소장자료총서 2). 국립한글박물관.[2]

문영호 엮음(2015ㄴ).《한글편지 시대를 읽다》. 국립한글박물관.

옛길박물관 편(2013).《길 위의 역사, 고개의 문화, 옛길박물관: 옛길편》. 문경시.

천혜봉 편(1986).《한국문화재대계: 국보》23. 24(서예 - 전적 I II). 예경산업사.

청주고인쇄박물관(2001).《청주고인쇄박물관 도록》. 청주고인쇄박물관.

한국정신문화연구원 장서각(2004).《아름다운 글자, 한글》. 이회문화사.

한글학회 편(1995).《한글사랑·나라사랑》. 문화체육부.

한국정신문화연구원 편(1984).《장서각도서 한국판 총목록》. 한국정신문화연구원.

한국정신문화연구원 편(1986).《고문서집성 삼 - 해남윤씨편 영인본》. 한국정신문화연구원.

한국정신문화연구원 편(1987).《장서각이왕실고문서목록》. 한국정신문화연구원.

한국정신문화연구원 편(1990).《고문서집성 팔 - 광주안씨·경주김씨편》. 한국정신문화연구원.

한국정신문화연구원 편(1994).《고문서집성 십이 - 장서각III》. 한국정신문화연구원.

한국정신문화연구원 편(1994).《고문서집성 십삼 - 장서각IV》. 한국정신문화연구원.

한국정신문화연구원 편(1994).《정재무도홀기》. 한국정신문화연구원.

안동민속박물관 편(1998).《안동의 한글제문》. 안동민속박물관.

민족문화문고 편(1999).《박건중선생예학총람》. 민족문화문고.

한국정신문화연구원 편(2000).《장서각한글자료해제》. 한국정신문화연구원.

한국정신문화연구원 편(2002).《고문서집성 오십삼 - 진안 정천 전주이씨 서곡이정영후손가편

1　글쓴이: 박부자·송성재·이건식·이기갑·이상혁·이태영·이현희·정승혜·정재영·조석환.

2　박철상(2015). 조선본《열녀전》의 서지적 의미. 문영호 엮음(2015).《열녀전: 여러 여성들의
　　이야기》(소장자료총서 2). 국립한글박물관.

　　강명관(2015). 유향의《고열녀전》과《삼강행실도》《열녀편》. 문영호 엮음(2015).《열녀전: 여
　　러 여성들의 이야기》(소장자료총서 2). 국립한글박물관.

　　정병모(2015). 이상좌가 그린《고열녀전》언해본 삽화. 문영호 엮음(2015).《열녀전: 여러 여
　　성들의 이야기》(소장자료총서 2). 국립한글박물관. 233~254쪽.

　　고은숙·김민지 해제(2015).《고열녀전》언해본 해제. 문영호 엮음(2015).《열녀전: 여러 여성
　　들의 이야기》(소장자료총서 2). 국립한글박물관. 10~17쪽.

(Ⅰ)》. 한국정신문화연구원.

한국정신문화연구원 편(2002).《장서각소장의궤해제》. 한국정신문화연구원.

한국정신문화연구원 장서각 편(2002)《조선 왕실의 책》. 한국정신문화연구원 장서각.

서울대학교 규장각 편(2003).《규장각 소장 의궤 해제집》1. 서울대학교 규장각.

한국정신문화연구원 편(2003).《열성지장통기》1-5. 한국정신문화연구원.

서울대학교 규장각 편(2004).《규장각 소장 의궤 해제집》2. 서울대학교 규장각.

한국정신문화연구원 장서각. 편(2004).《우리 한글의 멋과 아름다움》. 한국정신문화연구원 장
　　　서각.

서울대학교 규장각 편(2005).《규장각 소장 분류별 의궤 해설집》. 서울대학교 규장각.

서울대학교 규장각 편(2005).《규장각 소장 왕실자료 해제·해설집》1~4. 서울대학교 규장각.

서울대학교 규장각 편(2005).《규장각 소장 의궤 해제집》3. 서울대학교 규장각.

한국학중앙연구원 장서각 편(2005).《조선 왕실의 여성》. 한국학중앙연구원 장서각.

화성시 편(2006).《화성시의 고문헌 1: 들목조씨 소장 고문헌》. 화성시.

한국학중앙연구원 장서각 편(2006).《선비가의 여경: 경주김씨 학주후손가》. 한국학중앙연구원
　　　출판부.

한국학중앙연구원 장서각 편(2007).《고문서집성 86 - 서산 대교 경주김씨편》. 한국학중앙연구
　　　원 출판부.

한국학중앙연구원 장서각 편(2008).《고문서집성 89 - 아산 선교 장흥임씨편》. 한국학중앙연구
　　　원 출판부.

한국학중앙연구원 장서각 편(2008).《장서각소장왕실도서해제: 대한제국기》. 한국학중앙연구
　　　원 출판부.

한국학중앙연구원 장서각 편(2009).《장서각도서한국본해제: 정서류2》. 한국학중앙연구원 출
　　　판부.

한국학중앙연구원 장서각 편(2010).《장서각도서한국본해제: 정서류3》. 한국학중앙연구원 출
　　　판부.

한국학중앙연구원 장서각 편(2012).《尙州 延安李氏 李萬敷宗家 古文書》(해제: 김봉좌·허원영). 한국
　　　학중앙연구원 출판부.

한국학중앙연구원 장서각 편(2013).《尙州 延安李氏 李萬敷宗家 古文書》(해제: 김봉좌). 한국학중
　　　앙연구원 출판부.

한국학중앙연구원 장서각 편(2016).《한글, 소통과 배려의 문자》(한글 반포 570돌 기념 2016 장서각
　　　특별전). 한국학중앙연구원.

황문환·김봉좌 외(2017). 《1882년 왕세자 관례 발기》. 한국앙중앙연구원 출판부.

사전

국립국어원 편. 《표준국어대사전(온라인판)》. http://stdweb2.korean.go.kr. (2017.1.20.)

남영신(2017). 《보리 국어 바로쓰기 사전》. 보리.

단국대학교 동양학연구소 편(1996). 《韓國漢字語辭典》1~4. 檀國大學校出版部.

두산동아 백과사전연구소 편(1996). 《두산세계대백과사전》1~30. 두산동아.

박재연 편(2001). 《고어사전: 낙선재 번역소설 필사본을 중심으로》. 이회.

박재연 편(2010). 《(필사본) 고어대사전》1~7. 학고방.

서울대학교 국어교육연구소 편(1999). 《국어교육학 사전》. 대교출판.

서울대학교 동아문화연구소 편(1983). 《국어국문학사전》. 신구문화사.

세종대왕기념사업회 편(2001). 《한국고전용어사전》1~5. 세종대왕기념사업회.

연세대언어정보개발연구원 편(1998). 《연세대 한국어 사전》. 두산동아.

임종욱 편(2010). 《중국역대인명사전》. 이회문화사.

임종욱·배규범 편(2008). 《동양학 관련 대사전 어휘색인 총람》1~10. 이회문화사.

한국민족문화대백과사전 편(1997). 《한국민족문화대백과사전》1~27. 한국정신문화연구원.

한글학회 편(1995). 《우리말 큰사전: 옛말과 이두 편》. 어문각.

漢語大詞典編委會(2001). 《漢語大詞典》1~12. 上海: 漢語大詞典出版社.

일반 문헌

가인현(2004). 조선조 서원 교육이 민족정신 계도에 미친 영향: 조선조 후기를 중심으로. 청주대 교육대학원 석사 논문.

강경훈(1998). 정경부인 한산이씨 《苦行錄》. 《문헌과 해석》. 5호. 문헌과해석사.

강길운(1993). 《국어사정설》. 형설출판사.

강길운(2004). 《국어사정설》. 한국문화사.

강내희(2000). 종결어미 '-다'와 한국 언어의 근대성의 형성. 《근대성의 충격》. 한국예술종합학교 영상원.

강동엽(2008). 《조선 지식인의 문학과 현실인식 - 허균·박지원·김시습》. 박이정.

강명관(1985). 한문폐지론과 애국계몽기의 국·한문논쟁. 《한국한문학연구》 8집. 한국한문학회.

강명관(2002). 《삼강행실도》: 약자에게 가해진 도덕의 폭력. 《한국고전여성문학연구》 5집. 월인.

강명관(2007). 《책벌레들 조선을 만들다》. 푸른역사.

강명관(2009). 《열녀의 탄생》. 돌베개.

강명관(2012). 《그림으로 읽는 조선여성의 역사》. 휴머니스트.

강명관(2015). 유향의 《고열녀전》과 《삼강행실도》《열녀편》. 문영호 엮음(2015). 《열녀전: 여러 여성들의 이야기》(소장자료총서 2). 국립한글박물관.

강명관(2017). 《허생의 섬, 연암의 아나키즘: 강명관의 파격적인 허생 강독》. 휴머니스트

강명혜(2012). 허난설헌, 윤희순의 현실 대응 방식 및 스토리텔링. 《온지논총》 30권. 온지학회.

강문식(2010). 규장각 소장 의궤의 현황과 특징. 《조선왕조 의궤(儀軌) 학술심포지엄》. 국립문화재연구소.

강미희(2003). 아동 그림책으로서 삼강행실도의 특성과 가치 연구. 《유아교육연구》 23권 4호. 한국유아교육학회.

강미희(2005). 삼강행실도의 아동교육사적 가치 연구. 《열린유아교육연구》 10권 3호. 열린유아교육학회.

강병륜(1989). 순천김씨간찰의 어휘 연구. 《어문논총》 6·7집. 청주대학교.

강복수(1975). 《국어문법사연구》. 형설출판사.

강봉수(2002). 삼강오륜 '행실도' 유서에 함의된 전통 도덕교육의 방법과 원리. 《국민윤리연구》 46호. 한국국민윤리학회.

강상호(1989). 《조선어입말체연구》. 평양: 사회과학출판사.

강석근(2007). 근암 최옥의 망실제문연구. 《동학연구》 22. 한국동학학회.

강석근(2013). 가사문학의 발달사적 관점에서 본 용담유사의 특징과 맥락. 《한국사상과 문화》 70. 수덕문화사.

강선정(2012). 조선시대 가사의 구성체계와 변천. 《천태학연구》 15. 천태불교문화원.

강순애(2000). 새로 발견된 내의원자본 언해두창집요의 연구. 《서지학연구》 19. 서지학회.

강신항(1957). 이조초 불경언해 경위에 대하여. 《국어연구》 1. 국어연구회.

강신항(1958). 용비어천가의 편찬경위에 대하여. 《문리대학보》 6-1. 국어연구회.

강신항(1963). 연산군 언문금압에 대한 삽의: 국어학사상에 미친 영향의 유무를 중심으로. 《진단학보》 24. 진단학회.

강신항(1993). '한글갈'의 훈민정음. 《새국어생활》 3권 3호. 국립국어연구원.

강신항(2003). 《수정 증보 훈민정음 연구》. 성균관대학교 출판부.

강연옥(1998). 내방가사에 나타난 여성의 삶과 의식: '신변탄식류'를 중심으로. 고려대 교육대학원 석사 논문.

강영경 외(2017).《한국 여성사 연구 70년》. 한국학중앙연구원출판부.

강영숙(2010). 조선조 열녀전의 구성방식과 문학사적 의의.《정신문화연구》30권 2호. 한국학중앙연구원.

강영숙(2010). 한국열녀전연구. 영남대 박사 논문.

강옥수(2007). 조선시대 의례서에 나타난 관·계례 연구 -《가례집람》과《사례편람》을 중심으로. 원광대학교 석사 논문.

강윤호(1958). 이조여성과 한글 보존.《한국여성문화논총》. 이대출판부.

강윤호(1958). 이조여성의 한글보존 - 한글 보존사사상의 한국여성의 공적. 기념논문편집위원회 편(1958).《한국여성문화논총》. 이화여자대학교.

강재철(1986). 김부인 유서에 대하여.《한국학보》43집. 일지사.

강전섭(1980). 연안이씨 제문에 대하여.《어문학》39. 한국어문학회.

강전섭(1995).《언문칙목녹》(諺文冊目錄) 小考. 사재동 편(1995).《한국서사문학사의 연구Ⅴ》. 중앙문화사.

강준만(2007).《역사는 커뮤니케이션이다》. 인물과사상사.

강준만(2007).《한국근대사산책》1권. 인물과 사상사.

강한영 역주(1974).《계축일기》. 을유문고.

강한영 역주(1981).《계축일기》. 형설출판사.

강한영(1959). 山城日記丙子.《現代文學》5-2. 현대문학사.

강한영(1959). 山城日記丙子.《現代文學》5-3. 현대문학사.

강한영(1959). 山城日記丙子.《現代文學》5-5. 현대문학사.

강한영(1959). 山城日記丙子.《現代文學》5-6. 현대문학사.

강한영(1975). 美와 善의 偶像: 古典속의 女性像, 癸丑日記.《韓國文學》20.《한국문학사》.

강현경(1983).《설씨내범》의 연구(《설씨내범》영인본 해제). 오성사.

강현경(1983).《薛氏內範》의 연구.《薛氏內範》영인본의 해제 논문. 오성사.

강현경(1991).《여범》편찬자 고찰.《한국언어문학》29. 한국언어문학회.

강현경(1996).《녀ᄌ소학》(女子小學)에 대하여.《인문과학논문집》22. 대전대학교.

강현경(姜賢敬, 1986). 劉向《列女傳》探微. 국립대만사범대학 석사논문.

강혜선 외(2006).《한국의 고전을 읽는다.》. 휴머니스트.

강혜선(2005). 조선후기 여성 대상 제문과 묘지명에 나타난 일상성 연구.《국문학연구》13. 국문학회.

강혜선(2009). 조선후기 척독문학의 양상 - 申靖夏를 중심으로.《돈암어문학》22. 돈암어문학회.

강희숙(2010). 나주임씨 언간의 구개음화 교정 현상 연구.《한글》289호. 한글학회.

김용숙(1987).《조선조 궁중풍속 연구》. 일지사.

경일남(1996). 고전소설의 삽입서간 연구.《어문연구》28집. 어문연구회.

高橋亨(1933). 嶺南大家 內房歌辭.《朝鮮》222. 조선총독부.

고니시도시오(1995).《三綱行實孝子圖》의 漢文과 諺解文 對照.《국어학논집》2. 서울대 국어국문
학과 편. 태학사.

고려대학교 고전문학 한문학연구회 편(1995).《19세기 시가문학의 탐구》. 집문당.

고미숙 외(2002).《들뢰즈와 문학 - 기계》. 소명출판.

고순희(2014). 일제강점기 일본 경험과 규방가사.《동북아문화연구》39. 동북아시아문화학회.

고순희(2015). 안동의 지역성과 만주망명 관련 가사문학.《한국고시가문화연구》35집. 한국고
시가문화학회.

고순희(2016). 가사문학의 문화관광자원으로서의 가치.《한국시가문화연구》37. 한국시가문화
학회.

고순희(2018).《현실비판가사 연구》. 박문사.

고순희(2018).《현실비판가사 자료 및 이본》. 박문사.

고연희(2001).《조선후기 산수기행예술 연구》. 일지사.

고연희(2003).《조선시대 진환론의 전개, 한국한문학과 미학》. 태학사.

고연희(2003). 17세기 남성(男性)의 여성재현(女性再現) - 김창협의 여성 애제문을 중심으로.
《퇴계학과 유교문화》32. 경북대학교 퇴계학연구소.

고연희(2007).《조선시대 산수화》. 돌베개.

고영근(1990). 문장과 이야기의 관련성에 관한 연구: 중세어를 중심으로.《관악어문연구》15.
서울대학교국어국문학과.

고영근(1991). 삼강행실도의 번역연대.《김영배선생 회갑기념논총》. 경운출판사.

고영근(1993).《석보상절》.《월인천강지곡》.《월인석보》. 서울대 대학원 국어연구회 편.《국어
사자료와 국어학의 연구》(안병희선생 회갑기념논총). 문학과지성사.

고영근(2000). 개화기의 한국 어문운동: 국한문혼용론과 한글전용론을 중심으로.《관악어문연
구》25. 서울대학교국어국문학과.

고영근(2004). 유길준의 국문관과 사회사상.《어문연구》121호. 한국어문교육연구회.

고영진(1989). 15·16세기 주자가례의 시행과 그 의의.《한국사론》21집. 서울대학교 국사학과.

고영진(1989). 15·16세기 주자가례의 시행과 그 의의. 서울대학교 석사 논문.

고영진(1991). 16세기 후반 상제예서의 발전과 그 의의. 《규장각》 14집. 서울대학교 한국문화연구소.

고영진(1991). 16세기말 사례서(四禮書)의 성립과 예학의 발달. 《한국문화》 12집. 서울대 규장학한국학연구소.

고영진(1992). 조선 중기 예설(禮說)과 예서(禮書). 서울대학교 대학원 박사 논문.

고영진(1995). 《조선중기 예학사상사》. 한길사.

고운기(2004). 한글본 연행록의 제작 양상 - 새 발굴 자료 桑蓬錄과 乘槎錄을 중심으로. 《열상고전연구》 20 집. 열상고전연구회.

고은숙 외(2015). 《여러 여성들의 이야기 열녀전 해제》. 국립한글박물관.

고은숙·김민지 해제(2015). 《고열녀전》 언해본 해제. 문영호 엮음(2015). 《열녀전: 여러 여성들의 이야기 》(소장자료총서 2). 국립한글박물관.

고은임(2010). 《명주기봉》의 애정 형상 연구. 서울대 석사 논문.

고종석(2007). '한글 소설'이라는 허깨비. 《말들의 풍경 - 고종석의 한국어 산책》. 개마고원.

고헌식(1982). 《산성일기》의 문헌학적 연구. 고려대학교 교육대학원 석사 논문.

곽도환(2005). 조선시대 서원의 성립과 교육활동 연구. 한남대 교육대학원 석사 논문.

곽정식(1995). 열전양식의 구성적 특질에 관한 연구. 《문화전통논집》 3집. 경성대학교 향토문화연구소.

곽차섭(1999). 미시사 - 줌렌즈로 당겨본 역사. 《역사비평》 46. 역사비평사.

곽흥렬(1984). 계축일기, 인현왕후전, 한중록의 구성적 특징과 갈등구조. 경북대학교 대학원 석사 논문.

구사회(2014). 한창기본 《숙영낭자전》 소재(所在) 가사 작품 8편에 대하여. 《열상고전연구》 41. 열상고전연구회.

구사회·박재연(2016). 새로운 가사 작품 金海許氏의 《望雲歌》와 玄風郭氏의 《부거》에 대하여. 《한국언어문학》 99. 한국언어문학회.

구수형(1979). 사백년 시신 위에 덮인 기적의 한글 문학. 《문학사상》 77. 문학사상사.

구인모(1998). 국문운동과 언문일치. 《국어국문학논문집》 18. 동국대국어국문학과.

구인환(2004). 《조침문. 유씨부인 외 지음》. 신원문화사.

구자옥·김미희·김영진 편(2008). 《(고농서의 현대적 활용을 위한) 온고이지신 1》 농본·농정·서책·교육편. 농촌진흥청 국립농업과학원 농촌환경자원과.

국립고궁박물관 엮음(2014). 《조선의 역사를 지켜온 왕실 여성》. 글항아리.

국립국어연구원(1996). 《국어의 시대별 변천·실태 연구》 1. 국립국어연구원.

국립국어연구원(1997). 《국어의 시대별 변천·실태 연구 - 근대국어》 2. 국립국어연구원.

국사편찬위원회(1996). 《한국사》 25·26·27. 국사편찬위원회. 김종훈 외(1997). 《한국어의 력사》. 대한교과서.

국어국문학회 편(1997). 《고소설 연구1》. 태학사.

국어사연구회 편(1997). 《國語史硏究: 午樹 田光鉉·宋敏 先生의 華甲을 紀念하여》. 태학사.

권경희(1983). 내간 사돈지 연구. 효성여자대학교 대학원 석사 논문.

권기종(1975). 이조후기의 불전간행 경향. 《불교학보》 12집. 동국대학교 불교문화연구소.

권덕규(1923). 《조선어문경위》. 광문사.

권도경(2012). 《한국 전기소설사의 전개와 새로운 지평》. 태학사.

권보드래(2000). 《한국 근대소설의 기원》. 소명출판사.

권선애(2009). 신변탄식류 내방가사에 나타난 여성의식의 변모양상. 안동대 교육대학원 석사 논문.

권영민(1996). 개화 계몽 시대 서사 양식과 국문체. 《문학과 언어학의 만남》. 신구문화사.

권영철(1971). 규방가사 연구(1). 《논문집》 8·9합집. 대구효성카톨릭대.

권영철(1972). 규방가사 연구(2). 《논문집》 10·11합집. 대구효성카톨릭대.

권영철(1973). 규방문헌을 통해본 영남여성의 교육관. 《여성문제연구》 3집. 한국여성문제연구소.

권영철(1975). 규방가사 연구 - 계녀교훈류를 중심으로. 《논문집》 16·17합집. 대구효성가톨릭대학교.

권영철(1980ㄱ). 《규방가사연구》. 반도출판사.

권영철(1980ㄴ). 《규방가사연구》. 이우출판사.

권영철(1980ㄷ). 규방필독에 대하여. 《여성문제연구》 9집. 한국여성문제연구소.

권영철(1985). 《내간문학에 관한 연구》. 신라문화재장학재단.

권영철(1986). 《규방가사 각론 연구》. 형설출판사.

권영철·이윤석·김효중·장성진·박혜숙 (1984). 내간문학 연구 - 규방가사연구 각론 1. 《여성문제연구》 13. 효성여대 부설 여성문제연구소.

권영호(2004). 해방이후 근작 내방가사에 나타난 여성의식. 《어문논총》 41. 한국문학언어학회.

권오영 외(2008). 《조선 왕실의 가례(嘉禮)》. 한국학중앙연구원.

권재선(2004). 《국어해방론》. 우골탑.

권재일(1995). 최현배 선생의 문헌 연구에 대하여. 《한말연구》 1호. 한말연구학회.

권재일(1998). 《한국어 문법사》. 박이정.

권정아(2006). 《동국신속삼강행실도》의 열녀 분석. 부산대 교육대학원 석사 논문.

권정안(2004). 전통 기초 한문 교재의 특성과 한계에 대한 연구. 《유교사상연구》 20집. 한국유교학회.

권정은(2000). 여성화자 가사에 나타난 여성상 연구. 서울대 대학원 석사논문.

권혁래(2000). 《조선 후기 역사소설의 성격》. 박이정.

권혁래(2001). 나손본 김철전의 사실성과 여성적 시각의 면모. 《조선후기 역사소설의 탐구》. 월인.

권혁래(2001). 한문소설의 번역 및 개작 양상에 대한 연구 - 조선후기 역사소설 작품을 대상으로. 《고전문학연구》 20집. 한국고전문학회.

권혁래(2004). 조선조 한문소설 국역본의 존재 양상과 번역문학적 성격에 대한 시론. 《동양학》 36집. 단국대학교 동양학연구소.

권호(1993). 碑誌·哀詞 및 遺書類 연구: 특히 한글 遺書類를 중심으로. 건국대 대학원 박사 논문.

규장각한국학연구원 편(2015). 《조선 양반의 일생》. 글항아리.

기념논총간행위원회 편(19998). 《한국고전소설과 서사문학》(상). 집문당.

기념논총간행위원회 편(19998). 《한국고전소설과 서사문학》(하). 집문당.

김갑기(1998). 한산 이씨 고행록의 저술배경과 문학적 가치. 《국어국문학》 122. 국어국문학회.

김경남(1991). 여성 우위적 고소설의 윤리관 연구. 건국대 대학원 석사 논문.

김경미(2003). 《童蒙先習》의 역사교육적 의미. 《한국교육사학》 25권 2호. 한국교육사학회.

김경미(2004). 기억으로 자기의 역사를 새긴 보통 여성, 풍양 조씨. 박무영 외(2004). 《조선의 여성들, 부자유한 시대에 너무나 비범했던》. 돌베개.

김경미(2006). 소수자 문학으로서의 고전여성문학의 성격과 그 의미. 《고전문학연구》 29집. 한국고전문학회.

김경미(2006). 한국문학사에 있어서 소수자 문학으로서의 고전여성문학의 성격과 그 의미. 《고전문학연구》 29집. 한국고전문학회.

김경미(2007). 《열녀전》의 보급과 전개. 《한국문화연구》 13. 이화여자대학교 한국문화원.

김경미(2010). 숨은 일꾼, 조선 여성들의 노동 현장, 베 짜기에서 삯바느질, 이자놀이에서 출장 요리까지. 규장각한국학연구원 편(2010). 《조선 여성의 일생》. 글항아리.

김경미(2012). 친영(親迎): 친정, 시집과의 거리. 《家와 여성 - 18세기 여성 생활과 문화》. 도서출판여이연.

김경미·김기림·이경하·조혜란·황수연 편(2006). 《17세기 여성생활사 자료집 4》. 보고사.

김경현(1994). 역사연구와 시대구분. 《한국학연구》 1. 단국대학교 한국학연구소.

김경화(2004). 《병자일기》에 대한 여성문학적 연구. 서울대학교 대학원 석사 논문.

김광순(2004). 인조, 청 황제에게 세 번 절하다.《산성일기》. 서해문집.

김광자(1980). 조선 후기 한글본 우화소설연구. 경북대 교육대학원 석사 논문.

김광해(1992). 한글 창제와 불교신앙.《불교문화연구》3. 한국불교문화학회.

김광해(1993). 국어사의 시대구분과 국어 어휘사.《국어사 자료와 국어학의 연구》(안병희 선생 회갑기념 논총). 문학과 지성사.

김귀석(2017). 조선시대 소설에 나타난 애정표현과 그 문학적 의미.《인문사회21》8. 아시아문화학술원.

김균태(2005). 고소설 강독사 정규헌의 사례 연구.《공연문화연구》10집. 한국공연문화학회.

김균태·정병헌·서인석·이승복·신해진(2012).《한국 고전소설의 이해》. 박이정.

김근수(1961).《국어학 신강》. 청록출판사.

김금원(2003). 호동서낙기. 이혜순·정하영 역편.《한국고전여성문학의 세계(산문편)》. 이화여자대학교출판부.

김기동 편(1980).《필사본 고전소설전집》6권. 아세아문화사.

김기란(2011). 근대계몽기 매체의 코드화 과정을 통한 여성인식의 개연화 과정 고찰 -《제국신문》의 여성 관련 기사 분석을 통해.《여성문학연구》26권. 한국여성문학학회.

김남경(2001). 언간독과 증보언간독 비교 연구.《민족문화논총》24. 영남대 민족문화연구소.

김남경(2005). 구급방류 언해서의 국어학적 연구. 대구가톨릭대 대학원 박사 논문.

김남일(2011).《한의학에 미친 조선의 지식인들》. 들녘.

김대용(1992). 조선초기 교육체제의 성격에 관한 연구. 연세대 대학원 박사 논문.

김대용(1994). 조선 초기 지배층의 교육지배에 대한 민의 대응과 그 교육학적 해석.《교육개발연구논총》14. 충북대학교사범대학부설교육개발연구소.

김대용(2001). 조선후기 교육의 변화와 향촌사회.《대구사학》64집. 대구사학회.

김동규(1979ㄱ). 제문가사 연구: 규방가사 장르에 있어서. 효성여자대 대학원 석사 논문.

김동규(1979ㄴ). 제문가사연구 - 규방가사 장르에 있어서.《여성문제연구》8집. 효성여자대학교 여성문제연구소.

김동규(1991). 제문가사 연구. 효성여자대학교 대학원 박사 논문.

김동길(1984). 한글 독립선언문.《기독교사상》309호. 대한기독교서회.

김동소(2007).《한국어의 역사》. 정림사.

김동욱(1960). 한글小說 坊刻本의 成立에 對하여.《향토서울》8. 서울특별시사편찬위원회.

김동욱(2015). 서울대본《옥원재합기연》소재 소설목록에 대한 고찰.《고전문학연구》47. 한국고전문학회.

김동욱·황패강(1985). 《한국고소설입문》. 개문사.

김동진(2010). 《(파란눈의 한국혼) 헐버트》. 참좋은친구.

김두루한(2009). 《석보상절》로 본 우리말 '줄글' 표현. 국립국어원·우리말로 학문하기 모임 엮음 (2009). 《우리말로 학문하기의 고마움》. 채륜.

김명숙(2015). 한국사상 사학: 일제 강점기 조선인 여학교와 재조선 일본인 여학교의 특성 비교 연구 - 동덕, 원고녀 학적부를 중심으로. 《한국사상과 문화》 76권. 한국사상문화 학회.

김명순(2000). 한국고소설에 나타난 여성의 삶과 의식세계: 조선조 초기 여인전을 중심으로. 《교육연구》 8. 한남대학교 교육연구소.

김명순·나정순 엮음(2006). 《우리의 옛글》. 역락.

김명호(1990). 《'熱河日記' 硏究》. 창작과비평사.

김명호(2007). 훈민정음 창제 원리와 한글의 순서. 《훈민정음 창제 원리와 한글 자모 순서》. 주관: 국어문화운동본부. 주최: 강길부 의원실. 국립국어원(2007. 10. 5).

김명희·류수양(2004). 《朝鮮詩選》의 편집 과정과 의의. 《동방학》 10호. 한서대학교 부설 동양고전연구소.

김무림(2004). 《국어의 역사》. 한국문화사.

김무봉(1993). 몽산화상법어약록언해의 국어사적 고찰. 《동악어문논집》 28. 동악어문학회.

김무봉(1999). 15세기 국어사 자료 연구. 《동악어문논집》 34. 동악어문학회.

김무봉(2002). 조선시대 간경도감의 역경사업. 《전자불전》 4집. 동국대학교전자불전연구소.

김무봉(2004). 불전언해의 몇 가지 문제. 《불교학연구》 9호. 불교학연구회.

김무봉(2004). 조선시대 간경도감 간행의 한글 경전 연구. 《한국사상과 문화》 23집. 한국사상문화학회.

김무봉(2007). 《금강경언해》의 번역에 관련된 몇 가지 문제. 《한국사상과 문화》 40집. 한국사상문화연구원.

김무식(2006). 한글편짓글에 반영된 조선조 여성의식과 문화. 《여성과 사회》 16집. 아모레퍼시픽재단.

김무식(2007). 한글편짓글에 반영된 조선조 여성의식과 문화. 《태평양문화재단연구보고서》. 태평양문화재단.

김무식(2009). 조선조 여성의 문자생활과 한글편지 - 한글편짓글에 반영된 조선조 여성의식과 문화(1). 《인문학논총》 14권 2호. 경성대학교 인문과학연구소.

김무조(1959). 諺解文學考 - 飜譯文學史의 成立을 위하여. 《논문집》 21. 경성대학교.

김무조(1998). 모(牟)여사의 가사 문학. 모봉남 저/파전한국학당 편(1998).《엄마의 가사문학》. 신지서원.

김문기(1983).《서민가사연구》. 형설출판사.

김문식(2003). 조선시대 왕실자료의 현황과 활용 방안.《국학연구》2집. 한국국학진흥원.

김문식(2007).《국조오례통편(國朝五禮通編)》의 자료적 특징.《한국문화연구》12호. 이화여자대학교 한국문화연구원.

김문식(2009).《조선후기 지식인의 대외인식》. 새문사.

김문식(2009). 조선시대 國家典禮書의 편찬 양상.《장서각》21집. 한국학중앙연구원 장서각.

김문식·신병주(2005).《조선 왕실 기록문화의 꽃 의궤》. 돌베개.

김문자(2001). 규방가사에 나타난 조선 시대의 부부 관계와 아내의 태도. 연세대 교육대학원 석사 논문.

김문희(2008).《조씨삼대록》의 서술 전략과 의미.《고소설연구》26집. 한국고소설학회.

김문희(2010). 장편 가문소설의 전고와 독서역학적 연구.《한국고전연구》21집. 한국고전연구학회.

김문희(2014). 삼대록계 국문장편소설의 공간 묘사와 공간 인식 -《소현성록》,《조씨삼대록》,《임씨삼대록》을 중심으로.《한국어문학연구》62집. 동양어문학회.

김미란(1994). 조선 후기 여류문학의 실학적 특질 - 특히 18세기를 중심으로.《동방학지》84. 연세대학교국학연구원.

김미란(2016).《조선시대 양반가 여성의 생애와 풍속》. 평민사.

김미영(2006). 죽은 아내를 위한 선비의 제문(祭文) 연구.《실천민속학연구》8. 실천민속학회.

김미영(2010). 여성에게 가족이란 무엇이었나, 상식과 다른 조선의 혼인과 제사 규칙, 여성의 문자생활과 한글. 규장각한국학연구원 편(2010).《조선 여성의 일생》. 글항아리.

김미정(2004). 조선시대 문자의 이중구조와 국어교육. 경북대 교육대학원 석사 논문.

김미형(1998). 한국어 문체의 현대화 과정 연구 - 신문 문장을 중심으로.《어문학연구》7. 상명대학교.

김미형(2004). 한국어 언문일치의 정체는 무엇인가?.《한글》265. 한글학회.

김미형(2005).《우리말의 어제와 오늘》. 제이앤씨.

김민수(1982).《신국어학사》. 일조각.

김민수(1984).《국어정책론》. 탑출판사.

김민승(2010). 내방가사에 나타난 여성의 의식 변화 연구. 인천대 교육대학원 석사 논문.

김민지(2014). 한글본《三官記》에 대하여.《어문연구》164호. 한국어문교육연구회.

김병국(2001).《서포 김만중의 생애와 문학》. 서울대학교출판부.

김병국(2005). 《조선 후기 시가와 여성》. 월인.

김병문(2000). 말과 글에 대한 담론의 근대적 전환에 관한 연구. 연세대학교 국어국문학과 석사 논문.

김병문(2008). 발화기원 소거로서의 언문일치체의 의미에 관하여. 《사회언어학》 16권 2호. 한국사회언어학회.

김병제(1935). 조선어학 도서전람회. 《한글》 19호. 조선어학회.

김병철(1987). 19세기말 국어의 문체·구문·어휘의 연구. 경북대학교 대학원 박사 논문.

김보근(2002). 한국과 일본의 언문일치운동: 근대의 언문 일치 운동을 중심으로. 《일본학보》 50. 한국일본학회. .

김보현(2018). 《병자일기》 화자의 시간 인식과 기술 방식 《기호학연구》 55집. 한국기호학회.

김봉남(2010). 정조년간 다산의 고뇌와 시적 형상화. 《인문연구》 58호. 영남대학교 인문과학연구소.

김봉좌(2003). 조선시대 방각본 언간독 연구. 한국정신문화연구원 한국학대학원 석사 논문.

김봉좌(2004). 《증보언간독》에 나타난 한글편지 규식. 《청계논총》 18호. 한국학대학원.

김봉좌(2005). 《유서필지》 판본 연구. 《서지학보》 29권. 한국서지학회.

김봉좌(2006). 해남 녹우당 소장 《恩賜帖》 고찰. 《서지학연구》 33집. 서지학회.

김봉좌(2010). 조선후기 궁묘 제사 관련 한글문헌의 문헌적 특징. 《국어사연구》 10호. 국어사학회.

김봉좌(2011). 조선시대 유교의례 관련 한글문헌 연구. 한국학중앙연구원 한국학대학원 박사 논문.

김봉좌(2013). 조선후기 전령의 한글 번역과 대민 유포. 《한국문화》 61집. 서울대학교 규장각한국학연구원.

김봉좌(2015). 순조대 진작 의례와 한글 기록물의 제작: 1827년 자경전진작의례(慈慶殿進爵儀禮)를 중심으로. 《정신문화연구》 140호. 한국학중앙연구원.

김봉좌(2015). 왕실 한글 필사본의 전승 현황과 가치. 《국어사연구》 20호. 국어사학회.

김봉좌(2015). 조선시대 문서규식서. 《유서필지》. 《문헌과 해석》 33호. 문헌과해석사.

김봉좌(2016). 영조대 《동몽선습》의 간행과 한글 번역. 《우암논총》 9집. 충북대학교 우암연구소.

김봉좌(2016). 왕실 의례를 위한 발기〈件記〉의 제작과 특성: 1882년 왕세자 가례를 중심으로. 《서지학연구》 65집. 한국서지학회.

김봉좌(2017). 《고행록, 사대부가 여인의 한글 자서전》. 한국학중앙연구원출판부.

김봉희(1987). 《한국 기독교문서 간행사 연구》. 이화여대출판부.

김상돈(1984). 국어사의 시대구분론. 《논문집》 2. 부산외국어대학교.

김상배·김진영·유진연(2002). 세계화시대의 언어민족주의와 정보화전략. 《기본연구》 2002권 16호. 정보통신정책연구원.

김상원·이주형(2016). 조선통신사 여정의 해양인문학적 고찰: 1636년 사행의 해로를 중심으로. 《동북아문화연구》 49집. 동북아시아문화학회.

김상홍(1994). 朴南壽의 한글 '을미제문'에 대하여. 《어문연구》 83호. 한국어문교육연구회.

김상홍(1994). 진사 박남수의 한 을미 제문연구. 《성곡논총》 25. 성곡학술문화재단.

김서령(2013). 안동장씨, 음식으로 도에 이르다: 최초의 한글조리서 쓴 안동장씨 이야기. 《도서관》 387호. 국립중앙도서관.

김석득(2000). 훈민정음과 우리 글자살이의 역사. 《한인교육 연구》 17. 재미한인학교협의회.

김석득(2009). 《우리말 연구사: 언어관과 사조로 본 발전사》. 태학사.

김석배(1987). 18. 9세기 한글 소설의 유통. 《문학과 언어》 8권 1호. 문학과 언어연구회.

김석봉(2005). 《신소설의 대중성 연구》. 역락.

김석회(2015). 주제적 관심을 통해 본 규방가사의 세계: 경북의 현대 내방가사를 중심으로. 《오늘의 가사문학》. 고요아침.

김선곤(1963). 李朝初期 妃嬪考. 《역사학보》 21집. 역사학회.

김선기(1965). 문자 정책론. 《한글》 134. 한글학회.

김선풍(1977). 강릉지방 규방가사 연구. 《한국시가의 민속학적 연구》. 형설출판사.

김선현 외 엮음(2014). 《숙영낭자전의 작품세계 1-3》. 보고사.

김선현(2016). 《산성일기》의 서술 특성 연구. 《반교어문연구》 43집. 반교어문학회.

김성은(2009). 게일의 번역 문체에 관하여: 천로역정 번역을 중심으로. 《한국기독교와역사》 31호. 한국기독교역사연구소.

김성은(2014). 한말 일제시기 엘라수 와그너(Ellasue C. Wagner)의 한국여성교육과 사회복지사업. 《한국기독교와 역사》 41호. 한국기독교역사연구소.

김성은(2015). 신여성 방신영의 업적과 사회활동. 《여성과 역사》 23권. 한국여성사학회.

김성은(2017). 1920~30년대 김활란의 민족문화 인식. 《여성과 역사》 26권. 한국여성사학회.

김성진(2003). 許筠의 尺牘에 대한 一考察. 《한국학문학연구》 31. 한국한문학회.

김성칠(1959). 《용비어천가》. 정양사. [3]

김성해 엮음(2012). 《계축일기》. 지식의숲 넥서스.

김성혜(2011). 경주 안강에 전하는 내방가사 《사모곡》. 《경주문화논총》 14. 경주문화원 부설 향

---

3 김성칠(1948)의 "《龍飛御天歌》 上·下. 朝鮮金融組合聯合會."를 복간한 것이다.

토문화연구소.

김세서리아(2009). 조선 전기 가족 인식에 대한 여성철학적 성찰 - 소혜왕후의 《내훈》과 친불교적 발언을 중심으로. 《한국여성철학》 1. 한국여성철학회.

김세은(2003). 고종 초기(1863~1876) 국왕권의 회복과 왕실행사. 서울대학교 대학원 박사 논문.

김세은(2007). 1866년 고종의 가례(嘉禮)와 대원군의 위상 강화. 《한국사연구》 136. 한국사연구회.

김세종(2009). 세종대 《용비어천가》의 창제배경과 음악화 과정 연구. 《고시가연구》 24집. 한국고시가문학회.

김소은(2007). 18세기 영남 사족의 일상과 생활의례(Ⅰ) - 《청대일기》에 나타난 혼례를 중심으로. 《사학연구》 88호. 한국사학회.

김수경(2013). 여성교훈서 《閨閫儀則》과 《홍씨부인계녀(사)》와의 관계 탐색. 《한국고전여성문학연구》 27권0호. 한국고전여성문학회.

김수경(2017). 조선시대 무역 서적과 한국소설의 발달. 《한중경제문화연구》 8. 한중경제문화학회.

김수업(1971). 《인현왕후전》의 작자 문자. 《어문학》 25호 한국어문학회.

김수업(1978). 《배달문학의 길잡이》. 선일문화사.

김수업(2002). 《배달말꽃: 갈래와 속살》. 지식산업사.

김수현(2016). 연안 이씨의 삶과 《쌍벽가》. 《한국고전여성문학연구》 32. 월인.

김슬옹(2005ㄱ). 《조선왕조실록》에 나타난 여성의 언문사용 양상과 의미. 《한일 신시대와 일본에서의 한국언어문화》(국제한국언어문화학회 일본 학술대회 자료집). 국제한국언어문화학회.

김슬옹(2005ㄴ). 《조선왕조실록》의 한글 관련 기사를 통해 본 문자생활 연구. 상명대학교 대학원 박사 논문.

김슬옹(2005ㄷ). 《조선시대 언문의 제도적 사용 연구》. 한국문화사.

김슬옹(2005ㄹ). 언어 분석 방법론으로서의 담론학 구성 시론. 《사회언어학》 13권 2호. 한국사회언어학회.

김슬옹(2006ㄱ). '훈민정음'의 명칭 맥락과 의미. 《한글》 272. 한글학회.

김슬옹(2006ㄴ). 고종의 국문에 관한 공문식 칙령 반포의 국어사적 의미. 《해방 60년. 한국어문과 일본》(목원대학교 편). 보고사.

김슬옹(2007). 《28자로 이룬 문자혁명 훈민정음》. 아이세움.

김슬옹(2009). 《담론학과 언어분석 - 맥락·담론·의미》. 한국학술정보(주).

김슬옹(2009). 한글 음절표 의미와 교육용 유형 설정. 《한국어학》 44. 한국어학회.

김슬옹(2010). 국어교육 내용으로서의 맥락 연구. 동국대 대학원 논문.

김슬옹(2011ㄱ). 《세종대왕과 훈민정음학(개정판)》. 지식산업사.

김슬옹(2011ㄴ). 국어교육을 위한 근대국어 시대구분론. 《사회언어학》 19권 2호. 한국사회언어학회.

김슬옹(2012ㄱ). 조선시대의 훈민정음 공식문자론. 《한글》 297. 한글학회.

김슬옹(2012ㄴ). 《조선시대의 훈민정음 발달사》. 역락.

김슬옹(2012ㄷ). 《맥락으로 통합되는 국어교육의 길찾기》. 동국대학교출판부.

김슬옹(2012/2015). 한글편지(언간)를 통한 훈민정음 발달. 《조선시대의 훈민정음 발달사》. 역락.

김슬옹(2013). 한글의 힘, 한글의 미래. 《쉼표, 마침표》(온라인 웹진). 2013. 10. 22. 국립국어원.

김슬옹(2016). 안성 칠장사에 인목대비 한글공적비를 세워야: 한글을 즐겨 쓴 왕실 여성들의 상징. 인목대비의 공로. 《한글새소식》 529호. 한글학회.

김슬옹(2017). 《한글혁명》. 살림터.

김슬옹(2018ㄱ). 《세종학과 융합인문학》. 보고사.

김슬옹(2018ㄴ). 여성이 훈민정음 발달에 끼친 영향에 대한 관점 재론. 《47회 한말연구학회 전국학술대회 발표 자료집》. 한말연구학회.

김슬옹(2020). '역설' 관점에서 본 조선시대 여성의 한글(훈민정음) 사용과 의미. 《지식인문학》 2권 1호. 지식인문학연구회.

김슬옹(2020). 한글 편지(언간, 한글 간찰)와 여성. 《PEN문학》 156호(7·8월호). 국제PEN한국본부. 70~89쪽.

김슬옹(2020). 헐버트의 "The Korean Language(조선어, 1889)"의 국어사·국어학사적 의미. 《The Korean language》(헐버트 박사 71주기 추모특집 자료집). (사)헐버트기념사업회.

김슬옹·김웅(2016). 《역사를 빛낸 한글 28대 사건》. 아이세움.

김슬옹·이기범 엮음(2020). 《조선 으뜸 예향 정부인 순창 설씨의 삶과 예술》. 인쇄향.

김승우(2007). 《龍飛御天歌》 향유·수용양상의 특징과 그 의미: 《鳳來儀》 정재를 중심으로. 《한국시가연구》 23집. 한국시가학회.

김승우(2010). 《용비어천가》의 성립과 수용·변전 양상. 고려대 대학원 박사 논문.

김시덕(2001). 혼례 전통. 다 바뀐 것은 아니다. 《실천민속학》 3권. 실천민속학회.

김신연(1997). 《丙子日記》에 나타난 조선조 노부인의 생활상. 《論文集 人文·社會篇》 20. 한양여자전문대학.

김애리(2007). 《동국신속삼강행실》에 나타난 효 실천 연구: 초등학교 효 교육 자료를 위해. 성산효대학원대학교 석사 논문.

김양선(1971). 《기독교사연구》. 기독교문사.

김언순(2005). 조선시대 여훈서에 나타난 여성의 정체성 연구. 한국학중앙연구원 한국학대학원 박사 논문.

김언순(2006). 조선시대 사대부 女訓書에 나타난 여성상 형성에 대한 연구. 《한국교육사학》 28 권 1호. 한국교육사학회.

김언순(2008). 조선 여성의 유교적 여성상 내면화 연구 - 여훈서(女訓書)와 규방가사(閨房歌辭)를 중심으로. 《페미니즘연구》 8권 1호. 한국여성연구소.

김언순(2009). 18세기 종법사회 형성과 사대부의 가정교화 - 가훈서를 중심으로. 《사회와 역사》 83. 한국사회사학회.

김여주(2018). 《綺閣閒筆》을 통한 19세기 여성문학 활동에 대한 일고찰. 《한문고전연구》 37집. 한국한문고전학회.

김영(2013). 《조선후기 명청소설 번역필사본 연구》. 학고방.

김영(2017). 한글필사본 《광산김씨언행록》의 자료적 고찰. 《인문사회21》 8권1호. (사)아시아문화학술원.

김영민(1998). 《손가락으로, 손가락에서: 글쓰기 (와) 철학》. 민음사.

김영민(2004). 근대계몽기 기독교 신문과 한국 근대 서사문학:《죠선크리스도인회보》와 《그리스도신문》을 중심으로. 《동방학지》 127집. 연세대학교국학연구원.

김영배(1991). 《불경언해와 중세국어》. 동화출판사.

김영배(2000). 《國語史資料硏究 - 佛典諺解 중심》. 월인.

김영배·김무봉(1998). 세종시대의 언해. 《세종문화사대계 1 (어학·문학편)》. 세종대왕기념사업회.

김영숙(1982). 내방가사 화전가 연구. 중앙대 교육대학원 석사 논문.

김영신(1980). 《東國新續三綱行實》의 국어학적 연구. 《논문집》 9. 부산여자대학.

김영신(1985). 칠대만법(七大萬法) 연구·어휘·그 밖. 《수련어문논집》 12. 수련어문학회.

김영심(2005). 왕실에 대한 尊崇과 追尊 - 尊號 의식을 중심으로. 《규장각 소장 왕실자료 해제·해설집》 4. 서울대학교 규장각.

김영욱(2008). 한글의 역사와 기능: 한글 창제에 관한 쟁점·한글의 근대적 부활·한글의 미래를 중심으로. 《제2회 한국어학회 국제학술대회》. 한국어학회.

김영운 외(2003~2005). 《조선후기 궁중연향문화》 권1~3. 한국학중앙연구원.

김영진(1999). 염승전 연구. 《한국한문학연구》 23집. 한국한문학회.

김영진(2002). 《국어사 연구》. 이회문화사.

김영춘(1994). 《병자일기》에 나타난 17세기 국어연구. 한국교원대학교 대학원 석사 논문.

김영춘(1994). 병자일기에 나타난 17세기 국어연구;음운 변화를 중심으로. 《청람어문학》 12. 청아람문학회.

김영황(1978). 《조선민족어발전력사연구》. 평양: 과학·백과사전출판사.

김영황(1997). 《조선어사》. 평양: 김일성종합대학출판사.

김영희(2017). 조선시대 한글 글쓰기 체계의 발전과 여성. 《페미니즘연구》 17권 2호. 한국여성
연구소.

김옥희(1983). 《한국천주교여성사》 I, II. 도서출판 한국인문과학원.

김옥희(2007). 《순교자 이순이 루갈다의 삶과 그 영성》. 한국학술정보.

김완진(1972). 世宗代의 語文政策에 對한 硏究 - 訓民正音을 圍繞한 數三의 問題. 《성곡논총》 3.
성곡학술문화재단.

김완진(1979). 先世諺蹟에 對하여. 《국어국문학》 55·56·57 합집. 국어국문학회.

김완진(1983). 한국어 文體의 발달. 이기문 외(1983). 《한국 어문의 제문제》. 일지사.

김완진(2004). 경자기년 대왕대비 언문 전교에 대하여. 《문헌과해석》 27호. 문헌과해석사.

김용경(2001). 평해황씨가 완산이씨의 유언 및 소지. 《문헌과해석》 14. 문헌과해석사.

김용경·도수희(1973). 이조시대의 어학기관 연구(문교부 연구 보고서). 《어문학계》 5. 문교부.

김용섭(2009). 《조선후기농학사연구: 농서와 농업 관련 문서를 통해 본 농학사조》. 지식산업사.

김용숙(1964). 이조 후기 내인생활 연구 - 실지 수집을 주로 하여. 《아세아여성연구》 3집. 숙명
여자대학교 아세아여성문제연구소.

김용숙(1968). 계축일기연구: 광해군의 성격분석을 주로. 《기념논문집》 7. 숙명여자대학교.

김용숙(1968). 계축일기의 사적 배경. 《아세아여성연구》 6. 《숙명여자대학교아세아여성문제연
구소》.

김용숙(1970). 《이조여류문학 및 궁중풍속의 연구》. 숙명여대출판부.

김용숙(1974). 이조 궁중풍속의 연구. 숙명여자대학교 대학원 석사 논문.

김용숙(1979). 《조선조여류문학의 연구》. 숙명여자대학교출판부.

김용숙(1987). 《조선조 궁중 풍속 연구》. 일지사.

김용숙(1996). 내방가사에서 나타난 여성의 결혼에 대한 의미. 《여성학논집》 13집. 이화여자대
한국여성연구원.

김용철(1999). 《사제곡》에서 강호구성의 원리와 철학적 기반. 《어문논집》 40. 안암어문학회.

김원룡(1965). 三綱行實圖 刊本攷. 《동아문화》 4. 서울대학교 문리과대학 부설 동아문화연구소.

김원룡(1982). 三綱行實圖에 대하여. 《三綱行實圖》. 세종대왕기념사업회.

김유란(2017). 조선후기 한글 소설에 나타난 과부와 열행(烈行) 너머의 문제. 《한국어와 문화》
21권. 숙명여자대학교 한국어문화연구소.

김유범(2007). 언해본《삼강행실도》의 텍스트에 나타난 문법적 특징의 활용 가치 분석 1:《효자도》를 대상으로.《민족문화논총》37집. 영남대 민족문화연구소.

김유범(2017). 한글 고문서 '해평 윤씨 부인 한글 원정' 연구.《우리말연구》48집. 우리말학회.

김윤경(1932). 한글 연구 재료의 문헌.《한글》6. 조선어학회.

김윤경(1938).《조선문자급어학사》. 조선기념도서출판관.

김윤경(1948).《한국문자급어학사》. 동국문화사.

김윤경(1960). 성서가 국어에 미친 영향.《한국성서번역 50주년 기념 논문집》. 대한 성서공회.

김윤경(1963).《새로 지은 국어학사》. 을유문화사(한결 김윤경전집 2. 연세대학교 출판부).

김윤선(2012). 젠더와 번역; 여성 지(知)의 형성과 변전(變轉): 번역 텍스트의 젠더화와 여성의 모더니티 -《신여성》을 중심으로.《여성문학연구》28권. 한국여성문학학회.

김윤성(2000). 초기 한국 가톨릭의 성인전기 - 서지 및 구조적 특성을 중심으로.《교회사연구》15. 한국교회사연구소.

김윤성(2004). 몸의 영성과 몸의 정치: 조선후기 천주교에서 주체와 권력.《종교문화연구》6집. 한신문화연구소.

김윤성(2007). 조선후기 천주교 여성들의 금욕적 실천.《여성학논집》24집 1호. 이화여자대학교 한국여성연구원.

김윤숙(2005). 최근작 내방가사의 창작의식 변화 양상. 위덕대 교육대학원 석사 논문.

김윤제(2005). 조선시대 문집 간행과 성리학.《한국사 시민강좌》37. 일조각.

김윤희(2017). 안동의 여성 독립 운동가 김락의 가사《유산일록》에 대한 고찰.《한국문학과 예술》22. 숭실대 한국문학과예술연구소.

김은경(2000). 조선후기 부인과학 발달사에 관한 연구. 동국대학교 대학원 석사 논문.

김은성(2004).《閨閤寒喧》을 통해 본 격식적 편지문화의 전통: 국어생활사의 관점에서.《어문연구》32권 1호. 한국어문교육연구회.

김은성(2007). 국어 어문생활사 기술을 위한 시론: 자료 수집 및 분류 체계화 방안을 중심으로.《국어교육연구》19집. 서울대학교 국어교육연구소.

김이섭(2000). 번역의 이론과 실제: 최치원 한시를 중심으로.《번역문학》3집. 연세대출판부.

김이종(2009).《한글역사연구》. 한국문화사.

김인순 외(1989). 궁중문학에 나타난 여성의식.《돈암어문학》2호. 돈암어문학회.

김인순(1989). 宮中文學에 나타난 女性意識 ; 恨中錄·仁顯王后傳·癸丑日記를 中心으로.《성신어문학》2. 성신어문학연구회.

김인용(2005). 동몽선습과 초등학교 도덕교과서 내용의 비교.《교육사상연구》17집. 한국교육사상연구회.

김인호(2005). 《조선인민의 글자생활사》. 과학백과사전출판사.

김인회(1995). 근·현대의 한국 교육사상과 민족주의. 《인문과학연구》 1. 동덕여자대학교인문과
학연구소.

김일근(1959ㄱ). 《이조어필언간집》. 신흥출판사.

김일근(1959ㄴ). 《解說·校註 李朝御筆諺簡集》. 신흥출판사.

김일근(1961). 仁穆大妃 述懷文의 紹介와 몇 가지 問題. 《국어국문학》 23. 국어국문학회.

김일근(1969). 한자소설(漢字小說)과 한글 소설간(小說間)의 추이(趨移) 과정(過程)에 대(對)한 한
고찰(考察). 《국어국문학》 46권. 국어국문학회.

김일근(1971). 정경부인 이씨제문: 충무공 윤숙의 한글 제처문. 《인문과학논총》 9. 건국대학교
인문과학연구소.

김일근(1972ㄱ). 癸丑日記 新攷. 《국어국문학》 55-57합집호. 국어국문학회.

김일근(1972ㄴ). 언간의 연구. 《건국대학술지》 17권. 건국대학교 학술연구원.

김일근(1972ㄷ). 인목대비의 술회문을 공개하면서. 《문학사상》 2. 문학사상사.

김일근(1974). 《친필언간총람》. 경인문화사.

김일근(1976). 정경부인 이씨제문: 충무공 윤숙의 한글 제처문. 《인문과학논총》 9. 건국대학교
인문과학연구소.

김일근(1986ㄱ). 《諺簡의 研究: 한글書簡의 研究와 資料集成》. 건국대학교 출판부.

김일근(1986ㄴ). 《언간의 연구》. 일지사.

김일근(1988). 政法文書의 한글 實用攷 - 한글 古文書學 序說. 《증정 언간의 연구 - 한글서간의 연
구와 자료집성》. 건국대학교출판부.

김일근(1991). 《언간의 연구(三訂版)》. 건국대출판부.

김일근(2000). 주생전·위경천전 언해의 연철본(쥬싱뎐·위싱뎐) 출현에 따른 서지적 문제. 《겨레어
문학》 25집. 겨레어문학회.

김일근·이종덕(2000). 17세기의 궁중 언간 - 淑徽宸翰帖 ①~④. 《문헌과 해석》 11호~14호. 문헌
과해석사.

김일근·이종덕(2001). 숙명공주의 한글편지첩 ①~③. 《문헌과 해석》 17호. 문헌과해석사.

김일근·황문환(1999). 金相喜(秋史 季弟)가 아내와 누이에게 보내는 편지(1831년). 《문헌과 해석》
7호. 문헌과해석사.

김일근·황문환(1999). 어머니 海平 尹氏(秋史 祖母)가 아들 金魯敬(秋史 父親)에게 보내는 편지.
《문헌과 해석》 6호. 문헌과해석사.

김일근·황문환(2000). 아내 杞溪 兪氏(秋史 母)가 남편 김노경(秋史 父)에게 보내는 편지. 《문헌과 해석》 10호. 문헌과해석사.

김일렬(1991). 《고전소설신론》. 새문사.

김일렬·김소라 편저(2006). 《한국고전소설 관계 저서 및 작품집 목록》. 새문사.

김장태(2000). 《유교의 사상과 의례》. 예문서원.

김정주(1989). 癸丑日記攷. 《인문과학연구》 10. 《조선대학교인문과학연구소》.

김재문(1993). 한국고전소설속의 법률문서 - 춘향전·이춘풍전을 중심으로. 《고문서연구》 4집. 한국고문서학회.

김재웅(2015). 《필사본 고소설의 지역별 유통양상과 향유층에 대한 실증적 연구》. 역락.

김재웅(2017). 고소설 필사의 전통과 영남 선비집안 여성의 문학생활 - 합천군 조두리의 사례를 중심으로. 《고소설연구》 44권. 한국고소설학회.

김재현(1999). 번역자 양성의 가능성에 관한 소고. 《번역문학》 2집. 연세대 번역문학연구소.

김정경(2005). 《규한록》의 구조적 특성과 여성 서술자의 기능 고찰. 《한국고전연구》 12. 한국고전연구학회.

김정경(2007). 《계축일기》에 나타난 선악관 고찰. 《한국고전연구》 16집. 한국고전연구학회.

김정경(2008). 《동명일기》 연구 - 자연 인식과 자아 인식을 중심으로. 《국제어문》 44권. 국제어문학회.

김정경(2011ㄱ). 《선세언적》과 《자손보전》에 실린 17~19세기 여성 한글 간찰의 특질 고찰. 《정신문화연구》 125호. 한국학중앙연구원.

김정경(2011ㄴ). 조선 후기 열녀의 순절의 의미화 방식 연구. 《국제어문》 53. 국제어문학회.

김정경(2011ㄷ). 조선 후기 천주교 여신도들의 죽음의 의미화 방식 연구. 《한국고전여성문학연구》 23. 한국고전여성문학회.

김정경(2012). 《여범》의 독해 방식 연구. 《여성문학연구》 28권. 한국여성문학학회.

김정경(2014). 전통의 향기 혹은 전통의 배신. 《여성이론》 31. 서강대학교 출판부.

김정경(2014). 조선후기 천주교 여신도의 주체화 방식과 생애 기술 방식에 대한 고찰. 《한국고전여성문학연구》 29. 한국고전여성문학회.

김정경(2016). 《조선 후기 여성 한글 산문 연구》. 서강대학교출판부.

김정경(2016). 18세기 한글본 연행록 연구 - 정녀묘와 천주당 견문기록을 중심으로. 《열상고전연구》 49. 서강대학교출판부.

김정경(2017). 조선 후기 천주교 성인전 연구: 한글본 《성년광익》에 나타난 기적을 중심으로. 《정신문화연구》 146호. 한국학중앙연구원.

김정경(2017). 조선후기 천주교 성인전과 순교일기의 비교 연구:《성년광익》과《기해일기》를 중심으로.《한국고전연구》39집. 한국고전연구학회.

김정석(1999).《癸丑日記》人物性格 攷: 內人들의 성격을 중심으로.《우리어문연구》12집. 우리어 문학회.

김정석(1999). 癸丑日記 人物性格 고(攷).《우리어문연구》. 우리어문학회.

김정수(1990).《한글의 역사와 미래》. 열화당.

김정수(2009). 세종 때 두 노래가 우리 말글 살이에 끼친 은덕. 국립국어원·우리말로 학문하기 모임 엮음(2009).《우리말로 학문하기의 고마움》. 채륜.

김정숙(2002). 조선후기 천주교 여성신도의 사회적 특성.《교회사 연구 19집》. 한국교회사연구소.

김정아(2013).〈사씨남정기〉와〈화문록〉비교연구. 충북대학교 교육대학원 석사 논문.

김정화(1994). 여자초학과 계녀가의 비교 연구. 경북대 석사 논문.

김정화(2007). 현대 규방가사의 문학적 특징과 시사적 의미: 광복 이후의 작품을 중심으로.《고 전문학연구》32. 월인.

김종군(2011).《진주낭군》의 전승 양상과 서사의 의미.《온지논총》29. 온지학회.

김종규(1993). 삼강행실도를 통한 현대 윤리의 재음미.《도산학술논총》3. 도산아카데미연구원.

김종덕(2016). 한일 궁정 어류문학에 나타난 교육의 연구.《일본연구》68권. 한국외국어대 일본 연구소.

김종명(2006). 세종의 불교신앙과 훈민정음 창제.《동양정치사상사》6권 1호. 한국동양정치사 상사학회.

김종수(1999). 藏書閣 所藏 朝鮮時代 宮中宴享樂 文獻 - 純祖代(1800~1834) 儀軌.《장서각》창간호. 한국정신문화연구원.

김종수(2001).《조선시대 궁중연향과 여악 연구》. 민속원.

김종진(2005).《서왕가》전승의 계보학과 구술성의 층위.《한국시가연구》18집. 보고사.

김종철(1985). 배비장전 유형의 소설 연구.《관악어문학연구》10. 서울대학교.

김종철(1994). 장편 소설의 독자층과 그 성격.《고소설의 저작과 전파》. 아세아문화사.

김종택(1975). 선조대왕 언교고.《국어교육논집》3집. 대구교육대학 국어교육연구회.

김종택(1985). 한글은 문자 구실을 어떻게 해왔나.《건국어문학 9·10합집(멱남 김일근 박사 화갑기 념 어문학논총)》. 형설출판사.

김종훈 외(1997/1998).《한국어의 력사》. 대한교과서.

김종훈·박영섭·박동규·김태곤·김종학(1998).《한국어의 력사》. 대한교과서.

김주필(1993). 진주하씨 묘 출토 한글 필사 자료의 표기와 음운현상.《진단학보》75. 진단학회.

김주필(2006). 18세기 왕실 문헌의 구개음화와 원순모음화. 《정신문화연구》 29-1. 한국학중앙연구원.

김주필(2007). 19世紀 末 國漢文의 性格과 意味. 《진단학보》 103호. 진단학회.

김주필(2008). 《오륜행실도》에 사용된 국어사 자료의 중층성: ㄷ구개음화와 원순모음화의 확산 상태를 중심으로. 《어문학논총》 27권. 국민대어문학연구소.

김주필(2009). 조선시대 한글편지의 구어성과 문어성. 《조선시대 한글편지의 언어와 서체》(한국학중앙연구원 어문생활사연구소 2009년 제1차 학술대회 발표집).

김주필(2011). 송준길 가 한글편지에 나타나는 구개음화의 양상과 특징: 발신자의 '세대', '성', '수신자와의 관계'를 중심으로. 《국어학》 61호. 국어학회.

김준석(1981). 조선전기의 사회사상: 《소학》의 사회적 기능 분석을 중심으로. 《동방학지》 29집. 연세대학교 출판부.

김중권(1993). 《언해태산집요(諺解胎産集要)》의 서지적 연구. 《서지학연구》 9. 서지학회.

김중권(1994). 언해두창집요의 서지학적 연구. 《현대사회과학연구》 5. 전남대학교 사회과학연구소.

김중도(2002). 세종조 《삼강행실도》 보급을 통한 교화정책 연구. 한국교원대 교육대학원 석사논문.

김지영(2005). 朝鮮後期 국왕 行次에 대한 연구 - 儀軌班次圖와 擧動記錄을 중심으로. 서울대학교 박사 논문.

김지오(2008). 《法華經》 音讀口訣 硏究. 《佛教語文論集》 12집. 한국불교어문학회.

김지용(1971). 국어·국자의 보급 발전에 기여한 문헌 고. 《한글학회 50돌 기념논문집》. 한글학회.

김진경(1985). 일본교과서 문제와 한국의 교과서(1). 《민족의 문학과 민중의 문학》. 이삭.

김진규(1991). 訓蒙字會의 引·凡例 小考: 訓民正音 解例와 訓蒙字會凡例의 音素排列을 中心으로. 《논문집》 29. 공주대학교.

김진명(1994). 가부장 담론과 여성억압 - 내훈서 및 의례서의 분석을 중심으로. 《아세아여성연구》 33집. 숙명여자대학교 아세아여성문제연구소.

김진세(2005). 왕실여인들의 독서 문화. 한국학중앙연구원 장서각 편(2005). 《조선 왕실의 여성》. 한국학중앙연구원 장서각.

김진영(1990). 김유신전. 김진세 편. 《한국고전소설작품론》. 집문당.

김진영(1998). 行實圖의 傳記와 板畫의 相關性: 《三綱行實圖》를 中心으로. 《한국문학논총》 22. 한국문학회.

김진영(2017). 고전소설 작가의 익명성과 향유층의 문예적 대응. 《韓國言語文學》 100. 한국언어문학회.

김창겸 외(2015). 《한국 왕실여성 인물사전》. 한국학중앙연구원출판부.

김창룡(2013). 《조선의 문방소설》. 월인.

김창원(2017). 규방가사의 문학사적 위상과 의의. 《국제어문》 75집. 국제어문학회.

김천명(1960). 훈민정음 考 - 훈민정음이 정상적으로 발달하지 못한 이유. 《어문논집》 1. 중앙대 국어국문학회.

김철(2014). 연행록 중의 맹강녀 전설 기록 양상 소고. 《민족문화연구》 63호. 고려대학교 민족 문화연구원.

김철웅(2003). 《詳定古今禮》의 편찬 시기와 내용. 《동양학》 33집. 단국대학교 동양학연구소.

김치우(2007). 《고사촬요 책판목록과 그 수록 연구》. 아세아문화사.

김태준(1939). 《朝鮮小說史》. 학예사.

김태준(1969). 저자명 기독교의 선교와 한글의 민중화: 국어 교육사의 입장에서. 《새국어교육》 12. 한국국어교육학회.

김태준(1990). 《(증보)조선소설사》. 한길사.

김태준(2001). 열하일기 한글본 출현의 뜻. 《민족문학사연구》 19. 민족문학사학회.

김태환(2016). '덴동어미화전가'의 성격과 구조. 《영주문화》 68. 영주문화연구회.

김풍기(2009). 《조선 지식인의 서가를 탐하다》. 푸르메.

김하라(2012). 통원(通園) 유만주(兪晩柱)의 한글 사용에 대한 일고(一考). 《국문학연구》 26권. 국문학회.

김하수·이전경(2015). 《한국의 문자들》. 커뮤니케이션북스.

김학성(1983). 가사의 현실화 과정과 근대적 지향. 《근대문학 형성과정》. 문학과지성사.

김학성(2001). 가사의 본질과 담론 특성. 《한국문학논총》 28집. 한국문학회.

김학성(2004). 서민가사의 담론기반과 미학적 특성. 《대동문화연구》 47집. 성균관대학교 동아 시아학술원 대동문화연구원.

김학성(2008). 가사의 장르적 특성과 현대사회의 존재의의. 《고시가연구》 21집. 한국고시가문 학회.

김학성(2014). 가사 양식의 전통 유형과 계승방향. 《오늘의 가사문학》 1호. 고요아침.

김학성(2015). 《우리 전통시가의 위상과 현대화》. 보고사.

김학성(2015). 가사의 장르적 특성과 현대사회의 존재의의. 《오늘의 가사문학》 4호. 고요아침.

김학성(2017). 가사의 문학성을 찾아서: 가사의 장르론 유감. 《오늘의 가사문학》 12호. 고요아침.

김학성(2017). 가사의 문학성을 찾아서: 사대부층의 가곡 향유와 가사 명칭. 《오늘의 가사문학》

13호. 고요아침.

김학성(2017). 가사의 문학성을 찾아서: 현대 가사의 명칭에 대하여. 《오늘의 가사문학》15호. 고요아침.

김학성(2018). 가사의 담화방식과 화행짜임. 《오늘의 가사문학》16호. 고요아침.

김학성(2018). 가사의 율격과 표기 형태의 관련성. 《오늘의 가사문학》17호. 고요아침.

김한별(2017). 국어사 자료로서의 《녀자초학(女子初學)》연구. 《우리말글》73집. 우리말글학회.

김항수(1981). 16세기 사림의 성리학 이해: 서적의 간행·편찬을 중심으로. 서울대 대학원 석사 논문.

김항수(1998). 《삼강행실도》편찬의 추이. 《진단학보》85호. 진단학회.

김항수(2001). 조선 전기의 《소학》보급과 동몽 교육. 《한국의 청소년문화》창간호. 한국청소년 문화학회.

김항수(2003). 조선 전기 삼강행실도와 소학의 편찬. 《한국사상과문화》19집. 수덕문화사.

김해성(1999). 한국현대여류가사연구 Ⅱ: 여류의 평민가사를 중심으로. 《비평문학》13. 한국비 평문학회.

김해영(1994). 詳定古今禮와 高麗朝의 祀典. 《국사관논총》55집. 국사편찬위원회.

김해영(2003). 《朝鮮初期 祭祀典禮 硏究》. 집문당.

김해용(2010). 학규를 통해 본 조선시대 서원 교육과정의 변천. 한국교원대 교육대학원 석사 논문.

김해정(1996). 사서언해의 비교 연구. 국민대 대학원 박사 논문.

김해정(1998). 《계몽편언해》의 비교연구: 전주본과 서울본의 비교. 《국어문학》33집. 국어문학회.

김해정(2006). 《사서언해의 비교연구》. 보고사.

김향금(1994). 언간의 문체론적 연구. 서울대 대학원 석사 논문.

김혁(2000). 장서각 소장 등록의 문헌학적 특징. 《장서각》4집. 한국정신문화연구원.

김혁(2001). 《동국신속삼강행실도》의 구성과 편찬 과정. 《서지학보》25호. 한국서지학회.

김혁(2002). 조선후기 중앙관청 기록물에서 등록의 위상. 《서지학보》26호. 한국서지학회.

김혁(2008). 조선시대 혼서(婚書)의 서식 변화를 통해서 본 혼례의 양상. 《영남학》13호. 경북대 학교 영남문화연구원.

김혁배(1987). 18. 19세기 한글 소설의 유통. 《문학과 언어》8권 1호. 문학과 언어연구회.

김현룡(1964). 제문(祭文)에 관한 연구 - 내방가사의 한 갈래로서. 《문호》3집. 건국대학교 국어 국문학회.

김현미(2007). 《18세기 연행록의 전개와 특성》. 혜안.

김현숙(2017). 19세기 양반 여성의 사회적 관계와 그 양상. 《안동김씨 가문의 "경술일기"를 중심으로〉.《이화사학연구》55집. 이화사학연구소.

김현인(1991). 내방가사 연구: 호소 대상에 따른 분류. 전남대 교육대학원 석사 논문.

김현정(2006). 高宗 辛丑進饌·進宴儀軌에 나타난 服飾 比較 硏究. 성균관대학교 대학원 석사 논문.

김현주(2007).《고전문학과 전통회화의 상동구조》. 보고사.

김현주·박무영·이연숙·허남린 편(2016).《두 조선의 여성: 신체·언어·심성》. 혜안.

김형규(1957).《국어사: 국어사급국어학사》. 백영사.

김형규(1962). 국어사 연구. 서울대학교 대학원 박사 논문.

김형규(1962).《국어사연구》. 일조각.

김형규(1975).《국어사개론》. 일조각.

김형주(1996).《우리말 발달사》. 세종출판사.

김형철(1997).《개화기 국어 연구》. 경남대 출판부.

김형효(1989).《구조주의 사유체계와 사랑》. 인간사랑.

김혜숙 편(1997).《언어의 이해》. 태학사.

김혜숙(2005). 사회언어학 연구와 국어교육의 연계성 - 국어교육에 미치는 사회언어학적 영향을 중심으로.《국어국문학》141. 국어국문학회.

김혜영(2007).《계축일기》의 서사적 특성. 성균관대학교 교육대학원 석사 논문.

김호 옮김(2003).《신주무원록: 억울함을 없게 하라》. 사계절.

김호(2013). 조선 후기 의서들, 실용지학의 정점에 이르다 -《동의보감》에서.《언문후생록》. 규장각한국학연구원 편.《실용서로 읽는 조선》. 글항아리.

김호동(2000). 麗末鮮初 鄕校敎育의 강화와 그 경제적 기반의 확보과정.《대구사학》61집. 대구사학회.

김호일 글·유남해 그림(2000).《한국의 향교》. 대원사.

김홍식(1989).《(朝鮮時代)封建社會의 基本構造》. 박영사.

김효경(2003). 18세기 간찰교본《簡式類編》연구.《장서각》9집. 한국학중앙연구원.

김효주(2011).《쇄미록(瑣尾錄)》에 나타난 16세기 사대부 오희문의 삶과 교육관. 건국대학교 교육대학원 석사 논문.

김효중(2001). 문학 번역의 새로운 패러다임.《비교문학》27집. 한국비교문학회.

김훈식(1998).《三綱行實圖》보급의 社會史的 考察.《진단학보》85. 진단학회.

김홍규 외(2000). 한국한문소설목록.《고소설연구》9집. 한국고소설학회.

나균용(1980). 한글번역 新約聖書의 內容 比較 硏究.《신학과선교》6. 서울신학대학.

나정순 외(2002).《규방가사의 작품세계와 미학》. 역락.

나정순(1995). 내방가사의 문학성과 여성 인식.《고전문학연구》10. 한샘출판주식회사.

나정순(2000). 전의 이씨 제문과《절명사》의 상관성 고찰.《한국고전여성문학연구》1집. 한국고전여성문학회.

나정순(2008). 규방가사의 본질과 경계.《한국고전여성문학연구》16. 한국고전여성문학회.

나채운(2010). 개신교과 만난 한글.《나라사랑》119. 외솔회.

남경란(1999).《五大眞言(오대 진언)》《靈驗略抄(영험 약초)》의 국어학적 연구.《한국전통문화연구》13. 대구효성가톨릭대학교한국전통문화연구소.

남경란(2005).《칠대만법》의 저본과 국어학적 특성.《국학연구》7집. 한국국학진흥원.

남경란(2006).《사서언해》의 국어학적 고찰:《논어언해》의 어휘를 중심으로.《민족문화논총》34집. 영남대학교 민족문화연구소.

남광우(2017).《산성일기연구》: 낙선제문고본을 중심으로.《동대어문》1. 동덕여자대학국어국문학과.

남기탁(1979). 동국신속 삼강행실의 국어학적 연구: 동국삼강행실과 삼강행실도의 비교 고찰을 중심으로. 고려대 교육대학원 석사 논문.

남동걸(2011). 조선시대 누정가사 연구. 인하대 대학원 박사 논문.

남은경(2009). 선약해의《심양일기》: 병자호란 전 조선 무신의 후금에 대한 정탐 일기.《동양고전연구》34집. 동양고전학회.

남정효(2002). 조선초기《삼강행실도》를 통해본 열녀정책. 숙명여대 교육대학원 석사 논문.

남풍현(1996). 언어와 문자.《조선시대 생활사》(한국고문서학회 엮음). 역사비평사.

노경미(2006). 조선시대 사대부의 한글 간찰 연구. 경기대 전통예술대학원 석사 논문.

노경자(2010). 순천김씨묘 출토 언간 연구. 부산대 대학원 석사 논문.

노경자(2020). 한글편지에 반영된 왕실 여성의 정치 참여와 욕망 : 순원왕후와 명성황후를 중심으로. 부산대 대학원 박사 논문.

노대환(2005). 조선후기 실학자들의 서학서 읽기.《한국사 시민강좌》37. 일조각.

노연숙(2007). 개화계몽기 국어국문운동의 전개와 양상 - 언문일치를 둘러싼 논쟁을 중심으로.《한국문화》40. 서서울대 규장학한국학연구소.

노용필(2009). 연구논문: 조선후기 천주교 한글 필사본 교리서의 유통.《인문논총》23권0호. 경남대학교 인문과학연구소.

노태조(1990).《三綱行實圖》유통 관계.《논문집》11. 대전보건전문대학.

노태조(1999). 삼국유사와 삼강행실도의 효행전기 대비 연구.《어문연구》31. 어문연구학회.

농촌생활연구소(2003).《(규합총서의) 전통생활기술집》. 농촌진흥청 농업과학기술원 농촌생활연구소.

도민재(1998). 朝鮮前期 禮學思想 硏究. 성균관대학교 대학원 박사 논문.

도수희(1995). 애도문에 나타난 16세기 국어.《어문논집》4·5. 충남대 국문과.

려증동(1977). 19세기 한자 - 한글 섞어 쓰기 줄글에 대한 연구.《한국언어문학》15집. 한국언어
　　　문학회.

렴종률(1980).《조선어문법사》평양: 김일성종합대학출판사(영인: 1989). 탑출판사.

루샤오핑 저/조미원 외 역(2001).《역사에서 허구로》. 길.

류 렬(1992).《조선말력사 1·2》. 평양: 사회과학출판사(한국문화사. 1994. 영인).

류경숙(1996). 조선조 여성 제문 연구. 충남대학교 박사 논문.

류부현(2009).《동몽선습》의 저자에 관한 연구.《한국도서관·정보학회지》40권 3호. 한국도서
　　　관·정보학회.

류준경(2005). 서민들의 상업출판, 방각본.《한국사 시민강좌》37. 일조각.

류준경(2006).《한국의 고전을 읽는다 3》. 휴머니스트.

류준경(2007).《의유당관북유람일기》의 텍스트 성격과 여성문학사적 가치.《한국문학논총》45
　　　집. 한국문학회.

류준경(2016).(亡者)에 대한 여성과 남성의 기록. 그 차이와 층위: 의유당의《숙부인이씨행록》과
　　　《숙부인이씨유사》및 박윤원의《숙부인연안이씨애사》를 검토하다.《국문학연
　　　구》33호. 이회문화사.

류준필(2003). 구어의 재현과 언문일치.《문화과학》33. 문화과학사.

류춘규(2009). 儒敎式 祭祀의 傳承과 祭文 硏究 - 慶北地域 宗家를 中心으로. 경원대학교 박사 논문.

류칠선·이연규(2003).《계몽편》에 나타난 유아탐구생활 지도의 교육적 의의.《논문집》29집.

류탁일(1974). 초간 삼강행실도에 대하여.《국어국문학》11. 부산대학교국어국문학회.

류탁일(1988). '덴동어미'의 비극적 일생.《권영철 박사 화갑기념논문집》. 효성여대출판부.

류탁일(1989).《한국문헌학연구 - 국문학연구의 기초》. 아세아문화사.

류해춘(2009).《가사문학의 이해》. 보고사.

류해춘(2015). 규방가사에 나타난 놀이문화와 경제활동.《국학연구론총》15. 택민국학연구원.

리득춘·리승자·김광수(2006).《조선어발달사》. 역락.

리성무(1991). 呂氏鄕約과 朱子增損呂氏鄕約.《진단학보》. 진단학회.

맹택영(1978). 諺解書의 史的 考察.《논문집》15집. 청주교육대학교.

모봉남 저/파전한국학당 편(1998).《엄마의 가사문학》. 신지서원.

무악고소설 자료연구회 편(2001).《한국고소설관련자료집 I》. 태학사.

문미희(2012). 빙허각 이씨(憑虛閣 李氏)의 여성교육관.《한국교육학연구》18권1호. 안암교육학회.

문범두(1996).《석주 권필 문학의 연구》. 국학자료원.

문영진(1982). 改譯 이외의 한글 譯本들.《기독교사상》283. 대한기독교서회.

문영호 외(2014).《한글이 걸어온 길》(국립한글박물관 전시 도록). 국립한글박물관.

문옥표·정양완·최제숙·이충구(1999~2000).《朝鮮時代 冠婚喪祭》1~5. 한국정신문화연구원.

문일평(1935). 사안(史案)으로 본 조선(朝鮮).《호암전집》2권. 재수록: 독서신문사 엮음(1985).
《한국사를 빛낸 명 논설》. 민성사.

문진명(2012). 국어생활사 자료 선정에 대한 연구. 고려대학교 교육대학원 석사 논문.

문화재관리국(1993).《重要民俗資料 指定報告書(晋州 河氏墓 出土 遺物)》. 문화재관리국.

문화체육관광부 편(2011).《한글고문서를 통해 본 조선 사람들의 삶》. 문화체육관광부.

문희순(2010). 남평 조씨 3년 9개월의 家政과 인간경영:《병자일기》중심으로.《한국언어문학》
75집. 한국언어문학회.

문희순(2012). 동춘당 송준길가 소장 한글편지에 반영된 생활문화.《인문학연구》89권. 충남대
학교 인문과학연구소.

문희순(2013). 17세기 여성 CEO 조애중(曹愛重)의 인간경영.《도서관》387호. 국립중앙도서관.

문희순(2015). 근대격동기 몰락 양반가 여성 양주조씨 노년의 삶과《화병》.《한국고전여성문학
연구》30권. 한국고전여성문학회.

문희순(2017). 동춘당 송준길가 300년. 소장 한글편지의 현황과 삶의 모습.《어문연구》91권.
어문연구학회.

민관동(2001).《중국고전소설사료총고》. 아세아문화사.

민신기·이견실(2010). 동국신속삼강행실도(東國新續三綱行實圖)에 나타난 시각 기호의 이데올
로기에 대한 연구: 롤랑바르트의 신화론 중심으로.《디지털디자인학 연구》26호.
한국디지털디자인협의회.

민영대(1978). 癸丑日記 연구. 숭전대학교 대학원 석사 논문.

민영대(1983). 계축일기의 허구성, 1: 인물을 중심으로.《한남어문학》9. 10. 한남대학국어국문
학회.

민영대(1990).《계축일기 연구》. 한남대학교 출판부.

민영대(1993). 계축일기.《고전소설연구(황패강교수 정년퇴임기념논총)》. 일지사.

민영진(1980). 개역 한글판 성서 의 편집 특징 및 사용된 부호들.《기독교사상》259. 대한기독교서.

민족문학사연구소 고전소설사연구반(2013).《서사문학의 시대와 그 여정 - 17세기 소설사》. 소
명출판.

민족문학사연구소 편(2017).《한국고전문학작품론 2: 한글 소설 - 여성과 대중이 사랑한 폭넓고 다채로운 서사》. 휴머니스트.

민찬(1986). 여성 영웅소설의 출현과 후대적 변모. 서울대 대학원 석사 논문.

민찬(1993). 서대주전의 후대적 변모와 그 의미.《대전어문학》10집. 대전대 국어국문학회.

민현식(1999).《국어 정서법 연구》. 태학사.

민현식(2004). 국어문화에 나타난 종교문화의 요소.《한국언어문화학》1권 2호. 국제한국언어 문화학회.

민현식(2011). 한국어의 발달과 성서의 영향.《한글 성경이 한국 교회와 사회, 국어 문화에 끼친 영향》(한글 성경 완역 및 출간 100주년 기념 학술 심포지엄 자료집). (재)대한성서공회.

민현식(2016). 한글문화의 정신사.《한국언어문화학》13권 3호. 국제한국언어문화학회.

박 주(2000).《조선시대의 효와 여성》. 국학자료원.

박경신(1990).《丙子日記》연구.《국어국문학》104. 국어국문학회.

박경신(1991).《丙子日記》의 수필적 성격.《울산어문논집》7. 울산대학교국어국문학과.

박경신(2010).《丙子日記》에 나타난 1630년대 후반의 民俗.《울산어문논집》9. 울산대학교국어 국문학과.

박경신(2016).《丙子日記》에 나타난 17세기 중엽 사대부집안 제사의 양상과 의미.《진단학보》 127호 진단학회.

박경연(1999). 時代 初學敎材로서의《明心寶鑑》硏究. 서울대 대학원 석사 논문.

박경주(2007).《규방가사의 양성성》. 월인.

박경주(2013). 규방가사가 지닌 소통과 화합의 문학으로서의 특성 고찰.《어문학》119. 한국어 문학회.

박경주(2017). 화전가와 여성기행가사의 놀이와 여행 체험에 나타난 여성의식 비교.《한국고전 여성문학연구》34. 월인.

박광현(2000). 언어적 민족주의 형성에 관한 재고 - '국문'과 '조선어'의 사이.《한국문학연구》23 집. 동국대학교 한국문학연구소.

박근필(2002).《병자일기》를 통해 본 17세기 기후와 농업. 경북대학교 대학원 박사 논문.

박대복(2000). 조선조 서사문학에 수용된 저주와 천관념 I :《사씨남정기》·《계축일기》·《인현왕 후전》을 중심으로.《한국어문교육연구회》108. 한국어문교육연구회.

박대복(2000). 조선조 서사문학에 수용된 저주와 천관념(I).《어문연구》108권. 어문연구학회.

박대복(2001). 조선조 서사문학에 수용된 저주와 천관념 II :《사씨남정記》·《癸丑日記》·《仁顯王 后傳》을 中心으로.《한국어문교육연구회》109. 한국어문교육연구회.

박만일(1989). 강원도 규방가사(자료) - 남매가. 《강원문화연구》 9. 강원대학교.

박무영 외(2004). 《조선의 여성들, 부자유한 시대에 너무나 비범했던》. 돌베개.

박무영(2010). 사라진 목소리를 찾아서: 조선의 여성의 삶, 다시 보고 다시 읽기. 규장각한국학 연구원 편(2010). 《조선 여성의 일생》. 글항아리.

박문성(1991). 《오륜행실도》를 중심으로 한 《삼강행실도》《동국신속삼강행실도》《이륜행실도》 비교. 《대전어문학》 8. 대전대학교 국어국문학회.

박미엽(1998). 한글 필사본 《여항소설》의 표기 연구. 《국어문학》 33집. 국어문학회.

박미엽(1999). 19세기 말 20세기 초 한글 필사본 고소설의 언어적 특성. 전북대 대학원 석사 논문.

박미해(2008). 교적 젠더 정체성의 다층적 구조: 《미암일기》, 《묵재일기》, 《쇄미록》, 《병자일기》 를 중심으로. 《사회와역사》 79호. 한국사회사학회.

박병근(2004). 내방가사 중 계녀가류와 탄식가류의 작품내용 연구. 충남대 교육대학원 석사 논문.

박병채(1967). 한국문자발달사. 《한국문화사 대계》 5. 고려대 민족문화연구소.

박병채(1985). 문자 발달사상에서 본 한글. 《국어생활》 3. 국어연구소.

박병채(1989). 《국어발달사》. 세영사.

박병천(1983). 《한글궁체연구》. 일지사.

박병천(2003). 조선시대 언간 서체의 조형성과 작품화 경향 고찰. 《조선시대 한글 서간의 서예 적 재조명》. 세종한글서예큰뜻모임·세종대왕기념사업회·한글학회.

박병천·정복동·황문환(2013). 《조선 시대 한글편지 서체자전》 1·2. 도서출판 다운샘.

박병호(1974). 《한국법제사고 - 근세의 법과 사회》. 법문사.

박병호(1985). 《한국의 전통사회와 법》. 서울대학교 출판부.

박병호(2006). 고문서 연구의 현황과 과제. 《영남학》 10호. 경북대학교 영남문화연구원.

박부자(2007). 은진 송씨 송준길 후손가 언간의 서지: 정리자 및 정리 시기에 대한 검증. 《돈암 어문학》 20집. 돈암어문학회.

박부자(2008). 송준길 후손가의 언간첩 《先世諺讀》에 대한 고찰. 《한국고전여성문학연구》 17 호. 한국고전여성문학회.

박부자(2008). 은진 송씨 송준길 후손가 언간의 서지 - 정리자 및 정리 시기에 대한 검증. 《돈암 어문학》 20집. 돈암어문학회.

박상란(2005). 《여성과 고소설, 그리고 문학사》. 한국학술정보.

박선영(2013). 근대계몽기 여성교육용 독본과 가치 혼재 양상. 《한국문예비평연구》 42권. 한국 현대문예비평학회.

박수밀(2007). 18세기, 재현과 진실의 가능성. 《한국언어문화》 33. 한국언어문화학회.

박순임(2004). 은진 송씨 언간에 대하여. 《한국간찰자료선집 IV: 회덕 은진송씨 동춘당송준길후 손가편 I 》. 한국정신문화연구원.

박승원(2007). 《순천 김씨 언간》의 텍스트성 연구. 가톨릭대 대학원 박사 논문.

박애경(2015). 근대 초기 공론장의 형성과 여성주체의 글쓰기 전략. 《한국고전여성문학연구》 31권. 한국고전여성문학연구.

박여성(2017). 한국 요리텍스트 '음식디미방'의 문화교육적 가치 탐색. 《교육문화연구》 23권. 인 하대학교 교육연구소.

박연호(1993). 애정가사의 구성과 전개방식. 고려대 석사 논문.

박연호(1997). 조선후기 교훈가사 연구. 고려대 박사 논문.

박연호(2003). 《가사문학 장르론》. 다운샘.

박연호(2003). 《교훈가사 연구》. 다운샘.

박연호(2003). 조선후기 가사의 장르적 특성. 《한국시가연구》 13집. 한국시가학회.

박연호(2015). 《가려 뽑은 가사: 우리가 정말 알아야 할 우리 고전》. 현암사.

박연호(2015). 고전문학의 교육 목적과 가사문학 교육 방안. 《한국시가연구》 38집. 한국시가학회.

박연효(1978). 《계축일기》와 당시 한문 일기의 대비연구. 서울대학교 대학원 석사 논문.

박영민(2016). 빙허각(憑虛閣) 리씨(李氏)의 《청규박물지(淸閨博物志)》 저술과 새로운 여성지식 인의 탄생. 《민족문화연구》 72권. 고려대학교 민족문화연구원.

박영섭(2006). 《태산집요언해 한자 대역어 연구》. 박이정.

박영옥(1976). 《이조여성사》. 한국일보사.

박영준 외(2002). 《우리말의 수수께끼》. 김영사.

박영태·하수연·임경순(2009). 조선시대 《동몽선습》과 제7차 《유치원 교육과정》 비교 연구. 《석 당논총》 44집. 동아대학교 석당학술원.

박영환(2013). 《계축일기》에 나타난 주술의 양상과 서사적 의미 연구. 《문창어문논집》 50집.

박영환(2014). 《계축일기》에 나타난 주술의 양상과 서사적 의미 연구. 부산대학교 대학원 석사 논문.

박영희(1996). 봉래신설 연구. 《한국고전연구》 2. 한국고전연구학회.

박옥주(2000). 獨詣와 泯沒: 조선시대 여성의 학문 - 著庵 兪漢雋 允擊堂鎬序. 《문헌과해석》 12 호. 문헌과해석사.

박옥주(2000). 빙허각 이씨의 《규합총서》에 대한 문헌학적 연구. 《한국고전여성문학연구》 창간 호. 한국고전여성문학연구.

박옥주(2001). 풍양조씨의 ㅈ긔록 연구. 《한국고전여성문학연구》 3. 한국고전여성문학회.

박요순(1970). 한중록에 견줄 이조여류문학의 백미 - 《규한록》 해제. 《문학사상》 6. 문학사상사.

박요순(1970). 호남지방의 여류가사 연구. 《국어국문학》 48호. 국어국문학회.

박요순(1974). 윤고산(尹孤山)의 언간찰(諺簡札)에 대하여. 《숭전어문학》 3. 숭전대학교.

박요순(1992). 명성황후 언간찰. 《한국고전문학신자료연구》. 한남대학교 출판부.

박용식(2001). 삼강행실도 〈언해〉 효자도 이야기의 구조 분석 시론. 《경상어문》 7. 경상어문학회.

박용옥 외(1988). 《한국여성연구1: 종교와 가부장제》. 청하.

박유진(2016). 국어과 교과서의 여성가사 수록 현황과 대안의 모색: 여성주의 관점에서. 《국어 교육학연구》 51. 국어교육학회.

박윤미(2007). 장서각 도서의 표장직물에 관한 고찰. 《아시아민족조형학보》 7집. 아시아민족조 형학회.

박은봉(2007). 《한국사 상식 바로잡기》. 책과함께.

박은식(1972). 제문: 悼陳亡將士諸公之靈同. 《나라사랑》 8. 외솔회.

박은향(2004). 조선 후기 한글 음식조리서 《주방문》의 음운 연구. 경북대학교 대학원 석사 논문.

박인희 옮김(2017). 《방주전》. 지식을만드는지식.

박일용(1993). 《조선시대의 애정소설 - 사실과 낭만의 소설사적 전개양상》. 집문당.

박일용(1994). 《홍길동전》의 문학적 의미 재론. 《고전문학연구》 9집. 한국고전문학회.

박일용(2003). 현몽쌍룡기의 창작 방법과 작가의식. 《정신문화연구》 26권3호.

박재만(1997). 제문가사 연구. 중앙대 대학원 석사 논문.

박재연(2008). 조선시대 재자가인소설의 전래와 수용: 새로 발굴된 《백규지》를 중심으로. 《중국 어문학논집》 51. 중국어문학연구회.

박재연(2008). 진주 유씨가 묘 출토 언간의 어휘론적 고찰. 《동방학지》 42집. 연세대학교 출판부.

박정숙(1996). 世祖代 刊經都監의 설치와 佛典 刊行. 부산대학교 대학원 석사 논문.

박정숙(2000). 화전가류 내방가사 연구. 계명대 교육대학원 석사 논문.

박정숙(2012). 조선시대 한글 여류 명필 열전 - 조선시대 서사상궁의 생애와 글씨. 《월간서예》 8 월호. 미술문화원.

박정숙(2012). 조선시대 한글 여류 명필 열전 - 추사의 모친 기계 유씨의 생애와 글씨세계. 《월 간서예》 2월호. 미술문화원.

박정숙(2013). 조선시대 한글명필 열전 - 인현왕후의 외조부 동춘당 송준길의 생애와 글씨 세 계. 《월간서예》 5월호. 미술문화원.

박정숙(2013). 조선시대 한글명필 열전 - 선조의 생애와 글씨 세계. 《월간서예》 6월호. 미술문화원.

박정숙(2013). 조선시대 한글명필 열전 - '조선의 명필가'로 손꼽히는 효종대왕의 생애와 글씨

세계. 《월간서예》 7월호. 미술문화원.

박정숙(2013). 조선시대 한글명필 열전 - 정이 듬뿍 넘치는 글씨를 쓴 현종의 생애와 글씨 세계. 《월간서예》 8월호. 미술문화원.

박정숙(2013). 조선시대 한글명필 열전 - 청계 임영의 생애와 글씨 세계. 《월간서예》 3월호. 미술문화원.

박정숙(2014). 조선시대 (18세기) 왕실 '한글 필사류 자료'의 서예적 고찰(도록 해제). 문영호 엮음 (2014). 《곤전어필, 정조어필한글편지첩, 김씨부인한글상언》(국립한글박물관 소장자료총서1). 국립한글박물관.

박정숙(2014). 조선시대 한글명필 열전 - 은거(隱居)로 생을 마친 문신·서화가 석촌(石邨) 윤용구(尹用求)의 생애와 글씨 세계. 《월간서예》 1월호. 미술문화원.

박정숙(2017). 《(편지로 꽃피운 사랑과 예술) 조선의 한글 편지》. 다운샘.

박정신(2011). 한글성서. 이 땅에서 소통의 혁명을 일으키다. 《새가정》 637호. 새가정사.

박정은(2010). 《계축일기》의 소설적 특성 연구. 조선대학교 교육대학원 석사 논문.

박제가/안대회 옮김(2003). 《북학의 - 조선의 근대를 꿈꾼 사상가 박제가의 개혁 개방론》. 돌베개.

박종국(1996). 《한국어 발달사》. 문지사.

박종국(2009). 《한국어 발달사 증보》. 세종학연구원.

박주(1992). 《東國新續三綱行實圖》 열녀도의 분석. 《여성문제연구》 20. 효성여자대학 한국여성문제연구소.

박주(2000). 《조선시대의 효와 여성》. 국학자료원.

박준석(1996). 16세기 청주 북일면 김씨묘 간찰의 선어말 어미. 동국대 대학원 석사 논문.

박준호(2014). 세종대왕, 한글문화 시대를 열다. 문영호 엮음. 《세종대왕, 한글문화 시대를 열다》(국립한글박물관 개관 기념 특별전). 국립한글박물관.

박준호(2018). 조선후기 평민 여성의 한글 소지(所志) 글쓰기. 《국학연구》 36집. 한국국학진흥원.

박지선(1995). 김창업의 《노가재연행록》연구. 고려대 박사학위논문.

박지원/박희병 옮김(2005). 《고추장 작은 단지를 보내며》. 돌베개.

박지원/최홍규 역주(1987). 《(國譯)課農小抄》. 아세아문화사.

박지홍(1982). 실학파의 언어·문자관과 그 자료 - 북학파를 중심으로. 《부산한글》 창간호. 한글학회 부산지회.

박진수(2007). 한국·일본의 소설과 '언문일치체' - 근대적 시점과 서술양식의 형성과정. 《일본학연구》 21. 단국대학교 일본연구소.

박찬부(1996). 《현대 정신분석 비평》. 민음사.

조선시대 여성과 한글 발전

박찬부(2007).《기호, 주체, 욕망》. 창비.

박창원(1998). 한국인의 문자생활사.《동양학》28. 단국대학교부설동양학연구소.

박창해(1985). 로스《예수셩교젼셔》에 쓰인 한국어의 문법구조.《한글성서와 겨레문화》. 기독교문사.

박채린(2015). 신창 맹씨 종가《자손보전》에 수록된 한글조리서 '최씨 음식법'의 내용과 가치.《한국식생활문화학회지》30권2호. 한국식생활문화학회.

박철상(2015). 조선본《열녀전》의 서지적 의미. 문영호 엮음(2015).《열녀전: 여러 여성들의 이야기》(소장자료총서 2). 국립한글박물관.

박현숙(2009). 조선시대 사대부들의 여성문학 인식.《한국사상과 문화》47집. 한국사상문화연구원.

박형우(2006). 국어교육에서의 한글 교육.《청람어문교육》34. 청람어문교육학회.

박혜숙 편역(2011).《덴동어미화전가》. 돌베개.

박혜숙(1992). 여성문학의 시각에서 본 '덴동어미화전가'.《인제논총》8. 인제대학교.

박혜숙(2001). 여성적 정체성과 자기서사 - 조긔록과 규한록의 경우.《고전문학연구》20권. 한국고전문학회.

박혜숙(2011). 주해(註解)《덴동어미화전가》.《국문학연구》24호. 국문학회.

박혜숙(2018).《덴동어미화전가》의 작자 문제.《국문학연구》38호. 국문학회.

박혜숙·최경희·박희병(2002). 한국여성의 자기서사(1).《여성문학연구》7. 한국여성문학학회.

박혜정(2003). 천주교 수용기의 女性入教와 童貞女의 활동. 조선대학교 교육대학원 석사 논문.

박희병(1998). 한문소설과 국문소설의 관련양상.《한국한문학연구》22집. 한국한문학회.

방상근(2002). 병인박해기 천주교 여성 신자들의 존재 형태와 역할.《교회사연구》19. 한국교회사연구소.

방상근(2010). 18세기 말 조선 천주교회의 발전과 세례명.《한국교회사연구》34권. 한국교회사연구소.

방상근(2010). 기해일기에 대한 기초적 연구.《한국교회사연구》12권. 한국교회사연구소.

방종현(1946). 訓民正音史略.《한글》97. 한글학회.

방종현(1948).《訓民正音通史》. 일성당서점.

방종현(1963). 朱子增損呂氏鄕約.《일사국어학논집》. 민중서관.

방진수(1949).《朝鮮文字發展史》. 대양프린트사.

배근숙(2005). 조선시대 한글 여류수필에 나타난 여성의식에 관한 연구. 건국대학교 교육대학원 석사 논문.

배미정(2003). 朝鮮 後期 尺牘文學의 流行과 그 背景: 申靖夏를 중심으로. 한국정신문화연구원 한국학대학원 석사 논문.

배상현(1991).《朱子家禮》와 그 朝鮮에서의 行用過程.《동방학지》70집. 연세대학교 국학연구원.

배상현(1991). 朝鮮朝 畿湖學派의 禮學思想에 관한 연구. 고려대학교 박사 논문.

배영동(2012).《음식디미방》저자 실명 '장계향(張桂香)'의 고증과 의의.《실천민속학연구》19호. 실천민속학회.

배영동(2014). 16~17세기 안동문화권 음식조리서의 등장 배경과 역사적 의의.《남도민속연구》29집. 남도민속학회.

배영동(2017). 17세기 장계향의 삶과 조리지식의 현대 문화자원화 과정.《비교민속학》63. 비교민속학회.

배현숙(1984). 조선에 전래된 천주교 서적.《교회사 논문집》I : 한국 천주교회 창설 200주년 기념. 한국교회사연구소.

백기숙(1991). 內房歌辭에 나타난 女性意識 연구. 단국대 대학원 석사 논문.

백낙천(2006). 언간의 종결어미 형태:《순흥 안씨 언간》을 중심으로.《한국사상과 문화》32집. 수덕문화사.

백낙천(2006). 조선 후기 한글 간찰의 형식과 내용.《한말연구》18호. 박이정.

백낙천(2007). 국어 생활사 자료로서의 언간의 특징.《한국언어문화》34집. 한국언어문화학회.

백두현(1993). 窮儒寒士本 孟子諺解에 대하여.《용연어문논집》6집. 용연어문학회.

백두현(1997ㄱ). 17세기초의 한글편지에 나타난 생활상.《문헌과해석》1. 문헌과해석사.

백두현(1997ㄴ). 晉州 河氏墓 出土《玄風 郭氏 諺簡》判讀文.《어문론총》31. 경북어문학회.

백두현(1998). 현풍 곽씨 언간에 나타난 17세기의 習俗과 儀禮.《문헌과해석》3. 문헌과해석사.

백두현(1999). 17세기의 현풍 곽씨 언간에 나타난 민간 신앙.《문헌과해석》6. 문헌과해석사.

백두현(2000). 현풍 곽씨 언간의 音韻史的 연구.《국어사자료연구》창간호. 국어사자료학회.

백두현(2001ㄱ). 음식디미방〈閨壼是議方〉의 내용과 구성에 대한 연구.《嶺南學》1호. 경북대학교 영남문화연구원.

백두현(2001ㄴ). 조선시대의 한글 보급과 실용에 관한 연구.《진단학보》92호. 진단학회.

백두현(2003ㄱ).《현풍곽씨언간 주해》. 태학사.

백두현(2003ㄴ). 취암문고 소장 국어사 자료의 연구.《영남학》3호. 경북대학교 영남문화연구원.

백두현(2003ㄷ). 현풍 곽씨 언간을 통해서 본 언간의 세계.《조선시대 한글 서간의 서예적 재조명》. 세종한글서예큰뜻모임·세종대왕기념사업회·한글학회.

백두현(2004). 조선 시대 여성의 문자 생활 연구: 조선왕조실록 및 한글 필사본을 중심으로.《진단학보》97호. 진단학회.

백두현(2005). 조선시대 여성의 문자생활 연구 - 한글편지와 한글 고문서를 중심으로. 《어문논총》42. 한국문학언어학회.

백두현(2006ㄱ). 조선시대 여성의 문자생활 연구 - 한글 음식조리서와 여성 교육서를 중심으로. 《어문론총》45권. 한국문학언어학회.

백두현(2006ㄴ). 국어사 문헌의 내용 구성과 이판본의 변이 연구. 최남희 외 편저. 《국어사와 한자음》. 박이정.

백두현(2006ㄷ). 국어사 연구의 새로운 방향 설정을 위하여. 《국어학》74집. 국어학회.

백두현(2006ㄹ). 안동 권씨가 남긴 한글 분재기(分財記): 안동 권씨가 짓고 9대손 최완구가 번역한 한글 분재기. 《문헌과 해석》36호. 문헌과해석사.

백두현(2006ㅁ). 《음식디미방》주해. 글누림.

백두현(2007). 한글을 중심으로 본 조선시대 사람들의 문자생활. 《서강인문논총》22집. 서강대학교 인문과학연구소.

백두현(2008). 계명대학교 동산도서관 소장 국어사 자료의 가치. 《한국학논집》37집. 계명대학교 한국학 연구소.

백두현(2009). 훈민정음을 활용한 조선시대의 인민 통치. 《진단학보》108호. 진단학회.

백두현(2010). 어문생활사로 본 언간과 한글고문서의 연구 방법. 《국어사연구》10호. 국어사학회.

백두현(2011). 《한글편지로 본 조선시대 선비의 삶》. 역락.

백두현(2014). 한글 창제와 세종정신. 문영호 엮음. 《세종대왕, 한글문화 시대를 열다》(국립한글박물관 개관 기념 특별전). 국립한글박물관.

백두현(2015). 소통의 관점에서 본 조선 시대의 한글편지. 문영호 엮음(2015). 《한글편지 시대를 읽다》. 국립한글박물관.

백성호 글/권혁재 사진(2014). 《인문학에 묻다, 행복은 어디에: 17명의 대표 인문학자가 꾸려낸 새로운 삶의 프레임》. 판미동.

백순철(2001). 규방가사의 작품세계와 사회적 성격. 고려대 대학원 박사 논문.

백순철(2016). 근현대의 여성의 가사들: 은촌 조애영의 《한양비가漢陽悲歌》, 《학생의거혁명가》. 《오늘의 가사문학》10. 고요아침.

백순철(2017ㄱ). 《규방가사의 전통성과 근대성》. 고려대민족문화연구원.

백순철(2017ㄴ). 가사문학 교육의 방법론적 전망: 지역성과 젠더를 중심으로. 《한국시가문화연구》39. 한국시가문화학회.

백승종(2008). 16세기 조선사회의 젠더 문제와 성리학 - 송덕봉이란 여성의 입장에서 살핌. 《역사학보》197집. 역사학회.

백인자(1993). 조선전기 가사의 서정성 연구. 이화여자대 대학원 석사 논문.

백진우(2009). 한문 야담문학 속 논평의 양상과 기능에 대하여. 《고전과 해석》6집. 고전문학한
　　　문학 연구학회.

변순희(1999). 일기체 문학《병자일기》연구. 울산대학교 교육대학원 석사 논문.

변혜정(2002). 내방가사의 효율적인 지도방안 연구:《규원가》를 중심으로. 성신여자대 교육대
　　　학원 석사 논문.

부길만(2011). 문서 선교와 한글 보급. 《시와문화》17호(봄호). 시와문화사.

부유섭·강문종(2007). 《기각한필(綺閣閒筆)》연구. 《고전문학연구》32권. 한국고전문학회.

비숍/신복룡 역(2000). 《조선과 그 이웃 나라들(한말외국인기록 21)》. 집문당.

사재동 편(1995). 《한국서사문학사의 연구 Ⅴ》. 중앙문화사.

사재동(1964). 내방가사 연구서설. 《한국언어문학》2. 한국언어문학회.

사재동(1972). 충남지방의 내방가사연구. 《어문연구》8. 충남대 어문연구회.

사재동(1977). 《불교계 국문소설의 형성과정 연구》. 아세아문화사.

사재동(1993). 불교계 국문소설의 형성·전개. 소재영 편. 《고소설사의 제 문제》. 집문당.

사재동(2006). 서포 금만중의 문화사적 위상. 《한국사상과 문화》34집. 수덕문화사.

사재동(2010). 훈민정음 창제·실용의 불교문화학적 고찰. 《국학연구론총》5집. 택민국학연구원.

사회과학원 역사연구소(1988). 《조선문화사》. 평양: 사회과학원 역사연구소(미래사 영인: 1988).

山田恭子(1999). 《癸丑日記》연구. 한국정신문화연구원 한국학대학원 석사 논문.

상종열(2002). 《도해 조선왕조실록》. 이다미디어.

서거정 지음·박경신 옮김(2011). 《태평한화골계전》. 커뮤니케이션북스.

서경희(2006). 김씨 부인 상언을 통해 본 여성의 정치성과 글쓰기. 《한국고전여성문학연구》12.
　　　한국고전여성문학회.

서경희(2006). 이봉상 사건의 전승과 의의. 《한국고전연구》14. 한국고전연구학회.

서경희(2013). 개인 필사본 한글 소설의 독자 취향과 향유 방식 -《소약란직금회봉》을 중심으
　　　로. 《온지논총》34권. 온지학회.

서글희(2006). 조선시대 여성의 생활상을 다룬 규방가사 연구. 아주대 교육대학원 석사 논문.

서상규 편저(2017). 《불교화 한글, 한국어》. 한국문화사.

서승완(2009). 언해본 삼강행실도(권1 효자)의 결속구조: 규장각본(영조 중간본)을 중심으로. 《인
　　　문학연구》10집 2호. 원광대학교인문학연구소.

서신혜(2015). 김훈의 아내 '신천강씨'라는 한 여성의 삶 재구. 《동양고전연구》60집. 동양고전

450　　　　　　　　　　　　　　　　　　　　　　　　　　조선시대 여성과 한글 발전

학회.

서영숙(1985). 개화기 규방가사의 연구 - 《쇠골색씨 설은타령》을 중심으로. 《어문연구》 14. 어
　　문연구학회

서영숙(1991). 서사적 여성가사의 연구 - '노쳐녀가'를 중심으로. 《어문연구》 224. 어문연구학회.

서영숙(1994ㄱ). 복선화음가류 가사의 서술구조와 의미 - 《김씨계녀사》를 중심으로. 《고전문학
　　연구》 9집. 한샘출판주식회사.

서영숙(1994ㄴ). 여성가사의 형성과 변이 연구. 《어문연구》 25. 어문연구회.

서영숙(1994ㄷ). 여성민요와 가사의 서사적 전개방식 비교. 《한국민속학》 26. 민속학회.

서영숙(1996ㄱ). 《한국 여성가사 연구》. 국학자료원.

서영숙(1996ㄴ). 오류가사의 서술방식과 의미. 《한국언어문학》 37. 한국언어문학회.

서영숙(1998). 조선후기 가사의 소설화 양상. 《고시가연구》 5. 한국고시가문학회.

서영숙(2002). 근대전환기 가사에 나타난 여성의 삶과 인식. 《어문연구》 38권. 어문연구학회.

서영숙(2003). 《조선후기 가사의 동향과 모색》. 역락.

서영숙(2003). 가사 《신가전》에 나타난 여성의 현실과 인식. 《한국고전여성문학연구》 7집. 월인.

서영숙(2003). 여성일대기 가사의 구조적 특성과 의미. 《어문학》 80호. 한국어문학회.

서영숙(2003). 조선 후기 가사의 다양성: 인물형상과 서술방식을 중심으로. 《어문연구》 41권.
　　어문연구학회.

서울대 도서관 편(1990). 《규장각과 18세기 한국문화》. 서울대학교 도서관.

서울서예박물관(2002). 《朝鮮王朝御筆》. 한국서예사특별전 22. 예술의전당.

서울서예박물관(2004). 《秋史한글편지》. 예술의전당.

서원섭(1971). 한글 제문고 《어문논총》 6. 경북대학교.

서원섭(1995). 《한국가사의 문학적 연구》. 형설출판사.

서은아(2008). 《열녀함양박씨전》의 박씨와 《삼강행실도: 열녀편》의 관계를 통해 본 열녀제작의
　　심리적 요인. 《고전문학과 교육》 16집. 한국고전문학교육학회.

서인석(1994). 가사와 소설의 갈래 교섭에 대한 연구. 서울대 대학원 박사 논문.

서인석(2016). 국문 고전소설의 국어문화적 위상. 《국어교육》 152호. 한국어교육학회.

서정민(2005). 《삼강명행록》의 창작 방식과 그 의미. 《국제어문》 35권. 국제어문학회.

서정민(2005). 조선조 한글대하소설의 위상 提高 방식 연구: 《명행정의록》을 대상으로. 《국문학
　　연구》 13호. 태학사.

서정민(2007). 《삼강명행록》을 통해 본 여성의 성장. 《한국고전여성문학연구》 14호. 한국고전
　　여성문학회.

서정민(2010). 조선후기 한글대하소설 속 여성의 시작(詩作) 양상과 그 소통. 《여성문학연구》 24 권. 한국여성문학학회.

서정민(2011). 대하소설 속 여성 침묵의 양상과 그 의미. 《한국고전여성문학연구》 22권. 한국고 전여성문학회.

서정민(2012). 한글 대하소설 속 여성 그림 활동의 특징과 문화적 배경 - 《소현성록》과 《유이양 문록》을 중심으로. 《한국고전여성문학연구》 25호. 한국고전여성문학회.

서정민(2013). 조선후기 한글 대하소설에 나타난 미인도. 《동방학》 27권. 한서대학교 동양고전 연구소.

서정화(2005). 박제가의 제문 및 송서 연구. 《어문논집》 51. 민족어문학회.

서정훈(1994). 《제국주의. '서양의 지적 운동'》. 지식산업사.

서종남(1988). 《산성일기》와 병자록(丙子錄)의 비교연구. 《새국어교육》. 43-44 합집. 한국국어 교육학회.

서종남(1988). 《산성일기》의 문체. 《성신어문학》 1. 성신어문학연구회.

서종남(1994). 조선조 '국문일기' 연구: 《산성일기》와 《화성일기》의 심층적 고찰 성신여자대학 교 대학원 박사 논문.

서종남(1998). 《산성일기》 문학론. 《동고학논총》 2. 수원대학교동고학연구소.

서종남(1999). 《산성일기》의 문체적 개성. 《온지논총》 5. 온지학회.

서종남(2000). 《산성일기》에 나타난 민속성. 《동방학》 6. 한서대학교 부설 동양고전연구소.

서종학(1986). 《구황촬요》와 《신간구황촬요》에 관한 고찰. 《국어학》 15집. 국어학회.

서지영(2007). 규범과 욕망의 틈새: 조선시대 소설 속의 섹슈얼리티. 《한국고전연구》 15. 한국 고전연구학회.

서지영(2010). 조선 여성들의 사랑, 문학 속의 에로스와 규범: 밀회에서 열녀의 탄생까지. 규장 각한국학연구원 편(2010). 《조선 여성의 일생》. 글항아리.

서태룡(1996). 16세기 청주 간찰의 종결어미 형태. 《정신문화연구》 64. 한국정신문화연구원.

서혜은(2015). 조선 시대 《서유기》의 개작 양상과 그 소설사적 의미. 《어문론총》 65. 한국문학 언어학회.

석길암(2010). 《불교. 동아시아를 만나다》. 불광출판사.

석주연(2001). 대영도서관 소장 국어사 자료에 대하여. 《국어국문학》 129. 국어국문학회.

석주연(2010). 조선시대 한글 문헌의 간행 경위와 배포 양상 연구. 《한민족어문학》 57. 한민족 어문학회.

선한빛(2012). 《閨閣叢書》의 형태론적 연구. 전남대 대학원 석사 논문.

선한빛(2013). 《규합총서(閨閤叢書)》의 파생법 연구. 《어문논총》 24호. 전남대학교 한국어문학
연구소.

설성경(1972). 구운몽의 구조적 연구. Ⅰ: 시간론. 《인문과학》 27·28집. 연세대학교인문과학연
구소.

설성경(2003). 《춘향전의 비밀》. 서울대출판부.

성기동(1985). 계축일기 연구: 그 제작과정을 중심으로. 중앙대학교 대학원 석사 논문.

성기동(1988). 계축일기의 제작과정에 관한 고찰: 락선 제본의 작자·년대 및 원본 여부를 중심으
로. 《연구논집》 7. 중앙대학교대학원.

성기련(2014). 경북 지역의 서사민요와 규방가사. 《한국음악연구》 56.

성기옥(1989). 《용비어천가》의 문학적 성격: 훈민정음 창제와 관련된 국문시가로서의 역사적
의미를 중심으로. 《진단학보》 68. 진단학회.

성병희(1986). 내간문학연구. 효성여대 대학원 박사 논문.

성병희(1999). 이조시대 계녀서 연구(1). 《안동문학논총》 7.

성옥련(1962). 한국규방가사문학고. 경북대 대학원 석사 논문.

성원경(1985). 숙종어제 '訓民正音後序' 내용 고찰. 《멱남 김일근 박사 화갑기념 어문학논총》. 건
국대학교.

성인출(2004). 18세기 후기 국어의 표기법 연구 - 윤음언해를 중심으로. 계명대학교 대학원 박
사 논문.

성호주(1984). 현토체 악가의 시가사적 의의. 《수련어문논집》 11. 수련어문학회.

소재영(1969). 궁정문학의 비극성. 《민족문화연구》 3집. 민족문학연구소.

소재영(1969). 궁정문학의 비극성: 계축일기·인현왕후전·한중록에 비친 세 여인의 경우. 《민족
문화연구》 3. 고려대학교민족문화연구소.

소재영(1980). 《임병양란과 문학의식》. 한국연구원.

손계영(2009). 장서인을 통해 본 동춘당 후손가의 장서 형성 배경. 《고문서연구》 34호. 한국고
문서학회.

손규복(1981). 조선조의 녀성도덕교육에 관한 연구. 계명대 대학원 박사 논문.

손병태(1990). 《촌가구급방》의 향약명 연구. 《영남어문학》 17. 한민족어문학회.

손승범(2007). 내방가사 연구. 안동대 교육대학원 석사 논문.

손앵화(2000). 조선후기 가사의 인물 형상화에 관한 연구. 전북대 대학원 석사 논문.

손앵화(2009). 규방가사에 나타난 여성의식 연구: 놀이 기반 규방가사의 여성놀이문화를 중심
으로. 전북대 대학원 박사 논문.

손앵화(2015). 규방가사와 부요에 나타난 조선조 여성의 현실대응양상 고찰: 부부관계와 가사 노동을 중심으로. 《한국고시가문화연구》 36. 한국고시가문화학회.

손앵화(2017). 통속가사 《거사가》에 나타난 행복의 담론. 《우리어문연구》 59집. 우리어문학회.

손인수(1978). 《한국인의 가치관》. 문음사.

손인수(1998). 《한국교육사 연구 상》. 문음사.

손인수(1999). 《세종시대의 교육문화 연구》. 문음사.

손종흠(2009). 강호가사의 전통과 계승방향. 《고시가연구》 23. 한국고시가문학회.

손종흠(2014). 강호가사강호가사의 전통·전통과 계승방향계승방향. 《오늘의 가사문학》 3. 고요 아침.

손직수(1982). 《조선시대 여성 교육 연구》. 성균관대출판부.

손혜선(1996). 곡물명의 차자표기 고찰: 《금양잡록》과 《산림경제》를 중심으로. 수원대 대학원 석사 논문.

송기호(2009). 《시집가고 장가가고 - 가족과 의식주》. 서울대학교출판문화원.

송기호(2009). 《이 땅에 태어나서 - 한국인의 삶과 죽음》. 서울대학교출판문화원.

송기호(2009다). 《말타고 종부리고 - 신분세계와 유토피아》. 서울대학교출판문화원.

송성욱(1992). 《명주기봉》에 나타난 규방에 대한 관심. 《고전문학연구》 7. 한국고전문학회.

송성욱(2010). 조선시대 대하소설의 현재성: TV드라마와의 비교를 통하여. 《개신어문연구》 31. 개신어문학회.

송유명(1983). 우리나라의 전통적인 조리법에 대한 연구: 규합총서 중 주식의편을 중심으로. 성균관대 대학원 석사 논문.

송일기(2000). 《부모은중경》 한·중 판본고. 《중한인문과학연구》 5집. 중한인문과학연구소.

송일기(2000). 한국본 《부모은중경: 언해·한글》의 판본 및 한글서체에 관한 연구. 《도서관》 355. 국립중앙도서관.

송일기(2001). 《불설대보부모은중경: 언해》의 초역본에 관한 연구. 《서지학연구》 22. 서지학회.

송일기(2006). 한국본 《부모은중경》 형성에 관한 연구: 서하본 및 고려본의 판본학적 접근. 《한국도서관·정보학회지》 37권 1호. 한국도서관·정보학회.

송일기·박민희(2010). 새로 발견된 호남판 《부모은중경》 4종의 서지적 연구. 《한국도서관·정보학회지》 41권 2호. 한국도서관·정보학회.

송일기·이태호(2001). 조선시대 '행실도' 판본 및 판화에 관한 연구. 《서지학연구》 21. 서지학회.

송재연(2016). 《농장가》의 구조와 의미. 《한국고전여성문학연구》 32. 월인.

송재용(1996). 한국 일기문학론 시고. 《한문학논집》 14집. 근역한문학회.

송재용(2008). 《미암일기연구》. 제이앤씨.

송재용(2010). 일기를 통해본 조선 중기 사대부들의 기록정신. 《東아시아古代學》 21집. 동아시아고대학회.

송재욱(1994). 궁중 언어의 유형적 문체 연구: 계축일기, 한중록, 인현왕후전을 중심으로. 경원대학교 교육대학원 석사 논문.

송정숙(1990). 사서언해서 간행의 정치·사회적 배경 ; 리황의 《사서석의》와 리이의 《사서률곡언해》를 중심으로. 《사회과학논총》 16호. 부산대학교사회과학대학.

송정아(1995). 규합총서에 나온 포류에 관한 분석적 연구. 《논문집》 5. 상주산업대학교.

송종숙(1989). 《삼강행실도》 판본고. 중앙대 대학원 석사 논문.

송준식(1987). 조선시대 여성교육: 여성교훈서의 편찬과정과 내용을 중심으로. 《논문집》 9. 진주여자전문대학.

송지원(2009). 국왕 영조의 국장절차와 《국조상례보편》. 《조선시대사학보》 51. 조선시대사학회.

송지원(2010). 조선 여성 예술가의 탄생, 시와 노래로 승화된 영혼. 규장각한국학연구원 편(2010). 《조선 여성의 일생》. 글항아리.

송지혜(1999). 현풍 곽씨 언간의 경어법 선어말어미 연구. 경북대 대학원 석사 논문.

송철의(2004). 한국 근대 초기의 어문운동과 어문정책. 《한국문화》 33. 서울대학교 한국문화연구소.

송철의(2008). 반절표의 변천과 전통시대 한글교육. 《제2회 한국어학회 국제학술대회: The 2nd IKL 'Hangeul' 2008 International Conference on Korean Linguistics》. 한국어학회. 프린트물 ; 재수록: 송철의(2008). 홍종선 외. 《세계 속의 한글》. 박이정.

송철의·이현희·장윤희·황문환 역주(2006). 《(역주)오륜행실도》. 서울대학교출판부.

송호근(2011). 《인민의 탄생》. 민음사.

숙명여대 박물관(1996). 《조선여인과 삶과 생각》. 숙명여대 박물관.

쉴로미스 리몬 케넌(1985). 《소설의 시학》. 최상규 역. 문학과지성사.

스티븐 코헨·린다 샤이어스(1997). 《이야기하기의 이론: 소설과 영화의 문화기호학》. 임병권·이호 공역. 한나래.

시정곤(2007). 훈민정음의 보급과 교육에 대하여. 《우리어문연구》 28. 우리어문학회.

신경숙(2002). 규방가사, 그 탄식 시편을 읽는 방법. 《국제어문》 25집. 국제어문학회.

신경숙(2003). 조선후기 연향의식에서의 가자. 《국제어문》 29집. 국제어문학회.

신경숙(2008). 조선조 악장. 그 역동성 - 후기 연향악장을 읽는 네 가지 방법. 《한성어문학》 27집. 한성어문학회.

신경철(1994). 《능엄경언해》주석문의 어휘 고찰. 《국문학논집》 14. 단국대학교국어국문학과.

신기철(1979). 한글 반포와 그 걸어온 길. 《통일세계》 107. 세계기독교통일신령협회.

신동원(2004). 《호열자. 조선을 습격하다》. 역사비평사.

신명호 외(2014). 《조선의 역사를 지켜온 왕실 여성》. 국립고궁박물관.

신명호(2004). 《궁궐의 꽃 궁녀》. 시공사.

신명호(2010). 조선건국 후 왕실의례 정립과 의궤. 《조선왕조 의궤(의궤) 학술심포지엄》. 국립문화재연구소.

신병주(2006). 왕실에서의 기록물 생산과 보존. 《고문서연구》 28호. 한국고문서학회.

신병주(2008). 조선후기 기록물 편찬과 관리. 《기록학연구》 17호. 한국기록학회.

신병주(2010). 조선시대 의궤 편찬의 역사. 《조선시대사학보》 54. 조선시대사학회.

신병주(2012). 16세기 일기 자료 《쇄미록(鎖尾錄)》연구 - 저자 오희문(吳希文)의 피난기 생활상을 중심으로. 《조선시대사학보》 60집. 조선시대사학회.

신봉승(2010). 역사(歷史) 에세이: 조선조(朝鮮朝) 최고(最高)의 지식인(知識人) 여성(女性), 인수대비(仁粹大妃). 《한글한자문화》 130권. 전국한자교육추진총연합회.

신선경(1995). 《삼강행실도》의 이본 비교. 《국어학논집》 2. 서울대 국어국문학과 편. 태학사.

신선연(2008). 《속삼강행실도언해》 연구: 국어 표기법과 어휘를 중심으로. 동국대 대학원 석사논문.

신선희(1995). 《곽분양전》 연구. 《장안논총》 15-1. 장안대학.

신성철(2010). 《동국신속삼강행실도》의 국어사적 고찰. 《어문학》 107집. 한국어문학회.

신수경(2004). 동아시아 열녀도 연구. 이화여대 대학원 석사 논문.

신수경(2007). 조선시대 열녀도의 양태와 《열녀서씨포죽도》. 《미술사학연구》 253호. 한국미술사학회.

신순식(1996). 《언해태산집요》에 관한 연구. 《구암학보》 4. 구암학회.

신연희(2001). 고전시가의 교육적 가치: 내방가사를 중심으로. 대진대 교육대학원 석사 논문.

신은경(1989). 사설시조의 시학 연구. 서강대 대학원 박사 논문.

신은경(1991). 조선조 여성 텍스트에 대한 페미니즘적 조명 사고(1) - 내방가사를 중심으로. 《석정 이승욱 선생 회갑기념 논총》. 원일사.

신은경(2009). 散·韻 혼합담론으로서의 《三綱行實圖》 연구. 《국제어문》 46집. 국제어문학회.

신은경(2010). 고소설에 있어 '流通'과 '詩運用'의 상관성에 관한 검토: 《구운몽》을 중심으로. 《한국문학이론과 비평》 47집. 한국문학이론과 비평학회.

신익철 편저(2013). 《연행사와 북경 천주당》. 보고사.

신익철(2013). 18세기 연행사와 서양 선교사의 만남. 《한국한문학연구》 51집. 한국한문학연구회.

신익철(2014). 18~19세기 연행사절의 북경 천주당 방문 양상과 의미. 《교회사연구》 44집. 한국 교회사연구소.

신정숙(1967). 한국 전통사회의 내간에 대하여. 《국어국문학》 37·38 합집. 국어국문학회.

신정숙(1977). 本邦의 內訓書에 대하여. 《논문집》 10. 서울산업대.

신정숙(1984). 《한국전통사회의 여성생활문화》. 대광문화사.

신해진(2012). 《떠난 사람에 대한 그리움의 미학 애제문》. 보고사.

실사학사 고전문학연구소 옮기고 엮음(2009). 《완역 이옥전집》 2. 휴머니스트.

심경호(1989). 조선후기 소설고증(1) - 포공연의·성풍뉴·왕경룡전·소시직금회문녹·소씨명행록. 《한국학보》 56. 일지사.

심경호(1990ㄱ). 《오륜전전》에 대한 고찰. 《애산학보》 8. 애산학회.

심경호(1990ㄴ). 낙선재본 소설의 선행본에 관한 일 고찰 - 온양 정씨 필사본 《옥원재합기연》과 낙선재본 《옥원중회연》의 관계를 중심으로. 《정신문화연구》 38호. 한국정신문화연구원.

심경호(1999). 《조선시대 漢文學과 詩經論》. 일지사.

심경호(2002). 《국문학 연구와 문헌학》. 태학사.

심경호(2009). 사주당 이씨의 삶과 학문. 《한국고전여성문학연구》 18권. 한국고전여성문학회.

심승구(2007). 조선시대 왕실혼례의 추이와 특성 - 숙종·인현왕후 嘉禮를 중심으로. 《조선시대 사학보》 41호. 조선시대사학회.

심영의(2016). 조선시대 성 담론의 정치학: 역사소설 《화냥년》을 중심으로. 《창작21》. 들꽃.

심영택(2008). 문식성 교육과 국어 교사의 역할. 노명환·박영목 외(2008). 《문식성 교육 연구》. 한국문화사.

심재기(1975). 내간체문장에 대한 고찰. 《동양학》 5. 단국대학교 동양학연구소.

심화진(1994). 규합총서에 나타난 봉임측 내용 분석. 《생활문화연구》 8. 성신여대.

안귀남(1996). 언간의 경어법 연구 - 16~20세기 언간 자료를 중심으로. 경북대 대학원 박사 논문.

안귀남(1999). 고성 이씨 이응태 묘 출토 편지. 《문헌과 해석》 6호. 문헌과해석사.

안귀남(2016). 《조선시대 한글필사본과 문자생활》. 문예원.

안대회(2003). 《조선후기 小品文의 실체》. 태학사.

안대회(2006). 조선 후기 이중 언어 텍스트와 그에 관한 논의들. 《대동한문학》 24집. 대동한문학회.

안대회(2010). 《조선을 사로잡은 꾼들》. 한겨레출판.

안동민속박물관 편(1998). 《안동의 한글제문》. 안동민속박물관.

안병희(1963). ㅈ가語攷. 《국어국문학》 26호. 국어국문학회.

안병희(1970). 肅宗의 '訓民正音後序'. 《낙산어문》 2. 서울대학교.

안병희(1978). 《村家救急方》의 鄕名에 대하여. 《언어학》 3호. 한국언어학회.

안병희(1979). 中世語의 한글 資料에 대한 綜合的인 考察. 《규장각》 3집. 서울대도서관.

안병희(1983). 국어사자료의 정리를 위하여: 기본자료의 선정 및 복제와 관련하여. 《한국학문헌
    연구의 현황과 전망》. 아세아문화사.

안병희(1985). 훈민정음 사용에 관한 역사적 연구: 창제로부터 19세기까지. 《동방학지》
    46·47·48. 연세대학교.

안병희(1987). 한글판 《오대진언》에 대하여. 《한글》 195. 한글학회.

안병희(1990). 규장각소장 근대국어자료의 서지학적 검토. 《계간서지학보》 2. 한국서지학회.

안병희(1992). 《국어사 연구》. 문학과지성사.

안병희(1992). 《국어사 자료 연구》. 문학과지성사.

안병희(1992). 《여씨향약언해》의 원간본: 안병희(1992). 《국어사 자료 연구》 20장. 문학과 지성사.

안병희(1992). 《효경언해》와 《효경구결》. 안병희(1992). 《국어사 자료 연구》 21장. 문학과지성사.

안병희(1992). 초기불경언해와 한글. 《불교문화연구》 3. 영축불교문화연구원.

안병희(1992). 훈민정음 사용의 역사. 《국어사연구》. 문학과 지성사.

안병희(1993). 여씨향약언해 해제. 《연민학지》 1집. 연민학회.

안병희(1999). 왕실자료의 한글필사본에 대한 국어학적 검토. 《장서각》 창간호. 한국정신문화
    연구원.

안병희(1999). 최세진의 생애와 연보: 그의 지석 발견을 계기로 하여. 《규장각》 22. 서울대학교
    규장각.

안병희(1999). 최세진의 생애와 학문. 《어문연구》 104. 한국어문교육연구회.

안병희(2000). 한글의 창제와 보급. 《겨레의 글 한글》(새천년 특별전 도록). 국립중앙박물관.

안병희(2004). 장서각(藏書閣)의 한글필사본에 대하여. 한국정신문화연구원 장서각. 편(2004).
    《우리 한글의 멋과 아름다움》. 한국정신문화연구원 장서각.

안병희(2006). 국어사연구와 한글자료. 《국어사연구 어디까지 와 있는가》(임용기·홍윤표 편). 태학사.

안병희(2007). 《훈민정음 연구》. 서울대 출판부.

안병희(2009). 《국어사 문헌 연구》. 신구문화사.

안상우(2009). 《(해외에서 찾아낸)우리 옛 의학책》. 한국한의학연구원.

안성호(2009). 19세기 중반 중국어 대표자역본 번역에서 발생한 '용어논쟁'이 초기 한글성서번

역에 미친 영향.《한국기독교와역사》30호. 한국기독교역사연구소.

안세현(2015). 일본 동경대 오구라문고 소장《경람(敬覽)》에 대하여.《한국한문학연구》60권. 한국한문학회.

안소진(2005).《동몽선습언해》의 서지와 언어: 7행 15자본과 9행 16자본의 언해 양식 비교.《관악어문연구》30집. 서울대학교국어국문학과.

안숙원(1999). 역사의 총체성과 여성 담론: 남평조씨의《병자일기》를 대상으로.《여성문학연구》2권. 한국여성문학학회.

안승준(1996). 조선시대 사노비 추쇄와 그 실제" - 영주 인동장씨소장 고문서를 중심으로.《고문서연구》8집. 한국고문서학회.

안승준(1998). 점필재 김종직이 어머니와 아내로부터 받은 편지.《문헌과 해석》5호. 문헌과해석사.

안승준(1999). 1689년 정씨부인이 예조에 올린 소지.《문헌과해석》8호. 문헌과해석사.

안승준(2000). 오신남의 처 임씨가 계후에 관하여 관찰사에게 올린 의송.《문헌과 해석》. 10호. 문헌과해석사.

안승준(2000). 제사윤행과 여성의 재산 상속에 관한 분재기.《문헌과 해석》11호. 문헌과해석사.

안영훈(2005). 고수필 9제.《새얼어문논집》17집. 새얼어문학회.

안유경(2010).《국조오례의(國朝五禮儀)》와 그 속보(續補)편의 편찬과정 및 내용.《유교문화연구》16집. 성균관대학교 유교문화연구소.

안창수(2017).《(개정) 한국 전기소설 연구》. 부산대학교 출판부.

안춘근(1991).《옛책》. 대원사.

안희제(1975). 제문(祭文).《나라사랑》19. 외솔회.

양귀순(2002).《규합총서》의 표기 및 단어어 연구. 인하대 교육대학원 석사 논문.

양민정(2007). 디지털 콘텐츠화를 위한 조선시대 애정소설의 구성요소별 유형화와 그 원형적 의미 및 현대적 수용에 관한 연구.《외국문학연구》27. 한국외국어대학교외국문학연구소.

양민정(2009). 국문여류수필을 활용한 한국 여성문화교육 방안 연구:《규중칠우쟁론기》,《조침문》을 중심으로.《국제지역연구》49호(여름호). 한국외국어대학교 국제지역연구센터.

양승민(2014). 한글 필사본 소설의 유통 및 향유 양상을 통해 본 선인들의 삶.《새국어생활》24권 1호. 국립국어원.

양지선(2004). 조선후기 영웅소설의 대중화 양상 연구. 서강대 대학원 석사 논문.

양지혜(1998). 계녀가류 규방가사의 형성에 관한 연구. 이화여대 대학원 석사 논문.

양진석(2005). 조선시대 필사의 주체와 필사본 제작. 《한국사 시민강좌》 37. 일조각.

어강석(2007). 장서각 소장 '순명효황후 관련 한글 간찰'의 내용과 가치. 《장서각》 17집. 한국학 중앙연구원.

엄경섭(2012). 남성화자 계녀가사의 연구. 동아대 교육대학원 석사 논문.

에드먼드 리치/이종인 역(1998). 《레비스트로스》. 시공사.

여은지(2006). 《병자일기》의 표기와 음운 변화 연구. 전북대학교 대학원 석사 논문.

여찬영(2005). 《삼강행실도》와 《오륜행실도》의 《열녀》편 비교 연구: 체재 및 한문 원문을 중심으로. 《언어과학연구》 33집. 언어과학회.

여찬영(2005). 《삼강행실도》와 《오륜행실도》의 한문 원문 연구. 《어문학》 88호. 한국어문학회.

여찬영(2009). 조선조 언해류와 번역학. 《한국말글학》 26집. 한국말글학회.

역사학회 편(2013). 《정조와 18세기》. 푸른역사.

연갑수(2000). 朝鮮後期 謄錄에 대한 研究. 《외대사학》 12집. 한국외국어대학교 역사문화연구소.

염정섭(1997). 조선시대 일기류 자료의 성격과 분류. 《역사와현실》 24. 한국역사연구원.

오구라 신페이(小倉進平)(1940). 《增訂補注 朝鮮語學史》. 東京: 刀江書院.

오선희(2008). 조선시대 여자비녀에 관한 연구. 이화여자대학교 석사 논문.

오영심(2006). 궁중문학의 교수·학습 방법 고찰: 《계축일기》를 중심으로. 전북대학교 교육대학 원 석사 논문.

오오타니 모리시계(大谷森繁)(1985). 《조선후기소설독자연구》. 고려대학교민족문화연구소.

오오타니 모리시계(大谷森繁)(1996). 조선후기의 세책 재론. 《한국고소설사의 시각》. 국학연구원.

오오타니 모리시계(大谷森繁)(2010). 《韓國 古小說 研究》. 경인문화사.

오오타니 모리시계(大谷森繁)/소재영 역(1977). 한글 소설발전사의 특색. 《숭전어문학》 6. 숭전 대 국어국문학과.

오윤정(2008). 17세기 《동국신속삼강행실도》 연구: 《동국신속삼강행실찬집청의궤》를 중심으로. 홍익대 대학원 석사 논문.

옥영정(2008). 한글본 《뎡니의궤》의 서지적 분석. 《서지학연구》 39집. 서지학회.

옥영정(2009). 《華城城役儀軌》의 한글자료에 관한 연구 - 한글본 《뎡니의궤》에 수록된 '화성성 역'의 분석과 비교. 《서지학연구》 42집. 서지학회.

옥영정(2009). 한글본 《뎡니의궤》에 나타난 기록물의 轉寫와 註釋에 관한 연구. 《서지학보》 33 호. 한국서지학회.

옥영정(2010). 17세기 출판문화의 변화와 서적간행의 양상. 《다산과 현대》 3권. 연세대학교 강진다산실학연구원.

우쾌제(1988). 《한국 가정소설 연구》. 고려대학교 민족문화연구소.

원재연(2003). 17~19세기 조선사행의 북경 천주당 방문과 서양인식. 《교회와 역사》 277-288호. 한국교회사연구소.

월터 J. 옹/이기우·임명진 옮김(1995). 《구술문화와 문자문화》. 문예출판사.

위르겐 슐룸봄 편/백승종·장현숙·장석훈 공역(2001). 《미시사와 거시사: 역사를 바라보는 두가지 관점》. 궁리출판.

위르겐 슐룸봄/백승종 외 옮김(2003). 《미시사의 즐거움(17~19세기 유럽의 일상세계)》. 돌베개.

유경명(2001). 《병자일기》와 《산성일기》의 비교 연구: 표기와 음운 현상을 중심으로. 한양대학교 대학원 석사 논문.

유경숙(1995). 조선조 여성제문 연구. 충남대학교 대학원 박사 논문.

유동준(1968). 한성순보와 한성주보에 대한 일고찰. 《역사학보》 8집. 역사학회.

유동준(1987). 《유길준전》. 일조각.

유명경(2001). 《병자일기》와 《산성일기》의 비교 연구: 표기와 음운 현상을 중심으로. 한양대학교 대학원. 석사 논문.

유명우(2004). 한국 번역사에서 본 조선조 언해(諺解) 번역. 《번역학연구》 5권2호. 한국번역학회.

유부현(1990). 《童蒙先習》의 書誌的 연구. 중앙대 대학원 석사 논문.

유선무(1980). 한글 古文書의 研究 序說 - 한글古文書學 成立의 可能性 提起. 건국대학교 대학원 석사 논문.

유성덕(1985). 한글성경이 우리 어문학에 끼친 영향: 1887년부터 1945년까지를 중심으로. 《논문집》 5. 총신대학교.

유송옥(1991). 《조선왕조 궁중 의궤 복식》. 수학사.

유수민(2015). 조선후기 한글 소설 《황부인전》의 재창작 양상 소고 - 《삼국연의(삼국연의)》 및 중국서사전통과의 비교를 중심으로. 《비교문학》 67권. 한국비교문학회.

유수민(2016). 조선후기 한글 소설 《강태공전》의 《봉신연의》 번안 양상 소고. 《한국중어문학회 학술대회 자료집》. 한국중국소설학회.

유영옥(2008). 미암 유희춘의 존주자 학풍과 경서언해. 《동양한문학연구》 26집. 동양한문학회.

유인순(1981). 계축일기고 1: 작자 및 성립연대를 중심으로. 《어문학보》 5집. 강원대학교사범대학국어교육과.

유재영(1981). 《여범》. 영빈 이씨 편저 유재영 역주. 형설출판사.

유정선(2015). 근대이행기 규방가사와 공적 제도로서의 학교. 《한국고전연구》 31. 한국고전연구학회.

유창균(1974). 《한글갈》 국어학사: 외솔선생의 학문. 《나라사랑》 14. 외솔회.

유창돈(1961). 《국어변천사》. 통문관.

유춘동(2016). 한글연행록의 수집 현황과 활용 방안. 《열상고전연구》 50집. 열상고전연구회.

육민수(2013). 여항~시정 가사의 담론 특성: 잡가집 수록 《과부가》를 중심으로. 《한민족어문학》 65. 한민족어문학회.

육수화(2007). 조선후기 왕실교육 연구. 한국학중앙연구원 박사 논문.

육수화(2008). 여훈서를 통해 본 조선 왕실의 여성교육. 《교육철학》 34집. 한국교육철학회.

육신영(2008). 《언해 태산집요》에 대한 번역 연구. 동국대학교 석사 논문.

윤경희(2010). 유인김씨 제문연구. 《동양고전연구》 40. 동양고전학회.

윤광봉·유영대(1991). 《고전소설의 이해》. 문학과비평사.

윤병태(1991). 장서각의 연혁과 소장도서. 《정신문화연구》 44호. 한국정신문화연구원.

윤복남(1991). 한국 문해교육의 사회적 고찰. 고려대 대학원 박사 논문.

윤분희(2004). 규훈서 《여범》 연구. 《여성문학연구》 11호. 한국여성문학학회.

윤사순(2002). 율곡 향약의 사상적 성향. 《율곡사상연구》 5집. 율곡학회.

윤석민 외(2006). 《(쉽게 읽는)·용비어천가(정인지 외 지음)》 1·2. 박이정.

윤성현(1984). 조선조 후기가사의 변모양상 연구. 연세대 대학원 석사 논문.

윤세순(2004). 16세기. 중국소설의 국내유입과 향유 양상. 《민족문학사연구》 25호. 민족문학사학회.

윤세순(2006ㄱ). 17세기. 소설류의 유행양상. 《동방한문학》 31집. 동방한문학회.

윤세순(2008ㄴ). 17세기 필사본 소설류에 대하여. 《한문학보》 19집. 우리한문학회.

윤세순(2008). 17세기. 간행본 서사류의 존재양상에 대하여. 《민족문학사연구》 38호. 민족문학사학회 민족문학사연구소.

윤소휘(1997). 《속삼강행실도》 연구. 한국외국어대 대학원 석사 논문.

윤숙경(1998). 《需雲雜方·酒饌》. 신광출판사.

윤영숙(1996). 조선시대 초학교재 연구: 《동몽선습》과 《격몽요결》을 중심으로. 한국교원대 대학원 석사 논문.

윤원호(2001). 《근세일기문의 성격연구》. 국학자료원.

윤인선(2013). 《기해일기》에 나타난 순교경험의 서사화 양상 - '고난'을 매개로 나타나는 순교의 문화적 의미. 《기호학연구》 38집. 한국기호학회.

윤주옥(2013). '문자'(文字)의 의미에 관한 연구 - letter와 character를 중심으로. 인문학연구원

HK문자연구사업단(2013). 《문자개념 다시보기》. 연세대학교 대학출판문화원.

윤춘병(1987). 초기 한국 기독교 문헌에 기록된 한글판 구약. 《기독교사상》 340. 대한기독교서회.

윤태림(1989). 한국의 문자생활과 교육에 대하여. 《어문연구》 17권 4호. 한국어문교육연구회.

윤형기(1941). 《조선문자해설》. 미간행영인본.

윤혜린(2008). 조선시대 흐름과 가사 문학 장르의 독자적 시학: 《우부가》를 중심으로. 《전농어문연구》 20. 서울시립대 인문대학 국어국문학과.

윤효진(2009). 《현풍곽씨 언간》의 서사성과 서술 담론. 인제대 교육대학원 석사 논문.

이 걸(2016). 한·중 전기소설에 나타난 여성형상 연구. 순천대학교 대학원 박사 논문.

이가원(1994). 《조선문학사》. 태학사.

이강옥(2007). 이중 언어 현상으로 본 18, 19세기 야담의 구연, 기록, 번역. 《고전문학연구》 32권. 한국고전문학회.

이강옥(2009). 이중언어 현상과 고전문학의 듣기·말하기·읽기·쓰기에 대한 연구. 《어문학》 106집. 한국어문학회.

이경영(1996). 인현왕후전·사씨남정기·계축일기. 시간과공간사.

이경하(2003). 15~16세기 왕후의 국문 글쓰기에 관한 문헌적고찰. 《한국고전여성문학연구》 7. 한국고전여성문학회.

이경하(2004). 여성문학사 서술의 문제점과 해결방향. 서울대학교 박사학위논문.

이경하(2005ㄱ). 17세기 상층 여성의 국문생활에 관한 문헌적 고찰 - 여성 대상 傳狀文, 碑誌文을 중심으로. 《한국문학논총》 39집. 한국문학연구회.

이경하(2005ㄴ). 17세기 士族 여성의 한문생활. 그 보편과 특수. 《국어국문학》 140호. 국어국문학회.

이경하(2009). 《삼강행실도》의 폭력성 재고 - 열녀편을 중심으로. 《고전문학연구》 35호. 한국고전문학회.

이경하(2010ㄱ). 15세기 상층여성의 문식성(literacy)과 읽기교재 《내훈》. 《정신문화연구》 118호. 한국학중앙연구원.

이경하(2010ㄴ). 중세의 여성 지성과 문자의 관계. 《여성문학연구》 24호. 한국여성문학학회.

이경하(2013). 불임을 치료하고 아들 낳는 비법을 기록하다 - 《규합총서》와 《태교신기》가 전하는 임신과 출산. 규장각한국학연구원 편. 《실용서로 읽는 조선》. 글항아리.

이광렬(2004). 광해군대 《동국신속삼강행실도》 편찬의 의의. 서울대 대학원 석사 논문.

이광렬(2007). 광해군대(光海君代) 《동국신속삼강행실도》 편찬의 의의. 《한국사론》 53호. 정옥자선생정년기념호. 서울대학교 국사학과.

이광호 외(2007). 《장서각 소장 한글필사자료 연구》. 태학사.

이광호(1996). 언문간찰의 형식과 표기법. 《정신문화연구》 64. 한국정신문화연구원.

이근명(2002). 주희의 《증손려씨향약》과 조선사회 - 조선향약의 특성에 대한 검토를 중심으로. 《중국학보》 45집. 한국중국학회.

이근수(1978). 조선조의 어문정책 연구. 고려대 대학원 박사 논문.

이근수(1979). 《조선조의 어문 정책》. 개문사.

이근수(1983). 훈민정음 창제와 그 정책. 추강 황희영 박사 송수 기념 논총 간행위원회 편. 《한국어 계통론 훈민정음 연구》. 집문당.

이근수(1987). 《조선조의 어문정책 연구(개정판)》. 홍익대학교출판부.

이근영(2004). 여사서 언해의 음운론적 연구. 《한말연구》 15호. 한말연구학회.

이금희(1986). 남정기의 문헌학적 연구. 숙명여자대학교 대학원 박사논문.

이금희(2000). 궁중문학 연구 I : 궁중문학 출현배경과 작품의 공통점을 중심으로. 《한국문학논총》 26. 한국문학회.

이기대(2009). 한글편지에 나타난 순원왕후의 일상과 가족. 《한국고전여성문학연구》 18권. 한국고전여성문학회.

이기대(2010). 《19세기 조선의 소설가와 한문장편소설》. 집문당.

이기대(2011). 19세기 왕실 여성의 한글편지에 나타난 공적(公的)인 성격과 그 문화적 기반. 《어문논집》 48집. 중앙어문학회.

이기동(2003). 유교의 인간관. 《본질과 현상》 2호. 본질과현상사.

이기문 외 3인(1990). 《한국어의 발전 방향》. 민음사.

이기문(1961/1972). 《國語史槪說》. 탑출판사.

이기문(1963). 《국어 표기법의 역사적 연구》. 한국 연구원.

이기문(1970). 《개화기의 국문 연구》. 일조각.

이기문(1981). 천자문연구(1). 《한국문화》 2호. 서울대 규장학한국학연구소.

이기문(1984). 개화기의 국문 사용에 관한 연구. 《한국문화》 5호. 서울대 규장학한국학연구소.

이기문(1985). 《훈몽자회 연구》. 서울대출판부.

이기문(1990). 《국어사개설》. 탑출판사.

이기문(1998). 《국어사개설》. 태학사.

이기문·장소원(1994). 《국어사》. 한국방송대학교출판부.

이기백(1989). 訓民正音의 運用. 《어문연구》 17권 4호. 한국어문교육연구회.

이기영(1985). 《한국의 불교》. 세종대왕기념사업회.

이길표·최배영(1996). 규합총서의 내용구성 분석.《생활문화연구》10. 성신여자대학교 생활문화연구소.

이나라(2014).《명주기봉》에 나타난 가족갈등과 그 의미. 고려대 대학원 석사 논문.

이능화/이재곤 역(1991).《조선무속고》. 동문선.

이대로(2008).《우리 말글 독립운동 발자취》. 지식산업사.

이덕주(1985). 초기 한글성서 번역에 관한 연구: 특히 성서번역자들의 활동을 중심으로.《한글성서와 겨레문화》. 기독교문사.

이덕주(1990). '갈등과 극복'의 구조 속에서 보는 한국 기독교 역사 1 ; 조선의 근대화의 성서의 한글 번역.《한몸》9. 세계신학연구원.

이덕홍(1985).《家禮諺解》에 나타난 語彙形成考.《어문연구》48. 한국어문교육연구회.

이동림(1966). 國文字策定의 歷史的 條件.《명지어문학》3. 명지대학교.

이동석(2011). 한글에 대한 오해.《말과 글》128호(가을호). 한국어문기자협회.

이동영(1998).《조선조 영남시가의 연구》. 부산대출판부.

이래호(2012). 한글본《동의보감》의 언해 양상과 국어학적 특징.《인문학연구》22권. 경희대학교 인문학연구원.

이래호·황문환(2003). 先札 所載 諺簡에 대하여. 恩津宋氏 霽月堂篇.《한글간찰자료선집》Ⅲ. 한국정신문화연구원.

이만규(1946/2010).《다시 읽는 조선 교육사》. 살림터.

이만열(2011). 한글 성경 완역 출판과 한국 사회.《한글 성경이 한국 교회와 사회. 국어 문화에 끼친 영향》(한글 성경 완역 및 출간 100주년 기념 학술 심포지엄 자료집). (재)대한성서공회.

이명구(2007).《이야기 한국고전문학사》. 박이정.

이명은(2003).《궁중볼긔》에 나타난 행사 및 복식연구 - 장서각소장품을 중심으로. 단국대학교 대학원 석사 논문.

이문주(2010).《주자가례》의 조선 시행과정과 가례주석서에 대한 연구.《유교문화연구》16집. 성균관대학교 유교문화연구소.

이민희(2001). 조선후기 경판 방각소설 판본의 형태물리적 특성 연구. 숙명여대 대학원 석사 논문.

이민희(2004ㄱ). 구활자본 고소설《서산대사전》연구.《국학연구》5집. 한국국학진흥원.

이민희(2004ㄴ). 서적 중개인의 역할과 소설 발달에 관한 연구 시론.《관악어문연구》29집. 서울대학교국어국문학과.

이민희(2007).《조선의 베스트셀러: 조선 후기 세책업의 발달과 소설의 유행》. 프로네시스.

이민희(2008). 고소설 삽입 '놀이'의 서사적 역할과 의미 연구.《고소설연구》25집. 한국고소설학회.

이민희(2008). 구활자본의 고소설《丙寅洋擾》연구.《어문연구》56권. 어문연구학회.

이민희(2009ㄱ). 17~18세기 고소설에 나타난 화폐경제의 사회상.《정신문화연구》114호(봄). 한
국학중앙연구원.

이민희(2009ㄴ). 고소설에 나타난 놀이의 서사적 성격과 놀이 문화.《열상고전연구》30집. 열상
고전연구회.

이배용 외(1999).《우리나라 여성들은 어떻게 살았을까 1·2》. 청년사.

이범직(1976). 朝鮮前期 儒學敎育과 鄕校의 機能.《역사교육》20. 역사교육연구회.

이범직(1976). 조선전기의 교생신분.《한국사론》3. 서울대학교인문대학 국사학과.

이범직(1979). 朝鮮前期 儒學敎育制度의 性格: 四部學堂을 中心으로.《학술논총》3. 단국대학교
대학원.

이범직(1988). 朝鮮初期의 五禮硏究. 서울대학교 대학원 박사 논문.

이범직(1988). 中國史書의 五禮와 世宗朝의 五禮.《손보기박사정년기념 한국사학논총》. 손보기
박사정년기념논총간행위원회.

이범직(1990). 朝鮮前期의 五禮와 家禮.《한국사연구》71집. 한국사연구회.

이범직(1991).《韓國中世禮思想硏究 - 五禮를 中心으로》. 일조각.

이범직(2007). 조선시대 왕릉의 조성 및 그 문헌.《한국사상과 문화》36집. 한국사상문화학회.

이병근(1996). 16·17세기 언간의 표기에 대한 음운론적 이해.《정신문화연구》64. 한국정신문화
연구원.

이병근(1996). 宣祖 國文 諭書의 國語學的 意義.《관악어문연구》21. 서울대 국어국문학과.

이병기 편주(1948).《近朝內簡選》. 국제문화관.

이병기(1961).《국문학개론》. 동아출판사.

이병기(1965).《朝鮮女流文學序論》. 조선역대여류문집.

이병기·백철(1957).《國文學全史》. 신구문화사.

이병원(1986). 계축일기의 문체론적 연구.《국어국문학》96집. 국어국문학회.

이병주(1979).《한국문학상의 두시》. 이우출판사.

이보경(2003).《근대어의 탄생》. 연세대학교출판부.

이복규(1997).《묵재일기(默齋日記)》소재 국문소설《왕시봉전》의 해제와 원문.《국어교육》95.
한국국어교육연구회.

이복규(1997). 最古 한글표기소설《薛公瓚傳》국문본의 해제와 원문.《사학연구》53. 한국사학회.

이복규(1998).《새로 발견한 초기 국문·국문본 소설》. 박이정.

조선시대 여성과 한글 발전

이복규(1998).《설공찬전 연구》. 박이정.

이복규(2000). 초기 국문소설의 존재 양상.《국제어문》21. 국제어문학회.

이복규(2001). 허균(許筠)과《홍길동전》과의 상관성.《인문과학연구》9집. 서경대학교인문과학
연구소.

이복규(2002).《五倫全傳序》의 再解釋.《어문학》75호. 한국어문학회.

이복규(2018).《"묵재일기" 소재 국문본 소설 연구》. 박이정.

이봉선(2002).《조선후기 예학의 대가 선곡 박건중 선생 연구》. 영지문화사.

이봉춘(1978). 조선전기 불전언해의 그 사상에 대한 연구. 동국대 대학원 석사 논문.

이봉춘(1980). 조선전기 불전언해와 그 사상.《한국불교학》5권 1호. 한국불교학회.

이상구 옮김(2017).《방한림전》. 문학동네.

이상구(2018).《박씨전·금방울전》. 문학동네.

이상규(2011ㄱ).《한글 고문서를 통해 본 조선사람들의 삶(한글 고문서 자료집)》. 문화체육관광부.

이상규(2011ㄴ).《한글 고문서 연구》. 경진.

이상규(2014).《한글 고문서를 통해 본 조선사람들의 삶》. 경진출판.

이상녀(2002).《家禮諺解》의 음운론적 연구.《한말연구》11호. 한말연구학회.

이상보(1976). 명도자탄사 소고.《명지어문학》8집. 명지어문학회.

이상보(1982). 이언적의 제문 가사.《월간문》160.

이상원(2004).《조선시대 시가사의 구도와 시각》. 보고사.

이상택 외(2005).《한국 고전소설의 세계》. 돌베개.

이상택(1986). 조선조 대하소설의 작자층에 대한 연구.《고전문학연구》3집. 한국고전문학회.

이상택(2003). 낙선재본 소설의 혼사장애주지.《한국고전소설의 이론》II. 새문사.

이상하(2006). 한문학습 및 번역에 있어서 현토의 문제.《민족문화》29집. 민족문화추진회.

이상혁(1998). 언문과 국어의식.《국어국문학》121호. 국어국문학회.

이상혁(2003). 훈민정음 창제 이후의 문자생활사.《디지털 한글 박물관 역사관; 문자생활사》
(http://www.hangeulmuseum.org).

이상혁(2004).《"훈민정음"과 국어연구》. 역락.

이상혁(2004).《조선 후기 훈민정음 연구의 역사적 변천》. 역락.

이상혁(2006). 훈민정음. 언문. 반절. 그리고 한글의 역사적 의미 - 우리글 명칭 의미의 어휘적
함의를 중심으로. 정광 외.《역학서와 국어사 연구》. 태학사.

이상혁(2007). 훈민정음에 대한 문화콘텐츠적 접근과 그 방향.《한국어학》36. 한국어학회.

이상혁(2008). 훈민정음과 한글의 언어문화사적 접근 - 문자. 문자 기능의 이데올로기적 속성을

중심으로. 《한국어학》 41. 한국어학회.

이상혁(2008). 훈민정음과 한글의 정치사적 시론: 문자의 이데올로기적 측면을 중심으로. 《2회 한국어학회 국제학술대회》. 한국어학회.

이상호(2003). 국어생활사의 관점에서 본 언간의 특성에 대한 연구. 서울대 대학원 국어교육과 석사 논문.

이상훈(2015). 《古列女傳》의 한글 필사본에 대한 연구. 《한국문화》 71. 서울대 규장학한국학연구소.

이석규(1998). 조선초기 '敎化'의 성격. 《한국사상사학》 11집. 한국사상사학회.

이석주(1994). 문자의 발달과 한글. 《한성어문학》 13. 한성대 한국어문학부.

이선옥(2015). 근대 공론장에서의 여성 담론: 연설체 신소설을 중심으로. 《여성문학연구》 34권. 한국여성문학학회.

이선화(2001). 《산성일기》와 《병자일기》의 비교 연구. 울산대학교 교육대학원 석사 논문.

이성구(1977). 東國新續三綱行實 에 나타난 救病孝行研究. 《논문집》 2. 명지실업전문학교.

이성규(2006). 조선시대의 선비교육과 선비문화에 관한 연구. 한국교원대 교육대학원 석사 논문.

이성만(2010). 텍스트언어학의 계보, 대상 그리고 경향. 《언어과학연구》 52. 언어과학회.

이성미(1996). 傳 薛氏夫人 '廣德山浮圖庵圖'와 '花鳥圖'. 《미술사학연구》 209호. 한국미술사학회.

이성민(2005). 조선시대 궁중 여인들의 삶. 한국학중앙연구원 장서각 편(2005). 《조선 왕실의 여성》. 한국학중앙연구원 장서각.

이성애(1980). 李王朝의 宮中史料考 - 竹冊. 玉冊을 中心으로. 《국학자료》 35호. 문화재관리국 장서각사무소.

이성우(1982). 《조선 시대 조리서의 분석적 연구》. 한국정신문화연구원.

이성우(1992). 《韓國古食文獻集成》. 修學社.

이수경(2001). 조선시대 효자도 연구. 서울대 대학원 석사 논문.

이수봉(1971). 閨房文學에서 본 李朝女人像. 《여성문제연구》 1. 효성여대 여성문제연구소.

이수봉(1999). 《한국가문소설연구논총》. 경인문화사.

이수연(2004). 조선시대 유교 윤리서 연구: 세종조 《삼강행실도》를 중심으로. 《대학원논문집》 4집. 경인교육대학교.

이수재(1986). 朝鮮朝 女流文學에 나타난 生活相: 內房歌〈실은 歌〉辭를 中心으로. 《國語國文學論文集》. 동국대 국어국문학과.

이숙인 역주(2003). 《여사서》. 여이연.

이숙인 옮김(2013). 《열녀전》. 글항아리.

이숙인(2002). 《여사서》 읽기의 방법과 사상. 《여성이론》 6. 여성문화이론연구소.

이숙인(2006). 중세기 한 여성의 담론 권력:소혜왕후(昭惠王后)의 《내훈(內訓)》. 편찬위원회 엮음. 《한국의 고전을 읽는다5: 문화·사상》. 휴머니스트.

이숙인(2010). 화가와 현모, 그 불편한 동거, 신사임당은 어떻게 만들어졌는가. 규장각한국학연구원 편(2010). 《조선 여성의 일생》. 글항아리.

이숙인(2014). 《정절의 역사》. 푸른역사.

이숙인(2014). 근대초기 '여권女權'의 유입과 유교의 재구성. 《국학연구》 24집. 한국국학진흥원.

이숙인(2014). 남평조씨 애중(愛重): 일기를 쓰다. 《(내일을 여는)역사》 57호. 선인.

이순구(1985). 조선초기 주자학의 보급과 여성의 사회적지위. 한국정신문화연구원 석사 논문.

이순구(1995). 조선초기 종법의 수용과 여성지위의 변화. 한국정신문화연구원 박사 논문.

이순구(1996). 조선중기 총부권과 입후의 강화. 《고문서연구》 9·10합집호. 한국고문서학회.

이순구(1998). 《癸丑日記》에 나타난 궁중생활상. 《사학연구》 55·56합집호. 한국사학회.

이순구(1998). 계축일기. 《문헌과 해석》 4호. 태학사.

이순구(1999). 조선시대 여성의 일과 생활. 한국여성연구소여성사연구실. 《우리 여성의 역사》. 청년사.

이순구(2003). 정부인 안동 장씨의 성리학적 삶. 김현영 외 저. 《조선시대 사회의 모습》. 집문당.

이순구(2010). 인수대비의 의지, 그리고 《내훈內訓》. 《문화재사랑》 69호.(8월) 문화재청.

이순구(2015). 알고 보면 권력자. 조선의 양반 여성들 - 양반가의 여성생활. 규장각한국학연구원 편(2015). 《조선 양반의 일생》. 글항아리.

이순구(2016). 조선시대 혼인과 이혼에서 여성의 지위: 공동체 형성의 원리로서의 혼인과 그 해체. 《젠더법학》 13호. 한국젠더법학회.

이숭녕(1955). 국어학사의 시대성론고: 훈민정음문제를 주제하여. 《학총》 1. 학총사.

이숭녕(1962). 임진왜란과 민간인 피해에 대하여:《동국신속 삼강행실》의 피해보고서적 자료를 중심으로 하여. 《역사학보》 17·18. 역사학회.

이숭녕(1966). 한글 제정의 시대 환경. 《교육평론》 96. 교육평론사.

이숭녕(1967). 한국어 발달사(어휘사). 《한국문화사 대계Ⅴ》. 고려대학교 민족문화연구소 출판부.

이숭녕(1970). 이조 초기 역대 왕실의 출판 정책의 고찰 - 특히 불경인행(佛經印行)의 과정을 중심으로 하여. 《한글》 146. 한글학회.

이숭녕(1977). 세종의 언어정책사업과 그 은밀주의적 태도에 대하여 - 특히 실록기록의 불투명성과 책방의 노출을 중심으로 하여. 《한국학 논총》(하성 이선근 박사 고희 기념 논문집). 형설출판사.

이숭녕(1978). 동국신속삼강행실도의 음운사적 고찰. 《학술원논문집》 17. 대한민국학술원.

이숭녕(1978). 언해 사업의 시대적 경향에 대하여. 《민족문화》 4. 민족문화추진회.

이숭녕(1986). 신미의 역경사업에 관한 연구. 《학술원논문집》 25. 학술원.

이숭복(2013). 《옥국재 가사 연구》. 월인.

이숭복(2017). 《계축일기》에 나타난 갈등의 층위와 제시 방식. 《고전문학과 교육》 34집. 한국고
전문학교육학회.

이숭수(2002). 제문(祭文) 형식의 미학적 가능성. 《한국사상과 문화》 17. 한국사상문화학회.

이숭희(2000). 규장각 소장본 '純元王后 한글편지'의 고찰. 《규장각》 23. 서울대학교 규장각 한국
학연구원.

이숭희(2008). '순원왕후 한글편지'의 자료적 특성에 대한 일고찰. 《한국문화》 44. 서울대 규장
학한국학연구소.

이숭희(2010). 《순원왕후의 한글편지》. 푸른역사.

이숭희(2013). 조선 후기 왕실 여성의 한글 사용 양상. 《한국문화》 61. 규장각한국학연구소.

이안희(2000). 유교의 여성관. 《인문과학연구》 9집. 상명대학교인문과학연구소.

이양순(2001). 順天金氏墓簡札의 語彙 分布 研究. 충북대 대학원 박사 논문.

이여진(1995). 조선후기 천주교 '여교인공동체가'의 형성과 변천과정. 《성신사학》 12·13호. 한국
교회사 연구소.

이연성(1974). 의유당 관북유람일기의 연구. 이화여자대학교 대학원 석사 논문.

이연숙/고영진·임경화 옮김(2006). 《국어라는 사상》. 소명출판.

이연순(2014). 한·일 고전 여성 일기문학의 최초 작품 비교 고찰: 《병자일기(丙子日記)》와 《청령
일기(蜻蛉日記, 가게로일기)》를 중심으로. 《한국문화연구》 26호. 이화여자대학교
한국문화연구원.

이영경(1995). 《續三綱行實圖》 研究. 《국어학 논집》 2. 태학사.

이영경(2017). 조선 후기 순한글본 《소학언해》와 그 언어·문화적 가치. 《한국학연구》 47. 인하
대학교 한국학연구소.

이영숙(1982). 조선초기 내명부에 대하여. 《역사학보》 96집. 역사학회.

이영숙(1982). 조선초기 내명부에 대하여. 국민대학교 대학원 석사 논문.

이영숙(1987). 《계축일긔》에 나타난 조어법 연구. 상명여자대학교 대학원 석사 논문.

이영주(1988). 장서각 한글 소설의 서지적 연구. 이화여자대학교 교육대학원 석사 논문.

이영춘(1999). 조선시대의 왕실 전례와 의궤. 《장서각》 창간호. 한국정신문화연구원.

이영춘(2002). 조선후기의 사전의 재편과 국가제사. 《한국사연구》 118. 한국사연구회.

이영춘(2003). 조선 후기 여성지식인들의 자아의식:임윤지당(임윤지당)과 강정일당(강정일당)을 중심으로. 집문당. 《조선시대 사회의 모습》.

이영춘(2015). 조선시대 왕실 여성과 상장의례(喪葬儀禮). 한국학중앙연구원 장서각 편(2005). 《조선 왕실의 여성》. 한국학중앙연구원 장서각.

이영호(2006). 관습적 글쓰기와 창의적 글쓰기 - 조선후기 제문 양식을 중심으로. 《작문연구》 2. 한국작문학회.

이영호(2006). 서술자의 측면에서 본 《계축일기》의 표현 전략 연구. 《고전문학과 교육》 11집. 한국고전문학교육학회.

이옥련(1989). 언간의 친척 및 부부 호칭고. 《아시아여성연구》 28. 숙명여대 아시아여성연구소.

이완무(2016). 장서각 소장 한글자료의 필사 시기. 한국학중앙연구원 장서각 편(2016). 《한글, 소통과 배려의 문자》(한글 반포 570돌 기념 2016 장서각 특별전). 한국학중앙연구원.

이용길(2003). 조선시대 서당의 교재에 대한 고찰. 《교육연구》 22집. 원광대학교교육문제연구소.

이우경(1986). 《동명일기》의 여행 과정과 표현이미지 분석. 《국어국문학》 96집. 국어국문학회.

이우경(1989). 조선조 《일기문학》 연구. 이화여대 대학원 박사 논문.

이우경(1995). 《한국의 일기문학》. 집문당.

이욱(2008). 조선후기 後宮 嘉禮의 절차와 변천 - 慶嬪 金氏 嘉禮를 중심으로. 《장서각》 19집. 한국학중앙연구원 장서각.

이원수(2001). 한글 소설의 개념과 최초의 한글 소설. 《교육이론과 실천》 1권 1호. 경남대학교 교육문제연구소.

이원승(2003). 사대부가(士大夫家) 여인 행장에 나타난 자의식 소고: 서포가(西浦家) 3대 여인 행장을 중심으로. 《자하어문논집》 18집. 상명어문학회.

이원승(2010). 새로 찾은 《팔도유람가》 주해(註解). 《동서울대학논문집》 32집 1권. 동서울대학.

이원승(2015). 칠십로회가(七十老悔歌) 註解: 어느 독립운동가 집안 한 아내의 한 많은 일생. 《陶南學報》 25집. 陶南學會.

이원재(2006). 조선시대 《소학》 교육의 현실. 《교육학연구》 44권3호. 한국교육학회.

이유미(2007). 근대초기 신문소설의 여성인물 재현 양상 연구: 일본인 발행신문 한성신보 연재 서사물을 중심으로. 《한국근대문학연구》 16호. 한국근대문학회.

이윤석(2015). 한글 고소설의 탄생과 유통. 《인문과학》 105집. 연세대 인문학연구원.

이윤석·大谷森繁·정명기 편저(2003). 《세책고소설연구》. 혜안.

이윤석·정명기(2003). 세책 고소설 연구의 현황과 과제. 이윤석·大谷森繁·정명기 편저. 《세책 고소설 연구》. 혜안.

이윤재(1932). 한글運動의 回顧. 《동아일보》 1932. 10. 30.

이은선(2007). 朝鮮後期 女性 性理學者의 생애와 학문에 나타난 儒敎 宗敎性 探究 - 任允摯堂과 姜靜一堂을 중심으로. 성균관대학교 대학원 박사 논문.

이은선(2014). 남양군에서의 기독교 전파를 통한 여성 교육과 여성 의식 변화와 애국계몽운동. 《성경과 신학》 70권. 한국복음주의신학회.

이은영(1990). 16세기 사림파 제문연구. 이화여대 대학원 석사 논문.

이은영(2001). 朝鮮 初期 祭文 硏究. 이화여자대학교 대학원 박사 논문.

이은영(2002). 제문(祭文)에 있어서 정서의 형상화 방식 - 조선 초기의 제문을 중심으로. 《東洋禮學》 9. 동양예학회.

이은영(2002). 제문의 구조와 미적 특질 - 이념와 정서의 결합 구상을 중심으로. 《大東漢文學》 16. 대동한문학회.

이은영(2004). 《제문, 양식적 슬픔의 미학》. 태학사.

이은영(2006). 애제문(哀祭文)의 특징과 변천과정. 《東方漢文學》 31. 동방한문학회.

이은주(1995). 《청주북일면순천김씨묘출토간찰》의 연구. 숙명여대 대학원 석사 논문.

이은화·김윤희(2018). 늙음을 탄식하는 이를 향한 공감과 위로의 소통 방식: 내방가사 《노탄가》와 《노탄답곡》에 대한 고찰. 《語文學》 140. 韓國語文學會.

이응백(1976/1991). 《국어교육사연구》. 신구문화사.

이응백(1981). 국어의 '기본음절표'에 대하여. 《선청어문》 11·12. 서울대학교 사범대학교 국어교육과.

이응백(1983). 초등학교 한글 교육에 대한 연구. 《사대논집》 26집. 서울대학교 사범대학.

이응백(1989). 訓民正音 訓習의 基本資料. 《어문연구》 17권 4호. 한국어문교육연구회.

이응호(1974). 요약한 한글전용 운동사: 기독교와 한글. 《성별》 38호(10월호). 성별사.

이응호(1975). 《개화기 한글운동사》. 성청사.

이응호(1983). 최초의 한글 성경 《예수성교 누가복음젼서》. 《국어교육》 44·45. 한국국어교육연구회.

이응호(1995). 한글 성경 번역사. 《교회와 한국문제》 26권. 기독교한국문제연구회.

이이(조선)/안외순 옮김(2005). 《동호문답》. 책세상.

이재기 외(2006). 국어과 교육과정 개정 시안 수정·보완 연구. 《한국교육과정평가원》. 한국교육과정평가원.

이재룡(2000). 조선시대의 법 제도와 유교적 민본주의. 《동양사회사상》 3집. 동양사회사상학회.

이재만(1972). 우리 문자의 지도방법에 대한 고찰. 《논문집》 7. 광주교육대학.

이재수(1968).《내방가사 연구》. 문교부.

이재수(1976).《내방가사연구》. 형설출판사.

이재정(2008).《조선출판주식회사》. 안티쿠스.

이전경(2000). 간경도감의 언해서와 불경의 구결자 비교 - 구결자의 음가 추정과 차자 운용체계.《23회 공동연구회 발표논문집》. 구결학회.

이전경(2016). 우리 옛 여성의 문자생활. 이혜민 등 8인(2016).《문자와 권력-동서양 공동체의 문자정책과 젠더 정체성》. 한국문화사.

이정배(2001). 한글과 기독교: 문화신학의 과제로서 한글로 신학하기: 유영모와 김흥호의 한글풀이를 중심으로.《한국기독교신학논총》22집. 한국기독교학회.

이정복(2013).《한국 사회의 차별 언어》. 소통.

이정섭(1988).《宣祖國文教書調査報告書》. 文化財管理局.

이정숙(2010). 조선후기 의례서에 나타난 혼례 연구. 원광대학교 대학원 석사 논문.

이정옥(1981). 내방가사에 대한 미학적 연구. 경북대 대학원 석사 논문.

이정옥(1982). 完山李氏遺言考.《문학과언어》3. 문학과언어연구회.

이정옥(1993). 내방가사의 전승과정과 향유층의 의식연구. 계명대 대학원 박사 논문.

이정옥(1997ㄱ). 내방가사에 나타난 여성적 삶의 원리와 체득 방식.《경주사학》16. 경주사학회.

이정옥(1999ㄴ). 여성교훈가류의 가사의 변모: 내방가사와 동학가사를 비교하여.《동학연구》5집. 한국동학학회.

이정옥(1999ㄷ).《내방가사의 향유자 연구》. 박이정.

이정옥(2000). 내방가사에 나타난 여성의 여행경험과 사회화.《경주문화논총》3. 경주문화원 부설 향토문화연구소.

이정옥(2001). 자각하는 여성과 그들에 대한 종교적 관심.《경주문화논총》4집. 경주문화원 부설 향토문화연구원.

이정옥(2002ㄱ). 내방가사의 '청자호명'의 기능과 사회적 의미:《영남의 내방가사》를 중심으로.《어문학》78. 한국어문학회.

이정옥(2002ㄴ). 여성의 전통지향성과 현실 경험의 문제: 최근작 내방가사에 대한 보고.《여성문학연구》8호. 한국여성문학학회.

이정옥(2003).《영남내방가사 1-5》. 국학자료원.

이정옥(2009ㄱ). 경북 여성의 글하기. 국립민속박물관 편.《경북의 민속문화》CD1. 국립민속박물관.

이정옥(2009ㄴ). 내방가사 향유자의 생애경험.《한국고시가문화연구》24권. 한국고시가문화학회.

이정옥(2015). 가사의 향유방식과 현대적 변용문제: 경북의 현대 내방가사를 중심으로. 《오늘의 가사문학》. 고요아침.

이정옥(2016). 《(경북대본) 小白山大觀錄화전가》. 경진출판.

이정옥(2017ㄱ). 《내방가사 현장 연구》. 역락.

이정옥(2017ㄴ). 《영남 내방가사와 여성 이야기》. 박문사.

이종권(1988). 조선조 국역불서의 간행에 관한 연구. 성균관대 대학원 석사 논문.

이종덕(2005). 17세기 왕실 언간의 국어학적 연구. 서울시립대 대학원 박사 논문.

이종덕(2016). 명온공주와 익종이 주고받은 편지. 《말과 글》146호. 한국어문기자협회.

이종덕(2016). 인목대비의 한글편지. 《말과 글》147호. 한국어문기자협회.

이종덕(2017). 인현왕후의 한글편지. 《말과 글》152호. 한국어문기자협회.

이종덕(2017). 정순왕후의 한글편지. 《말과 글》153호. 한국어문기자협회.

이종묵(2002). 朝鮮時代 王室圖書의 收藏에 대하여. 《서지학보》26호. 한국서지학회.

이종묵(2002). 조선시대 한시 번역의 전통과 양상. 《장서각》7집. 한국정신문화연구원.

이종묵(2003). 장서각 및 수집 고문서 자료의 정리실태와 전망. 《국학연구》2집. 한국국학진흥원.

이종묵(2007). 조선시대 여성과 아동의 한시 향유와 이중언어체계(diaglosia). 《진단학보》104호. 진단학회.

이종묵(2008). 조선시대 한시 번역의 전통과 한시 번역의 모델. 《민족문화》32집. 한국고전번역원.

이종묵(2010). 규중을 지배한 유일한 문자: 번역소설에서 게임북까지, 여성의 문자생활과 한글. 규장각한국학연구원 편(2010). 《조선 여성의 일생》. 글항아리.

이종철(1978). 校正廳本 소학언해와 사서언해의 表記에 대하여. 《국어교육》33. 한국국어교육연구회.

이종하(2002). 《우리 민중의 생활사》. 주류성.

이지영(2008). 한글 필사본에 나타난 한글 필사(筆寫)의 문화적 맥락. 《한국고전여성문학연구》17. 한국고전여성문학회.

이지영(2012). 조선시대 규훈서(閨訓書)와 여성의 문자문화. 《여성문학연구》28호. 한국여성문학학회.

이지영(2013). 《심생전》, 《옥소선》, 《상사동기》의 '열정적 사랑'에 대하여. 《고소설연구》36. 한국고소설학회.

이지영(2015). 조선시대 장편한글 소설에 나타난 '못된 아버지'와 '효자 아들'의 갈등. 《古小說研究》40. 월인.

이지원(2001). 조선후기 여성규훈에 대한 고찰. 경성대학교 교육대학원 석사 논문.

이지하(1992).《현씨양웅쌍린기》연작 연구. 서울대 석사 논문.

이지하(2004). 여성주체적 소설과 모성이데올로기의 파기.《한국고전여성문학연구》9집. 한국 고전여성문학회.

이지하(2004). 인물형상화 방식을 통해 본《창란호연록》의 통속성.《한국문화》34. 서울대 규장 각한국학연구소.

이지하(2008). 조선후기 여성의 어문생활과 고전소설.《고소설연구》26권. 한국고소설학회.

이지하(2015).《현몽쌍룡기》의 음모구조와 소설적 의미.《고전문학연구》47. 한국고전문학회.

이지하(2015). 18세기 대하소설의 멜로드라마적 성격과 소설사적 의미.《국제어문》66집. 국제 어문학회.

이진경(2002). 문학 - 기계와 횡단적 문학: 기하학적 형식으로 증명된 문학 - 기계의 이론. 고미 숙 외(2002).《들뢰즈와 문학기계》. 소명출판.

이진호(1982). 한글성서 번역과 전래.《신앙계》187호. 신앙계.

이진호(2011).《진법언해(陣法諺解)》의 표기와 음운.《언어과학연구》56권. 언어과학회.

이창욱(2001). 조선전기의 산부인과학 발달사에 관한 연구. 동국대학교 석사 논문.

이춘희(1984).《조선조의 교육문고에 관한 연구》. 경인문화사.

이충구(1990). 경서 언해 연구. 성균관대 대학원 박사 논문.

이탁(1958).《국어학논고》. 정음사.

이태승·안주호(2003). 망월사본《眞言集凡例》에 대한 연구.《한국어학》19. 한국어학회.

이태영(2009). 완판본 한글고전소설과 완흥사서포(完興社書鋪).《수필과 비평》101호. 수필과비 평사.

이태영(2010). 한글고전소설과 그 필사본.《수필과 비평》106호(3/4월). 수필과비평사.

이태욱(2003).《諺解 胎産集要》에 나타난 17세기 국어 부정법 고찰.《언어과학연구》24. 언어과 학회.

이태진·김재호 외(2005).《고종황제 역사 청문회》. 푸른역사.

이태호·송일기(2003). 初編本《三綱行實孝子圖》의 編纂過程 및 版畵樣式에 관한 硏究.《서지학연 구》25집. 서지학회.

이필기(2008).《삼강행실도(三綱行實圖)》판화(版畵)의 연구:《열녀도(烈女圖)》를 중심으로.《경 주문화논총》11집. 경주문화원 부설 향토문화연구소.

이한우(2006).《세종. 조선의 표준을 세우다》. 해냄.

이한희(2007). 조선시대와 현행 기록물 관리제도의 비교분석. 경북대학교 대학원 석사 논문.

이해준(2016). 남평조씨南平曹氏와 병자일기丙子日記.《고마나루 이야기》14. 공주시.

이해창(1977).《한국신문사연구》. 성문각.

이현수(2011ㄱ). 내간과 내간체 문학. 2,《산성일기》.《(월간)창조문예》173호. 크리스챤서적·창조문예사.

이현수(2011ㄴ). 내간과 내간체 문학 3,《한중록》.《(월간)창조문예》174호. 크리스챤서적·창조문예사.

이현수(2011ㄷ). 내간과 내간체 문학 4,《한중록》2.《(월간)창조문예》175호. 크리스챤서적·창조문예사.

이현수(2011ㄹ). 내간과 내간체 문학 6,《화성일기》.《(월간)창조문예》177호. 크리스챤서적·창조문예사.

이현수(2011ㅁ). 내간과 내간체 문학 7,《인현왕후전仁顯王后傳》.《(월간)창조문예》178호. 크리스챤서적·창조문예사.

이현수(2011ㅂ). 내간과 내간체 문학 8,《구운몽》.《(월간)창조문예》179호. 크리스챤서적·창조문예사.

이현수(2011ㅅ). 내간과 내간체 문학 9,《구운몽》.《(월간)창조문예》180호. 크리스챤서적·창조문예사.

이현수(2011ㅇ). 내간과 내간체 문학 10,《조침문》.《(월간)창조문예》181호. 크리스챤서적·창조문예사.

이현숙(2008).《언해 벽온신방》과《언해 납약증치방》의 역사적 의의: 이화여대 소장본을 중심으로.《한국문화연구》14호. 이화여자대학교한국문화연구원.

이현주(1999). 한국정신문화연구원 소장《啓蒙篇諺解》에 대한 국어사적 연구.《장서각》2집. 한국정신문화연구원.

이현희(1978). 奎章閣 소장의 英祖代 한글문헌.《규장각》2집. 서울대학교 도서관.

이현희(1993).《小學》의 언해본. 서울대 대학원 국어연구회 편.《국어사 자료와 국어학의 연구》(안병희 선생 회갑 기념 논총). 문학과지성사.

이현희(1996). 중세 국어 자료(한글문헌).《국어의 시대별 변천·실태 연구》1. 국립국어연구원.

이현희(1999). 개화기 국어 자료.《국어의 시대별 변천 연구》4. 국립국어연구원.

이현희(1999). 藏書閣 소장의 英祖代 한글문헌.《장서각》2집. 한국정신문화연구원.

이혜구 역주(2000).《신역 악학궤범》. 국립국악원.

이혜숙 외(2018).《계축일기》. 파주.

이혜순 외(1999).《한국 고전 여성작가 연구》. 태학사.

이혜순(1998). 열녀상의 전통과 변모:《삼강행실도》에서 조선 후기《열녀전》까지.《진단학보》

85. 진단학회.

이혜순(2007). 《조선조 후기 여성 지성사》. 이화여자대학교출판부.

이혜순(2010). 고통을 발판 삼아 피어난 지성, 조선 여성 지성인들의 계보. 규장각한국학연구원 편(2010). 《조선 여성의 일생》. 글항아리.

이혜순·김경미(2002). 《한국의 열녀전》. 월인.

이혜순·임유경 외(2003). 《우리 한문학사의 여성인식》. 집문당.

이호권(1993). 《한글갈》의 문헌 연구. 《새국어생활》 3권 3호. 국립국어연구원.

이호권(2006). 諺解와 諺解書의 史的 考察. 《논문집》 42. 한국방송통신대학교.

이호권(2008). 조선시대 한글문헌 간행의 시기별 경향과 특징. 《한국어학》 41. 한국어학회.

이호성(1948). 《民主主義 國語敎授法》. 문교사.

이호형(2010). 국어생활사 교육의 틀짜기 - '언간'을 중심으로. 《동국어문학》 22집. 동국어문학회.

이홍식(2003). 한국어 어미 '-더라'와 소설의 발달. 《텍스트 언어학》 14. 텍스트언어학회.

이홍우 외(2000). 《교육의 동양적 전통 Ⅰ - 교육과 실재》. 성경재.

이화숙(2009). 조선시대 한글 의궤의 국어학적 연구 -《ᄌᆞ경뎐진쟉졍례의궤》와 《뎡니의궤》를 중심으로. 대구가톨릭대학교 박사 논문.

이화숙(2011). 조선시대 간인본 국역불서의 서지적 연구. 중앙대 대학원 문헌정보학과 석사 논문.

이화자(1994). 癸丑日記 연구. 東國大學校 敎育大學院 석사 논문.

이환진(1994). 한글성서 1887~1993년. 《세계의신학》 24호. 한국기독교연구소.

이효기(1981). 《閨閤叢書》 '酒食'의 調理科學的 考察. 《논문집》 1. 한양대 사범대.

이효덕/박성관 역(2002). 《표상공간의 근대》. 소명출판.

이희옥(2010). 전라도 천주교전래와 이순이 루갈다의 순교. 전주대학교 교육대학원 석사 논문.

인남순·김종수 공역(2001). 《고종황제 50세 경축연향 女伶呈才笏記》. 민속원.

인문학연구원 HK문자연구사업단(2013). 《문자개념 다시보기》. 연세대학교 대학출판문화원.

임기중(2002). 《연행록연구》. 일지사.

임기중(2005). 《한국가사문학 주해연구 1-21》. 아세아문화사.

임노직(2017). 경북지역의 한글 자료 개관. 《세종대왕 즉위 600주년 기념, 훈민정음 언해본 복각 기념 학술자료집》.

임동권 외(1988). 《한국문화사대계 Ⅴ》 언어·문학사(下). 고려대학교민족문화연구소.

임명미(1996). 조선초기제작 《삼강행실도》 판화를 통해서 본 복식에 관한 연구. 《동대논총》 26. 동덕여자대학.

임명옥(1997). 《東國新續三綱行實圖》에 나타난 효사례 고찰. 《한남어문학》 22. 한남대학교국어국문학회.

임상석(2008). 《20세기 국한문체의 형성과정》. 지식산업사.

임세린(2011). 《채봉감별곡》의 혼사 장애와 구성의 특징. 숙명여자대학교 교육대학원. 석사 논문.

임옥희(2003). 문학과 정신분석학의 '기괴한' 관계에 관하여. 《한국고전여성문학연구》 7. 한국고전여성문학회.

임용기·홍윤표 편(2006). 《국어사연구 어디까지 와 있는가》. 태학사.

임인수(2002). 《동몽선습》과 《계몽편》 비교 분석. 공주대 대학원 석사 논문.

임정하(2008). 《규합총서》의 국어학적 연구. 전남대 대학원 석사 논문.

임준철(2014). 陶淵明의 《擬挽歌辭三首》와 조선시대 自挽詩: 韓中 자만시 비교. 1. 《대동한문학》 41. 대동한문학회.

임준철(2015). 《陶靖節集》과 조선시대 自挽詩: 《擬挽歌辭三首》의 수용 경로를 중심으로. 《한국고시가문화연구》. 한국고시가문화학회.

임치균 외 옮김(2017). 《금환긔봉 ; 뎡슈졍젼 ; 홍백화뎐》. 한국학중앙연구원출판부.

임치균(1995). 조선 후기 소설의 전개와 여성의 역할. 사재동 편(1995). 《한국서사문학사의 연구 V》. 중앙문화사.

임치균(1999). 서녕유씨부인 유서 연구. 《고문서연구》 15-1. 한국고문서학회.

임치균(1999). 유씨 부인 遺書. 《문헌과 해석》 6호. 문헌과해석사.

임치균(2000). '선부인가젼'. '선부인언행별록'. 《문헌과 해석》 11호. 문헌과해석사.

임치균(2001). 이봉상 사건과 영웅소설. 《문헌과해석》 17. 문헌과해석사.

임치균(2016). 조선왕실과 고전소설. 한국학중앙연구원 장서각 편(2016). 《한글, 소통과 배려의 문자》(한글 반포 570돌 기념 2016 장서각 특별전). 한국학중앙연구원.

임형모(2006). 김사량의 초기 한글 소설 연구: 해방 이전을 중심으로. 《국제한인문학연구》 3호. 국제한인문학회.

임형택(1988). 한국문학에 있어서 국문문학과 한문문학의 관련이 갖는 역사적 의미. 《한국한문학연구》 22집. 한국한문학회.

임형택(1997). 17세기 규방소설의 성립과 《창선감의록》. 국어국문학회 편(1997). 《고소설 연구 1》. 태학사.

임형택(1999). 근대계몽기 국한문체(國漢文體)의 발전과 한문의 위상. 《민족문학사연구》. 민족문학사연구소.

임형택(2000). 한민족의 문자생활과 20세기 국한문체. 《창작과비평》 107. 창작과비평사.

임형택(2002). 《우리 문학사의 논리와 체계》. 창작과비평사.

임형택(2004). 김씨부인의 국문 상언(上言): 그 역사적 경위와 문학적 읽기. 《민족문학사연구》 25. 민족문학사학회·민족문학사연구소.

임형택(2005). 《옛 노래. 옛 사람들의 내면풍경: 신발굴 가사자료집》. 소명출판.

임형택(2006). 소설에서 근대어문의 실현 경로 - 동아시아 보편문어에서 민족어문으로 이행하기까지. 《대동문화연구》 58. 성균관대학교 대동문화연구원.

임형택(2007). 《우리 고전을 찾아서: 한국의 사상과 문화의 뿌리》. 한길사.

임혜련(2008). 19세기 수렴청정 연구. 숙명여자대학교 대학원 박사 논문.

임홍빈(1996). 필사본 한글 간찰의 해독과 문장 분절: 순천 김씨와 창원 황씨 간찰을 중심으로. 《정신문화연구》 64. 한국정신문화연구원.

임홍빈(2006). 한글은 누가 만들었나: 한글 창제자와 훈민정음 대표자. 《국어학논총: 이병근 선생 퇴임기념》. 태학사.

장경남(2001). 병자호란 실기와 저작자 의식 연구. 《숭실어문》 17. 《숭실어문학회》.

장경남(2003). 《산성일기》의 서사적 특성 연구. 《고전문학연구》 24집. 월인.

장경남(2003). 병자호란의 문학적 형상화 연구: 여성 수난을 중심으로. 《어문연구》 31권3호. 한국어문교육연구회.

장경남(2004). 남급의 《병자일록》연구. 《국제어문》 31집. 국제어문학회.

장경남(2006). 18세기 한글본 연행록에 서술된 천주당 견문기. 《숭실어문》 22집. 숭실대학교 국어국문학회.

장경남(2009). 조선후기 연행록의 천주당 견문기와 서학 인식. 《우리문학연구》 26. 우리문학회.

장경남(2018). 일기와 고소설의 관련 양상. 《고소설연구》 45집. 월인.

장금현(2010). 민족주의적 교회형성과 확산 배경으로서의 한글성경 - 1885년부터 1905년을 중심으로. 《성결교회와 신학》 24호. 현대기독교역사연구소.

장덕삼(1998). 《삼강행실도》의 시청각 교육적 의미에 관한 연구. 《인간교육연구》 5권 1호. 인간교육연구원.

장덕삼(2000). 《삼강행실도》와 《세계도회》의 비교 연구. 《한국교육사학》 22권 2호. 한국교육사학회.

장덕순(1953). 계녀가사 시론. 《국어국문학》 3. 국어국문학회.

장덕순(1960). 《국문학통론》. 신구문화사.

장덕순(1972). 고대소설과 여성의 위치: 한국고전에 반영된 시대상 월간문학사. 《월간문학》 44호.

장덕순(1978). 《한국고전문학전집》. 희망출판사.

장덕순(1985). 한글문화 수호자로서의 여인상. 《한국여성의 전통상》. 민음사.

장덕순(1996).《한국수필문학사》. 박이정.

장도규(1997). 晦齋의 '祭先妣孫夫人文'에 대하여.《한문학논집》15집. 근역한문학회.

장도규(2006). 회재 이언적의 정의적 제문 연구 - 부모님에 대한 제문의 내용을 중심으로. 한국사상과 문화》35. 한국사상문화학회.

장동우(2008). 조선후기 가례 담론의 등장 배경과 지역적 특색 -《주자가례》에 대한 주석서를 중심으로.《국학연구》13집. 한국국학진흥원.

장동우(2010).《주자가례》의 수용과 보급 과정 - 동전(東傳) 판본(版本) 문제를 중심으로.《국학연구》16집. 한국국학진흥원.

장시광(2009).《현몽쌍룡기》연작에 형상화된 여성수난담의 성격.《국어국문학》152 국어국문학회.

장안영(2014). 새로운 가사 작품 윤씨부인의《문여가》에 대하여.《퇴계학논총》24. 퇴계학부산연구원.

장안영(2015). 새로운 가사 작품《즁츈동유가》에 대하여.《문화와 융합》37. 한국문화융합학회.

장영길(2006).《언해태산집요》의 어휘에 대한 고찰.《국제언어문학》14호. 국제언어문학회.

장영숙(2014).《뎨국신문(帝國新聞)》의 성격과 자료적 가치.《동아시아문화연구》58권. 한양대학교 동아시아문화연구소.

장영해(1983).《산성일기》의 음운사적 고찰: 藏書閣 楷書體本을 中心으로. 상명여자대학 대학원 석사 논문.

장을연(2008). 朝鮮時代 王世子 冊封文書 硏究 - 竹冊의 作成節次를 中心으로. 한국학중앙연구원 석사 논문.

장을연(2009). 藏書閣 소장 冊文拓印本의 현황과 특징.《장서각》22집. 한국학중앙연구원.

장을연(2009). 冊文의 筆寫本에 관한 서지학적 고찰.《서지학보》33호. 한국서지학회.

장인경(1983). 奎章閣 韓國本 禮書 硏究. 이화여자대학교 대학원 석사 논문.

장정수(2014). 1960~70년대 기행 규방가사에 나타난 여행문화와 작품 세계: 유흥적 성격의 작품을 중심으로.《어문논집》70. 민족어문학회.

장정수(2017). 규방가사에 나타난 '혼인문제'와 여성의 인식.《어문논집》80권. 민족어문학회.

장정호(2006). 조선시대 독자적 동몽 교재의 등장과 그 의의:《훈몽자회》와《동몽선습》을 중심으로.《유아교육학논집》10권 1호. 한국영유아교원교육학회.

장철수(1995).《韓國의 冠婚喪祭》. 집문당.

장철수(2001).《閨閤叢書》의 민속학적 의미. 정신문화연구원 엮음(2001).《규합총서》(이씨 저). 한국정신문화연구원.

장향실(2008). 북경대(北京大) 소장 '삼강행실도(三綱行實圖)'.《국어사 자료와 음운 연구》. 보고사.

장효현(2001).《홍길동전》의 生成과 流傳에 대하여.《국어국문학》129호. 국어국문학회.

장효현(2002). 동아시아 한문소설과 자국어소설의 관계, 고려대 민족문화연구원 편.《동아시아 문학 속에서의 한국한문소설 연구》. 월인.

장효현(2002). 한국 고전소설에 미친 중국소설의 영향사.《한국고전소설사연구》. 고려대출판부.

전경목(1996). 日記에 나타나는 朝鮮時代 士大夫의 일상생활 - 吳希文의《瑣尾錄》을 중심으로.《정신문화연구》65호. 한국정신문화연구원.

전국역사교사모임(2002).《살아있는 한국사 교과서》1권·2권. 휴머니스트.

전규태 주해(2005).《계축일기》. 범우사.

전병용(2008). 현풍 곽씨 언간의 '선어말어미 생략'에 대한 고찰.《동양고전연구》31집. 동양고전학회.

전병용(2008). 현풍 곽씨 언간의 격조사 생략에 대한 고찰.《동양고전연구》33집. 동양고전학회.

전병용(2009). 한글 간찰의 상투적 표현 고찰.《동양고전연구》37집. 동양고전학회.

전복규(1999). 조선후기 가사의 근대의식 연구. 경희대 대학원 박사 논문.

전복규(2000). 임란 후 사대부 가사에 나타난 사대부의 현실 인식 고찰.《논문집》33집. 인천전문대학.

전복규(2001). 가사에 반영된 조선여성의 현실인식.《논문집》35. 인천전문대학.

전상욱(2008). 세책 대출자의 특성에 대한 연구 - 동양문고본 대출장부를 중심으로.《고소설연구》26집. 한국고소설학회.

전상욱(2009). 세책 총 목록에 대한 연구.《열상고전연구》30집. 열상고전연구회.

전상욱(2010). 한글방각소설 신자료 고찰.《열상고전연구》31집. 열상고전연구회.

전영표(2016). 최초 순한글《가뎡잡지》와 편집.《PT: Printing trend》157호. 엠제이미디어.

전재강·이상규·이정옥·김덕호·안귀남·권영호 편저(2016).《경북 내방가사》1-3. 북코리아.

전재강(2007). 생활 표현의 고시조 연구.《시조학논총》26집. 한국시조학회.

전재강(2014). 새로 발견한 규방가사에 나타난 이념과 풍류의 상관 맥락.《우리문학연구》41. 경인문화사.

전재천(1975). 동국신적삼강행실색인.《동양문화연구》2. 경북대학교동양문화연구소.

전택부(1978). 한국교회의 개혁정신과 그 영향. 한글 보급을 중심으로.《초교파》13. 초교파기독교협회.

전택부(1980). 기독교와 한글.《나라사랑》36. 외솔회.

전택부(1989). 한글문화를 가꾸라.《기독교사상》367호. 대한기독교서회.

정경주(2010). 치전 제문의 형식과 애도의 표현양상. 《대동한문학》 32. 대동한문학회.

정경희(1998). 주자예학의 형성과 《가례》. 《한국사론》 39집. 서울대학교 국사학과.

정경희(2000). 조선전기 예제·예학 연구. 서울대학교 대학원 박사 논문.

정경희(2004). 조선후기 궁원제의 성립과 변천. 《서울학연구》 23. 서울시립대학교 부설 서울학연구소.

정관일(1995). 《삼강행실도》의 사회교육적 의의. 《교육과학연구》 9. 청주대학교교육문제연구소.

정광(2003). 파평윤씨 모자 미라 부장 언간. 《파평윤씨 모자 미라 종합 연구 논문집》 1. 고려대학교 박물관.

정구복(1996). 조선조 일기의 자료적 성격. 《정신문화연구》 65호. 한국정신문화연구원.

정구복(2001). 제문. 《역사민속학》 12. 한국역사민속학회.

정구복(2012). 조선조 일기의 사료적 가치. 《장서각 ACADEMY》(2012년도 역사문화강좌). 한국학중앙연구원.

정규복(1977). 《번언남정기서》 고. 《연민 이가원박사 육질송수기념논총》. 범학도서.

정규복(1992). 《한국 고전문학의 원전비평적 연구》. 고대민족문화연구소 출판부.

정규복(1992). 구운몽 텍스트의 문제. 《어문논집》 31. 고려대학교국어국문학연구회.

정규복(1982). 《산성일기》의 문헌학적 연구. 《교육논총》 12. 고려대학교교육대학원.

정길남(1994). 《성서의 우리말 연구》. 서광학술자료사.

정길수(2002). 《구운몽》의 독자는 누구인가. 《고소설연구》 13집. 한국고소설학회.

정길수(2002). 전기소설의 전통과 《구운몽》. 《한국한문학연구》 30집. 한국한문학회.

정길수(2003). 《창선감의록》의 작자 문제. 《고전문학연구》 23집. 한국고전문학회.

정길수(2005). 《한국 고전장편소설의 형성 과정》. 돌베개.

정길수(2007). 《구운몽》 원전의 탐색. 《고소설연구》 23집. 한국고소설학회.

정길수(2016). 《17세기 한국 소설사: 전쟁과 이념의 시대, 소설로 읽다》. 알렙.

정길자(1992). 규방가사에 나타난 결핍과 실현의 심리적 성격. 숙명여대 대학원 석사 논문.

정길자(2003). 규방가사의 사적 전개와 여성의식의 변모. 숙명여대 대학원 박사 논문.

정길자(2005). 《규방가사의 사적 전개와 여성의식의 변모》. 한국학술정보.

정다함(2009). 여말선초의 동아시아 질서와 조선에서의 한어. 한리문. 훈민정음. 《한국사학보》 36호. 고려사학회.

정대림(1981). 《관동별곡》에 나타난 송강의 자연관. 《논문집》. 세종대학교.

정대림(1991). 고전문학과 언문일치 노력. 《논문집》 18. 세종대학교.

정대림(2001). 《한국고전비평사 - 조선후기 편》. 태학사.

정두희(1997). 이순이 루갈다의 순교와 남긴 편지들. 《세계의 신학》 35집. 한국기독교연구소.

정만조(2005). 18세기 조선의 사회 체제 동요와 그 대응론. 《한국학논총》 27. 국민대 한국학연구소.

정명기(2001). '세책 필사본 고소설'에 대한 서설적 이해: 총량·간소(간기)·유통양상을 중심으로. 《고소설연구》 12집. 한국고소설학회.

정명기(2003ㄱ). 세책본소설의 유통양상: 동양문고 소장 세책본소설에 나타난 세책장부를 중심으로. 《고소설연구》 16집. 한국 고소설학회.

정명기(2003ㄴ). 소설과 야담에 나타난 서구 인식. 《열상고전연구》 17집. 열상고전연구회.

정명기(2005). 세책본소설에 대한 새 자료의 성격 연구: 《언문후생록》 소재 목록을 중심으로. 《고소설연구》 19집. 한국고소설학회.

정명자(2009). 언간의 양식과 서체 고찰. 경기대 미술·디자인대학원 석사 논문.

정민(2003). 연암 척독소품의 문예미. 《한국한문학연구》 31. 한국한문학회.

정민조(2004). 조선시대의 관학과 사학. 국립제주박물관 엮음(2004). 《조선시대의 중앙과 지방》. 국립제주박물관.

정병모(1998). 《삼강행실도》 판화에 대한 고찰. 《진단학보》 85. 진단학회.

정병모(2015). 이상좌가 그린 《고열녀전》 언해본 삽화. 문영호 엮음(2015). 《열녀전: 여러 여성들의 이야기 》(소장자료총서 2). 국립한글박물관.

정병설(1998ㄱ). 《완월회맹연연구》. 태학사.

정병설(1998ㄴ). 조선후기 장편소설사의 전개. 기념논총간행위원회 편(19998). 《한국고전소설과 서사문학》(상). 집문당.

정병설(1999ㄱ). 《癸丑日記》의 작가문제와 역사소설적 성격. 《고전문학연구》 15집. 태학사.

정병설(1999ㄴ). 염시탁전: 겸인의 삶, 그리고 제 서사양식의 넘나듦. 《문헌과 해석》 7 여름호. 문헌과 해석사.

정병설(1999ㄷ). 조선조문학과 노비. 《진단학보》 87. 진단학회.

정병설(2000ㄱ). 18세기 조선의 여성과 소설. 《18세기연구》 2. 한국18세기학회.

정병설(2000ㄴ). 조선후기 정치현실과 장편소설에 나타난 小人의 형상. 《국문학연구》 4. 서울대학교 국문학연구회.

정병설(2001). 조선후기 동아시아 어문교류의 한 단면. 《한국문화》 27. 서울대학교 한국문화연구소.

정병설(2002ㄱ). 조선후기 여성소설과 남성소설의 비교 연구. 《국어교육》 107. 한국국어교육연구회.

정병설(2002ㄴ). 조선후기 여성소설과 남성소설의 비교 연구:《옥원재합기연》과《옥린몽》을 중심으로.《국어교육》107. 한국국어교육연구회.

정병설(2003). 세책소설 연구의 쟁점과 방향.《국문학연구》10호. 국문학회.

정병설(2004ㄱ). 17세기 동아시아 소설과 애정.《청구학술논집》24. 한국문화연구진흥재단(일본).

정병설(2004ㄴ). 고소설과 텔레비전드라마의 비교.《고소설연구》18. 한국고소설학회.

정병설(2005ㄱ). 18, 19세기 일본인의 조선소설공부와 조선관.《한국문화》35. 서울대학교 한국문화연구소.

정병설(2005ㄴ). 조선후기 한글 소설의 성장과 유통: 세책과 방각을 중심으로.《진단학보》100호. 진단학회.

정병설(2005ㄷ). 조선후기의 한글 소설 바람.《한국사시민강좌》37집. 일조각.

정병설(2008ㄱ).《한중록》의 신고찰.《고전문학연구》34권. 한국고전문학회.

정병설(2008ㄴ). 조선후기 한글·출판 성행의 매체사적 의미.《진단학보》106호. 진단학회.

정병설(2009). 조선시대 한문과 한글의 위상과 성격에 대한 一考.《한국문화》48. 서울대 규장각 한국학연구소.

정병설(2010ㄱ). 사랑 타령일랑 집어치워라, 기생의 삶 그 냉혹한 현실. 규장각한국학연구원 편(2010).《조선 여성의 일생》. 글항아리.

정병설(2010ㄴ). 조선 후기 한글 방각소설의 전국적 유통 가능성에 대한 시론.《다산과 현대》3권. 연세대학교 강진다산실학연구원.

정병설(2014). 18세기 한글문학의 저변과 궁궐(도록 해제). 문영호 엮음(2014).《곤전어필, 정조어필한글편지첩, 김씨부인한글상언》(국립한글박물관 소장자료총서1). 국립한글박물관.

정병설(2016).《조선시대 소설의 생산과 유통》. 서울대학교출판문화원.

정병설(2017).《혜빈궁일기》와 궁궐 여성 처소의 일상.《규장각》50. 서울대학교 규장각 한국학연구원(규장각).

정병욱(1959). 꽃과 時調.《國文學散藁》. 신구문화사.

정보라미(2016). 서강대학교 소장 한글본《동패낙송》의 선록 및 한글 번역 양상과 그 의미.《한국고전여성문학연구》32권. 한국고전여성문학회.

정복동(2011). 16~17세기 한글편지의 서체적 특징 - 여성 한글편지의 중심축 변천에 대한 사상사적 고찰을 중심으로.《동양예술》16권. 한국동양예술학회.

정복동(2014). 조선시대 한글편지 서체에 나타난 "운(韻)"의 미학적 토대 연구 - 계층별·시기별로 나타난 흘림체 이어쓰기를 중심으로.《동양예술》26권. 한국동양예술학회.

井上角五郎(1938). 協力融合. 福祉の 增進ぉ圖れ(朝野諸名士執筆.《朝鮮統治の回顧と批判》). 京城 ;

조선신문사.

정선영(1996). 역사교육에서 시대구분의 의미와 과제. 《역사교육》 59. 역사교육연구회.

정선희(2009). 삼대록계 국문장편소설에 나타난 상례 서술의 변모 양상과 그 의미. 《고소설연구》 28. 한국고소설학회.

정선희(2013). 조선후기 여성들의 말과 글 그리고 자기표현: 국문장편 고전소설을 중심으로. 《한국고전여성문학연구》 27집.

정소연(2009). 《용비어천가》와 《월인천강지곡》 비교연구: 양층언어현상(Diglossia)을 중심으로. 《우리어문연구》 33집. 우리어문학회.

정송(2013). 조선시대 가사에서 나타나는 여성화자 고찰: 여성화자의 태도와 성격을 중심으로. 《경희어문학》 33. 경희대 문과대학 국어국문학과.

정순덕(2009). 《구급방》의 의사학적 연구. 경희대 대학원 박사 논문.

정승혜(1999). 조선시대 토지매매에 사용된 한글 패지. 《문헌과 해석》 9호. 문헌과해석사.

정승혜(2003). 가난한 선비들의 《사서언해(사서언해)》. 《문헌과 해석》 25. 호 문헌과해석사.

정승혜(2013). 유학 기태동이 죽은 누이를 위해 쓴 한글제문에 대하여. 《국어사 연구》 17호. 국어사학회.

정약용·박석무 역(1991). 《유배지에서 보낸 편지》. 창작과 비평.

정양완 역주(1975). 《규합총서(빙허각이씨 저)》. 보진재.

정양완(1975). 조선조 여인의 실용적 슬기 - 규합총서를 중심으로 한 소. 《민족문화》 1. 민족문화추진회.

정양완(1985). 《규합총서》를 통해서 본 한국여성의 전통상에 대하여. 《한국여성의 전통상》. 민음사.

정연정·천명희(2016). 고성 이씨 소장 《해도교거사》의 국어학적 가치. 《어문논총》 68. 한국문학언어학회.

정영문(2017). 조선시대 여성들의 나침반, 계녀가류 규방가사 - 《계녀가류 규방가사연구》(최연, 학과방, 2016)을 읽고. 《한국문학과 예술》 22. 숭실대 한국문학과예술연구소.

정영문(2018). 박순호본 가사 《백귀시》 연구. 《온지논총》 55. 온지학회.

정영선(2006). 다례제사의 연원과 전개 및 그 특성에 관한 연구. 성균관대학교 대학원 박사 논문.

정영선(2007). 조선 왕실 제사다례의 예제 성립과 그 배경에 관한 고찰. 《유교사상연구》 25집. 한국유교학회.

정옥자(1989). 17세기 사상계의 재편과 예론. 《한국문화》 10집. 서울대 규장학한국학연구소.

정옥자(1990). 17세기 전반 예서의 성립과정 - 김장생을 중심으로. 《한국문화》 11집. 서울대 규장학한국학연구소.

정용수(1990). 사숙재 강희맹 문학 연구. 성균관대 대학원 박사 논문.

정우봉(2011). 조선시대 국문 일기문학의 시간의식과 회상의 문제.《고전문학연구》39집. 월인.

정우봉(2012). 남평조씨《병자일기》의 성격과 작품공간.《한국고전여성문학연구》25권. 한국고
전여성문학회.

정우봉(2013). 19세기 여성일기《병인양란록》의 작가와 작품세계.《한국고전여성문학연구》26
집. 한국고전여성문학회.

정우봉(2016).《조선 후기의 일기문학》. 소명출판.

정우봉(2017). 분성군부인 허씨의 한글 일기《건거지(巾車志)》연구.《한국고전여성문학연구》
34집. 월인.

정우영(1992). 악학궤범 소재 한글가사의 표기사적 고찰.《국어학》22. 국어학회.

정우영(1998).《설공찬전(薛公瓚傳)》한글본의 원문 판독 및 그 주석.《동악 어문논집》33. 동악
어문학회.

정우영(1999).《삼강행실도》언해본에 나타난 한자음 표기의 양상: 잘못 주음된 한자음의 분석
과 번역년대.《동악 어문논집》34. 동악어문학회.

정우영(1999). 삼강행실도 언해본에 나타난 한자음 표기의 양상.《동악어문논집》34. 동악어문
학회.

정우영·이정일·정상훈(2008).《속삼강행실도의 국어학적 연구》. 한국문화사.

정은아(2003). 허준의《언해태산집요》에 대한 연구. 경희대학교 대학원 석사 논문.

정은임(1986). 계축일기는 과연 소설인가?: 장르 파악을 위한 재조명.《원우논총》4. 숙명여자대
학교대학원총학생회.

정은임(1988). 궁정 실기문학 연구: 장르 이론과 수용미학적 견지에서. 숙명여자대학교 대학원
박사 논문.

정은임(2002). 조선조 궁중문학의 장르 재조명.《동양학》32집. 단국대학교부설동양학연구소.

정은임(2003). 조선조 궁중문학의 특질.《문명연지》4권3호. 한국문명학회.

정은임(2005).《계축일기》. 이회문화사.

정은임(2008). 궁중문학연구의 현황과 과제.《문명연지》9권 1호. 한국문명학회.

정은임(2015).《계축일기 연구》. 새미.

정은주(2008). 연행사절의 서양화 인식과 사진술 유입: 북경 천주당을 중심으로.《명청사 연구》
30집. 명청사학회.

정의영(1996).《조선 후기 가사에 나타난 현실인식 연구》. 경산대 출판부.

정인숙(1994). 조선후기 연군가사의 전개양상 연구. 서울대 대학원 석사 논문.

정인숙(2010). 《가사문학과 시적 화자》. 보고사.

정인숙(2014). 가사에 나타난 여성의 내면과 종교적 믿음의 양상: 규방가사를 중심으로. 《한국 고전여성문학연구》 29. 월인.

정인아(2012). 한국어의 시점에 관한 연구. 《어학연구》 48권 3호. 서울대학교 언어교육원.

정일영(2008). 광해군대 《동국신속삼강행실도》 연구. 서강대 대학원 석사 논문.

정일영(2010). 임진왜란 이후 '敎化'의 양상: 광해군대 《東國新續三綱行實圖》를 중심으로. 《한국 사상사학》 34집. 한국사상사학회.

정재걸(1983). 조선시대 서민교육으로서의 교화에 관한 연구. 서울대 대학원 석사 논문.

정재걸(1989). 조선시대 교화연구: 성종 – 중종(1469~1544)년간을 중심으로. 서울대 대학원 박사 논문.

정재서 엮음(2002). 《동아시아 여성의 기원》. 이화여자대학출판부.

정재영 외(2000). 《정조대의 한글문헌》. 문헌과해석사.

정재영(1996). 19세기말부터 20세기초의 한국어문. 《한국문화》 18집. 서울대 규장각한국학연구소.

정재호(1965). 가사문학 연구. 고려대 대학원 석사 논문.

정재호(1977). 가사문학에 나타난 자연관 연구. 고려대 대학원 박사 논문.

정재호(1982). 《가사문학론》. 집문당.

정재호(1990). 《한국가사문학의 이해》. 고려대 출판부.

정재훈(2014). 조선 후기의 한글과 여성 – 일상에서 정치까지(도록 해제). 문영호 엮음(2014). 《곤전어필, 정조어필한글편지첩, 김씨부인한글상언》(국립한글박물관 소장자료총서1). 국립한글박물관.

정정호(2007). 개화기 개신교의 번역사역과 한국 어문의 근대화. 《번역학연구》 8권 2호. 한국번역학회.

정주리·시정곤(2011). 《조선언문실록》. 고즈윈.

정진석 편(1999). 《문자보급운동교재: 조선일보·동아일보 1929~1935》. LG상남언론재단.

정진원(1999). 《중세 국어의 텍스트 언어학적 접근》. 한국문화사.

정창권 외(2016). 《유물로 보는 한글의 역사》. 북코리아.

정창권(1996). 옥린몽의 작가 고증과 이본 양상. 정규복 편. 《한국고소설사의 시각》. 국학자료원.

정창권(2002). 《미암일기》에 나타난 송덕봉의 일상생활과 창작활동. 《어문학》 78집. 한국어문학회.

정창권(2002). 《한국 고전여성소설의 재발견》. 지식산업사.

정창권(2013). 《조선의 세계명작 완월회맹연》. 월인.

정창권(2014). 조선시대 부부들의 사랑관. 《문명연지》 15권 2호. 한국문명학회.

정철 외(조선)/김하명 엮음(2005). 《강호에 병이 깊어 죽림에 누웠더니》. 보리.

정출헌(1999ㄱ). 17세기 국문소설과 한문소설의 대비적 위상. 《한국한문학연구》 22권. 한국한 문학회.

정출헌(1999ㄴ). 《고전소설사의 구도와 시각》. 소명출판.

정출헌(2002). 《최고운전》을 통해 읽는 초기 고전소설사의 한 국면 - 작품의 형성과정과 표기문 자의 전환을 중심으로. 《고소설연구》 14권. 한국고소설학회.

정출헌(2003). 표기문자의 전환에 따른 고전소설 미학의 변이양상 연구: 16~17세기 고전소설의 문학사회학적 지평을 중심으로. 《민족문학사연구》 23호. 민족문학사학회 민족 문학사연구소.

정출헌·조현설·이형대·박영민(2003). 《고전문학과 여성주의적 시각》. 소명출판.

정하영(1996). 朝鮮朝 '日記'類 資料의 文學史的 意義. 《정신문화연구》 65호. 한국정신문화연구원.

정하영(1999). 고전여성 산문작가의 전기적 고찰. 《한국 고전 여성작가 연구》. 태학사.

정하영(2006). 신발굴 자료 해제 및 소개 ; 숙종 계비 인원왕후(仁元王后)의 한글 기록: 《선군유 사(先君遺事)》와 《선비유사(先妣遺事)》. 《한국문화연구》 11권. 이화여자대학교 한 국문화연구원.

정해은(1997). 조선후기 여성 실학자 빙허각 이씨. 《여성과사회》 8. 창작과비평사.

정해은(2004). 《한국 전통 병서의 이해》. 국방부 군사편찬연구소.

정해은(2011). 《조선의 여성 역사가 다시 말하다: 조선시대 여성들의 안과 밖 그 천의 개성을 읽 는다》. 너머북스.

정해은(2019). 19세기 《규합총서》의 탄생과 가정실학의 지식화. 《지역과 역사》 45호. 부경역사 연구소.

정형지·김경미 편(2006). 《17세기 여성생활사 자료집 1》. 보고사.

정혜경(2006). 한국 최고의 식경(食頃):안동장씨(安東張氏)의 《음식디미방》. 편찬위원회 엮다. 《한국의 고전을 읽는다5 문화·사상》. 휴머니스트.

정혜경(2006). 한국 최고의 식경(食經) - 안동장씨(安東張氏)의 《음식디미방》 정용화 외. 《한국의 고전을 읽는다 5 문화 사상》. 휴머니스트.

정환국(2004). 설공찬전의 파동과 16세기 소설인식의 추이. 《민족문학사연구》 25호. 민족문학 사연구소.

정효섭(1971). 《한국여성운동사 - 일제치하의 민족운동을 중심으로》. 일조각.

정후수(1998). 천자문의 구성과 가치에 대한 연구. 《동양고전연구》 11집. 동양고전학회.

정희옥(2011). 조선시대 애정소설에 나타난 여주인공의 지향: '숙영낭자전', '백학선전', '숙향전', '옥단춘전', '채봉감별곡'을 대상으로. 충북대 교육대학원 석사 논문.

조건상(1981). 解題 및 槪說. 《淸州北一面順天金氏墓出土簡札》. 충북대박물관.

조경아(2009). 조선후기 儀軌를 통해 본 呈才 연구. 한국학중앙연구원 대학원 박사 논문.

조계영(2005). 문중의 고문헌 관리와 보존 - 晉州 晉陽河氏 丹池宗宅 사례를 중심으로. 《고문서연구》 27호. 한국고문서학회.

조계영(2006). 朝鮮後期 《宮園儀》의 刊印과 粧繡. 《서지학연구》 35집. 서지학회.

조광 역주(2001). 《역주 사학징의》 I. 한국순교자현양위원회.

조광국(2005). 한국 고전소설의 작자. 이상택 외(2005). 《한국 고전소설의 세계》. 돌베개.

조규익(2002). 《17세기 국문 사행록 - 죽천행록》. 박이정.

조규익(2004). 조선조 국문 사행록의 흐름. 《국문 사행록의 미학》. 역락.

조규익(2005). 《조선조 악장의 문예미학》. 민속원.

조규익(2014). 교훈의 장르론적 의미와 교훈가사. 《오늘의 가사문학》. 고요아침.

조규태(2007). 《용비어천가》. 한국문화사.

조남욱(2007). 조선시대 청소년 교육에 관한 연구. 《유교사상연구》 30집. 한국유교학회.

조남호(2006). 내방가사 여성의식 연구. 서남대 교육대학원 석사 논문.

조동일(1970). 갈등에서 본 춘향전의 주제. 《계명논총》 6. 계명대학.

조동일(1989). 《한국문학통사 2》. 지식산업사.

조동일(1992). 《한국문학통사 1(2판)》. 지식산업사.

조동일(1992). 《한국문학통사 4(2판)》. 지식산업사.

조동일(2003). 어문생활사로 나아가는 열린 시야. 《관악어문연구》 28집. 서울대학교국어국문학과.

조동일(2005/2011). 《한국문학통사 3》. 지식산업사.

조미옥(2007). 《삼강행실도》와 《심상소학수신서》를 통해 본 교화정책. 전남대 교육대학원 석사 논문.

조선영(1997). 내방가사의 교유(敎諭)의 당위성과 그 수용의 부정 양상: 계녀교훈류와 신변탄식류를 중심으로. 《동양고전연구》 8호. 동양고전학회.

조선일보사(1934). 문자보급교재. 정진석 편(1999). 문자보급운동교재: 조선일보·동아일보 1929~1935. LG상남언론재단.

조성산(2009). 18세기 후반 - 19세기 전반 조선 지식인의 어문 인식 경향. 《한국문화》 47. 서울대 규장각한국학연구소.

조성윤(2017). 여성 한글 제문(祭文)에 보이는 감성 소통의 원리와 교육. 《동악어문학》 72. 동악어문학회.

조수미(2013). 조선후기 한글 유배실기 연구. 부산대학교 대학원 석사 논문

조수삼(조선)/허경진 역(2008). 《추재기이》. 서해문집.

조애영(1971). 《隱村內房歌辭集》. 금강출판사.

조양원(2012). 김직연의 연행기록 《燕槎日錄》·《연행녹》 비교연구. 《정신문화연구》 126호. 한국학중앙연구원.

조양원(2014). 동경대 소장 한글본 《熱河記》 연구. 《민족문화》 44. 한국고전번역원.

조영준(2008). 19세기 후반 내수사와 시전의 거래실태. 《서울학연구》 31. 서울시립대학교 부설 서울학연구소.

조영준(2008). 조선후기 궁방(宮房)의 실체. 《정신문화연구》 112호. 한국학중앙연구원.

조용림(2009). 언간의 자료학에 대하여: 《정보언간독》을 중심으로. 《충남한글》 2호. 한글학회 충남지회.

조용림·백낙천(2013). 언간의 연구사적 검토. 《국제언어문학》 28호. 국제언어문학회.

조윤제(1931). 영남여성과 그 문학 - 특히 가사문학에 대하여 《신흥》 6.

조은상(2001). 《삼강행실도》와 효자전에 나타난 자기 파괴적 효행의 심리. 《겨레어문학》 26. 겨레어문학회.

조은수(2010). 믿음의 힘으로 유교의 획일화에 맞서다, 조선 여성의 신앙생활 불교를 중심으로. 규장각한국학연구원 편(2010). 《조선 여성의 일생》. 글항아리.

조일진(2001). 내방가사의 특성을 통한 표현 교육 방법론. 아주대 교육대학원 석사 논문.

조자현(2012). 조선 후기 규방가사에 나타난 여성의 경제 현실 및 세계인식. 한양대 대학원 박사 논문.

조재현 옮김(2003). 《계축일기》. 서해문집.

조종업(1972). 한국여류수필에 대하여. 《어문연구》 8. 어문연구학회.

조지형(2006). 《삼강행실도》(열녀편)이 조선 후기 '열녀전'에 끼친 영향. 부산대 교육대학원 석사 논문.

조태린(2010). 공공언어 문제에 대한 정책적 개입 방식. 《한말연구》 27호. 한말연구학회.

조항범(1998ㄱ). 《순천 김씨 묘 출토 간찰》에 대한 몇 가지 문제. 《개신어문연구》 15. 개신어문학회.

조항범(1998ㄴ).《주해 순천 김씨묘 출토 간찰》. 태학사.

조혁연(2013).《병자일기》에 나타난 17세기 전기의 私奴婢.《중원문화연구》21집. 충북대학교.

조혁연(2014).《병자일기》에 나타난 17세기 충주 이안지역의 農法.《중원문화연구》22집. 충북
대학교 중원문화연구소.

조현우(2007).《고전서사의 허구성과 유가적 사유》. 보고사.

조현우(2009).《삼강행실도》판화의 성격과 기능 연구: 예치(禮治)를 위한 상하 분별의 형상화.
《한국문학이론과 비평》13권 3호. 한국문학이론과 비평학회.

조현우(2009).《오륜행실도》도상의 삽화적 성격과 그 함의:《삼강행실도》와의 대비를 중심으
로.《한국고전연구》20집. 한국고전연구학회.

조현우(2011). 행실도 열녀편 도상변화의 문화적 의미.《한국문학 이론과 비평》50. 한국문학이
론과 비평학회.

조혜란(1999). 조선시대 여성의 글에 나타난 여성 인식.《문헌과 해석》8호. 문헌과해석사

조혜란(2001). 고전 여성 산문 규한록의 서술 방식.《우리 문학의 여성성·남성성(고전문학편)》. 월인.

조혜란(2003ㄱ). 17세기 규방과 치산의 문제.《17세기 여성생활사 자료 분석》. 제3회 한국문화
연구원 콜로 키움 연구발표문.

조혜란(2003ㄴ). 17세기 조선의 규방 현실에 대한 보고.《한국고전연구》9집. 한국고전연구학회.

조혜란(2006). 양반 여성의 방대하고도 체계적인 관심:빙허각(憑虛閣) 이씨(李氏)의《閨閤叢書》.
편찬위원회 엮다.《한국의 고전을 읽는다5 문화·사상》. 휴머니스트.

조혜란(2006). 양반 여성의 방대하고도 체계적인 관심 - 빙허각(憑虛閣) 이씨(李氏)의《규합총서
(閨閤叢書)》. 정용화 외.《한국의 고전을 읽는다 5: 문화 사상》. 휴머니스트.

조혜란(2006). 조선 시대 여성 독서의 지형도.《한국문화연구》8집.

조혜란(2010). 여성의 눈으로 읽는 여성들의 놀이, 깨가 쏟아지는 규중의 취미생활. 규장각한국
학연구원 편(2010).《조선 여성의 일생》. 글항아리.

조혜란(2012).《고전 서사와 젠더》. 보고사.

조혜란·이경하 편(2006).《17세기 여성생활사 자료집 3》. 보고사.

조혜정(1994). 박완서 문학에서 비평은 무엇인가?.《탈식민지 시대 지식인의 글읽기와 삶읽기》.
또하나의 문화.

조홍매(2010).《운영전》을 통해 본 여성 독자층의 욕망.《태릉어문연구》16집. 서울여자대학교
국어국문학과.

조흥욱(1994). 월인천강지곡 연구. 서울대 대학원 박사 논문.

조흥욱(2001). 용비어천가의 창작 경위에 대한 연구: 국문가사와 한문가사 창작의 선후관계를

중심으로.《어문학논총》20. 국민대학교 어문학연구소.

조희웅(1998). 세종 시대의 산문 문학.《세종문화사대계 1: 어학·문학》. 세종대왕기념사업회.

조희웅(1999).《고전소설 이본목록》. 집문당.

주영애(1995).《규합총서》에 나타나는 주택관리의 내용 분석.《한국가정관리학회지》13권 3호. 한국가정관리학회.

주영하 외(2008).《조선시대 책의 문화사: 삼강행실도를 통한 지식의 전파와 관습의 형성》. 휴머니스트.

주진니(2015). 조선후기 규방가사와 명말청초 여성 시·사의 비교 연구: 부부 간의 이별을 노래한 작품들을 중심으로. 충북대 대학원 석사 논문.

주진오 외(2013).《한국 여성사 깊이 읽기: 역사 속 말없는 여성들에게 말 걸기》. 푸른역사.

주형예(2010). 19세기 한글통속소설의 서사문법과 독서경험 – 여성이야기를 중심으로.《고소설연구》29권. 한국고소설학회.

주형예(2011). 여성 이야기를 통해 본 20세기 초 소설 시장의 변모 – 이해조《원앙도》,《모란병》을 중심으로.《한국고전여성문학연구》22권. 한국고전여성문학회.

주화중(2002). 최양업의 천주가사 연구: 교화성과 문학성을 중심으로. 안동대 교육대학원 석사 논문.

지두환(1994).《조선전기 의례 연구》. 서울대학교출판부.

지두환(2014). 세종시대의 문화. 문영호 엮음.《세종대왕, 한글문화 시대를 열다》(국립한글박물관 개관 기념 특별전). 국립한글박물관.

지성룡(2018ㄱ). 남한산성의 역사적 의의.《월간서예》441호. 미술문화원.

지성룡(2018ㄴ).《산성일기》와 병자록(병자록)의 의미.《월간서예》442호. 미술문화원.

지연숙(2003).《구운몽》의 텍스트 – 서울대본. 노존B본. 노존A본의 위상에 대해.《장편소설과 여와전》. 보고사.

지정민(1996). 조선전기 서민 문자교육에 관한 연구: 모제 김안국의 교화서 언해사업을 중심으로.《교육사학연구》6·7호. 서울대학교 교육사학회.

진경환(1993). 영웅소설의 통속성 재론 –《유충렬전》을 중심으로 한 시론.《민족문학사연구》3. 민족문학사학회.

진동혁(1985). 공인 남원윤씨(1768~1801)의《명도자탄사》연구.《논문집》19집. 단국대학교.

진재교·안대회·이상하·김문식(2009).《정조어찰첩》. 성균관대출판부.

차용주(2000).《한국한문소설사》. 아세아문화사.

차장섭(2008). 조선후기 여성의 보학 교육.《한국사학보》32호. 고려사학회.

채민정(2013). 《호색일대남》에 나타난 여성상 고찰: 동시대 조선조 소설《구운몽》과의 비교를 통해서. 단국대학교 대학원 석사 논문.

채백(2014). 한글 고전소설을 통해 본 조선 후기의 인간 커뮤니케이션 양태. 《한국언론정보학보》 65호. 한국언론정보학회.

채송화(2013). 《을병연행록》 연구: 여성 독자와 관련하여. 서울대학교 대학원 대학원 석사 논문.

채송화(2014). 《을병연행록》과 여성 독자. 《민족문학사연구》 55호. 민족문학사 민족문학사연구소.

채인숙(1986). 17세기 의서언해의 국어학적 고찰. 한양대학교 대학원 석사 논문.

채정민(1930). 기독교발전과 조선문자계의 장래. 《정음》 30. 조선어학연구회.

천병식(1990). 언해문학연구초. 《인문논총》 1-1. 아주대학교 인문과학연구소.

천정환(2005). 근대적 앎의 형성과 잡지의 역할. 《한국사 시민강좌》 37. 일조각.

천혜봉(1975). 봉모당 구장의 고본 '춘관통고'에 대하여. 《국학자료》 20호. 문화재관리국 장서각 사무소.

천혜봉(1989). 《고인쇄》. 대원사.

천혜봉(1990). 《한국전적인쇄사》. 범우사.

천혜봉(1990). 조선전기불서판본. 《계간서지학보》 5. 한국서지학회.

천혜봉(1993). 《한국목활자본》. 범우사.

천혜봉·윤병태(1996). 《장서각의 역사와 자료적 특성》. 한국정신문화연구원.

최강현(1995). 귀녀가(貴女歌)를 살핌: 주로 지은이를 중심하여. 《어문연구》 26. 어문연구회.

최경봉(2005). 《우리말의 탄생》. 책과함께.

최경봉(2018). 근대적 한글 의식의 형성 맥락과 특수성. 《인문학연구》 36권. 경희대학교 인문학연구원.

최경봉·시정곤·박영준(2008). 《한글에 대해 알아야 할 모든 것》. 책과함께.

최경환(2008). 곽분양 연구 - 고전 문화 속의 인물 읽기 《한국고전연구》 18. 한국고전연구학회.

최경훈(2009). 조선시대 간행의 주자 저술과 주석서의 편찬. 경북대학교 대학원 석사 논문.

최규수(2014). 《규방가사의 '글하기' 전략과 소통의 수사학》. 명지대 출판부.

최규수(2015). 《여자자탄가》의 자료적 실상과 특징적 면모. 《어문연구》 43. 한국어문교육연구회.

최규수(2016). 《부녀가》에 나타난 '딸로 살아가기'의 문제의식과 자기성찰적 글쓰기의 의미. 《한국고전여성문학연구》 32. 월인.

최기숙(2010). 《현씨양웅쌍린기》에 나타난 '부부관계'와 '결혼생활'의 상상적 조율과 문화적 재배치 - "현경문-주소저" 부부 관련 서사 분석 중심으로. 《한국고전여성문학연구》. 한국고전여성문학회.

최기호(1994).《한국어 변천사》. 토담.

최길용(1987). 육미당기 연구.《논문집》23집. 전주교대.

최길용(2010). 고소설에 나타나는 앵혈화소의 서사실상과 의미.《고소설연구》29. 한국고소설
학회.

최낙현(1987). 개화기 내방가사 연구. 건국대 교육대학원 석사 논문.

최남선(1946/2007)《조선의 상식 (원제: 조선상식문답)》(해제: 최상진). 두리미디어.

최명옥(1997). 16세기 한국어의 존비법 연구: 청주북일면 순천김씨묘 출토 간찰 자료를 중심으
로.《조선학보》164. 조선학회.

최미현(2007).《언해태산집요》에 반영된 한자음의 변화 양상에 대하여.《새얼어문논집》19. 새
얼어문학회.

최미현(2009).《동의보감》탕액편에 반영된 한자음 연구.《한말연구》24. 한말연구학회.

최미현(2009).《諺解胎産集要》와《東醫寶鑑》의 원문 대조 연구(1).《우리말연구》25집. 우리말연
구학회.

최배영(2016). 조선후기 생신다례(生辰茶禮)에 관한 연구:《병자일기》와《무오읍혈록》을 중심으
로.《차문화·산업학》33집. 국제차문화학회.

최범훈(1985/1990).《한국어 발달사》. 경운출판사.

최봉영(2010). 유학과 만난 한국말.《세상과 어울리는 한국어와 한글》(564돌 한글날 기념 제2회 집
현전 학술대회 자료집). 외솔회.

최상은(1992). 조선전기 사대부 가사의 미의식: 자연을 대상으로 한 작품을 중심으로. 성균관대
대학원 박사 논문.

최상은(2014). 최초의 가사들: 최초의 여성가사《규원가》, 남달라서 불행했던 여인의 강렬한 정
서 분출.《오늘의 가사문학》. 고요아침.

최상진(2007). 해제: 최남선(1946)《조선의 상식 (원제: 조선상식문답)》. 두리미디어.

최상천(1991). 용비어천가 찬술의 역사사회적 의미에 관한 연구.《한국전통문화연구》7. 한국전
통문화연구원.

최석우(1982).《긔히일긔》의 몇가지 문제점.《한국교회사의 탐구》. 한국교회사연구소.

최성옥(1998). 일제 시대의 조선어 연구사 槪觀: 小倉進平(오그라 신뻬)를 중심으로.《논문집》15.
용인대학교.

최성옥(2006). 小倉進平의 朝鮮語研究に關する考察.《일본어문학》28집. 한국일본어문학회.

최성일(1992). 존 로스(John Ross. 1842~1915)와 한국 개신교.《한국기독교역사연구소소식》8호.
한국기독교역사연구소.

최수현(2010).《임씨삼대록》여성 인물 연구. 이화여대 대학원 박사 논문.

최숙경 외 지음(1972).《한국여성사: 고대-조선시대》. 이화여자대학교출판부.

최숙경(1993). 한국 여성의 역사 - 억압에서 해방으로. 삼성출판문화박물관 편(1993).《한국여성문화자료 특별전》. 삼성출판박물관.

최승범(1956).《癸丑日記》연구. 전북대학교 대학원 석사 논문.

최승희(1989).《한국고문서연구》. 지식산업사.

최애호(1976). 한글과 기독교의 상보적 관계. 연세대 교육대학원 석사 논문.

최어진·박재연(2015). 정순왕후 한글편지의 내용과 가치.《열상고전연구》44. 열상고전연구회.

최연(2015). 계녀가류 규방가사의 공간적 성격 연구.《한국문학과 예술》17. 숭실대 한국문예연구소.

최연(2016ㄱ). 계녀가류 규방가사의 시간성 연구.《온지논총》46. 온지학회.

최연(2016ㄴ). 계녀가류 규방가사의 에코페미니즘적 해석.《한국문학과 예술》18. 숭실대 한국문예연구소.

최연(2016ㄷ).《계녀가류 규방가사 연구》. 학고방.

최연식(2005). 조선시대 사림의 정치참여와 향촌자치의 이념.《한국정치외교사논총》27집 1호.

최영교(1971). 기독교의 한글보급에 관한 연구. 계명대 교육대학원 석사 논문.

최영진·신민자(1999).《규합총서》를 통해서 본 우리나라 전통음식의 향약성 효과에 관한 고찰.《관광산업정보논집》1. 경희대 관광산업정보연구원.

최영희(2018). 조선시대 필사본 구운몽 서체 해설.《월간서예》443. 미술문화원.

최운식(2004).《한국 고소설 연구》. 보고사.

최웅환(1999). 16세기 '안민학 애도문'의 판독과 구문 분석.《국어교육연구》31. 국어교육학회.

최원식(1977). 가사의 소설화 경향과 봉건주의 해체.《창작과비평》46호. 창작과비평사.

최윤곤(2003). 간경도감(刊經都監)의 실체와 불전 간행 사업.《인문사회과학논문집》31집. 광운대학교 인문사회과학연구소.

최윤정(2014). 명재 윤증의 서간 연구 - 아들 행교에게 보낸 편지를 중심으로.《온지논총》38. 온지학회.

최윤희(2002). 16세기 한글편지에 나타난 여성의 자의식 - 신천 강씨의 한글편지를 중심으로.《여성문학연구》8호. 한국여성문학학회.

최윤희(2008).《견문록》소재 한글 제문의 글쓰기 방식과 갈래적 변주.《한국고전여성문학연구》17. 한국고전영성문학회.

최윤희(2013). 한글 제문의 존재 양상과 의미.《동양고전연구》52집. 동양고전학회.

최은주(2009). 조선시대 일기 자료의 실상과 가치. 《대동한문학》 30집. 대동한문학회.

최재남(2018). 《17세기 전반 정치·사회 변동과 시가사》. 보고사.

최전승(2002). 19세기 후기 전라방언의 특질 몇 가지에 대한 대조적 고찰: 중간본 《여사서 언해》를 중심으로. 《한민족어문학》 41집. 한민족어문학회.

최정배(1989). 《山城日記》의 원전 재구 및 번역설에 관한 연구. 홍익대학교 교육대학원 석사 논문.

최정은(2005). 조선후기 신변탄식류 내방가사 연구. 단국대 교육대학원 석사 논문.

최정태(1992). 《한국의 官報》. 아세아문화사.

최종성(2002). 조선시대 유교와 무속의 관계 연구. 《샤머니즘 연구》 4집. 한국샤머니즘학회.

최준(1979). 《한국신문사》. 일조각.

최준식(2007). 《세계가 높이 산 한국의 문기》. 소나무.

최지녀(2002). 조선시대 여성 서간과 서간체문학. 서울대학교 대학원 석사 논문.

최진렬(2017). 胡太后의 臨朝稱制와 권력기반— 文·武 官僚集團과 측근집단의 분석을 중심으로. 《대동문화연구》 99집. 성균관대학교 동아시아학술원 대동문화연구원.

최진아(2002). 견고한 원전과 그 계보들 - 동아시아 여성 쓰기의 역사. 정재서 엮다. 《동아시아 여성의 기원 - 열녀전에 대한 여성학적 탐구》. 이화여자대학교 출판부.

최진영(1997). 가사의 소설화 재론. 《성균어문연구》 32. 성균관대 국어국문학회.

최철(1998). 세종 시대의 시가 문학. 《세종문화사대계 1: 어학·문학》. 세종대왕기념사업회.

최한선(1987). 내방가사 연구, 1: 작자의 페르조나와 젤르를 중심으로. 《목원어문학》. 목원대학교국어교육과.

최현배(1942). 《한글갈》. 정음사.

최현배(1961). 《고친 한글갈》. 정음사.

최현배(1961). 한국 기독교와 한글_민족 문화 발전의 선구 - 《연세춘추》 1961년 12월 4일.

최현배(1962). 기독교와 한글. 《신학논단》 7집. 연세대학교 신과대학.

최현배(1982). 《고친 한글갈》. 정음사.

최현식(2008). 《대한매일신보》의 이중판본 정책과 근대어의 형성. 《현대문학의 연구》 35집. 한국문학연구학회.

최현재(2012). 《조선시대 시가의 역사적 이해와 전망》. 소명출판.

최현재(2012). 조선시대 유배가사의 흐름과 경향성: 특히 후기 유배가사의 특징적 면모에 주목하여. 《한국시가연구》 33. 이회.

최현정(1997). 미시사의 방법론과 그 가능성. 서강대 대학원 석사 논문.

최혜진(2004). 《규훈문학 연구》. 역락.

최혜진(2004). 《여범》의 여성주의적 독해 - 작가와 서술의식을 중심으로. 《아시아여성연구 43 집 1호》. 숙대 아시아여성연구소.

최호석(1998). 《설제전》 연구. 《고소설연구》 6집 한국고소설학회.

최홍기 외(2006). 《조선 전기 가부장제와 여성》. 아카넷.

추교신(1982). 가례언해의 국어학적 연구. 인하대 교육대학원 석사 논문.

충남향토연구회(1986). 宣祖大王의 國文教書. 《향토연구》 3.

탁원정(2006). 17세기 가정 소설의 공간 연구 - 《사씨남정기》, 《창선감의록》을 대상으로. 이화 여대 박사 논문.

표성수(1984). 한글성서발달사에 대한 일연구 - 언어적인 측면을 중심으로. 《논문집》 16. 삼육 대학.

풍양 조씨(조선)/김경미 옮김(2014). 《자기록 - 여자, 글로 말하다》. 나의 시간.

하금선(1990). 朝鮮時代 胎教思想에 대한 연구: 《胎教新記》, 《東醫寶鑑》, 《閨閤叢書》, 《增補山林經濟》를 중심으로. 국민대 대학원 석사 논문.

하성래(1977). 한국어국문학에 끼친 천주교의 영향. 《국어국문학》 74권. 국어국문학회.

하성래(1984). 순교일기의 전기문학으로서의 특성. 《한국교회사논문집》 1. 한국교회사연구소.

하성래(1990). 한국 초기 천주교회 동정녀들의 여성사적 의의. 《여성문제연구》 18. 대구가톨릭 대학교 사회과학연구소.

하우봉(1983). 세종대의 유교윤리 보급에 대하여: 《효행록》과 《삼강행실도》를 중심으로. 《全北史學》 7. 전북대학교사학회.

한경희(2014). 안동의 여성문학을 찾아서. 《문예연구》 21. 문예연구사.

한국18세기학회 엮음(2007). 《위대한 백년 18세기》. 태학사.

한국고문서학회(1996). 《조선시대생활사 1》. 역사비평사.

한국고문서학회(2000). 《조선시대생활사 2》. 역사비평사.

한국고문서학회(2006). 《조선시대생활사 3》. 역사비평사.

한국여성연구소 여성사 연구실(1999). 《우리 여성의 역사》. 청년사.

한국학중앙연구원 편(2005). 《조선 후기 한글 간찰(언간)의 역주 연구》 1-3. 태학사.

한국학중앙연구원 편(2005). 《조선왕실의 여성》. 장서각.

한국학중앙연구원 편(2009ㄱ). 《조선 후기 한글 간찰(언간)의 역주 연구 - 은진송씨 송준길 가문 한글 간찰》 4. 태학사.

한국학중앙연구원 편(2009ㄴ). 《조선 후기 한글 간찰(언간)의 역주 연구 - 은진송씨 송규렴 가문 한글 간찰》 5. 태학사.

한국학중앙연구원 편(2009ㄷ). 《조선 후기 한글 간찰(언간)의 역주 연구 - 은진송씨 김성일과 종
택 한글 간찰》 6. 태학사.

한국학중앙연구원 편(2009ㄹ). 《조선 후기 한글 간찰(언간)의 역주 연구 - 전주이씨 덕천군과 종
택 한글 간찰》 7. 태학사.

한국학중앙연구원 편(2009ㅁ). 《조선 후기 한글 간찰(언간)의 역주 연구 - 대전 안동권씨 유회당
가 한글 간찰》 8. 태학사.

한국학중앙연구원 편(2009ㅂ). 《조선 후기 한글 간찰(언간)의 역주 연구 - 광산김씨 가문 한글 간
찰》 9. 태학사.

한국학중앙연구원 편(2009ㅅ). 《조선 후기 한글 간찰(언간)의 역주 연구 - 의성김씨 천전파·초계
정씨 한글 간찰》 10. 태학사.

한규원(1994). 개화기 기독교의 국어·국문의 연구와 민족교육. 《논문집》 16. 전주우석대학.

한글서예연구회(2009). 《한글 궁체사》. 도서출판 다운샘.

한길연(2009). 《조선후기 대하소설의 다층적 세계》. 소명출판.

한동일(1981). 조선시대 향교 교육 제도의 연구. 성균관대학교 대학원 박사 논문.

한명주(2013). 조선의 맛을 탐색하다_《음식디미방》과 《규합총서》. 규장각한국학연구원 편. 《실
용서로 읽는 조선》. 글항아리.

한상권(1984). 16, 17세기 향약의 기구와 성격. 《진단학보》 58호. 진단학회.

한상규(2003). 전통가정 교육교재에 나타난 유아교육원리. 《유아교육논총》 11집. 부산유아교육
학회.

한상희(1972). 계축일기의 표현 특성론. 《숭전어문학》 1. 숭전대학교국어국문학과.

한석수(2004). 崔松雪堂의 文學世界와 現實認識: 《諺文詞藻》를 중심으로. 《한중인문학연구》 13.
한중인문학회.

한소윤(2013). 한국의 문화: 조선시대 왕후들의 언간 서체 특징 연구. 《한국사상과 문화》 69권.
한국사상문화학회.

한영균(1993). 능엄경언해. 《국어사자료와 국어학의 연구》. 문학과지성사.

한영우(1997). 《다시 찾는 우리역사》. 경세원.

한영우(2002ㄱ). 조선시대 《儀軌》 편찬과 現存 儀軌 조사 연구. 《한국사론》 48집. 서울대학교 국
사학과.

한영우(2002ㄴ). 조선시대 儀軌 편찬 始末. 《한국학보》 107집. 일지사.

한영우(2005). 《조선왕조 의궤》. 일지사.

한재영(1999). 국어표기사 속의 최세진. 《어문연구》 104. 한국어문교육연구회.

한재영(2004). 한글 옛 문헌 정보 조사 연구 - 16세기 국어자료를 중심으로. 《어문연구》 32권 4호. 어문연구회.

한정수(2013). 조선조 여성시가의 특성. 《장안논총》 34. 장안대학교.

한정희(1992). 내방가사 연구: 자탄류(自嘆類)를 중심으로. 전남대 교육대학원 석사 논문.

한태문(2010). 《우념재수서(雨念齋手書)》 소재(所載) 통신사행(通信使行) 관련 편지 연구. 《한민족어문학》 57권. 한민족어문학회.

한형주 외(2009). 《조선의 국가 제사》. 한국학중앙연구원.

한형주(2004). 조선시대 국가제사의 시대적 특징. 《민족문화연구》 41호. 고려대학교 민족문화연구소.

한희숙(2006). 구한말 순헌황귀비 엄비의 생애와 활동. 《아시아여성연구》 45집 2호. 숙명여자대학교 아시아여성연구소.

한희숙(2010). 여학교는 없었다, 그러나 교육은 중요했다, 가문의 영광을 비추는 거울 만들기. 규장각한국학연구원 편(2010). 《조선 여성의 일생》. 글항아리.

한희숙(2017). 《역사학자가 쓴 인수대비: 조선 왕실 최고 여성지식인의 야망과 애환》. 솔과학.

함석헌(1974). 《뜻으로 본 한국역사》. 제일출판사.

함석헌(1987). 생각하는 백성이라야 산다. 김삼웅 편저. 《한국필화사》. 동광출판사.

함정옥(2007). 남평 조씨 《병자일기》 연구. 경기대학교 대학원 석사 논문.

허경진(2002). 《조선시선(朝鮮詩選)》이 편집되고 조선에 소개된 과정. 《아세아문화연구》 6집. 경원대학교아시아문화연구소.

허경진(2003). 《사대부 소대헌·호연재 부부의 한평생》. 푸른역사.

허경진(2004). 한국에서 李白 詩가 언해된 배경에 대하여. 《동방학지》 128집. 연세대학교국학연구원.

허미자(1991). 《한국여류문학론: 고전편》. 성신여자대학교출판부.

허미자(1996). 《한국여성문학연구》. 태학사.

허순우(2009). 《현몽쌍룡기》 연작 연구. 이화여자대학교 박사 논문.

허웅 역주(1992). 월인석보 서. 《역주 월인석보》 1·2. 세종대왕기념사업회.

허웅(1974). 《한글과 민족문화》. 세종대왕기념사업회.

허웅·이강로(1963). 《주해 월인천강지곡 상》. 신구문화사.

허원기(1999). 《녈성후비지문(列聖后妃誌文)》과 조선시대 왕비의 형상. 《장서각》 2집. 한국정신문화연구원.

허원기(2001). 왕과 왕비 입전. 한글 실기류의 성격. 《장서각》 5집. 한국정신문화연구원.

허원기(2002). 《壺範》의 자료적 성격과 의미(영인본 포함). 《장서각》 8집. 한국정신문화연구원.

허원기(2004). 한글 간찰 연구사. 《국제어문》 32권. 국제어문학회.

허원기(2018). 조선시대의 심성지식장과 소설문학. 《국제어문》 77권. 국제어문학회.

허재영(2003). 근대 계몽기의 어문 문제와 어문 운동의 흐름. 《국어교육연구》 11집. 서울대학교 국어교육연구소.

허재영(2005ㄱ). 한글 간찰 〈언간(諺簡)〉에 대한 기초 연구 - 연구의 흐름과 간찰 양식의 변화를 중심으로. 《사회언어학》 13권 2호. 사회언어학회.

허재영(2005ㄴ). 한글편지에 쓰인 어휘 변천에 대한 연구. 《한글》 268. 한글학회.

허재영(2006). 조선 시대 여자 교육서와 문자 생활. 《한글》 272. 한글학회.

허재영(2008ㄱ). 《국어의 변화와 국어사 탐색》. 소통.

허재영(2008ㄴ). 어문생활사 연구 대상과 방법. 《우리말글》 42. 우리말글학회.

허재영(2008ㄷ). 조선시대 문자. 어휘 학습 자료에 대하여. 《한민족문화연구》 26집. 한민족문화학회.

허재영(2009). 훈민정음 창제 이후 한글 자모(낱자) 교육의 변화. 《교양교육연구》 3권 1호. 한국교양교육학회.

허재영·김경남·정대현·김슬옹·김정애(2019). 《계몽의 수단: 민족어와 국어》. 경진출판.

허재영·강미정·윤금선·김슬옹·김정애(2019). 《일제 강점기 계몽운동의 실제》. 경진출판.

허재영·고경민·김슬옹·김경남(2019). 《한문 사상과 근현대 계몽운동의 지향점》. 경진출판.

허재영·김슬옹·윤금선·김혜련·서민정(2019). 《한국 근대 계몽운동의 사상적 기반》. 경진출판.

헨드릭 하멜/김태진 옮김(2003). 《하멜표류기》. 서해문집.

현길언(2011). 성경 번역이 한국 문화와 문학에 끼친 영향. 《한글 성경이 한국 교회와 사회. 국어 문화에 끼친 영향》(한글 성경 완역 및 출간 100주년 기념 학술 심포지엄 자료집). (재)대한성서공회.

현상윤 지음/이형성 교주(2003). 《풀어옮긴 조선유학사》. 현음사.

홍기문(1946). 《정음발달사 상·하》. 서울신문편집국.

홍수정(2006). 조선 중기 한글 사용 양상에 대한 연구. 영남대 교육대학원 석사 논문.

홍순민(2004). 조선시대 궁녀의 위상. 《역사비평》 68호. 역사문제연구소.

홍순민(2005). 조선시대 여성 의례와 궁녀. 《역사비평》 70호. 역사문제연구소.

홍순학(조선)/이석래 교주(1976). 《기행가사집 - 연행가》. 신구문화사.

홍윤표(1984). 정속언해 해제. 《정속언해》(영인본). 홍문각.

홍윤표(1989). 《규합총서》 해제. 《여훈언해·규합총서》(영인본). 홍문각.

홍윤표(1990). 《여훈언해》 해제. 《여훈언해 규합총서》(합본). 홍문각.

홍윤표(1993). 《국어사 문헌자료 연구: 근대편 1》. 태학사.

홍윤표(1994). 국어사의 시대구분. 《한국학연구》 1. 단국대학교 한국학연구소.

홍윤표(1994). 규장각 소장 근세국어 문헌자료의 종합적 연구. 《한국문화》 15. 서울대 규장각한
국학연구소.

홍윤표(1995). 국어사 시대구분의 문제점과 문법사의 측면에서 본 시대구분. 《국어학》 25. 국어
학회.

홍윤표(1998). 《삼강행실도》의 서지 및 국어사적 의의. 《진단학보》 85. 진단학회.

홍윤표(2000). 조선 후기 한글 고문서 석독(釋讀). 《고문서연구》 16·17호. 고문서학회.

홍윤표(2001ㄱ). 물목에 담은 부모 마음. 《문헌과 해석》 16호. 문헌과해석사.

홍윤표(2001ㄴ). 딸이 쓴 아버지 제문. 《문헌과 해석》 17호. 문헌과해석사.

홍윤표(2003). 조선시대 언간과 한글 서예로의 효용성. 《조선시대 한글 서간의 서예적 재조명》.
세종한글서예큰뜻모임·세종대왕기념사업회·한글학회.

홍윤표(2006ㄱ). 국어사 연구를 위한 전자자료 구축의 현황과 과제. 《국어사 연구 어디까지 와
있는가》(임용기·홍윤표 편). 태학사.

홍윤표(2006ㄴ). 한글 고문서의 연구 현황과 과제. 《영남학》 10호. 경북대학교 영남문화연구원.

홍윤표(2007). 한글의 역사와 완판본 한글 고소설의 문헌적 가치. 《국어문학》 43. 국어문학회.

홍윤표(2008). 한국 어문생활사. 홍종선 외(2008). 《세계 속의 한글》. 박이정.

홍윤표(2009). 근대국어의 국어사적 성격. 《국어사연구》 9호. 국어사학회.

홍윤표(2010). 한글을 어떻게 배워왔을까요?. 《쉼표, 마침표》 60호(11월호) 《웹진》. 국립국어원.

홍윤표(2013ㄱ). 《한글 이야기 1_한글의 역사》. 태학사.

홍윤표(2013ㄴ). 《한글 이야기 2-한글과 문화》. 태학사.

홍윤표(2016). 《한글》. 세창출판사.

홍은진(1997). 방각본 언간독에 대하여. 《문헌과해석》 1. 태학사.

홍은진(1998). 구례 문화 유씨가의 한글 所志에 대하여. 《고문서연구》 13집. 한국고문서학회.

홍은진(1998). 며느리와 시댁 식구 간의 언간 규식. 《문헌과 해석》 5호. 문헌과해석사.

홍은진(1999). 축하·인사·상고 간의 언간 규식. 《문헌과 해석》 6집. 문헌과 해석사.

홍은진(1999ㄱ). 근대 언간 규범서 '징보언간독'에 대하여. 《숙명어문논집》 2집. 숙명어문학회.

홍은진(1999ㄴ). 남성 간의 왕복 언간규식 2. 《문헌과 해석》 7집. 문헌과 해석사.

홍은진(2000ㄱ). 조선 후기 한글 고문서의 양식. 《고문서연구》 16·17호. 고문서학회.

홍은진(2000ㄴ). 한글 牌字와 明文. 《문헌과 해석》 11호. 문헌과해석사.

홍인숙(2004). 이덕무 척독 연구: '내면', 혹은 '사적 자아'의 발견. 《한국한문학연구》 33. 한국한문학회.

홍인숙(2010). 근대계몽기 지식, 여성, 글쓰기의 관계. 《여성문학연구》 24호. 한국여성문학학회.

홍인숙(2014). 조선시대 한글 간찰(언간)의 여성주의적 가치에 대한 재고찰 시론. 《이화어문논집》 33집. 이화어문학회.

홍인숙(2019ㄱ). 언간을 통해 본 19세기 양반가의 일상과 문화 : 초계 정씨 가문의 여성 한글 간찰을 중심으로. 《한국고전연구》 47집. 한국고전연구학회.

홍인숙(2019ㄴ). 조선후기 순절 여성 신씨부 한글 유서 재론 : 유서 정보의 재구성 및 글쓰기의 의도와 목적을 중심으로 《고문서연구》 54집. 한국고문서학회.

홍재휴(1971). 祭先妣孫夫人文考 - 祭文 國譯의 歌辭化 資料. 《교대춘추》 5집. 대구교육대학.

홍학희(2010). 17~18세기 한글편지에 나타난 송준길(宋浚吉) 가문 여성의 삶. 《한국고전여성문학연구》 20. 한국고전여성문학회.

화정고전문학연구회 편(2013). 《고전소설과 권선징악》. 단국대출판부.

활패강(1981). 춘향전 - 전달의 두 가지 국면. 《조선왕조소설연구》. 단국대출판부.

황국정(2017). 《계축일기》에 실현된 언어적 특징 연구. 《인문과학연구》 32집. 대구가톨릭대학교 인문과학연구소.

황문환(1996). 16·17世紀 諺簡의 相對敬語法. 한국정신문화연구원 한국학대학원 박사 논문.

황문환(1997). 월성 이씨가 아들에게 보내는 한글편지 1(1716년). 《문헌과해석》 창간호. 문헌과해석사.

황문환(1998ㄱ). 월성 이씨가 아들에게 보내는 한글편지 2(1716년). 《문헌과해석》 2호. 문헌과해석사.

황문환(1998ㄴ). 남편 郭澍가 아내 晋州河氏에게 보내는 편지. 《문헌과해석》 4. 태학사.

황문환(1999). 근대국어 문헌 자료의 'ㅎ 읍'류 종결형에 대하여. 《배달말》 25. 배달말학회.

황문환(2002ㄱ). 《16·17세기 언간의 상대경어법》. 태학사.

황문환(2002ㄴ). 조선시대 언간과 국어생활. 《새국어생활》 12권 2호. 국립국어연구원.

황문환(2004ㄱ). 조선 시대 언간 자료의 연구 현황과 전망. 《어문연구》 32. 한국어문교육연구회.

황문환(2004ㄴ). 추사(추사) 한글편지의 국어학적 특징에 대한 일고찰. 《한국어의 역사》(편찬위원회 편). 보고사.

황문환(2007). 조선시대 언간 자료의 부부간 호칭과 화계. 《장서각》 17집. 한국학중앙연구원.

황문환(2010ㄱ). 조선시대 언간 자료의 현황과 전망. 《어문연구》 122호. 한국어문교육연구회.

황문환(2010ㄴ). 조선시대 언간 자료의 현황과 특성. 《국어사 연구》 10호. 국어사학회.

황문환(2013). 조선시대 언간 자료의 종합화와 활용 방안. 《한국어학》 59. 한국어학회.

황문환(2016). 장서각 소장 왕실 한글 필사본의 가치. 한국학중앙연구원 장서각 편(2016). 《한글, 소통과 배려의 문자》(한글 반포 570돌 기념 2016 장서각 특별전). 한국학중앙연구원.

황문환·안승준(2008). 《뎡미가례시일긔(丁未嘉禮時日記)》의 書誌的 考察. 《장서각》 19집. 한국학중앙연구원 장서각.

황선엽(1998). 《동몽선습》과 왕세자의 학습. 《문헌과 해석》 5호. 문헌과해석사.

황수연(2003). 17세기 사족 여성의 생활과 문화 - 묘지명, 행장, 제문을 중심으로. 《여성문학연구》 6. 한국여성문학학회.

황수연(2006). 조선후기 제문연구 - 여성 대상 제문을 중심으로. 《대동한문학》 25. 대동한문학회.

황수연(2010). 조선시대 규훈서에 나타난 여성에 대한 기대와 경계. 《열상고전연구》 32. 열상고전연구회.

황수연(2012). 19~20세기 초 규훈서 연구. 《한국고전여성문학연구》 24. 한국고전여성문학회.

황수연(2016). 정치적 글쓰기에 나타난 조선 여성의 정체성. 이혜인 등 8인(2016). 《문자와 권력-동서양 공동체의 문자정책과 젠더 정체성》. 한국문화사.

황수연·김기림 편(2006). 《17세기 여성생활사 자료집 2》. 보고사.

황영심(1990). 《합천 화양동 파평윤씨가 규방가사》에 대하여. 《국어과교육》 10. 부산교육대학 국어교육연구회.

황영은(1994). 내방가사 《괴동전》의 서사문학성 연구. 단국대 교육대학원 석사 논문.

황영환(1995). 조선조 예서의 발전에 관한 연구 - 특히 '가례서의 발전계통'을 중심으로. 청주대학교 석사 논문.

황원구(1963). 이조 예학의 형성과정. 《동방학지》 6집. 연세대학교 동방학연구소.

황원구(1981). 주자가례의 형성과정 - 왕법과 가례의 연계성을 중심으로. 《인문과학》 45집. 연세대학교 인문과학연구소.

황위주(2009). 조선시대 일기자료와 《秋淵先生日記(추연선생일기)》. 《대동한문학》 30집. 대동한문학회.

황윤실(2000). 17세기 애정 전기소설에 나타난 여성주체의 욕망발현 양상. 한양대 대학원 박사 논문.

황인순(2018). 한글 공문서를 통해 드러난 여성지식 기술의 양상. 《한글자료를 통해 본 조선시대 여성 지식과 사유의 새로움》(55차 동계 학술대회 자료집). 한국고전여성문학회.

황재군(1982). 규방가사의 사상적 배경 연구. 《국어교육》 41. 한국국어교육연구회.

황재문(2000). 서홍 김씨 유서. 《문헌과 해석》 10호. 문헌과해석사.

황진영(2009). 조선시대 궁녀복식 연구. 단국대학교 대학원 석사 논문.

황패강(1978). 《조선왕조소설연구》. 한국연구원.

황패강(1986). 《조선왕조소설연구》. 단대출판부.

황패강·강재철·김영수 편(1984). 《향가·고전소설 논저목록》. 단대출판부.

황호덕(2002). 한국 근대 형성기의 문장 배치와 국문 담론 - 타자·교통·번역·에크리튀르. 근대 네이션과 그 표상들. 성균관대학교 대학원 국어국문학과 박사 논문.

鄭曉霞·林佳鬱(2007). 《列女傳彙編》. 北京圖書館出版社.

河野六郎(1955). 《朝鮮語. 世界言語概說》下. 東京: 研究士.

豊田國夫(1964). 《民族と言語の 問題》. 錦正社.

志部昭平(1990). 《諺解三綱行實圖の文獻學的研究》. 東京: 波古書院.

小倉進平(1920). 《朝鮮語學史》. 동경: 大阪屋號書店.

小倉進平(1940). 《增訂 朝鮮語學史》. 동경: 刀江書院.

梅山秀幸(2001). のものがたり: 《朝鮮宮廷女流小説集》. 東京 総和社.

末竹幸治(2007). 韓日女流日記文學の研究: 《紫式部日記》と《癸丑日記》の比較を中心に(한일 여류일기문학 연구: 《자식부일기》와 《계축일기》의 비교를 중심으로). 순천대학교 대학원. 석사 논문.

Bell. A. M. (1867). Visible Speech, Simpkin. MarshalKLondon.

Benedict Anderson(1983). Imagined Communities-Reflection on the Origin and Spread of Nationalism. London:Verso. 앤더슨/윤형숙 옮김(1991). 민족주의의 기원과 전파. 나남.

Bruce Fink/이성민 역(2010). 《라캉의 주체》. 도서출판b.

C. 레비 스트로스 지음/박옥줄 옮김(1998). 《슬픈 열대》. 한길사.

Carr. Edward Hallett(1961). What is history?. London: Macmillan & Co.

Cavallo. Guglielmo & Chartier. Roger. eds. (1999). A History of Reading in the West. University of Massachusetts Press.

Chao, Y, R(1968). Language and Symbolic System. Cambridge University Press(London).

Coulmas,F. (1989). The Writing Systems of the Word. Blackwell.

Coulmas,F. (2003). Writing System. Cambridge University Press.

Daniels, P. T(1996). The Study of Writing System, in Daniels, P. T.

DeFrancis, J(1989). Visible Speech,: The Diverse O刀e刀ess of Writing Systems, University of Hawaii Press (Honolulu).

Deleuze, Gilles(1969). Logique du sens. Paris: Editions de Minuit. 이정우 옮김(1999). 《의미의 논리》. 한길사.

Deleuze, Gilles(1981). Difference et repetition. Paris: Presses Universitaires de France. 김상환 옮김(2004). 《차이와 반복》. 민음사.

Deleuze. Gilles & Guattari. Félix(1980). Mille Plateaux - Capitalisme et Schizophrénie. Paris: Les Édition De Minuit.[4] 김재인 옮김(2001). 《천 개의 고원 - 자본주의의 분열증 2》. 새물결.

E. Fisher(1970). Democracy aηd Mission Education in Korea, YonseI University Press.

G. Sampson(1985). WRITING Systems: A linguistic introduction. London: Hutchinson Publishing Group; (신상순 역, 2000, 《세계의 문자체계》, 한국문화사).

Gadet, F. (1987). Saussure. Une science de la langue. Paris: Presses Universitaires de France. 김용숙·임정혜 역(2001). 《소쉬르와 언어과학》. 동문선.

Gaur, A (1984/1992). A History of Writing, Cross River Press(강동일 역 (1995). 《문자의 역사》, 새날).

Gelb, I.J. (1952/1963). A Study of Writing, University of Chicago Press.

Hayden White/전은경 역(1997). 《현대서술이론의 흐름》. 솔.

Hill, Archibald A. (1967). The Typology of Writing Systems, in William M. Austin edL Paper in Linguistics in Honor of Leon Dosim% The Hague: Mouton,

Jared Diamond. (1997). GUNS. GERMS. AND STEEL. New York: the fates of human societies. New York: W. W. Norton & Co. 제레드 다이아몬드/김옮김(2006). 《총·균·쇠》. 문학사상.

Jean-Jacques Lecercle(2002). Deleuze and Language. Palgrave macmillan. 이현숙·하수정 옮김(2016). 《들뢰즈와 언어: 언어의 무한한 변이들》. 그린비.

Jensen, H. (1935/1969). Sign, Symbol and Script: An Account of Man s Efforts to Write, trans. by George Unwin, 3rd ed. (revised and enlage). Allen & Unwin (London). 210-216.

John Man(2001). ALPHA BETA_HOW 26 letters shaped the Western, John @.ley & Sons Inc. 남

---

4 영어판: Gilles Deleuze & Félix Guattari./Translation and Foreword by Brain Massumi.(1987). A THOUSAND PLATEAUX: Capitalism and Schizophrenia. Uiversity of Minesota Press, Minneapolis.

경태 역(2001). 《세상을 바꾼 문자 알파벳》. 예지.

Jonathan Culler/이우경 역(1993). 《문학이론》. 동문선.

King, R. C(1996). Korean han'guL in Daniels R T. and W. Bright eds. (1996). The World's Writing Systems t Oxford University Press.

Margaret Thomas(2011). King Sejong the Great(1397~1450). Fifty Key Thinkers on Language and Linguistics. London and New York: Routledge. pp.49~55. 번역: 김슬옹(2017). 세종대왕(1397~1450): 언어와 언어학 분야의 50대 주요 사상가(번역). 《세종학연구》 16. 세종대왕기념사업회. (원문 재수록:).

Michael Toolan(1996). Total Speech _An International Linguistic Approach to Language. Durham and London: Duke University Press.

Michel Foucault/오생근 역(1994). 《감시와 처벌》. 나남출판.

Pam Morris/강희원 역(1997). 《문학과 페미니즘》. 문예출판사.

Saussure, Ferdinaud de (1959). Course in General Linguistics (tr) Wade Baskin. New York: Philosophical Library. 페르디낭드 소쉬르/최승언 옮김(1990). 《일반언어학 강의》. 민음사.

Sek Yen Kim-Cho(2001). The Korean Alphabet of 1446, Hwun Min Ceng Um. Humanity Books & AC Press(아세아문화사).

Werner Sasse(2005). Hangeul: Combining Traditional Philosophy and a Scientific Attitude. 제2회 한글문화 정보화 포럼 자료(559돌 한글날 기념). 한글 인터넷주소 추진총연합회.

조선시대 여성과 한글 발전

《조선왕조실록》에 나오는 '언문' 여성 관련 기사 요약(임금별)

❀ **세종, 문종: 여성 관련 기록 없음**

❀ **단종**

1. 단종 01/1453/04/02/한 시녀가 언문으로 유모의 안부를 써서 혜빈[세종의 후궁으로 단종을 양육함]에게 보냈고 혜빈은 내전에 바쳤고 내전은 그 언문서를 승정원에 보냈는데, 그 내용은 자금(者今)·중비(重非)·가지(加知) 등이 별감(別監)과 사통함을 고하다. 별감 사통 내용에 관한 것이다.

2. 단종 01/1453/04/14/별감 부귀가 시녀 월계에게 언문으로 서신을 중비에게 써 주도록 청하다.

3. 단종 01/1453/04/20/성원위(星原尉) 이정녕(李正寧)의 아내 숙혜옹주(淑惠翁主)가 어머니 병 치료를 할 수 있도록 청하는 언문서를 혜빈(惠嬪)이 올리고 혜빈도 언문으로 영풍군[혜빈의 아들]의 집에 옮겨 들어가기를 청하다.

4. 단종 01/1453/05/08/방자(房子) 가지(加知)와 소친시(小親侍) 함로(咸老), 방자(房子) 중비(重非)와 소친시(小親侍) 부귀(富貴), 방자(房子) 자금(者今)과 별감(別監) 수부이(須夫伊) 등이 간통하려고 언문 편지를 서로 주고 받았다. 또 방자(房子) 복덕(卜德)은 그들이 그 정을 글로 써서 통하게 하고자 하였고, 그 답서가 이르면 이들을 위해 읽어 주었다.

❀ **세조**

5. 세조 04/1458/08/24/중궁[정희왕후(貞熹王后)]이 임금에게 감형을 언문으로 청하다.

6. 세조 11/1465/09/04/궁녀 덕중이 귀성군 이준을 연모하는 언문 편지를 써서, 환관 최호와 김중호에게 전해 주기를 청하다. 이준이 이 사실을 아비와 함께 와서 고해 바쳤다. 이에 두 명의 환관을 때려 죽였다.

7. 세조 14/1468/05/12/임금이 사정전에 나아가 종친·재신·제장 등과 술 마시며 8명의 기녀에게 세종이 지은 《월인천강지곡(月印千江之曲)》 언문 가사를 부르게 했다.

❀ **성종**

8. 성종 01/1470/03/09/대비가 숙선옹주·경신옹주[태종과 선빈(善嬪) 안(安)씨 사이의 딸] 모

녀들이 서로 송사한 일과 관련하여 경신옹주의 처신과 과거 세조가 이들에 대해 처결한 사유를 언문으로 적어 의견을 대신들에게 알리다.

9. 성종 03/1472/09/07/임금은 절약과 검소함을 힘쓰고 몸소 행하라는 교지를 부인과 어린 이들까지 알 수 있도록 언문으로 옮겨 온 나라에 반포하도록 명하다.

10. 성종 07/1476/01/13/대왕대비[세조의 비(妃) 정희왕후(貞熹王后)]가 정무(政務)에서 물러나고자 한다는 언문편지를 원상에게 전하니 임금이 정승들을 시켜 만류하게 하다.

11. 성종 08/1477/03/29/대비[세조의 비(妃) 정희왕후(貞熹王后)]가 언문글(의지)을 내려 정소용(鄭昭容)·엄숙의(嚴淑儀)와 관련하여 중궁 윤씨의 불순한 소행을 들며 폐비 문제를 대신들에게 의논토록 하다.

12. 성종 08/1477/03/29/중전[연산군의 생모] 폐비 문제로 윤구의 아내와 종 삼월이를 국문하다. 삼월이가 아뢰기를, "언문 방양서 중 큰 것은 윤구의 아내가 쓰고, 작은 것은 사비(四非)가 썼습니다"라고 했고 윤구의 아내는 언문을 모른다고 해 석방하다.

13. 성종 08/1477/03/30/중궁을 비방하는 굿하는 책에 쓰인 언문을 누가 썼느냐가 논의에서 중궁을 비방하는 책에 쓰인 언문을 누가 썼는가는 문초에서 사비(四非)의 말은 윤구의 아내가 언문을 썼다고 하므로 윤우와 윤구에게 물으니, 모두 말하기를, "원래 언문을 알지 못한다."라고 하였다.

14. 성종 10/1479/06/05/임금이 중궁[연산군의 생모인 윤(尹)씨을 폐출한 연유를 대신들에게 알리는 내용에 언문 익명 투서가 언급되다. (㉠엄(嚴)씨와 정(鄭)씨를 해치려고 언문 익명서를 권(權)씨 집에 투입시켰다. ㉡정창손 등이 폐비를 별궁(別宮)에 안치하기를 청하니, 임금이 말하기를, "비록 백 가지로 그대들이 말하더라도 나는 듣지 않을 것이니 물러가라. 내가 장차 언문을 내어 보이겠다."라고 하였다.)

15. 성종 10/1479/06/05/대비가 내관 안중경으로 하여금 언문 교지(의지)와 윤씨가 만든 언문 글을 빈청(賓廳)에 내렸다.

16. 성종 10/1479/06/05/채수(蔡壽)가 윤씨가 조작한 언문서를 한자로 번역해서 역사책에 쓰게 하라고 건의하여, 성종이 채수 및 이창신(李昌臣)·정성근(鄭誠謹)에게 번역하게 하였다.

17. 성종 10/1479/06/05/삼월이가 말하기를, 곡성현감 첩이 가지고 있는 언문 방양서(方禳書)를 몰래 가지고 윤구 아내에게 보이고 그와 사비에게 베끼게 하다.

18. 성종 11/1480/05/30/대간들이 월산대군을 추궁해야 한다는 상소를 올리자 대비[세조의 비, 이때 궁중에 3명의 대비가 있었음. 자성왕태비(慈聖王太妃)〈세조의 비〉. 인수대비(仁粹大妃)〈추존 덕종의 비〉. 인혜대비(仁惠大妃)〈예종의 비〉]가 언서를 내어 승지 등에게 보이기를, "내게 있어서는 선왕을 위해 마음에 비록 날마다 불사(佛事)를 하더라도 마음에 만족하지 않다. 자고로 후비(后妃)가 부처를 좋아하지 않은 자가 몇이나 있었는가. 나의 연고로

하여 온 나라가 소동하니, 참으로 마음이 아프다."라고 하였다.

19. 성종 12/1481/03/24/언문으로 된 《삼강행실열녀도(三綱行實列女圖)》의 질(帙)을 약간 인쇄해 경중(京中)의 오부(五部)와 여러 도에 반사하여, 촌항(村巷)의 부녀가 다 강습할 수 있게 하다.

20. 성종 13/1482/06/10/대비전에서 나온 언문 교지를 환관 안중경과 승지 강자평으로 하여금 한문으로 번역케 하다.

21. 성종 13/1482/06/11/제안대군[예종의 둘째 아들]의 아내 박씨가 그의 몸종 내은금(內隱今)에게, "너는 어젯밤에 몇 번이나 나를 사랑했느냐? 내가 남자의 형세가 있었다면 (…중략…) 너는 마음으로 나를 안타깝게 여겼을 것이다"와 같은 글을 언문으로 써 주다. 이를 안 궁중의 유모 금음물(今音物)이 언문 편지를 왕대비전에 올려 고하다.

22. 성종 13/1482/08/11/폐비에 대한 예우 문제 논쟁에서 대사헌 채수가 승지일 때 폐비[연산군의 생모 윤(尹)씨]가 조작한 언문서를 한문으로 번역해 기록에 남겨야 후세 사람들이 제대로 알 수 있다고 건의한 일을 다시 언급하다.

23. 성종 13/1482/08/11/의정부·육조·대간에게 언문으로 된 글을 보이면서 권경우가 폐비 윤(尹)씨를 옹호한 것에 대하여 의논하다.

24. 성종 13/1482/08/11/대사헌 채수가 윤(尹)씨 죄를 언문으로 적고 한문으로 옮긴 일에 대해 대죄를 청하다.

25. 성종 13/1482/08/12/난신의 동반직 서용 문제와 폐비 윤(尹)씨[권경우 징계를 명한 대비 언문 교지]에 대한 일을 논의하다.

26. 성종 13/1482/08/13/교리 이창신이 폐비[연산군의 생모 윤(尹)씨]의 일에 관해 언문으로 쓴 것을 한문으로 번역하여 승정원일기에 실었다고 말하다.

27. 성종 13/1482/08/16/삼전(三殿)[세조의 왕비 정희왕후(貞熹王后), 추존왕 덕종의 왕비 소혜왕후(昭惠王后), 예종의 왕비 안순왕후(安順王后)]에서 임금이 폐비[연산군의 생모 윤(尹)씨]를 옹호한 권경우를 벌준 것의 의의를 담은 언문 서간을 보내니 임금이 대신들도 듣게 하다.

28. 성종 14/1483/05/13/두 대비전(인수대비[추존왕 덕종의 왕비 소혜왕후昭惠王后]와 인혜대비[예종의 왕비 안순왕후安順王后])에서 손비장을 보내 고기반찬을 먹기를 권해도 임금이 따르지 않자 언서로 다시 설득하여 허락을 받다.

29. 성종 14/1483/07/29/서거정 등에게 《연주시격(聯珠詩格)》과 《황산곡시집(黃山谷詩集)》을 언문으로 번역하게 하다. 성종 15/1484/03/01/대사간 성숙(成俶) 등이 안암사 중창을 반대하니 양전(兩殿)[추존왕 덕종의 왕비 소혜왕후(昭惠王后), 예종의 왕비 안순왕후(安順王后)]에 아뢰었는데, 양전에서 언문으로 대답하다.

30. 성종 15/1484/03/01/안암사 중창을 반대하는 홍문관 신하들에게 두 대비전[추존왕 덕종의 왕비 소혜왕후(昭惠王后), 예종의 왕비 안순왕후(安順王后)]에서 그 사유를 해명하는 언문 교지를 내리다.

31. 성종 15/1484/03/02/평 양순경이 안암사 중창이 불가함을 아뢰니, 임금이 승정원에 명하여 양전(兩殿)[추존왕 덕종의 왕비 소혜왕후(昭惠王后), 예종의 왕비 안순왕후(安順王后)]의 언문 뜻으로 효유하게 했다. 양순경의 다시 말하니 양전에 아뢰었는데, 양전에서 또 언문으로 대답했다.

32. 성종 15/1484/03/13/부제학 이명숭 등이 안암사 중창을 반대하는 상소를 올리자 두 대비전[추존왕 덕종의 왕비 소혜왕후(昭惠王后), 예종의 왕비 안순왕후(安順王后)]에서 이에 반박하는 언문 교지를 내려 홍문관에 보이게 하다.

33. 성종 15/1484/03/15/임금이 대간을 불러 안암사 중창에 대한 두 대비전[추존왕 덕종의 왕비 소혜왕후(昭惠王后), 예종의 왕비 안순왕후(安順王后)]의 언문 교지를 보인 후 더 이상 이 일에 대한 계문을 받아들이지 않도록 하다.

34. 성종 16/1485/05/29/제안대군 이현이 첫 부인 김(金)씨와 다시 결합하기를 희망하는 언문 서를 올리자 한문으로 번역하여 승정원에 올리다.

35. 성종 19/1488/09/20/전교하기를, "나는 본래 약방문을 몰랐으나, 이제 대비께서 편찮으시기 때문에 대개를 조금 알았다. 대저 당약(唐藥)은 민간에서 얻기 어려우나, 《향약집성방(鄕藥集成方)》에 실려 있는 약으로 말하면 서민이 모두 분별하여 알아서 쓸 수 있게 하고자 한 것이니, 노숙(老熟)한 의원을 시켜 일상 쓰기에 절실한 것을 초록하여 언문으로 번역하고 주자(鑄字)로 인쇄해 민간에 퍼도록 하라."라고 하였다.

36. 성종 21/1490/04/01/명하여 《삼강행실(三綱行實)》을 경성 오부와 팔도 군현에 반사하고 우부우부(愚夫愚婦)로 하여금 두루 알지 못함이 없게 하라고 하였다.

37. 성종 21/1490/11/13/사신(史臣)이 논평하기를, "정의손의 죄 기록문[공초]에 이르기를, '수춘군의 아내가 언문 서장으로 내용을 나에게 보여 주었으므로, 그것을 가지고 내가 진서로 번역해 금부(禁府, 의금부 약칭)에 글을 바쳤고, 찾아서 바친 장계[장초]는 곧 진서로 기초한 것을 가지고 언문으로 번역한 것입니다.'고 했으니, 정회가 그 누이를 몰래 사주하여, 종의 남편 정의손을 시켜 고소장을 짓게 한 것이 분명하다."라고 하였다.

38. 성종 23/1492/11/21/영돈녕 이상 관원을 불러 빈청에 모으고 양대비전[추존 덕종의 비(妃) 인수대비(仁粹大妃)와 예종의 계비(繼妃) 인혜대비(仁惠大妃)]의 언문 한 장을 내려 승지로 하여금 번역하여 이를 보이게 하고는, 인하여 의견을 모으게 했다.

39. 성종 23/1492/11/25/불교에 관용적인 대비의 태도를 문제 삼아 대간과 홍문관 관원들이 상소한 것에 대해 대비[세조의 맏며느리 인수대비(仁粹大妃)]가 언문 교지를 내리다.

40. 성종 23/1492/12/01/성균관 생원 박신원 등이 중을 금하는 법을 빨리 회복시키기를 아뢰면서 양전[세조의 맏며느리 인수대비(仁粹大妃)와 예종의 계비(繼妃) 인혜대비(仁惠大妃)]의 언서를 통한 정치 간여를 비판하다.

41. 성종 23/1492/12/02/두 대비[추존 덕종의 비(妃) 인수대비(仁粹大妃)와 예종의 계비(繼妃) 인혜대비(仁惠大妃)]가 불교를 억누르는 정책을 반대하는 언문 글을 허종과 유지 등에게 내리다.

42. 성종 23/1492/12/02/부제학 안침 등이 대비의 언서를 통한 정치 간여가 부당함을 아뢰었으나 임금이 양전[추존 덕종의 비(妃) 인수대비(仁粹大妃)와 예종의 계비(繼妃) 인혜대비(仁惠大妃)]을 옹호하다.

43. 성종 23/1492/12/03/임금이 말하기를, "대비[추존 덕종의 비(妃) 인수대비(仁粹大妃)]께서 언간을 내린 것이 어찌 정사에 간여하기 위해서이겠는가."라고 하였다.

44. 성종 23/1492/12/04/승정원에 전교하기를, "전일 대비[추존 덕종의 비(妃) 인수대비(仁粹大妃)]께서 언간을 내린 뒤에 의논에 참여하지 아니한 대신이 많이 있으니, 내일 불러서 이 글을 보이고 의견을 모으게 하는 것이 가하다."라고 하였다.

45. 성종 25/1494/07/10/석금(石今)이 범죄 사실을 털어놓기를, "지난 4월에 아지(阿之)가 풍천위(豊川尉)의 뜻으로써 면포 2필을 나에게 부쳐 보내 수비(守非)의 집에 전했으며, 5월 사이에 비상(砒礵)의 일이 발생한 뒤에 아지(阿之)가 갇히기 전에, 아지가 언문 편지를 나에게 부치기를, '이것은 폐물(幣物)을 옮겨 두는 일이니, 너는 그것을 수비(守非)의 집에 전해 주라. 운운(云云)'라고 말하였다."라고 하였다.

✿ 연산

46. 연산 01/1495/01/02/왕대비[성종의 계비(繼妃) 자순대비(慈順大妃)=정현왕후]가 행장(行狀) 편집자에게 언문 교서에서 이르기를 "대행왕(大行王)께서 정희(貞熹)·인수(仁粹)·인혜(仁惠) 3전(三殿)을 받들기를 극진히 하지 않은 것이 없이 하셨음은 일일이 듣기 어렵거니와 날마다 세 번 문안하고, 대비전(大妃殿)의 일용 경비를 벽에 써붙여 두고 늘 계속하여 바쳤다."라고 하였다.

47. 연산 02/1496/03/29/의금부에서 유인홍이 그 첩 무적(無赤)과 상통한 언문 편지와 그 언문 편지를 전달한 사람들을 탐지하고 문초해 아뢰었다.

48. 연산 02/1496/윤03/02/승지 등이 유인홍의 일을 아뢰기를, "인홍(仁洪)으로서는 다만 그 형세를 서서히 살펴서 그 첩의 발명 여부를 기다렸어야 할 것인데, 지금 첩과 언문 편지로 통하여 발명한 꼬투리를 가르쳐 주어 정상이 매우 치밀하오니, 인홍(仁洪)도 역시 고문하여 신문해야 합니다."라고 하였다.

49. 연산 02/1496/윤03/08/승지 송질에게 전교하기를, "그 첩을 위해 발명하는 절차를 지시해 주고, 그 딸이 실행(失行)하여 자살했다고 하라는 언문 편지를 몰래 첩에게 통하게까지 하고, 도승지를 보내 하문(下問)할 때 또 바로 대답하지 않으며, '딸이 스스로 목찔러 죽었다.' 했으니, 그 딸이 피살된 까닭을 인홍(仁洪)이 반드시 알고 있을 것이다. 금부(禁府)에 가서 끝까지 취조해 아뢰라."라고 하였다.

50. 연산 10/1504/윤04/05/유순 등이 《실록》을 상고해 아뢰기를, "회릉(懷陵)[폐비 윤(尹)씨의 묘]이 폐위당할 때, 언문 글 쓴 자는 나인(內人)이기 때문에 상고할 수 없으며, 《실록》에 오르지 않은 것은 상고할 근거가 없습니다."라고 하였다.

51. 연산 10/1504/08/05/나지와 만년이 언문을 태웠다는 말은 내가 한 말이 아니라고 하니 그들을 고문하여 신문하게 하다

52. 연산 10/1504/11/18/이과(李顆)가 옥중에서 상소하기를, "기해년[1479년. 성종 10. 이해에 윤(尹)씨를 폐해 서인(庶人)으로 삼음]의 언문으로 번역한 것은 처음부터 신(臣)의 아비[이창신(李昌臣)]가 임금께 아뢴 것이 아니나, 감히 사양하고 피할 수 없다고 여겨 죄를 실로 감수했습니다."라고 하였다.

53. 연산 11/1505/05/22/겸사복 벼슬의 한곤이란 자가 그의 첩 채란선(採蘭仙)에게, 예쁘게 꾸미면 궁중에 뽑혀 들어갈 것이니 꾸미지 말라고 하는 언문 편지를 보냈다가 사지가 찢겨 죽는 언서 죄율에 걸려 들다.

54. 연산 11/1505/05/24/한곤이 첩 채란선에게 뽑히지 않게 꾸미지 말라고 언간(諺簡)을 보낸 죄는 능지해야 마땅하다고 하다.

55. 연산 11/1505/06/18/정희왕후(貞熹王后)[세조의 비(妃), 인수대비]가 언문으로 쓴 윤(尹)씨의 죄상을 번역한 이창신을 섬으로 귀양 보내게 하다.

56. 연산 11/1505/09/15/죽은 궁녀를 위해 제문을 짓고, 언문으로 번역하여 의녀(醫女)를 시켜 읽게 하다.

57. 연산 11/1505/11/18/새로 지은 악장 경청곡(敬淸曲) 등을 여민락(與民樂) 등의 가사에 의거, 진서와 언문으로 인쇄하여 홍청과 운평으로 하여금 각자 틀리면 벌을 주게 하다.

58. 연산 12/1506/05/29/공노비와 사노비, 그리고 평민 여성을 막론하고 언문을 아는 여자를 소속 각 관청에서 2사람씩 뽑아 들이게 하다.

59. 연산 12/1506/06/01/새로 뽑혀온 홍청과 운평들이 어전에서 쓰는 존칭어를 익힐 수 있도록 존칭어를 언문으로 번역·인쇄하여 각원에 배포하여 배우게 하다 홍청 두 사람이 몰래 밥 속에 언문 편지를 넣어 암통하다가 발각 되어 곤장 1백대 벌을 받고 검거하지 못한 각원의 관리 책임자들은 태장 40대에 처하도록 하였다.

60. 연산 12/1506/06/24/대비[성종의 계비. 자순대비(慈順大妃)]의 탄일 전문(箋文)을 언문으

조선시대 여성과 한글 발전

로 번역하게 하다.

61. 연산 12/1506/07/28/몰래 언문 편지를 밥 속에 넣어 몰래 소통한 홍청을 처벌하게 하다.

✿ 중종

62. 중종 02/1508/08/27/㉠이과[이창신의 아들]가 윤탕로에게 언서를 보내 공신으로 책정될 수 있도록 청하다 ㉡이과의 어머니가 재상가에 언문 편지를 넣어 이청신의 공적을 되돌려 받으려 했다.

63. 중종 04/1509/09/11/종실(宗室)의 딸 철비[이과(李顆)의 어머니가 언문으로 상소(상언)하여 성상의 덕을 입어 사노비를 면해 달라고 청하다.

64. 중종 06/1511/08/28/임금이 교지를 내리기를, "근래에 풍속이 불미(不美)하니, 《삼강행실》을 많이 찍어 중외에 반포하여 항간의 백성들로 하여금 널리 알도록 하며, 국초 이래의 열녀 효자 중에 실려 있지 않은자도 찬집하여, 그림을 그리고 시(詩)와 찬(讚)을 지어 간행함으로써 백성들로 하여금 쉽게 알도록 하라."라고 하였다.

65. 중종 08/1513/02/06/중종이 절약과 검박함을 권장하는 글을 성종조에 했던 것처럼 언문으로 번역하여 부녀자와 어린이로 하여금 모두 알도록 하라는 교지를 내리다.

66. 중종 09/1514/04/04/예조에서 아뢰기를, "경오년(1510) 왜란[삼포왜란(三浦倭亂)] 때, 영등포[거제도] 만호 양지손의 첩과 수종하던 여자 3인이, 포로가 되어 대마도에 있으면서 언간(諺簡)을 보내 돌아오기를 희망하니, 대마도주로 하여금 돌려보내게 하는 것이 어떠하겠습니까."라고 하였다.

67. 중종 09/1514/06/27/신용개 등이 《속삼강행실》을 지어 바쳤다.

68. 중종 10/1515/03/23/대행왕비[중종의 제1계비 장경왕후(章敬王后)] 지문(誌文)에, "외종모 승평부인(昇平夫人)이 아름다운 규범으로 가르치고 《소학》·《내훈(內訓)》의 여러 편을 가르쳤는데, 드디어 경서와 사기를 통달하여 크게 행신에 드러났다."라고 하였다.

69. 중종 10/1515/06/05/《삼강행실속록(三綱行實續錄)》에 공신옹주(恭愼翁主)[성종과 귀인(貴人) 엄(嚴)씨 사이의 딸]를 덧붙여 기록하게 하다.

70. 중종 12/1517/06/27/홍문관에서 특수한 일을 다룬 《삼강행실》보다는 일상사를 다룬 《소학(小學)》·《열녀전(列女傳)》·《여계(女誡)》·《여측(女則)》등을 언문으로 번역하고 반포하여 교화할 것을 아뢰니 따르다.

71. 중종 12/1517/08/27/정순붕이 아뢰기를, "근래 《속삼강행실》을 널리 반포했고, 또《소학》을 인쇄해 반포하려 하나 배우는 자가 없습니다. 여염의 노유(老儒)·서얼(庶孽)과 사대부의 자제로서 나이 많은 자는 배울 수 없겠으나, 나이가 어린 무리라면 귀천을 가리지 않고 가르치게 해야 합니다."라고 하였다.

72. 중종 12/1517/12/28/특진관 이유청이 아뢰기를, "《삼강행실》은 이미 반사했으니, 《소학》 도 빨리 인쇄하고 반포하여 가르치는 것이 옳겠습니다."라고 하였다.

73. 중종 14/1519/03/03/의금부에서 임금이 전일 익명서에 언문으로 쓴 글자가 많으므로 우 중이 언문을 해득하는가의 여부를 입증하려 하여, 우중의 여종에게 물으니 '주인은 언문을 모른다.'라고 하니 이 비도 아울러 문초하는 것이 어떠냐고 하였다.

74. 중종 14/1519/04/22/시강관 이청이 궁궐 내전에서 일어나는 왕의 일상생활을 기록하기 위해 여성 사관(女史)를 두자고 신하들이 제안하면서 여사의 기록은 언문으로 해도 무방함 을 아뢰다.

75. 중종 17/1522/02/25/교서관에서 아뢰기를, "《황후내훈(皇后內訓)》을 인출하도록 하셨는데 준거(準據)할 만한 책이 없으니 어떻게 하리까."라고 하니, 임금이 내장본(內藏本) 한 건을 내주며 인출하게 하였다.

76. 중종 17/1522/12/15/대비[성종의 계비인 자순대비(慈順大妃)]가 대신들에게 주상과 세자 의 기력이 약하니 상사(喪事)를 예전 그대로 시행해서는 아니 된다고 하는 언문 교지를 신 하들에게 내리다.

77. 중종 22/1527/04/14/쥐를 잡아 동궁을 저주한 작서(灼鼠)의 변이 일어나자, 대비[성종의 계비인 자순대비(慈順大妃)]가 그 범인으로 경빈(敬嬪) 박씨(朴氏)를 지목하여 의심스러운 행태를 언문으로 적어, 조정 대신에게 보내다.

78. 중종 25/1530/08/23/임금이 승하한 자순대비가 생전에 자신의 행적을 언문으로 써 놓은 것이 있어서, 임금이 이것을 예조에 내려 대비의 지문(誌文)을 짓게 하다.

79. 중종 23/1528/08/12/예조에서 마련한 효자·열녀의 포상절목 단자를 내리며 말하기를, "효 행과 절의는 나라를 다스리는 도리와 큰 관계가 있는 것이다. 지금 이 공사를 보건대, 정문 (충신, 효자, 열녀 들을 기리는 붉은 문)을 세우고 조세를 면제하며 관직으로 상주고 물품으로 상 주는 것을 모두 차등 있게 했는데, 《삼강행실》에 있는 옛사람들이 행한 사적을 보아도 이 사람들보다 더한 것이 없다."라고 하였다.

80. 중종 23/1528/08/21/예조에서 효자와 절개를 지킨 부인 등에 관한 공사를 가지고 입계하 기를, "문안(文案)으로 본다면, 이 중 특이한 사람은 비록 《삼강행실》에 실린 사람이라 하 더라도 더 할 것이 없으니 마땅히 정문(충신, 효자, 열녀 들을 기리는 붉은 문)을 세워 표창해야 합니다."라고 하였다.

81. 중종 25/1530/08/23/비망기를 예조에 내리고 말하기를, "대행왕대비(大行王大妃)[8월 22 일 훙(薨)한 자순대비(慈順大妃)]께서 생존하셨을 때 언문으로 써 놓은 것을, 내가 지금 황 망하고 총총하여 대략만 쓴 것이다."라고 하였다.

82. 중종 25/1530/09/07/대행대비(大行大妃) 정현왕후(貞顯王后)[자순대비(慈順大妃)]의 지문

(誌文)에, "궁중에서 작서(灼鼠)의 변이 있게 되자 임금이 나인(內人)들을 국문하게 했으나 실상을 알아내지 못했는데, 왕후께서 언찰을 추관(推官)에게 보내 즉각 결단하여 죄에 처하게 하시므로, 조정의 벼슬아치인 선비들에서 아래로 유생의 무리에 이르기까지 통쾌하다고 칭찬하지 않은 사람이 없었다."라고 하였다.

83. 중종 28/1533/05/20/위관이 아뢰기를, "김형경의 집에는 언문 편지가 있었으며, 그 편지의 사연은, '부모와 자식 사이에 숨길 일이 뭐 있겠느냐.'라는 것이었습니다. 이에 대해 추문하니, 궁내에 들어가 있는 딸에게 보내는 편지라고 했습니다."라고 하였다.

84. 중종 28/1533/05/21/정원에 전교하기를, "어제 의금부의 죄인 문초문에서 거론된 은이(銀伊)【언문 편지를 통한 여인】는 중궁(中宮)의 나인(內人)으로 궁에 들어와 있던 사람이다. 비록 자신이 범한 일은 아니지만 동생이 흉모를 범했으니 대궐에 둘 수 없다."라고 하였다.

85. 중종 29/1534/05/10/간원(諫院)에서 아뢰기를, "영산현감이 되어 부임한 뒤에 어떤 사람이 순필(舜弼)의 언문 편지를 가지고 있다가 잘못 남효문에게 전했는데, 남효문이 봉함을 뜯고 자세히 보니 편지 전체가 온통 음탕하고 더러운 말들로 가득 했습니다."라고 하였다.

86. 중종 29/1534/05/11/정원에 전교하기를, "어제 남효문의 아내에 관한 일에 대해 대간이 아뢰기를, '언문 편지를 서로 주고받았다.'고 했기 때문에, 내관(內官)에게 명하여 수색하게 했다."라고 하였다.

87. 중종 29/1534/05/11/정원에서 의금부의 뜻으로 아뢰기를, "사내종 연석과 계집종 혼비는 '연석은 곧 남순보의 언문 편지를 가지고 영산(靈山)으로 내려간 사람이고, 혼비는 곧 순보의 언문 편지를 남효문에게 전달한 사람이자 또한 남효문의 아내가 황당한 짓을 저지르는 것을 본 사람이다.'라고 하여 긴요한 관계가 있는 종범인데 당초에 남순필을 잡을 때 도망갔습니다. 내외 친척들로 하여금 잡아 대령하게 하는 것이 어떠하겠습니까."라고 하였다.

88. 중종 29/1534/06/04/우부승지 윤풍형이 아뢰기를, "남순보의 집을 수색해 언문 편지를 찾아냈는데, 이것은 사건이 발각되기 전에 순보의 큰 누이가 쓴 편지로 무심결에 나온 말들입니다."라고 하였다.

89. 중종 34/1539/06/04/검토관 임형수가 아뢰기를, "신(臣)은 젊어서 산사(山寺)에서 글을 읽은 적이 있습니다. 그때 중들이 하는 말을 들었는데, 아무 사찰은 아무 절의 원당[죽은이의 명복을 비는 법당]이고 아무 사찰은 아무 왕자, 아무 공주, 아무 옹주의 원당이라고 했습니다. 또 공공연히 언문 서찰에다 아무 전으로 보내는 것이라고 썼습니다."라고 하였다.

90. 중종 36/1541/06/17/동지중추부사 최세진(崔世珍)이 《경성도지(京城圖志)》·《여효경(女孝經)》을 진상했는데, 《여효경》은 중국의 조산랑(朝散郞) 진막(陳邈)의 아내 정(鄭)씨가 지은 것으로 《효경》의 장수(章數)를 모방하여 찬집한 것이다. 그림도 있고 전(傳)도 있는 것이 우리나라의 《삼강행실》과 같았다.

⚘ 인종

91. 인종 01/1545/01/24/이조참의 홍춘경이 지은 대행대왕(大行大王)[중종(中宗)]의 지문(誌文)에, "계미년(1523. 중종 18)에 명하여 《언해소학》을 인쇄하여 온 나라에 펴내게 하셨는데, 민가의 아낙네와 아이들도 다 알 수 있게 하려 한 것이다."라고 하였다.

92. 인종 01/1545/07/04/중전[인성왕후(仁聖王后)]이 대행왕[7월 1일 훙한 인종]이 임종할 때 유교한 것을 언문으로 써서 유관 등에게 내려 보이니, 유관 등이 보고 다들 통곡했다.

93. 인종 01/1545/07/04/중전[인성왕후(仁聖王后)]이 대행왕[인종]의 유교를 언문으로 써서 유관(柳灌) 등에게 내려 보내니 다들 통곡하였다.

94. 인종 01/1545/07/04/영의정 윤인경이, 중전[인성왕후(仁聖王后)]이 언문으로 쓴 대행왕[인종]의 유교를 주서(注書) 안함(安馠)에게 주어 승정원에 보이니, 승지·사관 등이 둘러앉아 펴서 읽고 누구나 다 통곡했다. 곧 문자[한문]로 번역하고 별지에 써서 조정에 공포했다.

⚘ 명종

95. 명종 00/1545/07/21/왕대비[인종의 비(妃) 공의왕대비(恭懿王大妃)]가 궁중에서의 가언(嘉言)·선행과 유언을 언문으로 쓴 두 폭을 빈청[賓廳, 대신이나 비변사 당상들이 모여서 회의하던 곳]에 내리다.

96. 명종 00/1545/07/25/윤인경 등이 임금이 처음 즉위했다 하여 10개 조항의 경계문을 올렸는데, 2통으로 나누어 썼다. 하나는 언해하여 자전(慈殿)[명종의 생모인 문정왕후(文定王后)]에 올리는 것이고 하나는 대전에 올리는 것이다.

97. 명종 00/1545/08/23/영의정 윤인경 등이 윤임의 일 등을 왕대비[인종의 비, 공의왕대비(恭懿王大妃)]에게 아뢰니, 왕대비가 언서로 답하다.

98. 명종 00/1545/08/28/사신(史臣)의 말에, "한경록이 언문으로 쓴 내간의 밀지를 이기에게 보냈는데, 전하는 자가 잘못해 유인숙에게 갖다 주자 유인숙이 속으로 비루하게 여겼다."라고 하였다 하고, "대비[인종의 비(妃) 공의왕대비(恭懿王大妃)]가 언문으로 비밀리에 이기에게 보냈는데 유인숙에게 잘못 전달되었다."라고 하였다.

99. 명종 00/1545/09/06/논란이 된 심문 조서[공초]에, "윤임의 계집종 모린이 서간을 가지고 와서 윤임의 딸 소주(小主)가 문안드리는 언문 편지라고 하면서 바로 숙의께 전달했습니다."라고 하였다.

100. 명종 00/1545/09/07/이덕응[윤임의 사위]의 공초에, "언문 편지를 서로 통한 일에 있어서는, 신(臣)이 언자를 조금은 알지만 잘 알지 못할 뿐더러 한 번도 직접 본 적이 없기 때문에 들은 바만을 진술하겠습니다."라고 하였다.

101. 명종 00/1545/09/08/이덕응의 공초에, "그런데 그것이 헛된 말임을 듣고 나서는 낙담하여

조선시대 여성과 한글 발전

말하기를, '이는 바로 하늘이 멸망시키는 때이다. 우리 집안은 멸망당하게 되었다.'라고 하였습니다. 그 사건 내용은 언문 문로 통한 것이 그 중의 큰 것입니다."라고 하였다.

102. 명종 00/1545/10/10/최보한이 처음에는 말하기 어려워하는 듯하다가 마침내 말하기를, "지금 우상[이기]이 전에 정승에 제배될 때 이 두 사람이 유인숙이 퍼뜨린 언문 편지 사건을 듣고 발의, 논박했으니 이들을 죄주지 않을 수 없소."라고 하였다.

103. 명종 00/1545/10/14/시위 궁인들이 산릉에 있다가 임금께서 현궁(玄宮)을 함께 살펴보게 했다는 말을 듣고 이에 언서로 윤인경·이기에게 보였는데, "이 같은 일을 우리들이 어떻게 알겠습니까. 다만 중종대왕 때 현궁의 흙을 보니 건조하여 부스러지는 듯했으나 이번에는 덩어리가 집니다."라고 하였다.

104. 명종 08/1553/12/12/헌부에서 다시 아뢰기를, "의수가 바친 서로 맹세한 쪽지는 비록 언문으로 되어 있으나 과연 이것이 사철의 필적이라면 언문이라 하여 믿지 않을 수 없습니다. 더구나 사철이 조모(祖母)와 통의한 언간도 있으니 그것과 대조해 보면 알 수 있을 것입니다."라고 하였다.

105. 명종 10/1555/04/23/형조에서 아뢰기를, "봉은사에서 작폐를 부리고 유생(儒生) 이원손이라고 칭한 자는 학적에 들어있지 않아 찾아내기 어렵습니다."라고 하였다.[이 때 보우(普雨)가 하고 싶은 일이 있으면 반드시 언서를 바로 궁금(宮禁)에 보냈는데, 누가 감히 무어라고 말하지 못했다.]

106. 명종 14/1559/11/09/간원(諫院)에서 아뢰기를, "금원군(錦原君) 이영[중종과 희빈(熙嬪) 홍씨 사이의 아들. 명종의 이복 형]은 늘 요사스런 중들과 밤에 서로 내통하며 부처에게 복을 빌었으니, 성청이 자전(慈殿)[문정왕후(文定王后)]의 언서를 위조한 것이 반드시 영(岺)에게서 말미암지 않았다고는 못할 것입니다."라고 하였다.

107. 명종 15/1560/04/13/중 성청(性淸)이 자전(慈殿)[문정왕후(文定王后)]의 언문 문서를 위조하고 경상도 관찰사 이감에게 보내 자기가 거주하던 절을 돌봐주고자 했으나 일이 발각되어 마침내 처형당했다.

108. 명종 20/1565/04/06/대왕대비[문정왕후(文定王后)]가 조정의 여러 일에 대한 의견을 적은 언문 교지를 내리다.

109. 명종 20/1565/09/15/중전[인순왕후(仁順王后)]이 대신들에게 이양 및 윤원형 등의 감형에 대해 세 차례의 언문서를 내려 자기의 생각을 말하고, 이를 관철하다.

110. 명종 20/1565/09/16/이준경 등이 이양 및 윤원형 등의 감형에 관해 중전[인순왕후(仁順王后)]에게 아뢰자, 중전이 다시 언문 교지를 내리다.

111. 명종 20/1565/09/17/영평 부원군 윤개, 영의정 이준경 등이 나라의 국본[왕위를 이을 세자]에 관하여 중전[인순왕후(仁順王后)]에게 언문 문서로 아뢰자, 중전이 세 차례에 걸쳐 언

문서를 내리다.

112. 명종 20/1565/09/18/대신들이 중전[인순왕후(仁順王后)]에게 국본[왕위를 이을 세자]를 정하는 데 대한 언문서를 올려 아뢰자, 중전이 그에 답하는 언문서를 내리다.

113. 명종 20/1565/09/19/대신들이 중전[인순왕후(仁順王后)]에게 나라의 대계인 국본[왕위를 이을 세자]를 정하는 데 대한 언문서를 올려 아뢰자, 중전이 다시 그에 답하는 언문서를 내리다.

114. 명종 20/1565/10/10/홍문관 부제학 김귀영 등이 상소하기를, "궁중의 일은 외신(外臣)이 감히 알 바는 아니나 내인(內人)의 언서가 먼 절간까지 전해졌다면, 이 한가지 일로써도 궁중이 엄숙하지 못함을 단언할 수 있습니다."라고 하였다.

115. 명종 22/1567/03/12/대비전[인종의 비(妃) 공의왕대비(恭懿王大妃)]에서 이준경 등에게 내린 언문 교지가 나오자 이를 한문으로 번역하여 실록에 싣다.

116. 명종 22/1567/03/14/헌부에서 아뢰기를, "앞서 의전(懿殿)[인종의 비(妃) 공의왕대비(恭懿王大妃)]의 언서가 내렸을 때, 임금께서 기타의 일은 일체 의지(懿旨)에 의해 시행하라는 전교를 하셨습니다. 회계할 때 비록 대신들과 의논도 했습니다마는 의전이 생존해 계시니 신자가 경솔히 상제(喪制)[제례]를 의논할 수 없는 것인데 예를 맡은 관원이 상제를 미리 의논하는 것이 비례임을 생각지 않고, 감히 상례를 널리 상고하기를 계청하여 백성들의 민심을 놀라게 했으니 너무도 무엄합니다. 예조 당상을 모두 파직하소서."라고 하였다.

117. 명종 22/1567/06/27/승정원이 옥을 열어 죄수를 석방하는 일에 대하여 중전에게 아뢰자, 중전이 두 차례에 걸쳐 언문 교지를 내리다.

✿ 선조

118. 선조 01/1568/07/12/홍문관 상소에 답하면서 석상궁 관련 언문 편지와 관련해 처벌할 수 없다고 하다.

119. 선조 03/1570/04/01/홍문관 상차에 윤원형이 윤임 일파를 몰아내기 위해 날조한 언문 편지를 다시 날조하여 대궐 뜰에 떨어뜨려 문정 왕후[명종의 생모]의 마음을 동요시키고 또 언서를 조작해 공의왕대비(恭懿王大妃)[인종의 비인 인성왕후(仁聖王后)]를 속였음을 언급하다.

120. 선조 03/1570/07/10/양사(兩司)에서 아뢰기를, "언서를 거짓으로 전해 터무니없는 말을 꾸며 불측한 지경에 빠트렸으니 의성(懿聖)[인종의 비인 인성왕후(仁聖王后)]의 욕됨을 끝내 씻지 않을 수 있겠습니까."라고 하였다.

121. 선조 06/1573/02/25/전교하기를, "근일 인출한 《내훈(內訓)》과 《황화집(皇華集)》은 자획(字劃)이 희미하고 바르지 않아 정하지 못한 곳이 많이 있으니, 교서관 관원과 인쇄한 아랫

　　　　　　　　　　　　　　　　조선시대 여성과 한글 발전

사람을 추고하여 죄를 다스리라."라고 하였다.

122. 선조 06/1573/02/26/유희춘이 아뢰기를, "교서관에서 《내훈》·《황화집》을 인출했는데 자획이 정하지 않은 것은 관원과 아랫사람의 잘못일 뿐만 아니라, 신(臣)이 책임자로서 잘 살펴 바루지 못한 것이니, 그 죄가 같으므로 사헌부에 있을 수 없습니다."라고 하였다.

123. 선조 06/1573/03/17/유희춘이 아뢰기를, "신(臣)이 교서관 책임자로 있을 때 《내훈(內訓)》과 《황화집(皇華集)》을 인쇄한 것을 보았는데, 그 정하게 하지 않은 죄는 본디 아랫사람과 감교관(책 만드는 관리)에게 있으나 먹[墨]을 바꾸지 않아서는 안 되겠습니다."라고 하였다.

124. 선조 06/1573/03/17/형조에서 아뢰기를, "《내훈》·《황화집》을 인출할 때 자획이 흐리고 가늘며 끊어지고 바르지 않아 섬세하지 않은 곳이 많이 있었던 사연을 되돌아보니, 전하의 판단에 따라 조율(照律)하려 합니다."라고 하였다.

125. 선조 06/1573/04/12/유희춘이 아뢰기를, "지난번 《내훈》 제2권의 '분소의야(分所宜也)'의 분(分)자는 공(公)자로 잘못 인쇄되어 있었습니다. 위에서 《여교(女敎)》의 본문을 살펴야 한다고 분부하셨으므로, 신(臣)이 물러가 홍문관의 《방씨여교(方氏女敎)》를 살펴보니 과연 '분'자였습니다. 《내훈》에 이미 오자(誤字)가 있으니, 대내(大內)에 들일 건수(件數)를 다시 더 인쇄하는 것이 어떠하겠습니까."라고 하였다.

126. 선조 06/1573/04/12/임금이 전교하기를, "《학부통변(學部通辨)》 개간(開刊)과 《내훈》을 더 인출하는 일을 교서관에 내려라."라고 하였다.

127. 선조 06/1573/05/04/공의전(恭懿殿, 인성왕후, 인종의 비 공의왕대비]에서 장사를 검소히 할 것과 주상은 고기를 먹을 것 등 세 가지를 언문 교지로 내리다.

128. 선조 06/1573/07/11/약방제조 영상(領相) 권철이 아뢰기를, "어제저녁에 자전(慈殿)[명종의 비인 인순왕후(仁順王后)]께서 언서로 약방에 하유(下諭)하기를, '대전(大殿)께서 요즈음 더위 때문에 그러한지, 오랫동안 찬선(饌膳)을 들지 않아 신심이 고달프시니, 내가 지극히 답답하고 염려된다.'라고 하셨기에 소신(小臣)이 어제 놀랍고 염려스럽기 그지없었습니다."라고 하였다.

129. 선조 08/1575/01/07/대신들이 공의전[인종의 비(妃) 공의왕대비(恭懿王大妃)]에 나가 위로하며 수라 들기를 권하니, 언문 교지를 내려 응하다.

130. 선조 08/1575/01/18/조정 대신들이 공의전[인종의 비(妃) 공의왕대비(恭懿王大妃)]에 나아가 육식을 청하니, 대비가 언문 교지로 답하다

131. 선조 08/1575/02/15/공의전[인종의 비(妃) 공의왕대비(恭懿王大妃)]이 임금께 고기를 권했는데 임금이 물리치고 받지 않으니, 대신들에게 걱정하는 언서를 내리다.

132. 선조 08/1575/02/30/약방 제조가 공의전[인종의 비(妃) 공의왕대비(恭懿王大妃)]을 문안하니 공의전이 언서로 병증을 설명하다.

133. 선조 08/1576/02/30/삼공이 공의전[인종의 비(妃) 공의왕대비(恭懿王大妃)]을 문안한 일로 임금께 아뢰면서 공의전 언서 2통을 봉해 올리다.

134. 선조 10/1577/11/28/공의전[인종의 비(妃) 공의왕대비(恭懿王大妃)]이 언서로 대신들에게 전교하기를, "대전(大殿)과 조정(朝廷)은 졸곡(卒哭, 삼우제 뒤 제사)을 지낸 뒤에는 모자는 오사모(烏紗帽)와 흑각대(黑角帶)를 사용하라. 그리고 내가 승하한 뒤에 의원(醫員)과 의녀(醫女)를 추문하지 말라."라고 하였다

135. 선조 17/1584/01/01/이이는 살아생전에 비복에 이르기까지 배울 수 있는 훈사(訓辭)를 만들어 언문으로 번역해서 가르쳐 규중이 관청같았다.

136. 선조 25/1592/08/01/공선조가 황해도에 내리는 교서를 조정의 방문처럼 만들고, 의병장이나 감사에게 언문으로 번역하여 촌민과 부녀자들이 모두 알 수 있도록 하라고 지시하다.

137. 선조 26/1593/06/28/예조참의 이관이 의논하기를, "신(臣)은 명묘조(明廟朝)에 출신하여 중종대왕을 우러러 뵌 적이 없어 옥체에 대해서는 조금도 알 수 없습니다. 다만 나인과 덕양부인이 언서로 기록한 용모로 추측해 보면 아마도 동일하지는 않다고 생각됩니다."라고 하였다.

138. 선조 26/1593/07/11/사간원에서 아뢰기를, "얼마 전에 사명(使命)이 이곳을 지날 때 선왕(先王)의 후궁(後宮) 신(愼) 숙의(淑儀)가 종을 시켜 언찰을 보내 굶주림을 호소했는데, 듣는 이마다 눈물을 흘리지 않는 자가 없었습니다."라고 하였다.

139. 선조 33/1600/07/03/좌의정 이헌국이 아뢰기를, "내하(內下)[6월 27일 훙(薨)한 선조 비(妃) 의인왕후(懿仁王后)가 내린 글]하신 언서를 보니, 옷에 매는 띠는 밖에서 마련할 것이 단겹으로 54건인데 그 중 21건은 소렴(小斂)에 쓰고 33건은 대렴(大斂)에 쓰라고 하였습니다."라고 하였다.

140. 선조 39/1606/05/21/사헌부에서 아뢰기를, "《삼강(三綱)》과 《이륜행실(二倫行實)》는 바로 인륜을 밝히는 책이니, 방언(方言)으로 번역하고 그 형상을 그려 여염의 부인이나 아동들로 하여금 한번 보아 모두 흠복 감탄하여 양심(良心)이 저절로 생기게 하면 풍화(風化)에 도움이 어찌 적겠습니까."라고 하였다.

141. 선조 40/1607/10/11/얼마 뒤에 중전[계비 인목왕후(仁穆王后)]이 다시 언서를 내려 전교하기를, "원하건대, 대신들은 전하의 하교를 따라 조섭하는 데 편안하게 하라."라고 하였다.

142. 선조 40/1607/10/11/중전[계비(繼妃) 인목왕후(仁穆王后)]이 삼공(三公)을 빈청에 모이게 하고 언서로 내지(內旨)를 내리기를, "대신들은 임금의 명을 순순히 따르라. 이것을 바랄 뿐이다."라고 하였다.

143. 선조 40/1607/10/11/영의정 유영경 등이 의견을 아뢰니, 중전[계비 인목왕후(仁穆王后)]이 언서로 답하다.

조선시대 여성과 한글 발전

144. 선조 40/1607/10/11/사신(史臣)이 말하기를, "임금의 기후가 미령하지만 국가를 위한 방책이 매우 지극하다. 중전[계비 인목왕후(仁穆王后)]은 여주(女主)이다. 이처럼 정책을 결정하고 부탁하는 일을 어떻게 언서로 간여할 수 있겠는가. 이런 폐단은 자라게 할 수 없는 것이다."라고 하였다.

145. 선조 41/1608/01/01/정인홍이 세자의 전위와 영의정 유영경을 논박하는 상소 가운데 유영경이 중전의 언서를 비밀로 처리한 것을 비판하다.

146. 선조 41/1608/01/18/전 공조 참판 정인홍이 상소하기를, "중전[계비(繼妃) 인목왕후(仁穆王后)]께서 언서 전지를 내리자, '금일 전교는 실로 여러 사람의 뜻 밖에 나온 거사이니 명령을 받지 못하겠다.'라고 즉시 임금께 아뢰고, 대간한테는 알지 못하게 하고 정원과 사관(史館)으로 하여금 임금의 뜻을 극비로 하여 전출(傳出)하지 못하게 했다 하니, 영경은 무슨 음모와 흉계가 있어 이토록 남들이 알지 못하게 하는 것입니까."라고 하였다.[수정실록 41. 1. 1.에도 실렸는데, 내용이 약간 다름]

147. 선조 41/1608/01/22/좌의정 허욱 등이 아뢰기를, "임금이 전위하여 섭정한다는 전교를 받고 이어 내전(內殿)[계비(繼妃) 인목왕후(仁穆王后)]의 언서를 받고는 신(臣)들은 놀라 몸 둘 바를 모르고 정신이 달아났습니다."라고 하였다.

❀ 광해

148. 광해 00/1608/02/07/대비전[선조의 계비 인목왕후(仁穆王后)]에서 언서 비망기로 전지하기를, "대행대왕[2월 1일 훙(薨)한 선조(宣祖)]의 원릉(園陵)을 가려 정한 곳에다 나의 장지(葬地)도 아울러 정하라."라고 하였다.

149. 광해 00/1608/02/12/정언 이사경 등이 아뢰기를, "자전(慈殿)[선조의 계비 인목왕후(仁穆王后)]과 중전[유(柳)씨]께서 내리신 성지(聖旨)는 반드시 대전(大殿)을 먼저 거친 뒤에 계하해야 합니다. 지난번 자전에서 산릉의 일에 대해 언지(諺旨)를 곧바로 빈청에 내렸는데도 승지가 전연 살피지 않았기 때문에 끝내 계품하지 않았습니다."라고 하였다.

150. 광해 00/1608/02/14/능 위치에 대한 대왕대비[선조의 계비 인목왕후(仁穆王后)]의 언지에 계자(啓字)를 찍어 빈청(賓廳)에 내리다.

151. 광해 00/1608/07/11/대비(大妃)[선조의 계비 인목왕후(仁穆王后)]가 언서를 약방에 내려 말하기를, "주상(主上)이 지난번부터 침식을 제대로 하지 못한다고 들었지만 미처 상세히 알아보지 못했는데, 어제 문안할 때 친히 보니 정신이 예전과 달라 혼미한 듯하고 너무 심하게 야위었다."라고 하였다.

152. 광해 00/1608/07/12/자전(慈殿)[선조의 계비 인목왕후(仁穆王后)]이 언문 교지를 내리길, "근래 주상(主上)의 기력이 몹시 편치 않으신데 여차(廬次, 상중의 초가집)가 비좁아 거처할 곳이 못 된다."라고 하였다.

153. 광해 02/1610/03/01/전교하기를, "《내훈(內訓)》은 우리 선왕후(先王后)[추존왕 덕종의 비(妃) 인수대비(仁粹大妃)]가 몸소 편찬한 책이니 후세에 전하지 않을 수 없다."라고 하였다.

154. 광해 02/1610/03/22/《용비어천가》, 《내훈》 등을 인쇄토록 교서관에 전교하다.

155. 광해 02/1610/05/05/의금부에서 아뢰기를, "죄를 받고 죽은 이홍로의 처 기(奇)씨가 언서 단자를 가지고 와 당직청에 올렸습니다. 그런데 언서로 상언하는 일은 전례가 있지 않으나 대신에게 관계되어 사정이 절박하므로 부득이 받아들이지 않을 수 없었다는 뜻을 감히 아룁니다."라고 하였다

156. 광해 02/1610/05/10/지의금부사 이시언 등이 아뢰기를, "지난번 이홍로의 처가 올린 언서 상언을 받아들일 때 신(臣)들도 전례가 없는 일이라 미안한 줄은 알았지만, 대신에게 관계된 일인 데다 정리가 절박하기에 아뢴 사유를 갖추어 올렸습니다."라고 하였다.

157. 광해 02/1610/05/16/㉠사간원에서 아뢰기를, "의금부의 사체는 매우 엄중하고, 상언하는 규례가 법전에 실려 있으므로 비록 억울한 일이 있다 하더라도 계속 올릴 수 없는 법인데, 더구나 예로부터 있지 않았던 언서로 하는 경우이겠습니까."라고 하였다. ㉡답하기를, "동기(同氣)를 위해 지극히 억울한 일을 호소하고 있는 데다 또 스스로 밝힌 일이 있다. 그렇고 보면 그 부인의 도리에 있어 언서로 상언하는 것이 무슨 지장이 있겠는가."라고 하였다.

158. 광해 02/1610/09/19/책 인출 순서를 《서전언해》와 《내훈》을 먼저 하고 《용비어천가》 등은 나중에 하라고 하다.

159. 광해 04/1612/01/16/《시경언해》와 《내훈》을 교정한 홍문관의 관원의 직급을 올려주고 물건을 내리다.

160. 광해 04/1612/01/18/사간원이 《내훈》 교정 일로 상이 지나침을 아뢰다.

161. 광해 04/1612/02/02/사간원이 《내훈》 교정 일로 상이 지나침을 아뢰다.

162. 광해 04/1612/02/03/사간원이 《내훈》 교정 일로 상이 지나침을 아뢰다.

163. 광해 04/1612/02/05/사간원이 근래 시경언해, 《내훈》 등의 교정에 대한 상으로 가자한 일의 지나침을 아뢰고 개정을 청하다.

164. 광해 04/1612/02/05/사간원이 《내훈》 교정 일로 상이 지나침을 아뢰다.

165. 광해 04/1612/02/07/사간원이 《내훈》 교정 일로 상이 지나침을 아뢰다.

166. 광해 05/1613/08/11/이이첨은 음험한 함정에 관련된 것은 모두 비밀리에 임금에게 보고했는데, 가장 은밀한 것은 언서로 자세하게 말을 만들어 김상궁으로 하여금 완곡히 개진하게 하여 반드시 재가를 얻어내고서야 그만두었다.

167. 광해 06/1614/01/07/임금이 언문 편지 한 통을 내렸는데 바로 병조 서리 서응상과 대비전 [선조의 계비 인목왕후(仁穆王后)] 나인[內人] 등이 서로 주고받은 글이었다.

168. 광해 06/1614/01/08/임금이 또 압수한 언문 편지를 보이면서 의일(義一)에게 묻기를, "이

것은 누구의 편지냐."라고 하였다.

169. 광해 06/1614/01/10/임금이 말하기를, "김란의 언문 편지 속에, '이 관리가 아니면 어떻게 하겠는가.' 했는데, 강화부사 기협은 어떤 일을 하고 있는가. 아울러 잡아다가 추국하라." 라고 하였다.

170. 광해 06/1614/01/12/박의남을 한 차례 형문했으나 자복하지 않았는데, 그는 바로 김란의 언문 편지 속에 말한 '박 별감으로 하여금 전하여 들여보내게 했다.'는 자이다.

171. 광해 06/1614/01/25/또 언문 편지를 보이면서 말하기를, "이것은 바로 네 여동생 의일(義一)이 김제남[인목왕후(仁穆王后)의 아버지]의 집과 교통한 서한이다. 서로 교통한 자취가 이미 드러났는데 네가 어찌 숨기고 말하지 않느냐."라고 하고, 압슬형을 했으나 자복하지 않았다.

172. 광해 06/1614/02/12/승정원에서 아뢰기를, "언문서에는 서얼의 수치스러움과 욕됨을 통분하고, 길을 터준 성은에 감축하고, 끝에 다시 과거로 발신할 것을 면려했고, 자칭 첩(妾) 박(朴)이라 했는데, 그 내용은 짐작할 수 없습니다.

173. 광해 07/1615/02/18/교서를 내려 말하기를, "나인 의일(義一)의 공초에, '진서와 언문을 한 장의 종이에 섞어 썼으니, 이는 곧 별감 하자징이 쓴 것이다.'라고 하였다."라고 하였다.

174. 광해 10/1618/01/04/우의정 한효순 등 백관이 폐모론을 주장하면서 인목대비가 역적 유영경 등과 결탁하여 언문으로 자기소생을 세우려고 밀지를 주고받은 이유를 들다.

175. 광해 10/1618/03/16/분병조(分兵曹)가 경운궁[인목왕후(仁穆王后)가 유폐된 곳이다.] 안에서 취득한 언서와 진서를 임금께 올렸다.

176. 광해 11/1619/12/17/희개(옥지 유모)와 세동이 음간의 언문 편지를 주고 받다.

177. 광해 14/1622/03/08/곽천호, 이시정, 정담 등이 허환 어미의 언문 편지에 드러난 전유형, 이귀, 권진의 엄중 처벌을 청하다.

❀ 인조

178. 인조 01/1623/03/14/자전(慈殿)[인목대비]이 폐군(광해군)의 죄목 10가지를 적어 언문 교지로 내리다.

179. 인조 01/1623/10/29/자전[인목대비]이 죽은 영창대군의 행장을 언문으로 지어 내려 시호를 의정케 하다.

180. 인조 01/1623/윤10/06/영사(領事) 윤방이 영창대군[선조와 인목대비 사이의 아들]의 시호를 의논한 잘못과 자전[인목대비]께서 언서를 내린 일은 미안한 일이라고 하였다.

181. 인조 01/1623/12/07/인목 대비가 언문 교지로 어승마를 영안위 홍계원에게 주라고 하고 하여 간원이 임금께 간하다.

182. 인조 04/1626/01/16/대신들이 자전[인목대비]께 임금의 건강을 걱정하는 문제를 아뢰니 자전이 언서로 비답을 내리다.

183. 인조 04/1626/07/02/자전[인목대비]이 신하들에게 언서로 하교하여 임금이 건강에 힘쓰도록 청하기를 요구하다.

184. 인조 04/1626/07/03/대신들이 아뢰기를, "그러나 오직 자전[인목대비]께서만은 성상의 기운이 상하셨다는 것을 깊이 아시고 언문 교지로 외조(外朝)에 하교하시기까지 했으니, 그 깊이 걱정하고 안타깝게 여기시는 심정을 상상할 수 있습니다."라고 하였다.

185. 인조 04/1626/07/07/광해군 때의 보모 상궁이 임해군 이숙노의 집에 머물던 승려와 주기적으로 사통하며 언문 편지 10여통을 주고 받다.

186. 인조 04/1626/07/10/자전[인목대비]이 정명공주(선조의 딸)의 집을 수리하도록 한 명령을 환수토록 승정원에 언문 교지를 내리다.

187. 인조 05/1627/01/19/자전[인목대비]이 임금의 수라에 고기를 올리도록 삼공과 정원에 언문 교지를 내리다.

188. 인조 05/1627/02/04/자전[인목대비]이 언서로 하교하기를, "날마다 쇠고기를 연속 올리는데, 이로써 계산해 보건대 농사용 소 죽음이 필시 많을 터이니 뒤로는 다시 올리지 말라."라고 하였다.

189. 인조 05/1627/02/09/자전[인목대비]이 언문 교지로 대신에게 하교하여 부민(府民)도 위로하게 했다.

190. 인조 05/1627/02/09/자전[인목대비]이 대신과 정원에 언문 교지로 하여 국가를 지키는 계책에 대해 말하다.

191. 인조 05/1627/04/25/자전[인목대비]이 도성으로 돌아올 때 노량(露梁)에 부교(浮橋)를 설치하라고 임금이 명했는데, 자전이 언서로 하교하기를, "이때에 민폐가 되는 것으로서 그만둘 수 있는 일이라면 털끝만한 것일지라도 제거해야 한다. 이런 뜻을 속히 대전(大殿)에 진달하라."라고 하였다.

192. 인조 06/1628/01/03/정자(鄭泊) 등의 역모사건에 인성군(仁城君)[선조와 정빈(靜嬪) 민(閔)씨 사이의 아들]이 연루되자 자전[인목대비]이 국청에 언문 교지를 내리다.

193. 인조 06/1628/01/20/자전[인목대비]이 대신들에게 인성군 이공을 처벌할 것을 윤허받으라고 언문 교지를 내리다.

194. 인조 06/1628/02/21/자전[인목대비]이 인성군의 처벌을 원하는 언문서를 국청에 내리다.

195. 인조 06/1628/05/14/역모에 연루된 인성군(仁城君) 이공(李珙)[선조와 정빈(靜嬪) 민(閔)씨 사이의 아들]을 법에 의해 처치할 것을 왕자 의창군(義昌君) 광(珖)[선조와 인빈(仁嬪) 김(金)씨 사이의 아들] 등이 여러 종실들을 거느리고 날마다 계청했고, 자전[인목대비]께서

거듭 언서로 하교했다.

196. 인조 06/1628/09/07/자전[인목대비]이 언문 교서로 정원에 하교하기를, "올해 흉년이 들어 백성이 기근상태에 놓였으니, 나에게 진공(進供)하는 물건도 모름지기 주상이 감손한 것과 똑같이 모두 감손하라."라고 하였다.

197. 인조 06/1628/09/11/자전[인목대비]이 언문 교서로 정원에 하교하여 대신에게 유시하게 하기를, "양전(兩殿)에 진상하는 품목을 흉년이라 하여 줄이는데 나만 어찌 홀로 다 누릴 수 있겠는가."라고 하였다.

198. 인조 07/1629/02/06/서제(書題) 김경현이라는 자가 고변하기를, "저의 누이동생 말치(末致)가 언문 편지를 전해왔는데, 그의 남편 김홍원 등이 혈서를 써 맹세하고는 항상 제암정에 모여 모의했다."라고 것이었는데 말치의 언문 편지는 남편을 고발 한 것을 모면하기 위한 거짓 편지였다.

199. 인조 07/1629/09/21/자전[인목대비]이 삼공과 육경에게 흉년이 들어 수연(장수 축하 잔치)을 거행할 수 없음을 임금께 아뢰도록 언문 교지를 내리다.

200. 인조 24/1646/03/25/대개 지난해부터 내수사 감옥에서 날마다 강(姜)씨[1645년에 죽은 소현세자(昭顯世子)의 빈(嬪)]의 궁인들을 국문했는데, 겨울에 임금이 언문 편지를 척리(戚里)[임금의 내척과 외척]에게 보내 강(姜)씨의 수십 가지 죄를 나열하여 세웠다.

201. 인조 26/1648/03/02/예조에서 아뢰기를, "순릉(順陵)[성종비(成宗妃) 공혜왕후(恭惠王后)의 능] 참봉의 첩보에 의하면, 2월 30일 능 위의 혼유석(魂遊石)·문무석(文武石)과 장군석(將軍石)의 코끝이 깨져 나갔고 정자각(丁字閣, 왕릉 봉분 앞에 '丁'자 모양으로 지은 제사를 지내는 제전)의 신문(神門)과 월랑(月廊)의 완렴(薍簾, 달풀로 만든 발)이 부서져 파손되었으며, 익명의 언문으로 되어 있는 세 개의 나무패가 정자각 곁에 놓여져 있었다고 하니, 일이 매우 놀랍습니다."라고 하였다.

❀ 효종

202. 효종 07/1656/07/28/지경연 이후원이 《내훈》·《경민편》의 간행·반포를 건의하니 허락하다.

❀ 현종

203. 현종 01/1660/09/05/임금이 옥당의 관원에게 《대학연의》와 《내훈》을 언해의 향음도 일일이 정리하여 바로잡도록 지시하다.

204. 현종 11/1670/02/13/지평 이후징(李厚徵)이 정재빈(鄭載賓) 외조모가 쓴 언문 편지 내용을 일일이 들며, 정시성(鄭始成)의 처벌을 주장하다.

205. 현종 15/1674/03/06/임금이 목이 잠기고 두통에 오한 증세가 있으니, 대왕대비[인조 계비

장렬왕후(莊烈王后)]가 언서로 약방에 하교했다.

206. 현종 15/1674/03/07/약방 도제조 허적이 말하기를, "어제 대왕대비[인조 계비 장렬왕후(莊烈王后)]께서 언문 교서로 약방에 하교하기를, '대전(大殿)이 평상시에 하루도 소식(素食)을 못하기 때문에 자전[효종 비(妃) 인선왕후(仁宣王后)]이 위독한 상황 중에서도 그것을 못 잊어 두 번 세 번, 이 몸에 부탁했는데 지금 대전의 병환이 저러하니 만약 권도를 따르지 않고 더 더치기라도 하면 자전의 부탁을 저버릴까 걱정'이다."라고 하였다.

207. 현종 15/1674/08/17/대왕대비[인조 계비 장렬왕후(莊烈王后)]가 언서로 시약청에 하교하기를, "임금이 거처한 곳에 재변이 있어 다른 전각으로 거처를 옮기자고 권했으나 따르지 않았다. 약방에서 간청하여 다른 곳으로 거처를 옮겨야 할 것이다."라고 하였다.

208. 헌종 15/1674/효유 헌서 왕대비가 선왕에 대한 언문 교지에서 순조의 추모를 기술하다.〈날짜 기록 없음〉

209. 현종 15/1674/현종대왕 행장(行狀)에, "국내에 유시를 내려 해묵은 미납 조세는 일체 탕감하고 가벼운 죄수를 풀어주며 버려져 있던 인재를 다시 서용하게 했으므로 시골 아낙들이 그 유시를 언문으로 번역하여 서로 외우면서 감격의 눈물을 흘리고 죽음이 있는 것도 다 잊었던 것이다."라고 하였다.〈날짜 기록 없음〉

❀ 숙종

210. 숙종 00/1674/08/30/대왕대비전[인조 계비 장렬왕후(莊烈王后)]과 왕대비전[현종 비(妃) 명성왕후(明聖王后)]에서 약방에 언문 교지를 내려 임금이 약 드시기를 청하게 하다.

211. 숙종 00/1674/09/02/대왕대비전(大王大妃殿)[인조 계비 장렬왕후(莊烈王后)]에서 약방에 내린 언문 교서에서 임금이 약 드시게 됨을 알리다.

212. 숙종 00/1674/09/08/왕대비[현종 비(妃) 명성왕후(明聖王后)]가 선왕(효종)의 행장을 언문 교지로 적어 내리자, 대제학 김만기 등이 한문으로 번역하다.

213. 숙종 00/1674/12/07/자전(慈殿)[현종 비(妃) 명성왕후(明聖王后)]이 약방에 언문 교지를 내려 왕의 기침이 심하니, 도성 밖으로의 거둥을 중지하도록 권유하다.

214. 숙종 00/1674/12/09/왕대비가 언서를 약방에 내려 교외에서 백관이 임금을 맞이함을 알리다.

215. 숙종 01/1675/03/18/자전(慈殿)[현종 비(妃) 명성왕후(明聖王后)]이 대신에게 언문 교서를 내려 말하기를, "주상이 어리니, 대신이 마음을 다해 보필하는 것이 미망인이 지극히 바라는 것이다."라고 하였다.

216. 숙종 01/1675/06/21/자전(慈殿)[현종 비(妃) 명성왕후(明聖王后)]이 친부 김우명의 상을 당하여 미음조차 들지 않아, 약방에서 문후를 여쭈니, 언문 교서로 답하기를, "살아서 쓸모없

고 죽어야 할 사람이 이제까지 살아 있는 것이 고통스럽다. 이제 나라의 일을 돌아보라고 말들 하지마는, 내가 있어서 조금이라도 나라에 유익함이 있다면 어찌 한갓 애통(哀痛)한 것만을 생각해 이렇게 하겠는가."라고 하였다. 이러한 자자전의 언문 글이 널리 알려져 민가의 부인들까지도 다 들었다.

217. 숙종 02/1676/11/01/요승(妖僧) 처경(處瓊)이 왜능화지(倭菱花紙)[마름꽃의 무늬가 있는 일본 종이]를 일부러 더럽히고 언문으로 써서 이르기를, '소현(昭顯)의 유복자(遺腹子) 을유 (1645. 인조 23) 4월 초 9일생'이라 하고, 그 아래에 또 '강빈(姜嬪)[소현세자 빈(嬪)]'이라는 두 글자를 썼다.

218. 숙종 06/1680/07/24/도깨비 소동이 일어나자 왕대비[현종 비(妃) 명성왕후(明聖王后)]가 왕에게 날을 받아 경덕궁으로 옮겨 거처할 것을 청하는 하교를 약방에 내리고, 약방 도제조 김수항이 이를 거행하다.

219. 숙종 06/1680/12/23/왕대비[현종 비(妃) 명성왕후(明聖王后)]가 영중추부사(領中樞府事) 송시열(宋時烈)에게 궁궐에 들어와 왕을 도우라고 언문 교지를 내리니 송시열이 명을 따르다.

220. 숙종 07/1681/01/03/숙종 07/1681/01/03/왕대비[명성왕후]가 새 중전의 간택[숙종 6년 10월 26일 왕비 인경왕후(仁敬王后) 죽음]에 관해 언서로 하교하자, 이에 관해 논의하다.

221. 숙종 07/1681/01/04/새 중전의 간택에 관해 논의하는 중 왕대비[현종 비(妃) 명성왕후(明聖王后)]가 언문 교지로 답하다.

222. 숙종 07/1681/03/21/임금이 죽은 인경왕후(仁敬王后) 능(陵)을 방문하려 하니, 자전(慈殿) [명성왕후]이 언찰로 약방에 하교하여 날짜를 늦추게 하다.

223. 숙종 07/1681/03/26/임금의 혼인을 위해 삼간택을 거행하니 왕대비[현종 비(妃) 명성왕후(明聖王后)]가 병조판서 민유중의 딸을 간택해 두고 언문 교지를 내려 신하들의 뜻을 묻다.

224. 숙종 07/1681/07/21/함경도 관찰사 윤지선이 김정국의 경민편과 정철의 권민가로 도내 부녀의 교화와 안무를 건의하다.

225. 숙종 09/1683/10/13/성내에 두질(痘疾)이 크게 번지니 왕대비[현종 비(妃) 명성왕후(明聖王后)]가 궐중 왕래를 삼가도록 언문으로 하교하다.

226. 숙종 09/1683/12/05/자전(慈殿)[명성왕후]이 병이 심해지자, 스스로 일어나지 못할 줄 알고 언서로 유교(遺敎)를 지어 궁인에게 맡기고, 또 상렴(喪斂)에 드는 의대(衣襨)와 여러 물품을 봉해 두었는데, 승하함에 이르러서야 비로소 내렸다.

227. 숙종 10/1684/10/27/경안군[소현세자의 아들인 이회(李檜)]의 부인 허씨(許氏)가 언문으로 종부시(宗簿寺)에 단자를 올려, 임금의 둘째 아들 이엽의 혼사를 홍구서(洪九敍)의 딸과 할 수 있도록 청원하다.

228. 숙종 10/1684/11/04/대왕대비[인조 계비 장렬왕후(莊烈王后)]가 임금 거처를 창경궁 내반원(內班院)으로 옮기도록 권하는 언문 교지를 내리다.

229. 숙종 14/1688/11/25/사헌부에서 유두성이 감옥에서 나오자 유두성의 누이가 언문으로 단자를 올려 그 어머니의 음행을 증거했는데, 딸로서 어머니의 음행을 증거한 일은 반드시 지켜야 할 윤리에 관계되므로 엄하게 조사하여 법률로 처리할 것을 청했다.

230. 숙종 15/1689/02/04/임금의 비망기에 주가(主家)[공주 처소]에서는 매일 (언문으로) 상서(上書)하여 대비께 문안을 드리는 것이 예라는 내용이 언급되다.

231. 숙종 15/1689/04/18/유두성이 누이동생인 유두임(柳斗任)이 이대헌의 사주를 받아 언문 소장을 순찰사에게 제출했으나 받아들여지지 않자 다시 한문 소장을 내었으나 받아들여지지 않다.

232. 숙종 15/1689/06/03/송시열의 졸기에, "곧 왕실 초상을 당해, 성모(聖母)[숙종의 생모(生母)인 명성왕후(明聖王后)]께서 언문 편지로 간절하게 만류함으로써 몇 달 힘쓰다가 돌아갔다."라고 하였다.

233. 숙종 15/1689/08/29/대사간 정유악 등이 아뢰기를, "이상은 글을 못하고 무식한데, 어리석은 여인을 달래어 언문 소장을 써주고 종[奴]과 말[馬]을 갖추어 순영(巡營)에 가서 소장을 내게 하여, 딸로서 어미의 죄를 증거하게 했습니다."라고 하였다.

234. 숙종 16/1690/08/17/전 복평군(福平君) 이연[인조의 손자]의 첩의 딸 영이가 공초하기를, "언문 편지에 이루어진 약(藥)을 보낸다고 했다는 것은 본디 그런 일이 없습니다. 올해 성혼(成婚)한 뒤에 저희 아비가 까닭 없이 저희 어미를 내쳤으므로 스스로 몹시 울었을 뿐입니다."라고 하였다.

235. 숙종 17/1691/09/13/판부사 김덕원이 차자(劄子)를 올리기를, "청하건대, 춘방(春坊)으로 하여금 《소학》·《효경》 가운데에서 알기 쉬운 좋은 말을 뽑아 언문으로 번역해 동궁(東宮)의 보모(保姆)를 시켜 아침저녁으로 가르치게 하소서."라고 하였다.

236. 숙종 20/1694/04/17/임금이, 민암 부자(父子)가 전에 거짓말을 만들어 금중(禁中)에 흘려 들여, '왕비가 본제(本第)에 있을 때 귀인(貴人)과 함께 은화(銀貨)를 내고 액정(掖庭)[궁중(宮中)]과 맺었다.'라고 했으므로, 이것을 먼저 민암·민장도에게 물으라고 명했다. 민암·민장도는 승복하려 하지 않았는데, 임금이 또 그 말이 장희재의 언문서에서 나왔다 하여, 드디어 장희재[희빈(禧嬪) 장(張)씨의 오빠]를 국문하라는 명이 있었다.

237. 숙종 20/1694/04/27/대개 임금이 언문 편지 일로 장희재의 죄를 감정(勘定)하라고 명했는데, 대관(臺官)이 배소로 도로 보내는 것으로 잘못 생각해 아뢴 말이 이러했다.

238. 숙종 20/1694/05/11/송시열의 아들 송기태가 왕대비[명성왕후]로부터 받은 언문 편지 등을 임금께 바치다.

239. 숙종 20/1694/05/20/임금이 판정하기를, "언서는 이미 내가 직접 본 것이니 다시 물어볼 필요도 없는 일이다. 민암·함이완과 은밀히 도모하고 비밀리 계획하여 은연중 시험해 보고 하루 이틀이 지나자 민암이 과연 입주(入奏)했던 것이다."라고 하였다.

240. 숙종 20/1694/05/21/사간(司諫) 한성우 등이 논핵하기를, "장희재는 언문 편지를 유입시켜 곤전(坤殿)[왕비(王妃)]을 무함했고 군부(君父)를 기만했으며 무고 사건을 크게 일으켰으니 이것이 어떠한 악역(惡逆)입니까. 그런데 어찌 사실을 털어놓기를 기다리지 않고 곧바로 먼저 참작해 처리할 수가 있단 말입니까."라고 하였다.

241. 숙종 20/1694/05/26/유학(幼學) 이창규가 상소하기를, "그런데 장희재만 어찌 유독 처형을 면할 수 있겠습니까. 장희재의 죄는 처음에는 흉서(凶書)에서 나왔고 또 언문 편지에서 드러났습니다."라고 하였다.

242. 숙종 20/1694/05#02/국청에서 민암을 국문하기를, "경오년(숙종 16. 1690) 겨울에는 말을 조작해 궁중(宮中)에 유입시켜 말하기를, '왕비[인현왕후(仁顯王后)]가 본집에 있으면서 귀인(貴人)과 서로 은(銀)을 거출하여 액정(掖庭)과 결탁한다.'라고 하였고, 장희재의 언문 편지에는, '민암을 가서 만나보니 그 말이 이와 같았다.'라고 하였다.

243. 숙종20/1694/05#02/[보궐] 그때 함이완·민장도가 차례로 자백하여 민암·장희재의 음흉한 정상이 더욱더 낭자하게 드러났는데, 임금이 하교하여 언문서 사건을 발설함에 있어서 그 단서가 궁궐에까지 미치게 되어 역적 무리가 국모(國母)[인현왕후(仁顯王后)]를 모위(謀危)한 죄는 더욱 단 하루도 천리 사이에 목숨을 살려둘 수 없었다.

244. 숙종 20/1694/05#04/정언(正言) 박권이 논핵하기를, "장희재는 언문 편지를 유입시켜 무함이 곤전(坤殿)에 미쳤고 임금을 기만하여 크게 무옥(誣獄)을 일으켰으니 귀신과 사람이 함께 분노하는 바이며 하늘과 땅 사이에 용납할 수 없는 자입니다."라고 하였다.

245. 숙종 20/1694/05#07/정언(正言) 박권이 장희재의 죄를 거듭 논핵하며 그 조사(措辭)를 변경해 아뢰기를, "중전(中殿)[인현왕후(仁顯王后)]을 무함하여 편지에 써서 궁중에 유입시켜 전하께서 읽어 보시기까지 했는데, 세월이 오래되어 까마득하다고 하는가 하면, 또는 기억할 수 없다고 하기도 하여 언문 편지가 있었는지, 없었는지 불확실한 가운데에 두고, 성교(聖敎)를 허위인지 사실인지 불분명한 사이로 돌렸습니다."라고 하였다.

246. 숙종 20/1694/05#11/양주의 유학(幼學) 박상경이 상소하기를, "모해하려 했던, 언문 편지는 전하께서만 홀로 보셨고 외신(外臣)들로서는 알 바가 아니지만, 우러러 생각하건대, 성심(聖心)은 반드시 장희재를 법대로 처형하려다가 불행하게도 대신들의 잘못으로 인하여 사형(死刑)을 감면(減免)하는 분부가 내리시게 되었을 줄로 압니다."라고 하였다.

247. 숙종 20/1694/05#11/송시열이 전후의 상소 세 벌과 효종(孝宗)의 어찰(御札) 세 폭과 명성왕후(明聖王后)[현종의 비(妃)]의 언찰 한 폭까지 합쳐 봉함해 송주석에게 맡겼다.

248. 숙종 20/1694/05#18/임금이 말하기를, "장희재의 언문 편지는 내가 이미 직접 보았는데 그것이 애매하게 알기 어려운 것이 아니므로, 삼사(三司)의 공의(公議)를 내가 잘못이라고 하지 않는 것이다."라고 하였다.

249. 숙종 20/1694/05#20/헌납 윤성교 등이 논핵하기를, "그리하여 언문 편지를 유입(流入)시켜 곤전(坤殿)[인현왕후(仁顯王后)]을 모해했으니, 온 나라의 인심이 절치부심(切齒腐心)하는 바입니다."라고 하였다.

250. 숙종 20/1694/05#21/남구만이 아뢰기를, "장희재가 언문 편지 일에 대해 언제나 말하기를, '오래되어 기억할 수 없고 그저 전해 들은 말로 궁중에 통해 주어 조심하도록 한 일은 있었다.'라고 하니, 언서의 말이 과연 그가 대답한 말대로라면 말을 만들어 중궁을 모해한 자와는 차이가 있으니, 이것을 참작해 처리하심이 한 가지 방도가 되겠습니다."라고 하였다.

251. 숙종 20/1694/05#22/임금이 판결하기를, "장희재의 말은 언문 편지 내용과 다른 것이 없다."라고 하였다.

252. 숙종 20/1694/05#26/국청에서 물으니, 민암이 대답하기를, "설사 장희재의 말과 같다 하더라도 김정열의 옥사는 신미년[숙종 17. 1691]에 있었는데, 신미년에 들은 것을 어떻게 경오년[숙종 16. 1690]의 언문 편지에 기재할 수 있었겠습니까. 장희재가 처음 말하지 않은 것은 제 몸을 위한 계책이요, 오늘날에야 비로소 말한 것도 나를 미워해서가 아니라 또 제 몸을 위한 계책입니다."라고 하였다.

253. 숙종 20/1694/06/03/집의(執義) 유득일이 아뢰기를, "그가 말한 '폐비(廢妃)[이해 4월 왕비 장(張)씨를 폐위하고 숙종 15(1690) 5월 폐위된 인현왕후(仁顯王后)를 복위했다.]는 재화(財貨)를 아끼지 않았고, 김귀인(金貴人)은 지혜가 많다.'는 말도 비록 이미 죽은 민종도에게 미루어대고 있지만, 이미 못된 아들과 흉악한 조카와 함께 장희재를 대하여 이 일을 논했으니, 장희재의 언문 편지에 있는 패역스러운 말과 똑같은 틀 속의 것입니다."라고 하였다.

254. 숙종 20/1694/06/04/좌의정 박세채가 임금께 올린 상소문 가운데 '인심을 따르는 것[順人心]'에 말하기를, "성상의 분부에 언급하신 언문 편지와 그들이 옥중에서 서로 주고받은 것이 앞뒤가 부합(符合)하니, 주종(主從)인 저나 이는 범한 죄가 똑같습니다. 이래서 온 나라의 인심이 더욱 팔을 걷어붙이며 분하게 여겨 기필코 법에 맡기고야 말려고 하는 것입니다."라고 하였다.

255. 숙종 20/1694/06/15/강민저가 상소하기를, "언문으로 쓴 한 가지 조항은 특별히 악을 치시려는 예단(睿斷)[임금의 판단]에서 나온 것인데, 유사(有司)의 신하가 그대로 받들어 거행하는 실상이 없고 대신이 내놓은 의견은 보통 인정을 훨씬 지나친 것인데 이로 인해 그만 전하께서 뜻이 굳어졌으니, 온 나라 사람들의 마음이 또한 어찌 억울하지 않겠습니까."라고 하였다.

256. 숙종 25/1699/04/03/청백리로 소문난 참판 이단석(李端錫)이 죽은 후 극도로 곤궁해진 그의 아내가 언문으로 단자를 올려 진휼을 청하자, 매달 쌀 1곡(斛)을 지급하게 하다.

257. 숙종 27/1701/04/25/진사 유석기(兪碩基)가 일찍이 아내 윤씨를 쫓아냈는데 유석기가 죽자 윤씨가 돌아와 상복을 입고 곡을 하자, 유석기의 이모부 심익겸이 윤씨의 상복을 뺏고 쫓아 냈다. 이에 윤씨가 통곡하며 죽은 남편 무덤에 가서 언문 유서를 써 두고 자결하니, 조정에서 심익겸과 유씨 집안의 어른 유명겸을 옥에 가두고 문책하다.

258. 숙종 27/1701/10/16/국청(鞫廳) 죄인 작은아기[者斤阿只]가 공초하기를, "제가 하량교(河梁橋)에 살 때 언서 익명서가 여러 차례 담을 넘어 던져졌는데, 그 사연은, '이항이 반적(叛賊)들을 종용해 민(閔) 중전(中殿)[이해 8월 14일 홍(薨)한 숙종의 계비(繼妃) 인현왕후(仁顯王后)]을 배척하여 폐하게 하고, 장희재[희빈(禧嬪) 장(張)씨의 오빠]가 조정 정사를 맡고자 한다.'는 것이었습니다."라고 하였다.

259. 숙종 27/1701/10/22/집의(執義) 유명웅 등이 아뢰기를, "아, 역적 장희재가 흉악한 도적 민암과 같은 불만을 품은 무리들과 결탁하여, 국모[이해 8월 14일 홍(薨)한 숙종의 계비(繼妃) 인현왕후(仁顯王后)]에게 망극한 화를 얽어 씌우려고 비밀리에 언문서를 만들어 궁궐 안과 몰래 내통했으니 이것은 실로 이전 역사에서 보지 못했던 일이며 신인(神人)이 함께 분노하는 바였으니, 전하께서 갑술년 국청(鞫廳)에서 밝히고 드러낸 것은 대개 이 때문이었습니다."라고 하였다.

260. 숙종 27/1701/10/29/국청 죄인 장희재를 결안취초(結案取招)하고 군기시 앞길에서 처형당했다. 그 결안에 말하기를, "전지하신 안에, '제가 간흉(奸凶)과 결탁하여 곤전(坤殿)[인현왕후(仁顯王后)]을 모해하고 감히 차마 들을 수 없는 말을 언문 편지에 써서 궁궐 안에 유입시켜 임금께서 살펴보는 일에 오르게까지 하였다.'라고 하셨으니, 그 마음씀의 패류와 음흉함은 실로 천고(千古)에 없었던 바입니다."라고 하였다.

261. 숙종 27/1701/11/05/국청에서 아뢰기를, "장희재가 이미 언문 편지를 유입해 국모(國母)[인현왕후(仁顯王后)]를 모해한 죄로 처벌을 받았으니, 항(杭)의 죄역(罪逆) 또한 어찌 일분(一分)인들 살아날 길이 있겠습니까."라고 하였다.

262. 숙종 27/1701/11/06/판의금부사 이여는 말하기를, "적(賊) 장희재가 언문 편지를 유입시켜 국모[인현왕후(仁顯王后)]을 모해했으나, 당초에 실형(失刑)한 까닭에 8년 동안 귀신과 사람이 함께 분노를 쌓아 왔는데, 오늘에 이르러 비로소 하늘의 벌을 받았습니다."라고 하였다.

263. 숙종 27/1701/11/11/국장도감(國葬都監)에서 대비의 장례식 때, 시책문(諡冊文)과 애책문(哀冊文)을 여관(女官)으로 하여금 읽게 하므로 전례에 따라 진서와 언문 두 가지를 모두 써서 넣도록 아뢰다.

264. 숙종 31/1705/09/12/태영(泰英)이 심문을 받으면서, 제 지아비 유정기(兪正基)의 죄상을

언문서로 진술하다.

265. 숙종 32/1706/07/19/윤순명 공초에 장희재의 처가 김춘택과 간통한 것을 고백한 언문편지가 언급되다.

266. 숙종 35/1709/10/09/동궁 모해 역모로 포도청에 갇힌 강재승(姜宰承)의 집안을 수색하니, 그의 어머니가 쓴 언문서 1매와 원정 등의 문서가 나오다.

267. 숙종 36/1710/10/29/영원군(靈原君)이 과매(寡妹)에게 언문 편지를 보내어, 의금부 수사에서 좋은 말로 대답해 달라고 부탁하다.

268. 숙종 46/1720/06/08/환시(宦侍)가 중궁[숙종의 둘째 계비(繼妃) 인원왕후(仁元王后)]의 언교(諺敎)를 원상 김창집에게 나와 전달했다.

269. 숙종 46/1720/06/09/숙종 46/1720/06/09/중궁[숙종의 둘째 계비(繼妃) 인원왕후(仁元王后)]이 언서로 원상 김창집에게 하교하기를, "근래 해조(該曹)의 재정이 바닥이 난 가운데 지금 국휼(國恤) 초상(初喪) 때의 모든 물품과 산릉(山陵)의 공역(工役)을 모두 다 감당하게 되니, 모든 일에 반드시 부족할 염려가 많을 것이다."라고 하였다.

✿ 경종

270. 경종 00/1720/06/21/대비전[숙종의 둘째 계비(繼妃) 인원왕후(仁元王后)]께서 언서로 하교하기를, "대행대왕[6월 8일 훙(薨)한 숙종]께서 생존하셨을 때 하교에, '선원전(璿源殿)에는 참봉을 차출하지 말고 대내(大內)에서 삭망(朔望, 음력 초하루와 보름)에 분향(焚香)하며, 내가 만약 불행하게 되면 장녕전(長寧殿)에 있는 어진(御眞)을 펴서 봉안(奉安)하라.'라고 하셨는데, 나라가 불행하여 갑자기 오늘의 일을 당했으니, 장녕전의 어진을 어찌해야 하겠는가."라고 하였다.

271. 경종 01/1721/08/20/대피봉 안에는 종이 두 장이 들렀는데, 한 장에는 해서(楷書)로 '연잉군(延礽君)[숙종과 숙빈(淑嬪) 최(崔)씨 사이의 아들인 이금(李昑). 후일의 영조]'이란 세 글자를 썼고 한 장은 언문 교서였는데, 이르기를, "효종대왕의 혈맥과 선대왕(先大王)의 골육(骨肉)으로는 다만 주상과 연잉군 뿐이니, 어찌 딴 뜻이 있겠오. 나의 뜻은 이러하니 대신들에게 하교하심이 옳을 것이오."라고 하였다.

272. 경종 01/1721/12/23/박상검이 환관과 모의하여 왕세제[숙종과 숙빈(淑嬪) 최(崔)씨 사이의 아들인 이금(李昑). 후일의 영조]를 살해하려 한 사건이 일어나자, 대비가 영의정 조태구 등에게 언문 교지를 내려 왕세제를 궁 밖으로 나가도록 권유하다.

273. 경종 01/1721/12/27/영의정 조태구가 대비[인원왕후]가 직접 쓴 언문 교지의 문제를 상소하자 임금이 대비의 언문 교지에 대해 "자성(慈聖)[인원왕후(仁元王后)]께서 처음 내리신 언문 교지는 궁인과 환관이 체결했다는 말씀이고, 재차 내린 언문 교지에 궁인의 성명을 써

서 내리셨을 때는 그 가운데 한 사람이 환관과 체결한 일이었다. 중신(重臣)의 상소는 원래 이 일을 알지 못했으니 책임을 지시라는 것은 부당하다. 안심하여 피하지 말고 속히 나와 일을 보라."라고 하였다.

274. 경종 02/1722/05/05/사헌부가 계를 올려 이이명과 김창집의 가산 적몰을 주장하며, 역적들의 어머니와 누이가 그들이 쓴 언문 편지 내용이 드러나자 스스로 자결했다고 아뢰다. 또 역적 이희지의 어머니가 쓴 언문 편지를 찾아 조사한 사실을 언급하다.

275. 경종 02/1722/05/15/사헌부에서 아뢰기를, "그 당시 춘궁(春宮)[연잉군(延礽君)]의 하령(下令)과 자성(慈聖)[인원왕후(仁元王后)]의 언문 교지에 진실로 차마 들을 수 없는 것이 있었으므로 흉엄한 죄는 진실로 한 시각이나마 숨을 쉬며 사는 것을 용납할 수 없었으니, 곧바로 바른 법대로 하는 것은 도리에 당연했으며, 국청(鞫廳)을 설치하고 엄하게 추문해 속속들이 밝히는 것은 스스로 옥사를 다스리는 올바른 법이었습니다."라고 하였다.

276. 경종 02/1722/09/12/죽은 승지 김보택(金普澤)의 집안이 죄에 빠져 의금부의 조사를 받던 중, 아내의 언문 편지에서 그의 죄상이 적발되자, 그의 아내가 가문의 보호를 위해 자결하다.

277. 경종 02/1722/11/20/밤 2경(更)에 대비전[인원왕후]에서 언문 교서를 정원에 내리기를, "임금께서, 5, 6일 전부터 치통이 있었는데, 어제부터는 볼 부분이 부어 수라(水刺)를 전혀 진어(進御)하지 못하시나, 의관 또한 불러 보지 않으시니, 지극히 민망하다."라고 하였다.

278. 경종 03/1723/06/01/[수정실록] 이조판서 송상기의 졸기에, '신축년(경종 1년. 1721) 겨울 조태구가 왕대비(王大妃)[인원왕후(仁元王后)]의 언문 교서를 봉환(封還)시킬 때를 당하여 송상기가 병조판서로서 소장을 올렸다.'라고 하였다.

✿ 영조

279. 영조 00/1724/08/30/영조가 즉위할 때 어좌에 오르는 것을 사양하자, 이광좌 요청으로 왕대비[인원왕후(仁元王后)]과 왕비[정성왕후(貞聖王后)]가 언문 교지로 보위에 오를 것을 권유하다.

280. 영조 00/1724/11/09/동학 훈도 이봉명이 상소하기를, "자성(慈聖)[인원왕후(仁元王后)]의 언문 교지를 막아 널리 알리지 못하게 하고 선왕의 특지를 게으름을 피우며 즉시 거행하지 않았으니, 만약 그 내력을 캐낸다면 위험한 일을 꾀하는 의도에서 나오지 않은 것이 없습니다."라고 하였다.

281. 영조 00/1724/11/12/김동필이 말하기를, "자성(慈聖)[인원왕후(仁元王后)]의 언문 교지를 막아 널리 알리지 않았다고 하는 것을 가리키는 뜻이 위험합니다."라고 하였다.

282. 영조 00/1724/11/29/이의연을 비호하고 대신을 모욕하는 박지혁 상소에 명성왕후(明聖王后) 언문 편지가 언급되다.

283. 영조 00/1724/12/22/대왕대비전에서 언문 교지로 약원에 이르기를 ""왕대비전(王大妃殿)의 기운이 쇠잔하여 지탱하기 어려우니 권도(權道)를 따를 것을 청함이 마땅하다."라고 하였다.

284. 영조 01/1725/01/02/전(前) 도사(都事) 유응환이 상소하기를, "이 상소가 있은 후 열흘이 못 되어 박상검의 일이 드러났으니, 그 체결(締結)하여 함께 꾀한 형상을 이에서 알 수 있으며, 더구나 자성(慈聖)[인원왕후(仁元王后)]의 언교를 중간에서 막아 돌려주어 밖의 사람들로 하여금 모르게 했습니다."라고 하였다.

285. 영조 01/1725/03/25/헌납(獻納) 정택하가 상소했는데, 대략 말하기를, "지금 역적을 토주(討誅)하자는 의논은 그 근본을 캐보면 조태구와 최석항이 공모 주범이 되었습니다. 혐의를 무릅쓰고 나타냈다는 말과 언문 전교를 도로 바쳤다는 일은 크게 나라 사람들이 함께 죄인을 벌주어야 할 바입니다.

286. 영조 01/1725/04/26/삼사(三司)에서 전에 함께 아뢴 것을 거듭 아뢰고, 또 아뢰기를, "심지어 언문 교서를 돌려 보내기에 이르러서는 자전(慈殿)[인원왕후(仁元王后)]으로 하여금 화기(禍機)가 있을 즈음에 손을 쓰지 못하게 했습니다."라고 하였다.

287. 영조 02/1726/07/05/약방(藥房) 도제조 민진원이 말하기를, "이는 곧 명성왕후(明聖王后)[현종의 왕비(王妃)]의 언찰입니다. 경신년[숙종 6년. 1680]에 선정(先正)[송시열]이 다시 조정으로 돌아왔을 때 명성왕후께서 특별히 어찰을 내리시어 김석연으로 하여금 전선(傳宣)하게 했던 것입니다."라고 하였다.

288. 영조 03/1727/05/29/시독관 신노가 아뢰기를, "전하께서는 자주 재물을 궁중으로 들이신 일이 있었습니다. 옛말에 이르기를, '천하 사람들 때문에 자신의 부모에게 검소하게 하지 않는다.' 했으니, 부모를 기쁘게 하는 길이 비록 그 지극한 것을 사용하지 않을 수 없겠지만, 그러나 양지(養志)의 효도가 큰 것입니다. 경자년 대상(大喪)[1720년 숙종의 훙(薨)함] 때 동조(東朝)[명성왕후(明聖王后)]께서 언문 교서를 내리시어 여러 가지 기구(機具)를 없애거나 덜게 하셨으니, 전하께서 이 뜻을 우러러 체득하시면 뜻을 받드는 효도라 할 수 있습니다."라고 하였다.

289. 영조 03/1727/07/13/임금이 말하기를, "자성(慈聖)[인원왕후(仁元王后)]의 언문 교지로 말하면 그때 송상기의 소(疏)에 이것을 죄로 삼았는데 모함하는 무리가 문득 악용하는 기회로 삼아 고집하여 마지 않았다."라고 하였다.

290. 영조 03/1727/10/06/심수현이 말하기를, "다만 '영정행(永貞行)[중국 문인 한유(韓愈)가 〈영정행(永貞行)〉이라는 글을 지어 왕비를 비판했다.]' 뿐만이 아닙니다. 언서에 이른 '취반(炊飯)'이란 말은 더더욱 흉패(凶悖)스럽습니다."라고 하였다.

291. 영조 03/1727/10/20/목효룡 사건과 관련하여 이희지 어미 언찰이 언급되었는데, 조태억

이 또 아뢰기를, "이희지의 어미에 대해서도 언찰을 이유로 옥사(獄事)를 이루려고 하지 않았기 때문에 불문에 붙이자는 의논을 극력 주장했습니다."라고 하였다

292. 영조 09/1733/02/06/봉조하 민진원이 말하기를, "경종께서 서안(書案)을 돌아보고 가리키므로, 대신이 가져다가 받들어보니, 자전(慈殿)[인원왕후(仁元王后)]의 언문 교서와 경종의 친필이었습니다. 좌의정 이건명이 받들어 읽자 입시했던 여러 신하들이 모두 목이 메이도록 울고 물러나왔습니다."라고 하였다.

293. 영조 12/1736/01/27/중전이 언문 교서를 내려 대왕대비전[숙종의 둘째 계비 인원왕후]의 진연례 행하는 것을 허락하지 않다.

294. 영조 12/1736/05/21/성주목사가 죽자 그의 처가 언문으로 겸관에서 소장을 올리다.

295. 영조 19/1743/02/05/정몽주 후손 중 늙은 부인이 언단(짧은 언문 상소)을 올려 제사지낼 것을 청하다.

296. 영조 19/1743/07/17/대왕대비가 임금의 오순 잔치를 권유하는 언문 교서를 내리다.

297. 영조 24/1748/12/02/공승언 공초에 귀정이라는 나인 작부가 언문 책을 잘 읽었다고 언급하다.

298. 영조 25/1749/12/17/임금이 오열하면서 말하기를, "이에 동조(東朝)[인원왕후(仁元王后)]께서 언문 교지를 내리셨는데, 조태구가 이를 받지 않고 봉납(封納)했으니, 이것은 진실로 옳은 일이었다. 경들은 어떻게 알고 있는가."라고 하였다.

299. 영조 28/1752/02/27/명정전에 나아가 황단의 서계를 받고, 존호를 올리는 일을 의논하였으나 임금이 가납하지 않자, 대왕대비가 여러 차례 언문 교지를 내리다.

300. 영조 28/1752/04/18/포도청에서 이소(李炤) 첩 초정(草貞)이 이양제에게 보낸 언문 편지를 증거로 이양제와 초정을 심문하여 공초를 받다.

301. 영조 28/1752/12/05/송현궁에 거둥한 이후 환궁 문제로 논란을 벌일 때 대왕대비가 언문 교서로 하교하고 임금이 이에 대해 언문 답서를 올리다.

302. 영조 28/1752/12/08/김상로 등 신하들이 대소 공무를 동궁(정조)에게 처결 받으라는 왕명을 거두어 달라고 대왕대비전에 청하니, 대왕대비가 언문 교서로 하답하다.

303. 영조 28/1752/12/17/왕의 귀궁 문제로 대왕대비전과 동궁에서 언문 교서로 승전색(내시부 관직)에 하교하다.

304. 영조 29/1753/07/05/사족인 윤씨(여성)가 동기인 윤성동이 포청에 들어가자 종으로 하여금 언문 서장을 바치게 해 모함하여 벌을 내리다.

305. 영조 29/1753/11/26/도제조 이천보가 말하기를, "지난 신축년[경종 1년. 1721]에 동조(東朝)[인원왕후(仁元王后)]께서 언문 비망기를 빈청에 내리셨는데 조태구가 숨기고 발표하지 않으므로 중신(重臣) 송상기가 곧바로 들어가 보기를 청했으나 조태구가 끝내 허락하지 않

왔고, 그때의 사관(史官)만이 겨우 보았습니다."라고 하였다.

306. 영조 31/1755/03/08/동조(東朝)[인원왕후(仁元王后)]가 언문 교지를 신회에게 주어 돌아가 아뢰게 하기를, "이제 흉적의 말을 들으니, 마음이 매우 아프오. 진실로 엄중히 다스려 국법을 바로잡아야 마땅한데 어찌 대내(大內)로 돌아가지 않고 송현궁에 머물 수 있겠오."라고 하였다.

307. 영조 31/1755/10/09/임금이 '부르는 대로 받아 쓰라.' 하고, 《천의소감(闡義昭鑑)》 찬수를 맡은 여러 신하에게 하유(下諭)했다. 그 글에 말하기를, "계획이 이루어지지 않고 승하하시니, 못하는 짓이 없는 효경(梟獍)의 마음으로써 우리 황형(皇兄)[경종]의 계술하는 대효(大孝)를 은밀히 가리고는 감히 우리 자성(慈聖)[인원왕후(仁元王后)]께서 언문 교지로 국책(國策)을 결정하신 일을 원망하고 망측한 말을 조작해 전하고 또 전해, 신치운은 그 부도(不道)의 말을 토로했고 심악은 그 부도의 마음을 드러내었으니, 분통함을 금할 수 있겠는가, 분통함을 금할 수 있겠는가. 불러 쓰는 일이 이에 이르니, 마음이 무너지는 것 같다."라고 하였다.

308. 영조 31/1755/12/08/자전(慈殿)[대왕대비 인원왕후(仁元王后)]의 언문 교서를 내어 보이고, 주서(注書, 기록관)에게 명하여 번역해 쓰게 하였다.

309. 영조 32/1756/02/24/임금이 대왕대비[숙종 계비 인원왕후]의 언문 교서를 잘 간직하도록 하다.

310. 영조 32/1756/07/09/이날 동조(東朝)[인원왕후(仁元王后)]가 언서로 하교하기를, "주상께서 만약 진하를 받는다면 장차 내 마음이 즐겁겠노라."라고 하였다.

311. 영조 33/1757/05/05/명하여 대행대왕대비[숙종의 둘째 계비 인원왕후(仁元王后)가 3월 26일 운명] 빈전(殯殿)의 시책문(諡冊文)과 애책문(哀冊文)을 언서로 써서 들여오게 하였다.

312. 영조 41/1765/10/06/하교하기를, "하물며 옛날 언교를 받자와 잔치를 받음에 있어서랴. 이번에 잔치를 받는 것은 한편으로는 자성[인원왕후(仁元王后)]의 인자(仁慈)하신 덕을 드러내며 한편으로는 아래로 세손(世孫)의 지극한 효성의 마음을 좇은 것이니, 청사(靑史)에 기록해 후세에 전하라."라고 하였다.

313. 영조 45/1769/11/20/약방에서 중궁전(中宮殿)[영조의 계비 정순왕후]에 상선(常膳)을 회복하기를 청하니, 언서로 비답을 내려 그대로 따랐다.

314. 영조 48/1772/09/26/임금이 반교문(頒敎文)을 지어 내렸는데, "이번 이 일을 어찌 크게 벌이는 것이라고 하겠는가. 자성(慈聖)[인원왕후(仁元王后)]의 언문 교지를 추억하고 황형(皇兄)[경종]의 부탁을 본받으며 80년 가까이 살면서 이제 이 달 이 날을 보니, 내 마음이 어찌 끝이 있겠는가. 충자(沖子)[세손(世孫)]의 마음에 감동하여 이 예를 옛 집터에서 받으니 마음은 비록 깊지만 아주 겸연쩍다."라고 하였다.

315. 영조 52/1776/03/08/대신과 백관이 중궁전에 가서 왕세손이 보위를 잇도록 설득해 달라고 청하자, 중전[영조의 계비 정순왕후]가 언문 교지를 내리기를, "이 붕천(崩天)[이해 3월 5일 영조가 운명]의 슬픔을 당해 오늘의 계사(啓辭)를 보니 더욱이 망극하나, 종사(宗社)의 부탁이 더욱 급하다. 세손[정조] 슬퍼함이 도를 지나고 따르지 않는 것은 온정과 도리가 그렇기는 하겠으나, 열성조(列聖朝)를 계승하는 일은 어길 수 없으니, 궁궐 안에서 직접 타이르겠다."라고 하였다.

❀ 정조

316. 정조 00/1776/03/12/왕대비[정순왕후]가 언문으로 하교하여 은자(銀子) 1천 냥을 유사(有司)에게 내려 경비에 보충하게 하고, 내려준 은기는 능전(陵殿)의 비용에 보충하게 하였다.

317. 정조 00/1776/06/03/송환억이 효종(孝宗)의 어찰과 명성왕후(明聖王后)[현종의 비(妃)]의 언교 및 독대설화(獨對說話)를 올렸다.

318. 정조 01/1777/08/11/역모 사건에서 홍술해 아내가 언문 편지(언찰)를 통해 점방에서 비방과 저주를 일삼다.

319. 정조 01/1777/10/26/효임이 정이(丁伊)를 시켜 언문 편지를 가지고 자주 무당의 집에 오가며 저주하는 일을 의논하도록 했다.

320. 정조 02/1778/05/02/대비[영조의 계비 정순왕후]가 언문 교지를 내려 빈(嬪)의 간택을 명하니, 조정에서 금혼령을 내리다.

321. 정조 02/1778/05/02/왕대비[영조의 계비 정순왕후]가 언문 교지를 반포하여 금혼령을 내리다.

322. 정조 04/1780/02/21/왕대비[영조의 계비 정순왕후]가 언문 교지로 대신에게 임금의 후사가 없음을 지적하며, 빈 간택을 청하다.

323. 정조 09/1785/05/04/김한기가 상소에서 역적 홍인한·정후겸 등에 대한 일을 자전[영조의 계비 정순왕후]의 언문 교지로 기록하여 반포하길 청하다.

324. 정조 10/1786/12/01/홍국영 상계군 이담 등의 역적됨을 왕대비[영조의 계비 정순왕후]가 빈청(賓廳)에 언문으로 승정원에 전하다.

325. 정조 10/1786/12/01/왕대비[정순왕후]가 빈청에 언문(諺文)으로 하교하기를, "아녀자[女君]가 조정 정사에 간여하는 것은 아름다운 일이 아니다. 그러나 나라가 망하려는 때를 당해 성상이 위태롭고 나라가 위험한 것을 눈으로 직접 보고도 별것 아닌 작은 혐의를 지킨 채 끝내 한마디 말도 하지 않는다면 종사(宗社)의 죄인이 될 뿐만이 아니라, 하늘에 계신 선대왕의 영령이 어떻게 생각하시겠는가."라고 하였다.

326. 정조 10/1786/12/01/영의정 김치인 등이 왕대비[정순왕후]에게 아뢰기를, "삼가 언문 교서

를 받들어 머리를 맞대고 읽으니, 의리를 밝히고 종사를 걱정하는 지성과 고심이 엄정하고 간곡하여 여러 폭에 넘쳐 흘렀습니다. 이는 모두 신(臣)들이 불충하고 무상하여 역적토벌을 늦추게 된 죄이므로 마땅히 물러가 공손히 처벌을 기다려야 합니다."라고 하였다.

327. 정조 10/1786/12/02/영의정 김치인 등이 아뢰기를, "오직 우리 왕대비[정순왕후] 전하께서 나라가 위태로운 것을 생각하고 난적(亂賊)이 자행하는 것을 두려워한 나머지 두 자전[정순왕후와 혜경궁 홍씨]의 성덕을 추모하고 선대왕의 유지를 본받아 탕약과 수라를 물리고 크게 언문 전교를 반포하셨습니다."라고 하였다.

328. 정조 10/1786/12/02/대사헌 윤승렬 등이 합문 앞에 엎드려 아뢰기를, "조금 전에 왕대비 [영조의 계비 정순왕후]께서 내린 언문 전교를 보니, 말씀이 간곡하고 의리가 엄중했으므로 신(臣)들이 채 반도 못 읽어 마음과 뼛속이 모두 떨렸습니다. 참으로 그 근본을 찾아본다면 첫째도 역적 담(湛)[정조의 이복동생 은언군(恩彦君)의 장남]이고 둘째도 역적 담(湛)이었는데, 국법을 시행하기도 전에 귀신이 먼저 잡아갔습니다."라고 하였다.

329. 정조 10/1786/12/03/삼사(三司)에서 합문 앞에 엎드려 합동으로 아뢰기를, "지금 언문 교서를 보니, '두 차례 상(喪)을 당할 때 온갖 증세가 나타났으므로 처음부터 이상하게 여겼다.'라고 말했는데, 신(臣)들이 여기를 읽다가 자신도 모르게 마음이 내려앉고 가슴속이 찢어지는 것 같았습니다. 아, 이것이 얼마나 큰 참혹한 변이며, 이것이 얼마나 큰 나라의 원수입니까."라고 하였다.

330. 정조 10/1786/12/03/영의정 김치인 등이 연명으로 상소하기를, "아, 자전[영조의 계비 정순왕후]의 언문 전교는 의리를 밝히는 것이고 윤리를 부지하는 것이고 성상을 보호하는 것이고 나라의 형세를 안정시키자는 것이며 이미 날뛴 역적을 징계하는 것이고 앞으로의 화근을 막자는 것입니다."라고 하였다.

331. 정조 10/1786/12/04/약원(藥院)에서 왕대비[영조의 계비 정순왕후]에게 탕약 드시기를 청하니, 언서로 답하기를, "조정에서 하는 일이 왜 이처럼 한심스럽단 말인가. 겉으로만 크게 떠벌리고 내용을 조사하는 방법은 지나쳐 버렸으니, 오늘날 신하들의 죄는 나라에 관계될 뿐만 아니라, 결단코 그들을 아끼는 마음이 있어 그런 것이다. 내가 무슨 마음으로 탕약과 수라를 들겠는가."라고 하였다.

332. 정조 10/1786/12/04/임금이 말하기를, "경(卿)들에게 허물을 돌릴 것이 없다. 나 역시 이러한 일을 모르는데 누가 전하고 누가 들었으며, 자전[정순왕후]께서도 어디에서 들으셨단 말인가. 이번 언문 전교는 천만뜻밖에 나온 것이다."라고 하였다.

333. 정조 10/1786/12/07/추국을 행하여 이담과의 혼사를 도왔는지 등에 대해 김우진 등을 문초하는 과정에서 자전[정순왕후]의 언문 교지를 언급하다.

334. 정조 10/1786/12/08/역모사건에 대한 구선복 문초에서 자전[정순왕후]의 언문 교지가 언

급되다.

335. 정조 10/1786/12/16/삼사(三司)에서 합동으로 아뢰기를, "온 나라의 백성들이 갈수록 더 슬퍼하고 원망하며 의심하고 분노했는데, 우리 자전[정순왕후]의 언문 전교를 받아 보고 비로소 두 차례의 상변에 그 이유가 있다는 것을 알았습니다."라고 하였다.

336. 정조 10/1786/12/17/판돈녕부사 김종수가 상소하기를, "언문 교지로 인해 하나의 죄인은 잡아냈으나 이 일만 지금까지 결말이 나지 않아 원망과 의혹이 그전보다 배나 더합니다."라고 하였다.

337. 정조 10/1786/12/20/반정에 관한 김종수의 계목(啓目)에서 자전[정순왕후]의 언문 교지를 언급하다

338. 정조 10/1786/12/22/임금이 역적토벌에 관한 중앙과 지방에 반포한 교서에서 자전[정순왕후]의 언문 교지를 언급하다.

339. 정조 10/1786/12/22/왕대비[정순왕후]가 비답하기를, "나의 뜻은 주상에게 다 말했다. 이번 언문 전교는 나라를 위하는데 급하여 구구하고 하찮은 고집은 돌아보지 않음으로써 경각에 달린 다급한 변고가 조금 누그러진 것 같으나 아직도 끝마치지 못한 일이 있다."라고 하였다.

340. 정조 10/1786/12/26/우의정 김익이 말하기를, "왕대비[정순왕후] 언문 전교 가운데, '괴이하다.'는 말씀은 매우 분명합니다. 그리고, '흔적이 다 드러났다.'라고 말씀하셨고, 보면 바로 분명한 일입니다."라고 하였다.

341. 정조 11/1787/01/08/역적토벌에 공을 세운 왕대비[정순왕후]에게 존호를 더 올리면서 언문 교지를 언급하였는데, 반사문(頒赦文)에 이르기를, "얼굴은 사람 모양이고 몸은 짐승 모양으로 되어 있다는 네발 가진 도깨비처럼 생긴 죄인이 도피하지 못하니 왕대비[정순왕후] 언문 교지가 딱 합치했고, 역적의 우두머리에게 죄를 몰아 빨리 죽이게 되니 나라의 기반이 절로 반석과 태산처럼 굳어지게 되었다."라고 하였다.

342. 정조 11/1787/01/14/동지중추부사 정술조가 상소하기를, "대비전[정순왕후]에서 내리신 언문 교지를 받들어 보고서야 슬프고 통박한 것이 변고가 일어나던 처음과 다름이 없었습니다."라고 하였다.

343. 정조 11/1787/01/19/영의정 김치인이 말하기를, "자성(慈聖)[정순왕후]의 언문 교지가 한 번 나오자, 사람들이 모두 지난번 언행(言行)이 실제로 이와 같았다고 생각했으며, 자성의 하교는 한 글자도 범연하게 내린 곳이 없었으니, 비록 그 후의 반역 사건이 부절(符節)을 합친 듯했던 것으로 보더라도 또한 징험할 수 있습니다."라고 하였다.

344. 정조 12/1788/08/02/정언 이경명이 서학을 엄히 가리기를 청하면서 어리석은 농부와 무지한 시골 여자들까지 서학책을 언문으로 베껴 신명처럼 받든다고 하니 요망한 학설 폐단

을 막기 위해 수령방백에게 신칙(申飭)하도록 상소하니 잘 헤아려 품처(權道)하도록 지시하다.

345. 정조 13/1789/09/01/대비[정순왕후]가 약원에 언문 교지를 내리니, 정조가 이를 가납하다.

346. 정조 13/1789/09/26/대비[정순왕후]가 윤승렬과 이인의 일로 탕제를 도로 내리고, 대신들에게 언문 교지로 하교하다.

347. 정조 13/1789/09/26/대비[정순왕후]가 다시 언문 교지를 내려, 이인의 토죄를 엄히 분부하다.

348. 정조 13/1789/09/27/규장각 제학 김종수가 차자를 올리기를, "우리 자성(慈聖)[정순왕후]께서 종묘사직을 위하고 성상을 위하는 지극한 뜻으로 볼 때, 언문 교서는 실로 권도에 통달한 성덕에서 나온 것입니다."라고 하였다.

349. 정조 13/1789/10/02/혜경궁이 박명원에게 언문서를 내렸는데, 이것을 임금이 열람하고 환궁을 의논하다.

350. 정조 13/1789/10/02/판중추부사 서명선이 아뢰기를, "미시(未時)에 자궁[정순왕후]께서 총호사에게 언문 교서를 내리셨습니다."라고 하였다.

351. 정조 13/1789/10/12/영돈녕부사 홍낙성 등이 연명으로 차자를 올리기를, "신(臣)들이 아뢰어 청하려 하는 것은, 바로 지난달 26일에 내린 자전[정순왕후]의 언문 교서 안에 들어있는 일입니다."라고 하였다.

352. 정조 13/1789/10/14/정언 신기현이 상소하기를, "죄인[정조의 이복동생 은언군(恩彦君)]을 빼내온 조치가, 비록 전하의 우애하는 지극한 심정에서 나온 것이기는 하나, 자전[정순왕후(貞純王后)]의 언문 교서가 종묘사직과 성궁(聖躬)을 위한 것인 만큼, 자전의 뜻에 순종하는 전하의 효심으로서는 사적인 정 때문에 공정한 법을 가릴 수 없는 것입니다."라고 하였다.

353. 정조 13/1789/10/23/완성군(完城君) 이의행이 상소하기를, "그렇다면 전하의 정사와 법이 공정한 것이겠습니까, 사사로운 것이겠습니까. 자성[정순왕후(貞純王后)]의 언문 교서를 중시하는 것이겠습니까, 경시하는 것이겠습니까."라고 하였다.

354. 정조 13/1789/10/24/태학(太學) 유생들이 동맹휴학하고, 마음에 품은 바를 써 올리기를, "얼마 전에, 역적의 괴수가 도망해 돌아와 성안에 몰래 있을 때, 오직 우리 자성(慈聖)[정순왕후]의 언문 교서가 애통하고 가엾게 여겨, '여러 신하들이 힘껏 거들어 먼저 거행부터 하고 나중에 우러러 청하라.'는 분부가 있게 되었습니다."라고 하였다.

355. 정조 14/1790/01/10/양사(兩司)에서 합계하기를, "지난 병오년[정조 10년. 1786] 겨울에 자전(慈殿)[정순왕후(貞純王后)]의 언문 교서가 특별히 내렸을 때, 온 나라 사람들이 슬퍼하고 온 조정이 들끓었으니, 누군들 억울하고 통분하면서 나라의 원수를 갚고자 생각하지 않았겠습니까."라고 하였다.

356. 정조 14/1790/11/18/자전[정순왕후(貞純王后)]이 언서로 하교하기를, "역적 종친이 아직 해당하는 율문에서 벗어나 가까운 섬에 놓여 있어 처음 먹은 마음을 실현하지 못하므로 이 미망인은 살아 있는 보람이 없다. 국사를 생각하면 밤에도 잠을 이룰 수 없다."라고 하였다.

357. 정조 14/1790/11/19/좌참찬 김화진 등이 환궁을 청하는 자전[정순왕후]의 언문 교지를 바치다.

358. 정조 16/1792/12/08/임금이 승지 이익운에게 명하여 채제공이 올린 차자를 읽어 아뢰게 했다. 그 대략에, "다행히 우리 자성(慈聖)[정순왕후]이 대의를 꿰뚫어 보시고 우리 국가를 붙들어 세우기 위해 언문 교지를 반포하셨던 까닭에 위험이 변하여 안정으로 돌아섰던 것이니 이 나라에 생명을 가진 무리 치고 그 누구라서 흠탄하지 않았겠습니까."라고 하였다.

359. 정조 17/1793/11/22/대비[정순왕후]의 탄신 행사에 대해 대신들이 논의하자, 대비가 언문 교지를 내려 이를 타이르다.

360. 정조 17/1793/11/22/왕대비[정순왕후(貞純王后)]가 언서로 비답하기를, "내년은 바로 자궁[혜경궁(정조 어머니) 홍씨]의 환갑이 되는 해이자, 대전이 왕위에 오른 지 20년이 되는 해이니 나라의 큰 경사가 이보다 더한 것이 어디 있겠는가."라고 하였다.

361. 정조 18/1794/01/20/영의정 홍낙성 등의 호소에 대해 혜경궁[혜경궁(정조 어머니) 홍씨]이 언문으로 비답을 내리다.

362. 정조 18/1794/01/20/시임·원임 대신들이 경모궁 참배를 중지하고 환궁하도록 혜경궁[혜경궁(정조 어머니) 홍씨]에 호소하여 혜경궁이 언문으로 비답하다.

363. 정조 18/1794/04/10/대비[정순왕후]가 역적 처벌 문제로 자신의 생각을 밝히는 언문 교지를 모든 신하들에게 내리다.

364. 정조 18/1794/04/10/영의정 홍낙성 등이 자전[정순왕후]의 언문 교지를 받들고 강제로 합문을 들어와 문제되다.

365. 정조 18/1794/04/10/대비가 김희 등 백관이 대비전[정순왕후]에 와서 면대를 청하자, 언문으로 "경들은 당연히 힘껏 성의를 쌓아 전하께 허락을 받아야 하는데 어찌 나에게 와 호소하는가. 조정의 일은 내가 알 바가 아니니 경들은 물러가라."라고 비답을 내리다.

366. 정조 18/1794/04/11/강극성의 국문과 관련하여 대비[정순왕후]가 조정 신하들에게 언문 교지를 내려 충신으로 구원하라고 말하다.

367. 1794/4/12/정조 18/강극성의 국문과 관련하여 대비[정순왕후]가 조정 신하들에게 언문 교지를 내려 충신으로 구원하라고 말하다.

368. 정조 18/1794/04/12/왕대비[정순왕후(貞純王后)]가 언문 교지를 여러 신하에게 내리기를, "죄인[은언군(恩彦君)]이 지금 들어온 것 같은데 나는 알아볼 길이 없으니 조정은 그 일을 살피라."라고 하였다.

369. 정조 18/1794/04/12/사옹원 도제조 김이소를 소견하고, 전교하기를, "요즈음 여러 신하의 접견을 굳이 거절했으나, 나의 정성이 미약해 자전[정순왕후(貞純王后)]을 감동시키지 못한 때문에 언문 교지에서 정상적으로 올리는 공상마저 받지 않겠다는 말씀까지 언급하셨으니, 송구하고 안타까운 심정을 형용할 수 없다."라고 하였다.

370. 정조 18/1794/04/13/사옹원 도제조 김이소가 대비전[정순왕후]에 진상품을 받아들이시도록 청하자, 거절하는 언문 답서를 내리다.

371. 정조 18/1794/04/13/사옹원 도제조 김이소가 왕대비전[정순왕후]에 공상을 받아들이시기를 재차 아뢰자 언문으로 비답을 내리다.

372. 정조 18/1794/04/13/전 좌의정 김이소가 아뢰기를, "종실(宗室)의 한 역적을 위해 자전[정순왕후(貞純王后)]께서 사제로 거둥하겠다는 언문 전교를 받고서도 어찌 한 시각인들 지연시켜 우리 자전께 종묘사직을 위한 무궁한 걱정을 끼칠 수 있겠습니까."라고 하였다.

373. 정조 18/1794/04/14/왕대비[정순왕후]가 탕약도 안들고 내린 언문 교지에 대해 임금이 내 탓이라고 말하다.

374. 정조 18/1794/06/03/빈청에서 혜경궁에게 글을 올려 탄신 진하 허락을 요청하였으나, 혜경궁이 언문 비답을 내려 거절하다.

375. 정조 18/1794/06/03/빈청에서 혜경궁에게 글을 올려 탄신 축하 허락을 재차 요청하였으나, 혜경궁[정조 어머니]이 언서로 비답하기를, "내 마음은 벌써 하유했으니, 소청(所請)을 그만두라."라고 하였다.

376. 정조 19/1795/08/21/영중추부사 김희의 상소에서 자전[정순왕후]의 언문 교지 문제를 논하다.

377. 정조 21/1797/07/20/만백성 교화를 위해 《오륜행실》을 간행하다.

378. 정조 부록/정순 대비가 대신들에게 언문 교지를 내려 사족 중에서 빈어를 골라 두어서 널리 후사를 구할 것을 명하다.

379. 정조 부록/정조 대왕 행장: 겨울에 자전[정순왕후]이 언문 교지로 홍국영의 죄상을 열거하고 죄인 처벌에 늑장을 보인 대신들을 책하였다.

380. 정조 부록 속편/정조 대왕 천릉 지문(遷陵誌文): 대왕대비가 의리에 관한 언문 교지를 장차 반시하여 소견을 듣기로 하다.

✿ 순조

381. 순조 00/1800/07/04/대행대왕(大行大王)[1800년 6월 28일 운명한 정조]의 병세가 위독한 상태에 있을 때 대왕대비[정순왕후]가 언문 교지를 내려 윤행임을 도승지로, 박준원을 어영 대장으로, 황인점 등을 종척의 집사로 삼다.

382. 순조 00/1800/07/04/대왕대비[정순왕후]가 또 언문 교지를 내려 심환지를 영의정으로 이시수를 좌의정으로 삼다.

383. 순조 00/1800/07/04/대왕대비[정순왕후]가 언문 교지를 내려, 국장과 산역에 대한 책임자를 정하다.

384. 순조 00/1800/07/04/대왕대비[정순왕후]가 언문 교지를 내려 홍용한, 홍준한 등을 종실의 집사로 삼다.

385. 순조 00/1800/07/20/대왕대비[정순왕후]가 언문 교지에서 말하기를, "의리에 관한 한 가지 일에 대해서는 경(卿) 등의 뜻을 나 또한 알고 있고 나의 뜻도 이와 같다는 것을 경(卿) 등에게 알리기 위한 것이었음은 물론 온 나라에도 환히 알리고 싶어서였다. 때문에 장차 언문 교지로 여러 신하에게 공시하여 각자의 소견을 임금께 아뢰게 하려 한다."라고 하였다.

386. 순조 00/1800/07/20/대왕대비[정순왕후]가 조보(朝報)나 소장(訴狀)과 상서 등의 조정 공사를 언문으로 써서 들이게 하다.

387. 순조 00/1800/08/11/대왕대비가 대전과 혜경궁 지위에 관해 언문 교지를 내리면서 언문 교지는 널리 알리되 고치는 일은 있어서는 안된다고 말하다.

388. 순조 00/1800/12/18/대왕대비[정순왕후]가 언문 교지 1통을 내려 말하기를, "마음으로 생각건대, 대행왕께서 20여 년 동안 임어하시면서 늘 슬픔을 머금고 걱정에 싸여 외로운 사람이 귀할 데가 없는 것처럼 하면서 일찍이 하루도 임금 노릇하는 것을 즐겁게 여긴 적이 없었으니, 이런 정사(情事)가 어찌 옛 사첩(史牒)의 제왕(帝王)들 가운데 있었겠는가."라고 하였다.

389. 순조 00/1800/12/25/대왕대비[정순왕후]가 의리 언문 교지를 다시 강조하다.

390. 순조 00/1800/12/25/대왕대비[정순왕후]가 의리 언문 교지를 들어 대신과 삼사를 질책하다.

391. 순조 01/1801/01/06/대왕대비[정순왕후]가 의리 언문 교지를 다시 강조하다.

392. 순조 01/1801/01/16/대왕대비[정순왕후]가 김귀주에게 내린 봉서를 관찰사와 수령이 한문과 언문을 조금 아는 방기(房妓)를 보내 뜯어보게 하다.

393. 순조 01/1801/01/25/대왕대비[정순왕후]가 의리 언문 교지를 다시 언급하다.

394. 순조 01/1801/04/25/이병모 등이 은언군과 홍낙임의 처벌을 요청하며 대왕대비[정순왕후]의 언문 교지를 언급하다.

395. 순조 01/1801/04/27/대왕대비[정순왕후]가 이인과 홍낙임의 처벌에 관한 언문 교지를 내리다.

396. 순조 01/1801/05/10/정언 원재명이 상소하여, 성학(聖學)을 돕고, 의리를 밝히고, 백성의 고통을 구제하는데 대한 세 조항을 말하고, 말미에 말하기를, "어제 자성전하[정순왕후]께

서 내리신 언문 교지를 삼가 보았더니, 앞뒤의 3백여 말씀이 정녕하고 간곡해 족히 목석(木石)과 귀신도 감동시킬 만했습니다."라고 하였다.

397. 순조 01/1801/05/19/대왕대비[정순왕후]가 김치묵의 처벌에 관한 일로 언문 교지를 내리다.

398. 순조 01/1801/05/29/대왕대비[정순왕후]가 신하들의 의견을 듣고, 종사와 임금을 위한 처분을 언문 교지로 내리다.

399. 순조 01/1801/07/27/대왕대비[정순왕후]가 윤승렬, 이원배의 죄를 용서하라는 언문 교지를 내리니, 승지 장지면 등이 반대하는 의견을 내다.

400. 순조 01/1801/07/28/대왕대비[정순왕후]가 윤승렬, 이원배의 죄를 용서하라는 언문 교지를 내리니, 승지 장지면 등이 반대하는 의견을 내다.

401. 순조 01/1801/08/16/노모가 유배 죄인 이근에게 언문 서찰을 보내다.

402. 순조 02/1802/05/13/대왕대비[정순왕후]가 존호를 올리는 건의에 대해 언문 교서로 빈청에 하교하다.

403. 순조 02/1802/05/14/대왕대비[정순왕후]가 왕대비전의 존호에 관한 언문 교지를 내리다.

404. 순조 02/1802/05/15/빈청(賓廳)에서 왕대비전[혜경궁 홍씨]의 언문 교지와 대왕대비전[정순왕후]의 교지에 대해 말하다.

405. 순조 02/1802/05/16/대왕대비[정순왕후]가 그저께 내린 언문 교지를 다시 강조하다.

406. 순조 02/1802/07/06/대왕대비[정순왕후]가 세도를 깊이 우려한다는 언문 교지를 내리다.

407. 순조 02/1802/10/05/대왕대비[정순왕후]가 가을날에 심히 번개와 천둥이 친 재변 때문에 언문 교지를 내리다.

408. 순조 03/1803/12/28/대왕대비[정순왕후]가 수렴청정을 거둔다는 언문 교지를 내리고, 승지에게 읽게 했는데, 말하기를, "미망인이 지극히 중대한 책임을 담당해 온 지 이미 4년이 되었다. 내가 궁중의 한낱 부인으로서 무슨 지식과 덕이 있어 이를 담당할 수 있었겠는가마는, 열성조부터 선왕이 불행히 일찍 승하하여 나와 같은 처지를 만나면, 종사를 위해 감히 사양하지 못했던 경우가 이미 옛 전례로 이루어져 있으므로, 내가 또한 힘써 따르고 감히 사양하지 못했던 것이다."라고 하였다.

409. 순조 03/1803/12/28/대왕대비[정순왕후]가 하교하기를, "이제 이미 수렴청정을 거두었으니, 내일부터는 써서 들이던 모든 공문서를 들이지 말 것이며, 언문으로 베껴 쓰던 것도 또한 없애라."라고 하였다.

410. 순조 04/1804/01/03/대왕대비[정순왕후]가 흉측한 상소를 올린 조진정과 함부로 통문을 돌린 유생들을 추궁하라고 언문 교지를 내리다.

411. 순조 04/1804/01/09/대왕대비[정순왕후]가 좌의정 서용보에게 언문 교지를 내려, 조정을 진정시키라고 유시하다.

412. 순조 04/1804/06/23/대왕대비[정순왕후]가 다시 수렴청정을 하겠다고 하면서, 언문 교지로 정사를 처분하는 일에 대해 하교하다.

413. 순조 04/1804/06/24/대왕대비[정순왕후]가 언문 교서로 하교하기를, "내가 수렴청정을 거둔 이후로 감히 조정의 크고 작은 일을 참여해 들을 수는 없지만, 국가의 안위나 음양·진퇴에 관계되는 일에 이르러서는 태평하게 좌시하고만 있을 수 없었기 때문에 그 당시 전교(傳敎) 가운데 또한 펴 보인 것이 있었으니, 조정 신하들은 거의 모두 기억하고 있을 것이다."라고 하였다.

414. 순조 04/1804/06/29/김관주가 또 아뢰기를, "일전에 자성[정순왕후]의 언문 교지에, '내 몸을 핍박한다.'는 하교가 있었고 대신(大臣)과 삼사(三司)로 하여금 다 알도록 하라고까지 하셨습니다."라고 하였다.

415. 순조 04/1804/10/21/대신들이 한해옥의 옥사에 대한 조서를 언문으로 써서 대왕대비[정순왕후]에게 올리자, 대비가 여기에 대해 잘 조사하도록 하교하다.

416. 순조 04/1804/11/22/빈청(賓廳)에서 대왕대비[정순왕후]를 칭송하면서 대왕대비의 언문 교지를 만백성이 칭송했음을 언급하다.

417. 순조 05/1805/06/20/이해 1월 12일 대왕대비 정순왕후(貞純王后)가 운명하여 그 지문에 "기해년에는 역신 홍국영이 감히 딴마음을 품고 은밀히 후계자를 위한 음모를 저지하고 역종(逆宗)인 인(䄄)의 아들 담(湛)을 완풍(完豊)이라 호칭하고 이어 흉언(凶言)을 멋대로 하면서 국모[정조 비 효의왕후]를 위태롭게 하자, 성후께서 저사(儲嗣)를 넓혀야 한다는 방도에 의거 언문 교지를 반포하여 보였고 또 지성으로 중궁[효의왕후]을 보호하였습니다."라고 하였다.

418. 순조 10/1810/02/06/대개 김정환은 본디 양반인데 안정환과 함께 역관 한지도를 종용하여 돈을 내게 해 등제(等第)를 도모했다. 변창감이 그의 누이인 궁인 명흥(明興)을 소개하여 언문 교지 및 표지(標紙)를 위조해 액정서 관리인 김세환 등으로 하여금 왕래하면서 전해 주게 했다.

419. 순조 10/1810/06/05/대신들이 왕대비[효의왕후]가 내린 언문 교지의 환원을 청하다.

420. 순조 10/1810/06/05/왕대비[효의왕후]가 임금과 함께 잠시 경희궁으로 거처를 옮기도록 하는 언문 교지를 승전색에 내리다.

421. 순조 16/1816/01/21/영묘께서 익정공을 명하여 《소학》·《내훈》·《어제훈서(御製訓書)》등의 책을 별궁(別宮)에서 가르치게 하였는데, 빈(嬪)이 한 번 들으면 그 뜻을 이해하고 하나도 빠뜨리지 않고 외우셨다.

422. 순조 21/1821/08/07/효의왕후[정조의 왕비. 이해 3월 9일 운명] 행장(行狀)에 말하기를, "무술년(1778년, 정조2년)에 정순대비(貞純大妃)가 중전에게 병이 있어 아들을 가질 수 없다

고 하여 언문 교지로 명하여 사족(士族) 중에서 규수를 간택하고 후궁으로 두어 왕자를 생산하는 방도를 널리 모색하게 했다."라고 하였다.

✵ 헌종

423. 헌종 12/1846/05/16/대왕대비[순조의 왕비인 순원왕후]가 승전색을 시켜 언문 교서로 빈청(賓廳)에 하교하기를, "지금 대전(大殿)께서 여러 날 동안 애통하신데 또 상여를 수종(隨從)하려 하시니, 이러한 한더위에 종일 상복를 입고 상여를 수종하면 어찌 손상되는 일이 없겠는가."라고 하였다.

424. 헌종 13/1847/07/18/대왕대비[순원왕후]가 빈청에 언문 교지를 내리기를, "5백 년 종사(宗社)의 부탁이 오직 주상(主上) 한 몸에 있는데 춘추가 점점 한창때가 되어도 자손의 경사가 아직 늦도록 없다."라고 하였다.

425. 헌종 13/1847/08/25/부사과(副司果) 이승헌이 상소하기를, "자성[순원왕후]의 언문 교지가 빈청에 내려진 것을 보건대, 곤전(坤殿)[헌종의 계비 효정왕후]의 병이 깊어진 빌미를 민망히 여기고 종사(宗社)를 위해 깊고 멀리 염려하시는 것이 슬프고 간절하여 신명(神明)을 움직이고 목석(木石)을 느끼게 할 만했습니다."라고 하였다.

426. 헌종 13/1847/[부록] 효유헌서왕대비(孝裕獻聖王大妃)의 언문 교지에, "선왕(先王)께서는 정해년(순조 27년, 1827년) 7월 18일 신시(申時)에 창경궁 경춘전(景春殿)에서 탄생하시었다."라고 하였다.

427. 헌종 13/1847/[부록] 신해년에 기근들어 왕이 국내에 유시를 내려 해묵은 포흠은 일체 탕감하고 가벼운 죄수를 풀어주며 버려져 있던 인재를 다시 서용하게 하였으므로, 시골 아낙들이 그 유시를 언문으로 번역하여 서로 외우면서 감격의 눈물을 흘리고 죽음이 있는 것도 다 잊었다.

✵ 철종

428. 철종 00/1849/06/09/대왕대비[순조의 비 순원왕후]가 언문 교서로 임금께 하교하기를, "백성을 사랑하는 도리는 절약 · 근검보다 더한 것이 없으니, 비록 한 낱의 밥알이나 한 자의 베[布]도 모두가 백성들에게서 나온 것인 만큼, 만일 절검하지 않는다면 그 피해는 즉각 백성들에게 돌아갈 것이고, 백성들이 살 수 없으면 나라가 유지될 수 없으니, 모름지기 한마음으로 가다듬어 '애민' 두 글자를 잊지 마오."라고 하였다.

✵ 고종

429. 고종 00/1863/12/08/영중추부사 정원용이 아뢰기를, "언문 교서를 써서 내려보내는 것이 좋을 듯합니다."라고 하니, 대왕대비[추존왕 익종(翼宗)의 비(妃) 신정왕후(神貞王后)]가 발

안에서 언문 교서 한 장을 내놓았다.

430. 고종 00/1863/12/13/대왕대비[신정왕후]가 시임대신과 원임대신에게 언문(諺文) 교서를 내리기를, "안으로 성상의 몸을 보호하고 밖으로 성상의 학문을 도와 이끄는 것이 오늘날 많은 일에서 어찌 이보다 더 우선해야 할 일이 있겠는가. 보호하는 것은 자애로운 어머니의 책임이지만 도와 이끄는 한 가지 일은 오직 경(卿)들만을 바라고 믿는다."라고 하였다.

431. 고종 00/1863/12/13/대왕대비[신정왕후]가 언문 교서를 내려 주상을 훈계하기를, "하늘을 공경하고 백성들을 사랑하는 것이 바로 조종들이 물려준 심법(心法)이며, 근신하고 절약하는 것이 하늘을 공경하고 백성들을 사랑하는 근본이다."라고 하였다.

432. 고종 00/1863/12/13/대왕대비[신정왕후]가 또 시임대신과 원임대신에게 언문(諺文) 교서를 내리기를, "어렵고 위태로운 시기를 만나 믿고 의지할 것은 오직 경(卿) 등처럼 나이 많고 경험이 풍부한 3, 4명뿐이다. 백성들을 구제하고 나라의 재정을 풍족하게 하는 일과 탐오를 징계하고 기강을 진작하는 일은 바로 경 등이 해야 할 일이다."라고 하였다.

433. 고종 01/1864/06/15/대왕대비[신정왕후]가 오래된 죄에 연루된 자들의 혐의를 풀어 줄 것을 지시하는 언문 교지가 다시 언급되다.

434. 고종 01/1864/07/14/대왕대비[신정왕후]가 죄인에게 내린 특전에 대해 거론하지 말라고 언문으로 지시하다.

435. 고종 01/1864/07/25/대왕대비[신정왕후]가 전교하기를, "그래서 성상의 비답과 나의 언문 교서를 통해 의리는 원래 엄하다는 것과 법도는 엄연히 존재한다는 것을 분명하게 보였다."라고 하였다.

436. 고종 02/1865/05/03/대왕대비[신정왕후]가 경복궁 공사에 나오지 말고 농사를 짓는 것에 힘쓰라고 한문과 언문으로 반포할 것을 지시하다.

437. 고종 03/1866/01/24/대왕대비[신정왕후]가 천주교를 금하는 교서를 한문과 언문으로 반포하도록 지시하다.

438. 고종 03/1866/02/13/대왕대비[신정왕후]가 수렴청정을 그만둔다는 언문 교지를 내리다.

439. 고종 36/1899/08/22(양력)/임금이 말하기를, "혜경궁[사도세자 아내 혜빈 홍씨, 정조 어머니]의 《한중만록(閒中漫錄)》은 언문으로 사실을 직접 기록한 것이어서 실로 오늘날의 확증이 된다."라고 하였다.

440. 고종 42/1905/01/04(양력)/순명비(純明妃)[순종의 첫 황태자비] 묘지문에, "《소학(小學)》을 공부할 때 모사(姆師)가 언해(諺解)에 의거하여 그 대의(大義)만을 이야기할 뿐 심오하고 미묘한 뜻을 살피지 못했는데 비(妃)는 곧 여러모로 따지고 근사한 일을 가지고 비유해 사람들이 쉽게 이해하게 했다."라고 하였다.

441. 고종 42/1905/07/08(양력)/의학교장 지석영이 올린 상소의 대략에, "우리나라의 글로 말하

면, 아! 우리 세종 대왕이 나라의 말에 문자가 없는 것을 걱정하여 신기한 상형절음(象形切音)을 개발하여 백성들에게 준 것입니다. 그 원칙이 간결하고 활용이 무궁하여 무릇 언어로 형용하기 어려운 것과 속뜻이 통하지 않는 것도 이 말에 다 담을 수 있으며 배우기 매우 쉬워 설사 아녀자나 지극히 어리석은 사람이라 할지라도 며칠만 공을 들이면 다 성취할 수 있습니다. 실로 나라의 보배로운 문자이며 가르치는 기본 수단입니다. 삼가 보건대 임금이 지은 정음 28자는 초 · 중 · 종 3성을 병합하여 글자를 만들고 또 높낮이의 정식(正式)이 있어서 추호도 변경시킬 수 없는 것입니다. 그러나 오랜 세월이 흘러가면서 교육이 해이되어 참된 이치를 잃은 것이 있고, 또, 학문하는 사람들이 연구할 생각은 하지 않고 전적으로 거친 민간에 내맡겨 두었는가 하면 어린이를 가르치는 데는 다만 글을 만든 후 음(音)만을 가지고 혼탁 시켜 놓았기 때문에 읽어가는 과정에 점점 잘못 전해지게 하였습니다. 이로 말미암아 현재 쓰는 언문 14행 154자 중에 중첩음(中疊音)이 36자이고 잃은 음이 또한 36자입니다."라고 하였다.

조선시대 여성과 한글 발전

《조선왕조실록》에 나오는 '언문' 여성 관련 기사 요약(세기별)

❀ **15세기 세종, 문종: 여성 관련 기록 없음**

❀ **15세기**

1. 1453/04/02/단종 01/한 시녀가 언문으로 유모의 안부를 써서 혜빈[세종의 후궁으로 단종을 양육함]에게 보냈고 혜빈은 내전에 바쳤고 내전은 그 언문을 승정원에 보냈는데, 그 내용은 자금(者今)·중비(重非)·가지(加知) 등이 별감(別監)과 사통함을 고하다. 별감 사통 내용에 관한 것이다.

2. 1453/04/14/단종 01/별감 부귀가 시녀 월계에게 언문으로 서신을 중비에게 써 주도록 청하다.

3. 1453/04/20/단종 01/성원위(星原尉) 이정녕(李正寧)의 아내 숙혜옹주(淑惠翁主)가 어머니 병 치료를 할 수 있도록 청하는 언문서를 혜빈(惠嬪)이 올리고 혜빈도 언문으로 영풍군[혜빈의 아들]의 집에 옮겨 들어가기를 청하다.

4. 1453/05/08/단종 01/방자(房子) 가지(加知)와 소친시(小親侍) 함로(咸老), 방자(房子) 중비(重非)와 소친시(小親侍) 부귀(富貴), 방자(房子) 자금(者今)과 별감(別監) 수부이(須夫伊) 등이 간통하려고 언문 편지를 서로 주고 받았다. 또 방자(房子) 복덕(卜德)은 그들이 그 정을 글로 써서 통하게 하고자 하였고, 그 답서가 이르면 이들을 위해 읽어 주었다.

5. 1458/08/24/세조 04/중궁[정희왕후(貞熹王后)]이 임금에게 감형을 언문으로 청하다.

6. 1465/09/04/세조 11/궁녀 덕중이 귀성군 이준을 연모하는 언문 편지를 써서, 환관 최호와 김중호에게 전해 주기를 청하다. 이준이 이 사실을 아비와 함께 와서 고해 바쳤다. 이에 두 명의 환관을 때려 죽였다.

7. 1468/05/12/세조 14/임금이 사정전에 나아가 종친·재신·제장 등과 술 마시며 8명의 기녀에게 세종이 지은 《월인천강지곡(月印千江之曲)》 언문 가사를 부르게 했다.

8. 1470/03/09/성종 01/대비가 숙선옹주·경신옹주[태종과 선빈(善嬪) 안(安)씨 사이의 딸] 모녀들이 서로 송사한 일과 관련하여 경신옹주의 처신과 과거 세조가 이들에 대해 처결한 사유를 언문으로 적어 의견을 대신들에게 알리다.

9. 1472/09/07/성종 03/임금은 절약과 검소함을 힘쓰고 몸소 행하라는 교지를 부인과 어린

이들까지 알 수 있도록 언문으로 옮겨 온 나라에 반포하도록 명하다.

10. 1476/01/13/성종 07/대왕대비[세조의 비(妃) 정희왕후(貞熹王后)]가 정무(政務)에서 물러나고자 한다는 언문편지를 원상에게 전하니 임금이 정승들을 시켜 만류하게 하다.

11. 1477/03/29/성종 08/대비[세조의 비(妃) 정희왕후(貞熹王后)]가 언문글(의지)을 내려 정소용(鄭昭容)·엄숙의(嚴淑儀)와 관련하여 중궁 윤씨의 불순한 소행을 들며 폐비 문제를 대신들에게 의논토록 하다.

12. 1477/03/29/성종 08/중전[연산군의 생모] 폐비 문제로 윤구의 아내와 종 삼월이를 국문하다. 삼월이가 아뢰기를, "언문 방양서 중 큰 것은 윤구의 아내가 쓰고, 작은 것은 사비(四非)가 썼습니다"라고 했고 윤구의 아내는 언문을 모른다고 해 석방하다.

13. 1477/03/30/성종 08/중궁을 비방하는 굿하는 책에 쓰인 언문을 누가 썼느냐가 논의에서 중궁을 비방하는 책에 쓰인 언문을 누가 썼는가는 문초에서 사비(四非)의 말은 윤구의 아내가 언문을 썼다고 하므로 윤우와 윤구에게 물으니, 모두 말하기를, "원래 언문을 알지 못한다."라고 하였다.

14. 1479/06/05/성종 10/임금이 중궁[연산군의 생모인 윤(尹)씨]을 폐출한 연유를 대신들에게 알리는 내용에 언문 익명 투서가 언급되다. (㉠엄(嚴)씨와 정(鄭)씨를 해치려고 언문 익명서를 권(權)씨 집에 투입시켰다. ㉡정창손 등이 폐비를 별궁(別宮)에 안치하기를 청하니, 임금이 말하기를, "비록 백 가지로 그대들이 말하더라도 나는 듣지 않을 것이니 물러가라. 내가 장차 언문을 내어 보이겠다."라고 하였다.)

15. 1479/06/05/성종 10/대비가 내관 안중경으로 하여금 언문 교지와 윤씨가 만든 언문 글을 빈청(賓廳)에 내렸다.

16. 1479/06/05/성종 10/채수(蔡壽)가 윤씨가 조작한 언문서를 한자로 번역해서 역사책에 쓰게 하라고 건의하여, 성종이 채수 및 이창신(李昌臣)·정성근(鄭誠謹)에게 번역하게 하였다.

17. 1479/06/05/성종 10/삼월이가 말하기를, 곡성현감 첩이 가지고 있는 언문 방양서(方禳書)를 몰래 가지고 윤구 아내에게 보이고 그와 사비에게 베끼게 하다.

18. 1480/05/30/성종 11/대간들이 월산대군을 추궁해야 한다는 상소를 올리자 대비[세조의 비, 이때 궁중에 3명의 대비가 있었음. 자성왕태비(慈聖王太妃)〈세조의 비〉. 인수대비(仁粹大妃)〈추존 덕종의 비〉. 인혜대비(仁惠大妃)〈예종의 비〉]가 언서를 내어 승지 등에게 보이기를, "내게 있어서는 선왕을 위해 마음에 비록 날마다 불사(佛事)를 하더라도 마음에 만족하지 않다. 자고로 후비(后妃)가 부처를 좋아하지 않은 자가 몇이나 있었는가. 나의 연고로 하여 온 나라가 소동하니, 참으로 마음이 아프다."라고 하였다.

19. 1481/03/24/성종 12/언문으로 된 《삼강행실열녀도(三綱行實列女圖)》의 질(帙)을 약간 인쇄해 경중(京中)의 오부(五部)와 여러 도에 반사하여, 촌항(村巷)의 부녀가 다 강습할 수 있

게 하다.

20. 1482/06/10/성종 13/대비전에서 나온 언문 교지를 환관 안중경과 승지 강자평으로 하여 금 한문으로 번역케 하다.

21. 1482/06/11/성종 13/제안대군[예종의 둘째 아들]의 아내 박씨가 그의 몸종 내은금(內隱 今)에게, "너는 어젯밤에 몇 번이나 나를 사랑했느냐? 내가 남자의 형세가 있었다면 (…중 략…) 너는 마음으로 나를 안타깝게 여겼을 것이다"와 같은 글을 언문으로 써서 주다. 이를 안 궁중의 유모 금음물(今音物)이 언문 편지를 왕대비전에 올려 고하다.

22. 1482/08/11/성종 13/폐비에 대한 예우 문제 논쟁에서 대사헌 채수가 승지일 때 폐비[연산 군의 생모 윤(尹)씨]가 조작한 언문서를 한문으로 번역해 기록에 남겨야 후세 사람들이 제 대로 알 수 있다고 건의한 일을 다시 언급하다.

23. 1482/08/11/성종 13/의정부·육조·대간에게 언문으로 된 글을 보이면서 권경우가 폐비 윤 (尹)씨를 옹호한 것에 대하여 의논하다.

24. 1482/08/11/성종 13/대사헌 채수가 윤(尹)씨 죄를 언문으로 적고 한문으로 옮긴 일에 대해 대죄를 청하다.

25. 1482/08/12/성종 13/난신의 동반직 서용 문제와 폐비 윤(尹)씨[권경우 징계를 명한 대비 언문 교지]에 대한 일을 논의하다.

26. 1482/08/13/성종 13/교리 이창신이 폐비[연산군의 생모 윤(尹)씨]의 일에 관해 언문으로 쓴 것을 한문으로 번역하여 승정원일기에 실었다고 말하다.

27. 1482/08/16/성종 13/삼전(三殿)[세조의 왕비 정희왕후(貞熹王后), 추존왕 덕종의 왕비 소 혜왕후(昭惠王后), 예종의 왕비 안순왕후(安順王后)]에서 임금이 폐비[연산군의 생모 윤(尹) 씨]를 옹호한 권경우를 벌준 것의 의의를 담은 언문 서간을 보내니 임금이 대신들도 듣게 하다.

28. 1483/05/13/성종 14/두 대비전(인수대비[추존왕 덕종의 왕비 소혜왕후昭惠王后]와 인혜대비[예종 의 왕비 안순왕후安順王后])에서 손비장을 보내 고기반찬을 먹기를 권해도 임금이 따르지 않 자 언서로 다시 설득하여 허락을 받다.

29. 1483/07/29/성종 14/서거정 등에게 《연주시격(聯珠詩格)》과 《황산곡시집(黃山谷詩集)》을 언문으로 번역하게 하다. 성종 15/1484/03/01/대사간 성숙(成俶) 등이 안암사 중창을 반대 하니 양전(兩殿)[추존왕 덕종의 왕비 소혜왕후(昭惠王后), 예종의 왕비 안순왕후(安順王后)] 에 아뢰었는데, 양전에서 언문으로 대답하다.

30. 1484/03/01/성종 15/안암사 중창을 반대하는 홍문관 신하들에게 두 대비전[추존왕 덕종 의 왕비 소혜왕후(昭惠王后), 예종의 왕비 안순왕후(安順王后)]에서 그 사유를 해명하는 언 문 교지를 내리다.

31. 1484/03/02/성종 15/평 양순경이 안암사 중창이 불가함을 아뢰니, 임금이 승정원에 명하여 양전(兩殿)[추존왕 덕종의 왕비 소혜왕후(昭惠王后), 예종의 왕비 안순왕후(安順王后)]의 언문 뜻으로 효유하게 했다. 양순경의 다시 말하니 양전에 아뢰었는데, 양전에서 또 언문으로 대답했다.

32. 1484/03/13/성종 15/부제학 이명숭 등이 안암사 중창을 반대하는 상소를 올리자 두 대비전[추존왕 덕종의 왕비 소혜왕후(昭惠王后), 예종의 왕비 안순왕후(安順王后)]에서 이에 반박하는 언문 교지를 내려 홍문관에 보이게 하다.

33. 1484/03/15/성종 15/임금이 대간을 불러 안암사 중창에 대한 두 대비전[추존왕 덕종의 왕비 소혜왕후(昭惠王后), 예종의 왕비 안순왕후(安順王后)]의 언문 교지를 보인 후 더 이상 이 일에 대한 계문을 받아들이지 않도록 하다.

34. 1485/05/29/성종 16/제안대군 이현이 첫 부인 김(金)씨와 다시 결합하기를 희망하는 언문 서를 올리자 한문으로 번역하여 승정원에 올리다.

35. 1488/09/20/성종 19/전교하기를, "나는 본래 약방문을 몰랐으나, 이제 대비께서 편찮으시기 때문에 대개를 조금 알았다. 대저 당약(唐藥)은 민간에서 얻기 어려우나, 《향약집성방(鄕藥集成方)》에 실려 있는 약으로 말하면 서민이 모두 분별하여 알아서 쓸 수 있게 하고자한 것이니, 노숙(老熟)한 의원을 시켜 일상 쓰기에 절실한 것을 초록하여 언문으로 번역하고 주자(鑄字)로 인쇄해 민간에 펴도록 하라."라고 하였다.

36. 1490/04/01/성종 21/명하여 《삼강행실(三綱行實)》을 경성 오부와 팔도 군현에 반사하고 우부우부(愚夫愚婦)로 하여금 두루 알지 못함이 없게 하라고 하였다.

37. 1490/11/13/성종 21/사신(史臣)이 논평하기를, "정의손의 죄 기록문[공초]에 이르기를, '수춘군의 아내가 언문 서장으로 내용을 나에게 보여 주었으므로, 그것을 가지고 내가 진서로 번역해 금부(禁府, 의금부 약칭)에 글을 바쳤고, 찾아서 바친 장계[장초]는 곧 진서로 기초한 것을 가지고 언문으로 번역한 것입니다.'고 했으니, 정회가 그 누이를 몰래 사주하여, 종의 남편 정의손을 시켜 고소장을 짓게 한 것이 분명하다."라고 하였다.

38. 1492/11/21/성종 23/영돈녕 이상 관원을 불러 빈청에 모으고 양대비전[추존 덕종의 비(妃) 인수대비(仁粹大妃)와 예종의 계비(繼妃) 인혜대비(仁惠大妃)]의 언문 한 장을 내려 승지로 하여금 번역하여 이를 보이게 하고는, 인하여 의견을 모으게 했다.

39. 1492/11/25/성종 23/불교에 관용적인 대비의 태도를 문제 삼아 대간과 홍문관 관원들이 상소한 것에 대해 대비[세조의 맏며느리 인수대비(仁粹大妃)]가 언문 교지를 내리다.

40. 1492/12/01/성종 23/성균관 생원 박신원 등이 중을 금하는 법을 빨리 회복시키기를 아뢰면서 양전[세조의 맏며느리 인수대비(仁粹大妃)와 예종의 계비(繼妃) 인혜대비(仁惠大妃)]의 언서를 통한 정치 간여를 비판하다.

조선시대 여성과 한글 발전

41. 1492/12/02/성종 23/두 대비[추존 덕종의 비(妃) 인수대비(仁粹大妃)와 예종의 계비(繼妃) 인혜대비(仁惠大妃)]가 불교를 억누르는 정책을 반대하는 언문 글을 허종과 유지 등에게 내리다.

42. 1492/12/02/성종 23/부제학 안침 등이 대비의 언서를 통한 정치 간여가 부당함을 아뢰었으나 임금이 양전[추존 덕종의 비(妃) 인수대비(仁粹大妃)와 예종의 계비(繼妃) 인혜대비(仁惠大妃)]을 옹호하다.

43. 1492/12/03/성종 23/임금이 말하기를, "대비[추존 덕종의 비(妃) 인수대비(仁粹大妃)]께서 언간을 내린 것이 어찌 정사에 간여하기 위해서이겠는가."라고 하였다.

44. 1492/12/04/성종 23/승정원에 전교하기를, "전일 대비[추존 덕종의 비(妃) 인수대비(仁粹大妃)]께서 언간을 내린 뒤에 의논에 참여하지 아니한 대신이 많이 있으니, 내일 불러서 이 글을 보이고 의견을 모으게 하는 것이 가하다."라고 하였다.

45. 1494/07/10/성종 25/석금(石今)이 범죄 사실을 털어놓기를, "지난 4월에 아지(阿之)가 풍천위(豊川尉)의 뜻으로써 면포 2필을 나에게 부쳐 보내 수비(守非)의 집에 전했으며, 5월 사이에 비상(砒礵)의 일이 발생한 뒤에 아지(阿之)가 갇히기 전에, 아지가 언문 편지를 나에게 부치기를, '이것은 폐물(幣物)을 옮겨 두는 일이니, 너는 그것을 수비(守非)의 집에 전해 주라. 운운(云云)'라고 말하였다."라고 하였다.

46. 1495/01/02/연산 01/왕대비[성종의 계비(繼妃) 자순대비(慈順大妃)=정현왕후]가 행장(行狀) 편집자에게 언문 교서에서 이르기를 "대행왕(大行王)께서 정희(貞熹)·인수(仁粹)·인혜(仁惠) 3전(三殿)을 받들기를 극진히 하지 않은 것이 없이 하셨음은 일일이 듣기 어렵거니와 날마다 세 번 문안하고, 대비전(大妃殿)의 일용 경비를 벽에 써붙여 두고 늘 계속하여 바쳤다."라고 하였다.

47. 1496/03/29/연산 02/의금부에서 유인홍이 그 첩 무적(無赤)과 상통한 언문 편지와 그 언문 편지를 전달한 사람들을 탐지하고 문초해 아뢰었다.

48. 1496/윤03/02/연산 02/승지 등이 유인홍의 일을 아뢰기를, "인홍(仁洪)으로서는 다만 그 형세를 서서히 살펴서 그 첩의 발명 여부를 기다렸어야 할 것인데, 지금 첩과 언문 편지로 통하여 발명한 꼬투리를 가르쳐 주어 정상이 매우 치밀하오니, 인홍(仁洪)도 역시 고문하여 신문해야 합니다."라고 하였다.

49. 1496/윤03/08/연산 02/승지 송질에게 전교하기를, "그 첩을 위해 발명하는 절차를 지시해 주고, 그 딸이 실행(失行)하여 자살했다고 하라는 언문 편지를 몰래 첩에게 통하게까지 하고, 도승지를 보내 하문(下問)할 때 또 바로 대답하지 않으며, '딸이 스스로 목질러 죽었다.' 했으니, 그 딸이 피살된 까닭을 인홍(仁洪)이 반드시 알고 있을 것이다. 금부(禁府)에 가서 끝까지 취조해 아뢰라."라고 하였다.

50. 1504/윤04/05/연산 10/유순 등이 《실록》을 상고해 아뢰기를, "회릉(懷陵)[폐비 윤(尹)씨의 묘]이 폐위당할 때, 언문 글 쓴 자는 나인(內人)이기 때문에 상고할 수 없으며, 《실록》에 오르지 않은 것은 상고할 근거가 없습니다."라고 하였다.

51. 1504/08/05/연산 10/나지와 만년이 언문을 태웠다는 말은 내가 한 말이 아니라고 하니 그들을 고문하여 신문하게 하다

52. 1504/11/18/연산 10/이과(李顆)가 옥중에서 상소하기를, "기해년[1479년. 성종 10. 이해에 윤(尹)씨를 폐해 서인(庶人)으로 삼음]의 언문으로 번역한 것은 처음부터 신(臣)의 아비[이창신(李昌臣)]가 임금께 아뢴 것이 아니나, 감히 사양하고 피할 수 없다고 여겨 죄를 실로 감수했습니다."라고 하였다.

53. 1505/05/22/연산 11/겸사복 벼슬의 한곤이란 자가 그의 첩 채란선(採蘭仙)에게, 예쁘게 꾸미면 궁중에 뽑혀 들어갈 것이니 꾸미지 말라고 하는 언문 편지를 보냈다가 사지가 찢겨 죽는 언서 죄율에 걸려 들다.

54. 1505/05/24/연산 11/한곤이 첩 채란선에게 뽑히지 않게 꾸미지 말라고 언간(諺簡)을 보낸 죄는 능지해야 마땅하다고 하다.

55. 1505/06/18/연산 11/정희왕후(貞熹王后)[세조의 비(妃), 인수대비가 언문으로 쓴 윤(尹)씨의 죄상을 번역한 이창신을 섬으로 귀양 보내게 하다.

56. 1505/09/15/연산 11/죽은 궁녀를 위해 제문을 짓고, 언문으로 번역하여 의녀(醫女)를 시켜 읽게 하다.

57. 1505/11/18/연산 11/새로 지은 악장 경청곡(敬淸曲) 등을 여민락(與民樂) 등의 가사에 의거, 진서와 언문으로 인쇄하여 홍청과 운평으로 하여금 각자 틀리면 벌을 주게 하다.

58. 1506/05/29/연산 12/공노비와 사노비, 그리고 평민 여성을 막론하고 언문을 아는 여자를 소속 각 관청에서 2사람씩 뽑아 들이게 하다.

59. 1506/06/01/연산 12/새로 뽑혀온 홍청과 운평들이 어전에서 쓰는 존칭어를 익힐 수 있도록 존칭어를 언문으로 번역·인쇄하여 각원에 배포하여 배우게 하다 홍청 두 사람이 몰래 밥 속에 언문 편지를 넣어 암통하다가 발각 되어 곤장 1백대 벌을 받고 검거하지 못한 각 원의 관리 책임자들은 태장 40대에 처하도록 하였다.

60. 1506/06/24/연산 12/대비[성종의 계비. 자순대비(慈順大妃)]의 탄일 전문(箋文)을 언문으로 번역하게 하다.

61. 1506/07/28/연산 12/몰래 언문 편지를 밥 속에 넣어 몰래 소통한 홍청을 처벌하게 하다.

62. 1508/08/27/중종 02/㉠이과[이창신의 아들]가 윤탕로에게 언서를 보내 공신으로 책정될 수 있도록 청하다 ㉡이과의 어머니가 재상가에 언문 편지를 넣어 이청신의 공적을 되돌려

받으려 했다.

63. 1509/09/11/중종 04/종실(宗室)의 딸 철비[이과(李顆)의 어머니]가 언문으로 상소(상언)하여 성상의 덕을 입어 사노비를 면해 달라고 청하다.

64. 1511/08/28/중종 06/임금이 교지를 내리기를, "근래에 풍속이 불미(不美)하니, 《삼강행실》을 많이 찍어 중외에 반포하여 항간의 백성들로 하여금 널리 알도록 하며, 국초 이래의 열녀 효자 중에 실려 있지 않은자도 찬집하여, 그림을 그리고 시(詩)와 찬(讚)을 지어 간행함으로써 백성들로 하여금 쉽게 알도록 하라."라고 하였다.

65. 1513/02/06/중종 08/중종이 절약과 검박함을 권장하는 글을 성종조에 했던 것처럼 언문으로 번역하여 부녀자와 어린이로 하여금 모두 알도록 하라는 교지를 내리다.

66. 1514/04/04/중종 09/예조에서 아뢰기를, "경오년(1510) 왜란[삼포왜란(三浦倭亂)] 때, 영등포[거제도] 만호 양지손의 첩과 수종하던 여자 3인이, 포로가 되어 대마도에 있으면서 언간(諺簡)을 보내 돌아오기를 희망하니, 대마도주로 하여금 돌려보내게 하는 것이 어떠하겠습니까."라고 하였다.

67. 1514/06/27/중종 09/신용개 등이 《속삼강행실》을 지어 바쳤다.

68. 1515/03/23/중종 10/대행왕비[중종의 제1계비 장경왕후(章敬王后)] 지문(誌文)에, "외종모 승평부인(昇平夫人)이 아름다운 규범으로 가르치고 《소학》·《내훈(內訓)》의 여러 편을 가르쳤는데, 드디어 경서와 사기를 통달하여 크게 행신에 드러났다."라고 하였다.

69. 1515/06/05/중종 10/《삼강행실속록(三綱行實續錄)》에 공신옹주(恭愼翁主)[성종과 귀인(貴人) 엄(嚴)씨 사이의 딸]를 덧붙여 기록하게 하다.

70. 1517/06/27/중종 12/홍문관에서 특수한 일을 다룬 《삼강행실》보다는 일상사를 다룬 《소학(小學)》·《열녀전(列女傳)》·《여계(女誡)》·《여측(女則)》등을 언문으로 번역하고 반포하여 교화할 것을 아뢰니 따르다.

71. 1517/08/27/중종 12/정순붕이 아뢰기를, "근래 《속삼강행실》을 널리 반포했고, 또 《소학》을 인쇄해 반포하려 하나 배우는 자가 없습니다. 여염의 노유(老儒)·서얼(庶孼)과 사대부의 자제로서 나이 많은 자는 배울 수 없겠으나, 나이가 어린 무리라면 귀천을 가리지 않고 가르치게 해야 합니다."라고 하였다.

72. 1517/12/28/중종 12/특진관 이유청이 아뢰기를, "《삼강행실》은 이미 반사했으니, 《소학》도 빨리 인쇄하고 반포하여 가르치는 것이 옳겠습니다."라고 하였다.

73. 1519/03/03/중종 14/의금부에서 임금이 전일 익명서에 언문으로 쓴 글자가 많으므로 우중이 언문을 해득하는가의 여부를 입증하려 하여, 우중의 여종에게 물으니 '주인은 언문을 모른다.'라고 하니 이 비도 아울러 문초하는 것이 어떠냐고 하였다.

74. 1519/04/22/중종 14/시강관 이청이 궁궐 내전에서 일어나는 왕의 일상생활을 기록하기

위해 여성 사관(女史)를 두자고 신하들이 제안하면서 여사의 기록은 언문으로 해도 무방함을 아뢰다.

75. 1522/02/25/중종 17/교서관에서 아뢰기를, "《황후내훈(皇后內訓)》을 인출하도록 하셨는데 준거(準據)할 만한 책이 없으니 어떻게 하리까."라고 하니, 임금이 내장본(內藏本) 한 건을 내주며 인출하게 하였다.

76. 1522/12/15/중종 17/대비[성종의 계비인 자순대비(慈順大妃)]가 대신들에게 주상과 세자의 기력이 약하니 상사(喪事)를 예전 그대로 시행해서는 아니 된다고 하는 언문 교지를 신하들에게 내리다.

77. 1527/04/14/중종 22/쥐를 잡아 동궁을 저주한 작서(灼鼠)의 변이 일어나자, 대비[성종의 계비인 자순대비(慈順大妃)]가 그 범인으로 경빈(敬嬪) 박씨(朴氏)를 지목하여 의심스러운 행태를 언문으로 적어, 조정 대신에게 보내다.

78. 1530/08/23/중종 25/임금이 승하한 자순대비가 생전에 자신의 행적을 언문으로 써 놓은 것이 있어서, 임금이 이것을 예조에 내려 대비의 지문(誌文)을 짓게 하다.

79. 1528/08/12/중종 23/예조에서 마련한 효자·열녀의 포상절목 단자를 내리며 말하기를, "효행과 절의는 나라를 다스리는 도리와 큰 관계가 있는 것이다. 지금 이 공사를 보건대, 정문(충신, 효자, 열녀 들을 기리는 붉은 문)을 세우고 조세를 면제하며 관직으로 상주고 물품으로 상주는 것을 모두 차등 있게 했는데, 《삼강행실》에 있는 옛사람들이 행한 사적을 보아도 이 사람들보다 더한 것이 없다."라고 하였다.

80. 1528/08/21/중종 23/예조에서 효자와 절개를 지킨 부인 등에 관한 공사를 가지고 입계하기를, "문안(文案)으로 본다면, 이 중 특이한 사람은 비록 《삼강행실》에 실린 사람이라 하더라도 더 할 것이 없으니 마땅히 정문(충신, 효자, 열녀 들을 기리는 붉은 문)을 세워 표창해야 합니다."라고 하였다.

81. 1530/08/23/중종 25/비망기를 예조에 내리고 말하기를, "대행왕대비(大行王大妃)[8월 22일 훙(薨)한 자순대비(慈順大妃)]께서 생존하셨을 때 언문으로 써 놓은 것을, 내가 지금 황망하고 총총하여 대략만 쓴 것이다."라고 하였다.

82. 1530/09/07/중종 25/대행대비(大行大妃) 정현왕후(貞顯王后)[자순대비(慈順大妃)]의 지문(誌文)에, "궁중에서 작서(灼鼠)의 변이 있게 되자 임금이 나인(內人)들을 국문하게 했으나 실상을 알아내지 못했는데, 왕후께서 언찰을 추관(推官)에게 보내 즉각 결단하여 죄에 처하게 하시므로, 조정의 벼슬아치인 선비들에서 아래로 유생의 무리에 이르기까지 통쾌하다고 칭찬하지 않은 사람이 없었다."라고 하였다.

83. 1533/05/20/중종 28/위관이 아뢰기를, "김형경의 집에는 언문 편지가 있었으며, 그 편지의 사연은, '부모와 자식 사이에 숨길 일이 뭐 있겠느냐.'라는 것이었습니다. 이에 대해 추문하

니, 궁내에 들어가 있는 딸에게 보내는 편지라고 했습니다."라고 하였다.

84. 1533/05/21/중종 28/정원에 전교하기를, "어제 의금부의 죄인 문초문에서 거론된 은이(銀伊)【언문 편지를 통한 여인】는 중궁(中宮)의 나인(內人)으로 궁에 들어와 있던 사람이다. 비록 자신이 범한 일은 아니지만 동생이 흉모를 범했으니 대궐에 둘 수 없었다."라고 하였다.

85. 1534/05/10/중종 29/간원(諫院)에서 아뢰기를, "영산현감이 되어 부임한 뒤에 어떤 사람이 순필(舜弼)의 언문 편지를 가지고 있다가 잘못 남효문에게 전했는데, 남효문이 봉함을 뜯고 자세히 보니 편지 전체가 온통 음탕하고 더러운 말들로 가득 했습니다."라고 하였다.

86. 1534/05/11/중종 29/정원에 전교하기를, "어제 남효문의 아내에 관한 일에 대해 대간이 아뢰기를, '언문 편지를 서로 주고받았다.'고 했기 때문에, 내관(內官)에게 명하여 수색하게 했다."라고 하였다.

87. 1534/05/11/중종 29/정원에서 의금부의 뜻으로 아뢰기를, "사내종 연석과 계집종 혼비는 '연석은 곧 남순보의 언문 편지를 가지고 영산(靈山)으로 내려간 사람이고, 혼비는 곧 순보의 언문 편지를 남효문에게 전달한 사람이자 또한 남효문의 아내가 황당한 짓을 저지르는 것을 본 사람이다.'라고 하여 긴요한 관계가 있는 종범인데 당초에 남순필을 잡을 때 도망갔습니다. 내외 친척들로 하여금 잡아 대령하게 하는 것이 어떠하겠습니까."라고 하였다.

88. 1534/06/04/중종 29/우부승지 윤풍형이 아뢰기를, "남순보의 집을 수색해 언문 편지를 찾아냈는데, 이것은 사건이 발각되기 전에 순보의 큰 누이가 쓴 편지로 무심결에 나온 말들입니다."라고 하였다.

89. 1539/06/04/중종 34/검토관 임형수가 아뢰기를, "신(臣)은 젊어서 산사(山寺)에서 글을 읽은 적이 있습니다. 그때 중들이 하는 말을 들었는데, 아무 사찰은 아무 절의 원당[죽은이의 명복을 비는 법당]이고 아무 사찰은 아무 왕자, 아무 공주, 아무 옹주의 원당이라고 했습니다. 또 공공연히 언문 서찰에다 아무 전으로 보내는 것이라고 썼습니다."라고 하였다.

90. 1541/06/17/중종 36/동지중추부사 최세진(崔世珍)이 《경성도지(京城圖志)》·《여효경(女孝經)》을 진상했는데, 《여효경》은 중국의 조산랑(朝散郎) 진막(陳邈)의 아내 정(鄭)씨가 지은 것으로 《효경》의 장수(章數)를 모방하여 찬집한 것이다. 그림도 있고 전(傳)도 있는 것이 우리나라의 《삼강행실》과 같았다.

91. 1545/01/24/인종 01/이조참의 홍춘경이 지은 대행대왕(大行大王)[중종(中宗)]의 지문(誌文)에, "계미년(1523. 중종 18)에 명하여 《언해소학》을 인쇄하여 온 나라에 펴내게 하셨는데, 민가의 아낙네와 아이들도 다 알 수 있게 하려 한 것이다."라고 하였다.

92. 1545/07/04/인종 01/중전[인성왕후(仁聖王后)]이 대행왕[7월 1일 훙한 인종이 임종할 때 유교한 것을 언문으로 써서 유관 등에게 내려 보이니, 유관 등이 보고 다들 통곡했다.

93. 1545/07/04/인종 01/중전[인성왕후(仁聖王后)]이 대행왕[인종]의 유교를 언문으로 써서

유관(柳灌) 등에게 내려 보내니 다들 통곡하였다.

94. 1545/07/04/인종 01/영의정 윤인경이, 중전[인성왕후(仁聖王后)]이 언문으로 쓴 대행왕[인종]의 유교를 주서(注書) 안함(安馠)에게 주어 승정원에 보이니, 승지·사관 등이 둘러앉아 펴서 읽고 누구나 다 통곡했다. 곧 문자[한문]로 번역하고 별지에 써서 조정에 공포했다.

95. 1545/07/21/명종 00/왕대비[인종의 비(妃) 공의왕대비(恭懿王大妃)]가 궁중에서의 가언(嘉言)·선행과 유언을 언문으로 쓴 두 폭을 빈청[賓廳, 대신이나 비변사 당상들이 모여서 회의하던 곳]에 내리다.

96. 1545/07/25/명종 00/윤인경 등이 임금이 처음 즉위했다 하여 10개 조항의 경계문을 올렸는데, 2통으로 나누어 썼다. 하나는 언해하여 자전(慈殿)[명종의 생모인 문정왕후(文定王后)]에 올리는 것이고 하나는 대전에 올리는 것이다.

97. 1545/08/23/명종 00/영의정 윤인경 등이 윤임의 일 등을 왕대비[인종의 비, 공의왕대비(恭懿王大妃)]에게 아뢰니, 왕대비가 언서로 답하다.

98. 1545/08/28/명종 00/사신(史臣)의 말에, "한경록이 언문으로 쓴 내간의 밀지를 이기에게 보냈는데, 전하는 자가 잘못해 유인숙에게 갖다 주자 유인숙이 속으로 비루하게 여겼다."라고 하였다 하고, "대비[인종의 비(妃) 공의왕대비(恭懿王大妃)]가 언문으로 비밀리에 이기에게 보냈는데 유인숙에게 잘못 전달되었다."라고 하였다.

99. 1545/09/06/명종 00/논란이 된 심문 조서[공초]에, "윤임의 계집종 모린이 서간을 가지고 와서 윤임의 딸 소주(小主)가 문안드리는 언문 편지라고 하면서 바로 숙의께 전달했습니다."라고 하였다.

100. 1545/09/07/명종 00/이덕응[윤임의 사위]의 공초에, "언문 편지를 서로 통한 일에 있어서는, 신(臣)이 언자를 조금은 알지만 잘 알지 못할 뿐더러 한 번도 직접 본 적이 없기 때문에 들은 바만을 진술하겠습니다."라고 하였다.

101. 1545/09/08/명종 00/이덕응의 공초에, "그런데 그것이 헛된 말임을 듣고 나서는 낙담하여 말하기를, '이는 바로 하늘이 멸망시키는 때이다. 우리 집안은 멸망당하게 되었다.'라고 하였습니다. 그 사건 내용은 언문 문로 통한 것이 그 중의 큰 것입니다."라고 하였다.

102. 1545/10/10/명종 00/최보한이 처음에는 말하기 어려워하는 듯하다가 마침내 말하기를, "지금 우상[이기]이 전에 정승에 제배될 때 이 두 사람이 유인숙이 퍼뜨린 언문 편지 사건을 듣고 발의, 논박했으니 이들을 죄주지 않을 수 없소."라고 하였다.

103. 1545/10/14/명종 00/시위 궁인들이 산릉에 있다가 임금께서 현궁(玄宮)을 함께 살펴보게 했다는 말을 듣고 이에 언서로 윤인경·이기에게 보였는데, "이 같은 일을 우리들이 어떻게 알겠습니까. 다만 중종대왕 때 현궁의 흙을 보니 건조하여 부스러지는 듯했으나 이번에는 덩어리가 집니다."라고 하였다.

조선시대 여성과 한글 발전

104. 1533/12/12/명종 08/헌부에서 다시 아뢰기를, "의수가 바친 서로 맹세한 쪽지는 비록 언문으로 되어 있으나 과연 이것이 사철의 필적이라면 언문이라 하여 믿지 않을 수 없습니다. 더구나 사철이 조모(祖母)와 통의한 언간도 있으니 그것과 대조해 보면 알 수 있을 것입니다."라고 하였다.

105. 1555/04/23/명종 10/형조에서 아뢰기를, "봉은사에서 작폐를 부리고 유생(儒生) 이원손이라고 칭한 자는 학적에 들어있지 않아 찾아내기 어렵습니다."라고 하였다. [이 때 보우(普雨)가 하고 싶은 일이 있으면 반드시 언서를 바로 궁금(宮禁)에 보냈는데, 누가 감히 무어라고 말하지 못했다.]

106. 1559/11/09/명종 14/간원(諫院)에서 아뢰기를, "금원군(錦原君) 이영[중종과 희빈(熙嬪) 홍씨 사이의 아들. 명종의 이복 형]은 늘 요사스런 중들과 밤에 서로 내통하며 부처에게 복을 빌었으니, 성청이 자전(慈殿)[문정왕후(文定王后)]의 언서를 위조한 것이 반드시 영(岺)에게서 말미암지 않았다고는 못할 것입니다."라고 하였다.

107. 1560/04/13/명종 15/중 성청(性淸)이 자전(慈殿)[문정왕후(文定王后)]의 언문 문서를 위조하고 경상도 관찰사 이감에게 보내 자기가 거주하던 절을 돌봐주고자 했으나 일이 발각되어 마침내 처형당했다.

108. 1565/04/06/명종 20/대왕대비[문정왕후(文定王后)]가 조정의 여러 일에 대한 의견을 적은 언문 교지를 내리다.

109. 1565/09/15/명종 20/중전[인순왕후(仁順王后)]이 대신들에게 이양 및 윤원형 등의 감형에 대해 세 차례의 언문서를 내려 자기의 생각을 말하고, 이를 관철하다.

110. 1565/09/16/명종 20/이준경 등이 이양 및 윤원형 등의 감형에 관해 중전[인순왕후(仁順王后)]에게 아뢰자, 중전이 다시 언문 교지를 내리다.

111. 1565/09/17/명종 20/영평 부원군 윤개, 영의정 이준경 등이 나라의 국본[왕위를 이를 세자]에 관하여 중전[인순왕후(仁順王后)]에게 언문 문서로 아뢰자, 중전이 세 차례에 걸쳐 언문서를 내리다.

112. 1565/09/18/명종 20/대신들이 중전[인순왕후(仁順王后)]에게 국본[왕위를 이를 세자]을 정하는 데 대한 언문서를 올려 아뢰자, 중전이 그에 답하는 언문서를 내리다.

113. 1565/09/19/명종 20/대신들이 중전[인순왕후(仁順王后)]에게 나라의 대계인 국본[왕위를 이를 세자]을 정하는 데 대한 언문서를 올려 아뢰자, 중전이 다시 그에 답하는 언문서를 내리다.

114. 1565/10/10/명종 20/홍문관 부제학 김귀영 등이 상소하기를, "궁중의 일은 외신(外臣)이 감히 알 바는 아니나 내인(內人)의 언서가 먼 절간까지 전해졌다면, 이 한가지 일로써도 궁중이 엄숙하지 못함을 단언할 수 있습니다."라고 하였다.

115. 1567/03/12/명종 22/대비전[인종의 비(妃) 공의왕대비(恭懿王大妃)]에서 이준경 등에게 내린 언문 교지가 나오자 이를 한문으로 번역하여 실록에 싣다.

116. 1567/03/14/명종 22/헌부에서 아뢰기를, "앞서 의전(懿殿)[인종의 비(妃) 공의왕대비(恭懿王大妃)]의 언서가 내렸을 때, 임금께서 기타의 일은 일체 의지(懿旨)에 의해 시행하라는 전교를 하셨습니다. 회계할 때 비록 대신들과 의논도 했습니다마는 의전이 생존해 계시니 신자가 경솔히 상제(喪制)[제례]를 의논할 수 없는 것인데 예를 맡은 관원이 상제를 미리 의논하는 것이 비례임을 생각지 않고, 감히 상례를 널리 상고하기를 계청하여 백성들의 민심을 놀라게 했으니 너무도 무엄합니다. 예조 당상을 모두 파직하소서."라고 하였다.

117. 1567/06/27/명종 22/승정원이 옥을 열어 죄수를 석방하는 일에 대하여 중전에게 아뢰자, 중전이 두 차례에 걸쳐 언문 교지를 내리다.

118. 1568/07/12/선조 01/홍문관 상소에 답하면서 석상궁 관련 언문 편지와 관련해 처벌할 수 없다고 하다.

119. 1570/04/01/선조 03/홍문관 상차에 윤원형이 윤임 일파를 몰아내기 위해 날조한 언문 편지를 다시 날조하여 대궐 뜰에 떨어뜨려 문정 왕후[명종의 생모]의 마음을 동요시키고 또 언서를 조작해 공의왕대비(恭懿王大妃)[인종의 비인 인성왕후(仁聖王后)]를 속였음을 언급하다.

120. 1570/07/10/선조 03/양사(兩司)에서 아뢰기를, "언서를 거짓으로 전해 터무니없는 말을 꾸며 불측한 지경에 빠트렸으니 의성(懿聖)[인종의 비인 인성왕후(仁聖王后)]의 욕됨을 끝내 씻지 않을 수 있겠습니까."라고 하였다.

121. 1573/02/25/선조 06/전교하기를, "근일 인출한 《내훈(內訓)》과 《황화집(皇華集)》은 자획(字劃)이 회미하고 바르지 않아 정하지 못한 곳이 많이 있으니, 교서관 관원과 인쇄한 아랫사람을 추고하여 죄를 다스리라."라고 하였다.

122. 1573/02/26/선조 06/유희춘이 아뢰기를, "교서관에서 《내훈》·《황화집》을 인출했는데 자획이 정하지 않은 것은 관원과 아랫사람의 잘못일 뿐만 아니라, 신(臣)이 책임자로서 잘 살펴 바루지 못한 것이니, 그 죄가 같으므로 사헌부에 있을 수 없습니다."라고 하였다.

123. 1573/03/17/선조 06/유희춘이 아뢰기를, "신(臣)이 교서관 책임자로 있을 때 《내훈(內訓)》과 《황화집(皇華集)》을 인쇄한 것을 보았는데, 그 정하게 하지 않은 죄는 본디 아랫사람과 감교관(책 만드는 관리)에게 있으나 먹[墨]을 바꾸지 않아서는 안 되겠습니다."라고 하였다.

124. 1573/03/17/선조 06/형조에서 아뢰기를, "《내훈》·《황화집》을 인출할 때 자획이 흐리고 가늘며 끊어지고 바르지 않아 섬세하지 않은 곳이 많이 있었던 사연을 되돌아보니, 전하의 판단에 따라 조율(照律)하려 합니다."라고 하였다.

125. 1573/04/12/선조 06/유희춘이 아뢰기를, "지난번 《내훈》 제2권의 '분소의야(分所宜也)'의

분(分)자는 공(公)자로 잘못 인쇄되어 있었습니다. 위에서 《여교(女敎)》의 본문을 살펴야 한다고 분부하셨으므로, 신(臣)이 물러가 홍문관의 《방씨여교(方氏女敎)》를 살펴보니 과연 '분'자였습니다. 《내훈》에 이미 오자(誤字)가 있으니, 대내(大內)에 들일 건수(件數)를 다시 더 인쇄하는 것이 어떠하겠습니까.'라고 하였다.

126. 1573/04/12/선조 06/임금이 전교하기를, "《학부통변(學部通辨)》 개간(開刊)과 《내훈》을 더 인출하는 일을 교서관에 내려라."라고 하였다.

127. 1573/05/04/선조 06/공의전[恭懿殿, 인성왕후, 인종의 비 공의왕대비]에서 장사를 검소히 할 것과 주상은 고기를 먹을 것 등 세 가지를 언문 교지로 내리다.

128. 1573/07/11/선조 06/약방제조 영상(領相) 권철이 아뢰기를, "어제저녁에 자전(慈殿)[명종의 비인 인순왕후(仁順王后)]께서 언서로 약방에 하유(下諭)하기를, '대전(大殿)께서 요즈음 더위 때문에 그러한지, 오랫동안 찬선(饌膳)을 들지 않아 심신이 고달프시니, 내가 지극히 답답하고 염려된다.'라고 하셨기에 소신(小臣)이 어제 놀랍고 염려스럽기 그지없었습니다."라고 하였다.

129. 1575/01/07/선조 8/대신들이 공의전[인종의 비(妃) 공의왕대비(恭懿王妃)]에 나가 위로하며 수라 들기를 권하니, 언문 교지를 내려 응하다.

130. 1575/01/18/선조 8/조정 대신들이 공의전[인종의 비(妃) 공의왕대비(恭懿王妃)]에 나아가 육식을 청하니, 대비가 언문 교지로 답하다

131. 1575/02/15/선조 8/공의전[인종의 비(妃) 공의왕대비(恭懿王妃)]이 임금께 고기를 권했는데 임금이 물리치고 받지 않으니, 대신들에게 걱정하는 언서를 내리다.

132. 1575/02/30/선조 8/약방 제조가 공의전[인종의 비(妃) 공의왕대비(恭懿王妃)]을 문안하니 공의전이 언서로 병증을 설명하다.

133. 1576/02/30/선조 8/삼공이 공의전[인종의 비(妃) 공의왕대비(恭懿王妃)]을 문안한 일로 임금께 아뢰면서 공의전 언서 2통을 봉해 올리다.

134. 1577/11/28/선조 10/공의전[인종의 비(妃) 공의왕대비(恭懿王妃)]이 언서로 대신들에게 전교하기를, "대전(大殿)과 조정(朝廷)은 졸곡(卒哭, 삼우제 뒤 제사)을 지낸 뒤에는 모자는 오사모(烏紗帽)와 흑각대(黑角帶)를 사용하라. 그리고 내가 승하한 뒤에 의원(醫員)과 의녀(醫女)를 추문하지 말라."라고 하였다

135. 1584/01/01/선조 17/이이는 살아생전에 비복에 이르기까지 배울 수 있는 훈사(訓辭)를 만들어 언문으로 번역해서 가르쳐 규중이 관청같았다.

136. 1592/08/01/선조 25/공선조가 황해도에 내리는 교서를 조정의 방문처럼 만들고, 의병장이나 감사에게 언문으로 번역하여 촌민과 부녀자들이 모두 알 수 있도록 하라고 지시하다.

137. 1593/06/28/선조 26/예조참의 이관이 의논하기를, "신(臣)은 명묘조(明廟朝)에 출신하여

중종대왕을 우러러 뵌 적이 없어 옥체에 대해서는 조금도 알 수 없습니다. 다만 나인과 덕양부인이 언서로 기록한 용모로 추측해 보면 아마도 동일하지는 않다고 생각됩니다."라고 하였다.

138. 1593/07/11/선조 26/사간원에서 아뢰기를, "얼마 전에 사명(使命)이 이곳을 지날 때 선왕(先王)의 후궁(後宮) 신(愼) 숙의(淑儀)가 종을 시켜 언찰을 보내 굶주림을 호소했는데, 듣는 이마다 눈물을 흘리지 않는 자가 없었습니다."라고 하였다.

❀ 17세기

139. 1600/07/03/선조 33/좌의정 이헌국이 아뢰기를, "내하(內下)[6월 27일 훙(薨)한 선조 비(妃) 의인왕후(懿仁王后)가 내린 글]하신 언서를 보니, 옷에 매는 띠는 밖에서 마련할 것이 단겹으로 54건인데 그 중 21건은 소렴(小斂)에 쓰고 33건은 대렴(大斂)에 쓰라고 하였습니다."라고 하였다.

140. 1606/05/21/선조 39/사헌부에서 아뢰기를, "《삼강(三綱)》과 《이륜행실(二倫行實)》는 바로 인륜을 밝히는 책이니, 방언(方言)으로 번역하고 그 형상을 그려 여염의 부인이나 아동들로 하여금 한번 보아 모두 흠복 감탄하여 양심(良心)이 저절로 생기게 하면 풍화(風化)에 도움이 어찌 적겠습니까."라고 하였다.

141. 1607/10/11/선조 40/ 얼마 뒤에 중전[계비 인목왕후(仁穆王后)]이 다시 언서를 내려 전교하기를, "원하건대, 대신들은 전하의 하교를 따라 조섭하는 데 편안하게 하라."라고 하였다.

142. 1607/10/11/선조 40/중전[계비(繼妃) 인목왕후(仁穆王后)]이 삼공(三公)을 빈청에 모이게 하고 언서로 내지(內旨)를 내리기를, "대신들은 임금의 명을 순순히 따르라. 이것을 바랄 뿐이다."라고 하였다.

143. 1607/10/11/선조 40/영의정 유영경 등이 의견을 아뢰니, 중전[계비 인목왕후(仁穆王后)]이 언서로 답하다.

144. 1607/10/11/선조 40/사신(史臣)이 말하기를, "임금의 기후가 미령하지만 국가를 위한 방책이 매우 지극하다. 중전[계비 인목왕후(仁穆王后)]은 여주(女主)이다. 이처럼 정책을 결정하고 부탁하는 일을 어떻게 언서로 간여할 수 있겠는가. 이런 폐단은 자라게 할 수 없는 것이다."라고 하였다.

145. 1608/01/01/선조 41/정인홍이 세자의 전위와 영의정 유영경을 논박하는 상소 가운데 유영경이 중전의 언서를 비밀로 처리한 것을 비판하다.

146. 1608/01/18/선조 41/전 공조 참판 정인홍이 상소하기를, "중전[계비(繼妃) 인목왕후(仁穆王后)]께서 언서 전지를 내리자, '금일 전교는 실로 여러 사람의 뜻 밖에 나온 거사이니 명령을 받지 못하겠다.'라고 즉시 임금께 아뢰고, 대간한테는 알지 못하게 하고 정원과 사관

조선시대 여성과 한글 발전

(史館)으로 하여금 임금의 뜻을 극비로 하여 전출(傳出)하지 못하게 했다 하니, 영경은 무슨 음모와 흉계가 있어 이토록 남들이 알지 못하게 하는 것입니까."라고 하였다.[수정실록 41. 1. 1.에도 실렸는데, 내용이 약간 다름]

147. 1608/01/22/선조 41/좌의정 허욱 등이 아뢰기를, "임금이 전위하여 섭정한다는 전교를 받고 이어 내전(內殿)[계비(繼妃) 인목왕후(仁穆王后)]의 언서를 받고는 신(臣)들은 놀라 몸 둘 바를 모르고 정신이 달아났습니다."라고 하였다.

148. 1608/02/07/광해 0/대비전[선조의 계비 인목왕후(仁穆王后)]에서 언서 비망기로 전지하기를, "대행대왕[2월 1일 훙(薨)한 선조(宣祖)]의 원릉(園陵)을 가려 정한 곳에다 나의 장지(葬地)도 아울러 정하라."라고 하였다.

149. 1608/02/12/광해 0/정언 이사경 등이 아뢰기를, "자전(慈殿)[선조의 계비 인목왕후(仁穆王后)]과 중전[유(柳)씨]께서 내리신 성지(聖旨)는 반드시 대전(大殿)을 먼저 거친 뒤에 계하해야 합니다. 지난번 자전께서 산릉의 일에 대해 언지(諺旨)를 곧바로 빈청에 내렸는데도 승지가 전연 살피지 않았기 때문에 끝내 계품하지 않았습니다."라고 하였다.

150. 1608/02/14/광해 0/능 위치에 대한 대왕대비[선조의 계비 인목왕후(仁穆王后)]의 언지에 계자(啓字)를 찍어 빈청(賓廳)에 내리다.

151. 1608/07/11/광해 0/대비(大妃)[선조의 계비 인목왕후(仁穆王后)]가 언서를 약방에 내려 말하기를, "주상(主上)이 지난번부터 침식을 제대로 하지 못한다고 들었지만 미처 상세히 알아보지 못했는데, 어제 문안할 때 친히 보니 정신이 예전과 달라 혼미한 듯하고 너무 심하게 야위었다."라고 하였다.

152. 1608/07/12/광해 0/자전(慈殿)[선조의 계비 인목왕후(仁穆王后)]이 언문 교지를 내리길, "근래 주상(主上)의 기력이 몹시 편치 않으신데 여차(廬次, 상중의 초가집)가 비좁아 거처할 곳이 못 된다."라고 하였다.

153. 1610/03/01/광해 2/전교하기를, "《내훈(內訓)》은 우리 선왕후(先王后)[추존왕 덕종의 비(妃) 인수대비(仁粹大妃)]가 몸소 편찬한 책이니 후세에 전하지 않을 수 없다."라고 하였다.

154. 1610/03/22/광해 2/《용비어천가》, 《내훈》 등을 인쇄토록 교서관에 전교하다.

155. 1610/05/05/광해 2/의금부에서 아뢰기를, "죄를 받고 죽은 이홍로의 처 기(奇)씨가 언서 단자를 가지고 와 당직청에 올렸습니다. 그런데 언서로 상언하는 일은 전례가 있지 않으나 대신에게 관계되어 사정이 절박하므로 부득이 받아들이지 않을 수 없었다는 뜻을 감히 아룁니다."라고 하였다

156. 1610/05/10/광해 2/지의금부사 이시언 등이 아뢰기를, "지난번 이홍로의 처가 올린 언서 상언을 받아들일 때 신(臣)들도 전례가 없는 일이라 미안한 줄은 알았지만, 대신에게 관계된 일인 데다 정리가 절박하기에 아뢴 사유를 갖추어 올렸습니다."라고 하였다.

157. 1610/05/16/광해 2/㉠사간원에서 아뢰기를, "의금부의 사체는 매우 엄중하고, 상언하는 규례가 법전에 실려 있으므로 비록 억울한 일이 있다 하더라도 계속 올릴 수 없는 법인데, 더구나 예로부터 있지 않았던 언서로 하는 경우이겠습니까."라고 하였다. ㉡답하기를, "동기(同氣)를 위해 지극히 억울한 일을 호소하고 있는 데다 또 스스로 밝힌 일이 있다. 그렇고 보면 그 부인의 도리에 있어 언서로 상언하는 것이 무슨 지장이 있겠는가."라고 하였다.

158. 1610/09/19/광해 2/책 인출 순서를 《서전언해》와 《내훈》을 먼저 하고 《용비어천가》 등은 나중에 하라고 하다.

159. 1612/01/16/광해 4/《시경언해》와 《내훈》을 교정한 홍문관의 관원의 직급을 올려주고 물건을 내리다.

160. 1612/01/18/광해 4/사간원이 《내훈》 교정 일로 상이 지나침을 아뢰다.

161. 1612/02/02/광해 4/사간원이 《내훈》 교정 일로 상이 지나침을 아뢰다.

162. 1612/02/03/광해 4/사간원이 《내훈》 교정 일로 상이 지나침을 아뢰다.

163. 1612/02/05/광해 4/사간원이 근래 시경언해, 《내훈》 등의 교정에 대한 상으로 가자한 일의 지나침을 아뢰고 개정을 청하다.

164. 1612/02/05/광해 4/사간원이 《내훈》 교정 일로 상이 지나침을 아뢰다.

165. 1612/02/07/광해 4/사간원이 《내훈》 교정 일로 상이 지나침을 아뢰다.

166. 1613/08/11/광해 5/이이첨은 음험한 함정에 관련된 것은 모두 비밀리에 임금에게 보고했는데, 가장 은밀한 것은 언서로 자세하게 말을 만들어 김상궁으로 하여금 완곡하게 개진하게 하여 반드시 재가를 얻어내고서야 그만두었다.

167. 1614/01/07/광해 6/임금이 언문 편지 한 통을 내렸는데 바로 병조 서리 서응상과 대비전[선조의 계비 인목왕후(仁穆王后)] 나인[內人] 등이 서로 주고받은 글이었다.

168. 1614/01/08/광해 6/임금이 또 압수한 언문 편지를 보이면서 의일(義一)에게 묻기를, "이것은 누구의 편지냐."라고 하였다.

169. 1614/01/10/광해 6/임금이 말하기를, "김란의 언문 편지 속에, '이 관리가 아니면 어떻게 하겠는가.' 했는데, 강화부사 기협은 어떤 일을 하고 있는가. 아울러 잡아다가 추국하라." 라고 하였다.

170. 1614/01/12/광해 6/박의남을 한 차례 형문했으나 자복하지 않았는데, 그는 바로 김란의 언문 편지 속에 말한 '박 별감으로 하여금 전하여 들여보내게 했다.'는 자이다.

171. 1614/01/25/광해 6/또 언문 편지를 보이면서 말하기를, "이것은 바로 네 여동생 의일(義一)이 김제남[인목왕후(仁穆王后)의 아버지]의 집과 교통한 서한이다. 서로 교통한 자취가 이미 드러났는데 네가 어찌 숨기고 말하지 않느냐."라고 하고, 압슬형을 했으나 자복하지 않았다.

조선시대 여성과 한글 발전

172. 1614/02/12/광해 6/승정원에서 아뢰기를, "언문서에는 서얼의 수치스러움과 욕됨을 통분하고, 길을 터준 성은에 감축하고, 끝에 다시 과거로 발신할 것을 면려했고, 자칭 첩(妾) 박(朴)이라 했는데, 그 내용은 짐작할 수 없습니다.

173. 1615/02/18/광해 7/교서를 내려 말하기를, "나인 의일(義一)의 공초에, '진서와 언문을 한 장의 종이에 섞어 썼으니, 이는 곧 별감 하자징이 쓴 것이다.'라고 하였다."라고 하였다.

174. 1618/01/04/광해 10/우의정 한효순 등 백관이 폐모론을 주장하면서 인목대비가 역적 유영경 등과 결탁하여 언문으로 자기소생을 세우려고 밀지를 주고받은 이유를 들다.

175. 1618/03/16/광해 10/분병조(分兵曹)가 경운궁[인목왕후(仁穆王后)가 유폐된 곳이다.] 안에서 취득한 언서와 진서를 임금께 올렸다.

176. 1619/12/17/광해 11/희개(옥지 유모)와 세동이 음간의 언문 편지를 주고 받다.

177. 1622/03/08/광해 14/곽천호, 이시정, 정담 등이 허환 어미의 언문 편지에 드러난 전유형, 이귀, 권진의 엄중 처벌을 청하다.

178. 1623/03/14/인조 1/자전(慈殿)[인목대비]이 폐군(광해군)의 죄목 10가지를 적어 언문 교지로 내리다.

179. 1623/10/07/인조 1/헌부와 간원에서 아뢰기를, "더구나 언서를 승정원에서 내린 것은 상전(常典)에 방해로움이 있습니다."라고 하였다.

180. 1623/윤10/06/인조 1/영사(領事) 윤방이 영창대군[선조와 인목대비 사이의 아들]의 시호를 의논한 잘못과 자전[인목대비]께서 언서를 내린 일은 미안한 일이라고 하였다.

181. 1623/윤10/29/인조 1/자전[인목대비]이 죽은 영창대군의 행장을 언문으로 지어 내려 시호를 의정케 하다.

182. 1623/12/07/인조 1/인목 대비가 언문 교지로 어승마를 영안위 홍계원에게 주라고 하교 하여 간원이 임금께 간하다.

183. 1626/01/16/인조 4/대신들이 자전[인목대비]께 임금의 건강을 걱정하는 문제를 아뢰니 자전이 언서로 비답을 내리다.

184. 1626/07/02/인조 4/자전[인목대비]이 신하들에게 언서로 하교하여 임금이 건강에 힘쓰도록 청하기를 요구하다.

185. 1626/07/03/인조 4/대신들이 아뢰기를, "그러나 오직 자전[인목대비]께서만은 성상의 기운이 상하셨다는 것을 깊이 아시고 언문 교지로 외조(外朝)에 하교하시기까지 했으니, 그 깊이 걱정하고 안타깝게 여기시는 심정을 상상할 수 있습니다."라고 하였다.

186. 1626/07/07/인조 4/광해군 때의 보모 상궁이 임해군 이숙노의 집에 머물던 승려와 주기적으로 사통하며 언문 편지 10여통을 주고 받다.

187. 1626/07/10/인조 4/자전[인목대비]이 정명공주(선조의 딸)의 집을 수리하도록 한 명령을 환

수토록 승정원에 언문 교지를 내리다.

188. 1627/01/19/인조 5/자전[인목대비]이 임금의 수라에 고기를 올리도록 삼공과 정원에 언문 교지를 내리다.

189. 1627/02/04/인조 5/자전[인목대비]이 언서로 하교하기를, "날마다 쇠고기를 연속 올리는 데, 이로써 계산해 보건대 농사용 소 죽음이 필시 많을 터이니 뒤로는 다시 올리지 말라." 라고 하였다.

190. 1627/02/09/인조 5/자전[인목대비]이 언문 교지로 대신에게 하교하여 부민(府民)도 위로 하게 했다.

191. 1627/02/09/인조 5/자전[인목대비]이 대신과 정원에 언문 교지로 하여 국가를 지키는 계책에 대해 말하다.

192. 1627/04/25/인조 5/자전[인목대비]이 도성으로 돌아올 때 노량(露梁)에 부교(浮橋)를 설치하라고 임금이 명했는데, 자전이 언서로 하교하기를, "이때에 민폐가 되는 것으로서 그만 둘 수 있는 일이라면 털끝만한 것일지라도 제거해야 한다. 이런 뜻을 속히 대전(大殿)에 진달하라."라고 하였다.

193. 1628/01/03/인조 6/정자(鄭洎) 등의 역모사건에 인성군(仁城君)[선조와 정빈(靜嬪) 민(閔) 씨 사이의 아들]이 연루되자 자전[인목대비]이 국청에 언문 교지를 내리다.

194. 1628/01/20/인조 6/자전[인목대비]이 대신들에게 인성군 이공을 처벌할 것을 윤허받으라고 언문 교지를 내리다.

195. 1628/02/21/인조 6/자전[인목대비]이 인성군의 처벌을 원하는 언문서를 국청에 내리다.

196. 1628/05/14/인조 6/역모에 연루된 인성군(仁城君) 이공(李珙)[선조와 정빈(靜嬪) 민(閔)씨 사이의 아들]을 법에 의해 처치할 것을 왕자 의창군(義昌君) 광(珖)[선조와 인빈(仁嬪) 김(金)씨 사이의 아들] 등이 여러 종실들을 거느리고 날마다 계청했고, 자전[인목대비]께서 거듭 언서로 하교했다.

197. 1628/09/07/인조 6/자전[인목대비]이 언문 교서로 정원에 하교하기를, "올해 흉년이 들어 백성이 기근상태에 놓였으니, 나에게 진공(進供)하는 물건도 모름지기 주상이 감손한 것과 똑같이 모두 감손하라."라고 하였다.

198. 1628/09/11/인조 6/자전[인목대비]이 언문 교서로 정원에 하교하여 대신에게 유시하게 하기를, "양전(兩殿)에 진상하는 품목을 흉년이라 하여 줄이는데 나만 어찌 홀로 다 누릴 수 있겠는가."라고 하였다.

199. 1629/02/06/인조 7/서제(書題) 김경현이라는 자가 고변하기를, "저의 누이동생 말치(末致)가 언문 편지를 전해왔는데, 그의 남편 김홍원 등이 혈서를 써 맹세하고는 항상 제암정에 모여 모의했다."라고 것이었는데 말치의 언문 편지는 남편을 고발 한 것을 모면하기 위한

조선시대 여성과 한글 발전

거짓 편지였다.

200. 1629/09/21/인조 7/자전[인목대비]이 삼공과 육경에게 흉년이 들어 수연(장수 축하 잔치)을 거행할 수 없음을 임금께 아뢰도록 언문 교지를 내리다.

201. 1646/03/25/인조 24/대개 지난해부터 내수사 감옥에서 날마다 강(姜)씨[1645년에 죽은 소현세자(昭顯世子)의 빈(嬪)]의 궁인들을 국문했는데, 겨울에 임금이 언문 편지를 척리(戚里)[임금의 내척과 외척]에게 보내 강(姜)씨의 수십 가지 죄를 나열하여 세었다.

202. 1648/03/02/인조 26/예조에서 아뢰기를, "순릉(順陵)[성종비(成宗妃) 공혜왕후(恭惠王后)의 능] 참봉의 첩보에 의하면, 2월 30일 능 위의 혼유석(魂遊石)·문무석(文武石)과 장군석(將軍石)의 코끝이 깨져 나갔고 정자각(丁字閣, 왕릉 봉분 앞에 '丁'자 모양으로 지은 제사를 지내는 제전)의 신문(神門)과 월랑(月廊)의 완렴(薍簾, 달풀로 만든 발)이 부서져 파손되었으며, 익명의 언문으로 되어 있는 세 개의 나무패가 정자각 곁에 놓여져 있었다고 하니, 일이 매우 놀랍습니다."라고 하였다.

203. 1656/07/28/효종 7/지경연 이후원이 《내훈》·《경민편》의 간행·반포를 건의하니 허락하다.

204. 1660/09/05/현종 1/임금이 옥당의 관원에게 《대학연의》와 《내훈》을 언해의 향음도 일일이 정리하여 바로잡도록 지시하다.

205. 1670/02/13/현종 11/지평 이후징(李厚徵)이 정재빈(鄭載賓) 외조모가 쓴 언문 편지 내용을 일일이 들며, 정시성(鄭始成)의 처벌을 주장하다.

206. 1674/03/06/현종 15/임금이 목이 잠기고 두통에 오한 증세가 있으니, 대왕대비[인조 계비 장렬왕후(莊烈王后)]가 언서로 약방에 하교했다.

207. 1674/03/07/현종 15/약방 도제조 허적이 말하기를, "어제 대왕대비[인조 계비 장렬왕후(莊烈王后)]께서 언문 교서로 약방에 하교하기를, '대전(大殿)이 평상시에 하루도 소식(素食)을 못하기 때문에 자전[효종 비(妃) 인선왕후(仁宣王后)]이 위독한 상황 중에서도 그것을 못 잊어 두 번 세 번, 이 몸에 부탁했는데 지금 대전의 병환이 저러하니 만약 권도를 따르지 않고 더 더치기라도 하면 자전의 부탁을 저버릴까 걱정'이다."라고 하였다.

208. 1674/08/17/현종 15/대왕대비[인조 계비 장렬왕후(莊烈王后)]가 언서로 시약청에 하교하기를, "임금이 거처한 곳에 재변이 있어 다른 전각으로 거처를 옮기자고 권했으나 따르지 않았다. 약방에서 간청하여 다른 곳으로 거처를 옮겨야 할 것이다."라고 하였다.

209. 1674/현종 15/효유 헌서 왕대비가 선왕에 대한 언문 교지에서 순조의 추모를 기술하다.〈날짜 기록 없음〉

210. 1674/현종 15/현종대왕 행장(行狀)에, "국내에 유시를 내려 해묵은 미납 조세는 일체 탕감하고 가벼운 죄수를 풀어주며 버려져 있던 인재를 다시 서용하게 했으므로 시골 아낙들이 그 유시를 언문으로 번역하여 서로 외우면서 감격의 눈물을 흘리고 죽음이 있는 것도 다

잊었던 것이다."라고 하였다.〈날짜 기록 없음〉

211. 1674/08/30/숙종 0/대왕대비전[인조 계비 장렬왕후(莊烈王后)]과 왕대비전[현종 비(妃) 명성왕후(明聖王后)]에서 약방에 언문 교지를 내려 임금이 약 드시기를 청하게 하다.

212. 1674/09/02/숙종 0/대왕대비전(大王大妃殿)[인조 계비 장렬왕후(莊烈王后)]에서 약방에 내린 언문 교서에서 임금이 약 드시게 됨을 알리다.

213. 1674/09/08/숙종 0/왕대비[현종 비(妃) 명성왕후(明聖王后)]가 선왕(효종)의 행장을 언문 교지로 적어 내리자, 대제학 김만기 등이 한문으로 번역하다.

214. 1674/12/07/숙종 0/자전(慈殿)[현종 비(妃) 명성왕후(明聖王后)]이 약방에 언문 교지를 내려 왕의 기침이 심하니, 도성 밖으로의 거둥을 중지하도록 권유하다.

215. 1674/12/09/숙종 0/왕대비가 언서를 약방에 내려 교외에서 백관이 임금을 맞이함을 알리다.

216. 1675/03/18/숙종 1/자전(慈殿)[현종 비(妃) 명성왕후(明聖王后)]이 대신에게 언문 교서를 내려 말하기를, "주상이 어리니, 대신이 마음을 다해 보필하는 것이 미망인이 지극히 바라는 것이다."라고 하였다.

217. 1675/06/21/숙종 1/자전(慈殿)[현종 비(妃) 명성왕후(明聖王后)]이 친부 김우명의 상을 당하여 미음조차 들지 않아, 약방에서 문후를 여쭈니, 언문 교서로 답하기를, "살아서 쓸모없고 죽어야 할 사람이 이제까지 살아 있는 것이 고통스럽다. 이제 나라의 일을 돌아보라고 말들 하지마는, 내가 있어서 조금이라도 나라에 유익함이 있다면 어찌 한갓 애통(哀痛)한 것만을 생각해 이렇게 하겠는가."라고 하였다. 이러한 자자전의 언문 글이 널리 알려져 민가의 부인들까지도 다 들었다.

218. 1676/11/01/숙종 2/요승(妖僧) 처경(處瓊)이 왜능화지(倭菱花紙)[마름꽃의 무늬가 있는 일본 종이]를 일부러 더럽히고 언문으로 써서 이르기를, '소현(昭顯)의 유복자(遺腹子) 을유(1645, 인조 23) 4월 초 9일생'이라 하고, 그 아래에 또 '강빈(姜嬪)[소현세자 빈(嬪)]'이라는 두 글자를 썼다.

219. 1680/07/24/숙종 6/ 도깨비 소동이 일어나자 왕대비[현종 비(妃) 명성왕후(明聖王后)]가 왕에게 날을 받아 경덕궁으로 옮겨 거처할 것을 청하는 하교를 약방에 내리고, 약방 도제조 김수항이 이를 거행하다.

220. 1680/12/23/숙종 6/왕대비[현종 비(妃) 명성왕후(明聖王后)]가 영중추부사(領中樞府事) 송시열(宋時烈)에게 궁궐에 들어와 왕을 도우라고 언문 교지를 내리니 송시열이 명을 따르다.

221. 1681/01/03/숙종 7/왕대비[명성왕후]가 새 중전의 간택[숙종 6년 10월 26일 왕비 인경왕후(仁敬王后) 죽음]에 관해 언서로 하교하자, 이에 관해 논의하다.

222. 1681/01/04/숙종 7/새 중전의 간택에 관해 논의하는 중 왕대비[현종 비(妃) 명성왕후(明聖王后)]가 언문 교지로 답하다.

223. 1681/03/21/숙종 7/임금이 죽은 인경왕후(仁敬王后) 능(陵)을 방문하려 하니, 자전(慈殿)[명성왕후]이 언찰로 약방에 하교하여 날짜를 늦추게 하다.

224. 1681/03/26/숙종 7/임금의 혼인을 위해 삼간택을 거행하니 왕대비[현종 비(妃) 명성왕후(明聖王后)]가 병조판서 민유중의 딸을 간택해 두고 언문 교지를 내려 신하들의 뜻을 묻다.

225. 1681/07/21/숙종 7/함경도 관찰사 윤지선이 김정국의 경민편과 정철의 권민가로 도내 부녀의 교화와 안무를 건의하다.

226. 1683/10/13/숙종 9/성내에 두질(痘疾)이 크게 번지니 왕대비[현종 비(妃) 명성왕후(明聖王后)]가 궐중 왕래를 삼가도록 언문으로 하교하다.

227. 1683/12/05/숙종 9/자전(慈殿)[명성왕후]이 병이 심해지자, 스스로 일어나지 못할 줄 알고 언서로 유교(遺敎)를 지어 궁인에게 맡기고, 또 상렴(喪斂)에 드는 의대(衣襨)와 여러 물품을 봉해 두었는데, 승하함에 이르러서야 비로소 내렸다.

228. 1684/10/27/숙종 10/경안군[소현세자의 아들인 이회(李檜)의 부인 허씨(許氏)가 언문으로 종부시(宗簿寺)에 단자를 올려, 임금의 둘째 아들 이엽의 혼사를 홍구서(洪九敍)의 딸과 할 수 있도록 청원하다.

229. 1684/11/04/숙종 10/대왕대비[인조 계비 장렬왕후(莊烈王后)]가 임금 거처를 창경궁 내반원(內班院)으로 옮기도록 권하는 언문 교지를 내리다.

230. 1688/11/25/숙종 14/사헌부에서 유두성이 감옥에서 나오자 유두성의 누이가 언문으로 단자를 올려 그 어머니의 음행을 증거했는데, 딸로서 어머니의 음행을 증거한 일은 반드시 지켜야 할 윤리에 관계되므로 엄하게 조사하여 법률로 처리할 것을 청했다.

231. 1689/02/04/숙종 15/임금의 비망기에 주가(主家)[공주 처소]에서는 매일 (언문으로) 상서(上書)하여 대비께 문안을 드리는 것이 예라는 내용이 언급되다.

232. 1689/04/18/숙종 15/유두성이 누이동생인 유두임(柳斗任)이 이대헌의 사주를 받아 언문 소장을 순찰사에게 제출했으나 받아들여지지 않자 다시 한문 소장을 내었으나 받아들여지지 않다.

233. 1689/06/03/숙종 15/송시열의 졸기에, "곧 왕실 초상을 당해, 성모(聖母)[숙종의 생모(生母)인 명성왕후(明聖王后)]께서 언문 편지로 간절하게 만류함으로써 몇 달 힘쓰다가 돌아갔다."라고 하였다.

234. 1689/08/29/숙종 15/대사간 정유악 등이 아뢰기를, "이상은 글을 못하고 무식한데, 어리석은 여인을 달래어 언문 소장을 써주고 종[奴]과 말[馬]을 갖추어 순영(巡營)에 가서 소장을 내게 하여, 딸로서 어미의 죄를 증거하게 했습니다."라고 하였다.

235. 1690/08/17/숙종 16/전 복평군(福平君) 이연[인조의 손자]의 첩의 딸 영이가 공초하기를, "언문 편지에 이루어진 약(藥)을 보낸다고 했다는 것은 본디 그런 일이 없습니다. 올해 성

혼(成婚)한 뒤에 저희 아비가 까닭 없이 저희 어미를 내쳤으므로 스스로 몹시 울었을 뿐입니다."라고 하였다.

236. 1691/09/13/숙종 17/판부사 김덕원이 차자(劄子)를 올리기를, "청하건대, 춘방(春坊)으로 하여금 《소학》·《효경》 가운데에서 알기 쉬운 좋은 말을 뽑아 언문으로 번역해 동궁(東宮)의 보모(保姆)를 시켜 아침저녁으로 가르치게 하소서."라고 하였다.

237. 1694/04/17/숙종 20/임금이, 민암 부자(父子)가 전에 거짓말을 만들어 금중(禁中)에 흘려 들여, '왕비가 본제(本第)에 있을 때 귀인(貴人)과 함께 은화(銀貨)를 내고 액정(掖庭)[궁중(宮中)]과 맺었다.'라고 했으므로, 이것을 먼저 민암·민장도에게 물으라고 명했다. 민암·민장도는 승복하려 하지 않았는데, 임금이 또 그 말이 장희재의 언문서에서 나왔다 하여, 드디어 장희재[희빈(禧嬪) 장(張)씨의 오빠]를 국문하라는 명이 있었다.

238. 1694/04/27/숙종 20/대개 임금이 언문 편지 일로 장희재의 죄를 감정(勘定)하라고 명했는데, 대관(臺官)이 배소로 도로 보내는 것으로 잘못 생각해 아뢴 말이 이러했다.

239. 1694/05/11/숙종 20/송시열의 아들 송기태가 왕대비[명성왕후]로부터 받은 언문 편지 등을 임금께 바치다.

240. 1694/05/20/숙종 20/임금이 판정하기를, "언서는 이미 내가 직접 본 것이니 다시 물어볼 필요도 없는 일이다. 민암·함이완과 은밀히 도모하고 비밀리 계획하여 은연중 시험해 보고 하루 이틀이 지나자 민암이 과연 입주(入奏)했던 것이다."라고 하였다.

241. 1694/05/21/숙종 20/사간(司諫) 한성우 등이 논핵하기를, "장희재는 언문 편지를 유입시켜 곤전(坤殿)[왕비(王妃)]을 무함했고 군부(君父)를 기만했으며 무고 사건을 크게 일으켰으니 이것이 어떠한 악역(惡逆)입니까. 그런데 어찌 사실을 털어놓기를 기다리지 않고 곧바로 먼저 참작해 처리할 수가 있단 말입니까."라고 하였다.

242. 1694/05/26/숙종 20/유학(幼學) 이창규가 상소하기를, "그런데 장희재만 어찌 유독 처형을 면할 수 있겠습니까. 장희재의 죄는 처음에는 흉서(凶書)에서 나왔고 또 언문 편지에서 드러났습니다."라고 하였다.

243. 1694/05/02/숙종 20/국청에서 민암을 국문하기를, "경오년(숙종 16. 1690) 겨울에는 말을 조작해 궁중(宮中)에 유입시켜 말하기를, '왕비[인현왕후(仁顯王后)]가 본집에 있으면서 귀인(貴人)과 서로 은(銀)을 거출하여 액정(掖庭)과 결탁한다.'라고 하였고, 장희재의 언문 편지에는, '민암을 가서 만나보니 그 말이 이와 같았다.'라고 하였다.

244. 1694/05/02/숙종2 /[보궐] 그때 함이완·민장도가 차례로 자백하여 민암·장희재의 음흉한 정상이 더욱더 낭자하게 드러났는데, 임금이 하교하여 언문서 사건을 발설함에 있어서 그 단서가 궁궐에까지 미치게 되어 역적 무리가 국모(國母)[인현왕후(仁顯王后)]를 모위(謀危)한 죄는 더욱 단 하루도 천리 사이에 목숨을 살려둘 수 없었다.

　　　　　　　　　　　　조선시대 여성과 한글 발전

245. 1694/05/04/숙종 20/정언(正言) 박권이 논핵하기를, "장희재는 언문 편지를 유입시켜 무함이 곤전(坤殿)에 미쳤고 임금을 기만하여 크게 무옥(誣獄)을 일으켰으니 귀신과 사람이 함께 분노하는 바이며 하늘과 땅 사이에 용납할 수 없는 자입니다."라고 하였다.

246. 1694/05/07/숙종 20/정언(正言) 박권이 장희재의 죄를 거듭 논핵하며 그 조사(措辭)를 변경해 아뢰기를, "중전(中殿)[인현왕후(仁顯王后)]을 무함하여 편지에 써서 궁중에 유입시켜 전하께서 읽어 보시기까지 했는데, 세월이 오래되어 까마득하다고 하는가 하면, 또는 기억할 수 없다고 하기도 하여 언문 편지가 있었는지, 없었는지 불확실한 가운데에 두고, 성교(聖敎)를 허위인지 사실인지 불분명한 사이로 돌렸습니다."라고 하였다.

247. 1694/05/11/숙종 20/양주의 유학(幼學) 박상경이 상소하기를, "모해하려 했던, 언문 편지는 전하께서만 홀로 보셨고 외신(外臣)들로서는 알 바가 아니지만, 우러러 생각하건대, 성심(聖心)은 반드시 장희재를 법대로 처형하려다가 불행하게도 대신들의 잘못으로 인하여 사형(死刑)을 감면(減免)하는 분부가 내리시게 되었을 줄로 압니다."라고 하였다.

248. 1694/05/11/숙종 20/송시열이 전후의 상소 세 벌과 효종(孝宗)의 어찰(御札) 세 폭과 명성왕후(明聖王后)[현종의 비(妃)]의 언찰 한 폭까지 합쳐 봉함해 송주석에게 맡겼다.

249. 1694/05/18/숙종 20/임금이 말하기를, "장희재의 언문 편지는 내가 이미 직접 보았는데 그것이 애매하게 알기 어려운 것이 아니므로, 삼사(三司)의 공의(公議)를 내가 잘못이라고 하지 않는 것이다."라고 하였다.

250. 1694/05/20/숙종 20/헌납 윤성교 등이 논핵하기를, "그리하여 언문 편지를 유입(流入)시켜 곤전(坤殿)[인현왕후(仁顯王后)]을 모해했으니, 온 나라의 인심이 절치부심(切齒腐心)하는 바입니다."라고 하였다.

251. 1694/05/21/숙종 20/남구만이 아뢰기를, "장희재가 언문 편지 일에 대해 언제나 말하기를, '오래되어 기억할 수 없고 그저 전해 들은 말로 궁중에 통해 주어 조심하도록 한 일은 있었다.'라고 하니, 언서의 말이 과연 그가 대답한 말대로라면 말을 만들어 중궁을 모해한 자와는 차이가 있으니, 이것을 참작해 처리하심이 한 가지 방도가 되겠습니다."라고 하였다.

252. 1694/05/22/숙종 20/임금이 판결하기를, "장희재의 말은 언문 편지 내용과 다른 것이 없다."라고 하였다.

253. 1694/05/26/숙종 20/국청에서 물으니, 민암이 대답하기를, "설사 장희재의 말과 같다 하더라도 김정열의 옥사는 신미년[숙종 17. 1691]에 있었는데, 신미년에 들은 것을 어떻게 경오년[숙종 16. 1690]의 언문 편지에 기재할 수 있었겠습니까. 장희재가 처음 말하지 않은 것은 제 몸을 위한 계책이요, 오늘날에야 비로소 말한 것도 나를 미워해서가 아니라 또 제 몸을 위한 계책입니다."라고 하였다.

254. 1694/06/03/숙종 20/집의(執義) 유득일이 아뢰기를, "그가 말한 '폐비(廢妃)[이해 4월 왕비

장(張)씨를 폐위하고 숙종 15(1690) 5월 폐위된 인현왕후(仁顯王后)를 복위했다.]는 재화(財貨)를 아끼지 않았고, 김귀인(金貴人)은 지혜가 많다.'는 말도 비록 이미 죽은 민종도에게 미루어대고 있지만, 이미 못된 아들과 흉악한 조카와 함께 장희재를 대하여 이 일을 논했으니, 장희재의 언문 편지에 있는 패역스러운 말과 똑같은 것입니다."라고 하였다.

255. 1694/06/04/숙종 20/좌의정 박세채가 임금께 올린 상소문 가운데 '인심을 따르는 것[順人心]'에 말하기를, "성상의 분부에 언급하신 언문 편지와 그들이 옥중에서 서로 주고받은 것이 앞뒤가 부합(符合)하니, 주종(主從)인 저나 이는 범한 죄가 똑같습니다. 이래서 온 나라의 인심이 더욱 팔을 걷어붙이며 분하게 여겨 기필코 법에 맡기고야 말려고 하는 것입니다."라고 하였다.

256. 1694/06/15/숙종 20/강민저가 상소하기를, "언문으로 쓴 한 가지 조항은 특별히 악을 치시려는 예단(睿斷)[임금의 판단]에서 나온 것인데, 유사(有司)의 신하가 그대로 받들어 거행하는 실상이 없고 대신이 내놓은 의견은 보통 인정을 훨씬 지나친 것인데 이로 인해 그만 전하께서 뜻이 굳어졌으니, 온 나라 사람들의 마음이 또한 어찌 억울하지 않겠습니까."라고 하였다.

257. 1699/04/03/숙종 25/청백리로 소문난 참관 이단석(李端錫)이 죽은 후 극도로 곤궁해진 그의 아내가 언문으로 단자를 올려 진휼을 청하자, 매달 쌀 1곡(斛)을 지급하게 하다.

❀ 18세기

258. 1701/04/25/숙종 27/진사 유석기(兪碩基)가 일찍이 아내 윤씨를 쫓아냈는데 유석기가 죽자 윤씨가 돌아와 상복을 입고 곡을 하자, 유석기의 이모부 심익겸이 윤씨의 상복을 뺏고 쫓아 냈다. 이에 윤씨가 통곡하며 죽은 남편 무덤에 가서 언문 유서를 써 두고 자결하니, 조정에서 심익겸과 유씨 집안의 어른 유명겸을 옥에 가두고 문책하다.

259. 1701/10/16/숙종 27/국청(鞫廳) 죄인 작은아기[者斤阿只]가 공초하기를, "제가 하량교(河梁橋)에 살 때 언서 익명서가 여러 차례 담을 넘어 던져졌는데, 그 사연은, '이항이 반적(叛賊)들을 종용해 민(閔) 중전(中殿)[이해 8월 14일 홍(薨)한 숙종의 계비(繼妃) 인현왕후(仁顯王后)]을 배척하여 폐하게 하고, 장희재[희빈(禧嬪) 장(張)씨의 오빠]가 조정 정사를 맡고자 한다.'는 것이었습니다."라고 하였다.

260. 1701/10/22/숙종 27/집의(執義) 유명웅 등이 아뢰기를, "아, 역적 장희재가 흉악한 도적 민암과 같은 불만을 품은 무리들과 결탁하여, 국모[이해 8월 14일 홍(薨)한 숙종의 계비(繼妃) 인현왕후(仁顯王后)]에게 망극한 화를 얽어 씌우려고 비밀리에 언문서를 만들어 궁궐 안과 몰래 내통했으니 이것은 실로 이전 역사에서 보지 못했던 일이며 신인(神人)이 함께 분노하는 바였으니, 전하께서 갑술년 국청(鞫廳)에서 밝히고 드러낸 것은 대개 이 때문이었습니다."라고 하였다.

261. 1701/10/29/숙종 27/국청 죄인 장희재를 결안취초(結案取招)하고 군기시 앞길에서 처형 당했다. 그 결안에 말하기를, "전지하신 안에, '제가 간흉(奸凶)과 결탁하여 곤전(坤殿)[인현 왕후(仁顯王后)]을 모해하고 감히 차마 들을 수 없는 말을 언문 편지에 써서 궁궐 안에 유입 시켜 임금께서 살펴보는 일에 오르게까지 하였다.'라고 하셨으니, 그 마음씀의 패륜과 음 흉함은 실로 천고(千古)에 없었던 바입니다."라고 하였다.

262. 1701/11/05/숙종 27/국청에서 아뢰기를, "장희재가 이미 언문 편지를 유입해 국모(國母) [인현왕후(仁顯王后)]를 모해한 죄로 처벌을 받았으니, 항(杭)의 죄역(罪逆) 또한 어찌 일분 (一分)인들 살아날 길이 있겠습니까."라고 하였다.

263. 1701/11/06/숙종 27/판의금부사 이여는 말하기를, "적(賊) 장희재가 언문 편지를 유입시켜 국모[인현왕후(仁顯王后)]을 모해했으나, 당초에 실형(失刑)한 까닭에 8년 동안 귀신과 사 람이 함께 분노를 쌓아 왔는데, 오늘에 이르러 비로소 하늘의 벌을 받았습니다."라고 하 였다.

264. 1701/11/11/숙종 27/국장도감(國葬都監)에서 대비의 장례식 때, 시책문(諡冊文)과 애책문 (哀冊文)을 여관(女官)으로 하여금 읽게 하므로 전례에 따라 진서와 언문 두 가지를 모두 써 서 넣도록 아뢰다.

265. 1705/09/12/숙종 31/태영(泰英)이 심문을 받으면서, 제 지아비 유정기(兪正基)의 죄상을 언문서로 진술하다.

266. 1706/07/19/숙종 32/윤순명 공초에 장희재의 처가 김춘택과 간통한 것을 고백한 언문편 지가 언급되다.

267. 1709/10/09/숙종 35/동궁 모해 역모로 포도청에 갇힌 강재승(姜宰承)의 집안을 수색하니, 그의 어머니가 쓴 언문서 1매와 원정 등의 문서가 나오다.

268. 1710/10/29/숙종 36/영원군(靈原君)이 과매(寡妹)에게 언문 편지를 보내어, 의금부 수사에 서 좋은 말로 대답해 달라고 부탁하다.

269. 1720/06/08/숙종 46/환시(宦侍)가 중궁[숙종의 둘째 계비(繼妃) 인원왕후(仁元王后)]의 언 교(諺敎)를 원상 김창집에게 나와 전달했다.

270. 1720/06/09/숙종 46/중궁[숙종의 둘째 계비(繼妃) 인원왕후(仁元王后)]이 언서로 원상 김 창집에게 하교하기를, "근래 해조(該曹)의 재정이 바닥이 난 가운데 지금 국휼(國恤) 초상 (初喪) 때의 모든 물품과 산릉(山陵)의 공역(工役)을 모두 다 감당하게 되니, 모든 일에 반드 시 부족할 염려가 많을 것이다."라고 하였다.

271. 1720/06/21/경종 0/대비전[숙종의 둘째 계비(繼妃) 인원왕후(仁元王后)]께서 언서로 하교 하기를, "대행대왕[6월 8일 훙(薨)한 숙종]께서 생존하셨을 때 하교에, '선원전(璿源殿)에는 참봉을 차출하지 말고 대내(大內)에서 삭망(朔望, 음력 초하루와 보름)에 분향(焚香)하며, 내가

만약 불행하게 되면 장녕전(長寧殿)에 있는 어진(御眞)을 펴서 봉안(奉安)하라.'라고 하셨는데, 나라가 불행하여 갑자기 오늘의 일을 당했으니, 장녕전의 어진을 어찌해야 하겠는가."라고 하였다.

272. 1721/08/20/경종 1/대피봉 안에는 종이 두 장이 들렸는데, 한 장에는 해서(楷書)로 '연잉군(延礽君)[숙종과 숙빈(淑嬪) 최(崔)씨 사이의 아들인 이금(李昑). 후일의 영조]'이란 세 글자를 썼고 한 장은 언문 교서였는데, 이르기를, "효종대왕의 혈맥과 선대왕(先大王)의 골육(骨肉)으로는 다만 주상과 연잉군 뿐이니, 어찌 딴 뜻이 있겠오. 나의 뜻은 이러하니 대신들에게 하교하심이 옳을 것이오."라고 하였다.

273. 1721/12/23/경종 1/박상검이 환관과 모의하여 왕세제[숙종과 숙빈(淑嬪) 최(崔)씨 사이의 아들인 이금(李昑). 후일의 영조]를 살해하려 한 사건이 일어나자, 대비가 영의정 조태구 등에게 언문 교지를 내려 왕세제를 궁 밖으로 나가도록 권유하다.

274. 1721/12/27/경종 1/영의정 조태구가 대비[인원왕후]가 직접 쓴 언문 교지의 문제를 상소하자 임금이 대비의 언문 교지에 대해 "자성(慈聖)[인원왕후(仁元王后)]께서 처음 내리신 언문 교지는 궁인과 환관이 체결했다는 말씀이고, 재차 내린 언문 교지에 궁인의 성명을 써서 내리셨을 때는 그 가운데 한 사람이 환관과 체결한 일이었다. 중신(重臣)의 상소는 원래이 일을 알지 못했으니 책임을 지시라는 것은 부당하다. 안심하여 피하지 말고 속히 나와일을 보라."라고 하였다.

275. 1722/05/05/경종 2/사헌부가 계를 올려 이이명과 김창집의 가산 적몰을 주장하며, 역적들의 어머니와 누이가 그들이 쓴 언문 편지 내용이 드러나자 스스로 자결했다고 아뢰다. 또역적 이희지의 어머니가 쓴 언문 편지를 찾아 조사한 사실을 언급하다.

276. 1722/05/15/경종 2/사헌부에서 아뢰기를, "그 당시 춘궁(春宮)[연잉군(延礽君)]의 하령(下令)과 자성(慈聖)[인원왕후(仁元王后)]의 언문 교지에 진실로 차마 들을 수 없는 것이 있었으므로 흉엄한 죄는 진실로 한 시각이나마 숨을 쉬며 사는 것을 용납할 수 없었으니, 곧바로 바른 법대로 하는 것은 도리에 당연했으며, 국청(鞫廳)을 설치하고 엄하게 추문해 속속들이 밝히는 것은 스스로 옥사를 다스리는 올바른 법이었습니다."라고 하였다.

277. 1722/09/12/경종 2/죽은 승지 김보택(金普澤)의 집안이 죄에 빠져 의금부의 조사를 받던 중, 아내의 언문 편지에서 그의 죄상이 적발되자, 그의 아내가 가문의 보호를 위해 자결하다.

278. 1722/11/20/경종 2/밤 2경(更)에 대비전[인원왕후]에서 언문 교서를 정원에 내리기를, "임금께서, 5, 6일 전부터 치통이 있었는데, 어제부터는 볼 부분이 부어 수라(水剌)를 전혀 진어(進御)하지 못하시나, 의관 또한 불러 보지 않으시니, 지극히 민망하다."라고 하였다.

279. 1723/06/01/경종 3/[수정실록] 이조판서 송상기의 졸기에, '신축년(경종 1년. 1721) 겨울 조

태구가 왕대비(王大妃)[인원왕후(仁元王后)]의 언문 교서를 봉환(封還)시킬 때를 당하여 송
상기가 병조판서로서 소장을 올렸다.'라고 하였다.

280. 1724/08/30/영조 0/영조가 즉위할 때 어좌에 오르는 것을 사양하자, 이광좌 요청으로 왕
대비[인원왕후(仁元王后)]과 왕비[정성왕후(貞聖王后)]가 언문 교지로 보위에 오를 것을 권
유하다.

281. 1724/11/09/영조 0/동학 훈도 이봉명이 상소하기를, "자성(慈聖)[인원왕후(仁元王后)]의 언
문 교지를 막아 널리 알리지 못하게 하고 선왕의 특지를 게으름을 피우며 즉시 거행하지
않았으니, 만약 그 내력을 캐낸다면 위험한 일을 꾀하는 의도에서 나오지 않은 것이 없습
니다."라고 하였다.

282. 1724/11/12/영조 0/김동필이 말하기를, "자성(慈聖)[인원왕후(仁元王后)]의 언문 교지를 막
아 널리 알리지 않았다고 하는 것을 가리키는 뜻이 위험합니다."라고 하였다.

283. 1724/11/29/영조 0/이의연을 비호하고 대신을 모욕하는 박지혁 상소에 명성왕후(明聖王
后) 언문 편지가 언급되다.

284. 1724/12/22/영조 0/ 대왕대비전에서 언문 교지로 약원에 이르기를 ""왕대비전(王大妃殿)의
기운이 쇠잔하여 지탱하기 어려우니 권도(權道)를 따를 것을 청함이 마땅하다."라고 하
였다.

285. 1725/01/02/영조 1/전(前) 도사(都事) 유응환이 상소하기를, "이 상소가 있은 후 열흘이 못
되어 박상검의 일이 드러났으니, 그 체결(締結)하여 함께 꾀한 형상을 이에서 알 수 있으
며, 더구나 자성(慈聖)[인원왕후(仁元王后)]의 언교를 중간에서 막아 돌려주어 밖의 사람들
로 하여금 모르게 했습니다."라고 하였다.

286. 1725/03/25/영조 1/헌납(獻納) 정택하가 상소했는데, 대략 말하기를, "지금 역적을 토주(討
誅)하자는 의논은 그 근본을 캐보면 조태구와 최석항이 공모 주범이 되었습니다. 혐의를
무릅쓰고 나타냈다는 말과 언문 전교를 도로 바쳤다는 일은 크게 나라 사람들이 함께 죄인
을 벌주어야 할 바입니다.

287. 1725/04/26/영조 1/삼사(三司)에서 전에 함께 아뢴 것을 거듭 아뢰고, 또 아뢰기를, "심지
어 언문 교서를 돌려 보내기에 이르러서는 자전(慈殿)[인원왕후(仁元王后)]으로 하여금 화
기(禍機)가 있을 즈음에 손을 쓰지 못하게 했습니다."라고 하였다.

288. 1726/07/05/영조 2/약방(藥房) 도제조 민진원이 말하기를, "이는 곧 명성왕후(明聖王后)[현
종의 왕비(王妃)]의 언찰입니다. 경신년[숙종 6년. 1680]에 선정(先正)[송시열]이 다시 조정
으로 돌아왔을 때 명성왕후께서 특별히 어찰을 내리시어 김석연으로 하여금 전선(傳宣)하
게 했던 것입니다."라고 하였다.

289. 1727/05/29/영조 3/시독관 신노가 아뢰기를, "전하께서는 자주 재물을 궁중으로 들이신

일이 있었습니다. 옛말에 이르기를, '천하 사람들 때문에 자신의 부모에게 검소하게 하지
않는다.' 했으니, 부모를 기쁘게 하는 길이 비록 그 지극한 것을 사용하지 않을 수 없겠지
만, 그러나 양지(養志)의 효도가 큰 것입니다. 경자년 대상(大喪)[1720년 숙종의 훙(薨)함]
때 동조(東朝)[명성왕후(明聖王后)]께서 언문 교서를 내리시어 여러 가지 기구(機具)를 없애
거나 덜게 하셨으니, 전하께서 이 뜻을 우러러 체득하시면 뜻을 받드는 효도라 할 수 있습
니다."라고 하였다.

290. 1727/07/13/영조 3/임금이 말하기를, "자성(慈聖)[인원왕후(仁元王后)]의 언문 교지로 말하
면 그때 송상기의 소(疏)에 이것을 죄로 삼았는데 모함하는 무리가 문득 악용하는 기회로
삼아 고집하여 마지 않았다."라고 하였다.

291. 1727/10/06/영조 3/심수현이 말하기를, "다만 '영정행(永貞行)[중국 문인 한유(韓愈)가 〈영
정행(永貞行)〉이라는 글을 지어 왕비를 비판했다.]' 뿐만이 아닙니다. 언서에 이른 '취반(炊
飯)'이란 말은 더더욱 흉패(凶悖)스럽습니다."라고 하였다.

292. 1727/10/20/영조 3/목효룡 사건과 관련하여 이희지 어미 언찰이 언급되었는데, 조태억이
또 아뢰기를, "이희지의 어미에 대해서도 언찰을 이유로 옥사(獄事)를 이루려고 하지 않았
기 때문에 불문에 붙이자는 의논을 극력 주장했습니다."라고 하였다

293. 1733/02/06/영조 9/봉조하 민진원이 말하기를, "경종께서 서안(書案)을 돌아보고 가리키
므로, 대신이 가져다가 받들어보니, 자전(慈殿)[인원왕후(仁元王后)]의 언문 교서와 경종의
친필이었습니다. 좌의정 이건명이 받들어 읽자 입시했던 여러 신하들이 모두 목이 메이도
록 울고 물러나왔습니다."라고 하였다.

294. 1736/01/27/영조 12/중전이 언문 교서를 내려 대왕대비전[숙종의 둘째 계비 인원왕후]의
진연례 행하는 것을 허락하지 않다.

295. 1736/05/21/영조 12/성주목사가 죽자 그의 처가 언문으로 겸관에서 소장을 올리다.

296. 1743/02/05/영조 19/정몽주 후손 중 늙은 부인이 언단(짧은 언문 상소)을 올려 제사지낼 것
을 청하다.

297. 1743/07/17/영조 19/대왕대비가 임금의 오순 잔치를 권유하는 언문 교서를 내리다.

298. 1748/12/02/영조 24/공승언 공초에 귀정이라는 나인 작부가 언문 책을 잘 읽었다고 언급
하다.

299. 1749/12/17/영조 25/임금이 오열하면서 말하기를, "이에 동조(東朝)[인원왕후(仁元王后)]
께서 언문 교지를 내리셨는데, 조태구가 이를 받지 않고 봉납(封納)했으니, 이것은 진실로
옳은 일이었다. 경들은 어떻게 알고 있는가."라고 하였다.

300. 1752/02/27/영조 28/명정전에 나아가 황단의 서계를 받고, 존호를 올리는 일을 의논하였
으나 임금이 가납하지 않자, 대왕대비가 여러 차례 언문 교지를 내리다.

301. 1752/04/18/영조 28/포도청에서 이소(李炤) 첩 초정(草貞)이 이양제에게 보낸 언문 편지를 증거로 이양제와 초정을 심문하여 공초를 받다.

302. 1752/12/05/영조 28/송현궁에 거둥한 이후 환궁 문제로 논란을 벌일 때 대왕대비가 언문 교서로 하교하고 임금이 이에 대해 언문 답서를 올리다.

303. 1752/12/08/영조 28/김상로 등 신하들이 대소 공무를 동궁(정조)에게 처결 받으라는 왕명을 거두어 달라고 대왕대비전에 청하니, 대왕대비가 언문 교서로 답하다.

304. 1752/12/17/영조 28/왕의 귀궁 문제로 대왕대비전과 동궁에서 언문 교서로 승전색(내시부 관직)에 하교하다.

305. 1753/07/05/영조 29/사족인 윤씨(여성)가 동기인 윤성동이 포청에 들어가자 종으로 하여금 언문 서장을 바치게 해 모함하여 벌을 내리다.

306. 1753/11/26/영조 29/도제조 이천보가 말하기를, "지난 신축년[경종 1년. 1721]에 동조(東朝)[인원왕후(仁元王后)]께서 언문 비망기를 빈청에 내리셨는데 조태구가 숨기고 발표하지 않으므로 중신(重臣) 송상기가 곧바로 들어가 보기를 청했으나 조태구가 끝내 허락하지 않았고, 그때의 사관(史官)만이 겨우 보았습니다."라고 하였다.

307. 1755/03/08/영조 31/동조(東朝)[인원왕후(仁元王后)]가 언문 교지를 신회에게 주어 돌아가 아뢰게 하기를, "이제 흉적의 말을 들으니, 마음이 매우 아프오. 진실로 엄중히 다스려 국법을 바로잡아야 마땅한데 어찌 대내(大內)로 돌아가지 않고 송현궁에 머물 수 있겠오."라고 하였다.

308. 1755/10/09/영조 31/ 임금이 '부르는 대로 받아 쓰라.' 하고, 《천의소감(闡義昭鑑)》 찬수를 맡은 여러 신하에게 하유(下諭)했다. 그 글에 말하기를, "계획이 이루어지지 않고 승하하시니, 못하는 짓이 없는 효경(梟獍)의 마음으로써 우리 황형(皇兄)[경종]의 계술하는 대효(大孝)를 은밀히 가리고는 감히 우리 자성(慈聖)[인원왕후(仁元王后)]께서 언문 교지로 국책(國策)을 결정하신 일을 원망하고 망측한 말을 조작해 전하고 또 전해, 신치운은 그 부도(不道)의 말을 토로했고 심악은 그 부도의 마음을 드러내었으니, 분통함을 금할 수 있겠는가, 분통함을 금할 수 있겠는가. 불러 쓰는 일이 이에 이르니, 마음이 무너지는 것 같다."라고 하였다.

309. 1755/12/08/영조 31/자전(慈殿)[대왕대비 인원왕후(仁元王后)]의 언문 교서를 내어 보이고, 주서(注書, 기록관)에게 명하여 번역해 쓰게 하였다.

310. 1756/02/24/영조 32/임금이 대왕대비[숙종 계비 인원왕후]의 언문 교서를 잘 간직하도록 하다.

311. 1756/07/09/영조 32/이날 동조(東朝)[인원왕후(仁元王后)]가 언서로 하교하기를, "주상께서 만약 진하를 받는다면 장차 내 마음이 즐겁겠노라."라고 하였다.

312. 1757/05/05/영조 33/명하여 대행대왕대비[숙종의 둘째 계비 인원왕후(仁元王后)가 3월 26일 운명] 빈전(殯殿)의 시책문(諡冊文)과 애책문(哀冊文)을 언서로 써서 들여오게 하였다.

313. 1765/10/06/영조 41/하교하기를, "하물며 옛날 언교를 받자와 잔치를 받음에 있어서랴. 이번에 잔치를 받는 것은 한편으로는 자성[인원왕후(仁元王后)]의 인자(仁慈)하신 덕을 드러내며 한편으로는 아래로 세손(世孫)의 지극한 효성의 마음을 좇은 것이니, 청사(靑史)에 기록해 후세에 전하라."라고 하였다.

314. 1769/11/20/영조 45/약방에서 중궁전(中宮殿)[영조의 계비 정순왕후]에 상선(常膳)을 회복하기를 청하니, 언서로 비답을 내려 그대로 따랐다.

315. 1772/09/26/영조 48/임금이 반교문(頒敎文)을 지어 내렸는데, "이번 이 일을 어찌 크게 벌이는 것이라고 하겠는가. 자성(慈聖)[인원왕후(仁元王后)]의 언문 교지를 추억하고 황형(皇兄)[경종]의 부탁을 본받으며 80년 가까이 살면서 이제 이 달 이 날을 보니, 내 마음이 어찌 끝이 있겠는가. 충자(冲子)[세손(世孫)]의 마음에 감동하여 이 예를 옛 집터에서 받으니 마음은 비록 깊지만 아주 겸연쩍다."라고 하였다.

316. 1776/03/08/영조 52/대신과 백관이 중궁전에 가서 왕세손이 보위를 잇도록 설득해 달라고 청하자, 중전[영조의 계비 정순왕후]가 언문 교지를 내리기를, "이 붕천(崩天)[이해 3월 5일 영조가 운명]의 슬픔을 당해 오늘의 계사(啓辭)를 보니 더욱이 망극하나, 종사(宗社)의 부탁이 더욱 급하다. 세손[정조] 슬퍼함이 도를 지나고 따르지 않는 것은 온정과 도리가 그렇기는 하겠으나, 열성조(列聖朝)를 계승하는 일은 어길 수 없으니, 궁궐 안에서 직접 타이르겠다."라고 하였다.

317. 1776/03/12/정조 0/왕대비[정순왕후]가 언문으로 하교하여 은자(銀子) 1천 냥을 유사(有司)에게 내려 경비에 보충하게 하고, 내려준 은기는 능전(陵殿)의 비용에 보충하게 하였다.

318. 1776/06/03/정조 0/송환억이 효종(孝宗)의 어찰과 명성왕후(明聖王后)[현종의 비(妃)]의 언교 및 독대설화(獨對說話)를 올렸다.

319. 1777/08/11/정조 1/역모 사건에서 홍술해 아내가 언문 편지(언찰)룰 통해 점방에서 비방과 저주를 일삼다.

320. 1777/10/26/정조 1/효임이 정이(丁伊)를 시켜 언문 편지를 가지고 자주 무당의 집에 오가며 저주하는 일을 의논하도록 했다.

321. 1778/05/02/정조 2/대비[영조의 계비 정순왕후]가 언문 교지를 내려 빈(嬪)의 간택을 명하니, 조정에서 금혼령을 내리다.

322. 1778/05/02/정조 2/왕대비[영조의 계비 정순왕후]가 언문 교지를 반포하여 금혼령을 내리다.

323. 1780/02/21/정조 4/왕대비[영조의 계비 정순왕후]가 언문 교지로 대신에게 임금의 후사가 없음을 지적하며, 빈 간택을 청하다.

324. 1785/05/04/정조 9/김한기가 상소에서 역적 홍인한·정후겸 등에 대한 일을 자전[영조의 계비 정순왕후]의 언문 교지로 기록하여 반포하길 청하다.

325. 1786/12/01/정조 10/홍국영 상계군 이담 등의 역적됨을 왕대비[영조의 계비 정순왕후]가 빈청(賓廳)에 언문으로 승정원에 전하다.

326. 1786/12/01/정조 10/왕대비[정순왕후]가 빈청에 언문(諺文)으로 하교하기를, "아녀자[女君]가 조정 정사에 간여하는 것은 아름다운 일이 아니다. 그러나 나라가 망하려는 때를 당해 성상이 위태롭고 나라가 위험한 것을 눈으로 직접 보고도 별것 아닌 작은 혐의를 지킨 채 끝내 한마디 말도 하지 않는다면 종사(宗社)의 죄인이 될 뿐만이 아니라, 하늘에 계신 선대왕의 영령이 어떻게 생각하시겠는가."라고 하였다.

327. 1786/12/01/정조 10/영의정 김치인 등이 왕대비[정순왕후]에게 아뢰기를, "삼가 언문 교서를 받들어 머리를 맞대고 읽으니, 의리를 밝히고 종사를 걱정하는 지성과 고심이 엄정하고 간곡하여 여러 폭에 넘쳐 흘렀습니다. 이는 모두 신(臣)들이 불충하고 무상하여 역적토벌을 늦추게 된 죄이므로 마땅히 물러가 공손히 처벌을 기다려야 합니다."라고 하였다.

328. 1786/12/02/정조 10/영의정 김치인 등이 아뢰기를, "오직 우리 왕대비[정순왕후] 전하께서 나라가 위태로운 것을 생각하고 난적(亂賊)이 자행하는 것을 두려워한 나머지 두 자전[정순왕후와 혜경궁 홍씨]의 성덕을 추모하고 선대왕의 유지를 본받아 탕약과 수라를 물리고 크게 언문 전교를 반포하셨습니다."라고 하였다.

329. 1786/12/02/정조 10/대사헌 윤승렬 등이 합문 앞에 엎드려 아뢰기를, "조금 전에 왕대비[영조의 계비 정순왕후]께서 내린 언문 전교를 보니, 말씀이 간곡하고 의리가 엄중했으므로 신(臣)들이 채 반도 못 읽어 마음이 뼛속이 모두 떨렸습니다. 참으로 그 근본을 찾아본다면 첫째도 역적 담(湛)[정조의 이복동생 은언군(恩彦君)의 장남]이고 둘째도 역적 담(湛)이었는데, 국법을 시행하기도 전에 귀신이 먼저 잡아갔습니다."라고 하였다.

330. 1786/12/03/정조 10/삼사(三司)에서 합문 앞에 엎드려 합동으로 아뢰기를, "지금 언문 교서를 보니, '두 차례 상(喪)을 당할 때 온갖 증세가 나타났으므로 처음부터 이상하게 여겼다.'라고 말했는데, 신(臣)들이 여기를 읽다가 자신도 모르게 마음이 내려앉고 가슴속이 찢어지는 것 같았습니다. 아, 이것이 얼마나 큰 참혹한 변이며, 이것이 얼마나 큰 나라의 원수입니까."라고 하였다.

331. 1786/12/03/정조 10/영의정 김치인 등이 연명으로 상소하기를, "아, 자전[영조의 계비 정순왕후]의 언문 전교는 의리를 밝히는 것이고 윤리를 부지하는 것이고 성상을 보호하는 것이고 나라의 형세를 안정시키자는 것이며 이미 날뛴 역적을 징계하는 것이고 앞으로의 화근을 막자는 것입니다."라고 하였다.

332. 1786/12/04/정조 10/약원(藥院)에서 왕대비[영조의 계비 정순왕후]에게 탕약 드시기를 청

하니, 언서로 답하기를, "조정에서 하는 일이 왜 이처럼 한심스럽단 말인가. 겉으로만 크게 떠벌리고 내용을 조사하는 방법은 지나쳐 버렸으니, 오늘날 신하들의 죄는 나라에 관계될 뿐만 아니라, 결단코 그들을 아끼는 마음이 있어 그런 것이다. 내가 무슨 마음으로 탕약과 수라를 들겠는가."라고 하였다.

333. 1786/12/04/정조 10/임금이 말하기를, "경(卿)들에게 허물을 돌릴 것이 없다. 나 역시 이러한 일을 모르는데 누가 전하고 누가 들었으며, 자전[정순왕후]께서도 어디에서 들으셨단 말인가. 이번 언문 전교는 천만뜻밖에 나온 것이다."라고 하였다.

334. 1786/12/07/정조 10/추국을 행하여 이담과의 혼사를 도왔는지 등에 대해 김우진 등을 문초하는 과정에서 자전[정순왕후]의 언문 교지를 언급하다.

335. 1786/12/08/정조 10/역모사건에 대한 구선복 문초에서 자전[정순왕후]의 언문 교지가 언급되다.

336. 1786/12/16/정조 10/삼사(三司)에서 합동으로 아뢰기를, "온 나라의 백성들이 갈수록 더 슬퍼하고 원망하며 의심하고 분노했는데, 우리 자전[정순왕후]의 언문 전교를 받아 보고 비로소 두 차례의 상변에 그 이유가 있다는 것을 알았습니다."라고 하였다.

337. 1786/12/17/정조 10/판돈녕부사 김종수가 상소하기를, "언문 교지로 인해 하나의 죄인은 잡아냈으나 이 일만 지금까지 결말이 나지 않아 원망과 의혹이 그전보다 배나 더합니다." 라고 하였다.

338. 1786/12/20/정조 10/반정에 관한 김종수의 계목(啓目)에서 자전[정순왕후]의 언문 교지를 언급하다

339. 1786/12/22/정조 10/임금이 역적토벌에 관한 중앙과 지방에 반포한 교서에서 자전[정순 왕후]의 언문 교지를 언급하다.

340. 1786/12/22/정조 10/왕대비[정순왕후]가 비답하기를, "나의 뜻은 주상에게 다 말했다. 이번 언문 전교는 나라를 위하는데 급하여 구구하고 하찮은 고집은 돌아보지 않음으로써 경각에 달린 다급한 변고가 조금 누그러진 것 같으나 아직도 끝마치지 못한 일이 있다."라고 하였다.

341. 1786/12/26/정조 10/우의정 김익이 말하기를, "왕대비[정순왕후] 언문 전교 가운데, '괴이하다.'는 말씀은 매우 분명합니다. 그리고, '흔적이 다 드러났다.'라고 말씀하셨고, 보면 바로 분명한 일입니다."라고 하였다.

342. 1787/01/08/정조 11/역적토벌에 공을 세운 왕대비[정순왕후]에게 존호를 더 올리면서 언문 교지를 언급하였는데, 반사문(頒赦文)에 이르기를, "얼굴은 사람 모양이고 몸은 짐승 모양으로 되어 있다는 네발 가진 도깨비처럼 생긴 죄인이 도피하지 못하니 왕대비[정순왕후] 언문 교지가 딱 합치했고, 역적의 우두머리에게 죄를 몰아 빨리 죽이게 되니 나라의 기반

이 절로 반석과 태산처럼 굳어지게 되었다."라고 하였다.

343. 1787/01/14/정조 11/동지중추부사 정술조가 상소하기를, "대비전[정순왕후]에서 내리신 언문 교지를 받들어 보고서야 슬프고 통박한 것이 변고가 일어나던 처음과 다름이 없었습니다."라고 하였다.

344. 1787/01/19/정조 11/영의정 김치인이 말하기를, "자성(慈聖)[정순왕후]의 언문 교지가 한 번 나오자, 사람들이 모두 지난번 언행(言行)이 실제로 이와 같았다고 생각했으며, 자성의 하교는 한 글자도 범연하게 내린 곳이 없었으니, 비록 그 후의 반역 사건이 부절(符節)을 합친 듯했던 것으로 보더라도 또한 징험할 수 있습니다."라고 하였다.

345. 1788/08/02/정조 12/정언 이경명이 서학을 엄히 가리기를 청하면서 어리석은 농부와 무지한 시골 여자들까지 서학책을 언문으로 베껴 신명처럼 받든다고 하니 요망한 학설 폐단을 막기 위해 수령방백에게 신칙(申飭)하도록 상소하니 잘 헤아려 품처(稟處)하도록 지시하다.

346. 1789/09/01/정조 13/대비[정순왕후]가 약원에 언문 교지를 내리니, 정조가 이를 가납하다.

347. 1789/09/26/정조 13/대비[정순왕후]가 윤승렬과 이인의 일로 탕제를 도로 내리고, 대신들에게 언문 교지로 하교하다.

348. 1789/09/26/정조 13/대비[정순왕후]가 다시 언문 교지를 내려, 이인의 토죄를 엄히 분부하다.

349. 1789/09/27/정조 13/규장각 제학 김종수가 차자를 올리기를, "우리 자성(慈聖)[정순왕후]께서 종묘사직을 위하고 성상을 위하는 지극한 뜻으로 볼 때, 언문 교서는 실로 권도에 통달한 성덕에서 나온 것입니다."라고 하였다.

350. 1789/10/02/정조 13/혜경궁이 박명원에게 언문서를 내렸는데, 이것을 임금이 열람하고 환궁을 의논하다.

351. 1789/10/02/정조 13/판중추부사 서명선이 아뢰기를, "미시(未時)에 자궁[정순왕후]께서 총호사에게 언문 교서를 내리셨습니다."라고 하였다.

352. 1789/10/12/정조 13/영돈녕부사 홍낙성 등이 연명으로 차자를 올리기를, "신(臣)들이 아뢰어 청하려 하는 것은, 바로 지난달 26일에 내린 자전[정순왕후]의 언문 교서 안에 들어있는 일입니다."라고 하였다.

353. 1789/10/14/정조 13/정언 신기현이 상소하기를, "죄인[정조의 이복동생 은언군(恩彦君)]을 빼내온 조치가, 비록 전하의 우애하는 지극한 심정에서 나온 것이기는 하나, 자전[정순왕후(貞純王后)]의 언문 교서가 종묘사직과 성궁(聖躬)을 위한 것인 만큼, 자전의 뜻에 순종하는 전하의 효심으로서는 사적인 정 때문에 공정한 법을 가릴 수 없는 것입니다."라고 하였다.

354. 1789/10/23/정조 13/완성군(完城君) 이의행이 상소하기를, "그렇다면 전하의 정사와 법이 공정한 것이겠습니까, 사사로운 것이겠습니까. 자성[정순왕후(貞純王后)]의 언문 교서를 중시하는 것이겠습니까, 경시하는 것이겠습니까."라고 하였다.

355. 1789/10/24/정조 13/태학(太學) 유생들이 동맹휴학하고, 마음에 품은 바를 써 올리기를, "얼마 전에, 역적의 괴수가 도망해 돌아와 성안에 몰래 있을 때, 오직 우리 자성(慈聖)[정순왕후]의 언문 교서가 애통하고 가엾게 여겨, '여러 신하들이 힘껏 거들어 먼저 거행부터 하고 나중에 우러러 청하라.'는 분부가 있게 되었습니다."라고 하였다.

356. 1790/01/10/정조 14/양사(兩司)에서 합계하기를, "지난 병오년[정조 10년. 1786] 겨울에 자전(慈殿)[정순왕후(貞純王后)]의 언문 교서가 특별히 내렸을 때, 온 나라 사람들이 슬퍼하고 온 조정이 들끓었으니, 누군들 억울하고 통분하면서 나라의 원수를 갚고자 생각하지 않았겠습니까."라고 하였다.

357. 1790/11/18/정조 14/자전[정순왕후(貞純王后)]이 언서로 하교하기를, "역적 종친이 아직 해당하는 율문에서 벗어나 가까운 섬에 놓여 있어 처음 먹은 마음을 실현하지 못하므로 이 미망인은 살아 있는 보람이 없다. 국사를 생각하면 밤에도 잠을 이룰 수 없다."라고 하였다.

358. 1790/11/19/정조 14/좌참찬 김화진 등이 환궁을 청하는 자전[정순왕후]의 언문 교지를 바치다.

359. 1792/12/08/정조 16/임금이 승지 이익운에게 명하여 채제공이 올린 차자를 읽어 아뢰게 했다. 그 대략에, "다행히 우리 자성(慈聖)[정순왕후]이 대의를 꿰뚫어 보시고 우리 국가를 붙들어 세우기 위해 언문 교지를 반포하셨던 까닭에 위험이 변하여 안정으로 돌아섰던 것이니 이 나라에 생명을 가진 무리 치고 그 누구라서 흠탄하지 않았겠습니까."라고 하였다.

360. 1793/11/22/정조 17/대비[정순왕후]의 탄신 행사에 대해 대신들이 논의하자, 대비가 언문 교지를 내려 이를 타이르다.

361. 1793/11/22/정조 17/왕대비[정순왕후(貞純王后)]가 언서로 비답하기를, "내년은 바로 자궁[혜경궁(정조 어머니) 홍씨]의 환갑이 되는 해이자, 대전이 왕위에 오른 지 20년이 되는 해이니 나라의 큰 경사가 이보다 더한 것이 어디 있겠는가."라고 하였다.

362. 1794/01/20/정조 18/영의정 홍낙성 등의 호소에 대해 혜경궁[혜경궁(정조 어머니) 홍씨]이 언문으로 비답을 내리다.

363. 1794/01/20/정조 18/시임·원임 대신들이 경모궁 참배를 중지하고 환궁하도록 혜경궁[혜경궁(정조 어머니) 홍씨]에 호소하여 혜경궁이 언문으로 비답하다.

364. 1794/04/10/정조 18/대비[정순왕후]가 역적 처벌 문제로 자신의 생각을 밝히는 언문 교지를 모든 신하들에게 내리다.

　　　　　　　　　　　　　　　　　　조선시대 여성과 한글 발전

365. 1794/04/10/정조 18/영의정 홍낙성 등이 자전[정순왕후]의 언문 교지를 받들고 강제로 합문을 들어와 문제되다.

366. 1794/04/10/정조 18/대비가 김희 등 백관이 대비전[정순왕후]에 와서 면대를 청하자, 언문으로 "경들은 당연히 힘껏 성의를 쌓아 전하께 허락을 받아야 하는데 어찌 나에게 와 호소하는가. 조정의 일은 내가 알 바가 아니니 경들은 물러가라."라고 비답을 내리다.

367. 1794/04/11/정조 18/강극성의 국문과 관련하여 대비[정순왕후]가 조정 신하들에게 언문 교지를 내려 충신으로 구원하라고 말하다.

368. 1794/04/12/정조 18/왕대비[정순왕후(貞純王后)]가 언문 교지를 여러 신하에게 내리기를, "죄인[은언군(恩彦君)]이 지금 들어온 것 같은데 나는 알아볼 길이 없으니 조정은 그 일을 살피라."라고 하였다.

369. 1794/04/13/정조 18/사옹원 도제조 김이소가 대비전[정순왕후]에 진상품을 받아들이시도록 청하자, 거절하는 언문 답서를 내리다.

370. 1794/04/13/정조 18/사옹원 도제조 김이소가 왕대비전[정순왕후]에 공상을 받아들이시기를 재차 아뢰자 언문으로 비답을 내리다.

371. 1794/04/13/정조 18/전 좌의정 김이소가 아뢰기를, "종실(宗室)의 한 역적을 위해 자전[정순왕후(貞純王后)]께서 사제로 거둥하겠다는 언문 전교를 받고서도 어찌 한 시각인들 지연시켜 우리 자전께 종묘사직을 위한 무궁한 걱정을 끼칠 수 있겠습니까."라고 하였다.

372. 1794/04/14/정조 18/왕대비[정순왕후]가 탕약도 안들고 내린 언문 교지에 대해 임금이 내 탓이라고 말하다.

373. 1794/06/03/정조 18/빈청에서 혜경궁에게 글을 올려 탄신 진하 허락을 요청하였으나, 혜경궁이 언문 비답을 내려 거절하다.

374. 1794/06/03/정조 18/빈청에서 혜경궁에게 글을 올려 탄신 축하 허락을 재차 요청하였으나, 혜경궁[정조 어머니]이 언서로 비답하기를, "내 마음은 벌써 하유했으니, 소청(所請)을 그만두라."라고 하였다.

375. 1795/08/21/정조 19/영중추부사 김희의 상소에서 자전[정순왕후]의 언문 교지 문제를 논하다.

376. 1797/07/20/정조 21/만백성 교화를 위해 《오륜행실》을 간행하다.

377. 정조 부록/정순 대비가 대신들에게 언문 교지를 내려 사족 중에서 빈어를 골라 두어서 널리 후사를 구할 것을 명하다.

378. 정조 부록/정조 대왕 행장: 겨울에 자전[정순왕후]이 언문 교지로 홍국영의 죄상을 열거하고 죄인 처벌에 능장을 보인 대신들을 책하였다.

379. 정조 부록 속편/정조 대왕 천릉 지문(遷陵誌文): 대왕대비가 의리에 관한 언문 교지를 장차

반시하여 소견을 듣기로 하다.

❀ 19세기

380. 1800/07/04/순조 0/대행대왕(大行大王)[1800년 6월 28일 운명한 정조]의 병세가 위독한 상태에 있을 때 대왕대비[정순왕후]가 언문 교지를 내려 윤행임을 도승지로, 박준원을 어영대장으로, 황인점 등을 종척의 집사로 삼다.

381. 1800/07/04/순조 0/대왕대비[정순왕후]가 또 언문 교지를 내려 심환지를 영의정으로 이시수를 좌의정으로 삼다.

382. 1800/07/04/순조 0/대왕대비[정순왕후]가 언문 교지를 내려, 국장과 산역에 대한 책임자를 정하다.

383. 1800/07/04/순조 0/대왕대비[정순왕후]가 언문 교지를 내려 홍용한, 홍준한 등을 종실의 집사로 삼다.

384. 1800/07/20/순조 0/대왕대비[정순왕후]가 언문 교지에서 말하기를, "의리에 관한 한 가지 일에 대해서는 경(卿) 등의 뜻을 나 또한 알고 있고 나의 뜻도 이와 같다는 것을 경(卿) 등에게 알리기 위한 것이었음은 물론 온 나라에도 환히 알리고 싶어서였다. 때문에 장차 언문 교지로 여러 신하에게 공시하여 각자의 소견을 임금께 아뢰게 하려 한다."라고 하였다.

385. 1800/07/20/순조 0/대왕대비[정순왕후]가 조보(朝報)나 소장(訴狀)과 상서 등의 조정 공사를 언문으로 써서 들이게 하다.

386. 1800/08/11/순조 0/대왕대비가 대전과 혜경궁 지위에 관해 언문 교지를 내리면서 언문 교지는 널리 알리되 고치는 일은 있어서는 안된다고 말하다.

387. 1800/12/18/순조 0/대왕대비[정순왕후]가 언문 교지 1통을 내려 말하기를, "마음으로 생각건대, 대행왕께서 20여 년 동안 임어하시면서 늘 슬픔을 머금고 걱정에 싸여 외로운 사람이 귀의할 데가 없는 것처럼 하면서 일찍이 하루도 임금 노릇하는 것을 즐겁게 여긴 적이 없었으니, 이런 정사(情事)가 어찌 옛 사첩(史牒)의 제왕(帝王)들 가운데 있었겠는가."라고 하였다.

388. 1800/12/25/순조 0/대왕대비[정순왕후]가 의리 언문 교지를 다시 강조하다.

389. 1800/12/25/순조 0/대왕대비[정순왕후]가 의리 언문 교지를 들어 대신과 삼사를 질책하다.

390. 1801/01/06/순조 1/대왕대비[정순왕후]가 의리 언문 교지를 다시 강조하다.

391. 1801/01/16/순조 1/대왕대비[정순왕후]가 김귀주에게 내린 봉서를 관찰사와 수령이 한문과 언문을 조금 아는 방기(房妓)를 보내 뜯어보게 하다.

392. 1801/01/25/순조 1/대왕대비[정순왕후]가 의리 언문 교지를 다시 언급하다.

393. 1801/04/25/순조 1/이병모 등이 은언군과 홍낙임의 처벌을 요청하며 대왕대비[정순왕후]

조선시대 여성과 한글 발전

의 언문 교지를 언급하다.

394. 1801/04/27/순조 1/대왕대비[정순왕후]가 이인과 홍낙임의 처벌에 관한 언문 교지를 내리다.

395. 1801/05/10/순조 1/정언 원재명이 상소하여, 성학(聖學)을 돕고, 의리를 밝히고, 백성의 고통을 구제하는데 대한 세 조항을 말하고, 말미에 말하기를, "어제 자성전하[정순왕후]께서 내리신 언문 교지를 삼가 보았더니, 앞뒤의 3백여 말씀이 정녕하고 간곡해 족히 목석(木石)과 귀신도 감동시킬 만했습니다."라고 하였다.

396. 1801/05/19/순조 1/대왕대비[정순왕후]가 김치묵의 처벌에 관한 일로 언문 교지를 내리다.

397. 1801/05/29/순조 1/대왕대비[정순왕후]가 신하들의 의견을 듣고, 종사와 임금을 위한 처분을 언문 교지로 내리다.

398. 1801/07/27/순조 1/대왕대비[정순왕후]가 윤승렬, 이원배의 죄를 용서하라는 언문 교지를 내리니, 승지 장지면 등이 반대하는 의견을 내다.

399. 1801/07/28/순조 1/대왕대비[정순왕후]가 윤승렬, 이원배의 죄를 용서하라는 언문 교지를 내리니, 승지 장지면 등이 반대하는 의견을 내다.

400. 1801/08/16/순조 1/노모가 유배 죄인 이근에게 언문 서찰을 보내다.

401. 1802/05/13/순조 2/대왕대비[정순왕후]가 존호를 올리는 건의에 대해 언문 교서로 빈청에 하교하다.

402. 1802/05/14/순조 2/대왕대비[정순왕후]가 왕대비전의 존호에 관한 언문 교지를 내리다.

403. 1802/05/15/순조 2/빈청(賓廳)에서 왕대비전[혜경궁 홍씨]의 언문 교지와 대왕대비전[정순왕후]의 교지에 대해 말하다.

404. 1802/05/16/순조 2/대왕대비[정순왕후]가 그저께 내린 언문 교지를 다시 강조하다.

405. 1802/07/06/순조 2/대왕대비[정순왕후]가 세도를 깊이 우려한다는 언문 교지를 내리다.

406. 1802/10/05/순조 2/대왕대비[정순왕후]가 가을날에 심히 번개와 천둥이 친 재변 때문에 언문 교지를 내리다.

407. 1803/12/28/순조 3/대왕대비[정순왕후]가 수렴청정을 거둔다는 언문 교지를 내리고, 승지에게 읽게 했는데, 말하기를, "미망인이 지극히 중대한 책임을 담당해 온 지 이미 4년이 되었다. 내가 궁중의 한낱 부인으로서 무슨 지식과 덕이 있어 이를 담당할 수 있었겠는가마는, 열성조부터 선왕이 불행히 일찍 승하하여 나와 같은 처지를 만나면, 종사를 위해 감히 사양하지 못했던 경우가 이미 옛 전례로 이루어져 있으므로, 내가 또한 힘써 따르고 감히 사양하지 못했던 것이다."라고 하였다.

408. 1803/12/28/순조 3/대왕대비[정순왕후]가 하교하기를, "이제 이미 수렴청정을 거두었으니, 내일부터는 써서 들이던 모든 공문서를 들이지 말 것이며, 언문으로 베껴 쓰던 것도 또한 없애라."라고 하였다.

409. 1804/01/03/순조 4/대왕대비[정순왕후]가 흉측한 상소를 올린 조진정과 함부로 통문을 돌린 유생들을 추궁하라고 언문 교지를 내리다.

410. 1804/01/09/순조 4/대왕대비[정순왕후]가 좌의정 서용보에게 언문 교지를 내려, 조정을 진정시키라고 유시하다.

411. 1804/06/23/순조 4/대왕대비[정순왕후]가 다시 수렴청정을 하겠다고 하면서, 언문 교지로 정사를 처분하는 일에 대해 하교하다.

412. 1804/06/24/순조 4/대왕대비[정순왕후]가 언문 교서로 하교하기를, "내가 수렴청정을 거둔 이후로 감히 조정의 크고 작은 일을 참여해 들을 수는 없지만, 국가의 안위나 음양·진퇴에 관계되는 일에 이르러서는 태평하게 좌시하고만 있을 수 없었기 때문에 그 당시 전교(傳敎) 가운데 또한 펴 보인 것이 있었으니, 조정 신하들은 거의 모두 기억하고 있을 것이다."라고 하였다.

413. 1804/06/29/순조 4/김관주가 또 아뢰기를, "일전에 자성[정순왕후]의 언문 교지에, '내 몸을 핍박한다.'는 하교가 있었고 대신(大臣)과 삼사(三司)로 하여금 다 알도록 하라고까지 하셨습니다."라고 하였다.

414. 1804/10/21/순조 4/대신들이 한해옥의 옥사에 대한 조서를 언문으로 써서 대왕대비[정순왕후]에게 올리자, 대비가 여기에 대해 잘 조사하도록 하교하다.

415. 1804/11/22/순조 4/빈청(賓廳)에서 대왕대비[정순왕후]를 칭송하면서 대왕대비의 언문 교지를 만백성이 칭송했음을 언급하다.

416. 1805/06/20/순조 5/이해 1월 12일 대왕대비 정순왕후(貞純王后)가 운명하여 그 지문에 "기해년에는 역신 홍국영이 감히 딴마음을 품고 은밀히 후계자를 위한 음모를 저지하고 역종(逆宗)인 인(䄄)의 아들 담(湛)을 완풍(完豊)이라 호칭하고 이어 흉언(凶言)을 멋대로 하면서 국모[정조 비 효의왕후]를 위태롭게 하자, 성후께서 저사(儲嗣)를 넓혀야 한다는 방도에 의거 언문 교지를 반포하여 보였고 또 지성으로 중궁[효의왕후]을 보호하였습니다."라고 하였다.

417. 1810/02/06/순조 10/대개 김정환은 본디 양반인데 안정환과 함께 역관 한지도를 종용하여 돈을 내게 해 등제(等第)를 도모했다. 변창감이 그의 누이인 궁인 명흥(明興)을 소개하여 언문 교지 및 표지(標紙)를 위조해 액정서 관리인 김세환 등으로 하여금 왕래하면서 전해 주게 했다.

418. 1810/06/05/순조 10/대신들이 왕대비[효의왕후]가 내린 언문 교지의 환원을 청하다.

419. 1810/06/05/순조 10/왕대비[효의왕후]가 임금과 함께 잠시 경희궁으로 거처를 옮기도록 하는 언문 교지를 승전색에 내리다.

420. 1816/01/21/순조 16/영묘께서 익정공을 명하여 《소학》·《내훈》·《어제훈서(御製訓書)》 등의

책을 별궁(別宮)에서 가르치게 하였는데, 빈(嬪)이 한 번 들으면 그 뜻을 이해하고 하나도 빠뜨리지 않고 외우셨다.

421. 1821/08/07/순조 21/효의왕후[정조의 왕비. 이해 3월 9일 운명] 행장(行狀)에 말하기를, "무술년(1778년, 정조2년)에 정순대비(貞純大妃)가 중전에게 병이 있어 아들을 가질 수 없다고 하여 언문 교지로 명하여 사족(士族) 중에서 규수를 간택하고 후궁으로 두어 왕자를 생산하는 방도를 널리 모색하게 했다."라고 하였다.

422. 1846/05/16/헌종 12/대왕대비[순조의 왕비인 순원왕후]가 승전색을 시켜 언문 교서로 빈청(賓廳)에 하교하기를, "지금 대전(大殿)께서 여러 날 동안 애통하신데 또 상여를 수종(隨從)하려 하시니, 이러한 한더위에 종일 상복를 입고 상여를 수종하면 어찌 손상되는 일이 없겠는가."라고 하였다.

423. 1847/07/18/헌종 13/대왕대비[순원왕후]가 빈청에 언문 교지를 내리기를, "5백 년 종사(宗社)의 부탁이 오직 주상(主上) 한 몸에 있는데 춘추가 점점 한창때가 되어도 자손의 경사가 아직 늦도록 없다."라고 하였다.

424. 1847/08/25/헌종 13/부사과(副司果) 이승헌이 상소하기를, "자성[순원왕후]의 언문 교지가 빈청에 내려진 것을 보건대, 곤전(坤殿)[헌종의 계비 효정왕후]의 병이 깊어진 빌미를 민망히 여기고 종사(宗社)를 위해 깊고 멀리 염려하시는 것이 슬프고 간절하여 신명(神明)을 움직이고 목석(木石)을 느끼게 할 만했습니다."라고 하였다.

425. 1847/헌종 13/[부록] 효유헌서왕대비(孝裕獻聖王大妃)의 언문 교지에, "선왕(先王)께서는 정해년(순조 27년, 1827년) 7월 18일 신시(申時)에 창경궁 경춘전(景春殿)에서 탄생하시었다."라고 하였다.〈날짜 기록 없음〉

426. 1847/헌종 13/[부록] 신해년에 기근들어 왕이 국내에 유시를 내려 해묵은 포흠은 일체 탕감하고 가벼운 죄수를 풀어주며 버려져 있던 인재를 다시 서용하게 하였으므로, 시골 아낙들이 그 유시를 언문으로 번역하여 서로 외우면서 감격의 눈물을 흘리고 죽음이 있는 것도 다 잊었다.〈날짜 기록 없음〉

427. 1849/06/09/철종 0/대왕대비[순조의 비 순원왕후]가 언문 교서로 임금께 하교하기를, "백성을 사랑하는 도리는 절약 · 근검보다 더한 것이 없으니, 비록 한 낱의 밥알이나 한 자의 베[布]도 모두가 백성들에게서 나온 것인 만큼, 만일 절검하지 않는다면 그 피해는 즉각 백성들에게 돌아갈 것이고, 백성들이 살 수 없으면 나라가 유지될 수 없으니, 모름지기 한마음으로 가다듬어 '애민' 두 글자를 잊지 마오."라고 하였다.

428. 1863/12/08/고종 0/영중추부사 정원용이 아뢰기를, "언문 교서를 써서 내려보내는 것이 좋을 듯합니다."라고 하니, 대왕대비[추존왕 익종(翼宗)의 비(妃) 신정왕후(神貞王后)]가 발 안에서 언문 교서 한 장을 내놓았다.

429. 1863/12/13/고종 0/대왕대비[신정왕후]가 시임대신과 원임대신에게 언문(諺文) 교서를 내리기를, "안으로 성상의 몸을 보호하고 밖으로 성상의 학문을 도와 이끄는 것이 오늘날 많은 일에서 어찌 이보다 더 우선해야 할 일이 있겠는가. 보호하는 것은 자애로운 어머니의 책임이지만 도와 이끄는 한 가지 일은 오직 경(卿)들만을 바라고 믿는다."라고 하였다.

430. 1863/12/13/고종 0/대왕대비[신정왕후]가 언문 교서를 내려 주상을 훈계하기를, "하늘을 공경하고 백성들을 사랑하는 것이 바로 조종들이 물려준 심법(心法)이며, 근신하고 절약하는 것이 하늘을 공경하고 백성들을 사랑하는 근본이다."라고 하였다.

431. 1863/12/13/고종 0/대왕대비[신정왕후]가 또 시임대신과 원임대신에게 언문(諺文) 교서를 내리기를, "어렵고 위태로운 시기를 만나 믿고 의지할 것은 오직 경(卿) 등처럼 나이 많고 경험이 풍부한 3, 4명뿐이다. 백성들을 구제하고 나라의 재정을 풍족하게 하는 일과 탐오를 징계하고 기강을 진작하는 일은 바로 경 등이 해야 할 일이다."라고 하였다.

432. 1864/06/15/고종 1/대왕대비[신정왕후]가 오래된 죄에 연루된 자들의 혐의를 풀어 줄 것을 지시하는 언문 교지가 다시 언급되다.

433. 1864/07/14/고종 1/대왕대비[신정왕후]가 죄인에게 내린 특전에 대해 거론하지 말라고 언문으로 지시하다.

434. 1864/07/25/고종 1/대왕대비[신정왕후]가 전교하기를, "그래서 성상의 비답과 나의 언문 교서를 통해 의리는 원래 엄하다는 것과 법도는 엄연히 존재한다는 것을 분명하게 보였다."라고 하였다.

435. 1865/05/03/고종 2/대왕대비[신정왕후]가 경복궁 공사에 나오지 말고 농사를 짓는 것에 힘쓰라고 한문과 언문으로 반포할 것을 지시하다.

436. 1866/01/24/고종 3/대왕대비[신정왕후]가 천주교를 금하는 교서를 한문과 언문으로 반포하도록 지시하다.

437. 1866/02/13/고종 3/대왕대비[신정왕후]가 수렴청정을 그만둔다는 언문 교지를 내리다.

438. 1899/08/22(양력)/고종 36/임금이 말하기를, "혜경궁[사도세자 아내 혜빈 홍씨, 정조 어머니]의 《한중만록(閒中漫錄)》은 언문으로 사실을 직접 기록한 것이어서 실로 오늘날의 확증이 된다."라고 하였다.

✿ 20세기

439. 1905/01/04(양력)/고종 42/순명비(純明妃)[순종의 첫 황태자비] 묘지문에, "《소학(小學)》을 공부할 때 모사(姆師)가 언해(諺解)에 의거하여 그 대의(大義)만을 이야기할 뿐 심오하고 미묘한 뜻을 살피지 못했는데 비(妃)는 곧 여러모로 따지고 근사한 일을 가지고 비유해 사람들이 쉽게 이해하게 했다."라고 하였다.

440. 1905/07/08(양력)/고종 42/의학교장(醫學校長) 지석영이 올린 상소의 대략에, "우리나라의 글로 말하면, 아! 우리 세종 대왕이 나라의 말에 문자가 없는 것을 걱정하여 신기한 상형 절음(象形切音)을 개발하여 백성들에게 준 것입니다. 그 원칙이 간결하고 활용이 무궁하여 무릇 언어로 형용하기 어려운 것과 속뜻이 통하지 않는 것도 이 말에 다 담을 수 있으며 배우기 매우 쉬워 설사 아녀자나 지극히 어리석은 사람이라 할지라도 며칠만 공을 들이면 다 성취할 수 있습니다. 실로 나라의 보배로운 문자이며 가르치는 기본 수단입니다. 삼가 보건대 임금이 지은 정음 28자는 초·중·종 3성을 병합하여 글자를 만들고 또 높낮이의 정식(正式)이 있어서 추호도 변경시킬 수 없는 것입니다. 그러나 오랜 세월이 흘러가면서 교육이 해이되어 참된 이치를 잃은 것이 있고, 또, 학문하는 사람들이 연구할 생각은 하지 않고 전적으로 거친 민간에 내맡겨 두었는가 하면 어린이를 가르치는 데는 다만 글을 만든 후 음(音)만을 가지고 혼탁 시켜 놓았기 때문에 읽어가는 과정에 점점 잘못 전해지게 하였습니다. 이로 말미암아 현재 쓰는 언문 14행 154자 중에 중첩음(中疊音)이 36자이고 잃은 음이 또한 36자입니다."라고 하였다.

색인

조선시대 여성과 한글 발전

===== 지은이 **김슬옹** =====

훈민정음 역사 연구로 첫 번째 박사학위를, 맥락 교육 연구로 두 번째 박사학위를, 《훈민정음》 해례본 연구로
세 번째 박사학위를 받았다. 우수학술도서로 뽑힌 『조선시대의 훈민정음 발달사』(역락) 등 85권(공저 50권)을
저술했으며, 127편의 논문을 발표했다.

2018 으뜸 한글지킴이로 뽑혔고, 9회 대한민국 한류대상(한글 공로), 38회 외솔상, 2019 자랑스러운 한국인
대상, 칭찬지식인 대상, 3·1 운동 100주년 기념 국가대표 33인상, 문화체육부장관상(한글운동 공로) 등의 상을
받았다.

현재 세종국어문화원 원장, 훈민정음가치연구소 소장, 한글학회 연구위원, 세종대왕기념사업회 전문위원, 서
울시 국어바르게쓰기 부위원장, 외솔회 이사, 한국외대 교육대학원 객원 교수, 세종대왕나신곳성역화국민위
원회 사무총장, 전국독서새물결모임 독서교육연구소 소장, 여주 늘푸른 자연학교 명예교장 등을 맡고 있다.

조선시대 여성과 한글 발전

초판1쇄 인쇄 2020년 12월 14일
초판1쇄 발행 2020년 12월 24일

지은이   김슬옹
펴낸이   이대현
편집   이태곤 권분옥 문선희 임애정 강윤경 김선예
디자인   안혜진 최선주
마케팅   박태훈 안현진

펴낸곳   도서출판 역락
출판등록   1999년 4월 19일 제303-2002-000014호
주소   서울시 서초구 동광로 46길 6-6 문창빌딩 2층 (우06589)
전화   02-3409-2060
팩스   02-3409-2059
홈페이지   www.youkrackbooks.com
이메일   youkrack@hanmail.net

ISBN 979-11-6244-592-1 93710

이 도서의 국립중앙도서관 출판예정도서목록(CIP)은 서지정보유통지원시스템 홈페이지(http://seoji.nl.go.kr)와 국가자료종합목록
구축시스템(http://kolis-net.nl.go.kr)에서 이용하실 수 있습니다. (CIP제어번호 : CIP2020050700)